부동산 빅데이터 블록체인 프롭테크

Real Estate Big data Blockchain, PropTech

경정익 저

박영사

본서는 2019년 대한민국 교육부와 한국연구재단의 지원을 받아 수행된 연구임
(NRF-2019S1A5B5A07091499)

2016년 1월 다보스 세계경제포럼에서 제4차산업혁명이라는 용어가 이슈된 지 4년 이상의 시간이 지났다. 제4차산업혁명은 급진적, 혁신적 그리고 융복합적인 특징으로 실제 우리 눈앞에 많은 변화가 전개되고 있다. 다양한 정보기술에 의해 우리의 생활방식과 비즈니스에 출현하고 급성장하여 혁신을 리드한다. 정보기술의 발전과 활용에 국가발전과 기업의 미래가 걸려있다는 생각에 부심하고 있다.

이러한 정보기술 중 빅데이터와 블록체인은 상상 이상으로 빠른 속도로 발전하여 다양한 산업분야에서 획기적이고 혁신적인 비즈니스를 만들어내어 유니콘, 데카콘기업으로 급성장하는 상상 이상의 발전과 변화의 주역으로 주목받고 있는 기술이다. 엄청난 데이터가 생성되고 이 데이터를 통해 세상이 급진적이며 혁신적으로 변하고 있는 것이다. 우버, 에어비앤비의 성공사례는 이미 지나간 과거이고, 상상하거나 상상하지도 못했던 혁신적인 사례가 나타날 정도로 빠르게 변하고 발전하고 있기에 우리는 이에 공진하여야 한다.

우리나라 부동산산업은 가까운 일본과 비교해 보더라도 영세하고 근대적이며 산업 간 협업체계가 미흡하며 생산성이 낮은 비효율적인 Low-Tech산업이다. 따라서 제4차산업혁명시대 대응과 외국과의 경쟁력면에서 매우 취약한 구조이다. 그러나 부동산은 제4차산업혁명시대에 High-Tech를 통해 혁신적인 발전을 기할 수 있는 산업이기도 하다. 우리나라는 정보화 기반과 국민들의 정보화 역량은 세계적인 수준으로, 이를 잘 활용하면 부동산산업 구조를 혁신적으로 발전시킬 수 있는 유리한 환경을 갖추고 있다. 그러나 부동산에 정보기술을 적용한 프롭테크는 미국, 유럽, 중국에서 시작되고 유니콘기업으로 급성장하는 현상이 나타나고 있어 부럽고 안타깝다. 디지털 트랜스포메이션은 지역적·시간적 한계를 뛰어 넘어 전 세계를 대상으로 비즈니스가 이루어지고 있다. 우리는 국내시장에 국한된 사고를 뛰어 넘는 인식의 전환을 해야 한다. 주어진 일을 열심히, 빨리하기만 하면 성공하는 산업시대의 성공신화는 더 이상 통하지 않고 개개인의 높은 창의성과 다양성을 제고하는 기반이 마련되어야 하는 시대가 우리 눈앞에 전개되고 있다. 부동산산업에도 정보기술에 의한 혁신 적이며 창의적인 사고가 중요한 것이다.

본서는 부동산 측면에서 정보기술에 대한 이해와 창의적인 아이디어를 창출하고, 우리나라 부동산산업의 혁신적이며 글로벌한 발전에 도움이 되길 바라는 생각에 출판을 하였다. 최근 빅데이터와 블록체인은 부동산 전반에 혁신적인 변화와 발전을 기할 수 있는 핵심기술로서 부동산 측면에서 이러한 정보기술의 활용에 대한 참고서 적의 필요성을 느껴 2년간에 걸쳐 집필하였다. 학사, 석사, 박사과정의 학생들에게는 학습서로, 기업에는 비즈니스 모델개발과 향후 기업이 나아갈 방향 설정 등에 참고가 될 수 있기를 기대한다.

본서는 제4차산업혁명이 부동산에 미치는 영향과 빅데이터 블록체인에 중점을 두고 그 외 인공지능, 클라우드 컴퓨팅, 증강, 가상, 혼합현실, 사이버물리시스템과 디지털트윈 등 다양한 정보기술에 대해 좀 더 깊이 있는 이해를 할 수 있도록 각 기술의 핵심적인 내용을 기술에 대한 설명과 국내·외 부동산의 활용 현황과 활용방 향에 대해 기술하였다. 또한 국내·외 프롭테크에 대한 현황과 발전방향에 대한 기술 을 통해 국내 프롭테크 발전에 참고가 될 수 있도록 하였다.

본서는 크게 3개 Part로 나누어져 있다.

Part 1은 제4차산업혁명과 경제변화로서 제4차산업혁명에 대한 설명과 기술발 전에 따른 사회변화와 경제변화에 대해 살펴본다.

Part 2는 빅데이터와 부동산으로 빅데이터의 등장배경과 개념과 특징, 빅데이터 의 분석기술에 대한 이해, 다양한 분야에서 국내·외 빅데이터 활용, 빅데이터와 부동 산의 관계 및 추진정책, 그리고 빅데이터의 부동산 활용과 향후 추진방향에 대해 살펴본다.

Part 3에서는 블록체인의 개념과 원리 그리고 블록체인에 적용되는 다양한 기술에 대한 설명, 블록체인 기술 발전과 영향과 주요 선진국의 추진정책과 활용사례를 살펴본다. 그리고 스마트계약과 암호화폐, ICO에 대한 내용과 주요국의 부동산분야의 블록체인 활용을 살펴보고 국내 블록체인에 의한 부동산 변화를 조망하며 블록체인 적용의 발전방향에 대해 기술하였다.

　　Part 4에서는 인공지능, 클라우드 컴퓨팅, 사물인터넷, 증강·가상·혼합현실, 사이버물리시스템과 디지털트윈 등 정보기술에 대한 설명과 부동산에 적용 및 활용에 대해 살펴본다.

　　Part 5에서는 국내 부동산산업 구조를 분석하여 프롭테크(PropTech)의 중요성을 살펴보고 부동산 플랫폼 부문과 중개·임대 부문, 부동산 관리, 개발, 투자 및 자금조달 부문별로 프롭테크의 국내외 현황을 알아보고 국내 프롭테크와 부동산시장의 발전방향에 대해 기술하였다.

　　본서를 2여년간 집필하면서 아내 김금숙님과 아들 진현군과 용현군은 생소한 용어, 내용으로 많은 인내심이 요구됨에도 자료정리와 교정작업에 많은 수고를 하였다. 항상 서재에서 연구와 집필에 몰두할 수 있도록 세심한 배려와 위안을 주어 깊은 사랑과 감사를 드린다. 그리고 출판을 허락한 박영사와 예쁜 편집과 교정을 하여준 조보나님과 수고하여 주신 모든 분께도 감사를 표한다.

2020년 9월
별내 서재에서
경정익

PART 1

제4차산업혁명과 경제변화

PART 2

빅데이터와 부동산

제4차산업혁명과 경제변화

부동산 빅데이터 블록체인 프롭테크

제4차산업혁명의 등장

01절　제4차산업혁명의 등장과 배경

1. 제4차산업혁명의 등장

　세계경제포럼의 설립자이자 의장인 클라우스 슈밥(Klaus Schwab)은 2015년 12월 12일 Foreign Affairs지에 기고한 글에서 제4차산업혁명론의 개요를 대략적으로 설명하면서 언급하였다. 그 이후 2016년 1월에 개최된 다보스 포럼에서 클라우스 슈밥은 "제4차산업혁명의 이해(Mastering the 4th Industrial Revolution)"를 의제로 삼으면서 본격적인 논의가 시작되었다. 그후 2016년 6월에 소책자를 발간해서 보다 자세한 논의를 이어갔다(슈밥, 2016). 이렇게 시작된 제4차산업혁명 논의의 배경과 확산 과정을 간략하게 도식화하면 [그림 1-1]와 같다.

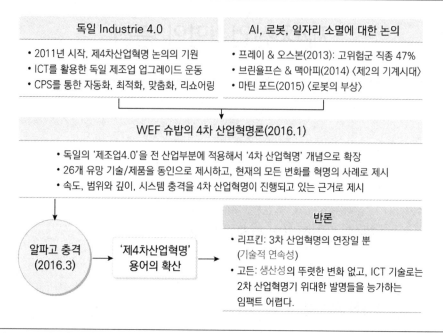

자료: 김석관 외(2017), 4차산업혁명의 기술 동인과 산업파급 전망.

슈밥이 제기한 제4차산업혁명이란 명제는 위 [그림 1−1]에서 보는 바와 같이 다음과 같은 두 방향의 선행 논의를 배경으로 하여 출현하게 되었다고 볼 수 있다. 하나는 2011년부터 시작된 독일의 인더스트리 4.0(Industrie 4.0) 운동이고, 다른 하나는 인공지능, 로봇 등 디지털기술의 발전이 일자리에 미칠 영향에 대한 논의이다. 슈밥은 제조업부문에 국한하여 추진되었던 독일의 인더스트리 4.0을 산업분야 전체로 확대해서 제4차산업혁명이 진입되었음을 주창했는데, 이 과정에서 내용적으로는 브린욜프슨과 맥아피(2014) 등 최근의 디지털기술 발전에 대한 문헌들이 많이 참고되었다고 한다.

사실 슈밥의 제4차산업혁명에 대한 논의는 처음에는 큰 주목을 끌지 못했지만 2016년 3월의 이세돌 9단과 바둑대결을 한 인공지능의 알파고 쇼크를 계기로 급속히 확산되었다. '제4차산업혁명'이라는 용어 사용의 적절성에 대한 논의를 제외하더라도, 인공지능으로 대표되는 최근의 기술 변화가 어느 정도 실체를 지니고 있다는 인식이 알파고 쇼크를 계기로 정책 전문가들과 일반인에게 확산되었다. 특히 일본과 한국은 정부 차원에서 '제4차산업혁명' 용어를 적극 수용해서 국가 신성장동력으로 하려는 정책화 작업을 추진하기도 했다.

제4차산업혁명은 슈밥에 의해 제시된 이후 현재 많은 시간이 지났지만 학계에서는 이렇다 할 반론이나 코멘트가 활발하지 못하다. 이는 소책자 형태로 발표된 슈밥(2016)의 제4차산업혁명론에 대한 논리성이 미흡한 경향이 있어 학문적 접근의 대상 자체가 되기 어렵기 때문으로 보인다. 그나마 유의미한 비판을 제시한 경우가 고든(2017)과 리프킨(2016)이다. 고든은 주로 생산성 관점에서 제4차산업혁명론의 배경이 되는 기술 낙관론자들을 비판했고, 리프킨은 산업혁명의 구성 요건과 기술적 연속성 측면에서 비판하고 있어 이에 대해 살펴본다.

2. 제4차산업혁명론

슈밥(2016)은 종전의 인터넷과 컴퓨터에 의한 제3차산업혁명을 지나 새로운 산업혁명이 도래하였음을 주장하고 있다. 그는 제1차산업혁명으로부터 제3차산업혁명까지 시기와 핵심기술 동인을 간략하게 언급한 후 3차례에 걸친 산업혁명을 설명하는 다양한 정의와 학문적 논의를 살펴보면, 오늘날 우리는 제4차산업혁명의 시작점에 있다고 주장한다. 디지털기술을 기반으로 기술한 제4차산업혁명은 21세기의 시작과 동시에 출현하였다는 것이다. 유비쿼터스, 모바일 인터넷, 저비용의 작고 강력해진 센서, 인공지능과 기계학습이 제4차산업혁명의 동인이라는 것이다(Schwab, 2016).

제4차산업혁명은 단순히 기기와 시스템을 연결하고 스마트화하는 데 그치지 않고 훨씬 넓은 범주까지 포함한다. 현재 기술의 발전은 유전자 염기서열분석에서 나노기술, 재생가능에너지로부터 퀀텀 컴퓨팅까지 다양한 분야에서 거대한 약진이 동시다발적으로 일어나고 있다. 이 모든 기술이 융합하여 물리적 영역, 디지털 영역, 생물 영역이 상호교류하는 제4차산업혁명은 종전의 그 어떤 산업혁명과도 근본적으로 궤를 달리한다(Schwab, 2016).

그러나 일부 학자와 전문가들은 이러한 상황들을 여전히 제3차산업혁명의 연장이라 주장하고 있다.

즉, 현저히 구별되는 제4차산업혁명이 현재 진행 중이라는 사실을 뒷받침할 만한 세 가지 근거는 다음과 같다.

- 속도: 제3차산업혁명까지와는 달리, 제4차산업혁명은 선형적 속도가 아닌 기하급수적 속도로 전개 중이다. 이는 우리가 살고 있는 세계가 다면적이고 서로 깊게 연계되어 있으며, 신기술이 그보다 더 새롭고 뛰어난 역량을 갖춘 기술을 만들어냄으로써 생긴 결과다.
- 범위와 깊이: 제4차산업혁명은 디지털혁명을 기반으로 다양한 과학기술을 융합해 개개인 뿐 아니라 경제, 기업, 사회를 유례없는 패러다임 전환으로 유도한다. '무엇'을 '어떻게' 하는 것의 문제뿐 아니라 우리가 '누구'인가에 대해서도 변화를 일으키고 있다.
- 시스템 충격: 제4차산업혁명은 국가 간, 기업 간, 산업 간 그리고 사회 전체 시스템의 변화를 수반한다.

– Schwab(2016) –

그리고 최근의 기술적 변화가 경제 성장, 일자리, 기업 활동, 국가 및 정부, 국제관계와 안보, 사회, 개인에게 미치는 영향을 차례로 서술하였다. 이러한 슈밥의 주장을 요약하면, 21세기의 시작과 함께 이전의 디지털혁명과 구분되는 새로운 산업혁명이 시작되었으며, 그 파급 효과는 경제와 사회의 모든 부문에 미친다. 그리고 이것이 이전과 구분되는 새로운 산업혁명인 근거는 최근의 기술 변화가 지닌 속도, 범위와 깊이, 시스템적인 충격이라는 것이다.

그러나 이러한 슈밥의 주장은 몇 가지 문제점을 지니고 있다. 우선 지금이 제3차산업혁명이 아닌 제4차산업혁명인 근거로 최근의 변화가 보여주는 속도, 범위와 깊이, 시스템적 충격을 제시했는데, 이는 매우 모호하고 부적절한 기준이라는 지적이다. 또한 '얼마나 빨리 변해야 새로운 산업혁명이 되는 것인가?'에 대해 구체적인 기준이 제시되지 않았다. 그리고 슈밥도 동의하듯이 제4차산업혁명의 근거로 제시한 디지털기술은 1970년대 이래로 기하급수적으로 발전하여 매년 10%씩 발전하는 것이 아니고 두 배씩 발전하는 것이다. 따라서 향후 5년이나 10년 뒤에 변화의 속도는 지금보다 더욱 더 빨라질 것이므로 슈밥은 5~10년 뒤 다시 제5차산업혁명을 언급해야 할지도 모른다. 리프킨(2016)도 중요한 것은 속도가 아니고 산업혁명을 '규정하는 기술(Defining Technologies)'의 변화 여부라고 하고 있다.

따라서 슈밥은 변화의 속도를 강조하기 전에 제4차산업혁명의 핵심적인 기술동인이 무엇인지 설명했어야 하나 이러한 부분이 분명하게 드러나지 않는 것이 가장 큰 한계라 할 수 있다. 슈밥의 글 중 처음 제4차산업혁명의 도래를 선언할 때는 모바일 인터넷, 센서, 인공지능을 그 특징으로 제시했다가(슈밥, 2016: 25) 바로 다음에는 유전자 염기서열 분석, 나노기술, 재생가능에너지, 퀀텀 컴퓨팅을 언급하면서 물리적 영역, 디지털 영역, 생물 영역의 융합을 말한다(슈밥, 2016: 26). 그리고 제4차산업혁명의 추동기술(Driver Tech.)로 슈밥의 책에서 언급된 기술들을 모두 정리하면 대략 26가지의 기술, 제품, 분야 목록이 나온다. 이는 사실상 현재 유망한 거의 모든 기술, 제품, 분야를 망라한 것이다.

새로운 산업혁명의 도래를 주장하기 위해서는 기본적으로 두 가지가 설명되어야 한다. 첫째는 '산업혁명'이라고 부를 수 있을 정도로 큰 변화가 있다는 것을 보여야 하고, 둘째는 그 변화를 '4차'로 명명하는 것이 적절할 만큼 새로운 기술에 의해 추동되고 있어야 한다. 특히 슈밥은 제4차산업혁명이 제3차 '디지털혁명을 기반으로' 발생했다고 했기 때문에 두 번째에 더 많은 노력을 기울여서 제4차산업혁명의 기술 동인이 제3차산업혁명과 어떻게 다른지 그 '불연속성'에 대해 좀 더 깊은 논의가 필요해 보인다. 제3차와 제4차산업혁명의 불연속성을 입증하지 못하면 설사 큰 변화가 있더라도 제3차산업혁명의 연속일 뿐인 것이다. 더욱이 제1차와 제2차산업혁명의 지속 기간이 각각 100여 년이었던 반면 슈밥의 틀 안에서 제3차산업혁명은 30년 밖에 지속되지 않았기 때문에 이 짧은 기간 안에 제3차산업혁명이 종료되고 다시 새로운 산업혁명이 시작되었다고 주장하려면 더더욱 제3차와 제4차산업혁명의 차이를 분명하게 제시했어야 한다.

그러나 슈밥은 이러한 설명 방식을 택하지 않고 속도, 범위와 깊이, 시스템적 충격이라는 모호한 기준을 제시하면서 기술적 동인의 범위와 충격의 범위를 모두 확장한다고 설명하는 전략을 택했다. 이로 인해 그의 설명은 초점을 잃었고 결과적으로 제4차산업혁명의 정체는 모호해졌다.

그는 제4차산업혁명의 기술 동인으로 최근의 모든 유망기술들을 언급했고, 이 기술이 미치는 영향도 경제와 사회의 모든 분야를 망라해서 제시하고 있다.

그의 설명을 한 문장으로 요약하면 '최근의 유망기술들이 모두 모여서 경제와 사회의 모든 분야에 큰 충격을 가져오고 있다'는 것으로 요약될 수 있다. 어떤 시기든지 경제·사회에 영향을 미치는 기술적 변화가 있기 마련이기 때문에 그런 기술적 변화들을 다 모은다면 우리는 매년 이와 같은 동일한 주장을 할 수 있을 것이다. 그런데 위에서도 지적했듯이 이런 변화가 새로운 산업혁명인지 판별하는 기준이 오직 변화의 속도와 범위 뿐이라면 매 5~10년마다 새로운 산업혁명의 도래를 주장할 수 있을지도 모른다.

그리고 제4차산업혁명의 핵심 동인을 명확하게 제시하지 못하면 필연적으로 제4차산업혁명론은 알맹이 없는 순환논리에 빠질 수밖에 없다. "지금 제4차산업혁명이 도래했다"라는 주장에 대해 "제4차산업혁명이 무엇인가?"라고 물어보면 "지금 벌어지는 현상이 모두 제4차산업혁명이다"라고 답하는 셈이 되기 때문이다. 전체 현상을 관통하는 본질적 요소를 밝히지 않고 단지 '속도'나 '범위'만을 이야기하면 논의는 이렇게 겉돌 수밖에 없다. 이것이 슈밥 이후 제4차산업혁명을 논하는 사람들마다 그것의 성격을 제각각으로 규정하는 이유이기도 하다.

그의 저서의 이런 구절에서 제4차산업혁명의 본질적 요소에 대한 힌트를 찾을 수 있다. "제4차산업혁명은 디지털혁명을 기반으로 다양한 과학기술을 융합해..."(슈밥, 2016: 12-13) 모든 신개발과 신기술에는 하나의 공통된 특성이 존재한다. 디지털화와 정보통신기술의 광범위한 힘을 활용한다는 점이다. 일례로 유전자 염기서열 분석은 연산력과 데이터 분석의 발전 없이는 불가능했다. 첨단 로봇도 인공지능이 없었다면 존재할 수 없으며, 인공지능 또한 그 자체가 연산력에 기반하고 있다(슈밥, 2016: 36-37).

최근의 기술적 변화들이 지닌 공통점은 디지털기술이 각 분야의 기술과 융합하는 것이다. 이렇게 산업과 사회의 모든 분야에 디지털기술이 침투하는 현상을 디지털화(Digitalization), 혹은 디지털 전환(Digital Transformation)으로 부를 수 있는데, 이는 최근 등장하는 유망기술들을 핵심기술과 주변기술, 추동기술(Driver)과 적용기술(Destination) 등으로 나눠보면 분명해진다. 최근의 기술 변화에서 핵심기술은 단연 인공지능, 사물인터넷, 빅데이터, 블록체인, 클라우드 컴퓨팅, 로봇 등이다. 이들은 서로 연계되어서 다양한 산업분야에 활용되는 범용기술(GPT: General Purpose Technology)의 성격을 띤다. 슈밥이 언급한 다른 기술들은 주변기술이거나 요소기술이다. 이렇게 기술의 위계와 선후 관계를 구분해 보면 현재의 기술 변화의 본질을 파악하기가 쉬워진다. 최근의 변화를 한마디로 요약하면 '디지털 전환의 심화' 과정이라고 할 수 있다. 1970년대 시작된 디지털 전환의 과정은 인공지능, 빅데이터, 블록체인, 사물인터넷 등 최근의 디지털기술 발전을 계기로 활용이 광범위한 분야로 더 깊이 진행되고 있다. 슈밥의 한계는 디지털기술의 기반적 성격을 언급하면서도 기술의 위계나 선후 관계를 더 분석 하지 않고, 막연하게 물리적 영역, 생물 영역, 디지털기술이 서로 융합한다고만 함으로써 변화의 본질에 다가가지 못하는 한계가 있다. 아마도 현재의 변화를 '디지털 전환의 심화'로 규정할 경우 '제4차산업혁명'을 주장하기가 어려워지는 문제가 있기 때문에 이런 모호한 선언에 그친 것이 아닌가 생각된다.

02절 제4차산업혁명론 비판

1. 고든의 비판

미국의 원로 경제사학자인 로버트 고든(2017)의 비판은 제도권 학자로는 제 4차산업혁명에 대한 드문 논평으로 보인다. 그러나 이는 슈밥의 '제4차산업혁명' 에 대한 반론이 아니라 슈밥의 사상적 뿌리인 브린욜프슨과 맥아피(2014)[1]에 대 한 반론이었고, 그것도 브린욜프슨과 맥아피(2014)가 생산성 패러독스와 관련해 서 먼저 고든의 이전 저작을 비판한 것에 대한 재반박이라 할 수 있다. 고든은 그의 저서에서 '제4차산업혁명'이라는 용어를 언급하지 않았다. 고든은 2017년 7월 국내 한 일간지와의 전화 인터뷰에 답하는 과정에서 이 용어를 처음 사용하 면서 "제4차산업혁명은 제3차산업혁명의 연속에 불과하다"고 평가하고 있다. 인

---

1 브린욜프슨 에릭 & 앤드루 맥아피(2014), 제2의 기계시대: 인간과 기계의 공생이 시작된다. 이한음 옮김, 청림출판. [원문: Brynjolfsson, Erik and Andrew McAfee(2014), The Second Machine Age: Work, Progress, and Prosperity in a Time of Brilliant Technologies, New York: W. W. Norton & Company]

공지능과 로봇 등 소위 제4차산업혁명의 핵심기술이 제3차산업혁명 시기부터 존재하던 기술이라는 이유 때문이었다(중앙일보, 2017.7.26).[2]

고든이 그의 책 「미국의 성장은 끝났는가」에서 브린욜프슨과 맥아피 등 기술 낙관론자들에 대해 제기한 반론은 경제학계의 해묵은 논쟁인 생산성 패러독스와 관련된 것이다. 노벨상 수상자인 로버트 솔로우교수(Robert Merton Solow)는 1987년에 "어디서나 컴퓨터시대임을 실감하지만, 생산성 통계에서만은 확인할 수 없다"고 말한 것에서 유래한 '생산성 패러독스(Productivity Paradox)'란 용어는 1970년대 이후 '정보혁명'이 진행되고 있다지만 이것이 생산성을 크게 향상시켰다는 증거가 없다는 점을 지적하는 용어이다.

이와 관련해서 앞서 보았듯이 브린욜프슨과 맥아피를 비롯한 기술 낙관론자들은 시간적 지체나 통계 지표의 한계 등을 들어서 정보기술로 인한 생산성 증가는 있지만 아직 확인되지 않을 뿐이라고 주장한다. 이에 대해 고든은 [그림 1-2]에서 보는바와 같이 자신이 직접 구축한 장기 생산성자료를 토대로 미국에서 1920에서 1970년까지 지난 50년 동안 평균 1.89에 달하는 높은 총요소 생산성 증가율이 나타난 반면 1970년 이후에는 이와 같은 생산성 증가가 나타나지 않는다는 점을 지적하고, 이를 근거로 생산성 패러독스가 여전히 유효함을 주장한다.

---

2   중앙일보(2017.7.26), AI가 이끌 4차 산업혁명? 그런 건 없다, http://news.joins.com/article/ 21789342.

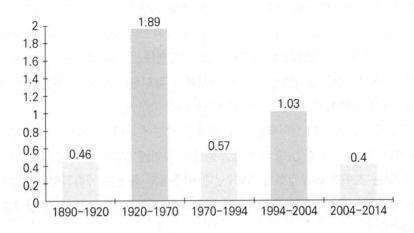

자료: 고든(2017).

고든에 따르면 1970년까지의 생산성 증가는 제2차산업혁명기에 등장한 위대한 발명들의 결과이고, 1994년부터 10년간 소폭의 생산성 증가가 나타난 것은 인터넷의 등장에 기인한 것으로 추정되지만 2004년 이후로는 그마저도 소멸되었다. 이런 생산성 지표의 변화 추이를 놓고 볼 때 적어도 향후 10~20년 동안은 1920~1970년대에 나타난 높은 생산성 증가를 보기 어려울 것이라는 것이다. 즉, 생산성 지표의 관점에서만 보면, 제4차산업혁명은 고사하고 제3차산업혁명도 그 실체가 불분명하다는 것이 고든의 주장이다.

고든은 생산성이라는 최종 결과(Output) 지표만 아니라 그러한 결과를 산출한 기술혁신의 내용을 가지고도 제3차에 비해 제2차산업혁명이 얼마나 특별한 것이었는지를 여러 차례 강조한다. "남북전쟁 이후 미국의 생활수준(The U.S. Standard of Living Since the Civil War)"이라는 부제에 어울리게 고든은 900쪽이 넘는(번역본 기준) 책 대부분을 할애해서 미국 국민들의 생활이 갖가지 기술혁신을 통해 어떻게 변해 왔는지를 추적했다. 그는 내연기관, 자동차, 전기, 전화, 철도, 비행기, 합성섬유같이 제2차산업혁명기의 대표적 기술혁신으로 언급되는 사례들 외에도 상하수도, 중앙난방과 실내배관, 백화점과 우편주문 카탈로그, 주간(Inter State)/간선 도로망, 패스트푸드와 가공식품, 슈퍼마켓/편의점/식품체인점,

세탁기/에어컨/냉장고/전기다리미/전등, TV/축음기/라디오/영화, 의약품/식품의 약품 위생법/의료시스템, 금융/보험 등을 예로 들면서, 미국인의 의식주, 건강, 근로조건, 여가시간을 포함한 생활 전반을 획기적으로 변화시킨 '위대한 발명'들이 모두 제2차산업혁명기에 탄생했음을 역설했다. 그에 따르면 "1870년부터 1970년까지 일어난 경제혁명은 인류 역사에서 특이한 것으로, 대부분의 업적이 두 번 다시 되풀이될 수 없는 현상"이었다(고든, 2017).

고든은 이어 제2차산업혁명기의 위대한 발명에 비하면 제3차산업혁명기의 정보기술 발전은 그 파급 효과가 정보통신과 엔터테인먼트 정도에 국한되는 보잘 것 없는 것이라고 주장한다. 1970년대 이후에도 혁신은 계속되었지만, 그 범위는 엔터테인먼트와 정보통신기술에 집중되어 예전만큼 전면적이지 않았다(고든, 2017).

제3차산업혁명은 분명 혁명이었지만, 모든 것을 바꿔놓은 제2차산업혁명과 달리 그 영향력의 범위는 제한적이었다. 디지털에 의한 제3차산업혁명은 미국인들이 정보를 입수하고 소통하는 방식을 완전히 바꾸어 놓았지만, 제2차산업혁명만큼 인간 생활의 전 영역으로 확대되지는 않았다는 것이다. 제2차산업혁명은 음식, 의복, 주택, 주택 설비, 운송, 정보통신, 엔터테인먼트, 질병 치료와 유아 사망률 정복, 가정과 직장에서의 근로 조건 향상 등 다양한 분야에 획기적인 변화를 초래했다.

고든은 1970년대 이후의 정보혁명에도 불구하고 미국인의 '현대적 삶'을 규정하는 문명의 많은 요소들이 여전히 제2차산업혁명기에 발명된 것들에 의존하고 있다는 사실을 지적한 것이다. 현대 산업문명을 지탱하는 주요 '기술시스템'(예: 전기시스템, 통신시스템, 생산시스템)이 대부분 제2차산업혁명기에 탄생했으며, 그 중 많은 것들이 21세기에도 여전히 산업문명의 근간을 이루고 있다는 것이다. 이는 제2차산업혁명의 특별함을 의미하는 동시에 제3차산업혁명의 제한적 성격을 시사한다.

더 나아가 고든은 기술혁신에도 일종의 수확체감 현상이 나타나고 있다고 주장한다. 제2차산업혁명을 통해 중요한 발명들이 다 나왔기 때문에 이제부터 나오는 발명들은 그 영향력이 제2차산업혁명기의 발명보다 작을 수밖에 없다는 것이다. 10개의 발명이 있을 때 1개의 발명이 추가되는 것에 비해 100개의 발명이 있을 때 1개의 발명이 추가되는 효과는 작을 수밖에 없을 것이다(중앙일보, 2017.7.26).

한편, 고든은 미국의 실업률이 2009년 10월 10.0%에서 2015년 6월 5.3%로 낮아진 사실을 근거로 최근까지 정보기술로 인한 일자리 소멸의 증거는 없다고 주장한다. 또한 1994~2004년 사이 노동 생산성이 일시적으로 증가한 이후 계속 낮은 상태를 유지하고 있어 향후에도 이러한 추세가 이어질 것으로 보고, "로봇과 인공지능이 새로운 영구적 실업 사태를 초래하리라는 주장은 설득력이 약하다"고 반박하였다. 그러나 노동자 소득의 하락, 중간층 실업의 증가, 불평등의 심화가 지속될 것이라는 점에 대해서는 브린욜프슨과 맥아피, 마틴 포드 등과 견해를 같이 한다.

2. 리프킨의 비판

고든(2017)의 비판은 제4차산업혁명을 둘러싼 다양한 논의에도 중요한 시사점을 던진다. 우리는 고든의 논의를 통해 최근의 변화가 새로운 산업혁명인지 아닌지를 판별하기 위해서는 최소한 다음과 같은 두 가지 측면이 설명되어야 한다는 것이다. 하나는 '혁명'이라는 단어에 어울릴 만큼 큰 폭의 생산성 향상이 나타나야 하고, 또 하나는 혁명을 추동하는 기술혁신의 내용도 이전과 뚜렷이 구별되어야 한다는 점이다. 즉, '결과'와 '과정' 모두에서 이전과는 다른 확연한 차별성이 있어야 한다는 것이다.

고든이 두 측면 모두에서 제4차산업혁명의 출연을 비판했다면, 리프킨은 '과정'의 측면의 제4차산업혁명론을 내용면에서 고든에 비해 좀 더 체계적인 비판이라 할 수 있다.

기술 발전이 가져올 미래는 어떻게 될 것인지에 대해 왕성한 저술 활동을 벌이고 있는 제레미 리프킨은 이미 오래 전부터 자신만의 제3차산업혁명론을 주장해왔다. 각 저술마다 약간씩 정의를 달리해서 내적 정합성면에서 미흡한 부분은 있지만, 점차 명료하다. 특히 슈밥에 대한 비판 과정에서 그의 산업혁명론은 더 분명해졌다. 그는 1995년 발간된 「노동의 종말」에서 컴퓨터와 인공지능으로 인한 임금 노동의 종말을 예견하면서, 이것이 제2차 세계대전이 종전된 이후 시작된 '제3차산업혁명'에 의한 것이라고 주장했다(리프킨, 1996). 여기에서의 제3차산업혁명은 정보혁명을 의미하는 것이었다. 그러나 2012년에 발간된 「제3차산업혁명」에서는 모든 경제혁명이 커뮤니케이션기술과 에너지 체계의 결합을 통해 발생한다는 프레임을 제시하면서, 제1차산업혁명은 인쇄술과 석탄동력이 결합한 것으로 설명한다. 그리고 제2차산업혁명은 전기 커뮤니케이션과 석유 동력이 결합한 것으로, 이제 인터넷과 재생가능 에너지가 결합한 제3차산업혁명이 시작되고 있다고 주장하였다. 즉, 정보기술에 더해 에너지원의 변화를 강조한 것이 1995년에 비해 달라진 점이다.

그리고 2014년에 출간한 「한계비용 제로 사회」에서는 사물인터넷과 공유경제가 가져올 미래상을 전망하면서 2011년의 논의를 더욱 발전시켰다. 리프킨은 이 책에서도 산업혁명이 '커뮤니케이션－에너지 결합체'의 전환을 통해 발생한다는 종전의 주장을 견지하면서도 역사상 모든 산업 인프라는 커뮤니케이션 매개체, 동력원, 운송 메커니즘의 3대 인프라로 구성되며 그 중 '커뮤니케이션' 부문은 통신과 교통부문으로 세분화했다. 이 프레임에 따르면 제1차산업혁명은 인쇄술, 석탄 동력, 증기기관차/철도의 결합으로 발생했고, 제2차산업혁명은 전기와 전화, 석유 동력, 내연기관의 결합으로 발생했으며, 이제 3종의 사물인터넷(커뮤니케이션 인터넷, 에너지 인터넷, 물류 인터넷)이 추동하는 제3차산업혁명이 진행 중이라고 주장했다. 그리고 2012년과 2014년에 출판된 책에서는 인공지능과 자동화로 인한 노동의 종말을 주장했던 입장도 유지하고 더 강화했다. 리프킨은 그의 저서를 통해 직업 노동이 소멸하고 그 대안으로 시민사회와 공유경제 등 비시장 노동이 중요하게 부상할 것이며, 사물인터넷 등 기술 발전을 통해 재화와 에너지 생산의 한계비용이 제로에 수렴됨에 따라 각 개인들이 생산해낸 풍부한 자원을 서로 공유하는 '협력적 공유사회'가 도래할 것으로 전망했다.

이러한 리프킨의 주장에 따르면 슈밥은 제3차산업혁명을 제4차산업혁명으로 잘못 규정한 것이 된다. 그래서 슈밥은 리프킨을 비판하거나 인용한 적이 없지만, 리프킨은 2016년 1월 다보스 포럼이 개최되기 직전에 허핑턴 포스트에 기고한 장문의 논평을 통해 슈밥의 핵심적인 주장들을 반박하며 다음과 같은 세 가지 논점을 제시하였다(Rifikin, 2016).

첫째, 슈밥이 제4차산업혁명의 특징으로 물리적 영역, 디지털 영역, 생물 영역의 경계가 모호해지는 것을 제시한 것에 대해, 이러한 기술 융합은 디지털화가 지닌 본원적 속성일 뿐 새로운 것이 아니라는 것이다. 디지털화는 물리적 세계와 생물학 세계를 모두 순수한 정보로 환원시킴으로써 상호 교류할 수 있는 단위로 만들어주는 기능으로 이 세 영역의 융합은 디지털화의 자연스러운 귀결로서 제3차산업혁명의 연장이라는 것이다.

둘째, 슈밥이 새로운 산업혁명의 기준으로 제시한 속도, 범위, 시스템 충격은 좋은 기준이 되지 못한다고 한다. 우선 슈밥이 말한 기하급수적 발전은 이미 디지털기술이 도입된 이후 계속 나타나는 현상으로 이런 기준만으로 새로운 산업혁명을 규정하는 것은 너무 임의적이라는 것이다. 리프킨은 "만일 제1차산업혁명이 진행 중이던 어느 시점에 제1차산업혁명의 '규정기술(Defining Technologies)'에는 변화 없이 속도와 범위와 시스템 충격 측면에서 큰 변화가 있었다고 하여 그것을 제2차산업혁명으로 불러야 하는가?"라고 반문한다. 즉, 속도나 범위보다는 산업혁명의 핵심 추동기술이 확연히 구분될 수 있도록 바뀌었는지 여부가 더 중요한 기준이라는 것이다.

셋째, 3대 '규정기술'의 관점에서 산업혁명의 역사를 재구성하는 자신의 대안이 더 타당하다고 주장하고 있다. 그는 통신기술, 에너지원, 운송 수단을 새로운 산업혁명을 촉발하는 '규정기술'로 보고 이 세 가지 부문에서 새로운 기술이 등장하고 하나로 결합되어서 '범용기술 플랫폼(General Purpose Technology Platform)'을 형성할 때 새로운 산업혁명이 등장한다고 보았다. 그는 이러한 자신의 프레임워크에 따라 제1차부터 제3차산업혁명을 다음 <표 1-1>과 같이 재구성하였다.

▼ 〈표 1-1〉 리프킨의 산업혁명 구분

3대 규정기술	1차 산업혁명	2차 산업혁명	3차 산업혁명
통신	증기기관을 이용한 인쇄술과 전신	중앙집중화된 전기, 전화, 라디오, TV	인터넷
에너지원	석탄	석유	재생가능 에너지 인터넷(스마트그리드)
운송 수단	국가 철도시스템	내연기관 자동차와 국가 도로시스템	무인자동차 및 물류 인터넷

2

제4차산업혁명과 사회변화

세계경제포럼(WEF)의 회장인 클라우스 슈밥은 2016년 다보스 포럼을 통해 현재 우리는 제4차산업혁명 단계에 진입하고 있으며 우리의 미래는 혁신적이고 파괴적인 변화를 가져올 것이라는 점을 강조하였다. WEF(2016)에서 정의하는 제4차산업혁명은 인공지능(AI)과 기계학습(ML), 로봇공학, 나노기술, 3D프린팅, 유전학, 생명공학기술과 같이 이전에는 서로 단절되어 있던 분야들이 경계를 넘어 분야 간 융복합을 통해 발전해나가는 '기술혁신'의 패러다임이라는 것이다. 혁신적인 기술의 융복합 트렌드는 향후 스마트홈, 스마트공장, 스마트농장, 스마트그리드 또는 스마트시티 등 스마트시스템 구축으로 공급사슬 관리부터 기후변화에 이르기까지 다양한 문제에 대응할 수 있는 범용적인 기술로 자리잡을 것으로 예상하고 있다. 이와 같은 기술혁명과 병행하여 진행되는 일련의 광범한 사회경제적, 지정학적, 인구학적 발전은 기술적 요인에 버금가는 영향을 미칠 것이다.

세계경제포럼에서는 기술적 측면을 강조한 반면, 제4차산업혁명의 가장 주목할 만한 혁신은 '제조업 혁신'이다. IoT, 클라우드 컴퓨팅, 3D프린터, 빅데이터 등 ICT기술을 통해 생산공정과 제품 간 상호 소통시스템을 지능적으로 구축함으로써 작업 경쟁력을 제고하는 독일의 '인더스트리 4.0'이 대표적이다. 즉, 제4차산업혁명은 제조공정에 CPS(사이버물리시스템)가 도입되어 자동화, 지능화되어 '제조공정의 디지털화'와 '제품의 서비스화'라는 측면이 강조되고 있다.

제조공정의 디지털화는 스마트공장의 확산을 의미하는데, 3D프린터를 기반으로 맞춤형 소량생산이 가능해진 공정혁신으로부터 현재 GE의 산업인터넷(Industrial Internet)전략처럼 공정 전반과 제품의 유지관리, 제품을 기반으로 고객 접점을 확보하고 지속적인 AS를 지원하는 것까지 광범위하다. 다시 말해 제조업의 수익 모델이 기존에 제품을 판매하는 것에서 제품이라는 플랫폼을 기반으로 각종 서비스를 판매하는 것으로 변화하고 있으며, 모바일 기기 이외에도 자동차, 가전기기 등 여러 제품군에서 변화의 바람이 일고 있다.

한편, 광의의 관점에서 보면 제4차산업혁명은 플랫폼을 활용한 신규 서비스 시장 전체를 의미한다. 이는 플랫폼 비즈니스가 확산되고 있다는 것을 의미하는데 공유경제나 온디맨드(On Demand)서비스시장이 바로 여기에 해당된다. 새로운 산업들은 중개인(에이전트)을 대신하는 지능적인 플랫폼을 기반으로 유휴자원에 대한 수요와 공급을 즉각적으로 연결해주는 특징을 가지고 있어 고용시장이 유연하게 된다. 서로 모르는 사용자들끼리 신뢰를 주는 공적기관을 두지 않고 프로그래밍을 통해 암호화되는 시스템(예: 블록체인)을 공동으로 만들어가는 산업구조도 플랫폼 비즈니스로 발전하게 된다.

현재 블록체인 기술을 이용하여 금융거래를 하고 있으며, 향후 부동산거래, 각종 국가발급 증명서, 보험금 청구, 의료기록, 투표 등 안정성과 신뢰성·효율성이 강화된 모든 거래가 블록체인시스템을 통해 구현되고 있다.

앞서 소개한 세 가지 관점은 모두 연결되어 있으며 어느 부문을 강조해서 바라보느냐에 따른 차이가 있을 뿐이다. 이와 같이 제4차산업혁명은 크게 첫째, 융복합되며 공진화하는 기술혁신이며 둘째는 제조업의 산업구조 혁신(제조공정의 디지털화, 제품의 서비스화)이다. 그리고 셋째, AI 기반의 플랫폼 비즈니스(공유경제, 블록체인 등)라는 3가지 측면으로 파악될 수 있다.

▶ 01절 제4차산업혁명의 혁신적 기술과 영향

1. 제4차산업혁명의 혁신기술

클라우스 슈밥은 2016년 다보스 포럼에서 현재 우리는 제4차산업혁명에 접어들고 있어 가까운 미래에 급진적이며 혁신적이고 파괴적인 변화를 맞이하게 될 것이라는 점을 강조하였다. 또한 그는 제4차산업혁명을 인공지능(AI)과 기계학습(ML), 로봇공학, 나노기술, 3D프린팅과 유전학, 생명공학기술과 같이 종전에는 서로 단절되어 있던 분야들이 융복합되고 공진화(Co-Revolution)되는 '혁신기술'의 패러다임의 변화가 있을 것이라 하고 있다(WEF, 2016). 이와 같이 혁신기술을 기반으로 하는 플랫폼이 다양한 산업분야에 확산되면서 산업구조의 변화와 신 가치 창출에 영향력을 가진다는 것이다. 또한 혁신기술의 융복합 트렌드는 향후 스마트도시, 스마트홈, 스마트공장, 스마트농장, 스마트그리드 등 스마트×시스템 구축으로 공급사슬 관리부터 기후 변화에 이르기까지 다양한 문제에 대응할 수 있는 범용적인 기술로 자리 잡을 것으로 예상하고 있다. 따라서 제4차산업혁명은 기술혁명과 함께 진행되는 일련의 광범위한 사회경제적, 지정학적, 인구학적 혁신에 영향을 미칠 것이다(경정익, 2018).

클라우스 슈밥 회장의 저서인 "제4차산업혁명(2016)"에서 메가트렌드 관점에서 주요 혁신기술 중 스마트 정보기술인 빅데이터와 인공지능, 사물인터넷, 블록체인 등을 언급하고 있어 살펴보고자 한다.

먼저 빅데이터와 인공지능은 제4차산업혁명에서 핵심적이고 혁신적인 기술이라 할 수 있다. 빅데이터, 인공지능은 공공서비스, 제조분야, 의료분야, 유통분야 등 다양한 분야에 활용함으로서 혁신적인 발전을 기할 수 있는 기술이다.

그리고 사물인터넷(IoT)으로 상호 연결된 기기와 사람 그리고 다양한 플랫폼을 기반으로 사물과 인간을 연결하여 대량의 데이터가 생성 활용하게 되는 새로운 패러다임이 창출되고 있다. IoT 환경에서 생성되는 다양하고 광범위하게 생성되는 데이터를 처리하기 위한 클라우드 컴퓨팅 그리고 빅데이터산업이 발달하고, 일련의 혁신적인 기술들에 인공지능(AI)이 더해지는 스마트도시는 삶의 급진적인 변화를 이끌어내고 있다. 더 나아가 사물인터넷 시대는 온디맨드(On Demand) 경제구조로 산업구조의 빠른 전환을 야기한다(경정익, 2015).

또한 블록체인(BlockChain)은 비트코인에 의해 알려진 일종의 분산원장시스템(DLS: Distributed Ledger System)이라 할 수 있다. 블록체인은 아직 실생활에서 체험하기는 쉽지 않지만 금융, 보험, 주식거래, 물류분야, 공공서비스 등에서 이미 상용화가 이루어지고 있다. 발생한 데이터(장부)는 특정한 해시값에 의해 서로 연결되어 참여하는 노드에 지속적으로 쌓이게 된다. 따라서 한 번 등록된 데이터에 대해서는 수정이 불가능하며, 지속적으로 쌓인 데이터는 임의 조작이 불가능하도록 한다. 이러한 특성으로 인해 블록체인은 저장된 데이터의 신뢰성과 무결성이 보장되는 기술이다.

향후 스마트계약(Smart Contract)은 의료, 자동차, 부동산, 보험, 복권, 공급망 관리, 암호 교환거래, 금융거래, 계약, 법률, 정부(전자 투표 시스템), 유언의 집행과 같은 다양한 산업분야에서 유용하게 활용될 것으로 전망되고 있다. 또한 ICO(Initial Coin Offering)와 토큰화(Tokenization)를 통해 획기적인 변화가 예상된다(경정익, 2020).

물리학기술은 무인운송수단, 3D프린팅, 로봇공학, 그래핀 등 신소재 유형의 소재, 제품에 ICT기술을 접목하여 혁신적인 제품들이 등장하고 있다. 센서와 인공지능의 발달로 자율 체계화된 모든 기계의 능력이 빠른 속도로 발전함에 따라 드론, 트럭, 항공기, 보트 등 다양한 무인운송수단이 등장하고 있다. 3D프린팅은 디지털 설계도를 기반으로 유연한 소재로 3차원 물체를 적층(Additive)하는 방식으로 기존 제조공정과 완전히 다른 작업환경을 필요로 하며 이미 다양한 분야에 활용되고 있다. 로봇은 센서의 발달로 주변 환경에 대한 이해도가 높아지고 그에 맞춰 대응도 하며, 다양한 업무 수행이 가능해졌다. 기존에 없던 스마트소재를 활용한 신소재(재생가능, 세척가능, 형상 기억합금, 압전세라믹 등)가 시장에 등장했다.

생물학기술은 기술적으로 빠르게 발전하고 있으나 생물학의 한계는 기술이 아닌, 법·규제 그리고 윤리적인 문제이다. 과거 인간 게놈프로젝트 완성에 10년이 넘는 시간과 27억 달러가 소요되었으나, 현재는 몇 시간과 100달러 가량의 비용이 소요되는 것으로 알려졌다. 합성생물학기술은 DNA데이터를 기록하여 유기체를 제작할 수 있어 심장병, 암 등 난치병 치료를 위한 의학분야에 직접적인 영향을 줄 수 있다. 유전공학의 발달은 경제적이고 효율적인 작물을 키워내는 것부터 인간의 세포를 편집하여 병증을 미연에 방지하는 것까지 광범위하고 우리의 삶과 직결되어 있다.

메가트렌드	핵심기술	
물리학 (Physical) 기술	무인 운송수단	• 센서와 인공지능의 발달로 자율 체계화로 드론, 차량, 항공기, 보트 등 다양한 무인운송수단 등장 • 현재 드론은 주변 환경의 변화를 감지하고 이에 반응하는 기술을 갖추어 충돌을 피하기 위해 자율 항로변경 등이 가능
	3D프린팅	• 디지털 설계도를 기반으로 유연한 소재로 3차원 물체를 적층(Additive)해 나가는 기술 • 현재 자동차, 항공우주, 의료산업에서 주로 활용되며, 의료 임플란트에서 대형 풍력발전기까지 광범위한 활용 가능
	로봇공학	• 로봇은 점차 인간과 기계의 협업을 중점으로 발전 • 센서 발달로 로봇은 주변 환경에 대한 이해도가 높아지고 그에 맞춰 대응도 하며, 다양한 업무 수행 가능 • 클라우드 서버를 통해 원격정보에 접근이 가능하고 다른 로봇과 네트워크로 연결 가능
	그래핀 (신소재)	• 기존에 없던 스마트소재를 활용한 신소재(재생가능, 세척가능, 형상기억합금, 압전세라믹 등) 등장 • 그래핀(Graphene)과 같은 최첨단 나노소재는 강철보다 200배 이상 강하고, 두께는 머리카락의 100만분의 1만큼 얇고, 뛰어난 열과 전기의 전도성을 가진 혁신적인 신소재
디지털 (Digital) 기술	사물 인터넷	• 사물인터넷은 상호 연결된 기술과 다양한 플랫폼을 기반으로 사물(제품, 서비스, 장소)과 인간의 관계를 의미 • 더 작고 저렴하고 스마트화된 센서들은 제조공정, 물류, 집, 의류, 액세서리, 도시, 운송망, 에너지분야에 내장되어 활용
	블록체인 시스템	• 블록체인(BlockChain)은 서로 모르는 사용자들이 공동으로 만들어가는 시스템으로 프로그래밍이 가능하고 암호화(보완)되어 모두에게 공유하여 특정 사용자 시스템 통제 불가 • 블록체인 기술을 이용하여 금융거래, 부동산거래, 각종 국가증명서 발급, 보험금 청구, 의료기록, 투표 등에 블록체인시스템 활용

생물학 (Biological) 기술	유전학	• 유전자 염기서열분석의 비용은 줄고 절차는 간단해졌으며, 유전자 활성화 및 편집도 가능 • 인간 게놈프로젝트 완성에 10년이 넘는 시간과 27억 달러가 소요되었으나, 현재는 몇 시간과 100달러 비용 소요
	합성생물학 (Synthetic biology)	• DNA데이터를 기록하여 유기체를 제작할 수 있어 심장병, 암 등 난치병 치료 • 데이터 축적으로 개인별 맞춤의료 서비스 및 표적치료도 가능 • 농업과 바이오 연료생산과 관련 대안 제시
	유전자 편집	• 유전자 편집기술을 통해 인간의 성체세포를 변형할 수 있고 유전자 변형 동식물도 만들어 낼 수 있음

자료: 클라우스 슈밥(2016).

2. 제4차산업혁명에 의한 변화

WEF(2016)는 15개 주요 선진국과 신흥국에서 9개 산업부문에 걸쳐 1,300만여 명을 고용하는 총 371개의 세계적 기관과 기업의 최고 인사책임자와 인재 임원들을 대상으로 제4차산업혁명에 의한 변화요인에 대해 설문조사를 실시했다. 그 결과 [그림 2-1]과 같이 제4차산업혁명의 인구, 사회, 경제적인 영향으로 작업환경의 변화와 노동 유연화(44%), 신흥시장 중산층의 성장(23%), 기후변화, 자연자원의 제약과 녹색경제로의 이행(23%), 지정학적 변동성의 확대(21%)가 있을 것으로 나타나고 있다.

제4차산업혁명이 야기할 기술적인 영향으로는 모바일 인터넷과 클라우드기술(34%), 컴퓨터의 처리 능력과 빅데이터의 확대(26%), 신에너지 공급과 기술(22%), 사물인터넷(14%), 크라우드 소싱과 공유경제 확대(12%) 등의 순서로 나타났다.

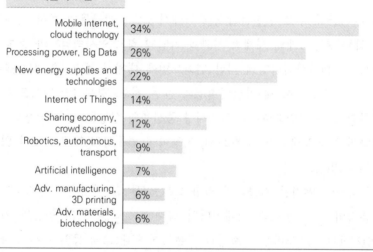

위에 언급된 제4차산업혁명의 영향들을 시기별로 나누어 살펴보면 다음과 같다. 2015~2017년 사이에 제4차산업혁명으로 인한 기술적인 영향은 사물인터넷(IoT), 첨단 제조업과 3D프린팅, 신에너지 공급과 기술로 분석되고, 인구, 사회, 경제적 영향은 평균수명 증가와 고령화 사회, 윤리와 프라이버시 문제 증가,

여성의 사회적 열망과 경제력 상승 등이다.

2018~2020년에 나타날 영향은 첨단 로봇공학과 자율주행차량, 인공지능(AI)과 기계학습(Machine Learning), 첨단소재, 생명공학기술과 유전체학(Genomics)인 것으로 예상된다.

WEF(2016)의 앞의 조사결과에서 살펴보았듯이 전 세계 많은 전문가들은 제4차산업혁명이 가까운 미래에 IoT, 빅데이터, 블록체인, 클라우드 컴퓨팅, AI 등 모바일 플랫폼 비즈니스를 가능케 하는 혁신적인 기술적 환경이 조성되고, 3D 프린팅을 비롯한 제조업의 혁신이 나타날 것으로 예상하고 있다.

▶ 02절　제4차산업혁명과 산업구조 변화

1. 제4차산업혁명과 제조업의 미래

제4차산업혁명의 도래로 기존의 제조업은 빅데이터, IoT, 빅데이터, AI 등 디지털기술 및 플랫폼 비즈니스와 같은 새로운 패러다임으로 변화되며, 맞춤형 소량생산, 스마트공장 등 제조공정 측면의 혁신과 소비자 접점이 제품에서 IoT 제품 기반의 서비스로 변화하는 혁신적인 변화를 경험하고 있다.

(1) 제조공정의 혁신: 3D프린팅기술 도입에 따른 맞춤형 소량생산 가능

디지털 제조는 기존의 저비용 기반의 대량생산 및 유통시대로부터 인터넷을 통해 생산, 유통, 소비가 가능한 시대로의 전환을 의미하며 개인이나 벤처, 중소기업들도 소규모 자본으로 생산이 가능한 공정의 혁신이 나타난다. 누구든지 혁신적인 아이디어를 디지털화하고 시제품 공유와 피드백을 통해 제품의 완성도를 높일 수 있는 기회가 주어진다.

음악, 도서, 신문과 같은 미디어산업이 디지털화로 변혁을 맞이한 것처럼, 3D프린팅은 제조업을 디지털화하여 글로벌 생산, 유통, 소비가 가능하도록 함

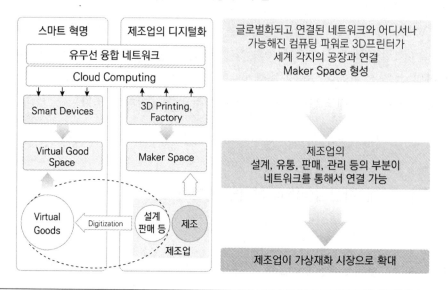

자료: 디지에코(2013.6.27) 재구성.

인터넷 플랫폼 기반의 온디맨드경제가 확산됨에 따라 다품종 소량생산에 대한 수요가 지속적으로 증가하고 있다. 또한 어디서나 접속이 가능한 네트워크 기반 스마트기기들이 클라우드, 빅데이터와 결합된 디지털 제조공정이 가능해짐에 따라 비용 절감을 위해 해외에 있던 공장이 국내로 회귀하는 리쇼어링(Re–shoring) 현상이 나타나고 있다. 제4차산업혁명의 대표적 기술인 3D프린팅은 컴퓨터로 디지털도면을 수정하고 전송하면 언제 어디서나 3D프린터로 즉시 제품을 제작할 수 있는 제조업의 디지털화를 가능하게 한다.

종전의 금형을 제작하여 주물을 찍어내고 용접하는 과정을 반복하는 제조공정으로는 수요자의 요구에 따라 맞춤형 소량생산으로 대응을 해야 하는 온디맨드경제구조에 대응하기 어려운 상태이다. 그러나 설계도와 소프트웨어 등이 공개된 오픈소스(Open Source)의 등장과 3D프린팅의 확산으로 제조기술에 대한 진입 장벽 완화로 아이디어, 소자본으로 누구나 창업이 가능한 환경이 조성되고

있다. 테크숍(Techshop), 메이커 운동(Maker Movement) 등 저렴한 비용으로 제조설비를 대여하는 개방형 제조 플랫폼이 등장하여 생산 인프라 확보를 위한 사회 전체적인 투자비용을 절감시키고 있다.

예를 들어, 하드웨어 제작 플랫폼인 퀄키(Quirky)는 고객이 직접 원하는 다양한 제품을 생산하는 새로운 사업모델로, B2B(Business to Business) 기반의 대량생산이라는 전형적인 제조업사업 모델이 아닌 디지털 플랫폼 기반의 생산방식을 제공하는 대표적인 업체로 알려져 있다. 퀄키는 지금까지 150여개의 제품을 출시하고 113만여 명의 회원을 확보하고 있는 하드웨어 제작업체로 회원들의 아이디어를 받아 투표를 통해 선정한 후 크라우드 소싱을 이용해 하드웨어를 제작하고 있다.

또한 스마트워치의 선두기업인 페블(Pebble) 역시 완벽히 작동하는 시제품을 공개한 후 클라우드 펀딩(Crowd Funding)을 통해 자금을 조달하여 제품을 사용하는 데 성공하였다.

(2) 스마트공장 확산(공정의 자동화, 지능화)

미래에는 IoT를 통해 축적된 빅데이터를 클라우드 방식으로 공유하고, 빅데이터로 상황을 분석, 생산시뮬레이션을 가동하는 생산체계 구축이 되어가고 있다. 제조설비, 부품, 제품 등에 센서와 RFID를 장착하여 제조환경, 설비 운영현황 등 생산공정 전반에 걸친 자료를 실시간으로 수집하고, IoT 및 사이버물리시스템(CPS: Cyber Physical System)을 통해 생산 공정의 사전검증 및 실시간 관리가 이루어지고 있다.

GE가 표방하고 있는 산업인터넷전략은 바로 스마트공장시스템을 전제로 가능하다. GE는 각종 센서를 장착한 기기로 다종다양한 데이터를 수집하고, 빅데이터분석을 통해 제품 및 장비의 사고방지, 유지관리 고도화, 운영의 최적화를 추진한다. 제품 판매 후에는 유지/보수서비스를 포괄적으로 제공하며 고객과의 접점 확보를 통해 '제조업의 서비스화'를 추진하고 있다(교보증권, 2016.5.7).

현실적으로 스마트공장의 범위는 3D프린팅을 기반으로 맞춤형 소량생산이 가능해진 공정혁신으로부터 현재 GE의 산업인터넷(Industrial Internet)전략처럼 공정 전반에서부터 제품 및 장비의 유지관리, 나아가 판매된 제품을 기반으로 고객접점을 확보하고 지속적인 AS 지원에 이르기까지 광범위하다. 스마트공장의 경우에도 현장 자동화, 공장운영, 기업자원관리, 제품개발, 공급사슬관리(SCM: Supply Chain Management) 등의 단계에 따라 ICT 미적용 수준에서 고도화까지 수준에 따라 매우 다른 양상으로 나타난다.

▼ 〈표 2-2〉 스마트공장의 수준별 정의

구분	현장자동화	공장운영	기업자원관리	제품개발	공급사슬관리
고도화	IoT/IoS화	IoT/IoS기반의 CPS화			인터넷 공간상의 비즈니스상 네트워크 협업
고도화	IoT/IoS화	IoT/IoS(모듈)화 빅데이터 기반의 진단 및 운영		빅데이터/설계·개발, 가상시뮬레이션/ 3D프린팅	인터넷 공간상의 비즈니스상 네트워크 협업
중간수준2	설비제어 자동화	실시간 공장제어	공장운영 통합	기준정보/ 기술정보생성 및 연결자동화	다품종 개발협업
중간수준1	설비제어 자동화			기준정보/기술정보 개발운영	다품종 생산협업
기초수준	설비 데이터	공정물류관리 (POP)	관리기능 중심 기능 개별운용	CAD사용, 프로젝트 관리	단일 모기업 의존
ICT미적용	수작업	수작업	수작업	수작업	전화와 이메일 협업

자료: 테크엠(2016.5).

스마트공장을 통해 제조기반을 보유하지 않은 기업에게 맞춤형 소량생산서비스를 제공하는 혁신사례도 등장하고 있다. 한국전자통신연구원(ETRI)이 개소한 개방형 제조서비스는 스타트업 또는 중소기업이 인터넷을 통해 제품 제작을 의뢰해오면(시제품 포함) 스마트공장에서 제품을 생산해서 온라인 마켓플레이스를 통해 제품을 전달하는 서비스이다. ETRI가 지원하는 스마트공장에는 3D프린터, 로봇, 컴퓨터 수치제어(CNC) 등이 주요 설비이며, 향후 IoT, 모델링, 무선통신, 클라우드 컴퓨팅, 인공지능 등 ICT기반의 미래형 공장을 추구하고 있다(테크엠, 2016.5).

(3) 제품의 서비스화(제품과 서비스의 결합, 제품과 SW의 결합)

제품의 서비스화라는 용어는 제조업 가치사슬에 서비스의 역할이 새로 편입되거나 확대되는 것을 의미한다. 사실상 이미 글로벌기업들은 자사의 제조업에 ICT기반 서비스를 결합하는 비즈니스를 추진하고 있다.

애플이 하드웨어, 소프트웨어 그리고 서비스를 연계할 수 있는 플랫폼을 구축하고 소비자와 콘텐츠 제공자를 그 플랫폼으로 연결시키는 새로운 소비생태계를 구축한 것이 대표적인 사례라 할 수 있다. 애플은 스마트폰(제품)과 앱스토어(서비스)를 결합하여 고객에게 고부가가치를 제공하는 것이 2015년 기준 시가총액 1위의 애플의 결정적인 동기가 되었다.

특히 사물인터넷(IoT)기술의 확산으로 제품의 상태를 고객에게 지속적으로 알려주며 서비스를 제공하는 것이 용이해졌다. 구글이 2014년 인수한 자동온도조절기 네스트도 제품시장에서 서비스시장으로 사업영역을 확대하고 있다. 미국의 전기차 업체인 테슬라도 SW 업그레이드를 통해 판매한 자동차의 성능을 개선하고 문제점을 보완하고 있으며, 전통적인 자동차 업체 GM, 포드 등이 차량공유서비스에 나서거나 관련 업체에 투자하는 경우도 이에 해당된다. 스마트TV를 판매한 후 다양한 콘텐츠 및 서비스를 온라인으로 제공하는 삼성전자, LG전자도 제품의 서비스화가 진행되는 사례이다(테크엠, 2016.5).

전통적인 제조업은 기술이 표준화되고 글로벌 아웃소싱을 통해 최저비용으로 생산이 이루어지다 보니 더 이상 가격과 성능으로는 제품의 차별화를 통한 경쟁력을 확보하기 어려워지고 있다. 선도업체와 후발업체 간의 품질의 차이는 없어져 가격 인하 혹은 생산기간을 단축하는 등 출혈경쟁이 이어지고 있다. 이러한 상황에서 '제품의 서비스화'는 제품 차별화를 위한 좋은 대안이 되고 있다. 즉, 고객 다변화, 글로벌시장경쟁 심화 등으로 인해 하드웨어 기능 중심의 경쟁력으로는 글로벌시장 내 경쟁우위를 점하기 어려워짐에 따라 디자인, UI/UX,[3] 임베디드 소

---

3 UI(User Interface)는 사람과 컴퓨터시스템·프로그램 간 상호작용을 의미한다. 그러므로 UI 디자인은 사용자와 컴퓨터·프로그램 간 의사소통의 효과성과 효율성을 극대화하기 위해 인간, 환경, 기술 요소를 통합하는 활동이다.
   UX(User Experience, 사용자 경험)가 디지털시대 키워드가 되고 있다. 사용자 경험이란 사용자가 어떤 제품이나 서비스를 이용하면서 축적하게 되는 모든 지식과 기억, 행동과 감정의 총체적 경험이다.

프트웨어 등 소프트파워에 기반한 차별화 전략이 고객유인이 핵심이 될 것으로 보인다.

2. 온디맨드경제의 등장과 고용구조의 변화

(1) 온디맨드경제(On Demand Economy)

온디맨드경제는 플랫폼과 기술력을 보유한 회사가 수요자의 요구에 즉각적으로 대응하여 서비스와 제품을 제공하는 경제전략 혹은 활동이다. 제4차산업혁명의 도래로 '자동화', '노동대체기술의 발전', 그리고 '온디맨드 플랫폼 비즈니스 확대' 등의 산업구조적인 패러다임 변화가 빠르게 진행되고 있으며, 이는 일자리 지형을 바꾸는 고용구조 변화로 이어질 것으로 예상된다.

기존 산업구조에서의 시장원리는 사람, 유휴자산(재화)과 정보를 유통 플랫폼에 등록하고, 수요와 공급자가 모두 그 안에서 거래하는 방식이다. 이때 공급과 수요가 만나는 지점에서 가격이 결정되고 시장 전체에 통용된다.

반면 온디맨드경제는 거래에 당사자들이 제품과 서비스를 소유하지 않고 이용할 수 있으며, 디지털 플랫폼이 거래의 중개 역할을 담당한다. 디지털 플랫폼은 충분히 활용되지 못한 자산들(자동차 주차시간, 집의 남는 방, 거래 중개자, 배달이나 집수리를 위한 기술 등)을 효율적으로 사용하도록 만들어, 서비스를 추가로 제공할 때 발생하는 한계비용이 거의 제로에 가깝다는 특징이 있다. 이러한 이유로 디지털 플랫폼은 자산을 활용하여 거래하거나 서비스를 제공할 때 발생하던 거래비용이나 마찰비용을 크게 감소시켜, 참여자 모두에게 경제적 이익을 부여한다.

세계에서 가장 큰 택시기업인 우버(Uber)와 숙박 제공업체 에어비앤비(AirBnB)는 직접 소유하고 있는 자동차와 소유한 부동산이 없다는 사실은 디지털 플랫폼 비즈니스가 기존의 비즈니스와는 완전히 다른 형태임을 보여준다.

온디맨드경제는 차량, 숙박뿐 아니라 배달, 청소 등 단순노동서비스로 확장되어 진행되고 있으며, 최근에는 법무 및 컨설팅 등 전문인력서비스분야에도 적용되고 있다.

▼ 〈표 2-3〉 분야별 온디맨드 비즈니스 사례

업체명	구분	내용
Lyft	택시	우버와 유사한 카쉐어링 업체로 택시서비스 제공
InstaCart	장보기	코스트코, 홀푸드 등 마트에서 고객이 원하는 신선식품 등을 1시간 이내에 배달하는 쇼핑 대행서비스 제공
Handy	가사노동	집안 청소부터 가구조립, 실내 페인팅, TV설치, 에어컨설치, 전구교체 등 각종 가사노동 및 수리서비스 제공
TaskRabbit	심부름	지역 내 인력 매칭 플랫폼으로, 청소, 이사, 배달, 출시일 맞춰 매장에 줄서기, 각종 수리서비스 등을 제공
DoorDash	음식배달	자체 배달서비스를 제공하지 않는 지역 내 유명 레스토랑 음식을 배달해주는 서비스 제공
Luxe	발레파킹	주차공간을 찾는 데 오랜 시간이 걸린다는 점에서 착안, 모바일 앱을 통해 주차대행서비스 제공
DogVacay	펫시터	펫시터 반려동물을 돌봐주는 플랫폼
Fiverr	전문가	음악, 그래픽, 번역, 비디오편집, 디자인, 이력서 첨삭, 웹분석 등 각종 분야의 전문가서비스 제공
Quicklegal	법무	법률적 조언이 필요한 사람과 변호사를 연결
HourlyNerd	컨설팅	1~2인 회사부터 대기업까지 17,000명의 각 분야의 독립 컨설턴트를 연결하고 컨설팅서비스를 제공

자료: KB금융지주경영연구소(2019.8.1).

새로운 환경에서 비즈니스 모델의 변화는 직무능력(Skill Set)의 파괴적 변화로 이어지고 있다. 앞선 설문에서 응답자들은 이미 광범위한 일자리와 산업에서 파괴적 변화로 인한 기존 직무능력의 적합성에 대해 가시적인 변화를 느끼고 있다고 언급하였다.

혁신기술에 대한 요구가 빠르게 높아질수록, 개별 직업군과 직업에 대한 기술요건의 변화 정도는 더욱 확연해지고 있다. 예를 들어, 로봇공학과 기계학습 같은 기술의 파괴적 변화는 기존 직업과 직종을 완전히 대체하기보다는 직업의 일부로 이전에 수행하던 특정 과업만을 대체하게 된다. 따라서 근로자는 보다 자유롭게 새로운 과업에 집중할 수 있게 되어 이들 직업에서 핵심 직무능력에 급속한 변화가 일어나고 있다. 심지어 기술적 변화의 직접적인 영향을 받지 않는 안정적인 고용 전망을 가진 직종으로 예를 들면, 신흥시장의 새로운 인구 층을 겨냥한 마케팅이나 공급사슬 전문가 역시 불과 몇 년 후에는 활동하게 될 생태계의 변화에 따라 크게 달라진 직무능력을 요구받게 될 것이다. 이처럼 비즈니스 모델에 대한 기술적, 인구학적, 사회경제학적 변혁의 영향은 고용 지형과 직무능력 요건의 큰 변화를 불러오며 이에 따라 인재의 채용, 훈련과 관리에 상당한 어려움이 초래될 것으로 예상된다(WEF, 2016).

(2) 노동의 변화

제4차산업혁명시대와 인공지능과 관련하여 가장 많이 거론되는 사회변화는 일자리 감소이다. 2013년 프레이와 오스본(2013)이 미국에 있는 직업의 47%가 자동화되어 20년 이내에 사라진다는 전망을 내놓은 이후, 인공지능과 로봇이 인간의 일자리를 빠르게 대체할 것이라는 전망이 속속 나오고 있다. 2014년 PeW 리서치가 1,896명의 전문가를 대상으로 조사한 결과 응답자의 48%가 블루칼라뿐 아니라 화이트칼라도 로봇에 의한 일자리 위협을 받을 것으로 전망한다(Smith, 2014). 벨기에의 브르겔(Bruegel) 연구소는 EU에서 직업의 54%가 자동화되어 사람들이 심각한 노동위기에 처할 가능성이 있다는 연구결과를 내놓기도 했다(Bowles, 2014). 하지만 인공지능에 의한 일자리 감소 연구들은 다음과 같은 반론이 있다. 대체적인 방향성은 어느 정도 설득력이 있지만 구체적인 일자리 변화의 내용을 예측하기에는 별 도움이 안 되고 있다. 무엇보다 일자리 변화에 영향을 미치는 다양한 변수를 반영하지 못해 예측과 실제 결과가 다르게 나올 가능성이 매우 농후하다. 예컨대 각 직업군이 갖는 정치적 영향력은 업무의 속성 못지 않게 일자리 대체 여부에 결정적인 영향을 미치지만 이를 제대로 반영한 연구는 찾기 힘들다. 관련된 여러 변수들을 과학적으로 반영 혹은 통제하지 못한 결과 <표 2-4>와 같이 일자리 변화 전망이 연구마다 큰 차이를 보인다. 전 세계에서 자동화로 사라지는 일자리가 작게는 180만 개에서 크게는 20억 개로 예측되어 그 규모를 가늠하기가 쉽지 않다. 따라서 MIT 연구진은 이런 현상을 두고 "우리가 내릴 수 있는 유일한 결론은 기술진보에 따라 얼마나 많은 직업이 실제로 사라질지 우리가 모르고 있다는 것이다"(Winick, 2018)라고 한다.

▼ 〈표 2-4〉 자동화에 따른 직업변화 전망(전 세계 대상)

기준년도	범위	직업파괴	작업창출	연구기관	별표년도
2020	전 세계		1,000,000~ 2,000,000	Metra Martech	2013
2020	전 세계	1,800,000	2,300,000	Gartner	2017
2020	15개국 샘플	7,100,000	2,000,000	World Economic Forum(WEF)	2016
2021	전 세계		1,900,000~ 3,500,000	The International Federation of Robotics	2013
2030	전 세계	2,000,000,000		Thomas Frey	2013
2030	전 세계	400,000,000~ 800,000,000	555,000,000~ 890,000,000	McKinsey	2017

자료: Winick(2018)을 수정.

기술의 발전과 고용의 관계를 좀 더 살펴보면, 기술은 노동의 생산성을 높여 주는 보완적인 기술이 있고 노동을 필요 없게 하는 대체기술이 있다. 예를 들어, 컴퓨터기술은 일을 빠르고 쉽게 효율적으로 처리할 수 있게 하여 노동의 생산성을 높여주는 보완적 기술이다. 반면에 자율주행자동차를 구현하는 기술은 운전 자를 아예 필요없게 하는 대체기술이다. 이 두 가지 기술 중 산업계에서 선호하는 기술은 보완적 기술보다 대체기술이다. 임금의 문제이기도 하지만 경영차원에서 보면 노사관계의 어려움에서 해방되고, 생산성도 월등히 높기 때문이다.

과거에는 단순하고 반복적인 육체노동이 주로 컴퓨터와 기계로 대체되었으나 인공지능이 발전하고 이를 장착한 로봇이 상용화되면서 고급 지식노동자까지 급속도를 대체되어 가고 있다. 인공지능이 발전하면서 방대한 자료를 분석하고 패턴을 발견하며 이를 바탕으로 예측하는 기능은 인간이 인공지능과 로봇을 따라갈 수 없음은 알파고를 통해 입증되었다.

부동산분야에서는 인공지능으로 인하여 컨설팅이나 중개사의 입지가 더욱 좁아질 것으로 보인다. 미국의 경우 부동산전문가가 아닌 비전문가에 의해 방대한 데이터를 기반으로 상용화한 부동산가격 예측 모델(예: Zestimate)이 전미부동산협회의 가격 예측이 월등히 정확하다. 부동산 대출 업무 역시 인공지능 컴퓨터에 의해 대체될 가능성이 크다. 아무리 대출심사가 복잡하고 까다롭다고 하더라도 일정한 규칙이 있거나 반복적인 업무는 컴퓨터가 더욱 잘하기 때문이다. 실제 미국 등 외국에서는 세무사가 하는 일의 상당부문을 컴퓨터가 하며, 법률소비자의 정보를 정리하거나 관련 법령을 체크하고 과거의 판례를 조사하는 등의 업무에서 인공지능이 활용되는 리걸테크(LegalTech)[4]가 발전되고 있다.[5] 따라서 인공지능으로 인해 밀려난 노동자들은 일자리를 잃거나 비정규직으로 될 것이며 임금수준도 정규직의 60% 정도에 미치지 못할 수 있다. 따라서 규모가 크고 복잡한 업무를 세분화해서 다수의 작은 단위로 만드는 기술이 급속도로 발달함에 따라 하청이나 역외고용이 한층 확대될 것으로 보인다.

다른 한편에서는 일자리 감소에 대한 사람들의 우려는 기술진보가 갖는 일자리 창출효과를 과소평가하는 문제도 안고 있다. 지금까지 역사는 기술발전이 항상 더 많은 일자리를 창출했음을 끊임없이 증명해 왔다. 현재 문제가 되는 인공지능과 로봇의 경우에도 일자리에 미치는 영향을 실증적으로 따져보면 우리가 걱정하는 것과 달리 사라지는 것보다 창출되는 일자리가 더 많을 것이라는 결론에 도달할 가능성이 높다. <표 2-4>를 보면 자동화로 인해 파괴되는 직업과 창출되는 직업을 함께 제시한 연구에서 세계경제포럼의 경우를 제외하고, 대부분 파괴되는 것보다 더 많은 일자리가 창출될 것으로 전망하고 있다. Bassen(2016)과 OECD(2018)의 연구도 자동화가 서비스분야의 일자리를 증가시킨다는 것을 실증적으로 증명했다. 그들의 연구가 의미 있는 것은 컴퓨터, 인공지능 등 각종 자동화기술을 적극적으로 활용한 분야에서 오히려 일자리 증가 속도가 높았다는 것을 밝혀준 것이다. 따라서 기술변화에 소극적으로 대응하는 것보다 적극적으로 대응하는 것이 사람들의 우려와 달리 일자리 문제를 궁극적으로 해결하는 데 더 좋은 전략이 될 수 있다는 의미다.

인공지능에 의한 일자리 창출이 일어나는 메커니즘은 크게 세 가지 방식이 있다. 첫째는 거시적으로 제조업에서 줄어든 인력이 서비스업으로 이동하는 데

---

4 리걸테크(LegalTech)는 4차산업혁명과 관련된 빅데이터, 인공지능을 법률서비스에 적용하는 것으로 판사, 검사, 변호사 등이 수행하는 법률서비스(Legal Service)와 기술(Tech)의 합성어이다.
5 인공지능 판사가 인간재판의 결과를 79%의 정확도로 예측하기도 한다고 한다(조선일보, 2016.10.25).

제조업의 성장 속도보다 서비스업의 성장 속도가 더 빨라 국가 전체적으로 일자리가 늘어나는 것으로 미국의 경우 산업 간 인력구조 고도화로 일자리를 증가시키고 있다(OECD, 2018). 둘째는 인공지능을 활용하여 기존에 존재하지 않던 새로운 상품과 서비스를 개발함으로써 새로운 일자리를 만드는 것이다. 자율주행자동차, 디지털 어시스턴트, 챗봇(Chatbot) 등 현재 소개되는 지능서비스들이 모두 이런 효과를 수반한다. 셋째는 인공지능이 인간의 능력을 강화하여 일자리를 늘리는 경우이다. 예를 들어, 내비게이션을 활용하면 길을 모르는 사람도 택시 기사로 일할 수 있는 것과 같이 일자리의 문턱을 누구에게나 여는 것이다.

이 중 부동산산업 관점에서는 세번째 방식이 의미가 크기 때문에 좀 더 자세히 살펴보고자 한다. 인간과 인공지능의 관계는 [그림 2-3]과 같이 자동화(Automation)와 증강(Augmentation)으로 구분할 수 있다. 자동화는 인공지능이 직접 의사결정을 내리고 인간이 이를 감독하는 경우를 말한다. 반복적인 업무에 우선 적용할 수 있는 반면 증강은 인간이 의사결정을 내리고 인공지능이 이를 뒷받침하는 역할을 한다. 인간과 인공지능 사이에 일종의 협업관계가 형성되는 것으로 부동산산업은 그 특성상 이에 해당될 가능성이 높다. 이외에도 인간이 전혀 관여하지 않는 자율화는 아직 기술적으로 요원한 상태이다. 일자리 관점에서 보면, 자동화는 인간을 대체하는 효과가 두드러지지만, 증강은 일자리를 늘리는 데 크게 기여할 수 있다(Gartner, 2017). 부동산산업은 비용 측면에서 보면, 숙련도가 떨어지는 사람도 업무수행이 가능하여 서비스비용이 줄어들고 그 결과 수요를 늘릴 수 있다. 또한 질적인 측면에서는 개인맞춤서비스 등 새로운 고품질서비스가 개발되어 고부가 수요를 창출한다. 이런 측면을 감안하여 Gartner(2017)는 2022년에는 'AI 증강'이 2.9조 달러의 상업적 가치를 창출할 것으로 예측하기도 한다.

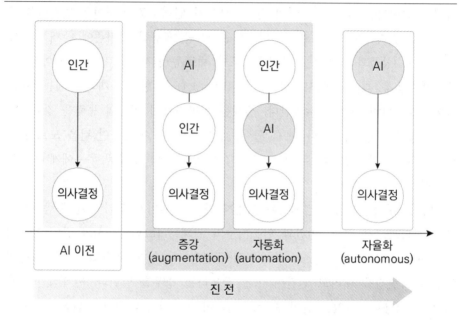

자료: 황종성(2018).

만물의 네트워크화가 진행되고 온디맨드경제가 대두됨에 따라 고용구조는 현재의 상용근로직에서 임시계약직으로 변화할 수 있는 가능성도 높다. 기존의 고용구조가 회사가 직접 직원을 채용해서 고객에게 제품이나 서비스를 제공하기 위해 노동력을 사용했다면, 온디맨드경제구조에서는 수요에 대응한 초단기 계약직을 다수 활용함으로써 기존의 양질의 일자리가 줄어드는 사회문제를 야기할 수 있다.

이렇듯 기업들이 필요한 시점과 기간에 따라 정규직이 아닌 계약직이나 임시직으로 인력을 활용하고 대가를 지불하는 시장을 '긱 이코노미(Gig Economy)'라고 부른다. 이미 미국 상무성은 2016년 6월 긱 이코노미와 관련된 통계자료를 만들기 위해 이 용어를 명확히 정의한 바 있다. 우버가 전 세계 자사 디지털 플랫폼을 이용하는 기사들과 직접적인 고용을 맺는 대신 '드라이브 파트너'라는 임시계약구조를 가져가는 것이 바로 긱 이코노미의 대표적인 예이다.

3

기술발전과 경제변화

▶ 01절 　스마트정보기술

　　미래사회는 융합기술의 급격한 발전, 고령화, 기후변화 등 변화의 폭과 속도
가 커지면서 발전적 기회와 위험이 상존하는 역동적인 사회가 될 것이다. 이러
한 변화의 폭과 속도는 정보기술의 지속적이고 기하급수적인 발전으로 인해 더
욱 더 점차 커지고 빨라지고 있는 것이다.

　　아래 [그림 3-1]에서 보는 바와 같이 농경시대의 기술발전은 6,000~7,000
년에 걸쳐 이루어진 데 비해, 산업사회는 250년, 정보화시대는 50년으로 기술발
전은 현대에 이를수록 그 기간이 짧아지고 있으며, 이는 앞으로 더욱 단축될 것
으로 예상된다. 미래학자인 커즈와일(Ray Kurzweil, 2011)은 기술이 발전할수록
가속도가 붙어서 2045년경에는 과학기술의 발전이 특이점(Singularity)[6]를 통과할
것이라 주장하는 등 가까운 미래는 기술의 폭발적인 발전과 급속한 변화를 거듭
할 것으로 예견하고 있다.

6　특이점이란 어떤 기준을 상정했을 때 그 기준이 적용되지 않는 점이란 용어로, 원래는 물리
　학이나 수학 등의 학문에서 사용되는 용어로 커즈와일은 기술이 어느 순간 수확체증적으로
　발전하는 시점이 온다고 하여 이 시점을 의미로 최근에는 인공지능이 사람의 지능을 뛰어
　넘는 시점을 의미하기도 함.

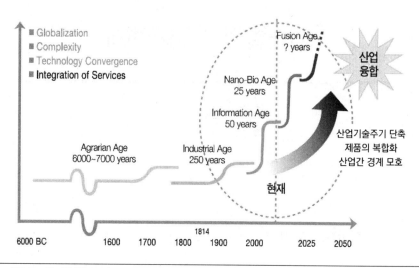

자료: 한국정보화진흥원(2011).

뿐만 아니라 미래사회에는 급속도로 발전하는 정보기술을 기반으로 이종(異種)분야 간의 경계가 점차 허물어지는 융합의 시대(Fusion Age)가 도래되어 더욱 복잡하고 극심한 변화를 맞이하게 될 것으로 예상하고 있다.

기술혁신과 경제발전의 역사적 변천을 다룬 장기파동이론(Long Wave Theory)에 의하면 자본주의 경제가 호황(Prosperity), 침체(Recession), 불황(Depression), 회복(Recovery)과 같은 파동을 경험해 왔고, 신기술의 대두와 국제질서의 재편이 서로 맞물려 있다고 한다.

이러한 장기파동이론에 의하면 산업발전이 50년을 주기로 변화하고 있는 것으로 볼 수 있어 2020에서 2030년에 이르게 되면 기술은 정보기술이 고도화로 발전함으로서 '제6의 큰 물결'이 다가올 것이라고 예상하기도 한다.

▼ 〈표 3-1〉 장기파동의 역사

장기파동	기간	핵심산업	주도국가	비고
1차	1760/70~1820/30	섬유	영국	제1차산업혁명
2차	1820/30~1870/80	철도	영국	빅토리아 번영기
3차	1870/80~1920/30	화학, 전기	독일, 미국	대기업의 출현
4차	1920/30~1970/80	자동차	미국	포드주의 생산방식
5차	1970/80~ ?	전자, 정보	일본, 미국	정보사회의 도래
6차	?	?	?	?

자료: Perez(2002).

이와 같이 정보기술의 발전과 변화를 예측해 보는 것은 다가오는 미래를 대비하기 위함이며, 이는 경쟁력과 연관되어 향후 나아가야 할 방향을 설정하기 위한 것이다.

지금까지 논의한 정보기술이 발전하는 추세를 바탕으로 정보기술의 미래를 예측해 보면, 급격한 정보기술의 발달로 인해 미래사회는 심화·고도화되어 더욱 편리하고 안전하고 난제를 해결하는 등 더욱 더 핵심가치에 중점을 두고 진화될 것으로 보인다. 따라서 미래사회에는 정보사회의 본격화로 시간·공간·지식관계가 확장(Enhanced)되어 새로운 가능성이 형성하게 될 것이다.

과거 역사를 되돌아보면 사회 패러다임이 변화하면서 기술발명·혁신이 핵심적인 역할을 하였듯이 미래사회변화의 기저에 정보기술의 발전이 있을 것이라고 한다(한국정보화진흥원, 2010). 미래사회에서의 정보기술은 바이오, 나노기술 등과 융합(IT+BT+NT)하여 보다 혁신적인 모습으로 진화함으로서 미래 사회구조의 변화를 견인할 것이다. 뿐만 아니라 정보기술은 그동안 현안 이슈(Issue)에 직접적·사후적으로 개입하거나 대응하여 왔으나, 미래사회에서는 정보기술은 점차 내재화되고 고도화됨으로서 미래에 당면할 이슈에 대해서까지 본질적·선제적으로 대응할 수 있도록 발전되고 있는 것이다.

사회구조의 변화를 견인하는 정보기술의 발전이 적용되는 구체적인 대표 사례를 살펴보면 다음과 같다. 먼저 정부나 기업의 정책과 전략을 수행하는 데 있어 국민과 소비자와 초연결됨으로서 사물인터넷(IoT), 빅데이터(Big data), 인공지능(AI), 블록체인(Blockchain), 사이버물리시스템(CPS) 등의 정보기술에 의해 예측가능한 의제를 선정하고 국민과 소비자가 체감할 수 있는 정책과 전략이 여러 국가에서 추진되고 있다. 또한 기후변화와 에너지 고갈에 대해서 스마트그리드(Smart Grid)를 통해 지역과 건물의 에너지 수급현황을 파악 조정하여 절감하는 방식으로 접근하고 있으며, 스마트오피스(Smart Office) 도입으로 기후와 에너지 문제 뿐만 아니라 저출산, 생산의 효율성 문제 해결에 기여하고 있다. 자연재해 문제도 정보기술을 이용하여 실시간으로 모니터링하고 대응하고 있다.

또한 현실과 거의 동일한 수준의 정보를 제공하는 공간정보서비스의 확산으로 GIS 기반의 시뮬레이션 예측이 가능해지면서 공간 활용에 효율성과 위험(재해)의 획기적인 감소가 가능해지는 방향으로 나아가고 있다.

그 밖에도 실시간·상시적으로 상황인식이 가능해진 정보기술은 위험의 적시정보 및 대처가 가능하도록 첨단화, 지능화됨으로써 신원이나 위치를 자동식별하여 사회안전이나 범죄예방 등에 폭넓게 활용되고 있다.

다시 말해 미래사회에서의 정보기술은 현재와는 전혀 다른 미래를 가능하게 할 것이다. 즉, 정보기술은 비(非)정보기술분야와의 융합을 통해 영역을 넓혀감으로써 삶의 방식과 사회시스템을 바꾸고 새로운 가치를 창출하게 될 전망으로 보인다.

▼ 〈표 3-2〉 정보기술의 발전 단계(가트너)

Innovation Trigger	잠재적인 기술이 관심받기 시작하는 단계로, 아직 상용화된 제품이 없으며 상업적인 가치도 증명되지 않은 단계
Peak of Inflated Expectations	초기 대중적인 관심이 일부 성공 사례와 다수의 실패 사례가 나타나면서 사업에 착수하는 일부 기업이 있으나, 대다수의 기업은 관망하는 단계
Trough of Disillusionment	사업시도가 성과를 낳는 데 실패하여 관심이 수그려지는 단계로, 지속성 있는 사업체가 제품의 성과향상에 성공하는 경우에 투자가 지속
Slope of Enlightenment	성과가 좋은 사례가 증가하면서 많은 기업들이 투자를 시작하지만, 보수적인 기업들은 여전히 유보적인 입장을 취하는 단계
Plateau of Productivity	기술이 시장의 주류로 정착되면서 시장에서 성과를 거두기 시작하는 단계

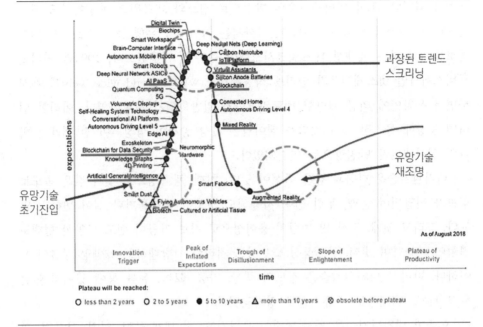

자료: Gartner(2019).

디지털경제

1. 디지털경제의 등장

디지털경제(Digital Economy)란 재화와 서비스의 생산, 분배, 소비 등 주요 경제활동이 '디지털화, 네트워크화된 정보와 지식'이라는 생산요소에 의해 이루어지는 경제를 의미한다. 또한 협의의 디지털경제는 IT산업과 인터넷을 기반으로 하는 전자상거래에 의해 이루어지는 경제라 할 수 있다.

디지털경제를 견인하는 디지털기술은 1970년대까지 주로 컴퓨터의 연산 기능에만 이용되었으나, 1980년대에 들어서면서 방송과 통신기술의 응용분야로 확대되면서 전 산업들에서 획기적인 생산성 향상은 물론 신산업을 출현시키는 계기가 되었다. 또한 인터넷기술의 발전으로 정보와 네트워크 형성에서도 새로운 변화가 나타나게 되었다. 1980년대까지는 기업이나 은행 등 조직들에서 내부 정보를 교환하는 폐쇄형 네트워크시스템이 주류를 이루었으나, 1994년 인터넷 서비스회사인 넷스케이프가 인터넷 상용서비스(WWW: World Wide Web)를 개시하면서 온라인에 의한 개방형 네트워크화가 일반화되기 시작하였다. 이러한 인터넷 등장에 물리적 공간 개념을 뛰어넘은 가상 공간이 형성되어 전 세계가 하나의 인터넷이란 단일망으로 연결되었다.

디지털기술은 다음과 같은 특성이 있다. 첫째, 광속성으로 빛과 같은 속도로 정보가 전달되며 둘째, 무한 반복 사용해도 정보가 줄어들거나 질이 변하지 않는다. 그리고 셋째, 조작 및 변형의 용이성으로 정보 가공이 쉽고 다양한 형태로 변형이 가능하며 넷째, 양방향성으로 정보 처리량이 방대하고 양방향 전달이 용이하다. 따라서 디지털기술은 정보의 생산, 가공, 교환, 유통 등에 있어서 아날로그기술을 대체하는 주류기술로 정착되었다.

이러한 디지털기술은 동서 냉전이 무너지고, 전 세계 물적, 인적, 자본적, 과학기술적, 정보적, 제도적 교류가 확산됨에 따라 디지털기술과 이에 연관된 산업들, 그리고 인터넷으로 초래된 가상 공간의 세계적 이용과 보급이 확산되었다. 이와 같은 세계화의 물결과 디지털기술의 발전이 디지털경제를 발전시키는 주요 동인으로 작용된 것이다.

이러한 동인들과 디지털기술의 특성으로 나타나는 디지털경제는 단순히 디지털기술을 활용한 컴퓨터나 이동전화, 디지털 TV 등 개별 제품들의 혁신을 훨씬 뛰어넘는 개념으로 변해가고 있다. 즉, 디지털경제는 이들 제품들이 전 세계적인 네트워크로 연결되어 새로운 정보유통 채널을 형성함으로써 경제 질서 자체가 혁명적으로 변화하는 추세를 일컫는다고 할 수 있다. 다시 말해 디지털경제는 디지털기술을 직접 생산하는 전자·정보·통신·인터넷산업과 이 기술을 활용하는 일부 제조업과 서비스산업과 관련한 의미로 언제, 어디서, 누구와도, 대량의 정보를 교환하는 것이 가능한 세계적 정보 네트워크가 형성되어 경제활동의 합리성을 결정하는 원리 자체가 달라지는 경제시스템 전반의 변화로 이어지고 있다(박기홍 외, 2000).

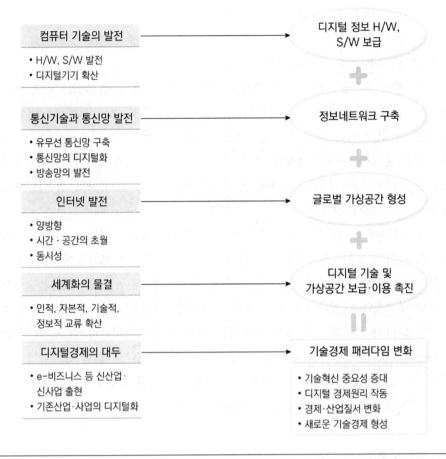

자료: 박기홍 외(2000), 수정보완.

2. 디지털경제의 특징과 변화

디지털경제는 기존의 경제와 비교할 때 여러 가지 현상적, 원리적 특징을 지니고 있으며, 산업·기업·제품·시장·소비자들을 변화시키고 있다. 경제주체들이 디지털경제에서 산업적, 전략적, 정책적 성공을 추구하기 위해서는 다음과 같은 차별적 특징과 변화 방향을 잘 이해할 필요가 있다.

(1) 네트워크 · 사이버경제로서의 디지털경제

디지털경제는 네트워크로 연결된 경제 주체들이 지식과 정보를 쉽게 탐색, 이용할 수 있는 경제시스템의 하나로, 지식과 정보를 공유함으로서 경제적 측면에서 매우 중요한 의미를 갖는다.

과거에는 시 · 공간적 제약으로 정보 공유가 제한적일 수밖에 없었지만 이제는 전 세계적으로 연결되어 있는 인터넷으로 인해 누구나 쉽게 정보를 공유하고 활용할 수 있어 더욱 효과적, 효율적으로 업무를 수행할 수 있게 되었다. 또한 인터넷은 물리적 공간의 한계를 넘어서는 사이버 공간을 형성하여 세계의 경제 주체들은 이런 사이버 공간을 통해 생산 과정에서 분업 및 협력의 범위를 더욱 확장시킬 수 있게 되었다.

디지털경제에서는 인터넷을 통한 사이버 공간이 새로운 산업과 사업 영역을 형성해 나가고 있다. 최근 다양한 형태로 나타나고 있는 정보기술에 의한 서비스사업은 이러한 디지털경제의 직접적인 형태라고 볼 수 있으며, 기존의 산업들도 디지털경제와 연계하여 다양한 형태로 발전하고 있다. 물론 디지털경제가 발전한다고 하여 기존의 산업들이 없어지는 것은 아닐 것이다. 디지털경제에서는 새로운 디지털산업의 중요성이 획기적으로 증가하면서 다른 한편으로는 디지털기술들이 전통적인 제조업과 서비스업에 광범위하게 활용되어 기존의 산업 · 사업이 디지털화되고, 디지털경제와 합류된다는 것이다.

(2) 경제 구성요소의 변화

1) 산업구조의 변화

디지털경제 하에서 전반적인 산업구조 변화가 초래되고 있다. 기존의 경제체제에서는 철강, 건설, 석유화학, 전자, 기계산업 등이 경제발전의 핵심산업군 역할을 수행하였으나 디지털경제에서는 디지털 수렴(Digital Convergence) 현상으로 인해 산업구조와 내용이 변화하고, 빅데이터, 인공지능, 블록체인 등 스마트 정보기술에 의한 주요 산업으로 부상하고 있다.

2) 기업구조 및 경쟁방식의 변화

디지털경제에서 대다수 기업은 개별 전문가들과 연결되고, 더 많은 근로자가 지금보다 더 작은 작업단위 내에서 일하게 되거나, 혼자 일하는 경우가 증가한다. 이렇게 되어 성실과 신뢰, 그리고 개방된 의사소통이 기업들 간, 그리고 기업과 고객 사이의 계약관계의 성격을 재 규정한다.

한편 기발한 발상과 선구적인 사업계획을 작성하는 개인들이 과거에 비해 보다 쉽게 자신의 생각을 비즈니스로 전환시킬 수 있게 된다. 또한 클라우드 펀딩(Crowd Funding)에 의한 벤처자본을 쉽게 끌어 모을 수가 있다. 이와 같이 시장 신규 진입이 종전에 비해 용이해짐에 따라 경쟁이 더욱 심화되고 있다.

3) 생산·유통방식 변화

과거에는 대규모 생산설비 구축과 인력투입 등 대량생산체제 구축을 통한 규모의 경제가 경제력의 핵심요소이었다. 그러나 디지털경제 하에서는 지식·정보의 디지털화 및 양방향 네트워크로 산업전반에 걸쳐 지식과 정보의 공유가 쉽게 이루어짐으로써 대규모 집중식 생산방식이 아닌 분산적, 공유적 생산체제로 규모의 경제 및 범위의 경제를 실현할 수 있고 이를 통해 생산성 향상을 거둘 수 있게 되었다.

또한 대기업 또는 중소기업 생산자는 전자상거래와 같은 새로운 유통 채널이 등장함에 따라 인터넷을 통해 전 세계의 소비자를 대상으로 과거에 비해 적은 거래비용 하에서 직접 마케팅 활동, 제품판매를 할 수 있다. 즉, 중소기업들도 과거 대기업만이 할 수 있었던 대규모 서비스를 제공할 수 있게 되어가고 있다. 따라서 디지털경제에서는 대규모 설비에 근거한 대량생산능력보다 다품종소량생산을 기반으로 소비자 기호에 더욱 밀착된 생산 및 마케팅을 할 수 있는 능력이 과거에 비해 더욱 중요해지고 있다.

특히 디지털경제 하에서 정보의 생산과 유통이 더욱 용이해지는 반면 새로운 많은 정보의 흡수능력의 한계로 인하여 정보를 추출, 처리, 편집할 여과장치를 마련할 필요성이 증대되고 있다. 기업의 입장에서는 경쟁사보다 한발 앞서 새로운 브랜드를 개발하고 생산할 수 있는 신기술 확보가 더욱 절실해 지고 있다. 이와 같이 디지털경제 하에서 정보의 의미와 생산·유통방식이 변하고 있다.

4) 시장 및 소비자의 변화

소비자들은 시간, 장소에 구애됨 없이 제품에 대한 여러 정보를 실시간으로 얻고, 쉽고 경제적인 구매를 할 수 있게 되었다. 그리고 소비자가 직접 제조 과정에 참여하는 것도 가능해져 과거에는 불가능했던 Mass Customization이 가능해지고 있다. 또한 네트워크의 진전과 활발한 네트워킹이 전개됨에 따라 소비자들 사이에 사이버 공동체(Cyber Community)들이 형성되고, 소비자들은 이러한 공동체를 통해 과거에 비해 강력한 교섭력을 발휘할 수 있게 되었다.

또한 소비자들도 다양한 정보를 바탕으로 개인적 욕구를 최대한 충족시켜주는 차별화된 제품에 보다 많은 관심을 보이는 경향이 심화되고 있다. 즉, 네트워크가 발전함에 따라 소비자들은 자신이 원하는 것을 원하는 시간과 장소에서 정확히 주고받을 수 있게 되어 결과적으로 개인 한 사람을 위한 콘텐츠(Contents for one)를 주문할 수도 있게 된 것이다.

3. 디지털정보의 생산 · 유통상 특징

디지털경제에서 정보란 디지털화 될 수 있는 모든 것이라고 정의할 수 있다 (Varian, 1987, 1988). 따라서 디지털경제에서 정보상품은 정보가 비트(Bit)들의 흐름으로써 코드화되어 소비자에 의해 소비되는 것들을 의미한다. 야구 점수, 데이터베이스, 잡지, 영화, 음악, 주식 시세표, 그리고 웹페이지(Webpage) 등이 모두 정보이며, 디지털경제에서는 이러한 것들이 디지털화되어 상품으로 유통될 수 있다.

(1) 디지털정보의 생산 · 유통비용구조

하이테크(High Tech) 제품 뿐만 아니라 소프트웨어, 영화, 게임 등과 같은 콘텐츠산업들은 기술의 노하우에 대한 의존도가 높지만, 물질적 자원에 대한 의존도는 상대적으로 낮다. 따라서 연구개발의 초기 비용은 매우 큰 반면 단위 생산에 필요한 비용은 매우 적은 특성을 가지고 있다. 기존의 전통적인 산업은 초기 연구개발, 설비투자에 들어가는 비용 뿐만 아니라 제품생산 자체에 들어가는 비용도 중요한 요소이다. 그러나 디지털화된 소프트웨어, 콘텐츠 등과 같은 정보상품은 가공이나 복제가 쉽고 생산에 한계비용이 거의 들지 않아 초기 개발비용은 높으나 한계비용(Marginal Cost)이 거의 제로에 가깝다. 또한 초기 비용은 단순히 고정비용(Fixed cost)이 아니라 매몰비용(Sunk cost)이라서 고정비용이 생산 이전 단계에서 발생하고 실패할 경우 회수가 거의 불가능한 특징이 있다.

그리고 인터넷으로 네트워크화된 디지털경제에서는 재생산된 디지털정보제품들은 저렴한 유통비용으로 쉽게 동시에 전 세계에 유통될 수 있다. 즉, 디지털정보상품의 유통비용도 역시 물리적 상품들의 유통비용에 비하면 매우 적게 소요된다.

(2) 정보의 과적과 주목(Attention)의 과소

디지털정보는 빠르고 어느 곳에서나 매우 적은 비용으로 사용할 수 있어 오늘날 디지털정보에 접근할 수 있느냐 하는 문제보다는 정보의 과적(過積)이 문제되고 있다. 따라서 대부분의 유명한 웹사이트들이 사람들에게 필요한 웹사이트들을 걸러주는 검색엔진서비스를 제공하는 것이다.

그리고 디지털경제 하에서는 소비자들의 주목을 끌기 위해 과거 방송매체를 통한 대량 광고나 마케팅보다는 점차 점대점(P2P: Peer to Peer)에 의한 타겟 마케팅이 강력해지고 있다. 즉, 디지털경제 하에서 웹서버(Web Server)들은 자사 웹사이트를 이용하는 수많은 소비자의 소비행위를 관찰, 기록, 분석할 수 있고, 즉시 주문형 광고를 붙여서 주문형 콘텐츠를 생산할 수 있다. 이러한 강력한 웹서버들에 의해 축적된 정보는 소비자들의 현재 행동을 제한한다. 왜냐하면 소비자의 프로필과 인구 통계학적 정보와 연계된 과거의 데이터베이스에 지속적으로 축적되기 때문이다. 많은 웹사이트에 소비자가 회원으로 가입할 시 소비자들의 개인 신상이나 취미에 대한 정보를 입력하면 무료 전자메일서비스 등을 제공한다. 이것은 웹사이트 제공자로서는 자신이 직접하거나 전문적 마케팅업자와 연결하여 간접적으로 웹사이트 이용자로부터 정보를 수집하는 것이다.

이러한 새로운 점대점 마케팅은 광고주와 소비자 모두에게 이익을 준다. 광고주에게는 소비자에게 정확하게 광고로부터 판매에 도달하게 하며, 소비자들은 취향에 맞는 광고에만 주목을 집중할 수 있도록 하기 때문이다. 웹서버들과 연계된 점대점 마케팅 업자들은 인공지능과 빅데이터에 의해 소비자에 맞는 개인화된 좋은 정보를 수집·분석하여, 정보를 제공할 수 있어 더욱 유용한 제품을 기획하여, 생산·제공할 수 있다. 더욱 더 많은 정보를 확보하여 이러한 종류의 마케팅에 정통한 회사들은 번창하게 될 것이다. 반면에 여전히 집중되지 않고 무분별한 광고를 계속하는 회사들은 상대적으로 불리한 위치에 놓이게 될 것이다. 따라서 미래는 더욱 많은 정보를 수집하는 플랫폼을 운영하는 기업과 그렇지 못하는 기업과는 엄청난 양극화가 더욱 심화될 것으로 보인다.

4. 디지털경제 원리

제4차산업혁명시대에는 인공지능, 빅데이터, 블록체인, 사물인터넷, 증강현실, 가상현실 등 정보기술이 다양한 분야에서 혁신적인 발전과 변화를 이끌 것이다. 따라서 종전의 비즈니스 모델이 아닌 새로운 기술혁신이 지속적으로 일어나고 있어 새로운 경제의 기본원리를 파악하는 것은 매우 중요하다. 디지털경제에 있어 사업자들과 정책입안자들은 기술적 변화라는 나무도 알아야 하지만 사업적 성공과 실패를 좌우하는 기본적 경제원리라는 숲도 이해해야 한다.

(1) 네트워크 외부성(Network Externality)

네트워크경제 하에 다양한 정보기술들은 상호 호환성(Comp Atibility)을 확보함으로써 더 많은 편익을 향유할 수 있다. 어느 두 정보기술이 비호환적인 경우(두 기술이 상호 정보를 교환할 수 없는 경우 다른 조건들이 모두 같을 때) 소비자들은 더 많은 사람들이 사용하는 호환성이 높은 기술을 선호한다.

이와 같이 어느 소비자가 특정 제품을 사용함으로써 획득하는 효용은 이 제품과 호환적인 제품을 사용하는 소비자들이 많을수록 가치가 증가하게 되는데, 이를 '네트워크 외부성(Network Externality)'이라 한다. 즉, 이러한 제품들은 사용자들이 많아지면 공급자의 추가적인 노력 없이 제품의 가치가 증가하는 외부성이 존재한다(Shapiro and Varian, 1999). 이러한 네트워크 외부성으로 인해 결국 사용자가 많은 제품은 더 많은 수요를 창출하고, 사용자가 적은 제품은 더 이상 수요를 창출하지 못하고 시장에서 사라지게 되는 것이다.

디지털경제는 전 세계의 경제 주체들이 인터넷과 연결됨으로써 네트워크를 형성하여 발전되어 가고 있다. 따라서 네트워크 외부성은 디지털경제를 이해하는 중요한 경제원리이다. 네트워크 외부성은 어떤 재화들이 서로 연결되어 있을 때 그 재화로부터 얻을 수 있는 효용이 승수로 증가하는 것을 의미한다. 예를 들어, 전화와 같이 가입자가 많아질수록 개별 가입자가 느끼는 효용이 더욱 커지는 것과 같은 현상이다.

개발한 상품이 시장에서 성공하기 위해서는 네트워크 외부성이란 특성으로 인해 기술적인 우위 뿐만 아니라 초기부터 자신의 네트워크를 크게 키워나가는 것이 중요하다. 그리고 네트워크 외부성이 존재하는 상황에서는 호환성 및 표준화의 개념이 매우 중요하다. 호환성이 있게 되면 다른 시스템과 부품, 소프트웨어 등의 상호 교환이 가능해지기 때문에 규모의 경제, 학습효과 등을 극대화 할수 있으며, 시장에서 표준을 획득하는 것은 자신의 네트워크 크기를 증가시킬수 있기 때문에 경쟁에서 우위를 차지할 수 있는 것이다.

(2) 수익체증과 초기진입자 우위(First-mover Advantage)

전통적인 경제이론들은 수익체감(Diminishing Returns)이란 전제에 입각하고 있다. 이러한 전제는 생산요소로서 투입할 수 있는 자원이 제한되어 있는 전통적인 산업들을 설명하기 위한 것이다.

수익체감의 가정 하에서, 한 기술의 지속적 활용은 자원의 부족 등으로 반드시 생산비용을 증가시키며, 이는 다른 경쟁기술을 모색하게 한다. 따라서 경제체계로 인해 한 기술의 성공은 지속적 성공을 만들지 못하며, 언젠가는 한계에 부딪히는 음의 귀환체계(Negative Feedback)를 따르게 된다. 결국 각 기술이 활용하는 자원의 부존량에 따라, 각 기술을 활용하여 만든 제품의 가격이나 시장점유율은 예측할 수 있는 균형에 이르게 된다. 예로 수력기술과 화력기술은 시장에서 공존하게 되는 것이다.

반면에 정보기술에 의해 주도되는 디지털경제체계 하에서 추가생산을 위한 추가투입으로 인해 수확이 체감하지 않고 증가할 경우 수익체증 현상이 생긴다.

수익체증(Increasing Returns)의 원리가 지배하는 시장은 양의 귀환체계(Positive Feedback)를 갖는다. 즉, 한 번 앞선 기업은 점차 더욱 앞서게 되고 시장에서 우위를 잃은 기업은 더욱 악화된다. 최근 정보통신산업분야에서는 이러한 수익체증 현상이 흔히 관찰된다.

디지털경제에서 수익체증이 발생되는 이유를 공급자 측면에서 보면 디지털기술을 활용하는 생산방식의 독특한 원가구조와 지속적 기술혁신 가능성에 기인한다. 디지털정보제품의 생산에는 높은 초기 개발비용과 낮은 한계비용이라는 특성이 내포되어 있다. 이는 디지털기술을 기반으로 하는 상품들은 지식의존도가 매우 높은 반면, 원재료 의존도는 매우 낮기 때문이다. 따라서 연구개발 (R&D)비용 등의 높은 고정비용을 갖지만, 변동비용은 매우 낮다.

특히 정보재화의 생산은 높은 초기 비용이 소요되지만, 재생산하는 비용은 거의 무시할 수 있을 뿐만 아니라, 생산능력의 제한도 거의 없다. 따라서 매출액이 증가함에 따라 그에 비례하여 단위당 변동비용은 계속 감소한다. 이론적으로 단위당 변동비용이 평균비용보다 낮은 경우 수익체증이 발생한다. 즉, 전통적 경제에서 제한된 범위에서만 발견되던 규모의 경제(Economies of Scale)의 한계가 제거되는 것이다.

뿐만 아니라 디지털경제에서 정보와 지식의 중요성이 더욱 증대되고 있다. 그러나 생산측면에서 한번 생산된 지식과 정보의 재생산에는 앞서 설명한 바와 같이 경미한 추가비용이 소요되거나 거의 추가비용이 소요되지 않는다. 따라서 정보와 지식의 추가생산을 위한 추가투입에 따라 수확이 점차 감소하는 것이 아니라 오히려 증가하는 수확체증의 법칙이 작용한다. 그리고 일단 창출·축적된 지식은 그 스스로 새로운 지식을 계속 증식시켜 나가는 자기증식의 특성도 가지고 있다.

이러한 수확체증 특성과 네트워크 외부성이 디지털 제품에 동시에 작용하게 될 경우, 그 디지털 제품은 시장에서 앞서 나가게 되면 수익체증으로 인해 그 제품이 시장에서 계속 앞서 나가게 되는 현상이 나타난다. 즉, 초기 진입자의 우위(First Mover's Advantage)가 발생할 가능성이 매우 커져 독과점이 발생하는 사례가 나타나고 있다.

(3) 수요의 임계량과 표준(Standards)

앞서 설명한 바와 같이 제품의 가치가 그 제품을 사용하는 사람 수에 따라 결정될 때, 그 제품은 네트워크 외부성 혹은 네트워크 효과(Network Effect)를 가진다.

강한 네트워크 외부성을 가지는 기술들은 장기간의 리드타임(Lead Time: 기획에서 생산까지의 시간, 발주에서 배달까지의 시간) 후에 폭발적인 성장세를 보이는 경향이 있다. 이러한 현상은 긍정적 피드백(Positive Feedback)의 결과이다. 특정 제품에 대한 사용자의 수가 많아질수록 더 많은 사용자들이 그 제품의 채택가치를 인정하고, 결국에 그 제품은 수요의 임계량(Critical Mass)을 얻게 되고, 따라서 시장의 경영권을 지배하는 실질적인 표준으로 자리 잡게 된다. 결과적으로 단지 생산측면에서 규모의 경제를 얻기 위해서가 아니라 네트워크 효과에 의한 수요측면에서 규모의 경제를 얻기 위해 성장은 전략적으로 긴요한 것이다.

네트워크 외부성을 획득하는 비결은 임계량을 구하는 데 있다. 임계량 이상의 고객을 확보한 후에는 시장은 긍정적 피드백 효과에 의해 스스로 성장하는 경향을 지닌다. 좋은 기술만으로는 불충분하며, 긍정적 피드백 작동을 촉진시키기 위한 가격전략 등 시장전략을 사용해야 한다. 또한 수요의 임계량 확보를 위해서는 자신이 개입되어 있는 정보통신시스템과 자사의 보완 제품들을 잘 이해하는 것이 중요하다.

임계량을 얻거나 표준을 확보하기 위해 경쟁할 때 소비자와 시장의 기대(Expectation)가 매우 중요하게 되어 표준이 될 것이라고 기대되는 제품이 결국 표준이 될 가능성이 높다. 그러한 이유로 네트워크 효과를 지니는 기업들은 자신들의 제품이 결국에는 표준이 될 것이며, 호환성이 낮은 경쟁사의 제품들은 설자리를 잃을 것이라고 소비자들을 설득한다.

기업이 새로운 정보통신기술을 상업화하려고 하거나, 기존 기술의 수명을 연장하여 응용하고자 할 때, 중요한 고려 사항들 중의 하나는 호환성을 어떻게 할 것인가를 결정하는 것이다. 예를 들어, 기업이 게임기를 지속적으로 업그레이드하면서 개발하여 출하시킬 때, 예전의 구형 게임기와 신형 게임기 간 계속적으로 호환이 되게 할 것인지, 어느 단계에서부터 호환이 되지 않게 할 것인지는 매우 중요한 전략적 결정사항이다. 이는 호환성 문제가 수요에 영향을 미치게 되고 이는 당연히 수요의 임계량 확보와 연관되며 시장에서의 실질적 표준 확보와 연결된다.

이처럼 디지털경제 하에서 정보통신기업들은 수요의 임계량 확보를 통한 실질적 표준 획득을 위한 경쟁에서 어떤 전략들(타이밍, 호환성, 파트너 확보, 기술의 공개, 시장기대 조작 등)을 구사해야 하는지, 그리고 표준경쟁에 어떻게 참여해야 하는가에 대한 고민은 매우 중요한 전략적 요소인 것이다.

(4) 시스템 경쟁(System Competition)

디지털경제 하의 정보기술에 근거한 제품들은 대부분 시스템들로 구성되어 있다. 운영시스템(OS: Operating System)과 소프트웨어, 중앙처리장치(CPU)와 메모리칩(Memory Chips), 디스크 드라이브(Disk Drive)와 제어카드(Controller Card), 비디오 카세트 레코드와 비디오 카세트가 그러한 예들이다. 대부분의 경우 하나의 기업이 이러한 정보시스템들을 구축하는 모든 부분을 생산하지 못한다. 협업을 통해 다양한 부품들을 여러 제조업자들이 다른 사업 모델에 근거하여 만들어 공급한다.

전통적인 경쟁전략은 경쟁자, 공급자, 고객에게 초점을 맞춘다. 하지만 디지털경제 하에서 경쟁전략을 디자인할 때는 서로 보안되는 부품 혹은 보완제품을 제조하는 업체에게도 관심을 가져야 한다. 기업이 디지털시스템의 한 부품을 생산, 판매할 경우 그 시스템의 나머지 부분들과 호환되지 못한다면 경쟁하기 어렵다. 협업을 하는 협력 회사들은 자신이 관여하는 PC시스템의 경쟁력 강화를 위해 노력하는 것이 각자의 이익과 부합된다.

이와 같이 디지털시스템의 구성요소들을 제조하는 기업들은 경쟁함에 있어 자사의 경쟁사들만 의식할 것이 아니라 협력자에게도 초점을 맞추어야 한다. 즉, 개별적 경쟁이 아니라 시스템 차원에서의 경쟁이다. 디지털경제에서는 동맹을 맺고, 파트너를 만들고, 시스템 내에서 부품들 간 호환성을 확보하는 것이 매우 중요해 지고 있다. 과거 기업에게는 제조와 판매가 중요하였지만, 디지털경제에서는 이처럼 상호 시스템 경쟁을 위한 많은 협력적 타협과 기획이 중요해지고 있다.

(5) 고착화(Lock-in)와 전환비용(Switching Cost)

축음기 레코드(LP)는 CD 플레이어와 호환되지 않는다. 따라서 아무리 값진 LP판이라 하더라도 CD 플레이에서는 무용지물이다. CD 플레이어를 처음 개발한 소니와 필립스는 CD 플레이어를 개발하여 소비자들에게 소개할 때 소비자들이 LP판에서 CD 플레이어로 전환하기 위해 감당해야 하는 전환비용(Switching Cost)을 심각히 고려해야만 했을 것이다. 다행히 CD 플레이어는 시장에서 성공하였지만 4채널 사운드(Quadraphonic Sound), 스테레오 AM 라디오(Stereo AM radio), 그림 폰(Picturephone)과 디지털 오디오 테입은 CD만큼이나 성공적이지 못했다. 이와 같이 하나의 기술 혹은 정보를 저장할 형식을 선택하여 사용하면 해당 기술에 고착화(Lock-In)되어 다시 교체하는 데에 많은 비용이 수반된다.

디지털경제에서 기술적 고착화와 전환비용 문제는 빈번하는 중요한 전략적 고려사항이다. 만약 이동전화서비스 제공자가 퀄컴의 기술을 사용했다면 이 회사의 이동전화 전송과 수신은 그 기술에 고착화되어 퀄컴이 자사 기술사용료의 가격을 높여도 수용을 거부하기 어렵다. 실제 오늘날 전 세계적으로 많은 사람들이 사용하는 마이크로소프트사의 윈도우는 소프트웨어에 고착화되어 있는 대표적인 사례이다.

Arthur(1989, 1994)는 시장이 하나의 기술에 이미 고착화(Lock-In)되어 있다면, 소비자들의 높은 전환비용으로 인해 새로운 기술이 비록 기술적으로 우월할지라도 시장에서 성공하기 어렵다고 지적한다. 이러한 지적은 기술적 고착화를 통해 지속적으로 초과이윤을 창출할 수 있는 시장지배력을 획득할 수 있다는 의미로 기업전략에 중요한 시사점을 제공한다.

그러나 이러한 기술적 고착화의 전략적 시사점이 잘못된 것일 수 있다고 한다. Liebowitz and Margolis(1990, 1995)는 현실의 산업변화 과정을 살펴보면서 Arthur가 주장하는 고착화의 예를 찾기 어렵다고 주장한다. 네트워크 외부성에 의한 기술적 고착화는 이론적으로는 타당해 보이나, 장기적으로 열등한 기존 기술에 대한 고착화가 해소되고 신기술로 이전하는 경우가 많다. 따라서 다양한 산업들에서 기술혁신은 끊임없이 일어날 수 있다는 것이다(Katz and Shapiro, 1994; Witt 1997).

하지만 기술적 고착 효과(Lock-in Effect)가 장기적이든 단기적이든 전환비용을 항상 발생시킨다. 하나의 시스템에서 다른 시스템으로 전환할 때 다양한 종류의 하드웨어와 소프트웨어 뿐만 아니라 웨트웨어(Wetware: 개인과 직원들이 소프트웨어와 하드웨어를 사용할 수 있도록 배운 지식 즉, 인간두뇌)도 갱신되어야 한다. 컴퓨터시스템의 교체비용(Switching Cost)은 천문학적일 수 있으며, 오늘의 기술선택은 내일의 유산체계가 된다(Shapiro and Varian, 1999). 따라서 전환비용을 어느 정도로 감수할 것인가가 시스템 구입을 선택하는 하나의 중요한 전략 포인트인 것이다.

5. 디지털경제하의 기술경쟁: 수확체증, 창조적 파괴

공급자 측면에서 수익체증을 발생시키는 요인은 기술에 대한 학습효과(Learning Effects)와 이를 바탕으로 한 기술혁신이다. 디지털기술은 무한한 발전 가능성을 내포하고 있다. 집적회로의 성능과 용량이 18개월마다 2배씩 향상된다는 무어(Moore)의 법칙이 여전히 유효한 것이 이를 반증하고 있으며, 기업들이 기술혁신을 위해 투자하는 막대한 투자는 이러한 기술적 발전 잠재력을 뒷받침하고 있다. 기업들의 기술혁신 능력이 그들의 누적적 연구개발 투자에 비례하는 경우, 이는 수익체증이 나타나는 원인이 된다(Cohen and Levinthal, 1990). 왜냐하면 연구개발의 성공은 이러한 수익체증으로 인해 더 많은 연구개발을 가능하게 하기 때문이다.

그러나 이러한 기술학습의 누적적이고 자기강화적이란 특성은 새로운 기술적 기회의 탐색(Exploration)을 방해하는 요인으로 작용할 수도 있다(Cohen and Levinthal, 1989). 일반적으로 특정 기술을 지속적으로 활용하여 전문화하면 할수록 단기적으로 그 기술에서 얻는 학습효과가 다른 기술에서 얻는 것보다 더 크기 때문이다. 이러한 단기 지향적 기술학습의 문제점은 여러 연구자들에 의해 지적되고 있다.[7]

결국 새로운 기술적 기회의 탐색을 배제한 기존의 기술적 기회의 활용은 단

---

[7] Competency Trap(Levitt and March, 1988), Core Rigidity(Leonard-Borton, 1992), Learning Myopia(Levinthal and March, 1993), and Short Termism(Laverty, 1996).

기적으로는 기업 성장에 도움이 되나, 궁극적으로는 장기적 측면에서 자기 파괴적일 수 있다.

따라서 디지털경제에서 지속적인 새로운 기술적 기회의 탐색을 통한 기술혁신의 중요성이 강조되고 있다. 이러한 의미에서 슘페터(Schumpeter, 1934)는 경쟁의 본질을 동태적인 것으로 파악하고, 전통 경제학의 핵심이 되는 균형의 개념에 상반되는 불균형의 개념을 제시하였다. 그리고 기업가 정신(Entrepreneurship)은 이러한 불균형의 원천이 되는 동시에 경제를 움직이는 원동력으로 보았다. 기업가 정신이란 기술혁신을 통해서 새로운 기회를 창출하여 초과이윤의 가능성에 도전하는 것을 의미한다. 이러한 시도가 성공하면 기존체제의 균형이 깨지고 새로운 구조를 향하여 시스템이 변화한다. 슘페터는 경제성장의 과정을 이러한 '창조적 파괴(Creative Destruction)'의 연속적 과정이라 하고 있다.

이와 같이 디지털경제 하에서는 수요측면과 공급측면 모두에서 수익체증의 발생 가능성이 존재한다. 또한 앞서 설명한 바와 같이 디지털경제 하에서는 기술적 고착화 현상도 나타난다. 이러한 '슘페트리안 기술혁신'과 '기술적 고착화'란 두 가지 논의는 디지털경제의 서로 상반된 경쟁원리와 산업진화 방향을 암시한다.

우선 고착화 논의는 수요측면의 네트워크 외부성으로 인하여 기존의 지배적 기술로의 산업진화가 진행됨을 제시하는 반면, 두 번째 창조적 파괴에 관한 논의는 기업 간 지속적인 기술경쟁으로 인하여 산업진화가 궁극적으로 새로운 기술로 대치될 것임을 암시한다.

네트워크 외부성이 존재하는 산업에서 상호 비호환적(Incompatible)인 두 기술 간의 경쟁을 생각해 보자. 하나의 기술이 선택되어 이미 시장에서 많은 고객을 확보하고 있는 상황에서, 성능이 우월한 새로운 기술이 등장하였다고 한다면 기업들은 기존 기술을 활용하여 제품을 생산하며 경쟁하여야 하는가? 아니면 새로운 기술을 활용하여 제품을 생산하며 경쟁하여야 하는가? 기존 기술을 활용하는 경우 많은 고객기반과의 호환성을 유지함으로써 네트워크 외부성이 주는 이익을 얻게 된다. 반면에 새로운 기술을 활용하는 경우, 비록 네트워크 외부성이 주는 이익은 상당 부분 잃게 되지만, 높은 품질의 제품을 생산할 수 있게 된다.

두 기술 중 어느 기술을 택하여야 하는가? 이러한 기존의 기술적 기회의 활용(Exploitation)과 새로운 기술적 활용(Exploration) 간의 의사결정 문제는 경제학과 경영학에서의 핵심적인 연구주제가 되어왔다(Schumpeter, 1934; Holland, 1975; Kuran, 1988; Goldberg, 1989; March, 1991; Ghemawat, 1993). 이는 기업의 생존과 성장에 영향을 미치는 중요한 의사결정 문제일 뿐만 아니라 사회 전체적 효익과 직결되는 문제이기 때문이다.

따라서 오늘날 인터넷을 활용한 다양한 e-비즈니스들의 발전 잠재력과 현황을 고려해 볼 때, 전통적인 기존의 기업들은 이 새로운 기술적 기회를 어떻게 활용하여야 하는가? 어떠한 정책적·전략적 방안이 요구되는가? 이는 우리의 미래를 결정하는 중요한 의사결정의 문제임에 틀림없다. 또한 산업의 기술적 진화 과정과 기업의 기술선택의 효과성이 기술적 특성 뿐만 아니라 산업의 동태적 변화 과정에 의해 영향받을 수도 있다. 그렇다면 기존의 지배적 기술로 산업진화가 고착화되는 상황요인은 무엇이고, 새로운 기술로 대체되는 상황요인은 무엇인가? 이러한 질문들에 대한 해답을 제시하고자 하는 시도는 학술적으로나 실제적으로나 매우 의미 있는 작업이라 할 수 있다.

네트워크 외부성에 관한 기존 문헌들은 소비자의 채택에 따른 수익체증이 발생하는 수요측면에만 초점을 두어왔기 때문에 기존 기술에의 고착화라는 제한적인 시사점만을 제공해 왔다. 이러한 기존연구의 문제를 해결하기 위한 실마리는 네트워크 외부성이 발생하는 수요측면과 함께 기술혁신에 의한 구체적 기술진보를 발생시키는 공급자측면의 슘페터적 경쟁구조를 고려함으로써 얻을 수 있을 것이다.[8]

6. 디지털 수렴과 산업변화

인류 역사상 유일하게 천년을 지속한 로마 제국이 융성했던 원인의 하나를 시오노 나나미는 그의 저서 "로마인 이야기(1995)"에서 다음과 같이 기술하고 있다. 도로는 로마 제국이 등장하기 전에도 있었으나 네트워크로 연결하여 국가

---

8 Gary S. Becker(1998)는 네트워크 외부성이 존재하는 시장에서 슘페터리언 경쟁의 중요성을 다음과 같이 지적한 바 있다. 컴퓨터산업과 같이 기술이 빠르게 변화하는 산업들에서는 독점적 지위는 일시적인 경우가 일반적이다. 왜냐하면 혁신적인 새로운 기업들이 기존의 지배적인 기술을 대체할 수 있는 더 나은 기술을 개발해 내기 때문이다.

전역에 건설한 이 도로망은 로마 제국이 유기적 기능을 수행하여 천 년간 지속되는 데 핵심적인 역할을 하였다는 것이다.

Kevin Kelly(1998)가 지적하고 있듯이 한정된 기능만을 수행하던 부분들을 서로 연결시키면 기대이상의 효과가 발생한다. 뉴런이 세포들 간의 의사소통을 가능하게 했을 때 생명체들이 폭발적으로 다양하게 진화하였던 것처럼 디지털 통신기술의 발전은 전 산업분야에 직·간접적으로 영향을 미침으로써 급진적인 변화가 나타난다.

새롭게 형성되는 디지털경제는 이전에는 서로 분리되어 있었던 여러 산업들 즉, 전화통신, 텔레비전 방송, 컴퓨터 및 인터넷이 융합되면서 형성되고 있다. 이는 디지털기술을 기반으로 한 통신기술의 비약적인 발전으로 인하여 이전의 유·무선 전화망, 방송망, 그리고 인터넷망이 하나의 공동 네트워크로 수렴한다. 이러한 변화는 전통적 산업 간의 경계를 붕괴시키고, 새로운 제품과 서비스 유통구조를 창출하고 있다. 따라서 이러한 디지털 수렴(Digital Convergence) 과정은 많은 사업기회를 내포하고 있다(Yoffie, 1997).

(1) 디지털 수렴

전통적 산업경제에서 생산, 커뮤니케이션, 상거래, 유통은 각기 다른 산업 영역에 속했다. 그러나 새롭게 생성되고 있는 디지털경제는 디지털 수렴(Digital Convergence)과 함께 제품·서비스의 생산 및 유통구조의 대규모 재편을 초래하고 있다. 디지털 수렴이란 디지털기술을 기반으로 한 정보통신기술의 비약적인 발전으로 이전에는 서로 분리되어 있었던 정보통신기술 기반 산업들의 통합이 이루어지고 있다. 1890년대부터의 전화, 1930년대 후반에 시작된 텔레비전, 1980년대부터의 컴퓨터, 그리고 근년의 인터넷이 가지는 유·무선 전화망, 방송망, 인터넷망 그리고 최근 사물인터넷에 의한 인간과 사물의 무한대로 연결됨으로서 하나의 공통 네트워크로 수렴함을 의미한다. 이러한 변화는 전통적 산업들 간의 경계를 붕괴시키고, 새로운 제품과 서비스의 유통구조를 창출한다.

이러한 디지털 수렴으로 인해 지금까지 상호 호환적이지 못하던 기기 및 제품이 호환성을 가지게 되고, 가치사슬의 여러 과정들이 통합되고 있다. 디지털 수렴현상은 다음과 같이 네트워크의 수렴, 제품의 수렴, 시장의 수렴, 그리고 비즈니스 프로세스의 수렴 현상으로 나누어 볼 수 있다(고상원, 2000).

첫째, 네트워크의 수렴(Network Convergence)으로 전화선, 케이블 TV용 동축선, TV 방송, 위성방송, 무선 네트워크, 모바일 디바이스 등 이 모든 네트워크들이 디지털 신호를 주고받을 수 있게 되는 등 하나의 네트워크로 수렴된다.

둘째, 제품의 수렴(Product Convergence)으로 유무선 통신의 음성, TV 방송, 음악, 비디오, 책과 잡지 등 종이에 기록되는 정보, 데이터베이스, 소프트웨어, 게임 등의 제품들이 디지털화되고 있다. 그리고 개인정보 열쇠 및 화폐 등도 디지털화되고 있다. 디지털화된 제품들은 디지털 네트워크를 통해 쉽게 이동된다.

셋째, 시장의 수렴(Market Convergence)으로 전화사업자와 케이블 TV 사업자가 경쟁 관계에 놓이게 되고, 인터넷 접속시장을 놓고 인터넷서비스 제공업자(ISP)들과 TV 방송사업자들이 경쟁하게 되는 등 제품과 네트워크의 수렴은 기존의 시장들 간의 경계가 허물어지고 있다.

넷째는 비즈니스 프로세스의 수렴(Process Convergence)으로 인해 기업가치를 창출하는 여러 과정들이 일관된 하나의 과정으로 통합되는 것을 의미한다. 예를 들어, 온라인 광고에 대한 소비자들의 반응과 주문은 다시 인터넷을 통해 디지털자료로 입력되어 인터넷 광고업체는 소비자를 분석하고 제품 생산업체는 주문생산을 할 수 있는 등 비즈니스 프로세스가 하나의 과정으로 통합된다. 이에 비해 TV와 같은 매체를 통한 광고는 이러한 비즈니스 프로세스와 통합되어 있지 않다. 이와 같은 수렴현상은 불확실성을 증대시키기도 한다.

그러면 이러한 디지털 수렴을 야기하는 요인들은 무엇이고, 산업구조는 어떻게 변화하고 있는가? 우선 디지털 수렴을 견인하고 있는 요인으로 다음과 같은 세 가지를 들 수 있다.

첫째는 컴퓨터 하드웨어 및 소프트웨어, 그리고 디지털 통신기술의 진보이고, 둘째는 인터넷의 급속한 확산과 이에 따른 사업기회를 포착하고자 하는 기업들의 노력이다. 다음 셋째는 정부의 규제완화이다(Yoffie, 1997; Collis, Bane, and Bradley, 1997). 이러한 동인들에 의해 견인되고 있는 디지털 수렴은 산업구조변화에 중요한 의미들을 던져 주고 있다.

컴퓨터 하드웨어, 소프트웨어 및 디지털 통신기술의 진보 인텔(Intel)의 회장이었던 고든 무어(Gordon Moore)는 집적회로의 계산능력이 18개월마다 2배씩 증가한다는 무어의 법칙(Moore's Law)을 언급한 바 있다. 이 간단해 보이는 법칙은 놀랍게도 지난 30년간 거의 틀리지 않았다. 이 법칙이 암시하는 바는 컴퓨터와 같은 집적회로를 이용한 장치를 사용하여 연산능력을 얻는 데 소요되는 비용이 지속적으로 낮아져서 결국에는 거의 제로(zero)가 될 것이라는 점이다.

(2) 산업 변화와 그 의미

앞에서 기술한 동인에 의해서 진행되고 있는 디지털 수렴은 정보통신산업뿐만 아니라 전 산업분야에 직·간접적으로 영향을 미침으로써 산업구조의 획기적인 변화를 초래하였다. 디지털 수렴이 산업구조 변화에 대해 주는 핵심적 의미는 다음과 같은 두 가지라 할 수 있다. 하나는 종전까지 별도로 운영되던 전화 중심의 유·무선 통신망, 텔레비전 중심의 방송망, PC 중심의 인터넷망을 통합할만한 공통의 네트워크가 만들어졌다는 것이다. 또 하나는 이렇게 통합된 네트워크는 많은 제품들과 서비스들의 생산과 유통 구조를 급격히 변화시켰다는 점이다.

디지털 수렴에 의해 디지털혁명이라고 칭할 수 있는 급속한 정보기술혁신, 지식·정보의 중요성 증대, 정보화·세계화의 확산, 소비자 욕구의 변화(인터넷 세대) 등으로 인해 하드웨어, 소프트웨어, 서비스 및 콘텐츠산업들이 변화 발전되고 있다.

디지털 수렴에 의한 산업변화와 발전은 하드웨어 측면에서 기존에는 별도의 제품으로 인식되던 컴퓨터, 유·무선 통신, 가전제품의 디지털화를 통해 서로 정보를 호환시킬 수 있는 하나의 제품군으로 발전되었다. 소프트웨어 측면에서는 이러한 하드웨어들을 지원하는 패키지화된 솔루션을 제공하는 방향으로 발전하고 있다.

디지털혁명	
• 급속한 정보기술혁신 • 지식, 정보의 중요성 증대	• 정보화, 세계화의 확산 • 소비자 욕구의 변화(인터넷 세대)

산업의 변화	
하드웨어	**소프트웨어**
• 가전 → 디지털화 • 컴퓨터 → 멀티미디어화 • 유선통신 → 무선/위성통신 • 반도체 → 대용량/고속화 • 일반 전자부품 → Chip화	• 패키지 소프트웨어화, 정보처리 솔루션화
서비스	**콘텐츠**
• 인터넷 기반화, 전자상거래 발전 • 통신, 방송의 융합화 • 방송의 디지털화 • 소비자 밀착형 서비스	• 영화/만화 → 시간·공간 제약 초월 • 출판/신문 → 디지털화 • 게임 → 네트워크 활용

7. 인터넷산업과 e-비즈니스의 발전

인터넷 확산이 가속화됨으로서 전자상거래가 활성화되고 있다. 인터넷을 이용한 산업은 인프라산업, 서비스산업, 필요한 콘텐츠를 제공하는 산업으로 전자상거래에 모두 포함된다. 전자상거래는 활발하게 확대됨으로서 마치 인터넷산업의 대체어로 사용될 만큼 중요한 위치를 차지하고 있다.

전자상거래는 일반적으로 전자적 수단을 이용하여 이루어지는 상거래로, 전자적 수단에는 특정회원이나 가입자만이 참여할 수 있는 폐쇄적 네트워크 뿐만아니라 기술적 요건을 충족하면 누구나 참여할 수 있는 개방적 네트워크 모두가 포함된다. 일반적으로 전자상거래는 기업 대 소비자(B2C: Business-to-Customer), 기업 대 기업(B2B: Business-to-Business), 민간 대 정부(BC2G: Business/Customer to Government) 등으로 분류된다.

기업 대 소비자 간(B2C)의 전자상거래는 소비자와 기업 간에 정보, 재화 및 화폐가 주로 전자적 수단을 통해 이루어지는 거래로, B2C가 활발히 이루어지기 위해서는 정보통신기반과 물류기반을 필요로 한다. 이러한 B2C 전자상거래의 발달은 소비자의 탐색비용을 현저하게 감소시켜 소비자는 그동안 접하기 어려웠던 많은 정보를 얻을 수 있게 된다. 이러한 상황에서는 과거보다 많은 정보를 이용하는 소비자가 기업의 마케팅, 유통, 상품 및 서비스의 종류를 선택할 수 있게 된다.

그 결과 주문형(On Demand)제품, 시장의 세분화, 경매 등을 통해 보다 많은 제품들의 가격 차별화가 심화되고, 경쟁 제품들의 가격에 대한 정보의 확산이 빨라지게 된다. 따라서 이에 대한 소비자들의 소비반응도 빨라지기 때문에 가격 구조 변화가 과거에 비해 상대적으로 빠르고 쉽게 일어난다. 이러한 변화는 소비자에게 가격정보의 혼돈을 가져다 줄 수도 있다. 또한 소비자가 결정한 가격에 의해 공급자가 제품과 서비스를 공급하도록 하는 역경매가 등장하는 등 가격결정체계 자체가 변화하기도 한다.

기업 대 기업(B2B) 간 전자상거래는 기존의 기업들 간 종전의 오프라인거래 행위가 온라인으로 대체되는 것을 의미한다. 일반적으로 B2B 전자상거래는 기업과 소비자 간 전자상거래보다 차지하는 규모가 더 크다. 전자상거래 도입 초기에는 공급자와 소비자 간 직거래로 인해 중개(Intermediary)의 역할이 위축될 것으로 전망되었으나, 장기적으로 보면 실제 중개의 역할이 더욱 중요해져 사업의 핵심으로 부각되고 있다. 중개사 또는 중개플랫폼은 소비자에게는 공급자의 정보를 제공하고, 공급자에게는 소비자의 구매형태 등의 정보를 제공함으로써 주도적인 새로운 시장이 창출되고 있다.

이와 함께 수직적 포털(Vertical Portal)의 증가 현상도 예상된다. 불특정 다수를 대상으로 하는 일반적인 포털은 감소하는 한편, 특정 산업과 특정 분야의 특정 상품을 대상으로 하는 수직적 포털이 크게 증가하고 있다. 이러한 수직적 포털에 진입하는 방식으로는 상대적으로 안전한 방법인 기존업체와의 전략적 제휴를 하거나, 다소 위험이 있으나 포털서비스로 시작한 업체를 인수하는 방식으로 진행되거나 처음부터 포털서비스를 제공하는 기업으로 발전하는 경우도 있다.

오프라인기업이 직접 온라인기업에 들어가 마케팅 활동을 하지 않고 온라인

업체에 대행업무를 맡겨 인터넷 기반의 브랜드 이미지를 재 구축하는 퓨전 마케팅 온라인(Fusion Marketing Online)[9]도 B2B 전자상거래 전개 과정의 한 특징이다.

전자상거래의 활성화로 거래의 규모가 증가하고 효율성이 높아져 전반적인 경제구조의 변화를 가져오고 있다. 그 효과는 다음과 같다. 첫째, 생산자와 소비자 간 직접 거래를 함으로써 거래비용이 크게 감소되고 있으며 둘째, 온라인서비스를 제공하는 신생업체의 진입으로 경쟁이 치열해지고 있다. 셋째, 소비자 주권이 향상되면서 시장교섭력이 생산자에서 소비자로 이동하고 넷째, 전자상거래로 인한 비용 절감과 경쟁촉진으로 물가하락을 유도하기도 한다.

이와 같이 콘텐츠, 커뮤니티(Community) 등을 기반으로 하여 전자상거래를 제공하는 이른바 닷컴(.com)기업들은 미국의 경우 1990년대 중반 이후 급격히 그 수가 증가한 것이 사실이며, 이들의 대부분은 직접 유형의 재화를 생산하여 판매하는 것이 아니라 무형의 정보나 서비스를 제공하거나, 유형재화의 유통서비스에 주력하는 사업 모델을 가지고 있다.

그러나 이들은 1990년대 후반 수익 모델의 한계로 인하여 자금난 및 경영난에 직면하면서 다양한 생존전략을 모색하고 있으며, 오프라인과의 연계를 통한 문제점 해결을 시도하고 있다.

일반적으로 닷컴기업들은 일시적인 아이디어로 시작한 경우가 많기 때문에 오프라인 기반이 미흡한 경우가 많아 다음과 같이 취약점들이 존재한다. 오프라인 물류와 점포기능이 취약하고, 수익성 있는 오프라인 콘텐츠 및 재화 생성기능이 미약하다(이웅희, 2000). 따라서 닷컴기업들이 오프라인분야로 연결, 진출할 때에는 이러한 취약점들을 고려하여 해결할 수 있는 방안을 모색하여야 할 것이다.

그 방법으로는 다음과 같이 세 가지 진출형태를 고려해 볼 수 있다. 자체적 신규 오프라인사업 설립방식(Start Up)과 다른 오프라인 회사와 인수합병(M&A)하는 방식 그리고 다른 오프라인 회사와 전략적 제휴를 하는 것이다. 그러나 성공적으로 오프라인에 진출하였다고 하여도 기존의 온라인사업과 신규 오프라인사업을 어떻게 조화하여 시너지효과를 극대화할 것인지가 중요하다.

---

9 퓨전 마케팅 온라인이란 온라인 업체가 오프라인 업체를 대신해 고객 확보를 위한 광고 프로모션, 판매, 고객서비스 등 일련의 마케팅 활동을 기획하고 집행하는 것을 말한다.

제4차산업혁명이 본격적으로 이루어지면 사회는 바야흐로 데이터 기반 사회라고 부를 수 있을 정도로 데이터가 모든 사회의 기반이 되고 있다. 이러한 데이터 기반 사회에서 현재 구글, 페이스북 등과 같은 소수의 인터넷서비스기업의 사용자에 대한 데이터 독점 현상은 심각한 문제로 인식되고 있다.

데이터 기반 사회에서 인터넷기업들에 의해서 제공되는 서비스에 사용되는 빅데이터에 대해, 사용자의 데이터 주권 확보와 프라이버시 보장 등의 이슈가 있다. 따라서 이와 관련하여 이루어지고 있는 세계적인 대응 및 기술적인 이슈 그리고 이를 해결하기 위해 제안되고 있는 대표적인 기술들과 우리의 대응 방안에 대해서 살펴본다.

우리나라 정부가 "데이터경제로의 전환"이라는 비전에서 밝힌 바와 같이 데이터는 미래 사회의 기본이 되는 중요한 자본이다. 소수의 인터넷서비스기업에 의한 데이터 독점이 심화되고 있는 현 상황에서 국가의 주요 자산인 데이터에 대해 데이터 생산자에게 데이터 주권과 개인의 프라이버시를 보장해줄 수 있는 기술을 어떻게 확보할 것인가는 산업적인 측면에서 뿐만 아니라 인문사회 측면에서도 국가적인 숙제라고 할 수 있다.

1. 데이터기반의 경제

앞에서 지난 산업혁명의 변화를 살펴보았듯이 혁신적 기술의 도입은 사회에 근본적인 변화를 가져왔다. 다가오는 제4차산업혁명시대에서도 빅데이터와 인공지능이라는 혁신기술이 경제, 사회 전반에 걸쳐 큰 변화를 가져올 것으로 전망된다. 즉, 초연결된 물체와 개인과 조직의 모든 연결에서 막대한 규모의 데이터가 생성되고, 이 데이터들을 인공지능을 통해 처리, 분석함으로써 이전에 존재하지 않았던 새로운 산업과 생활 방식에 많은 변화·발전이 있다. 지금 우리가 살고 있는 현 시대 이러한 변화의 중심에는 데이터가 있으며, 제4차산업혁명이 본격적으로 이루어지면 앞으로의 사회는 데이터가 모든 사회의 기반이 되는 것이다.

이러한 현상과 관련하여 최근 "데이터경제(Data Economy)"라는 용어가 주목받고 있다. 데이터경제는 "데이터 활용이 모든 산업 발전의 촉매 역할을 수행하여 새로운 제품과 서비스를 창출하는 경제"로 정의된다. 데이터경제에서는 데이터가 노동, 자본과 같은 기존 산업의 생산 요소를 능가하는 새로운 자원으로 간주된다. 2017년 이코노미스트지[10]에서 제4차산업혁명시대는 데이터가 현재 사회의 기반이 되는 원유와 같은 역할을 수행할 것이라 한다. 즉, 현대 사회가 원유를 기반으로 하는 생산품에 의해서 유지되고, 원유 기반의 생태계가 세계경제의 주축이 되듯이 미래에는 데이터가 이 역할을 대신할 것이며, 따라서 데이터 자원을 차지하고 활용하기 위한 치열한 경제 전쟁이 전 세계적으로 벌어질 것으로 예측하고 있다.

경제적 측면 뿐만 아니라 인문사회적 측면으로도 데이터는 사회 전반에 큰 변화를 가져올 것으로 예상된다. 역사학자 유발 하라리는 자신의 저서[11]와 2018년 세계경제포럼 강연[12]을 통해 우리 사회의 근간을 이루는 자산이 고대의 토지, 근대의 기계에서 현재에는 데이터로 변화하고 있음을 주목하며, 인간이 데이터를 신과 같이 숭상하게 되는 데이터이즘(Dataism)이라는 개념을 강조하였다. 하라리는 이러한 데이터이즘의 결과로 인간이 자신의 삶에 중대한 결정들을 자신의 자유의지가 아닌 데이터 처리 알고리즘에 의지하게 되는 미래의 세상이 될 것이라 경고하고 있다.

이러한 데이터 기반 사회로의 변화 흐름에 따라 국내 대응도 최근 본격적으로 이루어지고 있다. 정부는 데이터를 제4차산업혁명을 견인하는 핵심 동인이며 혁신 성장의 수단으로 인식하여 2018년 데이터·AI 경제 활성화 계획[13]을 발표하였다. 이 계획에서 정부는 제4차산업혁명의 성공이 양질의 데이터시장 형성,

---

10 The Economist, "The Data Economy: The world's most valuable resource," May 2017, pp.14−17.

11 Yuval Noah Harari(2016), "Homo Deus: A Brief History of Tomorrow," Harvill Secker.

12 Yuval Noah Harari(2018), "Will the Future Be Human? Yuval Noah Harari," World Economic Forum, https://youtu.be/hL9uk4hKyg4.

13 정부 관계 부처 합동 데이터·AI 경제 활성화 계획('19~'23년), 관계부처 합동, 2019.1.16.

고도의 인공지능기술 확보 및 데이터와 인공지능 간 유기적인 융합에 달려있음을 밝히고 있다. 이러한 비전 하에서 데이터를 기반으로 AI기술을 활용하는 인프라를 구축하여 새로운 제품과 서비스를 창출하는 경제를 "데이터, AI 경제"로 정의하고, '데이터'를 기존의 노동·자본 등을 뛰어넘는 혁신적 생산요소로, '인공지능'을 데이터를 활용하여 새로운 가치를 생산하는 성장엔진으로 간주하고 있다. 2020년 1월 국회를 통과한 데이터 3법[14]도 이런 대응을 원활하게 하기 위한 일환으로 이루어진 것이다.

데이터는 그 특성에 따라 다양한 종류가 존재한다. 현재 국내에서 주로 관심을 가지고 진행되고 있는 부분은 공공(Public)데이터의 산업적인 활용으로 보인다. 그러나 이러한 공공데이터보다 더 다량으로 광범위하게 생산되고 있는 빅데이터는 우리들이 일상적으로 사용하고 있는 구글, 페이스북, 아마존 또는 국내의 네이버, 다음, 카카오와 같은 인터넷기업에서 제공하는 서비스를 통해 생산되는 데이터이다. 이러한 데이터는 공공데이터와 대비한 사설 데이터(Private Data)이다. 각 기업들은 새로운 수익 모델 창출을 위해 이미 사설 데이터를 산업적으로 활발히 활용하고 있다. 그러나 이러한 사설 데이터는 사실상 서비스 사용자들이 생산한 콘텐츠나 개인정보로 구성됨에도 불구하고 이 데이터에 대한 제어권은 서비스 제공자들에 의해 독점되고 있는 것이 현실이다. 따라서 이러한 사설 데이터에 대해서 데이터를 생산하는 각 사용자들에 대해 어떻게 자신들이 생산한 데이터에 대한 주권을 보장하고 개인 데이터의 오남용으로 인해 발생할 수 있는 프라이버시 문제를 해결할 것인가가 최근 세계적인 이슈로 부상하고 있다.

다가오는 데이터 기반 사회에서 인터넷기업들에 의해서 제공되는 서비스로 인해 생산되는 빅데이터에 대해, 데이터 생산자의 주권 확보와 프라이버시 보장 이슈에 대한 세계적인 대응 현황과 기술적인 이슈를 정리하고, 이러한 이슈의 해결을 위해 제안되고 있는 대표적인 기술들과 우리의 대응 방안에 대해서 살펴보고자 한다.

---

14 데이터 3법은 정보통신망법(정보통신망 이용촉진 및 정보보호 등에 관한 법률), 신용정보법(신용정보의 이용 및 보호에 관한 법률), 개인정보보호법을 일컫는 것으로 빅데이터 3법, 데이터 경제 3법이라 부른다. 이 데이터 3법은 개인정보보호에 관한 법이 소관 부처별로 나눠져 있어 발생하는 불필요한 중복규제를 없애 제4차산업혁명 도래에 맞춰 개인과 기업이 정보를 활용할 수 있는 폭을 넓히기 위해 마련되어 2020년 1월 9일 국회 본회의에 통과되었다.

2. 데이터경제 현황 및 기술 이슈

2019년 인터넷사회 글로벌 인터넷보고서[15]에서는 소수의 대형 기업들이 온라인 세계를 지배하고 있는 현재의 심각한 문제점을 경고하고 있다. 이 보고서를 보면 인터넷 검색은 구글의 점유율이 90% 이상이며, 인터넷 브라우저의 경우도 구글 크롬의 점유율이 데스크탑은 64.7%, 스마트폰은 47.8%에 달하고 있다. 지메일, 유튜브, 구글맵 등 구글이 제공하는 다양한 인터넷서비스를 통해 구글이 획득하는 막대한 양의 개인정보 때문에 "구글은 우리가 우리를 아는 것보다 우리를 더 잘 알고 있다"는 유명한 말이 회자되기도 한다.[16]

페이스북도 마찬가지로 페이스북 메신저, 왓챕, 인스타그램과 같은 자사 서비스를 포함하면 전 세계 상위 6개의 소셜미디어 플랫폼 중 4개를 차지하고 있다. 가장 대표적 서비스인 페이스북의 경우 2019년 통계에 따르면 전 세계 23억 명이 넘은 가입자에 대한 개인 프로파일을 보유하고 있어, 최근 캠브리지 애널리틱 스캔들[17]에서 볼 수 있듯이 페이스북이 보유한 막대한 양의 개인정보는 언제든지 악용되거나 오용될 가능성이 있다.

이러한 문제점에서 주목할 만한 부분은 인터넷 거대 기업에 의해 수집되는 사용자 데이터의 대부분은 우리의 일상생활 경험에서 알 수 있듯이 사용자들이 서비스를 무료로 사용하는 대가로 심각함을 의식하지 못하고 제공하는 데이터라는 것이다.

최근 데이터 기반으로 하는 다양한 비즈니스 모델들이 개발됨에 따라 이러한 데이터의 가치가 점점 더 높아지고 있고, 따라서 서비스 제공 기업들이 사용자에게 요구하는 데이터 종류와 양도 지속적으로 증가하고 있다. 이에 대한 대응으로 자신이 생산한 데이터의 주권 확보에 대한 인터넷 사용자들의 인식이 높아지고 있고, 제공되는 개인정보들로 인한 개개인 프라이버시 위협도 점점 더 심각한 문제로 인식되고 있다. 이러한 인식에 힘입어 최근 소수 기업의 데이터 독점에 의한 정보 오남용을 방지하기 위한 법과 규제 및 기술적 차원에서의 대

---

15 "Consolidation in the Internet Economy(2019)," Internet Society Global Internet Report.
16 The Atlantic(2014.8.19), "Google Knows You Better Than You Know Yourself."
17 BBC articles(2019), "Facebook—Cambridge Analytica scandal."

응이 전 세계적으로 다양하게 진행되고 있다.

(1) 법과 규제적 대응

법과 규제를 통한 대응으로 가장 대표적인 것이 유럽에서 2018년부터 실행되고 있는 GDPR(General Data Protection Regulation)이다. GDPR은 개인정보 수집 동의, 열람, 정정, 반대 권리, 개인정보 이동권과 삭제권, 프로파일링 등 자동화된 의사결정 관련 거부권 등을 포함하며, DPO(Data Protection Officer) 지정 의무, 개인정보 영향평가, 개인정보 처리 활동 기록 등 기업 책임 강화를 규정하고 있다. 이를 위반하는 경우 위반수준에 따라 전 세계 매출액의 4%까지 과징금으로 부과하도록 규정되어 있다. GDPR 위반에 따른 예로서 2018년 프랑스는 GDPR을 위반한 구글에게 5,000만 유로의 벌금을 부과한 바가 있다.

미국 캘리포니아 주에서도 2018년 6월 CCPA(California Consumer Privacy Act)를 통과시켰다. 이 법은 소비자 프라이버시와 관련하여 정보주체의 권리와 금전적 제재규정을 포함하고 있다. CCPA는 캘리포니아 주민이 기업이 보유한 자신의 정보에 접근하거나 삭제를 요구할 수 있는 권리와 제3자에게 자신의 정보를 공유하거나 파는 것을 중지하도록 요청할 수 있는 권리를 부여한다.

중국의 경우 2016년 11월 7일 전국인민대표대회 상무위원회에서 통과시킨 사이버보안법은 기업이 중국 내부에서 지켜야 할 보안과 프라이버시에 대해 광범위하게 규정하고 있으며, 온라인 활동과 관련해 엄격히 통제되는 사항들, 중국 내 데이터 저장과 관련된 조항 등을 포함하고 있다.

더불어 국가의 정보 주권 보호를 위해 기업이 데이터를 수집한 국가 내에서 데이터를 저장 및 처리할 것을 요구하는 데이터 지역화(Data Localization)를 법제화하는 국가도 점차 늘어나고 있다.

(2) 기술적 이슈

이러한 정부 차원에서의 법적인 대응과 더불어 기술적으로 인터넷 데이터 집중화 문제를 해결하고자 하는 연구들도 미국, 유럽 등을 중심으로 최근 들어 시작되고 있다. 기술적인 관점에서 인터넷서비스기업에 의한 데이터 독점 현상은 기본적으로 인터넷서비스의 가장 기본이 되는 웹 기반서비스의 Client-Server 구조에 기인한다고 할 수 있다. 이러한 구조 하에서 수많은 사용자(Clients)들은 서비스의 무료 사용의 대가로 자신의 개인정보를 인터넷서비스기업(Server)에게 제공하며, 인터넷서비스기업은 사용자의 식별자, 데이터 등 모든 정보를 독점적으로 관리한다.

각 사용자는 각각의 서비스 제공자들(SPs: Service Providers)로부터 중앙집중 형태로 타기업에 배타적인 서비스를 제공받는다. 각 서비스 제공자는 서비스의 기본 요소인 사용자들에 대한 식별(I: Identification), 데이터 저장(S: Storage), 서비스 응용(A: Application) 기능을 모두 개별적으로 수행한다. 사용자의 모든 정보는 사용자의 의사와는 무관하게 서비스 제공자의 서버에 독점적으로 저장 및 관리되며, 따라서 서비스 제공자들 간의 사용자 데이터 공유도 어려운 구조이다. 이러한 특정 사업자의 사용자 데이터 독점 현상을 기술적으로 해결하기 위해서는 현재 인터넷서비스 제공자의 서버에 독점적으로 집중되어 있는 식별, 저장, 응용 관련 데이터 관리를 어떻게 사용자주권과 프라이버시 보장이 가능하도록 구조적으로 바꿀 것인가가 핵심 이슈라고 할 수 있다.

3. 대응기술

데이터 독점에 대한 세계적인 문제 인식 확산에 따라 최근 이에 대한 기술적 대응 방안 논의와 탈중앙화(Decentralized) 구조를 기반으로 하는 새로운 기술 제안들이 전 세계적으로 활발히 이루어지고 있으며(정희영 외, 2019) 관련 스타트업 기업들도 다수 출현하고 있다. 이 중 가장 주목받고 있는 대표적인 기술로는 식별체계 관점에서 사용자 주권 보장을 위한 DIDs(Decentralized Identifiers)와 서비스 제공자로부터 데이터 저장을 독립시키기 위한 Solid(Social Linked Data)를 들 수 있다. 특히, 두 기술은 모두 웹 표준을 담당하는 W3C(World Wide Web Consortium)에서 진행 중인 표준화 작업과 밀접하게 관련되어 개발되고 있다는 점에서 다른 기술들에 비해 더 유력한 기술로 간주될 수 있다.

(1) DIDs

식별(Identification)은 물리적 세계에서 주민등록번호나 여권과 같은 역할을 사이버 공간에서 제공하며, 사용자가 인터넷 상에서의 자신의 데이터를 제어할 수 있는 기반이 된다. 현재 인터넷서비스에서 사용자의 식별은 각 인터넷서비스 제공자에 의해서 배타적으로 주어지며, 이는 사용자의 모든 서비스와 데이터가 특정 서비스 제공자에 속박되는 원인이 된다. DIDs는 이와 같이 다수의 사용자가 특정 인터넷서비스 제공자에 의해 속박되는 현재의 구조를 탈피하여 서비스 제공자에 독립적인 사용자 ID를 기반으로 다양한 서비스를 제공받을 수 있도록 해주는 탈중앙형 식별체계이다.

DIDs는 검증 가능하며 분산형 디지털 식별을 제공하는 새로운 형태의 식별체계로 정의되며 어떠한 중앙집중형 등록소(Registry), 식별제공자(Identity Providers) 또는 인증기관(Certificate Authority)과도 독립적으로 제어, 구현될 수 있도록 하는 것을 목표로 한다. 따라서 기존의 중앙집중형 방식에 비해 특정 기관에 대한 의존이나 단일 고장점(Single Point of Failure)에 대한 문제없이 인터넷서비스를 위한 신뢰기반을 구축할 수 있다는 장점을 가진다.

▼ [그림 3-5] DIDs의 구성

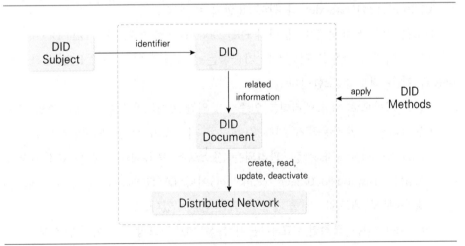

자료: 한국전자통신연구원(2019).

DIDs는 식별하는 대상인 DID Subject, 식별자인 DID(Decentrlaized Indetifier), DID에 관련된 정보를 포함하는 DID Document, DID Document가 저장·관리되는 분산 네트워크(Distributed Network) 및 DID와 DID Document가 처리되는 방식을 규정하는 DID Method로 구성된다([그림 3-5] 참조).

먼저, DID Subject는 DID에 의해서 식별되고 DID Document에 의해서 기술되는 엔터티(Entity)로 사람, 기관, 사물 등이 될 수 있다. DID는 DID Subject와의 신뢰성 있는 상호작용이 가능하도록 DID Subject와 DID Document를 관계 지어주는 URL 형태의 ID(Identifier)이다. DID의 형식은 다음과 같이 세 부분으로 이루어진 문자열로 구성된다.

[URL scheme ID(did): ID for DID Method: DID Method − specific ID]

문자열의 첫 부분은 ID가 DIDs 기반의 ID임을 나타내며, 두 번째 부분은 DIDs에 사용된 DID Method의 이름이며, 마지막 부분은 DID Method에서 규정하는 형식에 따른 DID Subject의 ID를 표시한다. 예로서 DID Method로 IPFS가 사용되고 IPFS ID가 "123456 abcdef"로 주어지는 경우 DID는 "did:IPFS:123456abcdef"와 같이 표현될 수 있다.

DID는 적절한 해석 절차에 따라 DID Document로 매핑된다. DID Document는 DID를 어떻게 사용할 것인가를 기술하는 간단한 문서로 해당 DID와 관련된 다음과 같은 정보를 포함한다.

- 암호 기반으로 해당 엔터티를 인증하기 위한 공개키와 같은 정보와 증명 방법
- 엔터티와 상호작용하기 위해 사용되는 서비스의 분산 네트워크는 실제로 DID Document가 저장·관리되는 장소로서 블록체인과 같은 분산원장기술(DTL: Distributed Ledger Technology)이나 DHT(Distributed Hash Table)와 같은 분산 네트워크기술 등으로 구현될 수 있다.

DID Method는 특정한 DIDs기술이 분산 네트워크상에서 어떻게 실제 구현되는지를 정의한다. DID Method는 어떻게 DID가 해석되고 비활성화되며, 어떻게 DID Document가 작성되고 갱신되는지에 대한 구체적인 방법을 포함한다.

현재까지 40여개의 DID Method가 정의되었다.

(2) Solid

웹(Web)은 현재 대부분 인터넷서비스의 기반이 되는 플랫폼기술이다. 팀버너스리(Tim Berners Lee)가 최초로 개발한 웹은 누구나 자신의 홈페이지를 가지며, 누구나 자신의 생각을 게시할 수 있으며, 자신의 데이터를 자신이 소유하며, 각 노드들이 링크로 연결되는 분산 네트워크로 설계되었다. 그러나 현재 웹 기반 서비스는 소수의 기업들에 의해서 독점되고 있는 상황이다. 팀버너스리(Tim Bernes-Lee)는 자신이 설계한 웹이 원래의 목표와는 달리 현재 불평등과 분열의 엔진으로 작용하고 있다고 인정하고 자신이 최초 목표로 했던 탈중앙형 웹 구축을 위해 Solid라는 새로운 응용 플랫폼을 제안하였다.

Solid는 오프소스 프로젝트의 일환으로 웹의 최초 목표인 모든 사람이 자신의 데이터에 대한 완전한 제어권을 확보할 수 있도록 보장한다. 즉, 어떤 사용자나 그룹이 그 데이터에 접근 가능하며, 어떤 응용을 사용할 것인지에 대한 선택권을 구조적으로 사용자에게 제공한다.[18]

Solid는 기본적으로 팀버너스리가 제안한 링크드 데이터(Linked Data) 원칙에 기반하며, 사용자가 소셜미디어를 위한 데이터 소유권을 갖도록 권한을 부여한다. 이를 위해 사용자 데이터를 애플리케이션으로부터 분리하고, 데이터의 완전한 제어를 소유자에게 분산된 방식으로 제공하도록 설계되었다. 사용자 데이터를 애플리케이션으로부터 분리하기 위해 Solid는 Pod(Personal Online Datastore)의 개념을 도입한다. 사용자의 Pod는 사용자의 모든 정보를 독립적으로 저장하며, 다양한 형태로 구현될 수 있다. Pod에 있는 정보에 접근하기 위해서는 모든 사용자는 URI 형태의 Web ID 기반으로 인증을 받아야 한다. 사용자의 데이터 제어를 위해 Solid는 데이터 소유자가 지정한 인증 정책을 기반으로 Pod에서 데이터에 대한 액세스 제어를 할 수 있도록 지원한다. 즉, Pod 내 정보의 요청에 대한 응답은 사용자가 작성한 ACL(Access Control List) 파일에 기반하여 분산 액세스 제어 메커니즘인 WAC(Web Access Control)에 의해 제어된다.

---

18 Tim Berners Lee(2018.10). "One Small Step for the Web." inrupt Blog.

[그림 3-6]의 Solid 플랫폼의 기본구조에서 사용자는 자신의 데이터와 프로파일을 자신의 Pod에 저장한다. Pod는 Pod용 서버 등 다양한 형태로 구현될 수 있으며 하나의 사용자가 다수의 Pod를 보유할 수도 있다. Solid 기반의 응용을 사용하기 위해 사용자는 먼저 응용 제공자로부터 응용을 자신의 클라이언트로 다운로드받는다. 설치된 응용은 사용자의 Pod로부터 식별에 관련된 프로파일을 가져온다.

▼ [그림 3-6] Solid 플랫폼 기본 구조

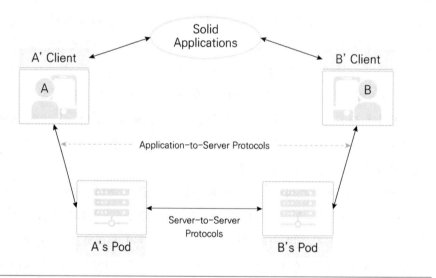

자료: 한국전자통신연구원(2019).

이 프로파일정보를 이용하여 응용은 사용자의 Pod나 다른 사용자의 Pod로부터 필요한 데이터를 가져올 수 있다. 데이터를 가져올 때 필요에 따라 데이터에 대한 접근 제어를 위한 인증이 수행된다.

현재 인터넷서비스는 대부분 기존 중앙집중형 웹 기반으로 구축되어 있다. 따라서 이를 Solid 기반으로 다시 구축하는 것은 기술적인 부분 뿐만 아니라 Solid 기반의 새로운 생태계 구축을 필요로 한다. 팀버너스리는 이를 위해 Inrupt라는 스타트업을 만들고 Solid 활성화를 위한 인프라 구축을 지원하고 있다. Inrupt는 Solid 기반 응용 개발에 대한 지원과 상업적인 활용 및 생태계 구축을 주 목표로 한다.

데이터기술 기반의 새 시장이 열린다

데이터경제는 기존에 정해진 경계를 가지는 생태계 개념을 넘어 '데이터가 경제활동의 중요한 자원으로 사용되는 새로운 경제구조'를 의미한다.

2017년 5월 워런 버핏은 "구글에 대한 나의 예측이 틀렸고 아마존의 가치를 너무 저평가했다"고 말했다. 그리고 "사업을 이해하지 못해 알리바바 주식을 사지 않았던 것은 실수였다"고 자책하기도 했다. 88세의 투자대가는 과연 무엇을 봤기에 오랜 신념마저 바꾸게 된 것일까? 알리바바를 창업한 마윈의 "정보기술 시대를 넘어 앞으로 30년간 데이터기술에 기반을 둔 새로운 시장이 열릴 것"이라는 언급이 그 실마리가 될 듯하다.

특정 산업의 범주로 규정할 수 없는 데이터경제, 데이터산업은 빙산의 일각일 뿐 '데이터경제'라는 용어가 시대의 화두로 부상하고 있다.

데이터경제는 '데이터에 접근하고 활용할 수 있도록 협업하는 과정에서 데이터 생산, 인프라 제공, 연구조사 등을 담당하는 구성원으로 이뤄진 생태계'를 뜻한다.

비즈니스 리더, 경제학자들이 바라보는 데이터경제는 보다 광범위하다. 2017년 영국의 경제저널 「이코노미스트(The Economist)」가 "데이터는 세상에서 가장 가치 있는 자원이자 원료로 새로운 경제를 부상시키고 있다"고 언급한 이후 데이터를 중심으로 하는 경제활동에 대한 새로운 해석이 나오고 있다. 이를 종합해보면 데이터경제는 일정한 경계를 가지는 생태계 개념을 넘어 '데이터가 경제활동의 중요한 자원으로 사용되는 새로운 경제구조'의 의미를 갖는다. 연장선상에서 보면 기업가치 1조달러에 가까운 아마존, 구글이 다시 시야에 들어올 뿐 아니라 자율주행 물류, 스마트팩토리 기반 제조업, 데이터 기반 맞춤형 의료·금융서비스까지 포괄하게 된다. 데이터경제는 특정 산업의 범주로 규정하는 것이 불가능하며 당연히 그 시장 규모를 따지는 것도 무의미하다.

전통산업을 새로운 형태로 재창조하는 데이터기술

그런데 과거 IT정보화시대에도 존재했던 데이터를 새삼스럽게 제4차산업혁명 시대의 핵심 자원으로 지목하는 이유는 무엇일까? 이는 빅데이터, 인공지능(AI), 블록체인 등 데이터기술의 발전에 따라 데이터에서 보다 많은 가치를 추출할 수 있게 됐기 때문이다.

최근에는 빅데이터에 이어 AI와 블록체인이 혁신을 이어가는 추세다. 이에 EU집행위원회는 증기기관 및 전기와 마찬가지로 AI를 세상을 변화시킬 기술로 지목하기에 이른다. AI는 그 자체로도 중요하지만 전통산업을 새로운 형태로 재창조하기 때문이다. 한편 블록체인은 스마트계약을 통해 거래 처리를 자동화할 뿐만 아니라 P2P(Peer to Peer, 인터넷에서 개인과 개인이 직접 연결돼 파일을 공유)거래를 통해 비용을 최소화하고 중개자 없이도 당사자 간의 신뢰를 확보할 수 있게 한다는 점에서 미래기술로 주목받고 있다.

데이터기술은 유통·콘텐츠·금융에서의 맞춤형 서비스, 업무 자동화, 초기 단계의 자율주행 등을 가능하게 했고 이러한 기술혁신에 따른 결과물들은 이미 우리 삶의 일부가 됐다. 나아가 비즈니스 패러다임마저 바꾸고 있다. 일례로 아마존은 데이터기술을 바탕으로 기존 유통시스템 혁명을 주도할 뿐만 아니라 헬스케어, 금융업 등 다른 분야에도 무차별 진출하고 있다. 그 과정에서 '아마존 진출의 영향으로 사업이 망하다'라는 의미인 '아마존되다(Amazoned)'라는 웃지 못할 신조어가 등장하기도 했다. 놀라운 건 아마존의 경우 산업에 대한 이해 없이 즉, 완전한 솔루션을 모르면서 테스트할 아이디어와 가설만으로 사업을 시작하고 사용자 데이터를 수집·분석해 사업을 민첩하게 조정하는 방식으로 모든 시장을 지배하려 하고 있다는 점이다.

이제 데이터와 데이터기술을 빼놓고는 최근의 경제활동과 트렌드 변화를 설명하기 어려운 패러다임 변화의 시대가 온 것이다. 이미 빅데이터, AI는 개인의 삶에 영향을 미치고 있으며 이를 활용한 비즈니스 창출은 향후 한 나라의 경제적 성패마저 좌우할 것으로 전망된다. 이러한 패러다임 변화에 대응해 각국 정부는 데이터경제 활성화에 역량을 집중하고 있다. 우리나라도 이런 패러다임 변화에 적극 대응할 필요가 있다.

자료: 강준영(2018).

04절 공유경제와 부동산

I. 공유경제

　　제4차산업혁명은 현실과 가상의 세계가 O2O(On line to Off line)로 융합하는 모습으로 다가오고 있다. 하드웨어와 소프트웨어로 이루어진 '제품경제'에서 데이터와 서비스가 어우러져 융합되는 '디지털경제'로의 대 변혁이 일어나고 있는 것이다. 물질로 이루어진 소유에서 정보로 이루어진 공유의 세상이 융합·확장되는 공유경제가 제4차산업혁명시대 중추적인 역할로 떠오르고 있는 것이다.

　　더욱이 현실과 가상이 융합된 O2O플랫폼이 활성화되면서 공유경제의 영향력이 날로 확장되고 있다. 오프라인경제의 5% 정도이던 온라인이 공유경제에 의해 전체 시장을 지배하고 있다.

1. 공유경제의 개념

　　공유경제(Sharing Economy)라는 용어는 2008년 L. Lessig에 의해 그의 저서[19]에서 상업경제(Commercial economy)에 대칭되는 개념으로 처음 사용하고, 공유경제를 가격이 아닌 다양한 사회관계(Social Relations)에 의해서 조율되는 경제라 하였다. Lessig의 공유경제 개념에서는 Benkler의 공유행위와 같이 사회관계가 그 핵심이라는 것이다. 그러나 공유경제 개념은 2010년 이후 아룬 순다라잔(Arun Sundararajan) 뉴욕대 교수와 셰어러 블랏넷 공동 창업자인 닐 고렌플로(Neal Gorenflo) 등과 같은 공유경제 전문가들에 의해 변화되어 점차 유휴자원의 공유의 범위를 넘어 시민들이 경제의 주체가 되는 개념으로 확장되고 있다.

　　즉, 서로 필요한 물건을 나눠서 쓰되 종전의 지인과 공유하는 것과는 달리 불특정 다수를 대상으로 적정한 금전적 보상을 한다는 측면과 규모가 확대됨에 따라 공유 활동이 경제가 된다는 것이다.

---

19 Emix: Making Art and Commerce Thrive in the Hybrid Economy.

한국의 전통적인 품앗이나 IMF 이후 2000년대 초반의 어려운 경제 환경에서 일어났던 아나바다(아껴 쓰고 나눠 쓰고 바꿔 쓰고 다시 쓰자) 운동도 공유경제와 맥락을 같이한다고 할 수 있다.

실무적 의미로서 2013년 공유경제의 전도사이자 저자인 Rachel Botsman(2013)은 공유경제를 Sharing Economy, Peer Economy, Collaborative Economy, Collaborative Consumption 등의 유사어로 사용하였고, 다음과 같은 특징이 있다.

첫째, 공유경제는 협력적 경제(Collaborative economy)로 중앙집중적 조직과는 반대로 연결된 개인과 공동체로 구성된 분산된 네트워크들 위에 만들어진 경제로서 생산, 소비, 금융 그리고 학습하는 방법이 달라진다.

둘째, 공유경제는 협력적 소비(Collaborative consumption)로 제품과 서비스의 공유, 교환, 거래 또는 대여를 기반으로 하는 경제 모델로서 소유 대신 접속을 가능하게 한다. 이는 우리가 무엇을 소비할 것인가 뿐만 아니라 어떻게 소비할 것인가를 재발명하고 있으며 재유통시장, 협력적 라이프 스타일, 제품서비스시스템 등 3가지의 구별되는 시스템을 가지고 있다는 것이다.

셋째, 공유경제(Sharing Economy)로 공간을 비롯해서 기능, 물건에 이르기까지 저사용된 자원을 금전적 또는 비금전적 혜택을 위하여 공유하는 것에 의존하는 경제 모델로서 현재는 주로 P2P와 연관되어 회자되고 있으나 B2C 모델에서도 동일한 기회가 존재한다.

▼ [그림 3-7] 공유경제 비즈니스 모델

공유경제는 사회주의 무상공유, 공정무역운동, 전통적 중개업 등 유사한 다른 경제로부터 다음 [그림 3-8]에서 보는 바와 같이 다섯 가지 기준을 통해 분명하게 구분된다.

▼ [그림 3-8] 유사경제와 공유경제 비교

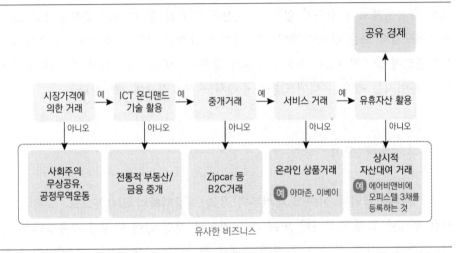

자료: Hwang(2015)의 그림 재구성.

첫번째는 시장가격에 의해 거래가 이루어지는지 여부이다. 이 기준이 충족되지 않으면 사회주의 무상공유, 공정무역운동 등과 같은 비영리 거래이므로 공유경제라 할 수 없다. 두번째 기준은 ICT 온디맨드(On Demand) 기술을 활용했는지 여부이다. '온디맨드거래'란 스마트폰 또는 인터넷을 활용하여 소비자의 수요를 충족시킬 수 있는 거래를 의미한다. ICT 온디맨드기술을 활용하지 않는 전통적인 방식의 중개거래는 공유경제로 인식하지 않는다. 세번째 기준은 중개거래인지 여부이다. 일각에서 공유경제의 대표적인 사례로 거론되는 시간제 차량 렌탈 회사인 집카(Zipcar)는 다수의 차량을 직접 보유하고 필요한 소비자에게 온디맨드 기술을 활용하여 대여하는 기업이다. 따라서 집카는 온디맨드경제 또는 O2O(Online to Offline)경제[20]의 사례로 볼 수는 있으나 중개거래가 아닌 직접거래로 공유경제가 아닌 것이다. 네번째 기준은 거래의 대상이 서비스인지 여부이

---

20 온디맨드경제 또는 O2O경제는 ICT 온디맨드기술을 활용하여 온라인에 접속한 소비자와 오프라인에 있는 공급자가 실시간으로 거래를 체결하는 경제이다.

다. 거래의 대상이 상품인 경우 아마존, 이베이 등 전통적인 온라인 상품중개경제에 해당한다. 다섯째 기준은 유휴자산을 활용했는지 여부이다. 숙박 공유플랫폼인 에어비앤비를 통해 숙박시설을 대여하는 경우, 해당 숙박시설이 빈방 또는 빈 주택이면 공유경제에 해당하나, 상시적인 숙박시설 대여를 목적으로 복수의 주택, 오피스텔 등을 매입한 후 대여하는 행위는 유휴자산을 활용한 것이 아니므로 공유경제로 간주하지 않는다. 이상의 비교를 통해 최근 급부상하고 있는 온디맨드경제 또는 O2O경제와 공유경제의 관계를 파악할 수 있다. 공유경제는 온디맨드경제의 한 예로 거래의 형태가 중개-서비스-유휴자산 활용의 방식으로 이루어지는 경우 온디맨드경제 중에서도 공유경제에 해당한다.

2. 공유경제의 의미

공유라는 행위는 이미 오래전부터 우리 일상생활의 일부분으로, 실제 같이 사는 동네나 특정 커뮤니티 또는 가족 간이나 지인 간에 다양한 공유형태가 있다. 그간의 공유는 지역 및 관계의 한계로 경제적인 측면에서는 그 영향이 크지 않았다. 이러한 공유는 정보기술이 발전하면서 전 세계 사람들이 소셜네트워크로 연결되고 스마트폰을 통해 언제든 쉽게 소통할 수 있게 됨으로써 날로 확대된 것이다. 즉, 공유할 가치를 갖고 있는 사람과 필요한 사람을 인터넷을 통해 쉽게 찾을 수 있고, 믿고 효율적으로 거래가 가능하게 되어 의미 있는 규모로 성장하면서 공유가 경제로 발전하게 된 것이다.

이렇게 발전한 공유경제는 경제가치 생산과 소비활동 모두에 큰 변화를 가져오고 있다. 먼저 경제가치 창출 측면에서 보면 개인도 이제 자기가 가지고 있는 유휴자원을 이용할 수도 있고, 반대로 새롭게 제품을 만들거나 투자를 통해 자원 확보를 효율적으로 할 수 있게 되었다. 서로 필요한 물건을 나눠서 쓰되 기존 지인과의 공유와 달리 적정한 금전적 보상을 한다는 측면과 의미 있는 규모로 확대됨에 따라 수익 창출이 가능한 공유 활동이 경제가 된 것이다.

공유경제는 배타적인 소유 대신에 공유를 통한 사용효율을 중요시하는 데서 출발한다. 즉, 숙박할 공간이 필요하여 임대를 하는 것이지 숙박할 공간을 소유하기 위한 목적이 아니다. 언제든 숙박을 원할 때 숙박공간의 공유를 통해서 숙박할 수 있다면 소유할 필요는 없을 것이다. 이는 공유를 통해 우리의 삶이 본질적인 가치 중심으로 생활양식이 바뀌고 있음을 의미하는 것이다. 공유경제는 이와 같이 일상이 경제활동이 되는 것으로 큰 투자가 없이 가능하다. 그리고 종전에는 기업이 경제활동을 하기 위해서 초기 투자비와 면허 취득 등 진입장벽이 매우 높았으나 공유경제로 누구나 빠르게 소액투자로 마이크로 사업가가 될 수 있다.

GRP 파트너스에 따르면 2000년 500만 달러에 달했던 실리콘의 평균 창업비용이 2011년 0.1% 수준인 5천 달러로 감소되었다고 한다. 이러한 변화는 오픈소스, 클라우드기술의 발달, 그리고 혁신플랫폼의 등장으로 창업자는 혁신을 가져오는 핵심역량에만 집중할 수 있게 되었다. 또한 창업 및 사업화 플랫폼들로 인하여 창업자는 창업 및 신사업 개발 시 필요한 공통요소들을 플랫폼화하여 빠른 제품 개발과 실행이 가능하다. 또한 시장 플랫폼이 등장하면서 판매자는 플랫폼을 활용하여 낮은 비용으로도 수익 창출이 가능하게 되었다. 공유플랫폼의 공동작업구간을 이용하여 도구 등을 공유하여 추가적인 비용을 감소시키고 심지어 창업에 필요한 기술조차도 공유되는 온라인 강의를 활용하여 익힐 수 있다.

▼ [그림 3-9] 공유경제를 통한 혁신비용 격감

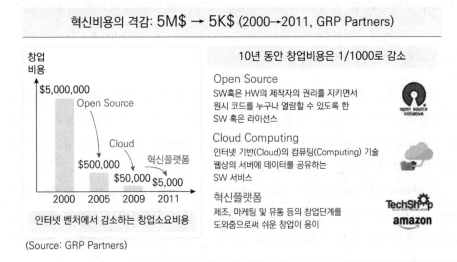

(Source: GRP Partners)

자료: 주강진 · 김애선 · 신영섭 · 장아침(2016).

소비 측면에서도 변화는 매우 크다. 2000년 제러미 리프킨(J. Rifkin)의 「소유의 종말(The Age of Access)」이란 저서에서 소유의 시대는 지나가고 접근의 시대가 올 것이라는 예견이 점차 현실화되고 있다. 구입하여 소유하지 않고도 필요한 것을 필요할 때 필요한 만큼만 사용할 수 있는 시대로 다가가고 있는 것이다.

공유를 할 수 있는 대상은 우리 생활에서 사용하는 물건이나 공간 뿐만 아니라 시간과 지식, 기능, 경험 등과 같이 무형의 자원에 이르기까지 다양하다. 온라인상에서 원하는 음악을 골라 듣는 것처럼, 원하는 차, 원하는 옷, 원하는 기계를 공유를 통해서 필요한 만큼만 사용할 수가 있다. 최근 주문형 서비스(On-demand Service)가 이슈되는 것은 이러한 흐름을 그대로 반영한 것이다.

유휴자원의 공유로 시작된 공유경제의 개념은 일반인이 경제 가치생산의 주체가 되는 모델로 확대되고 있다. 수동적인 소비자였던 일반인이 정보기술 발달에 따라 서비스를 제공하고, 제품을 만들고, 에너지를 생산하는 경제의 주체자로 떠오르고 있는 것이다. 예를 들어, 처음에는 집에 빈방이 하나 있어서 주택임대 플랫폼에 숙소를 올려 수익을 올리던 사람이 옆집의 빈방을 대신 올려 수익을 나눈다. 그러다가, 옆집의 빈집이나 방을 월세로 얻어 본격적으로 숙박업을 할 수 있다. 즉, 처음에 자신이 갖는 빈방으로 시작해서 전문 사업자로 확대 발전될 수 있는 것이다. 물론 법적인 한계가 있지만 현실적으로 이런 식으로 공유경제가 진화하고 있어 이러한 공유경제의 특징과 효과를 살펴보면 다음과 같다.

(1) 유휴한 자원에 가치 부여

공유경제는 유휴자원을 공유한다는 측면과 누구나 쉽게 참여할 수 있다는 측면에서 유휴한 자원에 가치를 부여하는 것이다. 도시의 가정에서 보유하고 있는 유휴자원은 자동차와 빈방 및 전자제품 등 다양하며 유휴자원의 감가상각 감소까지 경제적 가치를 모두 합친다면 엄청날 것이다.

이렇게 미사용하거나 또는 가끔 사용되는 유휴자원은 필요한 사람들에게 필요한 시간만큼 제공함으로써 수익을 창출할 수 있다. 종전에도 중고품거래를 통해서 유휴자원을 처분하였지만 스마트폰의 등장과 공유경제 플랫폼의 활성화로 좀 더 편하게 팔거나 공유할 수 있게 된 것이다.

(2) 기존 가치를 확대

공유경제의 또 다른 가치는 제품의 효용성 증대이다. 예를 들어, 평균적으로 자동차를 사용하는 시간은 전체의 5% 정도로 경제적인 관점에서 보면 매우 비효율적이다. 주차장 점유나 보험지급과 감가상각을 고려하면 대단한 낭비이다. 따라서 차량 1대를 효율적으로 공유할 경우 9대에서 20대까지를 대체할 수 있다는 연구결과에 주목할 필요가 있다(Shabeen & Cohen, 2013, Cervero et al., 2007; Re luca & Di Pace, 2015; Ko et al., 2019; 이호준 외, 2019).

이와 같이 기존 제품의 효용성 증대는 기존 경제의 효율화로 직결된다. 다만 공유로 기존 형태의 소비 축소에 따른 경기침체를 해결해야 하는 이슈가 등장하게 된다. 그러나 공유경제 분야의 석학인 아룬 순다라잔(Arun Sundararajan) 뉴욕대 교수는 공유경제야말로 성장정체기에 빠진 세계경제를 활성화 할 수 있으며, 환경문제나 소득불균형과 같은 문제를 같이 풀 수 있는 해법이라고 주장한다. 공유경제가 활성화되면 소유를 대신한 공유를 통해 돈을 아끼면서도 더 많은 것을 누리려 할 것이기 때문이다. 따라서 공유경제는 사람들의 접근을 통한 새로운 소비를 진작시켜 더 큰 경제유발 효과를 일으킬 것이다.

(3) 새로운 롱테일 시장 확대

보다 많은 사람이 보다 다양한 자원에 참여한다는 측면에서 공유경제는 본질적으로 다양성의 특성을 갖는다. 공유경제 플랫폼을 통해서 다양한 롱테일(Long Tail) 경제적 가치가 제공되고 그에 따른 다양한 수요가 자연스럽게 창출된다. 차량공유, 숙박공유나 금융, 부동산 등 많은 분야로 공유경제가 파급되면서 새로운 경제가치가 창출되고 선순환 과정을 거쳐서 시장이 확대된다. 공유경제는 보다 많은 사람이 쉽게 부동산 등 다양한 분야의 경제활동을 가능하게 된다. 소비자는 보다 많은 선택을 저렴한 비용으로 하게 됨으로써 삶의 질이 향상되고 많은 공유플랫폼 사업자들이 등장하고 지역경제가 활성화될 것이다. 이는 자연스럽게 일자리 창출로 이어져서 경제에 새로운 활력을 불러일으키게 될 것이다.

(4) 기존 시장을 확대 재편

공유경제 플랫폼은 기존의 복잡한 유통구조를 단순화시켜 중간 매개자 없이 효율적 거래를 가능하게 한다. 또한 공유경제 플랫폼으로 누구나 쉽게 경제활동에 참여할 수 있고 불필요한 시장 독점을 방지할 수 있다. 이러한 유통거래의 단순화는 신뢰 있는 거래와 비용을 축소하는 효과를 기대할 수 있다.

공유경제에 의한 경제적 측면의 또 다른 파급효과는 기존경제의 효율화이다. 잘 모르는 개인 간 거래를 가능하게 하기 위해서는 이들을 신뢰로 연결하는 공유경제 플랫폼이 필수적이다. 공유경제 참여자가 늘어나고 공유의 대상이 확대되면서 소비자와 공급자를 직접적으로 연결해주는 공유경제 플랫폼의 역할도 증대되고 있다.

(5) 새로운 공유거래 모델 창출

서로에게 원하는 것을 쉽게 구하는 것으로 공유경제가 시작되어 점차 공유의 방식과 대상도 다양해지고 있다. 개인 간의 거래에서 기업과 개인 간 거래로, 그리고 마침내 정부도 공유의 주체로 떠오르고 있다.

공유경제의 가장 기본적인 거래 모델은 다음과 같은 3가지 유형으로 구분할 수 있다. 첫 번째 상호 유휴자원을 빌리고 빌려주는 것으로 시작하여 이제는 투자를 통해 자원을 확보해서 빌려주는 경우로 확대되고 있다. 두 번째는 빌려주는 기업의 서비스를 사용하는 것이다. 기존에도 이런 렌탈서비스가 있었으나 이는 제공사의 편의 중심으로 제공되었다. 공유경제의 서비스는 반대로 사용자 중심이라는 것이 다르다. 세번째는 물리적으로 기업을 통해서 거래를 하는 것이다. 내 물건을 맡겨놓고 기업이 사람들에게 빌려준다. 내가 물건을 기업에 팔거나 위탁해 놓으면 기업이 소비자들에게 판매하는 식이다.

이러한 세 가지 유형은 공유거래를 기반으로 거래되는 상품과 서비스에 따라서 다양한 모델로 분화한다. 예를 들어, 보상형 클라우드 펀딩(Crowd funding)[21]의 경우는 여러 사람이 소수의 기업에 투자하고, 그에 대한 대가로 수익배당, 서

---

21 군중(Crowd)으로부터 자금조달(Funding)을 받는다는 의미로, 자금이 필요한 개인, 단체, 기업이 웹이나 모바일 네트워크 등을 이용해 불특정 다수로부터 자금을 모으는 것을 말한다.

비스나 제품을 돌려받는다. 두 번째 유형의 확장형으로 공유경제의 확장에 따라서 새로운 거래 모델이 등장하고 있는 것이다.

3. 공유경제의 본질적 속성

다보스 포럼에서는 2025년 이전에 본격적인 공유경제시대가 열린다고 한다. 온라인 영역에 머물던 한계비용 제로의 공유경제가 O2O(Online to Offline)와 융합으로 우리 삶의 전 영역으로 확산할 수 있다는 것이다.

여기에 오프라인상의 자원을 공유할 수 있는 온디맨드(On Demand)와 O2O 플랫폼은 자원을 공유함으로서 소비를 줄여 원가(Cost)를 절감하고 이로 인해 생산이 줄어 원가 절감은 물론 매출(Price)이 줄어드는 결과가 초래된다. 즉, 사회적 가치는 증가하여 소비자의 후생은 향상되나, 기업의 매출은 줄고 국가의 GDP도 감소하게 된다. 이에 따라 공유경제시대에 합당한 새로운 경제지표인 비욘드GDP(Beyond GDP) 등의 새로운 개념이 등장하고 있다. 산업경제시대에 생산의 역량에 최적화된 GDP를 공유경제시대에 소비자의 후생 가치중심적 개념으로 진화시켜야 한다는 것이다.

그렇다고 공유경제가 GDP를 감소시키기만 하는 것이 아니라 공유경제의 플랫폼은 반복되는 요소를 공유함으로서 혁신을 가속화시키는 역할을 한다. 결과적으로 공유를 통한 매출 감소는 GDP를 줄이나, 공유를 통한 혁신은 GDP를 증가시킨다. 그리고 공유 자체로 사회적 후생이 향상되고, 공유를 통한 혁신의 가속화로 GDP와 더불어 일자리도 증가한다.

공유경제는 반복적 동일한 요소의 공유로 비용을 줄이고, 적은 비용으로 나만의 차별화를 이룰 수 있다. 예를 들어, 3D프린터의 공유 사이트(Shapeway 등)에서 취향에 맞는 디자인을 다운받아 나만의 아이디어를 가미하여 작품을 만드는 것이다. 이렇게 집단지능을 공유하는 혁신을 소셜 혁신(Social Innovation)이라 부른다.

공유경제에서 직업(職業)은 업(業)으로 대체되고 있다. 특정 집단에 소속된 직업이 전문적 기능을 갖춘 프리랜서들로 대체된다는 긱[22] 경제(Gig Economy)가

---

22 원래 무대 공연을 뜻하는 'Gig'은 역량을 갖춘 연주자가 공연에 맞추어 단기 계약을 하는 것을 의미한다.

등장하고 있다. 그런데 이제 이러한 현상은 스타트업을 넘어 공유경제 전반으로 확산되기 시작했다. 다양한 전문가들이 특정 목적에 맞추어 단기간 협업 체제에 쉽게 돌입할 수 있는 초연결 평판 사회가 열리고 있다. 쉽게 전문가를 찾을 수 있는 작은 세상(Small World)이 초연결로 구현되고, 입소문에 의한 평판이 공유되기 시작한다. 신뢰와 명성이라는 사회적 공유 자산이 물적 소유 자산보다 중요해 지고 있다.

4. 공유경제의 양면성과 그 보완

공유경제는 자원의 공유를 통한 혁신을 촉진하며 자원을 효율적으로 운영하는 긍정적인 면과, 공유경제 기업의 과도한 부(富)의 독점과 일자리가 축소되는 부정적인 면인 양면성을 띠고 있다.

공유경제의 대표적인 기업인 우버(UBER)는 찬사와 비난이 빗발치고 있다. 우버를 이용하는 사람들은 경제성과 편리성에, 그리고 지속적으로 진화하는 것에 감탄을 한다. 환경론자들은 지구 차원의 환경과 자원 보호의 측면에서 우버의 1대가 9~20대의 자동차 판매를 줄이는 효과가 있어 바람직하다고 한다. 반면에 우버를 불법화한 많은 국가들은 우버가 택시 운전자의 일자리를 빼앗으며, 70조가 넘는 우버의 기업가치는 세계 최대 자동차 제조사인 GM의 기업가치를 넘는 현상은 부의 약탈이라 생각하는 것이다.

5. 공유경제의 확대

공유경제라는 개념은 최근에 정립되어 가고 있지만, 역사적으로 본다면 공유경제는 과거부터 있었다. 우리나라 삼한 시대에는 공동 노동을 위한 마을 성년 남자들 간의 공동체 즉, 두레가 존재하였다. 두레가 농업에서 활용되는 공유경제라면, 상인들도 보부상이라는 또 다른 형태의 공유경제활동을 하였다. 유럽에서도 중세시대에 상인들은 자신들의 기술이나 돈을 보호하기 위하여 보부상과 유사한 길드를 만들었다. 산업경제로 재편되는 과정에서도 공유경제는 협동조합이라는 이름으로 출현하였다. 제1차산업혁명이 촉발한 산업사회에서는 노동자들의 업무 생산성을 높이는 것은 효율성의 극대화였다. 따라서 노동자들이 이러한 자본주의에 대응하기 위하여 다양한 조직을 만들었으며, 그 중에서 현대적 의미의 협동조합이 바로 1844년에 영국의 로치데일(Roachdale)에서 만들어진 협동조합이다. 로치데일 협동조합은 믿을 수 있는 상품을 적정한 가격에 구매하는 공동구매에서 시작하여 장기적으로 생산과 소비를 공유 및 통합한다는 목표로 협동조합을 운영하였다.

공유경제의 많은 비중을 차지하고 있는 '협력적 소비'는 1940년대부터 'Collaborative'라는 어휘가 종종 사용되었으며, 1960년대로 넘어오면서 그 사용빈도가 급격히 증가하였으며, 앞서 언급한 여러 학자들의 노력으로 2000년대 이후에 활성화되고 있다. 국내에서도 공유경제는 1997년에 IMF 이후에 급격히 어려워진 가계 경제로 인하여 등장한 아나바다 운동과 카풀 등 다양한 공유경제의 활동이 증가하였으나, 어려운 경제사정으로 소비를 줄이기 위한 일시적인 사회의 흐름이었다.

▼ [그림 3-10] 과거의 공유경제 유형

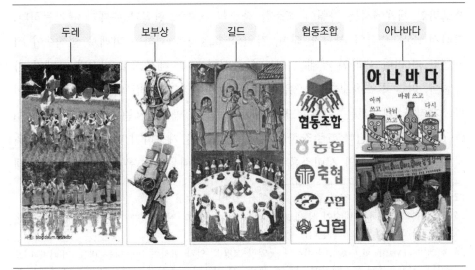

두레 · 보부상 · 길드 · 협동조합 · 아나바다

(1) 초연결사회의 도래

과거의 공유경제는 부족한 노동력을 확보하거나 집단의 힘을 이용하여 자신의 사업을 하였으며, 공동구매를 통하여 비용을 절감하는 것이었다. 그러나 최근 공유경제는 과거와는 달리 정보기술의 발전으로 다가온 초연결사회가 그 중심에 있다.

1990년대부터 빠르게 상용화 되고 있는 인터넷은 글로벌화를 이끌고 인터넷 사용자는 빠르게 증가하여 지구촌이라는 단어를 유도할 만큼 연결성이 자유로워졌다. 2000년대에는 스마트폰 출현으로 연결의 시공간 제약이 사라지게 되었으며 최근에는 기술이 더욱 발전하여 사물인터넷(IoT)시대가 다가왔다.

사물인터넷시대에 시간과 장소의 제약 없이 모든 것이 연결 공유되는 초연결사회(Hyper Connection Society)가 도래한 것이다.

(2) 초연결사회와 공유경제

초연결사회는 모든 사람과 사물이 네트워크를 통하여 상호 연결된다. 따라서 온라인시장은 급격히 성장하는 반면 기존의 오프라인시장은 위협받고 있다. 오프라인 세계에서는 자원이 희소한 물질의 세계로 편집과 복제가 불가능하다. 따라서 소유 중심의 사회가 되며, 자원의 효율성을 위하여 파레토 법칙[23]이 적용된다. 그러나 온라인 세계는 정보가 중심이 되는 세상으로 편집과 복제가 자유롭다. 따라서 소유보다는 공유가 중심이며, 롱테일 법칙[24]이 지배하는 세상이다. 제러미 리프킨은 이러한 변화에 주목하여 공유경제는 한계비용(Marginal Cost)[25]이 제로가 된다고 주장한다. 편집과 복제가 가능하기 때문에 소비자를 위하여 무한대의 재화와 서비스를 제공할 수 있기 때문에 소유하고 보유하려는 태

---

23 전체 결과의 80%가 전체 원인의 20%에서 일어나는 현상

24 하위 80%에 속하는 다수가 상위 20%에 속하는 소수보다 뛰어난 가치를 만들어 낸다는 이론으로 파레토 법칙과 상반된다.

25 한계비용(Marginal Cost): 소비자가 동일한 효용을 얻기 위하여 지불하는 비용, 제러미 레프킨의 한계비용 제로는 과거에 비하여 급격하게 비용이 감소한다는 점을 경제학 관점에서 분석한 것으로서는 의미가 있다. 그러나 현실적으로 온라인 세계에서도 비용이 발생하며, 온-오프라인이 공존하는 영역이 커져가고 있다는 점에서는 설득력이 부족하여 많은 비판을 받고 있다.

도는 점차적으로 설득력을 잃어간다는 것이다. 그러면서 미래사회는 공유경제라는 새로운 경제시스템이 중심이 될 것이라고 주장한다. 이처럼 공유경제는 효율과 소유 중심의 경제시스템에 연결과 공유라는 새로운 가치를 창출하면서 사회의 주요 가치관들의 변화를 촉진하고 있다. 아래의 <표 3-3>에서 이러한 변화들을 정리한 것이다.

▼ 〈표 3-3〉 기존 경제시스템과 공유경제 시스템의 비교

기존 경제	기준	공유경제
소유	핵심가치	접근에 의한 사용
소유해야 누림	생활양식	누릴 때만 소유
제한적	소비 선택의 폭	다양함(롱테일)
대량 생산 및 소비	소비 형태	맞춤형, 협력적 소비
개별 소비자	개인의 역할	협력적 소비자, 마이크로 사업자
기업	경제가치 생산주체	시민
낭비와 오염	지구자원과 환경 여파	절약과 지속가능한 성장
이윤추구	사업자의 목표	이윤추구＋사회적 가치
자원과 자본 중심	주요 사업 모델	공유플랫폼
자본 투자가	이윤 분배	마이크로 사업자, 공유플랫폼
정부의 제도	거래 판단의 기준	소셜 평판과 신뢰

자료: 조산구(2016).

옥스포드 대학은 미래 직업의 63%가 인공지능으로 변화할 것이라 예측하면서, 미래 세상에서 많은 부분이 O2O 융합으로 넘어갈 것으로 예측하고 있다. 그중심에는 소유와 공유가 혼재하게 되어, 공유경제는 5% 경제 규모의 온라인 영역에서 60%가 넘는 거대한 O2O 융합 경제 영역으로 확대될 것으로 전망한다. 실제로 많은 기업들이 제공하는 제품들은 과거처럼 단순하게 제품만을 판매하지 않고 정보 공유를 기반으로 제품과 서비스의 결합(PSS: Product Service System)을 하고 있다.

예를 들어, 세계 1~2위를 경쟁하고 있는 캐터필라와 코마츠는 중장비 기계를 판매함과 동시에 기계에 부착되어 있는 센서를 통하여 실시간으로 장비의 상태를 점검한다. 이러한 서비스를 통하여 건설사들은 효율적으로 장비를 활용하여 공사기간 단축으로 막대한 비용을 절감하고 있다. 또한 산업인터넷을 표방한 GE는 가스터빈과 엔진 등에서 센서를 부착하여 고객들이 효율적으로 장비를 활용할 수 있도록 관리해 주고 있다. 이처럼 미래 사회에서는 정보의 공유를 기반으로 현실세계를 최적화하는 O2O융합시장이 빠르게 성장할 것이며, 이러한 시장 규모는 500조원 이상이 형성될 것으로 전망된다.

II. 소비와 공급 측면의 공유경제

1. 소비관점의 공유경제

공유경제활동이 초연결사회의 도래로 시간과 장소에 제한 없이 큰 비중을 차지하고 있는 것은 협력적 소비로서 공유경제의 소비에 집중되고 있다.

공유경제는 경제 요소를 공유하는 활동으로 정보, 물질, 그리고 관계라는 공유 대상과 공급, 시장, 소비라는 경제활동으로 소비의 관점에서 정보, 물질, 관계로 나누어 보면 각각 오픈소스, 온디맨드와 프로슈머라는 공유경제의 형태로 대응되게 된다.

(1) 정보의 공유: 오픈소스

소비 측면에서 가장 활발하게 출판업계와 통신업계, 소프트웨어산업 등에서 정보의 공유가 이루어지고 있으며, 앞으로 점점 더 많은 정보가 거의 무료로 제공될 것이다. 제러미 레프킨이 말한 한계비용 제로 현상이 나타나고 있다. 이러한 정보의 공유는 비용의 감소만이 아니라 공유를 통한 협력으로 혁신의 원동력이 되기도 한다.

실리콘밸리에서 활발하게 이루어지고 있는 오픈소스(Open Source)가 그 대표적인 예일 것이다. 오픈소스가 활성화 되면서 IT 산업에서 많이 활용되었다.

가트너에 따르면, 2015년 7월부터 8월까지 2개월에 걸쳐 실시한 결과, 전 세계 11개 국가 547개의 IT기업 중 22%에 해당하는 기업이 업무환경 전체에 오픈소스 소프트웨어를 사용하는 것으로 조사되고 있다.

(2) 물질 소비의 공유: 온디맨드와 협력적 소비

공유경제는 정보의 공유를 넘어 물질소비의 공유로 확대되기 시작했다. 온디맨드(On Demand)와 협력적 소비(Collaborative Consumption)라는 물질 공유는 O2O플랫폼의 등장으로 효율적 연결이 가속화되기 시작했다. 온디맨드를 처음으로 언급한 사람은 IBM의 CEO였던 Samuel J. Palmisano로, 그는 수요자 중심의 사업을 역설하면서 온디맨드 비즈니스(On Demand Business)[26]를 언급하였다.

이러한 온디맨드는 이제 협력적 소비의 또 다른 용어가 되고 있다. 협력적 소비를 정의한 보츠만은 "협력적 소비란 상품이나 서비스의 공유 · 교환 · 거래 · 대여에 기반을 두고 접근을 소유보다 우위에 놓아 소비대상만이 아니라 소비방법까지 재창조하는 경제 모형"이라고 정의하였다. 여기서 말하는 소비방법이 바로 온디맨드인 것이다.

공유경제(협력적 소비)에서 온디맨드가 주목받는 것은 연결이 쉬워지면서, 고객들이 자신의 유휴자원을 활용하여 서비스나 제품을 다른 고객들에게 공유하는 과정에서 연결 비용이 급격히 감소하여 보다 능동적인 소비를 통해 시장을 주도하고 있기 때문이다.

(3) 관계의 공유: 프로슈머, 개인화된 소비자

O2O 융합사회가 되면서 소비에서는 협력적 소비를 넘어 개인화된 소비 욕구가 대두되고 있다. 즉, 개인화(Personalization) 욕구를 스스로 충족하는 생산자와 소비자의 결합이 이루어져 이들을 프로슈머(Prosumer) 혹은 크레슈머(Cresumer)[27]

---

26 Palmisano는 On Demand Business를 외부의 위협이나 시장의 기회에 따라 소비자들의 요구에 속도감 있게 반응할 수 있는 사업시스템 전반이라고 정의하였다.

27 크리에이티브(creative; 창조적인)와 컨슈머(consumer; 소비자)의 합성어로, 소비를 통해 욕구

라고 한다. 이들의 문화 상품 소비는 심미적 소비 성향을 띠며, 소비자의 안목, 선택, 기준이 상품 및 서비스에 영향을 미치게 되었다.

과거 가내수공업시대의 소량맞춤이 산업혁명을 거치면서 대량 규격화 되었고 이제는 디지털기술로 소셜 개인맞춤의 시대로 진입하고 있다. 이러한 소셜 개인맞춤의 형상은 3D프린터가, 지능은 오픈소스 하드웨어가, 기술은 인공지능과 가상현실이라는 기술의 혁신으로 소셜 맞춤의 D.I.Y(Do it Yourself)라는 개개인이 직접 생산·소비하는 세상이 도래할 수 있게 되었다.

세계 인구의 5% 정도인 미국은 세계 자원의 20%를 소모하고 있다(US Metro Economies, 2008). 그래서 전 세계 인구가 미국인처럼 소비를 한다면 1.84개의 지구가 필요하며, 일본인처럼 소비를 한다면 1.64개의 지구를 필요로 한다(하원규, 2015)고 한다. 문제는 인구의 수는 한동안 지속적으로 증가하며, 과거 개발도상국이었던 중국과 인도의 빠른 경제성장으로 인하여 인류는 점점 더 많은 자원을 소모하고 있다는 것이다. 따라서 인류는 필연적으로 소비경제의 비효율성으로 인한 사회문제가 부상할 것으로 보인다. 대표적으로 미 농림부 발표에 의하면 미국에서는 음식물의 40%가 버려지면서, 동시에 만성적으로 굶고 있는 인구가 1,600만 명에 달한다고 한다.

결국 인류가 지금까지 일궈온 경제가 계속 성장하고, 그간의 과잉생산, 과잉소비에 의한 자원낭비와 환경파괴 문제를 풀고, 우리 사회가 서로 믿고 배려하는 좀 더 좋은 사회로 발전하기 위해서는 기존 경제 체제와 다른 공유경제라는 해법이 필요하다고 할 수 있다. 협력적 소비를 통하여 필요할 때, 필요한 만큼만 소유하는 방식으로 자원의 낭비를 줄이고, 공유하면서 수익도 올리고, 나누는 과정에서 사람들과의 신뢰를 형성하는 문화가 필요한 것이다.

를 충족하는 수준을 넘어 자신의 개성을 표현하는 창조적인 소비자라는 의미를 가지고 있다.

2. 공급 측면의 공유경제

(1) 혁신이 쉬워진 사회

GRP 파트너스에 따르면 2000년 500만 달러에 달했던 실리콘에서의 평균 창업비용이 2011년 0.1% 수준인 5천 달러로 감소되었다. 이러한 변화는 오픈소스, 클라우드 기술의 발달, 그리고 혁신플랫폼의 등장으로 창업자는 혁신을 가져오는 핵심역량에만 집중할 수 있게 되었다. 또한 창업 및 사업화 플랫폼들로 인하여 창업자는 창업 및 신사업 개발 시 필요한 공통 요소들을 플랫폼화하여 빠른 제품 개발과 실행이 가능하다. 그리고 시장 플랫폼이 등장하면서 판매자는 플랫폼을 활용하여 낮은 비용으로도 수익 창출이 가능하게 되었다. 공유플랫폼 자체를 이용하여 공동작업구간을 이용하여 도구 등을 공유하면서 추가적인 비용을 감소시키고 있다. 심지어 창업에 필요한 기술조차도 스킬셰어와 같은 온라인 강의를 활용하여 익힐 수 있다(엘릭스 스테파니, 2015).

클라우드 펀딩은 자금조달 분야에서의 공유경제의 사례이다. 클라우드 펀딩은 일반인들이 모여서 프로젝트에 후원 또는 투자하는 모델로, 누구나 투자자가 될 수 있다. 후원을 받고자 하는 회사나 사람이 클라우드 펀딩 플랫폼에 프로젝트(아이디어)를 올리고 최소의 금액과 모금기한을 정한다. 주어진 기간 동안에 후원 또는 투자하는 사람들에게는 특별한 서비스를 제공하거나 생산된 제품의 가격을 할인해주는 등의 특혜를 준다. 또한 후원하는 사람 입장에서는 해당 프로젝트가 진행될 수 있도록 더 많은 사람을 끌어들이기 위해 스스로 홍보에 나서기도 한다.

III. 공유경제와 시장

공급과 수요에서 공유경제가 부상하고 있지만, 대부분의 공유경제의 시장은 온라인에 기반을 두고 있다. 공유경제가 확산되고 있기는 하지만 아직 공유보다는 소유의 비중이 높으나 최근에는 스마트폰 등의 영향으로 O2O 시장이 급속도로 성장하고 O2O플랫폼이 등장하면서, 공유와 소유가 혼재되어 있는 O2O

융합시장이 빠르게 성장할 것으로 보인다.

1. 소유경제(파레토) VS 공유경제(롱테일)

오프라인에서는 자원의 희귀성과 높은 연결비용으로 소유가 주는 소비자 효용이 더 높았다. 또한 한정된 자원 하에서 높은 생산성을 창출하기 위해서는 소비자의 모든 욕구를 만족시키는 것은 불가능에 가까워 전체 결과의 80%에 영향을 줄 수 있는 20%에 집중하는 파레토 법칙(Pareto's Principle)이 오프라인을 지배하였다.

그러나 최근 공유경제 플랫폼을 통하여 많은 사람이 참여하면서 공유경제는 다양성이라는 특성을 갖게 된다. 따라서 공유경제 플랫폼은 다양한 소비자들의 욕구를 충족시키기 위한 롱테일(Long Tail)전략이 필요하다. 롱테일전략은 과거 파레토 법칙에서 무시하였던 80%가 인터넷과 물류기술의 발달로 인하여 경제적으로 의미가 있다는 점에 주목한다. 대표적으로 아마존의 다양한 서적 판매와 넷플릭스의 소수 영화(콘텐츠) 제공이 있다. 이와 같은 공유플랫폼의 등장과 함께 롱테일전략을 취함으로서 소비자들은 이전보다 다양한 선택을 저렴한 가격으로 선택할 수 있게 되었다. 연결비용의 급감과 함께 등장한 공유경제 플랫폼으로 시장은 공급자 중심의 단일화된 시장에서 소비자 중심으로 다양화되면서 소비자들의 삶의 질은 향상되었다.

2. O2O플랫폼에 의한 공유경제 확대

기술의 혁신으로 시장이 변화하고 경제에서도 소유보다는 공유, 파레토 법칙이 아니라 롱테일 법칙이 적용되면서 O2O플랫폼의 중요성은 더욱 커지고 있다. 인터넷혁명은 연결비용과 동시에 교통의 발달로 인하여 물류비용도 급격히 낮아지고 있다. 심지어 최근에는 인공지능기술과 물류가 결합하여 새로운 변화가 나타나고 있다. 이미 아마존에서는 빅데이터를 활용하여 주문 → 재고 → 유통까지 하나로 통합한 주문이행센터(Fulfillment)를 고안하여, 사전에 고객의 주문을 예측하고 배송하기 시작하였다. 이와 같이 물류시스템의 발전으로 O2O플랫폼은 더욱 빠르게 성장하고 있으며 공유경제의 확장에 기여하고 있다.

3. 플랫폼의 네트워크 효과와 공유경제

플랫폼의 네트워크 효과란 플랫폼은 공급자와 소비자의 참여자가 증가할수록 네트워크 가치가 기하급수적으로 증가한다는 것이다. 이러한 네트워크 효과는 일반적으로 사용자의 수에 따라 가치가 증가하지만, 증가하는 과정에는 사용자 간의 관계에 따라 많은 차이가 있다. 사용자 간의 관계가 한 방향으로만 이루어진다면 사노프의 법칙(Sarnoff's law)에 따라서 네트워크의 가치는 참여자의 수에 비례하여 선형적으로 증가한다. 그러나 사용자 간의 양방향 소통이 가능한 경우 메드칼프의 법칙(Metcalf's Law)에 따라 참여자의 수에 제곱에 비례한다. 마지막으로 집단 네트워킹 등 다양한 소통이 가능한 SNS의 경우, 지수승에 비례하는 이를 리드의 법칙(Reed's Law)이라 하며 네트워크의 가치는 노드의 수가 n이라고 했을 때 2^n에 비례한다.

따라서 공유플랫폼을 활성화하기 위해서는 2가지 전략이 필요하다. 첫 번째는 무조건적으로 참여자를 늘려야 한다. 특히 플랫폼은 참여자를 일정 수준의 임계치(Tipping Point) 이상으로 확보하면 자연스럽게 확대되고, 선순환되는 '공진화(Co-evolution)'가 발생하게 된다. 즉, 참여자가 증가할수록 부익부의 법칙(마태의 법칙; Matthew effect), 중력응축의 법칙, 적익부(The fit get rich)의 법칙으로 인해 참여가 확대되는 효과가 나타나는 것이다.

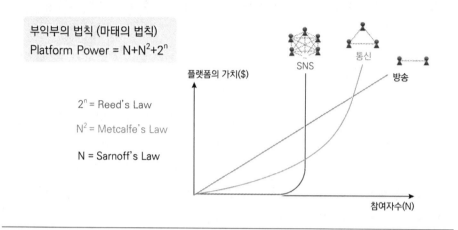

부익부의 법칙 (마태의 법칙)
Platform Power = $N+N^2+2^n$

2^n = Reed's Law

N^2 = Metcalfe's Law

N = Sarnoff's Law

두 번째 공유플랫폼을 활성화하기 위해서는 사용자 간의 연결을 증가하여야
한다. 과거 페이스북은 친구가 10명 이상이 되면 활동적인 사용자가 되는 것을
발견하고 '알 수도 있는 사람(People you may know)'을 추천하면서, 페이스북의
성장에 큰 영향을 미친 것으로 알려져 있다(Adam Pennenber 외, 2009).

공유경제에서 다수의 공급자와 수요자 사이에 관계가 형성되고 이를 어떻게
유지하느냐가 공유경제플랫폼의 성공을 결정하는 것이다. 따라서 플랫폼의 성장
은 공유경제의 확산에 중요한 역할을 한다. 특히 공유경제의 플랫폼이 커질수록
경제성과 효율성은 증대된다. 또한 다양한 참여자를 통해 롱테일경제가 확산되
며 이러한 변화가 혁신과 융합되는 것이 바로 공유경제이다.

Ⅳ. 공유경제와 부동산

저성장, 인구감소, 저금리 등으로 투자수익률이 낮아지고, 경기침체로 공실률
은 높아지면서 부동산 유휴화 현상이 빠르게 진행되는 반면, 청년의 주거빈곤,
가계부채의 상승, 전월세가의 상승 등 주거에 관한 다양한 문제가 발생하고 있다.

소유에서 공유로 부동산 이용행태가 점진적으로 변화함으로서 부동산에 대
한 공유경제는 부동산 유휴화를 방지하고 소득격차로 인한 서비스 수혜 격차를

완화하고 소유자와 사용자의 건강한 사회적 관계를 유도한다.

주거공유는 급속도로 증가하는 1인가구 증가 및 과소과밀지역화에 대한 대응이 될 수 있다. 주거공유를 통한 노인 소외의 문제를 해결하고 청년 주거 안정을 위한 대안적인 주거형태로 활용될 수 있다. 또한 협업공간(코워킹 스페이스: Co-Working Space)는 경기침체에 대한 대응으로 주택문제 해결과 도시재생 및 도시경제 활성화 정책의 일환으로 많이 활용된다. 사무실 및 가게 공유를 통한 소자본 창업지원, 일자리 창출의 기반을 조성할 수도 있다. 또한 공유에 기반한 부동산(토지, 정착물)의 현명한 이용체계의 구축과 도시재생 촉진이 가능하다. 공간 공유는 유휴 토지, 인프라의 창조적 활용과 복합, 입체적 토지 이용을 가능하게 한다.

또한 도시에서의 공유경제는 스마트도시(Smart City), 컴팩트도시(Compact City) 등 미래 지향적 도시 모델을 실현하는 수단이 될 수 있다. 공간공유를 통해 기존 시설의 용도를 복합화하고 시공간적 활용성을 증대시켜 부동산을 효율적으로 사용하고 불필요한 외연적 확산과 난개발을 방지할 수 있다.

1. 주요국의 부동산 공유경제

주요국인 일본, 영국, 미국 등의 부동산분야에서의 공유경제 대두 배경과 유형, 정책 동향을 살펴본다.

(1) 일본의 부동산 공유경제 동향과 사례

일본은 2000년대 이후부터 카쉐어링, 쉐어하우스[28]를 비롯해 비즈니스, 관광 분야 등에서 공유경제의 필요성과 활동이 증가하고 있다. 일본은 증가하고 있는 빈집 혹은 상점 등 도시의 유휴공간에 대한 정책, 환경문제 해결을 위한 자동차 공유정책, 자전거 공유정책 등 도시의 다양한 문제를 '공유'라는 개념으로 해결하려는 움직임이 나타나고 있다. 특히 일본의 거품시대 붕괴 후 청년층을 중심으로 주거비 절약을 목적으로 쉐어하우스 형태가 새로운 생활방식으로 등장하여 증가하는 추세이다.

---

28 쉐어하우스는 다수가 한 집에서 살면서 지극히 개인적인 공간인 침실은 각자 사용하지만, 거실·화장실·욕실 등은 공유하는 주택.

▼ 〈표 3-4〉 일본의 공유형 주거 형태

구분	정의
공유주거	가족이나 친척이외의 타인과 주방, 화장실 등 생활 관련 시설 등을 공용하고 운영 사업자가 입주자와 개인 혹은 침대 단위로 거주에 관한 계약을 맺은 주거. 1개월 이상의 장기 거주를 전제로 한 방 공유
쉐어하우스, 게스트 하우스	공유 주거의 한 형태. 주거의 대상과 공용 시설의 형태를 바탕으로 각 운영사업자가 명칭을 사용하고 있지만 뚜렷한 구분이 없음
룸 쉐어	가족이나 친척이외의 타인과 생활 관련 시설 등을 공용하는 주거 형태. '공유 주거'와의 차이는 입주자 대표 또는 전원이 임대차 계약을 체결

주: 일본 국토교통성의 공동주거형태의 정의에서 일부를 발췌.

▼ [그림 3-12] 일본의 쉐어하우스 증가 추이(1980-2007)

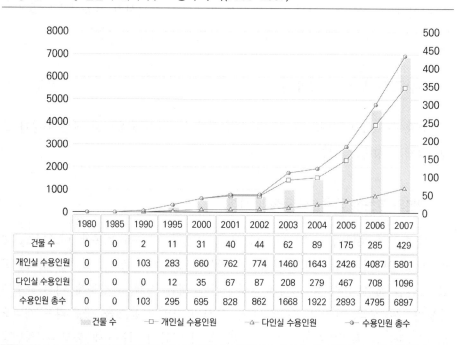

	1980	1985	1990	1995	2000	2001	2002	2003	2004	2005	2006	2007
건물 수	0	0	2	11	31	40	44	62	89	175	285	429
개인실 수용인원	0	0	103	283	660	762	774	1460	1643	2426	4087	5801
다인실 수용인원	0	0	0	12	35	67	87	208	279	467	708	1096
수용인원 총수	0	0	103	295	695	828	862	1668	1922	2893	4795	6897

▨ 건물 수   ─□─ 개인실 수용인원   ─△─ 다인실 수용인원   ─◦─ 수용인원 총수

자료: http://www.hituji-report.jp.

일본은 고령화와 인구감소로 인해 과소화가 급속히 진행됨에 따라 빈집의 증가가 심각한 문제로 제기되고 있다. 과거 20년간 1.8배 증가한 빈집, 빈점포 등 지역 내 유휴공간을 활용하여 지역주민의 커뮤니티 공간, 쉐어하우스, 코워킹 스페이스 등 주민을 위한 공유공간으로 활용하는 방안과 아키야 뱅크(빈집은행)라는 온라인 플랫폼을 활용한 정보공유 형태로 정책 추진 중이다(松下啓一, 2013).

일본의 쉐어하우스시장은 급격히 성장하고 있으며 20대를 넘어 30대까지의 연령대에서 주거대안으로 증가 중이다. 포털업체인 히츠지 부동산의 조사결과, 최근 5년간 입주신청자 수가 4배로 증가하고 있음을 알 수 있다. 도입 초기 주요 고객군을 형성했던 학생·20대 초반의 비중이 소폭 감소하고, 30대 이상 직장인의 수요가 큰 폭으로 증가하고 있다.

▼ [그림 3-13] 일본의 쉐어하우스의 증가 추세

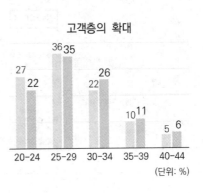

분석자료: 히츠지 부동산 리포트 2013(홈페이지 www.hituiji.jp).
자료: Smartcloud show 2015, 공유서울 제도개선 컨퍼런스 자료, 서울시, p.16.

1) 공유경제에 기반한 부동산 활용 사례

가) 요코하마시의 예술부동산 리노베이션 조성사업

요코하마시는 2010년부터 창조도시 요코하마의 추진을 목표로 오래된 건물이나 빈 공간을 리노베이션하여 창조활동의 거점으로 활용하는 예술 부동산 리노베이션 조성 사업을 전개하고 있다. 빈집 등 유휴공간을 활용하여 예술가, 창작가의 예술활동 공유공간으로 정비하는 사업이다. 지역 유휴 건물에 최대 1억 원까지 보조금을 지원하며, 지원받는 건물은 최소 100㎡ 이상 크리에이터 활동 거점을 조성하고 있다.

▼ [그림 3-14] 요코하마시 예술 부동산 리노베이션 사업 위치도

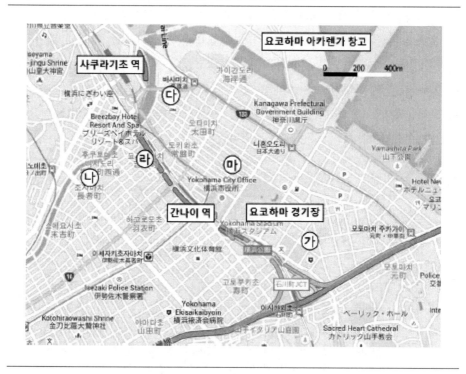

나) 폐교를 활용한 주민 공유공간 형성: 네야가와시 연못마을 시민교류센터

오사카시 인근의 네야가와시는 1980년대에는 인구 25만 명 규모의 도시였으나, 저출산, 고령화로 인한 인구 감소 문제에 직면하고, 이를 해결하고자 문화재나 자연 등의 지역 자원을 활용하여 매력 있는 도시만들기 계획을 추진하였다. 폐교된 초등학교 교사를 재활용하여 커뮤니티의 거점으로 활용하고자 2006년 9월 20일 시립 '연못마을 시민교류센터' 설립하였다. 체육시설, 문화재 자료 시설, 자연자료 시설, 다목적실, 지역교류 시설 등 지역 주민의 문화·스포츠 활동의 진흥과 사회 교육의 장, 지역교류의 장을 제공하는 복합시설로서 활용되고 있으며, 시민활동의 거점으로 시민이 주체가 되어 운영하는 점이 특징적이다.

다) 여유교실을 활용해 지역문화재 저장소로 이용: 아오바 초등학교

문부과학성은 전국의 공립 초·중학교 시설을 대상으로 여유교실 등 학교시설을 다양한 용도로 활용한다. 주로 학습·교육 방법의 다양화를 위한 공간이나 특별 교실 등에서 활용과 방과후 아동 클럽과 지역방재 비축창고 등 학교 시설 이외 지역 주민을 위하여 공유한다.

▼ [그림 3-15] 아오바 초등학교의 변경 전, 후 비교

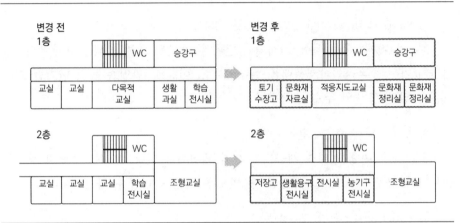

자료: 文部科学省(2014).

2) 도시내 유휴공간 활용촉진을 위한 공유플랫폼 운영

가) 공공 주도의 유휴공간 매개 공유플랫폼

① 아키야 뱅크(빈집 은행)

아키야 뱅크는 수집한 빈집의 물건을 지방자치단체 홈페이지로 공유하는 플랫폼이다. 현지 주민들로부터 주택의 공실·빈집에 관한 정보를 제공 받아 웹사이트 등에서 정보를 공개하고 필요한 경우, 중개 지원을 실시함으로써 이주·교류자 및 희망자의 원활한 주택 거주를 지원한다.

② 모두의 폐교 프로젝트

저출산에 따른 학생 수 감소, 마을의 합병 등의 영향으로 많은 폐교가 발생함에 따라, 폐교 시설 효율적 활용을 위한 폐교 공유플랫폼을 운영한다. 플랫폼을 이용하여 각 지방자치단체의 활용 구상 및 운영자 모집에 관한 정보, 미활용

폐교 시설 등의 정보를 집약하여 공개함으로써, 폐교 시설의 정보 활용 요구의 매칭에 도움이 된다.

나) 민간 주도의 유휴공간 매개 공유플랫폼

① 스페이스 마켓(공간 공유플랫폼)

일반 상업 공간 및 오래된 집을 비롯하여 야구장이나 절까지도 회의 및 이벤트의 사용을 위하여 빌릴 수 있도록 하는 플랫폼이다.

② Shop Counter(이벤트공간 공유플랫폼)

전시와 판매, 홍보 등에 최적의 공간을 온라인을 통해 검색, 조회, 예약, 결제까지 가능한 온라인마켓플랫폼으로 전시회, 이벤트, 팝업숍 등의 단기간 점포 사용을 위한 공간을 주로 공유한다.

③ 토마리나(숙박 공유플랫폼)

주로 교육 여행을 위해 제공되고 농가 체험이나 민박, 오래된 주택의 정보를 공유하여 시골 여행을 쉽게 즐길 수 있도록 하는 숙박공유 사이트이다.

④ ParkTag(주차공간 공유플랫폼)

가족이나 친구, 지역 사회 구성원들과 주차장 정보를 공유할 수 있는 모바일 기반 플랫폼이다. 인근의 빈 주차공간의 정보를 제공하여 주차장을 찾는 사람에게 제공한다.

(2) 영국의 부동산 공유경제 동향과 사례

영국의 부동산과 관련한 공간공유는 장기적 숙박 제공을 위한 주택공유, 사무공간, 작업공간, 판매대 공유, 주차시설 공유 등이 있다. 숙박공유 사이트(Spareroom)에 따르면 여분의 방을 공유임대하는 활동은 1년에 23%씩 성장하고 있다. 숙박 공유플랫폼으로는, Wimdu, onefinestay(고급주택 숙박공유 전문), Spareroom, Easyroommate, Hosts International(장기 거주 임대), Gumtree(지역단위 임대) 등이 있다.

사무공간 공유 분야는 스타트업 기업들이 고가의 대형 부동산 건물을 장기 임대하는 대신 필요한 개인책상이나 회의, 협업공간을 시간단위 등 저렴한 가격을 지불하고 임대하는 코워킹 공간을 선호한다. 이스트런던 테크시티(Tech City)가 코워킹서비스가 가장 활발한 지역이며, 그 외에 공작공간(공방), 헤커 공간(Hackerspaces), 팹랩(제작실험실) 등 다양한 공간공유가 활성화되어 있다.

주차공간 공유는 개인주택 진입로 임대를 연결해 주는 플랫폼서비스(JustPark), 다락방이나 창고 임대서비스(Sharemystorage.com), 사용하지 않는 들판 임대서비스(fieldlover.com) 등이 있다.

1) 공유경제에 기반한 도시 내 공간활용 사례

가) 지역 내 중앙-지방 정부기관 부동산 공유 프로그램(One Public Estate Programme)

2010년 출범한 보수당 연립정부는 분산하여 관리되고 있는 정부자산관리를 중앙에서 조정하고, 과도한 비용과 자산규모를 줄여서 정부 운영의 효율성을 높이기 위해 정부자산 관리조직인 정부재산국 Government Property Unit(GPU)을 신설하여 자산 관리전략 Government's Estate Strategy를 수립, 시행하고 있다(Cabinet Office 2013).

One Public Estate 프로그램은 중앙정부(Cabinet Office의 GPU)와 지방정부협회(Local Government Association)가 함께 수행하고 있는 프로그램이다. 사업의 기본 취지는 지역 내에 분산되어 있는 중앙정부, 지방정부, 기타 공공부문 조직이 협력하여 건물을 공유하고 남는 부동산을 민간에게 불하하여, 불필요하게 남는 정부건물 운영에 따른 세금지출을 줄이고, 정부 부동산 매각으로 재정수입을 확보하는 한편, 매각건물과 부지를 지역재생(Regeneration), 주택, 일자리 증대 및 지역경제 발전을 위한 재개발 전략에 활용하자는 것이다.

2013년 12개의 카운슬(Council)을 최초 선정하여 시범사업 형태로 운영되다가 2014년 2단계 사업으로 20개 지역을 추가해서 32개 카운슬(잉글랜드 지방정부 자산의 28%에 해당)로 확대되었다.

나) 잉글랜드 북부지역의 TechNorth 사업

영국 정부는 영국 전역을 하나의 거대 디지털 산업의 '테크 클러스터(Tech Cluster)'로 육성시키려는 야심찬 계획을 수립하였다.

런던 이외 저개발지역의 발전과 고용증대, 도시재생을 테크 클러스터 육성과 스타트업과 창업가 지원, 그리고 공유경제 모형과 연계시켜 사업을 시행하고 있다. 2014년 10월 영국정부는 잉글랜드 북부(the North)의 5개 도시를 묶어 하나의 거대 테크클러스터를 만드는 계획안 TechNorth 프로그램을 발표하였다.[29]

영국의 공유경제 모형은 별도의 산업단지 건설이나 인프라 투자보다는 기존 자원의 활용에 초점을 맞추고 있기 때문에 도심 활성화 전략이나 쇠락한 산업도시의 지역재생 발전전략으로서도 안정적이며 효과적인 수단으로 활용되고 있다. 이스트 런던의 테크시티(Tech City)의 성공 모델을 잉글랜드 북부도시에 도입하려는 TechNorth 사업은 산업정책, 지역정책, 고용정책 등 다용도 복합 정책효과를 기대하고 공유경제 모형을 활용하고 있는 대표적인 사례라 할 수 있다.

(3) 미국의 부동산 공유경제 동향과 사례

도시계획 및 정책 차원에서 미국에서 계획하고 추진 중인 공유경제 중 유휴토지와 주택 등 부동산 관련한 정책에 대해 살펴본다(Sustainable Economies Law Center, 2013).

가) 유휴토지 공유

미국은 도심 내 도시농업과 유휴토지 내 도시농업 활성화를 위한 토지를 공유할 수 있도록 인벤토리를 운영하고, 용도지역을 신설하며 세제감면 등을 통해 유휴토지 관련 공유경제 정책을 추진하고 있다. 또한 도시농업을 위해 해당 용도지역을 신설하거나 규제를 완화하고 있다. 용도지역을 신설(샌프란시스코, 필라델피아)하고 도시농업 용지에 부과되는 지방세 공제(메릴랜드 주), 도시 내 유휴토지나 활용되지 않는 공간 내 농작물을 경작할 경우에 등록세 감면조치 등을 실시하고 있다.

---

29 https://www.gov.uk/government/news/deputy−prime−minister−launches−technorth.

▼ 〈표 3-5〉 유휴토지 공유정책 및 추진사례

주요 정책	지역별 정책 개요
유휴토지 인벤토리 제작	• 샌프란치스코: 도시텃밭으로 활용될만한 도시 내 유휴토지에 대한 조사 실시 • 포틀랜드: 시의회는 농업용도로 활용 가능한 토지 인벤토리를 작성하는 Resolution 36272 통과
도시농업 용도지역 신설	• 샌프란치스코: 토지이용의 용도지역으로 '지역농업' 카테고리 신설, 도시 내 주거·상업·공업용지에서 농업활동 허용, 1에이커 미만의 커뮤니티가든에서 생산되는 농산품의 판매 및 기부행위 허용 • 필라델피아: '도시농업'이라는 새로운 토지이용의 용도지역 신설
도시농업 활성화를 위한 세제감면	• 메릴랜드 州: 도시농업 용지에 부과되는 지방세를 공제하는 법안 통과 • 필라델피아: 도시 내 미활용토지를 활용하여 농산물을 경작하거나 해당 토지가 새롭게 농업용 용도지역으로 등록되었을 때 등록세 감면
도시농업 작물 판매허용	• 오클랜드: 주거지역에서 재배된 작물 판매허용 규정 신설 • 시애틀: 도시텃밭에서 재배한 농작물 판매 허용

자료: 김은란 외(2015)

나) 주택 공유

주택공유와 관련하여 추진되는 정책으로는 주거지역에서 주택의 단기임대 허용, 용도지역 카테고리 신설 및 코하우징(Co-Housing) 등에 대한 허가 확대, 신규개발에 공유개념을 반영하는 디자인 검토, 협동조합 공동주택 개발지원(뉴욕주) 등이 있다.

▼ 〈표 3-6〉 주택 공유정책 및 추진사례

주요 정책	지역별 정책 개요
주거지역에서 주택의 단기임대 허용	• 팜데저트(CA): 주택자를 단기간 임대할 수 있는 허가권 발급 • 케이프 엘리자베스(ME): 단기임대 허용
용도지역 카테고리 신설	• 암허스트(MA): OSCD * 라는 용도지역 신설 및 코하우징 커뮤니티 조성 지원
신규 개발에 공유개념을 반영하는 디자인 검토	• 런던 그로브 타운십(PA): 조닝 조례에서 '환경적·사회적으로 지속가능하고 책임성 있는 지역개발 유도'의 목표를 달성코자 에코빌리지 디자인 개념 포함
협동조합 공동주택 개발 지원	• 뉴욕(NY): 협동조합 공동주택을 임대하는 Mitchell-Lama 프로그램(1955년), UHAB에서 저렴주택(Affordable housing) 개발 지원(1974년)

2. 국내 공유경제와 부동산

(1) 분야별 부동산 관련 공유경제 추진

1) 주택 공유(쉐어하우스)

쉐어하우스는 주거비가 높은 선진국에서는 보편적인 개념이나, 한국에서는 이제 막 소개되기 시작하는 단계이다. 한국에서는 젊은 수요층을 겨냥한 민간차원의 쉐어하우징과 공공차원에서는 커뮤니티 활동·공동학습 등 다양한 프로그램이 운영되기도 한다. 공동거주를 통한 보증금 및 월세, 공과금 감소, 1인당 거주면적 증가의 효과가 있다. 유사 가격의 주거상품 대비 삶의 질이나 비용절감 측면에서 높은 경쟁력을 가진다.

▼ [그림 3-16] 1인가구 증가 및 쉐어하우스 성장

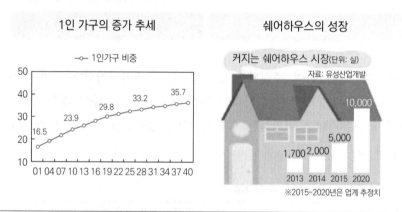

자료: (좌)통계청(2020), (우)한국경제, 1인가구 모인 '쉐어하우스' 뜬다.

한국의 경우 최근 도심의 높은 주거비와 낮은 삶의 질에 대한 문제인식을 통해 민간영역에서 젊은 층 1인가구를 대상으로 하는 쉐어하우스를 공급하기 시작하면서 빠르게 확산 중이다.

① 국내 주거공유의 특징과 운영현황

국내 주거공유사업은 민간이 부동산을 매입(혹은 임대)하여 리모델링 후 임대(혹은 재임대)하는 방식과 공공(지자체)이 빈방을 가지고 있는 고령층과 거처가 필요한 대학생을 연결해 주는 방식으로 진행된다.

▼ 〈표 3-7〉 주거공유(쉐어하우징)사업의 특징

운영 주체	주거공유 특징	주거공유사업 운영방식
공공	세대 간 주거공유 • 어르신과 대학생의 주거공유 프로그램 • "한지붕 세대공감"이라는 명칭으로 진행 • 청년 주거안정을 통한 주거복지 • 노인소외 문제 해소	빈방이 있는 어르신 (저렴한 가격) + 방이 필요한 대학생 (서비스 제공) + 자치구 (도배·장판 홍보) = 노인소외, 청년주거 등 해결
민간	쉐어하우징 • 노후주택 리모델링 후 임대 • 대학생, 사회초년생이 합리적 가격으로 주거문제 해결 • 노후주거지역 및 재개발지역 주거환경 개선	• 쉐어하우스는 공유기업, 사회적기업, 마을기업, 주택협동조합 등 다양한 주체가 운영 (리모델링 후 재임대) 주택소유주 → 임대 → 쉐어하우스 운영기업 → 전대 → 입주자 주택소유주 ← 임차수익 ← 쉐어하우스 운영기업 ← 임대료(보증금+월세) ← 입주자

• 공공부문의 주거공유사업: 서울지역의 지자체에서도 유휴 주거공간이 있는 어르신과 어르신께 생활서비스를 제공할 수 있는 청년(대학생)을 연결하는 프로그램을 진행 중이다. 서울시를 중심으로 시범적으로 도입된 '한지붕 세대공감' 프로젝트는 어르신의 노후생활을 지원할 대학생과 유휴주거 공간이 있는 어르신을 연결하는 주거공유사업으로 대학소재 자치구(6개)에서 전 자치구의 범위를 확대할 계획이다.

• 민간부문의 쉐어하우스: 쉐어하우스를 운영하는 전문업체는 전국 30여곳, 2,000여 시설에 달하며, 주로 대학가나 도심지역에 위치한다. 공동체 생활을 해야하는 만큼 입주 전에 면접을 보거나 계약 시 공동생활 수칙 등에 서명하는 경우가 있다. 국내 가장 많은 쉐어하우스를 운영하고 있는 WOOZOO의 경우 2012년에 쉐어하우스를 공급하기 시작하여 2020년 7월 현재 1,070개 지점을 운영하고 있다. 기존의 고시원, 하숙집, 반지하 등 비슷한 가격 수준의 월세 시장에서 높은 경쟁력을 확보함에 따라 빠르게 성장하였다(2개월 월세분의 보증금과 평균 40만 원의 월세로 경쟁력 확보). 창업,

사회초년생, 요리, 스포츠, 텃밭, 영화, 커피, 취업준비 등 세분화된 컨셉별로 입주자를 모집하고 내부 인테리어도 이에 맞추고 있다.

▼ 〈표 3-8〉 민간 쉐어하우징의 운영현황

공유사업명	구분	설립	사업내용
WOOZOO*	기업	2012	• 도심의 높은 주거비와 낮은 삶의 질에 대한 문제인식을 통해 대학생 및 미혼가구 등 젊은 층 1인가구를 대상으로 쉐어하우스를 공급
서울소셜스탠다드*	기업	2013	• 청년−1인가구의 라이프스타일에 집중 • 1인이 독립을 유지하면서도 느슨한 연대 속에서 함께 살아갈 수 있는 주택의 유형을 제시
두꺼비하우징	사회적기업	2010	• 2010년 은평구를 거점으로 설립된 도시재생전문 사회적기업 • 서울시의 '빈집 살리기 프로젝트'와 연계하여 최근 빈집을 고쳐 쉐어하우스 형태로 활용
민달팽이유니온	주택협동조합	2014	• 청년주거의 대안적 모델을 제시하기 위해 2014년 3월 출범한 주택협동조합 • 대학 내 기숙사 수용률에 대한 문제인식을 시작으로 청년층 주거불평등과 관련한 문제들을 제기에 이어 대안적 주거모델인 '달팽이집'을 직접 공급
소행주	마을기업	2011	• 소행주(소통에 있어서 행복한 주택만들기)는 공동주택 코디네이터 마을기업으로 개인의 주거문제를 공동이 해결하기 위한 대안적 주거모델을 공급 • 성미산 마을 커뮤니티를 중심으로 공동주택을 건설하면서 시작 • 세대별로 개별 등기가 되어 있으며, 소유 평형과 상관없이 각 세대별로 1평씩 출자하여 만든 공용 커뮤니티 공간 '씨실'이 있음
소소만가	기업	2015	• UFO어반플로팅오피스에서 공급하는 공유주택
함께 꿈꾸는 '마을'	기업	2013	• 우리의 꿈을 나누며 더하는 느슨한 공동체를 지향하는 공유주택

주: *는 서울시 공유기업으로 지정.

WOOZOO외에도 다양한 쉐어하우스들이 공급·운영되고 있다. 서울 소셜 스탠다드, 소소만가, 함께 꿈꾸는 마을 등 주거공유 전문업체들이 외국인·청년 등 다양한 입주대상과 창의적 컨셉을 개발하여 운영하고 있다. 두꺼비하우징은 서울시의 '빈집 살리기 프로젝트'와 연계하여 빈집 임대 후 리모델링하여 쉐어하우스로 재임대하는 사업을 진행하고 있으며, 민달팽이 유니온은 주택협동조합을 구성하여 조합원의 출자금과 사회투자기금을 융자받아 쉐어하우스를 공급·운영하고 있다. 또한 임대방식이 아니라 공유공간이 있는 공동주택을 건설해서 공급하는 소행주와 같은 마을기업도 등장하였다.

공유주택은 빈집이나 빈방을 숙박시설로 활용하는 숙박공유(도시민박)와 여러 사람이 하나의 주택을 공유하는 주거공유(셰어하우징)의 형태로 나타난다. 첫째, 숙박공유(도시민박)는 일반적으로 민간영역에서 공유플랫폼을 구축하여 공여자와 대여자를 연결하고 정보를 제공하고 수수료를 받는 형태이다. 둘째, 주거공유(셰어하우징)는 주거공간을 함께 사용할 사람들의 대상을 설정하여 모집하는 형태이다. 거주자에게 임대료를 받아서 운영된다. 일부 자치단체에서는 소외문제와 주거복지의 효과를 위해 어르신과 대학생들 간의 주거공유프로그램을 실시하고 있으며, 장판이나 벽지 등을 제공한다.

2) 사무실 공유

사무공간의 공유는 사무실, 회의실 등을 여러 사람이 공유하거나 협업공간(Co-Working Space)으로 활용하는 형태이다. 주로 스타트업 기업들이 고가의 대형 부동산 건물을 장기 임대하는 대신 필요한 개인 책상이나 회의 및 협업공간을 시간 단위 또는 월 단위로 저렴한 가격을 지불하고 소비자 위주의 맞춤형으로 임대하는 형식이다. 사무공간, 회의실, 협업공간 등을 대여하고 창업보육센터의 기능을 더불어 제공하기도 한다.

▼ 〈표 3-9〉 코워킹 스페이스 국외 사례

코워킹 스페이스	특징
Impact Hub 글로벌 네트워크	• 전 세계 프리랜서, 스타트업, 모바일 워커들의 대표적인 코워킹 오피스 • 54개 이상의 공간, 7,000명 이상의 멤버가 연결되어 있는 글로벌 네트워크 플레이스 • 수많은 기업문화와 소규모 조직을 지원하는 커뮤니티가 활성화된 브랜드 공간
WeWork USA21＋London	• 미국전역(17개)에 연결된 사무실로서 회원이 되면 모두 공유할 수 있음 • 영감을 주는 공간 디자인과 다양한 회원 간의 만남을 촉진하는 것으로 단순 공유 사무실 이상의 문화를 지향 • 다양한 기업과의 제휴로 작은 조직들의 기업활동에 혜택을 제공
Open Source Cafe 도쿄	• 세상에서 가장 작은 코워킹 플레이스라고 손꼽히는 도쿄에서 2번째로 시작된 오픈소스카페 • 디렉터 카와무라씨의 창고를 개조해서 만든 카페로 오픈소스 활동을 하는 이들이 주체가 되어 서로의 재능과 지식을 나누는 공간으로 발전 • 10평밖에 되지 않는 곳이 500＋커뮤니티가 되고, 다양한 활동을 같이 만들어가면서 지역혁신 사례로 손꼽히게 되었음

공유경제는 "다양한 사회적 관계에 의해 작동하는 경제(L. Lessig, 2008)"를 의미하며, '사회적 관계'를 작동 기제로 삼았다는 점에서 주류 경제학에서 주장하는 가격 기저 중심의 경제와는 상이하다고 할 수 있는데 부동산산업에서 공유경제는 부동산 자산을 직접 소유하지 않고도 그 가치를 사회화하여 활용하는 과정에서 새로운 가치를 발생시킨다는 점에서 의미를 찾을 수 있다.

부동산분야에서 공유경제는 재 상태로는 이용도가 떨어진 공간을 공유라는 형태를 빌어 사회화함으로써 금전적·비금전적 가치를 창출하는 경제활동을 뜻한다(Botsman and Rogers, 2010).

숙박공유와 공유 오피스를 중심으로 하는 부동산분야의 공유경제시장 성장세가 가장 가파르며, 프롭테크시장에서도 가장 규모가 큰 기업이 속한 업체라 할 수 있다.

공유경제가 부동산분야에서 주목받기 시작한 것은 2000년대 후반 공간 공유 O2O(Offline－to－Online)서비스 플랫폼이 태동하면서 부터이며, 이후 2010년대

들어 에어비앤비와 위워크가 데카콘기업이 되면서 공간(부동산) 공유가 공유경제의 핵심으로 부상한 것이다.

위워크(WeWork)로 대표되는 공유 오피스(Coworking space)는 사무실 운영 중 활용도가 낮은 회의실 등은 다른 임차인과 공유하되 개인 사무공간의 독립성 보장을 위해 대형 사무공간을 임의로 분할하여 임대·전대하는 서비스로 2020년 8월 전 세계 120개 도시에 815개 지점이 운용되고 있다. 공유 오피스가 도입된 것은 1990년대 말이지만 당시에는 공간의 소형화에 초점을 맞추었을 뿐 기존의 서비스 오피스(Serviced office) 개념을 넘어서지 못하였다는 한계를 지니고 있었다.

2010년 위워크가 선보인 2세대 공유 오피스는 밀레니얼 세대가 주요 노동력으로 부상하면서 자유로운 성향이 반영된 유연한 운영 방침과 세련된 인테리어 등으로 인기를 구가하고 있다.[30]

2세대 공유 오피스는 기존 서비스드 오피스를 넘어 입주사 간 연계를 통한 고급정보공유를 통한 부가가치 창출뿐 아니라 봉사활동과 같은 기업의 사회적 책임(Corporate social responsibility) 활동 등 다양한 소프트웨어적 활동 기회를 제공함으로써 차별성을 꾀하고 있다.

또한, SaaS(Space as a Service) 개념을 전면 도입해 본연의 사무실 기능 뿐만 아니라 쇼핑몰, 카페테리아, 커피숍 등 다양한 편의시설을 함께 제공하는 것이 특징이다.

숙박공유와 공유 오피스를 중심으로 시장 성장세가 가파르며, 프롭테크 시장에서 가장 불황과 저성장시대에 대형평형 위주의 오피스시장에 공유오피스는 스타트업과도 밀접한 관련이 있는 듯하다. 스타트업은 젊은 세대가 창업을 할 때 필요한 네트워킹과 업무관련 인프라, 시설 및 면적을 합리적으로 이용할 수 있는 것이 장점이다.

과거 우리가 이용했던 조용하고 폐쇄적인 업무 공간, 상주직원에 맞춘 회의 공간, 입주 시 부담했던 시설비에 대한 새로운 패러다임이라고 할 수 있다. 열려

---

30 위워크는 △ 전 세계를 아우르는 서비스 커버리지, △ 앱과 웹을 활용해 테넌트의 공간 운영 자율성을 연중 무휴 보장, △ 다양한 유형의 국내·외 커뮤니티 서비스 제공 등이 장점으로 꼽힘.

있고 자유로우며 비용의 부담이 없는 합리적 소비가 사무실 임대시장에도 적용되고 있는 것이다.

주방설비와 조리시설이 갖춰진 공유주방은 최근 요리사나 식당오너 예정자, 배달음식업체, 창업자들 뿐 아니라 특별한 요리를 제3의 공간에서 만들어 먹으려는 일반인들에게도 인기다. 원하는 시간에 저렴한 비용으로 주방을 이용해 신메뉴 개발이나 요리연습을 할 수 있으니 부담 없이 원하는 음식을 만들어 볼 수 있다. 공유주방 제공자는 상가의 활용 및 공실위험을 덜 수 있어 불황을 이겨낼수 있는 임대사업의 하나의 전략상품이 될 수 있다.

3) 주차장 공유

주차공간의 공유는 낮에 비어있는 아파트, 주택가의 주차장 등을 대여하여 저렴한 비용으로 이용하는 형태이다. 서울시의 여러 자치구들이 주차문제 해결을 위해 참여하고 있으며, 민간영역에서는 플랫폼을 구축하여 실시간으로 주차정보를 제공하고 있다.

주차문제는 전체적 보급률과 별개로 주차수요와 공급의 불균형으로 인해 발생한다. 거주자 우선주차제의 비효율은 야간시간에 이용이 집중됨에도 전일제로 운영되기 때문에 발생한다. 주차공유는 스마트 정보기술 기반의 공유교통시스템 구축을 통해 주차공간의 활용성을 향상시키고, 부가적으로 교통혼잡, 가계부담 등의 문제해소에 일조할 수 있다.

4) 공공시설 공유

공공서비스시설의 공유는 평일 저녁, 주말 등의 시간에 사용하지 않는 학교, 도서관, 주민센터, 구청 등 공공시설을 시민에게 적은 비용을 대여하는 형태이다.

공공시설을 시민들에게 개방하여 비어있는 유휴시간에 자유롭게 이용할 수 있도록 플랫폼을 개발하여 정보를 제공함으로써 공공시설 활용의 효율성을 높일 수 있다. 이외에도 공공시설을 활용한 다양한 모임, 행사, 문화활동 등을 지원함으로써 도시민의 삶의 질을 향상시킨다.

▼ [그림 3-17] 부동산 공유와 그 의미

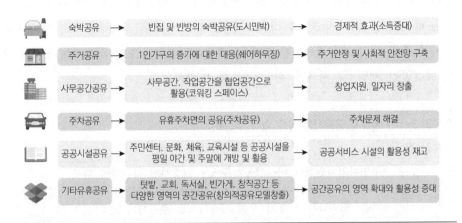

🚐	숙박공유 →	빈집 및 빈방의 숙박공유(도시민박) →	경제적 효과(소득증대)
🏠	주거공유 →	1인가구의 증가에 대한 대응(쉐어하우징) →	주거안정 및 사회적 안전망 구축
🏢	사무공간공유 →	사무공간, 작업공간을 협업공간으로 활용(코워킹 스페이스) →	창업지원, 일자리 창출
🚗	주차공유 →	유휴주차면의 공유(주차공유) →	주차문제 해결
📖	공공시설공유 →	주민센터, 문화, 체육, 교육시설 등 공공시설을 평일 야간 및 주말에 개방 및 활용 →	공공서비스 시설의 활용성 재고
❖	기타유휴공유 →	텃밭, 교회, 독서실, 빈가게, 창작공간 등 다양한 영역의 공간공유(창의적공유모델창출) →	공간공유의 영역 확대와 활용성 증대

자료: 김은란(2018).

영국은 정부자산의 공유사업(Government Space for Growth Programme)을 추진하고 있다. 영국정부는 보유하고 있는 부동산 자산 중 빈 공간이나 여유공간을 스타트업, 중소상공인, 자선단체(Charity) 및 사회적 기업이 무료로 이용할 수 있도록 하고 있다. 이는 2012년 영국 내각부의 Government Property Unit와 커뮤니티 및 지방정부부(DCLG)가 공동으로 기획한 정부 프로젝트이다.

Space for Growth Programme 프로그램을 활용하기 위해서는 정부가 운영하는 온라인 포털(www.epims.org.gov.uk/SpaceGorGrowth/Home.aspx)을 통해 직접 예약을 해도 되며, 온라인상에서 공간 임대를 중개하거나 창업 인큐베이팅 및 지원서비스를 지원하는 민간 제3의 제공 사업자(Third Party Providers)를 통해서도 검색 및 예약이 가능하다. 예약을 하기 위해서는 별도의 등록절차는 필요 없으나 신원확인절차를 실시하며 이때 25파운드 비용이 발생한다. 일단위나 시간단위로 누구나 무료로 사무공간, 회의공간으로 활용할 수 있는 공간을 제공하는 서비스이다. 연국 전역 약 59개 장소에 1,500여대의 컴퓨터가 있는 사무공간을 이용할 수 있으며 약 700여개 이상의 중소기업이 이용을 하고 있다.

사무공간 및 미팅공간은 브로드밴드와 와이파이 인터넷 시설을 갖추고 있으며 사무공간은 일단위, 회의공간은 시간단위로 예약 가능하다.

서울시는 학교, 도서관, 동사무소, 구청, 시청 등 공공시설을 유휴시간(평일,

저녁, 주말)에 개방하고 공공서비스 예약서비스(https://yeyak.seoul.go.kr)를 통해 공공시설 이용 예약하여 공유하도록 하고 있다. 지역주민 커뮤니티 공간수요 증가에 따라 공공시설 개방을 확대 추진 중으로 시설개방 확대 및 지속성 확보를 위하여 주민 등의 자율관리모델을 발굴 추진하고 있다. 또한 서울특별시 공공시설 유휴공간 개방 및 사용에 관한 조례를 마련하였다.

▼ 〈표 3-10〉 서울시 공공시설 공유 확대 추진(안)

추진방안	내용
개방시설 관리위탁	주민자치위원회나 마을활동가들에게 개방시설 자율관리 위탁 • 광진구 화양동 마을활동가들이 협동조합을 설립, 동주민센터 일부 공간을 '느티나무 카페'로 꾸며 자율적으로 주민에게 개방 관리
개방시간 확대	사무공간과 회의실의 보안장치 분리설치로 개방시간 확대 • 주말 개방 및 평일 개방시간 확대(21시→22시)로 시민편의 제고 ※ 현재 대부분의 동주민센터는 사무공간(1층)과 회의실 등이 하나의 보안장치로 묶여 있어 주말 개방에 어려움을 겪고 있음 ⇒ '보안장치'를 분리설치하여 주말에도 공간 개방할 수 있도록 유도

자료: 서울시(2015), 공유 서울 2기 추진계획.

5) 기타 유휴공간의 공유

가게, 독서실, 텃밭, 교회, 창작 공간 등 다양한 형태의 공간수요가 증가하고 있으며 공간공유자원의 범위도 지속적으로 확장할 것으로 보인다. 짜투리 공간과 디자인팀 연결, 장소와 시간에 구애되지 않고 비어 있는 공유독서실 사용, 사용하지 않는 유휴토지를 텃밭으로 활용, 교회를 결혼식과 같은 행사공간의 활용 등이 있다.

또 요일이나 시간대별로 나눠쓰는 공유상가는 공유주방처럼 예비창업자나 공간을 간헐적으로 사용하고자 하는 사람들에게 기회를 주는 개념이다. 부동산 상가임대차 계약과 사업자등록, 임대기간과 임대료 등의 조율과 대상을 명확히 한다면 젊은 창업자들이 선호하는 지역에서는 고려해볼만 하다.

인프라나 장소를 '소유'하지 않고 '공유'하는 것은 새로운 패러다임이다. 모바일 앱, 특정한 조건 등을 통해 중개보수가 없거나 한쪽만 받는 등의 서비스도 나타나고 있다.

공유경제는 부동산산업을 만나면서 기존 경제, 법제와의 충돌[31]과 과도기를 겪고 있다. 운영노하우를 큰 부담 없이 줄여주고 공간을 목적에 맞게 시간대별로 활용할 수 있는 공유부동산의 변화는 앞으로도 계속될 것이다. 다른 사업이나 기존의 관습과의 협의, 사회적인 타협과 제도가 뒷받침된다면 시장과 소비자가 필요한 접점을 찾아낼 수 있는 또 하나의 매력 산업이 될 수 있을 것이다.

(3) 공유를 통한 부동산 비즈니스 플랫폼 운영

1) 비즈니스 플랫폼의 등장과 의미

플랫폼은 일반적으로 기차를 타기 위해 승객들이 이용하는 공간으로 사용되지만, 16세기에 플랫폼이라는 용어가 생성된 이후 일상생활이나 비즈니스 등 다양한 분야에서 보편적으로 사용되어 왔다(Baldwin and Woodard, 2009). 플랫폼은 수요(소비자)와 공급(판매자)을 매개하는 시장조정자의 역할을 수행하기 때문에 서로 다른 두 개 이상의 그룹들이 플랫폼을 매개로 다면적 상호작용이 이루어져, 플랫폼의 중요성은 더욱 증가하고 있다.

비즈니스 플랫폼은 서로 다른 두 이용자 집단이 공통적으로 합의된 표준에 따라 경제적 가치를 창출하는 기반 시스템이라 할 수 있다. 예를 들어, 기차가 운행되는 플랫폼은 모든 이용자에게 공통으로 미리 정해진 기차시간과 가격, 탑승 장소로 구성되어 시간과 가격, 장소를 운행자와 탑승자가 매번 협상해야 하는 불편을 제거한 비즈니스 모델이 운영되는 기반 시스템을 의미하는 것이다.

비즈니스 플랫폼은 비즈니스 모델의 목적이 구현되는 토대라 할 수 있다. 여기에서 비즈니스 모델이란 기업이 수익을 창출하는 방법으로, 제품이나 서비스를 소비자에게 어떻게 제공하여 이윤을 달성할 것인지에 대한 구체적인 계획을 의미한다.

비즈니스 플랫폼은 최소비용에 의한 기업협력을 이룰 수 있는 수단으로 그리고 정보교환의 장으로서 역할을 수행하게 한다. 융·복합 가속화로 IT 산업 간

---

31 국내 숙박공유는 2011년 개정된 관광진흥법에 따라 신설된 외국인관광도시법으로 한옥체험, 농어촌 민박용도로만 한국인고객을 허용하고 도시에서는 외국인을 대상으로 하고 한국인은 불법으로 되어 있음. 따라서 이를 개선해 공유숙박을 활성화하기 위한 법안이 발의되어 국회에 두 번째 계류중임.

의 경계가 점차 모호해지면서 사업영역이 확장됨에 따라 다양한 개발자 간 협력이 중요해 지고 있다. 또한 비즈니스 플랫폼은 IT 생태계 구성원들의 '참여의 장'으로서 변화의 과정에서 경쟁요소를 선점하는 핵심 수단인 것이다. IT 생태계가 복잡해짐에 따라 단일 기업이 모든 경쟁요소를 갖추기 어려운 구조로 비즈니스 플랫폼은 단기간에 최소한의 비용으로 다수의 기업 간 협력을 달성할 수 있는 최적의 방안인 것이다.

비즈니스 플랫폼은 고객들의 콘텐츠 및 서비스 이용정보 수집의 토대로서도 중요하다. 고객들이 자발적으로 플랫폼을 이용함으로써 수집비용 없이 고객의 소비행태에 대한 유형화가 가능하며 다수고객이 참여하여 제품에 대한 의견을 교환하는 SNS는 최근 마케팅전략의 핵심수단으로 등장하게 된 것이다.

비즈니스 플랫폼은 유의미한 이용자 수 확보를 토대로 다양한 수익 모델을 창출하게 된다. 비즈니스 플랫폼이 확산되는 과정은 차별화된 기술에 의한 서비스가 제공되면 다수의 이용자가 이를 이용하게 되며 이러한 비즈니스 플랫폼을 통해 수익 모델이 구축되고 다각화가 이루어지게 되어 영향력이 확대되는 것이다.

플랫폼 업체들은 네트워크 효과가 작용할 수 있는 유의미한 이용자 수 확보를 위해 차별적인 기술 및 서비스를 초기에는 무료나 저가로 제공하기도 한다. 따라서 초기 제공되는 서비스는 집객 및 이용자들의 긴 체류시간 확보가 주목적으로, 유의미한 수준의 이용자가 확보되면 주로 광고를 통한 추가수익 창출을 시작하여 다수의 이용자 및 장기 체류시간을 토대로 추가적인 서비스 제공을 통해 다양한 수익모델을 창출한다.

	1단계	2단계	3단계	
	차별화 기술/ 서비스 제공	유의미한 이용자 수 확보	수익모델 발굴 및 확장	밸류체인 확장
Google	• 정확도 높은 검색 서비스	• 세계 1위 검색 서비스	• 광고 수익 확보 • 모바일플랫폼으로 확장	• 모토로라 인수로 단말기 영역 진출
Facebook	• 소셜네트워크 서비스 제공	• 9억 5천만 명 가입자 확보	• 광고 수익 확보 • 게임, 쇼핑 플랫폼으로 확장	• 자체 스마트폰 제조 추진 중
Amazon	• 세계 최초 온라인 서점 • 방대한 품목판매	• 세계 1위 인터넷 유통업체	• 컨텐츠 판매 수익 • 모바일 플랫폼으로 확장	• 전자책 리더기 제조
KAKAO	• 무료 IM 서비스 • 전화번호만으로 간편한 친구등록	• 국내 스마트폰 보급대수 수준의 가입자 확보	• 이모티콘, 선물, 광고수익 확보 • 게임으로 확장	• 보이스톡을 통해 음성통신영역으로 확장

자료: IT 비즈니스 플랫폼 발전방향 및 활용과제(2012).

2) 부동산 공유 비즈니스 플랫폼 운영

공유경제 개념과 함께 인공지능(AI), 빅데이터, 블록체인, 가상/증강현실 (VR/AR) 등 정보기술을 적용한 중개업, 임대업, 개발업, 관리업 등 부동산 서비스산업에 적용하는 부동산 공유 비즈니스 플랫폼 운영을 통해 부동산 자원의 효율성과 프롭테크의 발전에 크게 기여할 수 있다.

부동산의 유휴 주택과 토지의 장·단기 사용에 공유경제 개념을 적용한 임대사업을 할 수 있다. 그리고 인구 감소 및 고령화, 1~2인 가구 증가 등 인구구조 변화에 따라 전국적으로 증가하는 공가(空家)의 활용과 중·소도시의 공공시설, 각급 학교, 병원, 판매 및 위락시설 등 공공 및 민간의 각종 유휴시설이 증가할 것으로 이에 공유경제 개념을 적용함으로서 시설사용 및 운영의 효율성을 기할 수 있을 것이다.

▼ [그림 3-19] 부동산 공유 비즈니스 플랫폼

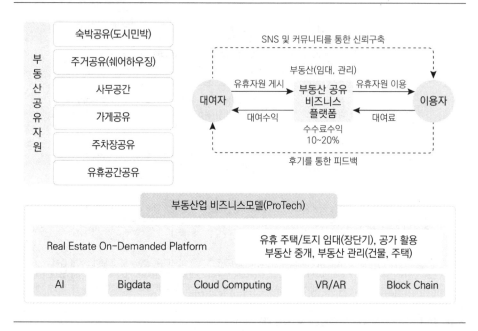

부동산중개업은 공유경제 중개플랫폼을 운영함으로서 지역적인 제한 없이 전 세계 고객과 부동산을 대상으로 중개업을 수행할 수 있는 비즈니스 모델이 가능할 것이다. 예를 들어, 주택을 매각하고자 하는 매도인은 블록체인 기반의 공유경제 플랫폼에 등록을 하고 매수인은 이 플랫폼에서 매수하고자 하는 주택을 검색하고 스마트계약(Smart Contract)을 체결하는 매매중개가 가능하게 되는 것이다. 따라서 중개사(Realtor)는 플랫폼을 운영하며 매매절차에서 필요한 경우 중요한 부분에 한해 개입할 수 있을 것이다.

부동산관리업에 공유경제 부동산관리 플랫폼을 운영하면 주택관리서비스 제공(대여)자와 이용자 모두에게 경제적인 편익을 향유할 수 있다. 전국적으로 20년 이상 노후한 단독, 다세대, 다가구 주택이 많아 이에 대한 주택수리 수요는 더욱 증가할 것이다. 예를 들어, 1~2시간 정도 소요되는 주택의 간단한 수리에도 하루 인건비를 지불하여야 하여야 하여 주택 소유자에게 많은 경제적 부담이 되는 비합리적인 면이 있다. 이러한 경우, 공유경제에 의한 주택수리 플랫폼에서 주택수리를 필요로 하는 경우에 동일시간과 동일지역을 모아 주택수리서비스를 받게 됨으로서 비용을 낮출 수 있을 것이다. 이는 제공자도 공유플랫폼을 통해 더욱 많은 서비스 제공 기회를 확보할 수도 있게 되는 것이다. 이러한 비즈니스 모델을 공동주택의 관리에 적용하면, 단지별 관리사무소 운영을 통합적으로 운영함으로서 인력을 절감하여 더욱 효율적으로 운영하여 관리비용을 절감할 수 있는 효과를 기대할 수 있다.

이러한 부동산 공유 비즈니스 플랫폼은 빅데이터, 인공지능, 블록체인, 가상현실과 증강현실 등 정보기술을 적용함으로서 신뢰성과 보안성을 높일 수 있으며, 디지털의 특성상 지역적 한계가 없는 글로벌한 비즈니스로의 확장이 가능하게 될 것이다. 그리고 지능의 증강(Augmented)과 외부화(Externalization)를 통해 부동산 자원의 최적화된 효율적 이용에 더욱 접근하게 될 것이다.

PART

02

빅데이터와 부동산

부동산 빅데이터 블록체인 프롭테크

4

빅데이터 개관

01절 빅데이터 등장 배경

1. 빅데이터시대 도래

빅데이터는 상호의존성과 복잡성의 증가에 따른 난제 발생과 급격한 사회변화를 해결할 수 있는 구원투수로 2010년 초반부터 크게 대두되고 있다. 현 시대는 IT융합, 소셜미디어, 서비스산업 고도화, 공공과 기업의 데이터 수집, 멀티미디어 콘텐츠의 폭발적 증가, 스마트폰 보급, SNS 활성화, 사물인터넷(IoT)의 저변 확대로 데이터량이 급격히 증가하고 있다.

정보기술은 정보화와 함께 사회전반에 스며들어 필수적인 인프라로서 삶의 방식과 사회혁신의 핵심이 되고 있다. 그 중 사회가 발전할수록 위험과 불확실성은 더욱 증대되어 빅데이터는 그 해결수단이 되고 있는 것이다.

특히 2010년대 초에 출현한 스마트폰과 모바일 이용과 초연결성(Hyper Connected)의 확대로 데이터 생성이 기하급수적으로 증가하는 환경에서 수집되는 대량의 데이터를 활용할 수 있는 방법을 모색하게 되었다. 그리고 데이터 저장기술의 발달로 다양하고 대용량의 데이터가 생성·저장되고, 처리·분석하는 기술이 발전함에 따라 빅데이터시대로 진입하게 된 것이다.

빅데이터는 IoT, 클라우드(Cloud), 모바일 등 정보기술의 중심에서 우리가 사는 사회를 사람중심의 초연결사회, 지능화사회로 진화시켜 새로운 가치를 창출할 수 있게 진행되고 있다. 이와 같이 정부나 모든 기업이 보유한 데이터가 '새로운 가치 추출이 가능할 만큼' 충분한 규모에 도달하여 이를 통해 어떻게 가치를 창출해 내느냐가 멀지 않은 미래를 대비하는 핵심이 된 것이다.

제1차와 2차산업혁명에서는 철과 석탄, 전기가 그리고 제3차산업혁명에서는 컴퓨터와 인터넷이 세계경제 변화를 지탱하는 핵심요소였다면 제4차산업혁명 (지능화사회)에서는 빅데이터가 사회와 경제변화의 핵심기술으로서 역할을 하고 있다. 즉, 빅데이터는 사회·환경 변화를 신속하게 감지하고 대응할 수 있는 수 단으로 그리고 스마트하며 지능적이고, 개인화된 서비스를 창출하는 원천 요소 로 작용하는 것이다.

빅데이터는 부동산의 다양한 분야에서도 '불가능'을 '가능'으로 전환할 수 있을 것으로 기대되는 기술로서, 세계 각국 정부와 기업들은 빅데이터기술 개발과 활용을 경쟁적으로 추진하고 있다.

국내에서도 정부는 2012년 '빅데이터 마스터플랜'을 수립하여 우선 적용할 과제와 우선 활용할 수 있는 과제로 구분하여 추진하였다. 그리고 2014년에는 "빅데이터를 활용한 과학적 행정구현"을 모토로 데이터 기반, 증거기반 정책 (Evidence Based Policy)을 추진하고 있으며, 연구기관과 기업에서도 다양한 분야 의 빅데이터 활용에 대한 연구를 활발히 추진하고 있다.

2. 빅데이터의 등장 배경

2010년 Cukier는 이코노미스트의 기고를 통해 전 세계가 상상할 수 없을 만 큼 디지털정보가 전 분야에서 매우 빠르게 증가하고 있다고 하면서 이를 '빅데 이터'라 표현한 것이 그 출발이라 할 수 있다. 또한 맥킨지(MGI: McKinsey Global Institute)는 2011년 5월 인터넷 데이터의 증가가 전 세계에 미치는 영향을 분석 한 보고서를 '빅데이터(Big Data)'라는 이름으로 발표하면서 주목하기 시작하였 다(Manyika et al., 2011). 이 보고서에서는 빅데이터를 데이터 용량에 따른 분류 가 아니라 기존 데이터베이스 처리방식으로 해결할 수 없는 데이터세트(Data Set)로 정의하고 이러한 데이터를 처리할 수 있는 기술이나 역량을 보유한 기업이나 국가가 미래에 경쟁력을 갖게 됨으로서 국가나 기업은 빅데이터에 관심을 기울여야 할 것이라고 역설하였다.

모바일, 클라우드, SNS 등의 확산으로 근본적인 인프라와 데이터 변화가 일어나면서 데이터를 바라보는 시각이 변하고 있다. 이에 따라 IT의 주도권이 인프라, 기술, 소프트웨어 등에서 데이터로 전이되었으며 데이터가 IT에서 분리되어 독립된 주체로 발전하고 있다. 앞에서 언급했듯이 데이터 폭증에 대한 대응과 데이터 분석이 ICT의 중요한 이슈로 부각되면서 빅데이터가 ICT시장과 기술 발전의 핵심으로 인식된 것이다.

이와 같이 스마트시대에 데이터의 폭발적인 증가로 인하여 빅데이터가 등장[1]하게 되었는데 이를 좀 더 자세히 살펴보면 다음과 같다.

▼ [그림 4-1] 빅데이터 등장 배경

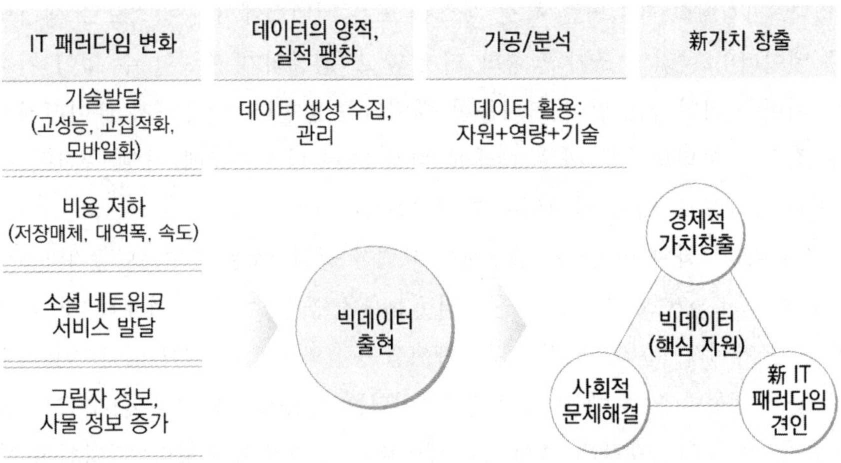

연간 데이터 생산: 2003: 5EB ▶ 2011: 1.8ZB ▶ 2020: 20ZB ▶ 2024: 92ZB
  * 현재 1일 2.5 EB 비정형데이터 발생

자료: 정지선(2011), 신가치 창출, 빅데이터의 새로운 가능성과 대응전략. 재가공.

첫째, 스마트시대에 따라 SNS, 이메일, 멀티미디어 등의 확대로 데이터가 폭

---

1 빅데이터가 형성되고 활용되는 이 시대를 스마트폰을 비롯한 각종 정보기기 사용의 확산으로 이에 의해 모든 활동이 기록이 되고 있어 "라이프 로깅(Life Logging)시대"라고 하며, 또한 엄청난 정보가 생산·활용되고 있어 "제타바이트(Zeta Byte)시대"라 하기도 한다.

발적으로 증가하고 있으며, 앞으로 2~5년 이내에 [그림 4-1]에서 보는 바와 같이 SNS 활성화, 사물인터넷(IoT)의 확산으로 더욱 폭발적인 데이터 증가로 혼돈과 잠재적인 가능성이 공존하는 본격적인 빅데이터시대가 열리고 있다 (Gartner, 2011). 2012년 IBM은 매일 15페타바이트(PB, 10^{15}Bytes)의 양으로 새로운 정보가 생산된다고 발표했고, 2018년 초 데이터플로크(Datafloq)사는 일평균 약 2.5엑사바이트(EB, 10^{13}Bytes)의 정보가 생산되고 있는 것으로 추산하고 있으며, 혹자는 매일 생산되는 데이터가 2제타바이트(ZB, 10^{21}Bytes)에 이른다고 말한다. 매일 생성되는 데이터는 가히 폭발을 넘어 데이터 빅뱅 수준이다. 이렇게 생산·축적된 데이터를 이용해 비즈니스를 영위하고, 발전된 ICT기술에 의해 데이터가 재생성되고, 데이터와 데이터가 결합해 새로운 정보·지식을 만드는 시대, 제4차산업혁명시대는 바로 빅데이터의 시대라 할 수 있게 되었다.

최근에는 비정형데이터(Unstructured Data) 수집과 활용의 필요성이 급성장하고 있다. 비정형화 데이터란 특정 시스템 또는 서비스에서 공통적으로 생성되는 기존 데이터와 달리 구조가 정형화 되지 않고, 컴퓨터가 연산할 수 없어 기계적으로 의미를 파악하는 것이 불가능한 데이터를 말한다. 현재까지 데이터베이스에 축적된 데이터보다 가까운 장래에 비정형데이터가 700배 이상 축적될 것으로 예측할 정도로 대폭 확대되어 가고 있다.

이런 비정형화된 데이터가 발생하는 유력한 근원지로는 스마트단말기와 SNS (Social Network Service) 그리고 사물인터넷(IoT)을 꼽을 수 있다. 기계적 데이터보다 사용자 간 개인적 의미가 담긴 커뮤니케이션 중심의 비정형 대화 데이터가 폭발적으로 늘어 정형화데이터에 비해 비정형데이터는 생성이 3배 이상 증가하고 있다.

둘째, 새로운 플랫폼의 출현으로 데이터가 급증하게 되었다. 다양하고 방대한 데이터의 활용을 위한 클라우드 컴퓨팅서비스에 대한 수요가 증가하는 한편 휴대 단말기용뿐 아니라 내비게이션, 디지털 영상 제작 등을 위한 운영체계인 안드로이드, iOS 등의 보급이 증가하면서 데이터 생성과 유통이 확대되고 있다.

셋째, 네트워크 접속 및 이용 방법의 다양화, 브로드밴드 등 고속 대용량 통신기술의 발전과 더불어 소비자의 IP트래픽이 증가하는 등 네트워크의 활용도가 증대되고 있다. 따라서 유선 인터넷 뿐 아니라 스마트폰 등 모바일 단말기의 보급이 증대됨에 따라 네트워크 접속 및 이용 방법이 다양화 되면서 데이터량의 생성과 활용이 증대된 것이다.

넷째, 다양한 센서, 디바이스(Device) 기능의 발전으로 인해 데이터가 급증하였다. CPU의 기능이나 하드디스크 기억용량 증가 등 각종 디바이스 기능의 고도화 및 데이터 수집 등에 이용되는 센서의 소형화, 저렴화로 대용량 데이터의 생성과 활용이 용이해지게 되었다. 2000년부터 2010년 사이 CPU의 연산 성능과 하드디스크의 기억용량이 약 100배 증가하는 등 각종 디바이스의 기능이 급격히 발전하게 된 것이다.

또한 정보기술의 발전으로 이와 같이 증가하는 정형, 비정형데이터를 수집, 저장, 관리, 분석할 수 있는 기술이 발전하게 됨으로서 다양한 분야에서 종전과는 달리 대용량의 데이터를 활용할 수 있게 되었다. 따라서 빅데이터를 통해 과거와는 차원이 다른 새로운 비즈니스 플랫폼에 의한 경제적 가치를 창출하고 사회적인 난제 해결의 실마리를 찾게 되었으며 IT분야의 발전의 새로운 모멘텀이 된 것이다.

빅데이터는 인터넷상의 소셜미디어, 멀티미디어 등을 통해 생성되고 제공되는 데이터 뿐만 아니라 사무실이나 공공장소 및 각종 센서 등을 통해서도 생성되고 축적되는 모든 데이터를 포함한다. <표 4-1>에서 보는 바와 같이 빅데이터는 다양한 생성원에서 데이터량이 급증하면서 민간부문 뿐만 아니라 정부 공공부문에서의 활용을 통해 새로운 부가가치를 창출할 것으로 기대되고 있다.

▼ 〈표 4-1〉 빅데이터의 생성원

데이터 생성원	주요 내용
소셜미디어	소셜미디어 참여자들이 작성한 프로파일, 댓글 등
멀티미디어	인터넷 웹사이트를 통해 제공되는 음성, 동영상 파일 등
인터넷 웹사이트	전자상거래, 개인블로그 등에서 축적된 구매이력, 블로그 내용 등
소비자 관련 데이터	소비자 관리시스템을 통해 관리되는 판촉 데이터, 고객이력 등
오피스 데이터	사무실 내에서 작성되는 각종 사무용 문서, 메일 등
로그 데이터	웹사이트에서 자동적으로 생성되는 접속 및 에러로그 데이터 등
각종 센서 데이터	GPS, IC카드, RFID 등에서 탐지된 위치, 승차이력, 온도, 가속도 등의 데이터
각종 업무 데이터	판매관리 데이터, 거래명세 데이터 등 각종 업무 관련 데이터

자료: 현대경제연구원(2012).

이처럼 빅데이터의 의미가 처음에는 종전의 분석기술에 의해 의미 있는 결과 도출이 가능한 수십~수천테라바이트(TB)에 달하는 거대 데이터 집합을 의미했으나, 최근에는 관련 도구 플랫폼 분석기법까지 포괄하는 의미로 변화되고 있다.

02절　빅데이터 개념과 특성

1. 빅데이터 개념과 의의

빅데이터의 개념은 많은 기관과 연구자에 의해 다양하게 정의되고 있으며, 그 의미는 시간이 경과됨에 따라 변화되고 있다. 처음에는 양적(Volume)인 의미였으나, 점차 데이터의 가치와 활용으로 그 의미가 변화되어 가고 있다. 즉, 빅데이터는 기존 데이터에 비해 너무 방대하여 일반적인 사용방법이나 도구로 수집, 저장, 검색, 분석, 시각화 등을 하기 어려운 정형, 비정형데이터의 집합인 것이다.

MGI(2011)는 빅데이터를 양적인 측면에서 기존의 데이터베이스관리 도구인 관계형데이터베이스시스템(DBMS)의 데이터 수집 · 저장 · 분석하는 역량을 넘어서는 데이터 셋(Data Set)의 몇십 테라바이트(TB: Tera Byte)에서 수 페타바이트(PB: Peta Byte)규모라 하였다. 또한 가트너(2012)는 빅데이터를 3V(Volume, Velocity, Variety)라 정의하고 있으며, 빅데이터기술을 개발하는 SAS(2012)는 가치(Value)를, 가트너는 복잡성(Complexity)을 추가하여 정의하고 있으며, 삼성경제연구소(2011)는 "기존의 관리 및 분석체계로는 감당할 수 없을 정도의 거대한 데이터의 집합으로서 이에 관계되는 기술과 도구(수집 · 저장 · 검색 · 공유 · 분석 · 시각화 등)를 포함하는 것"으로 정의하고 있다. 뿐만 아니라 한국정보화전략위원회(2011)에서는 "대량으로 수집한 데이터를 활용 분석하여 가치 있는 정보를 추출하고 생성된 지식을 바탕으로 능동적으로 대응하거나 변화를 예측하기 위한 정보화 기술"로 정의하고 있다.

▼ [그림 4-2] 빅데이터 개념과 특성

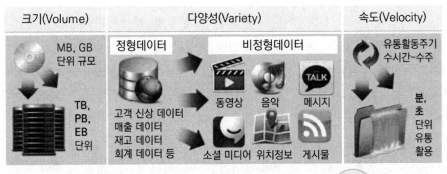

▶ 3V: Laney(2001)
▶ 3V + Complexity: Gartner
▶ 3V + Value: SAS, IBM
▶ 3V + Value + Complexity: NIA(2012)

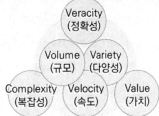

최근에 와서는 빅데이터의 개념이 외부데이터, 비정형, 실시간데이터 및 서로 상이한 형태의 정보를 결합하여 새로운 지식을 창출하는 영역(최성곤 외, 2012)으로까지 그 의미가 확대되고 있다.

빅데이터의 정의에 대한 위의 논의를 정리하여 보면, 초기에는 빅데이터의 의미를 데이터의 규모와 기술적 측면에서 출발했으나 활용 및 효과 측면으로 의미가 확대되어 가는 추세라는 것이다.

따라서 빅데이터의 개념을 협의와 광의로 구분하여 정리하면 다음과 같다. 먼저 협의의 개념으로 빅데이터는 기존의 관리 및 분석체계로 감당하기 어려울 정도의 엄청난 양의 데이터를 수집·분석하여 활용할 수 있는 집합이라 할 수 있다. 그리고 광의의 개념은 기존 시스템으로 저장·관리·분석할 수 있는 범위를 초과하는 규모의 데이터와 이를 저장·관리·분석할 수 있는 하드웨어, 소프트웨어 그리고 이를 포괄하는 프로세스를 거대 플랫폼과 이를 수행하는 기술인 것이다.

2. 빅데이터의 종류와 특징

빅데이터는 데이터의 형태에 따라 정형, 반정형, 비정형데이터로 구분할 수 있다. 정형데이터(Structured Data)는 일정한 항목(필드)에 저장하여 컴퓨터가 연산할 수 있는 데이터로 데이터베이스로 관리가 가능하다. 비정형데이터(Unstructured Data)는 항목이 정해져 있지 않은 데이터로 컴퓨터가 연산할 수 없는 데이터이다. 블로그, 소셜데이터, 뉴스미디어 등에서 생성된 데이터로서 페이스북, 트위터, 유튜브 등에서 제공하는 데이터가 이에 속한다. 반정형데이터는 일부 정형데이터를 포함하는 경우로 예를 들어, 메타데이터를 포함하는 문서, 사진 등이다.

빅데이터에서 이제 관심을 가져야 하는 데이터는 비정형데이터라고 할 수 있다. 2010년 이후 본격적인 스마트, 모바일 확산과 함께 사용자들이 자발적으로 참여하고, 정보를 생성하여 소셜데이터혁명[2]이 발생하였다. 이러한 소셜데이터(Social Data)는 세상을 이해하는 데 도움을 주며, 기업들은 고객과의 시장 공감의 맥을 찾는 양방향 소통의 수단으로 활용할 수 있다. 따라서 실제로 SNS를 통해 제공되는 정보는 지식정보와 함께 정서적인 공감에 바탕을 둔 감성적인 정보가 큰 비중을 차지하며, 개인별 취향을 보다 정확하게 파악할 수 있으며, 진실성과 진정성, 관련성이 증가되어 데이터로서 가치가 매우 높다.

▼ 〈표 4-2〉 데이터 유형

정의	설명
정형데이터 (Structured Data)	고정된 필드에 저장된 데이터, 컴퓨터의 연산이 가능한 데이터 (예: 관계형 DB, 스프레드시트)
반정형데이터 (SemiStructured Data)	고정된 필드에 저장되어 있지 않지만, 메타 데이터나 스키마 등을 포함하는 데이터 (예: XML, HTML 텍스트)
비정형데이터 (Unstructured Data)	고정된 필드에 저장되어 있지 않은 데이터, 컴퓨터의 연산이 불가능한 데이터 (예: 텍스트 분석이 가능한 텍스트 문서 및 이미지/동영상/음성 데이터)

---

2 정보의 생성자, 규모, 파급효과 등에서 1990년대에 기업들이 고객의 정보를 축적했던 정보혁명과는 구분되어 페이스북, 트위터, 카카오톡 등 SNS 이용확산과 커뮤니케이션 방식의 변화는 데이터 변혁을 야기하는 중요한 요인으로 작용함.

그리고 소셜데이터 이외에도 이메일, 동영상 등과 같은 비정형데이터가 전체 데이터 중 80~90%에 달하고 있다. 이와 같은 대량의 비정형데이터를 통한 빅데이터 분석은 실시간성과 가속성이란 특성으로 행동·이용 패턴을 분석하여 정부의 정책과 기업의 제품에 대한 인식과 의견을 확인하여 선제적으로 대응할 수 있다.

▼ [그림 4-3] 정형 및 비정형데이터 생성

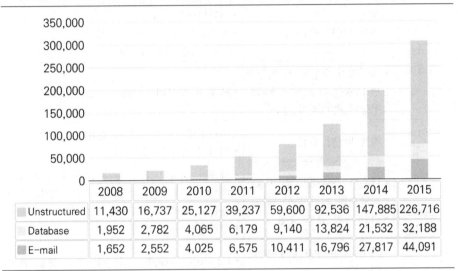

	2008	2009	2010	2011	2012	2013	2014	2015
Unstructured	11,430	16,737	25,127	39,237	59,600	92,536	147,885	226,716
Database	1,952	2,782	4,065	6,179	9,140	13,824	21,532	32,188
E-mail	1,652	2,552	4,025	6,575	10,411	16,796	27,817	44,091

자료: Enterprise Strategy Group(2010).

이러한 비정형화된 데이터가 발생하는 주 근원지로는 스마트단말기와 SNS (Social Network Service) 그리고 사물인터넷을 꼽을 수 있다. 특히 사용자 간 개인적 의미가 담긴 커뮤니케이션 중심의 비정형화된 대화 데이터가 폭발적으로 증가하여 정형데이터에 비해 비정형데이터는 3배 이상 증가하고 있다(한국정보화진흥원, 2011). 특히 SNS에 의한 소셜데이터는 2010년을 전후하여 본격적으로 스마트기술과 모바일이 확산되면서 유저들이 자발적으로 참여하여 생성하는 데이터로 세상을 이해하는 데 도움을 주는 대표적인 비정형데이터이다. 이러한 소셜데이터는 정부와 기업이 고객과 실시간적으로 공감의 맥을 통해 비즈니스 모델을 찾는 양방향 소통의 수단으로 활용할 수 있는 데이터인 것이다.

IoT에 의해 2013년 기준으로 전 세계는 100억개의 단말에서 인터넷에 연결되어 많은 정보가 생산·유통되고 있으며, 2020년에는 전 세계 500억개의 단말기가 인터넷에 연결될 것으로 전망되어 더욱 많은 정보가 생산·유통되어 활용될 수 있을 것이다(CISCO, 2013).

▼ 〈표 4-3〉 기존의 데이터와 빅데이터 관리방식 비교

구분	기존	빅데이터
데이터 트래픽	• 테라바이트 수준	• 페타바이트 수준 • 장기간의 정보 수집 및 분석 • 방대한 데이터 처리량
	• 데이터가 수십억 건 이상되면 H/W를 더 많이 사용해도 성능이 증가하지 않음	• H/W만 추가해도 성능 증가
데이터 유형	• 정형데이터 중심	• 비정형데이터의 비중이 높음 • 처리의 복잡성 증대
프로세스 및 기술	• 단순한 프로세스 및 기술 • 정형화된 처리/분석 결과 • 원인/결과 규모 중심	• 다양한 데이터 소스 및 복잡한 로직 처리 • 데이터 처리 복잡도가 높아 분산 처리기술 필요 • 새롭고 다양한 처리방법 개발 필요 • 상관관계 규명 중심
	• RDB(Relational Database)에 근간	• Hadoop, NoSQL, R 등 개방형 소프트 웨어

자료: 노규성(2016), 「빅데이터와 공공 혁신 10대 사례」.

이러한 데이터는 기존의 데이터와 관리방식에서 큰 차이점이 있다. 기존의 대용량 데이터는 관계형데이터관리시스템(DBMS)을 활용하여 처리하였다면, 빅데이터에서는 용량이 더 크고 다양한 데이터를 관리할 수 있는 새로운 기술이 요구된다. 대표적으로 하둡(Hadoop)[3]과 NoSQL(Structured Query Language)[4]기술이 기

3　하둡(Hadoop)은 대용량의 데이터를 병렬적으로 처리하는 오픈소스 프레임 워크로서 하둡분산파일시스템(HDFS)과 맵리듀스(MapReduce)로 구성되어 있다. HDFS(Hadoop Distributed File System)은 대용량의 파일을 여러대의 컴퓨터에 나누어 저장하고 관리하는 시스템. 맵리듀스는 효율적인 데이터 처리를 위해 여러대의 컴퓨터를 활용하는 분산 데이터 처리기술로서, 컴퓨터에 블록단위로 분산된 데이터를 병렬적으로 처리해 중간 결과 데이터를 생산하는 맵(Map)과 생성된 중간 결과물을 취합하여 최종결과를 생산하는 리듀스(Reduce)로 구성되어 있다.

4　SQL(Structured Query Language): 데이터베이스를 구축하고 활용하기 위해 사용하는 언어.

존 데이터 처리방식과 대비되는 신기술이다. 하둡은 파일시스템으로 정형, 비정형 데이터 구분 없이 모두 처리가능하다. NoSQL 역시 하나의 레코드에 정형, 비정형 데이터가 모두 들어갈 수 있도록 하는 데이터 관리 방식이다.

(1) 정형데이터

정형데이터는 일정한 항목(필드)에 저장한 데이터로 컴퓨터에서 연산이 가능한 데이터이다. 빅데이터가 등장하기 이전부터 전통적으로 취급한 대부분의 데이터가 이에 속한다. 정형데이터는 통계청에서 구축·제공하고 있는 각종 통계 데이터, 부동산의 주택, 토지의 거래와 가격 등의 관련 데이터가 그 예이다.

이러한 정형데이터는 비정형데이터, 반정형데이터에 비해 상대적으로 가공이 용이하고 다양한 기존의 통계분석이 가능하다. 빅데이터 관심이 높아지면서 기존에 단독으로 분석·사용되어 왔던 많은 통계들이 서로 다른 이(異)기종 통계와 결합하여 새로운 시사점을 만들어내는 작업들이 활발하게 진행되고 있으며, 특히 기존의 정형데이터와 연계를 통하여 새로운 전략을 만들어 내고 있다.

(2) 비정형, 반정형데이터

1) 소셜데이터

소셜데이터는 사람들 간에 인적 네트워크를 기반으로 발생하는 텍스트, 이미지 등의 데이터를 말하며, 크게 SNS, 블로그, 커뮤니티 빅데이터를 의미한다.

SNS빅데이터는 트위터, 페이스북 등 소셜네트워크서비스(SNS)를 통해 작성된 글과 사진, 기사정보를 의미하며, 사람들 간의 위치, 관심사, 감정 등을 태그로 공유하기 때문에 심층적 분석이 가능하다. 페이스북은 SNS 중 가장 큰 규모의 분석 데이터로서 가치는 크나, 폐쇄적 공유가 많고 웹 클로러의 접근을 막고 있어 직접적인 데이터 수집이 어려운 특징이 있다. 트위터는 웹 클로러(Web Crawler)를 통한 수집이 용이하고 공개를 기본으로 하고 있어 SNS빅데이터 분석에 가장 많이 활용되고 있으나 페이스북에 비해 상대적으로 이용자가 많지 않은 단점이 있다. 블로그는 일상정보와 개인의 특정 관심사가 주를 이루며, 전문가로부터 일반인까지 다양한 주제가 공유되는 텍스트 데이터로 정보제공, 보도자료

공개, 논평부터 일상적인 공유와 광고에 이르기까지 다양한 목적의 활동이 포함되어 있다. 커뮤니티 빅데이터는 포털(Portal) 등의 커뮤니티 사이트에서 특정 주제에 관심이 있는 사람들이 공유하는 텍스트데이터로 관련 이슈에 대한 파악에 활용도가 높다.

2) 로그데이터

로그데이터는 사람들이 일상생활에서 사용하는 기기와 도구들이 로그인을 함으로서 정보시스템에 남기는 디지털흔적으로 기기와 도구의 종류에 따라 매우 다양하다. 빅데이터에 활용되는 로그데이터는 신용카드 사용정보, 휴대전화 로그정보, 교통카드 사용정보, 차량 내비게이션 운행정보, CCTV 영상정보 등을 그 예로 들 수 있다.

그 중 대표적으로 사용되는 로그데이터(Log Data)는 신용카드 사용정보와 휴대전화 로그정보이다. 기지국을 통해 취득되는 기기의 위치정보는 시간 및 공간에 따른 휴대전화 가입자의 분포를 확인할 수 있으며, 이동통신사에서 일정 공간 단위로 개별 위치정보를 취합한 휴대전화의 로그데이터를 구득할 수 있다. 우리나라는 휴대전화 보급률이 매우 높아 사람들의 생활 패턴을 실시간으로 파악할 수 있어 다양한 분야에서 이러한 로그데이터가 활용되고 있다.

3) 미디어 데이터

미디어 데이터는 온라인 뉴스가 일반화되면서 생산되는 신문사, 방송사, 포털사이트 등의 뉴스 데이터로, 보도기사 원문의 텍스트와 그와 관계된 데이터를 의미한다. 언론기사 빅데이터는 온·오프라인상의 언론사의 보도데이터인 만큼 양질의 분석이 가능하다. 또한 해당 기사의 댓글의 수집과 분석을 통하여 특정 이슈에 관한 여론의 동향을 실시간으로 파악할 수 있다. 보도자료 빅데이터는 정부, 공공기간, 협회 등의 공공단체가 생산하는 정책자료로 언론기사 빅데이터와 유사한 성격을 갖고 있지만, 상대적으로 수집과 가공이 용이하며 특정 주제나 정책의 효과 등을 효율적으로 분석할 수 있다. 또한 선거공약 빅데이터는 대통령, 국회의원, 지방자치단체장 등 선출직 공무원의 공약 데이터로, 지역의 민의를 종합한 데이터로 지역별 정책 수요 분석을 할 수 있는 미디어 데이터이다.

한국언론진흥재단에서 운영하는 카인즈(KINDS)[5]에는 대용량의 뉴스기사가 축적되어 있다. 「2016 인터넷 언론백서」에 의하면 2016년 10월 기준으로 등록된 294개 일반 일간신문은 거의 모두 인터넷 사이트를 운영하고 있고 상당수의 신문들은 지면기사와 별도로 인터넷용 기사를 생산하여 서비스하고 있다. 인터넷 포털 사이트는 뉴스 콘텐츠 제휴를 통해 100여 개 언론사로부터 공급받아 서비스하고 있다. 날짜, 매체, 면종, 장르 등 기사 관련 정보는 전통적인 SQL 방식으로 정형화되어 저장되어 있지만, 기사본문은 비정형 형태 그대로 저장되어 있다.

그러나 비정형데이터인 뉴스 기사는 자료의 수집과 관리 및 분석이 쉽지 않은 단점이 있다. 먼저 수집면을 살펴보면 뉴스기사 아카이브(Archive)[6]에 축적된 자료를 제외하면, 기사자료는 언론사별로 별도로 저장되어 있어 기사를 자동으로 크롤링(Crawling)하기 위해서는 언론사별로 각각 다른 방식으로 해야 한다. 또한 주요 언론사는 자사 홈페이지에 크롤링(Crawling) 방지기술을 적용하고 있음을 감안하여야 한다.

관리 및 분석면에서 뉴스기사는 텍스트형태로 고도의 NLP(Natural Language Process)기술이 필요하다. 속도 측면에서 보면, 기사는 속보성이 중시되기 때문에 수시로 생산되고 소비되기에 실시간으로 뉴스기사를 수집·분석할 수 있어야 한다.

반면에 뉴스기사는 다른 전통적인 비정형데이터보다 빅데이터 분석측면에서 몇 가지 유리한 점이 있다. 첫째, 책이나 그림 등은 아직은 대부분 아날로그 형태로 제작된 뒤에 별도로 디지털화 하는 반면, 뉴스기사는 디지털형태로 생산되고 유통되는 것이 일반적이고 수집분석이 용이하다.

둘째, 기사는 내용적으로 중복되므로 축약효과가 있다. 예컨대 대통령의 해외순방의 경우, 언론사들은 기자회견이나 보도자료 등으로 기사화할 내용을 공유하기 때문에 한편으로는 대동소이한 내용의 기사들을 하나의 대표 기사로 대신할 수 있고 다른 한편으로는 여러 기사들을 중복되지 않은 사실 위주로 종합한 종합기사를 만들 수 있다.

셋째, 기사는 비정형데이터이지만 비교적 형식을 갖췄기 때문에 자연어처리

---

5   카인즈(KINDS: Korean Integrated News Database System)는 한국언론재단이 운영하는 공익적 성격의 기사검색 사이트임(위키백과).

6   아카이브(Archive): 소장품이나 자료 등을 디지털화하여 한데 모아서 관리할 뿐만 아니라 쉽게 검색할 수 있도록 모아 둔 파일.

(NLP)가 용이하다. 기사는 문법에도 맞을 뿐만 아니라, 제목(Title), 전문(Lead), 본문(Body), 기자이름(Byline) 등의 형식을 갖추고 있다. 날짜나 매체는 물론, 지면 종류로 주제도 파악할 수 있으며, 인용방식 등 기사를 작성하는 관행 등도 최소한 매체별로 규격화되어 있다. 따라서 다른 텍스트에 비해 NLP의 속도나 정확도도 높아질 수 있어 빅데이터 분석에 이미 본격 활용되고 있다.

또한 디지털 플랫폼에서는 수직적 통합이 붕괴되면서 포털서비스, 검색 엔진, 소셜미디어 등 제3플랫폼 또는 중간 유통사업자가 뉴스 이용 플랫폼으로서 차지하는 비중이 커지고 있다. 전체적으로 뉴스를 이용하는 측면에서 한국의 포털 의존도는 다른 나라보다 높은 수준이나 언론사 웹페이지 및 앱 이용은 낮은 편이었다. 그리고 디지털 환경에서 가장 큰 영향을 미치는 것은 네이버(NAVER), 다음(DAUM) 등 포털 및 검색서비스이다. 반면 소셜미디어에서 출발하여 뉴스에 접근했다는 비율은 한국이 18%로서 일본(14%)과 더불어 가장 낮은 수준이다(한국언론진흥재단, 2016).

PC 웹 포털 검색서비스를 통해 뉴스를 검색하는 비율이 60%로 나타나고 있다. 또한 뉴스/미디어 섹션에서 주요 웹사이트별 이용 트래픽을 살펴보면, 전체 포털 뉴스/미디어 섹션에서 가장 많이 이용된 웹사이트는 '네이버(naver.com)'로서 PC 웹 이용자 5명 중 2명은 네이버 뉴스/미디어 섹션을 이용했다.

3. 빅데이터의 주요 특성 및 요소

스마트시대에서 사회 패러다임을 선도하기 위해서는 빅데이터의 활용이 핵심이다. 빅데이터 활용 수준이 경쟁력과 성패를 좌우하게 되는 것으로, 이는 빅데이터의 특성과 요소를 잘 이해하는 것에서부터 시작된다고 할 수 있다.

가트너(Gartner, 2011)는 3V(Volume, Velocity, Variety)를 빅데이터의 특성이라 하고 있으며, 연구자에 따라 가치(Value) 또는 복잡성(Complexity)을 추가하기도 한다. 그리고 빅데이터는 정형화하여 구축된 데이터 뿐만 아니라 소셜(Social) 데이터와 같이 비정형화된 실시간데이터 등이 복합적으로 구성되어 있다.

빅데이터는 기존의 데이터 단위를 넘어선 엄청난 양(Volume)과 데이터의 생성과 흐름이 빠르게 진행되어 데이터 처리에 속도(Velocity)가 요구되며, 사진이나 동영상 등 구조화되지 않은 다양한(Variety) 형태의 데이터인 것이다. 또한 빅데이터는 구조화·표준화되지 않아 데이터의 관리 및 처리의 복잡성(Complexity)이 심화되어 새로운 기법 개발이 요구되며, 분석결과에 대한 가치(Value)가 핵심인 특징이 있다.

▼ 〈표 4-4〉 빅데이터의 4가지 구성 요소

구분	주요 내용
규모 (Volume)	• 기술적인 발전과 IT의 일상화가 진행되면서 해마다 디지털정보량이 기하급수적으로 폭증 → 제타바이트(ZB)시대로 진입
다양성 (Variety)	• 로그기록, 소셜, 위치, 소비, 현실데이터 등 데이터 종류의 증가 • 텍스트 이외의 멀티미디어 등 비정형화된 데이터 유형의 다양화
복잡성 (Complexity)	• 구조화되지 않은 데이터, 데이터 저장방식의 차이, 중복성 문제 등 • 데이터 종류의 확대, 외부 데이터의 활용으로 관리대상의 증가 • 데이터 관리 및 처리의 복잡성이 심화되고 새로운 기법 요구
속도 (Velocity)	• 사물정보(센서, 모니터링), 스트리밍정보 등 실시간성 정보 증가 • 실시간성으로 인한 데이터 생성, 이동(유통) 속도의 증가 • 대규모 데이터 처리 및 가치 있는 현재 정보(실시간) 활용을 위해 데이터 처리 및 분석 속도가 중요

자료: Gartner(2011)가 제시한 빅데이터의 4가지 구성요소를 정리.

빅데이터는 고객정보와 같은 정형화된 정보뿐만 아니라 외부 데이터, 소셜(Social), 실시간데이터 등 비정형데이터 등이 복합적으로 구성되어 페타(Peta: 10^{15}), 엑타(Exa: 10^{18}), 제타(Zetta: 10^{21}) 바이트 등 기존의 단위를 넘어서는 엄청난 양(Volume)의 데이터이다. 또한 데이터의 생성과 흐름이 매우 빠르게 진행되는 속도(Velocity), 사진과 동영상 등 기존의 구조화된 데이터가 아닌 다양한(Variety) 형태의 정보 등 속성을 지닌 데이터이다.

bit	비트	
byte	바이트 8bit	
KB	킬로바이트,	10^{3}
MB	메가바이트,	10^{6}
GB	기가바이트,	10^{9}
TB	테라바이트,	10^{12}
PB	페타바이트,	10^{15}
EB	엑사바이트,	10^{18}
ZB	제타바이트,	10^{21}
YT	요타바이트,	10^{24}
VB	브론트 바이트,	10^{27}

1. 빅데이터 분석 과정

　　종전의 전통적인 데이터 분석방법으로는 관계형 데이터베이스(RDBMS)와 이와 관련된 언어인 SQL에 통계분석 기법을 활용하는 방법이 주류를 이루고 있었다. 또한 구축된 정형데이터의 일부만을 활용함으로서 분석결과의 정확성과 신뢰성이 결여되었다. 그러나 대용량의 다양한 데이터를 분석하는 빅데이터의 다양한 기술이 적용되면서 이러한 문제 해결이 가능해졌다. [그림 4-4]에서 보는 바와 같이 Bryant 외(2008)가 제시한 빅데이터 6가지 기술에 의하면 데이터의 수집, 저장과 분석에 통합적 기술처리가 가능해졌기 때문이다.

　　빅데이터는 지금까지 사용된 정형데이터 뿐만 아니라 다양한 형태의 비정형데이터를 포함하는 분석으로 실시간으로 나타나는 현상의 정확한 분석과 진행에 대한 모니터링 그리고 예측과 추론을 가능하게 한다. 이러한 빅데이터는 기존의 통계분석 기법에 데이터 활용의 효율을 높이기 위한 새로운 데이터 수집, 저장 및 처리기술과 특히 비정형데이터의 수집 및 처리를 위한 새로운 기술과 분석 및 처리 속도를 높이는 컴퓨팅기술이 결합된 것이다.

　　빅데이터 분석 과정[7]은 학자들에 따라 다양하게 정의하고 있으나 데이터 수집 및 가공－데이터 분석－시각화의 4단계로 구분하여 살펴보고자 한다.

---

[7] 빅데이터 분석에 소요되는 시간은 데이터 수집 및 처리·저장 과정이 20%, 데이터 분석이 65%, 시각화 15% 정도이다(한형상 외, 2014).

▼ [그림 4-4] 빅데이터 처리 과정

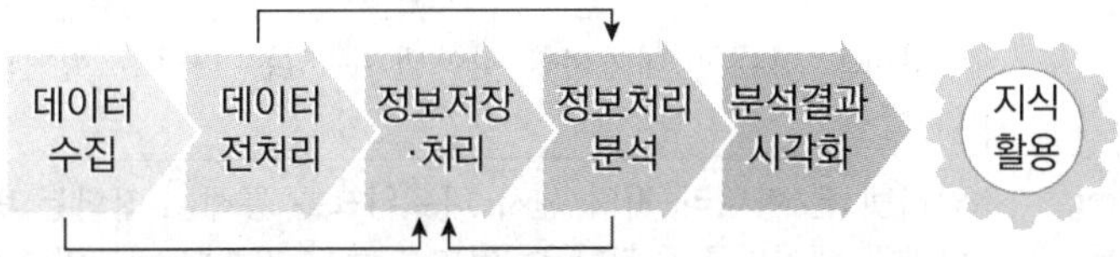

데이터 수집 → 데이터 전처리 → 정보저장·처리 → 정보처리 분석 → 분석결과 시각화 → 지식 활용

요소기술	설명	해당 기술
데이터 수집	조직내부와 외부의 분산된 여러 데이터 소스로부터 필요로 하는 데이터를 검색하여 수동 또는 자동으로 수집하는 과정과 관련된 기술로 단순 데이터 확보가 아닌 검색/수집/변환을 통해 정제된 데이터를 확보하는 기술	• ETL • 크롤링 엔진 • 로그 수집기 • 센싱 • RSS, Open API 등
데이터 전처리	데이터필터링과 데이터분류 및 형태소분석으로 분석을 용이하게 하는 기술	• 형태소분석 • 데이터필터링
데이터 저장	작은 데이터라도 모두 저장하여 실시간으로 저렴하게 데이터를 처리하고, 처리된 데이터를 더 빠르고 쉽게 분석하도록 하여, 이를 비즈니스 의사결정에 바로 이용하는 저장기술	• 병렬 DBMS • 하둡(Hadoop) • NoSQL 등
데이터 처리	엄청난 양의 데이터의 저장·수집·관리·유통·분석을 처리하는 일련의 기술	• 실시간 처리 • 분산 병렬 처리 • 인-메모리 처리 • 인-데이터베이스 처리
데이터 분석	데이터를 효율적으로 정확하게 분석하여 비즈니스 등의 영역에 적용하기 위한 기술로 이미 여러 영역에서 활용하는 기술임	• 통계 분석 • 데이터마이닝 • 텍스트마이닝 • 예측 분석 • 평판 분석 • 소셜네트워크분석 등
데이터 시각화	분석결과를 쉽게 이해·인식할 수 있도록 시각화하는 기술	• 편집기술 • 정보 시각화 기술 • 시각화 도구

전제기술	활용기술
Sensors	다양하고 방대한 데이터를 찾아낼 수 있는 다양한 형태의·센서기술의 발전
Computer networks	인터넷 뿐 아니라 지역 센서 네트워크를 통해 수집되는 방대한 양의 다양한 데이터를 수집할 수 있도록 하는 컴퓨터 네트워크기술의 발전
Data storage	많은 양의 데이터를 저장할 수 있는 저렴한 하드웨어 저장소의 생산기술의 발전
Cluster computer systems	방대한 양의 데이터를 저장할 뿐 아니라 저장된 데이터를 그룹핑 즉, 분류하고 분석하여 조직할 수 있는 컴퓨팅기술의 발전
Cloud computing facilities	새로운 방식의 저장방식으로 일종의 사이버 공간 공유, 이를 통한 스마트식 데이터 접근 가능한 기술의 발전
Data analysis algorithms	패턴과 지식을 추출하기 위한 데이터 분석 알고리즘으로 통계 분석과 최적화, 인공지능 등을 통해 방대한 데이터 집합을 처리할 수 있는 통계적 모델을 개발할 수 있는 기술의 발전

자료: Bryant, Katz, and Lazowska(2008), 재구성.

2. 데이터 수집 및 가공

(1) 데이터 수집

빅데이터 분석 과정에서 '데이터 수집'은 분석을 통해 알아보고자 하는 결과와 이에 영향을 미치는 요인 간의 관계도출에 적합한 데이터를 선별하여 수집하는 것이다. 따라서 분석 목적에 맞는 데이터의 종류와 특성을 정의하고, 해당 데이터를 수집하여 형태와 분류에 따라 가공·저장하는 것이다.

정형데이터의 경우 오픈 API(Application Programming Interface)로 공개된 경우 규약에 따라 수집 및 활용할 수 있으며, 데이터 보유기관과 협의된 경우에는 파일형태로 받아서 오프라인 형태로 연계하는 방법과 DB연계를 통해 온라인 실시간 연계로 수집하기도 한다. 그러나 트래픽, 시스템 과부화, 데이터 소유권 등의 문제로 인해 데이터 보유기관과 사전 협의가 필요하다. 또한 수집한 데이터는 각 기관의 데이터 구조 및 내용에 따라 고려가 필요하며, 데이터별 생산 및 갱신주기를 고려하여 데이터 수집 시기와 방법을 결정하여야 한다 (김대종·윤서연, 2013).

비정형 및 반정형데이터에 대한 수집 방법은 웹 클로러[8]를 이용하여 인터넷에 공개된 다양한 웹정보를 자동으로 복사 및 수집하는 웹 클로링(Web Crawling) 하는 방법이 대표적이며, 연구문헌, 선거공약의 데이터 중 규모가 크지 않은 데이터의 경우 온라인 검색 및 다운로드 등을 통해 활용할 수 있다.

▼ 〈표 4-6〉 데이터 수집기술

구분	특징	비고
크롤링 (Crawling)	• SNS, 뉴스, 웹 문서 등 인터넷상에서 제공되는 웹정보 수집	웹문서 수집
FTP	• TCP/IP 프로토콜을 활용하는 인터넷 서버로부터 각종 파일을 수신	파일 수집
Open API	• 서비스, 정보, 데이터 등을 어디서나 쉽게 이용할 수 있도록 개방된 API 데이터 수집 방식 제공 • 다양한 애플리케이션을 개발할 수 있도록 개발자와 사용자에게 공개	실시간 데이터 수집
Rss(Really Simple Syndication)	• 웹 기반 최신정보를 공유하기 위한 XML 기반 콘텐츠 배급 프로토콜	콘텐츠 수집
스트리밍 (Streaming)	• 인터넷에서 텍스트, 음성, 오디오, 비디오 데이터를 실시간으로 지속적으로 수집할 수 있는 기술	실시간 데이터 수집
Log Aggregator	• 웹서버 로그, 웹로그, 트랜잭션 로그, 클릭로그, DB의 로그 등 각종 로그 데이터를 수집하는 오픈소스기술(Chukwa, Flume, Scribe 등)	로그 수집
RDB Aggregator	• 관계형 데이터베이스에서 정형데이터를 수집하여 HDFS(하둡분산파일시스템)이나 HBase와 같은 NoSQL에 저장하는 오픈소스기술(Sqoop, Direct JDBC/ODBC 등)	RDB기반 데이터 수집

자료: 양현철 외(2014).

---

8   웹 문서의 위치(URL)와 링크정보, 문서 내용 등 각종 정보들을 수집해오는 컴퓨터 프로그램으로 스파이더, 로봇, 웹수집기, 로봇 에이전트 등 다양한 이름으로 불림.

다음은 '데이터 처리 및 저장'으로 다양한 형태로 수집된 정형 또는 비정형 데이터에 대한 이해와 분석을 위해서 컴퓨터가 처리할 수 있는 구조로 변환하여 저장하는 것이다. 빅데이터를 분석·활용하기 위해 수집하는 데이터는 여러 분야에 분산되어 있어, 이를 안정적으로 분산저장 및 처리를 위한 하둡(Hadoop)과 같은 빅데이터 프레임워크가 필요하게 된다.

(2) 데이터 가공

정형데이터의 경우 다양한 자료의 출처 및 특성을 쉽게 파악하고 효율적으로 데이터를 관리하기 위해 데이터의 표준화작업이 필요하다. 즉, 데이터 출처 및 생산시기 등 메타데이터를 활용한 표준화작업이 수행되어야 한다. 비정형·반정형데이터의 경우 방대한 양과 불규칙한 데이터 속성으로 전처리 과정이 필수적으로 요구된다. 따라서 대부분 텍스트자료로 자연어처리(NLP)기술을 이용하여 형태소를 추출하여 가공해야 한다.

▼ 〈표 4-7〉 데이터 가공방법

구분	특징
필터링 (Filtering)	• 오류 발견, 보정, 삭제 및 중복성 확인 등으로 데이터 품질 향상
데이터 변환 (Transformation)	• 데이터 유형 변환 등 데이터 분석이 용이한 형태로 변환 • 정규화, 집합화, 요약, 계층 생성 등의 방법 활용
데이터 정제 (Cleansing)	• 결측치들을 채워 넣고, 이상치를 식별 또는 제거하고, 잡음 섞인 데이터를 평활화하여 데이터의 불일치성을 교정
데이터 통합 (Integration)	• 데이터 분석이 용이하도록 유사 데이터 및 연계가 필요한 데이터들을 통합하는 기술
데이터 축소 (Reduction)	• 분석 컴퓨팅 시간을 단축할 수 있도록 데이터 분석에 활용되지 않는 항목 등을 제거하는 기술

공간분석이나 지도로 시각화 작업이 필요한 경우 공간정보화 과정이 필요하다. 예를 들어, 텍스트 데이터의 내용이 지명이나 주소가 포함된 경우 트위터 이용시 저장된 위치의 정보, 사전에 저장된 위치정보, 정형데이터에 포함된 주소

또는 경위도 좌표 등 모든 유형의 데이터가 다양한 형태로 위치정보를 가지고 있을 수 있으므로, 이를 활용하여 표준화된 공간정보화(Geo Coding, Geo Tagging, Geo Parsing 등)가 가능하다.

(3) 데이터 저장 및 가공

▼ 〈표 4-8〉 데이터 저장방식

구분	특징	비고
RDB	• 관계형 데이터를 저장하거나, 수정하고 관리할 수 있게 해주는 데이터베이스 • SQL문장을 통하여 데이터베이스의 생성, 수정 및 검색 등 서비스 제공	oracle, mssql, mySQL, sybase, MPP, DB
NoSQL	• Not-Only-SQL의 약자이며, 비관계형 데이터 저장소로, 기존의 전통적인 방식의 관계형 데이터베이스와는 다르게 설계된 데이터베이스 • 테이블 스키마가 고정되지 않고 테이블 간 조인 연산을 지원하지 않으며, 수평적 확장이 용이 • Key-value, document key-value, colum 기반의 NoSQL이 주로 활용 중	MongoDB, Cassandra, HBase, Redis 등
분산파일 시스템	• 분산된 서버의 로컬 디스크에 파일을 저장하고 파일의 읽기, 쓰기 등과 같은 연산을 운영체제가 아닌 API를 제공하여 처리하는 파일시스템 • 파일 읽기/쓰기 같은 단순 연산을 지원하는 대규모 데이터 저장소 • 범용 x86서버의 CPU, RAM 등을 사용하므로 장비 증가에 따른 성능 향상 용이 • 페타바이트 단위의 대용량데이터 저장 지원 용이	HDFS (Hadoop Distributed File System)

빅데이터기술은 방대한 양의 데이터를 신속하고 안정적으로 처리하기 위해서 빅데이터 처리기술이 필요하다. RDB저장은 컬럼과 값을 코드화하거나 데이터를 테이블형태로 저장하는 방법이며, NoSQL 저장방법은 RDB저장 데이터를 컬럼과 값을 key와 value로 구분하여 저장하고, 비정형데이터는 key-value로 저장하는 방법이다. 즉, 수집한 데이터가 RDB테이블 형태의 데이터인 경우 key값

을 추출하고 전체 데이터는 value에 저장하며, key값과 추출값 간의 관계를 파악할 수 있는 변환용 검증키가 부여된다. xml, html의 비정형데이터의 경우 key값을 추출하고 데이터 내용은 value에 저장되며, 데이터 내용을 document기반으로 보완하여 저장할 수 있다.

(4) 데이터 분석서비스 제공 플랫폼

다양한 민간업체 및 공공기관은 앞서 제시한 데이터 수집 및 가공기술을 확보하여 사용자들에게 쉽게 빅데이터를 처리하고 분석할 수 있도록 빅데이터 인프라서비스를 제공하고 있다. 민간 업체의 경우 포털사이트, 통신사, 신용카드 빅데이터 센터 등에서 주도적인 역할을 하고 있다.

'데이터 분석 과정'은 데이터 내 변수 간 관계를 도출하는 과정과 도출된 독립변수외 종속변수 간 상관 및 인과관계 여부를 검증하는 과정이다. 따라서 데이터내 변수 간 관계를 도출하는 과정에서 나타나는 현상(종속변수)에 영향을 미치는 요인(독립변수)이 무엇인지를 정의하는 것으로, 해당 도메인에 대한 전문성이 필수적으로 요구된다.

'빅데이터 분석 과정'은 빅데이터 통계분석, 데이터마이닝, 텍스트마이닝, 예측분석, 최적화, 평판분석, 소셜네트워크분석(SNA) 등의 분석기법이 활용된다. 여기에서 변수 간 상관 및 인과관계를 살펴보기 위해서는 기존의 가능한 통계기법과 통계패키지가 적용된다. 또한 빅데이터를 통해 예측모형을 구성하기 위해서는 종속변수와 독립변수 간의 관계를 설명하는 수학적 모형이 필요하다.

'시각화(Visualization) 과정'은 방대한 데이터로부터 유용한 정보와 인사이트를 얻기 위한 과정으로 데이터 분석과 의사소통을 그 목적으로 한다. 데이터 시각화는 매우 광범위하게 분산된 방대한 양의 자료의 분석결과를 쉽게 이해할 수 있도록 도표, 차트 등으로 정리하여 표현한 것이다. 방대한 빅데이터를 처리 분석한 결과를 사용자의 요구에 맞추어 얼마나 신속하게 전달할 수 있는가 하는 시각화기술은 빅데이터의 핵심이라 할 수 있다.

3. 빅데이터 분석 기반기술

빅데이터의 대표적인 분석 기반기술에는 하둡, R, NoSQL 등이 있다. 하둡 (Hadoop)은 2006년 야후의 지원으로 개발되어 빅데이터분석에서 가장 선호하는 솔루션이다. 현재는 아파치(Apache)재단이 주도적으로 개발하고 있는 오픈소스 프레임워크로서 하둡분산파일시스템(HDFS)과 Hbase, MapReduce가 있다.

▼ [그림 4-5] 하둡시스템 구성

용어	뜻
하둡 (Hadoop)	대량의 자료를 처리할 수 있는 큰 컴퓨터 클러스터에서 동작하는 분산 응용 프로그램을 지원하는 자유 자바 소프트웨어 프레임워크
맵리듀스 (Map Reduce)	구글에서 분산 컴퓨팅을 지원하기 위해 제작했으며, 대용량 데이터를 병렬처리로 지원하는 분산처리 프로그래밍 모델
하둡분산파일시스템 (Hadoop Distributed File System)	이기종 간의 하드웨어로 구성된 클러스터에서 대용량 데이터 처리를 위하여 개발된 분산 파일시스템
NoSQL (Not only SQL)	클라우드 환경에서 발생하는 빅데이터를 효과적으로 저장, 관리하는 데이터 저장기술

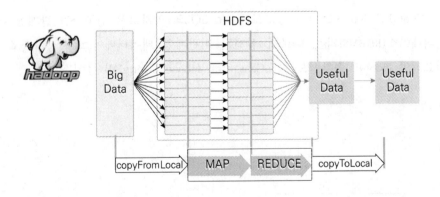

자료: 한국정보화진흥원(2013).

분석 소프트웨어로는 오픈소스로 활용하고자 하는 요구로 인해 통계학분야를 중심으로 'R'[9]이 등장하게 되었다. R은 자체 언어와 개발환경을 통해서 기본적인 통계기법부터 모델링, 최신 데이터마이닝 기법까지 구현 및 개선이 가능하며, 구현한 결과를 그래프, 차트 등으로 시각화할 수 있고, Java나 C, Python 등의 다른 프로그래밍 언어와 호환도 가능하며, Mac, OS, 리눅스/유닉스, 윈도우 등 대부분의 컴퓨터 환경을 지원할 수 있다는 장점이 있다.

R은 통계 계산과 그래픽을 위한 프로그래밍 언어이자 소프트웨어 환경으로 뉴질랜드 오클랜드 대학의 로스 이하카(Ross Ihaka)와 로버트 젠틀맨(Robert Gentleman)에 의해 개발되었다.

R은 GPL하에 배포(GPL, GNU General Public License)된 무료 소프트웨어로서 통계학자들이 디자인하고 통계학자들을 위한 개발 플랫폼이다. 이는 데이터와 관련된 입출력, 핸들링, 관리, 분석, 그래픽 등 최신의 알고리즘 및 라이브러리 제공하는 Open Source이다.

R은 오픈소스 및 생태계, 다양한 그래프 구현, 다양한 교육 재료, 그래프 구현, 프로그래밍 방식으로 재현성이 뛰어나며 공동작업이 가능한 특징이 있다.

따라서 통계 분석, 머신러닝 모델링, 텍스트마이닝, 소셜네트워크분석, 지도 시각화, 주식 분석, 이미지 분석, 사운드 분석, 웹 애플리케이션 개발 등에 다양하게 활용된다.

NoSQL은 Not−Only−SQL 또는 No SQL의 약자로서 전통적인 관계형 데이터베이스(RDBMS)와는 다르게 설계된 비관계형 데이터베이스 저장기술로서 대표적인 NoSQL 솔루션으로는 Cassantra, Hbase, MongDB 등이 있다.

---

9 R은 오픈소스로서 집단지성에 의해 지속적으로 발전하여 최근에는 통계분석 기법과 시각화 기능이 탑재되어 상용 솔루션 수준의 데이터 분석 기능이 제공되어 빅데이터 통계분석과 시각화에 널리 사용되는 분석 Tool이다.

4. 빅데이터 분석기법

빅데이터 애널리틱스(Big data Analytics)[10]란 상대적으로 가치가 낮은 대량의 데이터로부터 통찰력 있는 고급정보를 얻는 과정으로, 다양한 자료수집·처리, 분석, 시각화 기술이 적용된다.

대표적인 분석기법으로는 <표 4-9>에서와 같이 데이터마이닝, 텍스트마이닝, 평판분석, 소셜분석, 클러스터분석, 현실마이닝 등이 있다.

▼ 〈표 4-9〉 빅데이터 분석 기법

분석기법	내용
데이터마이닝	• 데이터 안에서 숨겨진 패턴을 발견할 목적 • 통계기법과 패턴인식기술에 의해 대용량 데이터를 조사·분석하는 기법 • 도출된 가치 있는 정보는 의사결정에 적용
텍스트마이닝	• 비정형 또는 반정형 텍스트 데이터에서 자연어 처리기술에 기반해 유용한 정보를 추출, 가공하는 기법 • 대용량 언어자원과 통계적·규칙적 알고리즘 사용 • 문서분류, 문서 군집, 정보추출, 문서요약 등에 응용
평판분석	• 웹사이트와 소셜미디어에 나타난 여론과 의견(긍정 및 부정, 중립 등 선호도)을 분석하여 실질적으로 유용한 정보로 재가공하는 기술 • 특정 서비스 및 상품에 대한 반응 및 입소문 분석 등에 활용
소셜분석	• 일명 소셜네트워크분석(SNA)으로 소셜네트워크의 연결구조 및 강도 등을 기반으로 소셜네트워크상의 위치를 규명 • 소셜미디어의 글과 사용자를 분석해 소비자 흐름이나 패턴 등을 분석하고 판매나 홍보에 적용
클러스터분석	• 일명 군집분석이라 하며 통계기법에 의해 비슷한 특성을 가진 개체를 클러스터로 나누는 방법을 통해 유사성 판단
현실마이닝	• 사람들의 일상 또는 특정한 시기의 행동패턴 예측을 위한 분석 • 사회적 행동과 관련된 정보를 휴대폰이나 GPS 등의 기기를 통해 수집 • 현실에서 발생하는 정보를 기반으로 인간관계와 정보추구 또는 이용행태 등을 추론

자료: 경정익(2017), 재구성.

---

10 애널리틱스(Analytics)는 통계학, 데이터마이닝, 컴퓨터기술이 동시다발적으로 애널리시스(Analysis)를 위해 사용되는 과학이며, 이와 연관되는 애널리시스는 복잡한 주제나 실체를 더 쉽게 이해하기 위해 파편화하고 단순화하는 과정이다(Michael, 2012).

'데이터마이닝'은 통계 및 수학적 기술 뿐만 아니라 패턴인식기술을 이용하여 데이터 저장소에 저장된 대용량의 데이터속에서 의미 있는 상관관계, 패턴, 추세 등을 발견할 수 있는 기술로서 다양한 분야에서 활용되고 있다. 데이터마이닝은 기계학습, 패턴분석, 통계학, 신경망 컴퓨터 등과 관련된 빅데이터 분석의 가장 기본적인 기술이다. 데이터마이닝을 할 수 있는 주요기법으로는 OLAP(Online Analytical Processing), 군집분석(Cluster Analytics), 연결분석(Link Analytics), 사례기반추론(Case–Based Reasoning), 연관성 규칙 발견(Association Rule Discovery), 인공 신경망(Artificial Neural Network), 의사결정나무(Decision Tree), 그리고 유전자 알고리즘(Genetic Algorithm) 등이 있다.

　'텍스트마이닝'은 정형화되지 않은 대규모 텍스트 집합으로부터 새로운 지식을 발견하는 기술로서 텍스트 문서 전처리 및 패턴분석 등의 단계를 이행하며, 순환구조로서 계속적인 피드백을 수행한다.

　'평판분석'은 SNS 등의 정형, 비정형텍스트의 긍정, 부정, 중립의 선호도를 판별하기 위한 분석기술로서 주로 특정 서비스 및 상품에 대한 시장규모 예측과 소비자의 반응 그리고 입소문 분석에 활용된다.

　'소셜분석'은 사회관계망의 네트워크 연결구조 및 연결강도를 바탕으로 사용자의 명성과 영향력을 측정하는 기술로서 수학의 그래프 이론에 근간을 두고 있다. 이러한 소셜분석은 마케팅을 위하여 소셜네트워크상에서 입소문 중심이나 허브 역할을 하는 사용자를 분석하는 데 주로 활용된다.

　세부적인 분석기법으로는 감성분석, 빈도분석, 연관어 분석, 네트워크 분석기법이 있다.

　첫째, 감성분석(Sentimental Analysis)은 관심 키워드가 포함된 문서에서 긍정 또는 부정 감성이 발현되는 빈도를 통해 해당 주제에 대한 여론을 파악할 수 있어 소셜미디어의 특성을 잘 보여주는 분석 기법이다. 사람들의 행태(Behavior)는 공식적인 상황과 비공식적인 상황에서 다르게 나타날 수 있는데 감성분석은 전통적인 설문조사와 비교해 좀 더 진솔한 의견을 개진할 수 있는 특성이 있다.

　또한 소셜 빅데이터의 분석엔진에 따라 감성의 유형이 세분화될 수 있으며, 일정기간 동안의 추이 분석을 통해 특정 이슈에 대한 감정변화 양상을 분석할 수 있다.

둘째, 빈도분석(Frequency Analysis)은 가장 기본적으로 활용되는 분석기법으로 관심 키워드를 포함한 문서의 발현빈도 총량을 통해 해당 주제에 대한 관심도를 분석할 수 있다.

특정 기간 동안 관심 키워드에 대한 발현빈도의 변화를 통해 해당 주제에 대한 국민의 관심도 변화를 살펴 추이분석(Trend Analysis)도 함께 수행할 수 있으며, 서로 다른 키워드에 대한 빈도총량을 비교하여 관심도의 차이를 확인할 수 있다.

셋째, 연관어 분석(Association Keyword Analysis)은 유용하게 활용되는 빅데이터 분석 기법 중 하나로, 관심 키워드를 포함한 대상 문서 내에서 함께 발현되는 키워드를 추출하여 국민들이 해당 키워드와 어떤 주제를 연결시켜 생각하는지 살펴볼 수 있는 기법이다.

분석 목적과 활용 엔진에 따라 연관어를 일반명사, 인물, 장소, 서술어 등으로 그룹화 하기도 하며, 이를 시각화 하는 방법으로 발현빈도가 높은 순서에 따라 원형으로 나열하여 제시하거나 연관어를 워드 클라우드(Word Cloud) 분석에 의해 이미지를 통해 시각화하여 제시하고, 키워드에 대해 분석하고 연관어 간의 상관관계를 네트워크 형태로 제시하는 등 다양하게 수행되는 분석기법이 있다.

넷째, 네트워크 분석(Network Analysis)은 소셜미디어상에서 네트워크를 형성하고 있는 사용자 또는 문서 간의 상관관계를 분석하여 특정 이슈가 어떻게 발현되어 전달되는지를 살펴볼 수 있다. 주로 목적에 따라 네트워크 구조가 비교적 뚜렷한 SNS를 주로 대상으로 하여 주요 영향력자 간의 관계를 분석하거나 주요 인물의 리트윗 전파력을 분석하기도 한다.

▶ 04절 국내·외 빅데이터 활용

실리콘 앵글 미디어 애널리스트 그룹 위키본(Wikibon)이 2018년 시장 조사 결과를 발표한 자료에 의하면 2017년에 전 세계 빅데이터 애널리틱스시장은 전년도 대비 24.5% 성장했다고 한다.

플랫폼, 도구 등 솔루션의 통합이 가속화되었을 뿐만 아니라 퍼블릭 클라우드 배치 및 활용이 예상보다 강세를 보인 결과이다. 또한, 기업들은 빅데이터 애널리틱스로 실험 및 개념 증명 단계를 빠르게 벗어나고 있으며 배치된 것들로부터 더 높은 수준의 업무가치를 달성하고 있다.

위키본은 [그림 4–6]과 같이 향후 전체 빅데이터 애널리틱스시장이 2027년까지 연 10.48% 성장을 거듭해 전 세계적으로 1,030억 달러 규모에 이를 것으로 예상하고 있다. 장기적으로 사물인터넷(IoT), 이동성 등 엣지 컴퓨팅 용도에 빅데이터 애널리틱스가 활용되면서 시장 성장의 많은 부분을 이끌 것으로 보인다.

▼ [그림 4-6] 빅데이터시장 성장 전망 추이, 2011-2027　　　　　　(단위: 십억 달러)

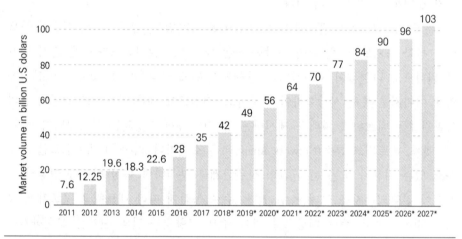

자료: Wikibon and reported by Statist(2017).

최근 한국IDC(https://www.idc.com/kr)에서 발표한 '국내 빅데이터 및 분석시장 전망(2019–2023)' 연구보고서에서 2019년 국내 빅데이터 및 분석시장이 전년 대비 10.9% 증가하여 1조 6,744억 원이다. 또 국내 빅데이터 및 분석시장은 2023년까지 연평균 성장률 11.2%를 기록하며 2조 5,692억 원의 규모에 달할 것으로 전망된다. 그 중에서도 IT 및 비즈니스서비스가 연평균 16.3% 성장하며 가장 큰 비중을 차지할 것으로 주목되고 있다. 해당 시장의 성장은 빠르게 변화하는 비즈니스 환경에 대처하면서 데이터 흐름을 실시간으로 수집하고 분석하는 것이 과거에 비해 중요한 화두가 되고 있기 때문으로 보여진다. 또한 인공지능 시스템 구축 수요를 충족하기 위한 데이터의 필요성 증가도 시장 성장에 기여한 것으로 보인다.

▼ [그림 4-7] 국내 빅데이터 시장 전망(2019-2023)

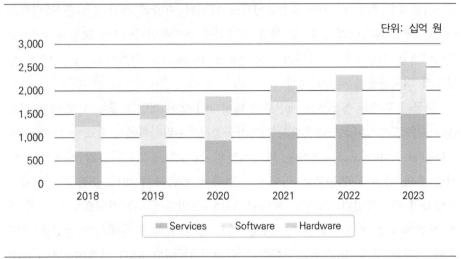

자료: IDC(2019).

1. 해외 주요국의 빅데이터 추진

빅데이터는 시대적 한계를 극복하고 미래를 좌우할 중요한 기술이라는 공감된 인식하에 미국, 유럽연합, 한국, 일본, 영국, 싱가포르 등 주요 국가와 글로벌기업은 주도권을 선점하기 위해 연구와 그 활용방안을 경쟁적으로 모색하고 있다(WEF, 2012). 2009년 UN은 불완전하고 복잡하며 대부분 비구조화되어 있는 데이터를 실행가능한 정보로 바꾸는 이른바 '발전을 위한 빅데이터(Big Data for Development)' 를 위해 Global Pulse를 출범한 바 있다. 그리고 2012년 세계경제포럼(WEF)에서는 세계발전을 위한 새로운 기회를 빅데이터에서 찾을 것을 제안하여 금융·교육· 보건·농업 등의 분야에서 새로운 기회를 창출할 것으로 기대하고 있다.

주요 국가들의 빅데이터에 대한 정책동향과 추진사례에 대해 살펴보고자 한다.

(1) 미국의 정책동향과 추진 사례

1) 정책동향

미국은 국가적 차원에서 빅데이터 활용 역량의 중요성을 인식하고, 빅데이터 기반의 정책 의사결정 지원을 위해 활발하게 빅데이터 연구개발을 추진하였다. 연방정부 뿐만 아니라 주정부에서도 데이터 기반의 정책 수립을 목적으로 다양한 행정 데이터의 공유 및 활용 활성화를 추진하였다. 특히 교통분야에서도 빅데이터를 기반으로 교통체계의 성능(Performance)을 평가하고 예산 배분 등 정책적 의사결정을 수행하였다.

미국의 오바마 행정부는 예전부터 데이터에 대한 개방과 공유 및 활용에 관심을 가져왔으며, 2012년 대통령의 과학기술정책자문위원회에서 발표한 'Designing a Digital Future'보고서에서는 빅데이터의 가치를 강조하여 데이터에서 지식 창출 뿐만 아니라 행동으로 이어지는 전략에 집중하기 위해 중점 추진전략을 수립하여 추진하였다. 그리고 2012년 3월에는 빅데이터를 기반으로 국가적 과제 해결 능력을 제고하고 과학, 기술, 의료 등 다양한 분야에서의 발전을 촉진하여 미래의 국가 경쟁력을 강화하기 위해 "빅데이터 R&D 계획(Big data R&D Initiative)"를 발표했다. 이 계획을 통해 6개의 정부기관 및 부처에서 2억 달러를 투입하여 공공정보를 개방하고 빅데이터를 활용하여 대국민 공공서비스를 개혁하겠다는 정책을 추진하였다.

또한 2017년에는 행정부 차원에서 국가기관의 빅데이터 연구개발 추진 및 투자 방향을 제시하는 빅데이터 R&D전략 계획[11]을 발표하였다. 이는 빅데이터 R&D 이니셔티브의 연장선상에서 빅데이터 활용 역량과 국가 경쟁력 강화를 중심으로 다음과 같은 비전을 도출하였다. 대용량, 다양한 종류, 실시간 데이터 기반의 분석, 정보 추출, 의사결정 및 연구 능력을 통해 연방정부 및 국가의 역량 강화, 과학적 발견과 혁신 가속화, 새로운 연구분야 개척, 차세대 과학자 및 공학자 양성, 신 경제성장 동력 창출 등 빅데이터 혁신 생태계를 구축하는 것이었다.

---

11 Big Data Senior Steering Group(2016), The Federal Big Data Research and Development Strategic Plan. Lincoln: University of Nebraska−Lincoln.

▼ 〈표 4-10〉 미국 빅데이터 R&D의 7개 전략과 18개 세부과제

전략	세부과제
미래 빅데이터 특성을 반영한 기술 개발로 차세대 능력 함양	• 데이터의 크기, 전달/처리 속도, 복잡성에 보조를 맞춘 기술 개발 • 미래에 요구되는 새로운 빅데이터기술의 방법론 개발
데이터의 신뢰성 및 더 나은 빅데이터 기반 의사결정을 위한 R&D 지원	• 데이터의 신뢰성과 타당성을 재고시킨 결과 도출 • 데이터 기반 의사결정을 지원하는 도구 개발
빅데이터 혁신을 가능하게 하는 사이버 인프라 구축 및 강화	• 국가 데이터 인프라 강화 • 빅데이터에 대한 응용과학 사이버 인프라 역량 강화 • 유연하고 다양한 인프라 지원
데이터 공유 및 관리를 촉진하는 정책을 통한 데이터가치를 향상	• 데이터 투명성과 효용성을 증가시키는 메타데이터의 모범사례 개발 • 데이터 자산에 효율적, 지속적, 안전한 접근을 제공
개인정보보호, 보안 및 빅데이터의 수집·공유·활용의 윤리적 측면의 이해	• 올바른 개인정보보호 • 안전한 빅데이터 사이버 공간 구축 • 데이터 거버넌스를 위한 정보윤리 이해
국가의 빅데이터 교육 및 훈련 환경 개선, 폭 넓은 인력 확충	• 데이터 과학자의 양성 • 데이터 영역 전문가 커뮤니티 확장 • 데이터 사용이 가능한 인력 확충 • 공공의 데이터 활용 역량 개선
정부기관, 대학, 기업, 비영리 단체와의 협력에 의한 빅데이터 혁신 생태계 지원	• 기관 간 빅데이터 협력 장려 • 빠른 대응과 영향력 측정이 가능한 정책과 정책추진 프레임워크 구축

자료: 미국 NITRD(2016.5), "The Federal Big Date Research and Development Strategic Plan".

이에 따라 '오픈데이터 포털사이트'를 개설하여 각 기관에서 보유하고 있는 정형, 비정형데이터를 이용하기 편리한 형태로 개방하여 활용을 확대하고 있다. 그리고 공공기관은 민간 연구기관, 대학, 기업 등과 함께 기술 개발을 촉진하고 대학의 빅데이터 교과 과정과 학과를 신설하는 등 공공과 민간이 협력하여 추진을 확대하고 있다.

빅데이터 R&D 이니셔티브의 일환 정책으로 2015년에 미국 4개의 지역(북동부, 남부, 중서부, 서부)에 대해 총 5백만 달러 이상을 투자하여 각 지역별 빅데이터 허브를 구축하였다.

빅데이터 허브는 산업계, 학계, 정부, 연구계 등 다양한 참여주체 간의 협력 관계를 강화하고, 빅데이터 기반의 지역적 문제 해결, 차세대 인력에 대한 교육 및 훈련 등의 중추적인 기능을 수행하게 하였다. 북동부는 에너지·금융·교육·기후변화, 남부지역은 헬스케어·제조업, 그리고 중서부지역은 농업·식품·스마트시티, 서부지역은 개인맞춤형 의료를 선정하여 추진하였다(권영일, 2018).

빅데이터 지역 혁신 허브를 중심으로 'Big Data Spokes' 과제를 추진하였다. 데이터 허브에서 중요도가 높은 분야를 중심으로 연구과제를 추진하고 데이터 접근성 개선, 데이터 처리 및 분석 자동화, 과학적 또는 사회적 문제 해결을 위한 데이터기술 적용 중 한 가지 이상의 목표를 달성하도록 과제를 추진하였다.

▼ [그림 4-8] 빅데이터 지역 혁신 허브 및 지역별 중점 연구분야

2) 추진사례

가) RITIS(Regional Integrated Transportation Information System)[12]

기존의 교통 검지체계를 통해 수집된 데이터, 개별 차량으로부터 수집된 데이터, 돌발상황, 기상상황 등의 데이터를 표준화된 공간정보 위에 통합하여 시각화, 실시간 모니터링 및 정책적 분석이 가능한 플랫폼을 운영하였다.

▼ [그림 4-9] 실시간 기상정보 모니터링 기능(예시)

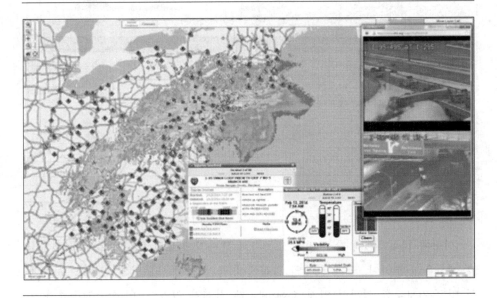

본 RITIS 플랫폼을 통해 기존에는 불가능했던 혼잡 및 사고 발생 지점별 세부적인 원인 분석과 사전사후 분석 등을 현업 부서에서도 보다 신속하고 간단하게, 용역 발주 없이도 수행이 가능해졌다.

---

12 CATT Laboratory(2015), RITIS Platform Features & Applicataions Overview. Maryland: University of Maryland.

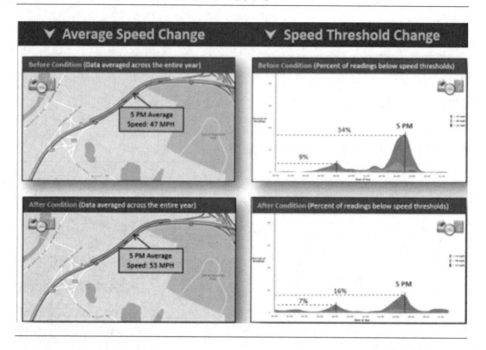

나) NPMRDS(National Performance Management Research Data Set)

미국에서는 기존에 각 주별로 교통시설 투자의 필요성 및 우선순위를 평가하고 예산을 배분하여, 국가 전체의 관점에서 국가 간선 도로망의 서비스 수준 개선 및 유지보수를 일관성 있게 수행하는 데 한계가 있었다. 미국의 교통투자 법안 MAP-21(Moving Ahead for Progress in the 21st Century Act, 2012)에서는 국가적인 성과평가지표를 설정하고, 각 주별로 일관성 있는 성과목표를 달성할 수 있도록 예산 배분의 우선순위를 설정하고 있다.[13] 그리고 후속 법안인 FAST (Fixing America's Surface Transportation Act, 2015)에서도 이러한 기조를 유지하고 있다.[14]

이를 위해, Federal Highway Administration은 미국 전역의 국도에 대하여 평균 통행시간 등의 빅데이터를 수집, 가공하여 각 주정부 및 MPO에 제공하고 있다.

---

13 Federal Highway Administration Website(2012), Moving Ahead for Progress in the 21st Century Act(MAP-21), July 17.

14 Federal Highway Administration Website(2016), Fixing America's Surface Transportation Act or "Fast Act": A Summary of Highway Provisions, July.

(2) 유럽의 빅데이터 정책동향 및 선진사례

1) 유럽연합(EU) 정책동향

유럽연합(EU)은 미국에 비하면 빅데이터시장이 제한적이라 할 수 있으나 공공데이터의 공개 확대 정책으로 금융, 은행, 투자사 등 민간 금융 영역에서 활발히 빅데이터 활용을 추진하고 있다. 영국, 독일 등 일부 회원국들은 공공데이터 개방으로 경제성장 및 고용창출 효과를 본 경험을 통해, 2011년 12월에는 지난 2003년에 제정되었던 '공공분야정보의 재사용에 관한 지침'을 개정하여 공공기관의 데이터 개방 및 활용의 폭을 확장하고 있다. 또한 '유럽 디지털 어젠다 정책'의 일환으로 '데이터개방전략(Open Data Strategy)'을 채택하여 1억 유로 (2011~2013년)를 투자하여 유럽 데이터 단일 포털 개설, 데이터 처리기술 연구개발 지원과 오픈데이터에 대한 공정경쟁을 위한 환경 개선방안을 마련하여 추진하고 있다. 유럽연합은 이를 통해 공공데이터 개방정책이 데이터 기반의 신규사업을 창출하고, 정부행정의 투명성 및 효율성을 향상시켜 매년 약 400억 유로의 경제적 효과를 전망하고 있다.

가) EU의 공공 빅데이터 관련 정책 및 추진체계

유럽연합은 유럽위원회(European Commission, 이하 EC)를 중심으로 공공데이터를 취합·공유·활용하여 시행하였다. 2003년 EU는 '공공정보의 재활용에 관한 지침(Directive on the re-use of public sector information, 이하 PSI지침)'발표를 통해 공공정보 재활용을 추진(김규빈, 2015)하고 1989년 '정보시장에서의 공공·민간 부문 간의 시너지 향상 지침(Guidelines for improving the synergy between the public and private sectors in the information market)' 및 1996년 유럽정보산업협회가 수립한 '공공부문 데이터베이스 상업적 접근 권한을 위한 지침'과 같이 EU 내 관련 기구는 공공데이터의 재활용을 위한 정책 및 전략 수립에 노력을 기울여 왔으나 강제성이 없어 효과가 미약하였다.

이에 2003년 PSI 지침 제정을 통해 민간사업자가 공공데이터를 재활용하여 상업적으로 활용할 수 있는 법적 근거를 마련하였다.

2011년 EU 회원국은 '공공데이터 개발전략(Open Data Strategy, 이하 ODS)'수립을 통해 모든 공공데이터의 온라인 개방을 의무화하였다. ODS는 모든 공공데이터와 자료를 온라인으로 제공하고 이를 모든 시민과 기업이 상업용 서비스에도 무료로 자유롭고 편리하게 이용할 수 있도록 지원하고 있다.

EU의 핵심 전략에 해당하는 'Europe 2020'의 유럽 디지털 어젠다(Digital Agenda for Europe)를 기반으로 ODS를 수립하여 시행하였다.

나) EU 공공 빅데이터 통합 및 운영 거버넌스

EU의 공공데이터 취합·공유·활용은 EC를 중심으로 이루어지고 있으며, 특히 공공 빅데이터의 경우 통신네트워크 콘텐츠 및 기술에 대한 유럽 위원회 총국(Directorate General for Communications Networks, Content & Technology, 이하 DG Connect)이 관리 및 추진하고 있다.

EC내 PSI Group(Public Sector Information Expert Group)으로 불리는 공공부문정보 전문가 그룹을 통해 PSI 지침 이행을 촉진한다.

▼ [그림 4-11] EU 빅데이터 추진체계

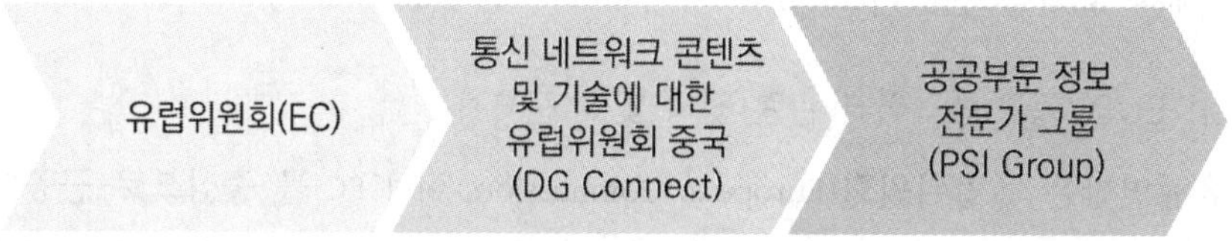

유럽위원회(EC) → 통신 네트워크 콘텐츠 및 기술에 대한 유럽위원회 중국 (DG Connect) → 공공부문 정보 전문가 그룹 (PSI Group)

자료: 이재호, 정부 3.0 실현을 위한 빅데이터 활용 방안, p.139, 재구성.

▼ 〈표 4-11〉 EU의 빅데이터 프로젝트 추진 현황

프로젝트	내용
Future ICT	대용량 데이터 처리를 위한 사회과학과 이공계 학자 협업 프로세스 구축
iKnow	유럽과 전 세계 과학, 기술 및 혁신을 위한 잠재적 지식 및 이슈 간 네트워크 구축
DRIVER	이학, 공학, 의학, 사회과학 등 다양한 분야의 데이터 저장 시설 연계를 통한 유럽 디지털 데이터 저장소 구축
BIG	빅데이터 처리 필요기술 평가 및 분석, 산업분야별 이익 근거 관련 연구 개발전략 제시

EU의 빅데이터 추진체계를 바탕으로 Future ICT, iKnow, DRIVER(Digital Repositories Infrastructure Vision for European Research), Big Data Public Private Forum(BIG) 등의 주요 공공 빅데이터 프로젝트를 진행하였다.

2) EU 공공 빅데이터 통합 접근 플랫폼 사례

가) European Data Portal

European Data Portal은 유럽전역 국가에서 생성된 데이터에 대한 접근을 제공하고 있어 범 유럽 오픈데이터 구조를 바탕으로, 유럽전역에서 생산된 데이터에 대한 접근을 제공하는 게이트웨이 역할을 수행하며 각 정부의 오픈데이터 출판사업 지원 및 재이용을 촉진한다.

European Data Portal은 농업, 에너지, 교통, 과학, 법률, 의료 등 총 13개 주제영역으로 구성하여 2018년 6월 기준, 877,479개 데이터셋을 제공하고 있다.

▼ [그림 4-12] European Data Portal 데이터셋 현황

자료: https://www.europeandataportal.eu/data/en/dataset.

나) 코펜하겐, City Data Exchange

덴마크 코펜하겐의 '시티 데이터 익스체인지(CDE: City Data Exchange)'는 플랫폼 기반의 데이터 마켓플레이스로서 새로운 스마트시티 애플리케이션 개발을 위한 공공 및 개인 데이터셋을 제공한다.

이는 도시에 관련된 데이터를 개방하여 경제에 창의력과 경쟁력을 부여하고 다양한 벤처기업 활성화를 통한 경제 성장을 이루는 것을 궁극적인 목표로 한다.

▼ [그림 4-13] CDE의 비전

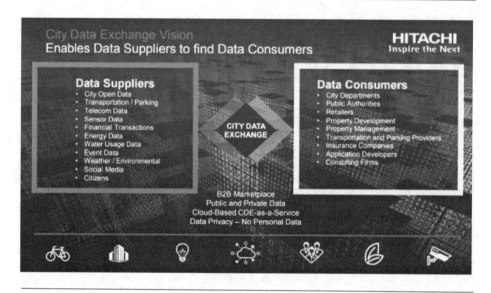

자료: http://www.brainsbusiness.dk/download/peter_bj%C3%B8rn_larsen.pdf.

CDE는 인구, 범죄통계, 에너지 소비량, 대기오염, 교통량 측정 수치는 물론 이벤트 데이터, 소셜미디어, 시민 개개인의 데이터 등 광범위한 영역의 데이터를 포함하고 있으며 이를 통해 애플리케이션 개발자, 과학자, 시민 일반기업 등이 개발하고자 하는 혁신적인 애플리케이션의 토대를 제공한다. 또한 CDE는 2025년 탄소중립도시 구축이라는 코펜하겐시의 비전 달성에 큰 역할을 할 것으로 전망하고 있다.

이러한 CDE는 데이터 제공 뿐 아니라 데이터 분석 도구를 제공할 예정으로, 데이터 융합 분석 과정을 간소화하고 정확성을 높여줄 것으로 기대되며, 민간데이터거래도 함께 지원함으로서 공공과 민간에 효율적으로 정보를 제공하는 사례라 할 수 있다.

▼ [그림 4-14] CDE 데이터 제공 주체별 데이터 예시

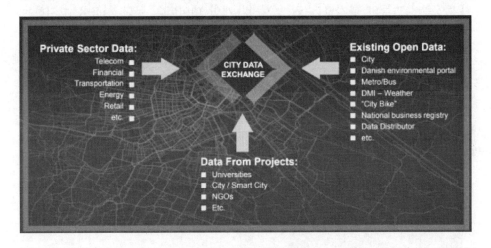

자료: http://www.brainsbusiness.dk/download/peter_bj%C3%B8rn_larsen.pdf.

다) DECODE(DEcentralised Citizen Owned Data Ecosystem) 프로젝트[15]

DECODE 프로젝트는 분산형 시민 데이터 생태계 조성을 위해 블록체인 기술기반으로 정보 주체가 온라인에서 자신의 개인정보를 유지할 것인지 공공의 이익을 위해 공유할 것인지 제어할 수 있는 도구를 개발·제공하고자 하는 프로젝트이다.

DECODE 프로젝트는 사람은 물론 IOT 및 센서 네트워크를 통해 생성 및 수집되는 데이터를 공공의 이익을 위해 활용하되, 개인정보보호를 동시에 추구한다. 특히 기존의 인터넷기업들이 개인정보를 통해 수익을 창출한 반면, 개인들이 자신의 데이터를 활용하지 못했던 한계를 극복할 수 있도록 지원하는 것을 목표로 한다.

---

15 www.decodeproject.eu 웹사이트 참조.

DECODE 프로젝트가 추구하는 핵심목표는 다음과 같다. 첫째, 데이터 기반의 경제자원 창출 및 데이터 공유수단으로 인터넷 플랫폼을 사용하는 대안을 제공한다. 둘째, 수집되는 광범위한 데이터를 효과적으로 사용할 수 있는 의사결정 지원하는 것이다. 셋째, 개인이 자신의 개인정보를 완벽하게 통제하여 사생활 보호와, 시스템의 신뢰도를 확보하며, 넷째, 제3자가 관련 정보를 접근하고 응용 프로그램을 구현할 수 있는 혁신적인 공간을 제공하는 것이다. 그리고 마지막으로 시민들의 디지털 주권 보호 및 개인 데이터의 무단 사용을 방지하는 것이다.

▼ [그림 4-15] DECODE BCNow 대시보드의 개인 공유 데이터 시각화 예시

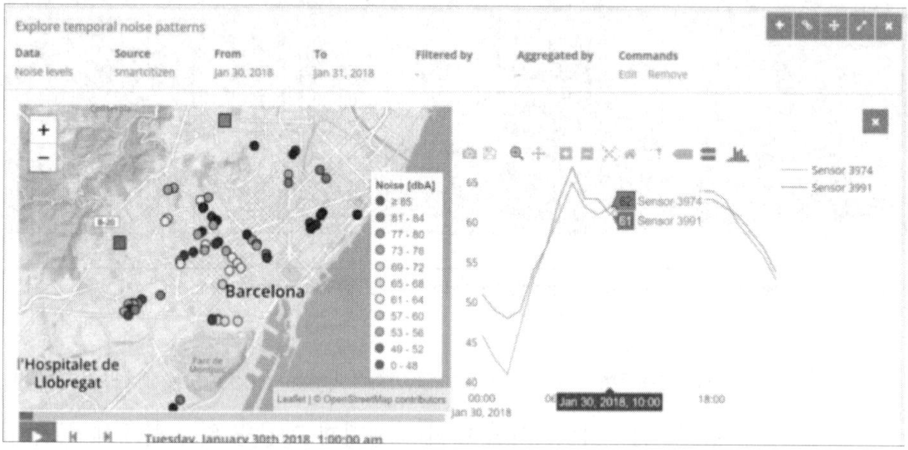

자료: https://www.slideshare.net/sdivad/barcelonanow-dashboard-showcase.

(3) 영국

영국은 2012년 ODI(Open Data Institute)를 설립하고 5년간 1,000만파운드(약 180억 원)의 정부 예산을 지원하여 정부 데이터 활용을 위한 민간협력을 추진할 계획으로 2012년 6월 '오픈데이터 백서(Open Data White Paper)'를 공개하고 오픈데이터에 관한 공공부문의 추진실적 및 정부 방침을 정하였다. 2013년에는 정보경제전략(Information Economy Strategy)과 데이터 역량 강화전략(A strategy for

UK data capability)을 발표하고, 2014년 7월에는 기업혁신기술부(BIS)가 새로운 '오픈데이터전략(Open Data Strategy 2014~2016)'을 추진하였다. 영국의 BIS는 2014년 3월, 공공정보의 공유와 활용을 통한 가치창출을 목표로 하는 '데이터전략위원회(Data Strategy Board)'를 설립했다. 6월에는 부처별로 빅데이터 및 개인정보 데이터 활용 현황을 파악하고 그에 대한 접근성을 강화하여 활용할 수 있도록 'Open Data Strategy'가 발표되어 추진중에 있다.

1) 영국 공공 빅데이터 관련 정책 및 전략

영국 정부는 빅데이터 활용의 기반이 되는 공공부문의 정보공유 및 활용에 따른 가치창출을 위한 데이터 공개·공유 중심의 정책을 추진하였다(윤미영, 2013).

EU에서 데이터를 새로운 자원으로 정의한 것과 같이 영국 역시 데이터를 "사회와 경제 성장을 위한 21세기 새로운 원자재 및 연료"로 정의하고, 공공데이터의 취합 및 활용을 통해 투명한 정부를 이루기 위한 전략을 추진하고 있다. 2000년에는 기관이 소유하고 있는 기록정보를 모든 국민이 접근할 수 있는 보장권을 부여하는 정보자유법(Freedom of Information Act, 2000)을 제정하고, 2005년 영국 정부는 2003년에 발행되었던 EU의 PSI지침 실현을 위한 국내 규제를 실행하였다. 2009년에는 'Putting the Frontline First: Smarter Government' 발표를 통해 고든 브라운 총리는 정부가 보유한 수많은 데이터를 공공에 무료 제공하려는 의지를 표명하고, 2010년에는 오픈소스인 정부 데이터포털(data.gov.uk)을 공개하고 그 후 2012년 6월에는 전면적으로 리뉴얼을 실시하였다. 2013년에는 G8의 '오픈데이터 헌장(Open Data Charter)'에 의거한 영국의 실행계획을 구체화하였다. 오픈데이터 헌장에서 지정한 14개 주요 데이터 카테고리를 영국 국가 데이터 포털에 공개하였다. 여기에는 민간단체와의 지속적인 협업을 통해, 공개해야 할 데이터 우선순위 지정 및 인프라 구축 등의 계획을 포함하고 있다(윤광석, 2017).

2) 영국 행정데이터 통합 및 운영 거버넌스

가) 영국의 행정데이터 공개 거버넌스

영국 정부의 행정데이터 공개 거버넌스는 데이터 수요자의 역할을 수행하는 데이터전략위원회(Data Strategy Board)와 데이터 공급자에 해당하는 공공데이터 그룹(Public Data Group)으로 구성되어 있다.

▼ [그림 4-16] 영국 행정데이터 개방 추진체계

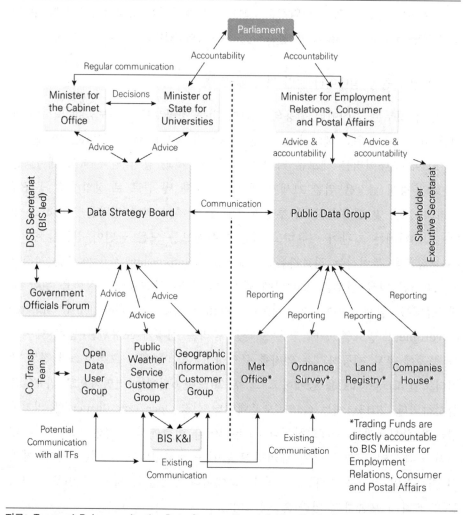

자료: Terms of Reference for the Data Strategy Board & The Public Data Group.

데이터전략위원회는 기업혁신기술부(Department of Business, Innovation & Skills, 이하 BIS)의 자문기구로서, 정부 내 각 부처별 공개 데이터를 선정(한은영, 2014)하며, 내각사무처를 비롯하여 각 부처의 ODS에 대한 의견을 제시하는 역할을 수행한다(윤미영, 203). 또한 납세자를 위해 금전적 가치와 경제적 능력을 고려하여, 오픈데이터 선정 및 데이터 개방 확대를 위한 전략을 결정한다. 그리고 열린 정부 라이센스(Open Government Licence)에 따라 배포되는 무료데이터의 사용성 극대화에 대한 방안을 조언한다.

또한 공공데이터그룹은 BIS 장관 자문그룹으로 기업 등록소(Companies House), 토지 등기소(Land Registry), 기상청(Met Office), 국립지리원(Ordnance Survey)으로 구성되어 있다. 이 공공데이터그룹은 고품질의 신뢰성 있는 데이터의 생성전략을 도출하며 데이터의 이용가능성과 접근성 제고를 위한 의견수렴 지원 및 조언을 제공한다. 그리고 관심도가 높고 국가적으로 중요한 데이터셋을 오픈데이터로 제공하고 있다.

3) 관련 법제

가) 공공 빅데이터 관련 법제

영국에서는 빅데이터를 활용하기 위한 개별 법령은 아직 마련되지 않았으나, 오픈데이터전략이라는 관점에서 정보공개법(The Freedom of Information Act, 2000)이 빅데이터 관련 법제에 해당한다고 할 수 있다(윤광석 외, 2017).

2000년에 제정된 정보공개법은 2005년부터 시행된 정보 공개를 위한 일반법으로 정부 및 공공기관 소유 데이터에 대한 개인의 접근 권리를 보호하기 위한 취지로 제정되었으며, 이에 따라 공공기관이 생성하는 모든 기록물에 대한 목록을 공개하도록 의무화하고 있다. 정보공개법에서 개인은 목록을 바탕으로 공공기관에 정보를 요구할 수 있고, 정보 공개 요청을 받은 공공기관은 해당 정보의 공개 여부가 공익에 미치는 영향을 바탕으로 제공 여부를 결정한다.

1998년 제정된 데이터보호법(Data Protection Act, 1998)의 경우 일반 데이터에 대한 규제적 요소를 규정하여 전통적으로 시민의 인권을 존중하는 영국의 전통을 바탕으로 EU Directive 95/46/EC를 반영하고 있다.

나) 개인정보보호 관련 일반법제

개인정보보호법제에서도 빅데이터에 대해 직접적으로 규율하고 있는 것은 없으나, 데이터보호법(Data Protection Act, 1998)이 개인정보보호의 원칙을 포함하고 있다.

EU와 마찬가지로 사전 동의(Opt-In) 원칙을 전제하여 공공질서 및 도덕의 보호, 사회 또는 개인의 일반 이익을 향상시키기 위한 경우 외에 개인정보는 정보 주체의 동의를 받은 경우에만 적법하게 이용하는 것을 허용하고 있다. 그리고 시민에 대하여 제3자가 소유한 모든 개인 데이터에 대한 접근권을 인정하고 실제 사용에 대한 고지할 권리를 보장하며, 개인은 데이터 사용에 대한 반대와 정보 수정이 가능하다.

데이터보호법에 따라 영국 정보감독청은 2012년 익명화 규약(Anonymization: Managing data protection risk code of practice)을 공표하였으며, 익명화의 위험을 평가하기 위한 프레임워크를 제공하고 있다. 익명화된 데이터의 게시 및 공유가 개인정보의 부적절한 노출로 이어지지 않도록 주의할 것을 권장한다.

영국 정부는 스마트정부 구현을 위한 실행 계획 보고서(Putting the Frontline First: Smarter Government, 2009) 및 세익스피어 검토 보고서 등에서 데이터 프라이버시 및 비밀 보장에 대한 실천전략의 필요성을 지속적으로 강조하고 있다.

4) 영국의 빅데이터 통합 접근 플랫폼 사례

가) 영국의 공공 빅데이터 통합접근 플랫폼 'data.gov.uk'

영국은 오픈데이터분야의 세계적 선두국가가 되고자 데이터 개방에 관한 다양한 정책을 적극 펼쳐왔으며, 2010년 이후 data.gov.uk 사이트를 통해 다양한 데이터셋을 공개하고 있다. 영국에서는 공개 대상 데이터의 범위를 공공데이터에 그치지 않고 소비자 데이터, 학술 데이터 등으로 확대하고, 활용성(조합 및 연동)까지 감안한 개방이 이루어지고 있다. 공개되는 데이터는 경영·경제, 환경, 지리, 범죄, 교육, 건강, 교통 등 12개 분야로 분류하여 제공되며, 데이터 활용을 위한 소프트웨어 애플리케이션도 함께 제공된다.

'data.gov.uk'는 Open Knowledge Foundation에 의해 개발된 오픈소스 소프트웨어인 CKAN(Comprehensive Knowledge Archive Network)[16]을 활용하여 구

---

16 CKAN은 비영리 단체인 Open Knowledge Foundation에 의해 개발된 공공데이터 개방을 지원하는 플랫폼으로 영국, 미국, 캐나다 등 40개 이상의 데이터 포털이 CKAN을 기반으로 구축.

축되어 있다(한국정보화진흥원, 2013).

▼ [그림 4-17] data.gov.uk 데이터 분류체계

Business and economy	Environment	Mapping
Small Businesses, industry, imports, exports and trade	Weather, flooding, rivers, air quality, geology and agriculture	Addresses, boundaries, land ownership, aerial photographs, seabed and land terrain
Crime and justice	Government	Society
Courts, police, prison, offenders, borders and immigration	Staff numbers and pay, local councillors and department business plans	Employment, benefits, household finances, poverty and population
Defence	Government spending	Towns and cities
Amed forces, health and safety, search and rescue	Includes all payments by government departments over £25,000	Includes housing, urban planning, leisure, waste and energy, consumption
Education	Health	Transport
Students, training, qualifications and the National Curriculum	Includes smoking, drugs, alcohol, medicine performance and hospitals	Airports, roads, freight, electric vehicles, parking, buses and footpaths

자료: https://data.gov.uk/.

(4) 일본

일본은 2011년 3월 11일 동일본대지진 발생을 계기로 데이터의 중요성을 재인식하고 빅데이터를 국가경쟁력 강화에 기여할 수 있는 핵심 전략적 기술로 평가하고 있다. 경제산업성과 문부과학성에서 독립적으로 빅데이터 관련 R&D를 추진해 왔으나 총무성을 중심으로 빅데이터에 관련된 정책을 추진하고 있다.

빅데이터 추진은 2012년 7월 '액티브 재팬(Active Japan)ICT'의 5대 중점 추진과제의 하나로 Active Data의 중요한 부문이다. Active Data정책은 다종, 다량의 빅데이터를 실시간으로 수집·전송·해석하여 재난관리를 포함한 정책과제 해결에 활용함으로서 수십조엔 규모의 데이터 활용시장 창출을 목표로 2013년

89억3천만엔을 투자하여 추진하고 있다. 이외에도 빅데이터와 연관된 산업육성을 위해 Active Japan 계획 내 별도로 'Active Communication'을 마련하여 빅데이터의 전송기반이 되는 인프라 구축을 추진하고 있다.

또한 액티브 재팬 ICT전략 이외에도 IT종합전략본부는 2012년 7월 공공데이터 추진을 위한 빅데이터전략 환경을 조성하였다. 이 전략에서 일본은 2015년까지 매몰되거나 산재된 데이터를 민·관에 개방하여 적극적인 이용과 환경을 정비하고, M2M이나 실시간성을 살린 데이터를 수집·전송·해석하여 신 비즈니스를 창출하는 것을 목표로 추진하고 있다. 이를 통해 약 2조엔 규모로 빅데이터시장을 형성하고, 2020년까지 약 10조엔 규모로 육성하는 것을 목표로 하고 있다.

이렇게 빅데이터의 활성화를 위해 정부가 주도적으로 추진하고 있는 일본은 2013년 7월에 총무성이 발표한 '2013년 정보통신백서'에서 데이터 유통량 증가율과 노동 생산성 증가율은 상관관계가 있음을 증명하고 있다. 그 결과로 개인의 구매 이력 등 빅데이터 활용분야에서 연간 7조 7,700억엔의 경제효과가 나타났다고 추정하고 있으며, 특히 소매업, 제조업, 농업, 인프라 등 4개 분야에서 빅데이터를 활용해 매출 확대와 비용이 절감되었다고 발표하였다.

▼ [그림 4-18] Active Japan전략을 위한 5대 추진전략

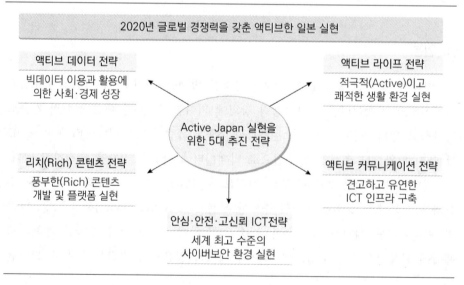

1) 일본 공공 빅데이터 관련 정책 및 전략

일본 정부는 2000년대 중반부터 정보의 중요성을 인식하고, IT기술을 기반으로 정보를 활용하는 프로젝트를 추진하였다.

2005년 일본 문부과학성은 '정보폭발(Info-plosion)시대에 대응하는 새로운 IT 기반 기술 연구 프로젝트'와 2007년 경제산업부의 '정보 대항해 프로젝트', 2011년 일본학술진흥회의 '초대형 데이터베이스시대에 대응하는 최고속 데이터베이스 엔진 개발 및 해당 엔진을 핵심으로 한 전략적 사회서비스 실증 평가' 등을 시행하였다.

동일본 대지진 이후 일본 정부는 행정의 신뢰성, 효율성 및 국가경쟁력 강화를 위한 전략적 정보자원으로서 빅데이터의 중요성을 강조하고, 수많은 데이터를 실시간으로 수집·전송·분석 등 활용하여 수십조 엔의 데이터 활용시장을 창출할 수 있을 것이라고 평가하고 있다.

2012년 총무부가 발표한 '액티브 재팬 ICT(Active Japan ICT)전략'은 빅데이터 활용특별부의 빅데이터 활용 정책 기본 방향을 담은 "빅데이터 활용 방안"을 발전시킨 것이다.

일본 정부는 원칙적으로 공공데이터를 개방하며 누구나 공공데이터에 접근 및 이용이 가능하도록 방대한 정부 및 독립 법인 등이 보유한 데이터를 기계 판독에 적합한 데이터 형식으로 변환하여 온라인으로 제공하고 있다. 그리고 '전자행정 오픈데이터전략'에 의거한 로드맵을 책정·공표하고, 2013년부터 공공데이터의 자유로운 2차 이용을 인정하는 이용방침을 재검토하여 기계판독에 적합한 국제표준 데이터 형식으로 공개를 확대하였다(LG경제연구원, 2013). 따라서 공공데이터의 이용을 촉진하기 위해 이용 수요의 발굴, 이용 모델의 구축·전개와 데이터를 활용하는 고도의 인재 육성을 통해 새로운 비즈니스와 서비스 창출을 지원하였다.

▼ 〈표 4-12〉 액티브 데이터전략의 추진과제

추진과제	내용
데이터 개방 및 활용 가능한 환경 마련	• 오픈데이터전략을 추진하여 공공 및 민간 데이터 개방 • 오픈데이터 환경 기반 마련을 위한 국제 표준화 추진 • 데이터 재활용에 관한 법·제도 정비 • 개인정보보호를 기반으로 활용가능한 가이드라인 제공
데이터 신뢰성·안정성 확보를 위한 연구 개발	• 데이터 신뢰성·안전성을 확보하면서 데이터의 효율적인 수집, 해석 등이 가능하도록 통신 프로토콜, 보안 대책, 데이터 구조 등 연구개발 추진 • M2M, 매쉬, 센서 네트워크, 자동차용 무선통신 형태 연구개발 및 표준화 추진
데이터 과학자 육성	• 데이터 분석을 위한 데이터 과학자 육성
빅데이터 비즈니스 창출을 위한 M2M보급 촉진	• M2M 통신제어기술 확립 • 신뢰성·안정성 높은 통신규격 개발 및 표준화 추진
법·제도 정비	• 빅데이터의 효율적 활용 및 활성화를 위한 법·제도 정비
추진체계 정비	• 산·학·관 협력을 통해 활용 가능한 데이터 및 성공사례 공유체계 마련 • 데이터 자원의 수집, 활성화 방안 마련 등을 위한 인센티브 제도 도입
글로벌 협력 강화	• 유럽, 미국 등 빅데이터 활용 추진 국가들과 상호협력체계 마련 • 빅데이터의 활용에 따라 발생하는 경제적 가치 계측 및 평가방법 확립

자료: 윤미영(2013), 재구성.

일본 경제산업부는 빅데이터서비스가 주로 공급자 관점에서 제공되고 있는 문제를 인식하고 이를 해결하기 위해 2014년 '데이터 기반 혁신 창출전략 협의회' 설립을 통해 이용자 관점의 빅데이터 활용 방안을 모색하였다.

제4차산업혁명에 대응하기 위해 2016년 일본 정부는 핵심기술 및 시장가치를 진단한 '일본재흥전략 2016'을 발표하였다(한국표준협회, 2016). 이는 아베노믹스의 기본전략 중 하나로 제4차산업혁명시대에 사물인터넷, 빅데이터, 인공지능이 가져올 변화에 대비하기 위한 종합적 로드맵을 수립하여 사물인터넷, 빅데이터, 인공지능, 로봇기술로 2020년까지 30조 엔의 부가가치를 창출할 것으로 기대하고 있다. 일본재흥전략 2016의 목표 실현을 위해 정부의 산업경쟁력회의를 중심으로 민관전문가위원회가 구성되어 규제완화 도입, 데이터 공유·이용 촉진, 일본 내 혁신창조, 인적자원개발을 추진하고 있다.

더불어, 일본 정부는 제4차산업혁명에 대한 7가지 대응방침을 제시하며 가장 첫 번째 대응 방침으로 데이터 이용·활용 촉진을 위한 환경 정비를 지정하고 있다. 데이터 플랫폼의 구축, 데이터 유통시장의 창출, 개인 데이터 이용·활용 촉진, 보안기술 또는 인재를 키워내는 생태계 구조, 제4차산업혁명의 지적재산 정책의 방향을 언급하고 있다.

제4차산업혁명 대응을 위한 일본 문부과학성의 빅데이터와 관련된 구체적인 전략은 아래와 같다(김인현 외, 2017).

문부과학성에서는 2016년에서 2025년까지 1,000억 엔의 예산을 투입해 인공지능, 빅데이터, 사물인터넷, 사이버보안 통합 프로젝트를 수행하는 계획을 수립하였다. 먼저 사물인터넷을 통한 빅데이터의 실시간 수집·축적, 인공지능을 통한 신속한 판단으로 시스템을 제어하는 '보안 5.0(Security 5.0)' 구현을 비전으로 제시하고 있다. 그리고 "제4차산업혁명을 향한 인재육성 종합 이니셔티브"를 발표해 빅데이터, 인공지능, 사물인터넷, 사이버보안 및 그 기반이 되는 데이터 과학 등 인재육성 확보에 필요한 종합 프로그램을 체계적으로 마련·운영해야 할 것을 강조하고 있다. 또한 수리·정보 교육의 강화를 통해 고급 인재를 양성하는 방안으로 전 학년 교육연구조직을 정비하고, 수리·정보 관련 학부·대학원을 신설하고 교육정원을 확대해 전문교육을 중점 지원하며, 데이터 활용분야를 선도할 수 있는 데이터 과학 및 사이버보안 인재 육성전략을 제시하였다.

가) 일본 행정데이터 통합 및 운영 거버넌스

경제산업성과 문부과학성은 독립적으로 빅데이터 관련 R&D를 추진하였으나, 2013년도 6월 정보통신기술 종합전략실 신설을 통해 빅데이터 및 IT 정책 수립 및 실행 거버넌스를 통합하여 추진하고 있다.

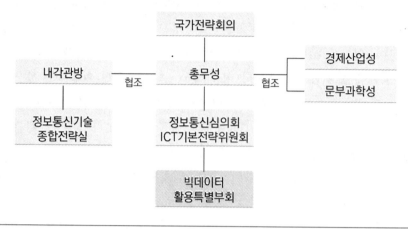

자료: 윤미영(2013).

2) 일본 공공 빅데이터 및 관련 법제

일본에는 빅데이터 활용 및 활성화에 대한 직접적인 일반법은 없으나, 국가 추진사업에서 제도적으로 규정하려 노력하고 있다. 따라서 '액티브 재팬 ICT전략'은 빅데이터 활용을 촉진시키기 위한 규제 완화 및 제도 개혁 정책 포함하며, 공공데이터의 개방을 위한 '오픈데이터 가이드라인'과 '정부표준이용규약'을 제정하였다. '오픈데이터 가이드라인'을 통해 투명성과 신뢰성, 국민의 참여·민관협동의 추진, 경제의 활성화·행정의 효율화 달성을 목표로 하여 정보이용자에 의한 공공데이터의 재이용을 허용하고, 공공데이터에 대해서는 원칙적으로 저작권이 발생하지 않으며, 정부기관은 공공데이터의 재이용이 가능한 규칙을 공개하도록 하고 있다. 더불어, 타인의 저작권에 대한 보호대책 강구, 개별 법령에 의한 데이터의 재이용을 제한하는 경우의 적용원칙 수립 등에 관하여 정의하였다.

또한 '정부표준이용규약'은 민간에 의한 공공데이터의 재이용에 관한 일반적 기준과 제한, 제3자에 대한 권리 및 저작권침해 금지, 소송관할, 이용자 책임, 바람직한 활용방안 등에 관한 사항을 포함하여 개인정보보호 법제를 중심으로 빅데이터 활용 및 활성화에 대한 규율체계가 간접적으로 형성되어 있다.

가) RESAS(Regional Economy and Society Analyzing System)

2015년 내각부 산하의 "마을·사람·일 창생본부"에서 지방자치단체의 지방판총합전략 수립을 지원하기 위한 지역경제분석시스템(RESAS: Regional Economy and Society Analyzing System)을 구축하여 활용하고 있다.

지방자치단체는 RESAS를 통해 산업, 인구, 관광 등의 시책 수립을 통합적인 시각에서 효과적으로 시행할 것으로 기대하고 있다.

RESAS는 지역별 현상과 실태 파악 및 미래 예측을 지원함으로써 지역특성을 반영한 자발적이고 효율적인 정책입안을 가능하도록 산업지도, 지역경제순환지도, 농림수산업지도, 관광지도, 인구지도, 지자체 비교지도 등의 영역에 대한 정보를 시각화하여 제공하고 있다.

▼ [그림 4-20] RESAS 지역별 업체 현황 예시

자료: https://resas.go.jp/#/13/13101.

나) 지식커넥터(Knowledge Connector)

2014년 일본 경제산업성은 오픈데이터 기반 비즈니스 기회창출을 위해 비즈

니스 매칭 지원 사이트인 '지식커넥터(Knowledge Connector)'를 공개하였다.

지식커넥터는 일본 내 오픈데이터 관련 개발 인력의 수요와 공급 매칭 지원 및 과거의 오픈데이터 관련 행사나 이벤트를 통해 창출된 아이디어와 앱정보 검색을 허용한다.

▼ [그림 4-21] 지식커넥터 메인 화면

자료: http://idea.linkdata.org/all.

다) 메타데이터 기반 빅데이터 융합 활용 방법론, IMDJ

IMDJ란 「Innovators Marketplace on Data Jackets」의 약어이며, 동경대학의 오오사와 유키오 교수에 의해 고안된 데이터시장의 실험적 설계기술이다. 빅데이터에 한정되지 않고, 크고 작은 다양한 데이터나 그 조합의 활용방법을 제시하고 서로 평가하는 것을 통해 원자료에 포함된 개인정보나 영업 비밀을 침해하지 않고 이용가치를 평가하는 워크숍 기법이다.

IMDJ란 각 데이터 변수들의 연결을 가시화한 지도를 바탕으로, 각종 데이터를 결합하여 특정 지식을 얻을 수 있는 가능성이 있는가를 검토하고, 목표에 도달하기 위한 데이터분석 시나리오의 구축·지원을 목표로 하는 일련의 프로세스이며, 또한 떠오른 아이디어를 제안하는 것만이 아니라 참가자들끼리 목표를 공유하고 목표 달성을 지원하는 논리적인 프로세스이다.

(5) 중국

1) 중국 공공 빅데이터 관련 정책 및 전략

중국은 빅데이터를 국가의 전략적 자원이자 핵심적인 혁신요소로 인식하여 2011년부터 본격적인 빅데이터 발전정책 계획을 수립 및 추진하였다(이승은, 2017).

2011년 공업정보화부(工业和信息化部)에서 발표한 '통신업 12·5 발전규획(通信业 "十二五" 发展规划)'은 빅데이터와 클라우드 컴퓨팅기술에 대한 중국 정부의 첫 번째 발전 정책이라 할 수 있다. 그 이후 '13·5 규획(2016~2020년)'에서는 중국의 14대 전략 중 하나로 '국가 빅데이터전략'을 제시하여, 본격적인 빅데이터 산업 육성 정책을 시행하였다.

2015년 국무원은 빅데이터 종합 발전 계획인 '빅데이터 발전 촉진 행동 강요'를 발표하였으며, 주요 목표는 빅데이터산업의 기초가 되는 데이터의 공유·개방 확대 및 안전 보장이었다.

▼ 〈표 4-13〉 빅데이터 발전 촉진 행동 강요의 주요 내용

내용	세부내용
공유 확대	• 정부 정보시스템과 공공데이터의 연계 및 공유 • 다양한 정부 데이터 플랫폼 통합
개방 확대	• 기업과 시장 중심의 빅데이터 비즈니스 모델 구축 • 수요 기반 빅데이터 상품시스템 구축
안전 보장	• 정보 안전 강화 및 산업 기준시스템 구축 • 데이터 남용·개인 사생활 침해 등의 문제 발생시 법에 의거해 처리 • 모든 주체들이 빅데이터에 기반한 기술·제도·혁신의 성과를 공유할 수 있도록 지원

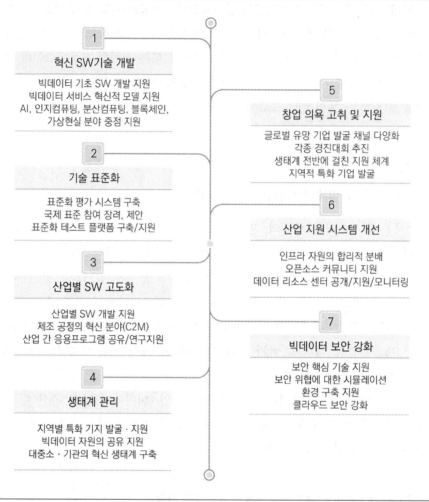

자료: 한국정보화진흥원(2017), p.5, 재인용.

2016년 공업정보화부는 '빅데이터산업 발전규획(2016~2020)'을 통해 영역별 구체적 육성 정책을 제시하여 빅데이터산업 발전의 핵심인 기술 및 제품 R&D, 응용역량 강화와 관련된 내용을 포함하여 다음과 같이 세부적인 목표를 설정하여 추진하였다.

첫째, 기초연구강화로 이기종 데이터 통합, 빅데이터 클러스터 리소스 스케줄링, 인공지능 컴퓨팅, 산업 애플리케이션 등에 대한 기초 연구를 강화하고, 둘째, 분산컴퓨팅 기반 산업의 데이터 분석 솔루션과 서비스 형성 및 차세대 비즈니스 지능 개발을 촉진하였다. 셋째, 서비스 기반에 빅데이터를 활용하기 위해 고속 데이터 처리를 위한 컴퓨팅 자원 활용을 제고하고, 공공 클라우드서비스 강화하는 것이다. 이 '빅데이터산업 발전 규획(2016~2020)'은 2020년까지 빅데이터 선진기술 확보 및 응용산업체계 구축을 목표로 설정하여 혁신 SW기술 개발, 기술 표준화, 산업별 SW 고도화, 생태계 관리, 창업 의욕 고취 및 지원, 산업 지원시스템 개선, 빅데이터 보안 강화를 중국의 빅데이터산업 성장을 위한 7대 핵심 과제로 선정하여 추진하고 있다.

중국 정부는 2016년 말 기준으로 21개 성·시(省·市)에 대한 빅데이터산업 발전규획을 발표하고 각 지역의 발전현황에 부합하는 육성 정책을 제시하였다 (이상훈·김주혜, 2017).

지역적으로 보면 베이징시에서는 중관춘 중심으로 IT산업의 기반을 조성하여 우수한 사례를 텐진과 허베이로 확산하는 징진지 빅데이터 종합 시범구 건설 추진하고 있다. 그리고 상하이·항저우 등 창장 삼각주지역은 스마트시티건설에 빅데이터기술을 접목을 시도하고 있다. 광저우와 선전지역은 IT산업 인프라 기반으로 빅데이터산업 확산을 추진하여 텐센트·화웨이 등 중국 대형 IT기업의 빅데이터산업 클러스터 조성을 추진하고 있다. 그리고 구이저우·우한·시안 등 중서부 지역은 빅데이터산업 단지 건설 추진 및 빅데이터거래소 설립을 하고 있다.

가) 중국 빅데이터거래 플랫폼

2015년 중앙정부의 출자로 구이양시는 세계 최초 구이양 글로벌 빅데이터거래센터(Global Big Data Exchange)를 설치하였다. 글로벌 빅데이터거래센터는 중국 수출입자료를 민간에 판매하는 것을 시작으로 하여 자체 빅데이터거래 플랫폼 구축을 통해 주요 공공데이터거래로 확대하고 정부 및 공공, 기업 및 상품거래, 금융, 의료, 교통, 통신, 에너지, 물류, 행정, 보험, 사회관계망자료 등 모든 분야의 자료를 총망라하고 있다. 또한 온라인거래 플랫폼(trade.gbdex.com) 상 데이터상품 목록은 약 1,417건이며 API데이터가 67%를 차지하고 있다.

빅데이터거래센터로는 북경 및 상해에 중앙운영센터가 있으며, 산성성 및 섬서성 등 지역의 거래서비스를 지원하기 위해 11개의 분(分)센터를 운영하여 데이터 처리 및 가공, 유지 및 공급을 담당하며 특히 플랫폼을 통해 데이터거래 알선을 하고 있다. 이 센터에는 약 2,000여개의 중국 주요 민간 회사(알리바바, 텐센트, 징동, 하이얼, 차이나 유니콤, 신화망, 마오타이, 교통은행, 중신은행 등)가 회원사로 속해 있으며, 그 중 일부는 빅데이터 공급 역할을 하고 있다.

▼ [그림 4-23] 구이양 빅데이터거래소: 온라인 플랫폼, 데이터상품목록, 파일데이터상품 샘플

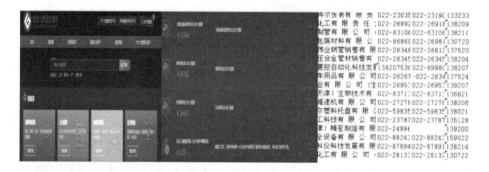

자료: 박소영 · 장현숙(2018).

(6) 싱가포르

싱가포르는 경제개발청(Economic Development Board) 주도로 정부와 기업의 경쟁력 강화를 위한 데이터 분석 연구소를 설립·운영하고 있다. 국가안보조정국에서는 데이터 기반으로 위협 요소를 평가하는 RAHS(Risk Assessment and Horizon Scanning)시스템을 구축하고 2012년 1월에는 이를 운영하기 위한 기관(RAHS Programme Office)을 설립했다. 이를 통해서 싱가포르는 해안 안전과 조류 인플루엔자 시뮬레이션을 실행하고 국가 위기 대응 능력을 향상시키고 있다.

1) 싱가포르 공공 빅데이터 관련 정책 및 전략

싱가포르는 아시아 빅데이터산업을 주도하는 국가 중 하나로, 국가 발전기술 테마 중 하나로 빅데이터 활용 활성화 정책을 적극 추진하고 있다.

싱가포르 정보통신개발청(Infocomm Development Authority, 이하 IDA)은 2012년 ICT R&D 정책 패키지인 '정보통신기술 로드맵'을 발표하여 국가가 추진하는 정보통신기술 개발산업의 핵심이 빅데이터임을 공표하였다. 이 '정보통신기술 로드맵'은 중장기 빅데이터기술 발전 대응전략을 포함하고 있으며, IDA 산하의 지식 인터넷 워킹 그룹을 통해 빅데이터 활성화 정책을 추진한다.

이 지식 인터넷 워킹 그룹은 자국 내 빅데이터 증진을 위한 전문 인력 양성을 강조하고 있으며, 자국 내 빅데이터의 실질적 적용 확산을 위한 프로그램 개발을 지원하고 있고, 빅데이터 생태계 활성화를 위한 환경 조성을 실시하고 있다.

▼ 〈표 4-14〉 지식 인터넷 워킹 그룹의 주요 실천전략

내용	세부 내용
전문 인력 양성	• 싱가포르 고등학습연구소와 협력, 빅데이터 전문 교육 프로그램 개발 • 대학 내 빅데이터 관련 학위 프로그램 도입 및 산학 프로젝트 주선 • 정보통신 관련 직업의 준거체계인 국가정보통신 능력 프레임워크에 빅데이터 관련 직종 추가 및 내용 수정
빅데이터 프로그램 개발	• 공공분야는 물론 민간 비즈니스(고객 마케팅 및 도소매)에 적용 가능한 서비스 플랫폼 개발 • 데이터 기반 의사결정 문화 보급 및 홍보 활동 실시
빅데이터 생태계 활성화	• 독립 소프트웨어 개발 업체 보조금 지원 • 데이터 이용에 따른 개인정보보호 규제 프레임워크 제안

싱가포르는 국내 빅데이터사업자 육성 뿐만 아니라 해외 주요 빅데이터사업자의 R&D 센터 유치에도 주력하고, 아시아 빅데이터 허브 역할을 희망하고 있다. 따라서 후지쯔(Fujitsu), 피보탈 이니셔티브(Pivotal Initiative) 등 주요 해외사업자들의 빅데이터 R&D 센터 설립을 진행하고 데이터 센터 파크를 조성하여 각종 빅데이터 관련 인프라 및 재정적 지원을 실시하고 있으며, 국제 기준에 부합하는 개인정보보호법 마련 등 관련 정책 등 다수를 진행하고 있다.

2014년에는 Smart Nation Initiative 발표를 통해 싱가포르의 스마트국가(Smart Nation)로의 발전 비전을 발표하였다(조충제 외, 2017).

스마트국가로의 이행을 위한 첫 단계로 스마트국가 플랫폼(Smart Nation Platform, 이하 SNP) 구축을 시행하여 센서를 통한 접속(Connect), 센서를 통한 데이터 수집(Collect), 통합된 상황 인식 플랫폼으로의 데이터 이해(Comprehend)로 구성되어 있다.

▼ [그림 4-24] SNP 개념도

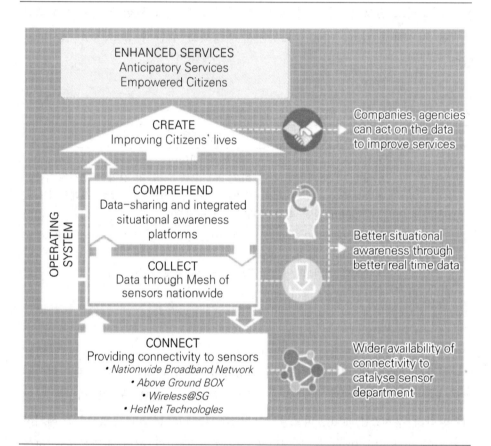

자료: Smart Nation Platform(SNP) Industry Roundtable(IR) Document.

가) 싱가포르 공공 빅데이터 연구 센터(LARC)

싱가포르 정부 산하 국립 연구재단은 데이터 수집 및 분석기술 개발 연구기관인 생활 분석 리서치 센터(Living Analytics Research Centre, 이하 LARC)를 운영하고 있다. LARC에 참여하는 대학은 싱가포르 경영대학과 카네기 멜론 대학으로 데이터 기반 비즈니스 분석 영역 활성화를 추진하여 싱가포르 시민의 사회적 행동과 관련된 데이터 수집 및 분석에 초점을 맞추어 진행하고 있다.

LARC는 빅데이터 생성, 분석 및 규제 등 총 5개 영역에서 연구 활동을 진행하며 연구 내용은 싱가포르의 여타 연구기관과 공유한다. 주요 연구분야는 데이터마이닝 및 지능형 분석시스템 개발 연구, 데이터 기반 실험 진행 및 결과자료 분석, 보안, 데이터 결합 및 개인정보보호 시스템 개발, 빅데이터 관련 인프라 개발을 포함하고 있다. 또한 LARC 연구 결과는 싱가포르 경제개발청 및 아시아 소비자 인사이트 연구소에서 적극적으로 활용하고 있다.

▼ [그림 4-25] LARC 연구분야 및 거버넌스

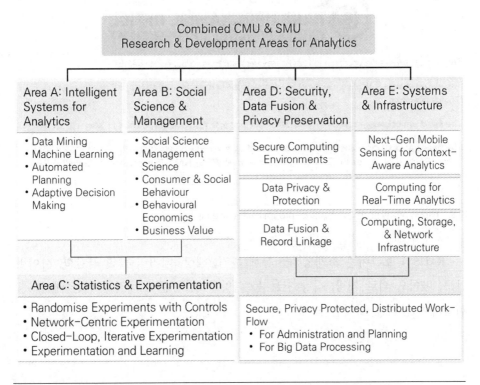

자료: 정보통신산업진흥원(2013), 싱가포르 정부의 빅데이터(Big Data) 활성화 정책 분석.

나) 싱가포르 공공 빅데이터 선진사례, RAHS

　　2004년 대내외 국가 안보전략 계획을 재구성하며 미래의 리스크를 조기 발견하여 대응할 수 있도록 위험 평가 및 미래 이슈 분석 기능을 갖춘 RAHS(Risk Assessment and Horizon Scanning) 프로그램 개발하여 운영하고 있다. RAHS는 싱가포르 총리실 산하 국가안보조정사무국에서 담당하여 HSC(Horizon Scanning Center)와 REC(RAHS Experimentation Center)에 의해 운영된다.

▼ [그림 4-26] RAHS 구성

RAHS Programme Office

The logo symbolises the approach to Risk Assessment and Horizon Scanning (RAHS).

The eye represents RAHS' primary function - scanning the horizon for risks and opportunities that will impact Singapore's future.

The spiral symbolises complexity - RAHS deals with problems that have the potential to "spin" out of control.

The three spokes symbolises the three different centres of expertise connected to the RAHS Programme Office - RAHS Think Centre (RTC), RAHS Solutions Centre (RSC), RAHS Experimentation Centre (REC).

자료: https://www.nscs.gov.sg/rahs-programme-office.html.

　　RAHS의 호라이즌 스캐닝[17]을 통해 환경, 해상, 테러리즘 및 극단화, 사이버 안보, 바이오 의료 개발, 식량 안보 등 다양한 사회 문제 해결을 위한 데이터를 취합하여 분석을 실시한다.

---

17 호라이즌 스캐닝은 SKAN 분석 상품을 제공한다. 다양한 오픈소스 데이터의 정제 및 분석을 통해 여러 분야 이슈를 도출하는 분석방법.

(7) 주요국 빅데이터정책 추진 시사점

이와 같이 미국, 일본, 유럽연합, 영국, 싱가포르 등 주요 국가의 빅데이터 주요 정책을 정리하면 다음과 같다. 대부분 국가는 2012년을 전후하여 국가차원의 빅데이터 종합전략을 발표하여 추진하고 있으며, 구축된 공공데이터는 데이터 단일 개방 포털을 통해 활용하기 편리한 형식에 의해 개방을 확대하여 빅데이터의 양적, 질적 활용을 확대하고 있으며, 정부 자체도 데이터 개방에 그치지 않고 학연·기업과 협업체계를 구축하여 빅데이터 활용을 촉진하고 있다.

특히 데이터 개방 부분을 살펴보면 미국은 세계 최고 수준의 빅데이터기술과 시장이 형성되어 민간의 데이터 활용에 맞추어 공공부문 빅데이터 활성화 정책을 중점적으로 추진하고 있다. 유럽은 일반인의 공공정보 접근성 보장 차원에서 공공부문 데이터 개방을 지속적으로 추진하고 있다고 할 수 있다. 그리고 미국과 유럽은 공공부문 데이터 개방을 확대하고 정부기관의 빅데이터 활용방안을 모색하는 과정에서 기술 개발 등 민간의 참여를 유도하여 그 효과가 민간으로 확산되도록 하고 있다.

반면 일본은 초기단계의 빅데이터기술 개발과, 엄격한 개인정보보호법·제도 등으로 인하여 주요 선진국의 빅데이터기술과 활용 수준을 따라잡기 위하여 공공부문은 물론 민간부문에 이르기까지 빅데이터 활성화를 위한 직접적 지원 등을 추진하고 있다.

2. 국내 빅데이터 활용 추진

우리나라는 빅데이터가 2011년 국가정보화전략위원회에서 "빅데이터에 의한 스마트정부 구현 방안"을 발표하면서 중요한 화두가 되었다. 2012년에는 방송통신위원회에서 "빅데이터 활성화 방안"을 발표하고, 정부 합동으로 "스마트국가 구현을 위한 빅데이터 마스터플랜"을 수립하여 추진전략을 마련하였다. 빅데이터는 범부처와 민간이 협업체계를 구축하고 국가정보화전략위원회는 이를 총괄 조정하는 체제하에 정부부처는 추진협의회를 구성하였다. 그리고 국가데이터 활용지원센터 설치와 전문기관을 통해 기술적 지원과 인력양성을 하는 전략을 마련하여 추진하였다. 이 마스터플랜에서는 데이터의 공유와 협업으로 스마트강국 실현을 목표로 2013년에는 우선적으로 활용할 수 있는 6개 분야 16개 우선활용과제와 4개 분야 12개 활용기반과제를 선정하여 추진하였다.

2014년에는 세부과제로 "빅데이터를 활용한 과학적 행정구현"을 선정하여 데이터 기반, 증거기반 정책을 수립·추진하였다.

▼ 〈표 4-15〉 행정안전부 빅데이터 공동기반 및 활용과제

연도	사업 성격	사업 내용
2013년	기반 구축	• 빅데이터 저장, 수집, 분석 기반 구축 • 범죄발생 최소화 정책정보 분석지원서비스 추진
2014년	확대	• 빅데이터 플랫폼 및 인프라 구축 확대 • 범죄 징후 감지, 주민참여형 교통사고 감소체계, 예측기반의 재난/재해 조기감지 대응체계 구축
2015년	확대	• 활용 과제별 플랫폼 및 인프라 구축 확대 • 민원데이터 분석을 통한 정책환류체계 구축, 탈세방지 및 국가재정 확충지원체계 구축 등
2016년	확대	• 활용 과제별 플랫폼 및 인프라 구축 확대 • 고용정책 수립지원체계, 건강한 인터넷 문화 조성체계, 경제정책, 수립지원체계, 자영업자 창업지원체계 등
2017년	고도화	• 활용 과제별 플랫폼 및 인프라 고도화 • 실시간 재난 관리대응 체제, 국가 위기대응전략 수립 지원체계, 국가 기후 위험요소 선제적 대응체계

또한 미래창조과학부는 빅데이터산업 활성화 전략을 준비하면서 이에 선행하여 구체적인 시범 및 기반조성사업을 추진하였다. 그 주요 시범사업으로 지자체와 통신사 간 데이터 연계를 통한 심야버스 노선 수립, 국민 의료건강 데이터베이스와 소셜미디어와의 연계분석을 통한 질병주의 예보, 의약품 안전성 조기경보, 심실부정맥 예측 등 의료서비스, 점포이력분석, 지능형 뉴스 검색서비스 등이 있다.

민간부문에서는 글로벌 IT기업들이 국내 빅데이터시장 진출을 선언하면서 국내시스템 통합(SI: System Integration) 업체들도 관련 솔루션 출시와 빅데이터

사업 참여를 본격화하기 시작하였다. 자체 솔루션을 기반으로 사업 적용 사례를 확대하며 역량을 강화하고 있는 일부 국내 IT기업을 제외하고는 다수의 국내 빅데이터기업들은 상대적으로 경쟁력이 약한 편이다. 이를 극복하기 위해 국내 빅데이터기업들은 자체 네트워크를 기반으로 경쟁력 강화를 모색하고 있다.

'빅데이터 솔루션 포럼(BIGSF)'에서는 국산 중·소 전문 S/W기업 간의 동맹 관계를 발판으로, 빅데이터 수집, 저장, 처리, 분석, 표현 등의 단계별로 특성화 된 솔루션 및 서비스 제공을 목표로 한다.

▼ 〈표 4-16〉 미래창조과학부 빅데이터 공동기반 및 활용과제

주체(컨소시엄)	서비스명	내용
(주)KT(서울특별시)	심야버스 노선 정책 지원	서울시 교통데이터와 KT 유동인구 데이터를 연계, 분석하여 최적의 심야버스 노선 정책 수립 지원
국민건강보험공단 (다음소프트)	국민건강주의 예보서비스	국민건강보험공단의 건강보험 DB와 SNS정보를 연계하여 홍역, 조류독감, SAS 등 감염병 발생 예측 모델을 개발하고 주의 예보
에스지에이(주) (한국의약품안전관리원, 와이즈넷)	의약품안정성 조기 경보서비스	유해사례DB, 진료기록, SNS 등을 분석하여, 유의 약품을 추출하고, 병의원, 제약회사 및 유관기간 등에 위험도 예측서비스 제공
서울아산병원 (ETRI, 한국MS, 테크아이, 켐아이넷(주), 한국세쓰소프트웨어)	심실부정맥예측 등 보건의료서비스	포털(다음), 질병관리본부 데이터와 병원 자체 데이터 등을 활용하여 독감 유행 예측, 심실부정맥예측, 입원병상 배경 최적화 등 제공
(주)오픈메이트 (비씨카드 (주), 한국감정원)	소상공인 창업성공 제고를 위한 점포 이력분석서비스	카드거래, 부동산, 상가이력정보 등의 연계 분석을 통해 창업 관련 과거/현황 분석 및 예측정보를 제공하여 소상공인 창업 지원
차세대융합기술연구원 (서울대 융합과학기술대학원)	모바일을 통한 지능형 뉴스검색 서비스	대량의 기사DB에 대해 중요도, 관계도 등 다각도의 고급분석을 적용하여 지능형 뉴스 검색서비스 제공

그 외에도 BI 전문기업들이 모여 BI 플랫폼을 공동 개발하는 'BI 포럼'과 각계 전문가들이 모여 빅데이터산업 발전과 경쟁력 강화를 논의하는 '빅데이터 포럼',

공공분야에서의 빅데이터가치 창출을 도모하는 '빅데이터 국가전략 포럼' 등 산업계, 학계, 연구소 차원에서 다양한 활동들이 이뤄지고 있다. 소셜데이터분석서비스분야의 경우, 가장 활발하게 관련 기업들이 증가하는 반면, 제한적 기술 역량에 따른 서비스의 한계, 전문 인력의 부족, 출혈 경쟁 등에 대한 우려도 함께 커지고 있다.

3. 빅데이터 주요 활용 사례

빅데이터는 새롭게 밀려온 물결로서 현시대 난제해결 방안 모색에 한계를 극복할 수 있는 기술이라 할 수 있다. 실제 빅데이터를 활용하는 사례를 살펴보면 공공정책 뿐만 아니라 기업의 생산성 향상과 비용 절감, 그리고 새로운 마케팅에 그치지 않고 정치, 경제, 사회, 문화 등 다양한 분야에서 활용이 점차 확대되어 가고 있다.

▼ 〈표 4-17〉 빅데이터 활용 사례

분야	활용사례
공공	정책추진, 안전/방재, 세수탈루 방지
복지	자살예보시스템, 실버계층 의료서비스
의료	인간지놈 데이터로 희귀병 치료
정치	소셜데이터에 의한 선거전략, 여론 조사
금융	주가지수 예측, 거시변수 예측
기상	날씨 분석을 통한 선호제품 예상
의류	유행 디자인 사전 파악으로 시장 선도
스포츠	선수부상 예측, 상대팀 전술 파악

빅데이터 활용은 <표 4-17>에서 보는 바와 같이 국가적 차원에서 국가의 재난 및 안전관리, 정부의 비용 절감 등에 활용되고 있다. 정치분야에서 빅데이터는 곧 권력일 정도로 활용되고 있으며, 의료분야는 빅데이터 효과를 가장 극대화할 수 있는 분야이기도 하다(Viktor Mayer Schonberger, 2018). 교육분야에

서는 최적의 개인 맞춤형 교육시스템을 제공하고 있으며, 금융분야는 포털사이트 검색어 가운데 선정된 키워드를 통해 시장변화를 관찰하여 검색어 빈도와 시장변화사이의 상관성을 분석하여 투자의사결정에 활용하고 있으며, SNS분석을 통해 기대이상의 수익을 달성하는 트위터 기반 헤지펀드를 내놓기도 하였다. 또한 SNS데이터를 통한 대중 성향과 행동 변화까지 포착해 향후 트렌드와 장단기 마케팅전략 수립에 활용하고 있다.

▼ 〈표 4-18〉 국내·외 빅데이터 추진 사례

구분	활용내용	효과
탈세 및 범죄 방지 (미국 국세청)	• 탈세 및 사기범죄 예방시스템 구축 운영 • SNA를 통한 범죄 네트워크 발굴 • DB에 이상징후 발견 예측 모델링을 통한 분석/도출	• 연간 3,450억 달러 세금탈루 방지 및 환급 절감 • 향후 발생할 수 있는 범죄 및 탈루 방지
지능형 교통안내시스템 (일본)	• 일본 전역 11,000대 택시(GPS)를 통한 실시간 교통데이터 수집, 최적의 교통안내서비스 제공 • 교통체증 발생을 고려한 최적 경로 안내	• 실시간 교통정보를 통한 최적의 교통안내로 교통체증 방지 및 에너지 절감
유가예보서비스 (한국 한국석유공사)	• 국제 유가 결정의 다양한 요인을 분석한 유가예측 및 대응 • 카드 결제시스템을 통한 국내 1,300여개 주유소의 유가정보를 수집하여 유가예보시스템 개발	• 국제유가에 민감한 국내 물가 안정에 기여 • 소비자에 대한 최저 유가정보 제공
유전자 데이터에 의한 질병치료체계구축 (미국 국립보건원)	• 미 국립보건원(NIH)과 75개 기업 및 기관과 공동으로 1,000개 유전체 프로젝트의 일환으로 200TB 유전자정보를 아마존 클라우드에 공유·활용	• 새로운 질병에 대한 빠른 진단서비스 제공 • 난치병 및 불치병의 새로운 치료제 연구개발에 기여
Pillbox 프로젝트를 통한 의료개혁 (미국 국립보건원)	• 환자, 의료기관, 보험수가와 관련된 기본 데이터 수집, 저장, 통합 • 환자와 병원과 소셜네트워크와 클라우딩 기능 결합서비스 • 정확한 의약정보 제공을 위한 필박스서비스 제공	• 의약품 사용에 대한 정확한 정보제공으로 부작용 최소화에 기여 • 의약 확인에 따른 5,000만 달러 비용 절감

슈퍼컴에 의한 환자치료 (미국 웰포인트)	• IBM의 왓슨 솔루션을 도입하여 건강보험자료와 등록된 3,420만 명의 정보를 분석, 최적의 진단과 의학적 치료 가이드라인 제공	• 환자별 맞춤형 치료방법 선정 가능 • 불필요한 치료 및 진료 제거
독감예보서비스 제공 (미국 구글)	• 실시간적으로 누적되는 정보속에서 사회적 흐름을 파악하기 위한 프로젝트 수행 • 구글 홈페이지에서 독감, 인프렌자 등 관련 검색어 빈도를 조사·분석하여 독감 조기 경보체계 마련	• 다양한 사용자의 검색어를 활용하여 실시간적으로 유의미한 데이터 가공, 서비스 제공의 가치 실증 • 독감예측을 통한 예방에 기여
RAHS를 통한 국가안전관리 (싱가포르)	• RAHS를 통한 질병, 금융위기 등 국가적 위험 대비 • 수집된 정보는 시뮬레이션, 시나리오 기법을 통해 위험예측 및 대응방안 모색	• 효율적인 국가 및 국민위험 대비 • 전천후 국가 위험관리체계 구축
심야버스 노선정책 지원 (한국 서울시)	• 심야시간대 유동인구 밀집도를 분석, 시민의 이동경로를 가장 필요로 하는 곳을 중심으로 구역 설정, 배차간격 조정 운영	• 과학적이고 신뢰성 있는 행정 구현 • 심야버스 운행의 효율성 제고

▼ 〈표 4-19〉 국내 공공 빅데이터 활용 추진 사례

구분	주요내용	주관기관	비고
공간 빅데이터와 교통카드 정보 연계 구축	• 공간 빅데이터와 교통카드 정보 융복합체계 구축(수집, 공유) • 교통카드 정산수집소 연계 채널 구축	국토교통부	2016
서울시 도로관리 공간 빅데이터시스템 구축	• 도로파손(포트홀, 함몰) 증가에 따른 도로 기능 유지 • 도로관리시스템 유지 보수 • 기존시스템 연계 및 고도화	서울시	2017
도로 함몰 예측시스템 구축	• 택시 431대, 간선버스 125대 도로 파손자료 수집·분석하여 예측	서울시	2014
서울시 도로데이터 사이언스연구소 개설	• 제4차산업혁명에 대응하는 교육 및 연구사업 핵심 연구 • 환경, 도시개발, 교통 등 3대분야 도시문제 해결	서울시	2016

미래부-도로교통공단 빅데이터기반 교통사고 위험 예측서비스	• 빅데이터 교통정보분석, 교통사고 위험시간대, 위험지역, 사고위험지수 예측(대구) • 2018년 전국 확대	미래부 도로교통공단	2016
현대자동차 중국 내 빅데이터센터 구축	• 중국 내 방대한 데이터 수집분석, 맞춤형 커넥티드카 개발, 마케팅 활용	현대자동차	2016
스마트시티 공간 빅데이터 활용	• 지능형 전력검침 인프라(AMI)를 접목하여 위치확인, 생체정보 및 전력사용량 분석 • 이상징후 발생시 자동 통보, 신속 대응	광주시	2016 공모
	• 사물인터넷을 이용하여 도시문제 해결 • LG U Plus가입자 40만가구의 IoT서비스를 기반으로 도시문제 해결	고양시, LG유플러스	2016
	• 사물인터넷의 빅데이터중심 스마트시티 사업 모델 • 빅데이터관장 솔루션, 세이프 메이드	KT	공모수상 2016
관광, 방범, 민원, 공동주택 정책 빅데이터 활용	• 빅데이터에 의한 과학적 행정시스템 구축 (2016) • CCTV에 의한 교통사고, 범죄정보, 주거 유형, 방범 시설, 유동인구 등 광범위한 데이터 분석, GIS로 시각화를 통해 CCTV 설치지역 선정에 활용	김해시	2016
빅데이터 노후 콘크리트 도로 보수	• 빅데이터자료(포장상태, 교통량, 제설제사용량, 기후)종합 분석, 보수의 효율성 제고 * 향후 10년간 노후 콘크리트 도로 보수 6배 증가 예상	도로공사	2016
빅데이터기반 젠트리피케이션정책 지도 개발	• 과거 20년간 데이터 활용 젠트리피케이션흐름을 예측할 수 있는 정책지도 개발 * 서울 전역 인구이동, 부동산거래 기반 정책지도 개발	서울시	2016. 5
물정보 포털사이트 운영 (My Water)	• 빅데이터기반 물정보 포털사이트 구축 • GIS연계 수자원(지하수, 상하수도, 관측소)정보 공유	수자원공사	2016. 1

빅데이터 아파트 관리비 관리 효율성 제고	• 아파트 관리업체 부조리 가능성 사전예측 －관리비 항목 47개 세분화 －한국감정원 운영 공동주택관리시스템자료 공개 －지역별 아파트 관리비 내역 비교 평가	행정안전부	2015. 12
지능형 영상 빅데이터 분석시스템 운영	• 지능형 영상정보 빅데이터 분석시스템 CCTV 관제실 운영 • 차량번호 인식, 사람 행동패턴 분석 범죄 예방	행정안전부	2015

자료: K–ICT 빅데이터센터(2018).

통찰력을 갖고 싶은가, 빅데이터를 들여다 보라

직관적 · 주관적 아닌 객관적 인사이트

빅데이터가 넘치는 세상이다. 우리는 10~20년 전과 완전히 다른 세상에서 살게 됐다. 이젠 빅데이터를 어떻게 활용할까를 고민하는 시대다. 빅데이터를 잘 활용해 인사이트를 뽑아내는 것이 성공의 가늠자로 사례는 차고 넘친다. 주력 사업에서 얻은 빅데이터를 이용해 주력 사업보다 더 큰 신사업을 일구기도 한다.

항공기 엔진을 만드는 미국 GE는 비행기 엔진에서 발생하는 진동과 소음을 센서로 데이터화한 뒤 분석해 주요 부품의 고장 확률을 계산했다. 6개월이면 무조건 교체하던 부품을 '고장 확률이 높다'는 신호가 나올 때만 교체했다. 위험 신호를 감지하면 4개월밖에 안 됐어도 부품을 바꿔줌으로써 고장과 사고를 줄였다.

GE가 개발한 '예측 보전서비스'는 몇 년 만에 엔진 매출을 넘어섰다. 통찰력 있는 부품 수리공이 소리만 듣고 어디가 잘못됐는지 알아내듯, 진동과 소음 데이터로부터 '부품의 고장 확률'이란 인사이트를 얻어 올린 성과다.

소셜미디어 역시 빅데이터 인사이트의 원천이다. 어느 오븐 제조업체는 소셜미디어를 분석해 감춰져 있던 소비자 불만을 찾아냈다. '레시피대로 조리했는데 실패하는 일이 많다'는 것이었다. 소비자 불만의 원인에 대한 일종의 인사이트다. 추가 분석을 통해 원인이 브랜드마다 예열 온도와 시간이 달라야 한다는 데 있다는 것을 알아내어 회사는 결국 자기 제품에 맞는 레시피를 공개해 매출을 늘렸다.

이젠 너도나도 빅데이터에서 인사이트를 뽑아내려 한다. 가치 창출을 위해서다. 경영학적 표현을 동원했지만, 가치 창출이란 쉽게 말해 기업의 매출과 수익, 고객 만족 증대 등이다. 정부나 공공기관이라면 국민의 안전, 행복, 자부심일 것이다. 인사이트는 이런 가치를 만들어내는 데 필요한 새로운 지식이나 통찰력으로 빅데이터를 분석함으로써 인사이트를 한층 확대·강화할 수 있다.

'데이터 주권'이 필요하다

내 데이터는 저작권을 현재 누가 가졌는지에 관계없이, 쓰고 싶어하는 주체가 내 허락을 받고 써야 하지 않을까. 사용 허락 여부는 데이터 생성자의 몫이어야 한다.

빅데이터는 어디서 오는가. 사람과 기계로부터다. 현대인은 삶 자체가 데이터 생성의 연속이다. 우리는 태어날 때와 세상을 뜰 때 출생신고와 사망신고를 통해 정부에 데이터를 만든다. 집 밖에 나가면 CCTV와 차량 블랙박스가 내 모습을 이미지 데이터로 바꾼다. 교통카드에 나의 족적이 남고, 운전하면 내비게이션이 나의 동선을 데이터화한다.

아파서 병원에 가면 혈액검사 결과나 X-레이 영상도 데이터다. 신종 코로나바이러스 감염증(코로나19)에 걸리면 최근 며칠간 언제 어디서 누구를 만났는지가 데이터로 공개된다. 물론 우리는 자발적으로 남들에게 보여주기 위해 일상을 페이스북과 인스타그램에, 생각을 트위터에, 이력서를 링크트인에 올리기도 한다.

문자메시지나 카톡은 주고 받는 사람들 간의 관계를 매우 정량적으로 보여준다. 이렇게 얻은 데이터는 유·무선 인터넷을 통해 한 곳에 다 모을 수 있다. 센서기술, 인터넷기술, 데이터 저장·관리·분석기술, 그리고 컴퓨터의 계산 속도의 획기적인 발전이 이 모든 것을 가능케 했다. 스마트폰이 바로 이런 기술들의 총집합이요, 빅데이터 생성의 1등 공신이다.

자료: 중앙일보(2020.3.16), 통찰력을 갖고 싶은가, 빅데이터를 들여다 보라.

5

빅데이터와 부동산

▶ 01절   빅데이터 부동산 활용 검토

    빅데이터는 국민들의 실생활 속에서 직·간접적으로 영향을 받는 생활밀착적인 부동산분야의 문제를 해결하는 적합한 기술이라 할 수 있다(경정익, 2018). 우리나라는 최근 수년간 유엔에서 발표한 전자정부 발전지수면에서 최상위인 고도의 공공데이터가 축적된 국가로서, 그리고 이렇게 구축된 상위 10대 데이터 중 44.4%가 부동산과 관련되어 있어 빅데이터를 통해 부동산 문제를 해결하기 좋은 조건을 갖추고 있다. 부동산의 행정정보와 공간정보의 통합 그리고 위치기반서비스(LBS)에 기반한 소셜 및 라이프로그 데이터 등 비정형데이터의 융합을 통해 필요로 하는 시기에 산출되는 결과는 기대이상의 엄청난 부가가치를 창출할 수 있을 것이다.

    앞에서 살펴본 빅데이터에 대한 개념과 특징, 빅데이터 기반 및 분석기술 등 일반사항과 빅데이터 국내·외 기술동향과 활용 그리고 추진동향을 바탕으로 STEEP분석[18]과 연관성 분석을 통해 부동산분야에서 빅데이터 활용의 적절성을 분석해보고 그 활용방안을 살펴본다.

---

18 STEEP분석은 거시환경의 영향도를 파악하여 최소화하거나 탈피하는 전략을 찾고 세부적인 기회요인을 추출하여 추진전략에 이용하기 위해 Social(사회), Technology(기술), Ecological (환경), Economic(경제), Political(정책/법규)의 5개 부문을 분석하는 것임.

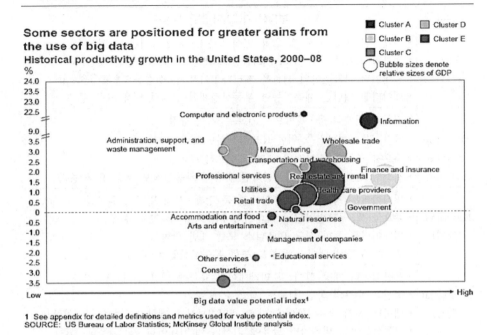

자료: Mckinsey(2012).

1. STEEP에 의한 부동산분야의 빅데이터 활용 분석

앞에서 빅데이터에 대한 개념과 특징, 빅데이터 기반 및 분석기술 등 일반사항과 빅데이터 국내·외 기술동향과 활용 그리고 추진동향에 대해 살펴보았다. 이를 바탕으로 STEEP분석을 통해 부동산분야에서 빅데이터 활용의 적절성을 분석해 보고자 한다.

▼ ⟨표 5-1⟩ STEEP에 의한 부동산 빅데이터 활용 분석

분야	부동산 빅데이터 활용 트렌드
Social (사회)	• 빅데이터 관심 고조 및 활용 인식 확산(정부/공공기관, 기업, 국민) • 정보화(스마트기기, SNS, IoT)발달로 대량의 데이터 생산 및 유통 • 빅데이터가 IT분야의 새로운 패러다임이자 신 성장동력으로 급부상 • 데이터를 기반한 예측가능한 부동산정책의 선제적 대응 요구 증대
Technical (기술)	• 지식과 기술의 융·복합으로 새로운 기회 등장 • 국가 및 사회발전을 위한 ICBM[19] 분야 중점 추진 • 수요자 중심의 정보서비스 제공 필요성 증가 • 시스템 연계·통합으로 개인화된 맞춤식 부동산정보 제공 요구 증가
Economic (경제)	• 빅데이터는 경영혁신과 현안해결 등 경제·사회 발전의 원동력 • 주요국 및 글로벌기업의 빅데이터사업 육성 및 활용 주력 • 빅데이터를 통한 신규 비즈니스 모델 개발 활발 • 민·관 부동산 데이터 통합을 통한 부동산산업 확장 및 일자리 창출
Ecological (환경)	• 공공데이터 개방 확대 및 민간데이터 융합에 의한 인사이트 창출 • 선진국 수준의 국민 신뢰도 제고 요구 증가 • 데이터 공개·공유 확대에 따른 개인정보보호 제한 및 정보이용 역작용 • 부동산분야는 빅데이터 활용에 최적의 여건(데이터 확보, 특성 고려)
Political (정책)	• 새로운 패러다임에 맞는 범정부 혁신 요구 증대 • 다양한 분야의 데이터 융·복합을 통한 창조경제 실현 • 빅데이터는 국가경쟁력 확보 및 미래를 대비하는 동력이라는 공감대 형성 • 빅데이터를 활용한 과학적 부동산정책 추진

첫째, 사회문화(Social)부문으로 정부 및 공공기관, 기업 등은 다양한 분야에서 빅데이터의 활용이 효율성과 창의적 발전을 줄 수 있을 것이라는 인식에 국내·외 국가 및 기업은 경쟁적으로 적용을 추진하고 있다. 최근에 스마트기기 출현과 SNS 확대, IoT 등으로 인해 데이터가 폭발적으로 증가하고 있다. 이러한 데이터를 통한 새로운 가치를 창출할 수 있을 것으로 빅데이터가 IT분야의 새로운 패러다임이자 신성장 동력으로 급부상하고 있는 것이다. 미국을 비롯한 주요국에서 부동산분야에 빅데이터를 활용함으로서 부동산산업의 규모가 증대되고 다양한 양질의 부동산서비스가 나타나고 또한 부동산분야에서 유니콘(Unicorn)기업이 우후죽순격으로 출현함으로서 국내에서도 많은 관심이 나타나고 있다. 부

---

19 ICBM: I(IoT: 사물인터넷), C(Cloud: 클라우드), B(Big Data: 빅데이터), M(Mobile: 모바일)

동산과 관련된 다양한 분야에서 실시간에 의한 대규모·다양한 형태의 데이터를 활용하여 예측가능한 부동산정책 결정의 선제적 대응이 요구되고 있는 것이다.

둘째, 기술(Technical)부문으로 빅데이터는 새롭거나 완성된 기술이 아니라 종전에는 감당할 수 없는 방대한 데이터를 수집, 저장, 분석하여 새로운 가치를 창출할 수 있는 다양한 기술이 적용되고 개발되는 진행형이라 할 수 있다. 부동산분야에서 빅데이터는 다양한 분야와 부동산 데이터의 융복합으로 시너지 효과를 나타낼 수 있는 것이다. 종전의 공급자 위주의 부동산정보서비스에서 수요자 중심으로 전환할 필요성이 증가하고 있으며, 지난 수년간 구축·운영되고 있는 부동산 관련 정보시스템[20]을 연계·통합[21]하여 빅데이터에 의한 개인화된 맞춤식 부동산정보 제공 요구가 증가하고 있다. 따라서 빅데이터는 이러한 부동산산업의 패러다임의 변화를 충족시킬 수 있는 기술인 것이다.

셋째, 경제(Economic)부문에서 빅데이터는 다양한 분야에 복잡하게 연관된 사회현안 해결과 경영혁신을 통한 경제·사회 발전의 원동력으로 인식되고 있다. 과거에는 불가능했던 난제들이 빅데이터를 통해 현실화되고 있는 것이다. 따라서 미국, 일본 등 주요국과 글로벌기업은 다양한 분야에서 빅데이터사업을 육성하고 활용을 확대하여 신규 비즈니스 모델 개발을 위해 주력하고 있으며, 창의적인 활용사례도 속속히 등장하고 있다.

MGI보고서(2011)에서 부동산분야의 잠재 활용가치는 정보, 금융, 정부부문에 이어 4번째로 크게 분석하고 있다. 부동산 관련 민간과 공공데이터 통합을 통해 고도의 부동산서비스와 비즈니스 모델을 구현하는 프롭테크(PropTech)가 다수 출현하여 부동산산업 확장과 더불어 일자리가 창출되고 있다. 다만 국내에서는 데이터 생산량이 많은 산업(통신, 제조업 등)이 발달해 빅데이터의 잠재력은 크지만 불확실성에 따른 투자 리스크 등으로 활용은 저조하여 국가차원의 전략

---

20 정부에서 구축된 정보시스템은 4만개의 단위행정 기능, 1.8만개 사일로(Silo)시스템, 8만개 서버로 인한 복잡성 심화로 업무수행의 비효율화가 발생되고 있으며, 전자정부 이용률은 56.9%('13)이며, 이용 만족도는 83.7%('13)로 전년 대비 7.5% 하락함(정부3.0 발전계획, 2014).

21 감정평가정보시스템, 주택가격정보시스템, 한국토지정보시스템 등 개별적으로 운영되던 6개 시스템을 연계 통합하여 부동산종합관리체계를 구축하여 공시가격의 정확성과 신뢰성을 높이고 실거래가 기반의 맞춤형 부동산가격정보 제공을 통하여 부동산 등 산업 육성과 고용창출을 기대함(국토교통부, 2013).

적 지원이 필요하다.

넷째, 환경(Ecological)부문으로 부동산 생태환경이 변화하고 있다. 저성장 구조 속에서 경제부흥의 새로운 모멘텀이 필요하며, 복잡다단한 사회문제가 대두되고 있다. 지식정보사회로에 따른 정부－기업－국민 간 관계가 변화하고 있어 빅데이터를 통해 이를 해결하고자 하는 것이다. 부동산산업의 생태계가 과거와는 달리 빅데이터를 통해 고도의 정보를 산출하여 서비스할 수 있는 새로운 비즈니스가 창출되는 방향으로 재편성되도록 부동산생태계가 진화될 것으로 예상된다.

또한 정부는 공공데이터법과 정보공개법을 제정하여 정보공개 및 데이터 개방[22]을 확대하고 민간데이터와 융합을 통해 인사이트(Insight)를 창출하고자 하며, 정부서비스의 신뢰도를 향상시키고자 하는 것이다. 우리나라는 유엔에서 발표한 2014년까지 3회 연속 전자정부 발전지수 1위인 공공정보 축적이 세계 최고 수준으로 고도화된 국가이다. 이렇게 구축된 상위 10대 데이터 중에는 44.4%가 부동산과 관련되어 있어 빅데이터를 통해 부동산 문제를 해결하기 좋은 조건을 갖추고 있다고 할 수 있다(경정익, 2013).

다섯째, 정책(Political)부문으로 현시점은 새로운 패러다임에 맞는 범정부 차원의 혁신의 요구가 증대되고 있다. 우리나라 정부는 대용량의 데이터를 생산하고 있는 IT강국으로 공공데이터의 개발, 공유, 소통, 협력을 모토로 빅데이터산업 발전을 위한 전략을 추진하고 있다. 이러한 전략은 궁극적으로 다양한 분야의 데이터를 융복합하여 새로운 가치를 창출하고자 하는 것이다. 이 가운데 빅데이터는 국가경쟁력 확보 및 미래를 대비하는 동력이라는데 민·관 모두 공감대가 형성되고 있다. 따라서 정부에서 강력하게 드라이브를 건 빅데이터 추진의 일환으로 과학적인 부동산정책을 추진할 수 있을 것이다. 즉, 부동산정책 추진에서 빅데이터를 통해 객관적 데이터에 의한 증거기반의 선제적인 정책을 발굴·추진하고, 정책추진 과정을 모니터링하는 국민체감형 정책이 추진될 수 있어야 할 것이다.

이상과 같이 부동산분야에서 빅데이터의 적용과 활용은 STEEP분석을 통해 보면 잠재가치와 활용 가능성은 매우 높다고 할 수 있다. 즉, 스마트사회에 따른

---

22 공공데이터는 개발에 대해 사전공포를 2013년 34,097건, 2014년 67,160건, 2013년 2,260개, 2014년 9,677개를 개방하였음(정부3.0 발전계획, 2014).

사회적 요구 수용과 정보기술의 발전, 그리고 빅데이터를 통한 부동산산업의 발전과 일자리 창출, 풍부한 데이터의 생산과 활용할 수 있는 환경적 요인 그리고 정부의 빅데이터를 통한 부동산 발전의 정책적 의지와 강력한 지원이 있다.

더욱이 부동산의 제반활동은 기술·경제·법률적 측면을 복합적으로 고려하여야 하므로 임의의 특정한 부동산 문제를 해결하기 위한 부동산 현상을 분석하기 위해서는 다양하고 방대한 요소를 실시간으로 분석하여야 한다는 측면에서 빅데이터의 특성인 V4C(Volume, Variety, Velocity, Value, Complexity)와 밀접한 연관이 있어 적합성과 활용성이 매우 높다고 할 수 있다.

다시 말해 부동산의 다양한 분야에서 빅데이터 활용은 최적의 기술이라 할 수 있다. 따라서 부동산정책, 부동산개발, 중개 등 제반 활동에서 빅데이터 활용은 실시간에 의한 분석으로 예측가능한 선제적인 대응방안을 강구할 수 있는 것이다.

2. 부동산과 빅데이터의 연관성 분석

빅데이터는 종전의 분석방법에서 현 시점의 여건과 환경에 부합하는 발전된 분석기술이다. 다양한 형태의 데이터가 대규모로 생성됨으로서 이를 활용할 수 있는 기술의 발전에 따른 결과로 이해할 수 있다. 이는 빅데이터의 특성인 V4C를 통해 종전 분석방법과 확연한 차이가 있다. 즉, 정형데이터 이외에 비정형데이터를 포함한 대규모 데이터를 실시간에 의한 수집·저장·분석으로 더욱 예측가능한 유용한 결과를 도출하여 활용할 수 있다는 것이다.

부동산정보는 환경이 항상 변동하고 시간의 흐름에 따라 그 효용성이 달라지는 가변성으로 인해 현행화하는 작업을 거쳐야 하며, 부동산의 개별성과 거래의 비공개성이라는 특성으로 인해 거래정보의 수집이 어려우며 수집된 정보 자체도 부분적이거나 왜곡되어 있는 경우가 많다. 또한 부동산은 개별성이라는 특성으로 인해 완전한 정보로서 효용을 갖추기 어렵기 때문에 수집된 부동산정보나 자료는 반드시 가공 과정을 거쳐야 한다.

또한 그 용도에 따라 다양한 특징을 가지기 때문에 특정 목적의 부동산 활동을 수행하기 위해서 그리고 부동산현상을 정확하게 인지하고 바람직한 부동산 활동을 전개하기 위해서는 법률·경제·경영·사회·문화·지리·건축·기타 다양한 측면 중에 부동산분석과 관련된 부분을 이해하여야 한다. 즉, 기술·경제·법률적인 측면을 고려하여 부동산 결정(Real Estate Decision)을 하게 되는 것이다.

기술적인 측면으로는 토목, 건축, 역학, 지형, 지질 등으로부터 생물학적 영역에 이르기까지 관련된 여러 분야를 고려하며, 경제적 측면에서는 부동산 가격과 부동산 수급(需給)에 관련된 경영(회계), 마케팅, 사회, 심리, 지리적인 입지 등을 참조하게 된다. 또한 법률적인 측면으로는 제도적으로 지역별, 부동산 유형별로 무수히 많은 법적 규율이 부동산 활동에 영향을 미치게 되는 것을 고려하여야 한다. 이와 같은 부동산 활동의 의사결정을 함에 있어 3대 측면이 유기적으로 다양하게 고려된다(이창석, 2010).

뿐만 아니라 다양한 부동산 문제를 해결하기 위한 부동산 현상(Real Estate Phenomena) 분석에서는 부동산과 인간의 부단한 상호작용이 이루어지므로 정태적 분석과 함께 동태적 분석이 동시에 요구되며, 부동산정보의 특성 중 현시성의 중요함은 아무리 강조해도 지나침이 없는 요소로 실시간에 의한 정보가 고려되어야 한다. 즉, 바람직한 부동산활동을 위해서 부동산의 현상을 분석할 때는 부동산과 관련되어 있는 다양하고 방대한 요소를 고려하여야 한다.

바람직한 부동산 의사결정을 하기 위해서는 기술적, 경제적, 법률적인 3대 측면을 비롯하여 다양하고 복합적인 요소를 고려하는 것은 현실적으로 거의 불가능에 가깝다. 따라서 부동산정책으로부터 기업의 부동산 개발, 그리고 개인의 부동산 매매 및 투자 활동 등에 이르기까지 모든 부동산 활동을 하는 데는 상당한 위험(Risk)을 감수하여야 했다.

빅데이터는 이와 같이 부동산정보의 다양한 특성을 효과적으로 반영·분석하여 최선의 대안을 도출할 수 있는 기술이라 할 수 있다. 따라서 앞으로는 부동산 활동을 함에 있어 빅데이터를 활용함으로서 종전에는 감수해야 했던 상당한 부분의 리스크를 제거할 수 있어 바람직한 선택과 결과를 얻을 수 있을 것이다. 부동산과 관련된 [그림 5-2]에서 보는 바와 같이 제 측면과 부동산의 유기적인 변화를 고려하여 부동산에 대한 정책결정, 매각결정, 매입결정, 교환결정, 임대결정, 중개결정, 이용결정, 개발결정, 입지선정 결정, 가격결정 등 최적의 부동산활동을 할 수 있게 될 것으로 기대된다.

또한 부동산 문제는 부동산과 인간과의 상호작용이 합리적이지 못하기 때문에 대두되는 것이다(이창석, 2010). 이러한 부동산 문제 해결은 인간의 행태분석이 필수적으로 요구된다.

▼ [그림 5-2] 부동산과 관련된 제 측면

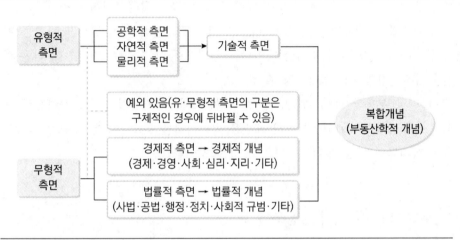

자료: 이창석(2010), 「부동산학 원론」.

따라서 민간이나 공공에서 실시간으로 축적되는 소셜데이터와 관련된 다양한 부동산관련 정보는 국민의 정서, 의견 등을 나타내기 때문에 이를 잘 분석하면 부동산 결정 뿐만 아니라 국민 맞춤형 정책이 가능해진다. 즉, 이미 집행한 정책이나 현재 추진하고 있는 정책 그리고 앞으로 추진하려는 정책에 대해 국민들이 어떻게 생각하는지 여론 추이를 분석·평가할 수 있게 된다.

따라서 부동산 관련한 다양한 정형데이터와 소셜(Social) 및 라이프 로깅(Life-Logging)[23] 데이터 등 비정형화된 데이터를 통해 부동산현상을 분석하고 패턴과 예측할 수 있는 빅데이터는 그 활용성이 어느 분야보다도 크다고 할 수 있다.

---

23 라이프 로깅 데이터란 1945년 7월, 미국 국가과학기술연구소 소장인 'Vannevar Bush'가 Atlantic Monthly에 기고한 "As we may think"라는 기고문에서 처음 제시된 것으로, 일상에서 보는 것, 듣는 것, 느낀 것, 방문한 곳, 주고 받은 이메일, 진료기록, 쇼핑내역 등 모든 데이터가 저장되어 활용하게 되는 데이터를 의미함.

이와 같이 빅데이터에 대한 STEEP분석과 부동산의 연관성을 분석하여 보면, 부동산과 빅데이터는 상호 밀접한 연관성이 있으며, 부동산분야에서 빅데이터의 활용가치가 높음을 알 수 있다. 부동산 문제를 해결하기 위한 부동산 현상분석은 기술적·경제적·법률적 측면에서 광범위한 부분을 대상으로 하여야 한다. 빅데이터는 부동산의 다양성과 복잡성을 수용할 수 있는 다양한 분야에 복잡하게 연관된 현안을 해결하기 위해 다양하고 대규모 데이터를 분석할 수 있는 특성이 있다. 또한 부동산 문제에 대한 해결은 결국 특정시점에 부동산과 인간과의 관계를 원활히 하는 것으로 이는 빅데이터를 통해 SNS, 라이프 로그 데이터 등 다양한 통로에서 수집한 데이터를 통해 소통할 수 있어 실시간에 의한 의견을 수렴·반영하고 모니터링 할 수 있다.

따라서 부동산 매매, 임대, 중개, 이용, 개발, 입지선정, 정책, 가격결정 등 모든 부동산 문제에 대한 분석과 해결은 빅데이터를 통해 정확한 부동산 현상분석과 합리적인 부동산 활동을 할 수 있는 것이다.

3. 부동산의 빅데이터 활용분야

정형화된 부동산 관련 데이터는 1980년대인 정보화 초기부터 범정부 EA (Enterprise Architecture)를 통해 체계적이며 광범위하게 데이터가 축적되어 있으며, 관리되는 공공부문정보시스템은 3만 여종이다. <표 5-2>에서와 같이 토지, 부동산, 지적자산분야에 대한 정보가 가장 많은 비중을 차지하고 있어 빅데이터를 통한 부동산의 솔루션은 다른 어느 분야보다도 큰 부가가치를 실현할 수 있을 것이다.

▼ 〈표 5-2〉 공공의 상위 등록 10대 데이터 현황

분야	토지 자원	부동산	지식 정보	지방세	재난 재해 복구	생활 정보	금융 산업	의료 기관 지원	지적 자산	상수도
데이터 수(종)	1,842	1,531	1,431	960	895	471	294	280	276	236

자료: 스마트국가 구현을 위한 빅데이터 마스터플랜(2012).

즉, 부동산의 행정정보와 공간정보를 통합하고 위치기반서비스(LBS)에 기반한 소셜 및 라이프로그 데이터 등 비정형데이터를 융합하여 산출되는 가치는 실시간 적용할 수 있어 엄청난 부가가치를 창출할 수 있다.

부동산분야에서 빅데이터 적용은 실질적이며, 구체적으로 어떠한 부분에서 활용될 수 있는지에 과정을 둔 가치 중점적 접근이 필요하다. 빅데이터는 일상생활과 밀접한 각종 데이터를 신속하고 쉽게 수집하여 해당 사회를 투영할 수 있게 총체적으로 분석할 수 있다는 점은 부동산에서 매우 매력적이다.

▼ 〈표 5-3〉 국토교통부 제공 데이터 활용 사례

서비스명	서비스 내용	활용데이터 및 API
밸류맵	상업용 부동산 실거래가 위치정보 제공	• 토지특성 정보서비스 • 토지 매매 신고 조회서비스 • 토지임야정보조회서비스
직방	부동산정보 제공	• 실거래가격지수 통계 조회서비스 • 아파트매매 실거래 상세자료 • 아파트 전월세자료 • 공동주택 단지목록 제공서비스 • 공동주택 기본정보 제공서비스 • 공동주택관리비정보 제공서비스 • 건축물대장 정보서비스
집나와	전국 다세대 시세데이터 제공	• 다세대 매매 실거래자료 • 다세대 전월세자료 • 건축물대장 정보서비스
공사알리미	전국 건축공사정보 제공	• 건축인허가 정보서비스
윤빌딩	승강기정보 및 건축물정보 제공	• 건축물대장 정보서비스 • 표준공시지가 정보서비스
리파인	등기된 권리 조사, 문제 여부 확인	• 건축물대장 정보서비스
Biz-GIS	창업입지 분석서비스	• 건축물대장 정보서비스 • 건축인허가 정보서비스

자료: 국토교통 빅데이터 추진전략 및 변화관리 방안 연구(2018.7).

부동산분야에서 빅데이터의 가치를 살펴보면, 첫째는 무엇보다도 "미래의 부동산의 현상을 예측"할 수 있다는 것이다. 빅데이터는 부동산과 관련된 사회의 다양한 현상에 대해 지속적으로 누적된 다양한 출처의 데이터를 분석함으로써 각 부문 간 상호작용과 인과관계를 파악할 수 있다. 이와 같이 누적된 데이터를 통해 부동산정책과 시장의 변화, 파급효과와의 인과관계를 도출하고, 실시간으로 쌓인 데이터에 의해 현재의 트렌드를 감지함으로서 좀 더 정확한 부동산시장 분석과 전망 예측이 가능해 질 것으로 보인이다.

둘째, '부동산 현상에 대한 정확한 파악과 신속한 대응'이 가능하다. 빅데이터는 업무와 일상생활에서 SNS, 웹 로그, 블로그, 뉴스 등에서 발생하는 다양한 데이터를 수집·처리하는 기술의 발전으로 이를 통해 부동산시장과 부동산정책 반응을 모니터링할 수 있으며, 신속한 대응방안을 강구하여 대처할 수 있을 것이다. 따라서 부동산분야의 빅데이터를 활용할 수 있는 플랫폼이 구축되어야 할 것이다.

셋째, '이용자의 요구를 실시간으로 충족'시킬 수 있다. 사회관계망서비스(SNS)와 미디어 등 부동산의 이슈에 대한 비정형데이터는 감정의 기록으로 이를 통해 실시간(Real Time) 의견을 수렴할 수 있어 종전에는 잘 감지되지 않았던 다양한 의견을 수집할 수 있고 국민의 정서를 빠르고 정확하게 파악하여 대응할 수 있다. 이러한 모니터링은 현상 파악과 더불어 무엇을 요구하는지 또는 무엇을 하려는지 등을 파악할 수 있어 선제적 대응을 가능하게 한다. 다시 말해 정부, 공공기관이나 기업에 축적된 정형 및 비정형데이터의 형태나 패턴분석을 통해 업무, 기업고객관리, 마케팅 등에 활용될 수 있으며, 비정형데이터의 분석을 통해 실시간 현상 분석과 예측결과를 검증하는 자료로 활용될 수 있을 것이다 (김대종·윤서연, 2013).

부동산정책 과정은 현안을 진단하고 정책의제를 결정하여 집행하며 그 정책집행의 효과를 평가하는 순환구조를 형성한다. 이런 일련의 정책 과정에 국민, 전문가, 정치권, 정책입안자 등 다양한 참여자의 의견 데이터는 정책과제를 발굴하고 모니터링하며 정책효과를 평가할 수 있기에 중요하다. 그러나 지금까지 수집·분석에 활용된 데이터는 현재형이 아닌 과거 주기적으로 생산된 과거의 데이터이다. 그리고 정책에 반영된 의견은 설문조사 등에 의한 소수의 제한된 전문가와 국민의 의견 및 여론[24]에 의하게 됨으로서, 빠르게 변하는 현실과 다수의 의견을 충분히 반영하지 못하는 근본적인 문제가 있다.

▼ [그림 5-3] 부동산의 빅데이터 활용 프레임 워크

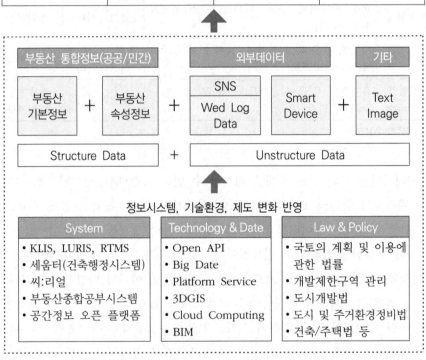

---

24 빅데이터를 이용한 감성분석은 국민의 여론을 실시간적으로 모니터링하여 실제 시장에 어떠한 영향을 미치는지에 대해 다양한 관점에서 분석을 가능하게 한다. 이러한 감성분석 결과와 부동산 매매와 임대차 계약정보를 종합적으로 분석하면 부동산정책이 시장에 직접적으로 어떠한 영향을 미쳤는지 그리고 그 원인이 무엇인지 파악할 수 있다. 이러한 감성분석의 실효성에 대해서는 파일럿 프로젝트를 수행한 경정익(2016)의 연구를 통해 확인할 수 있다.

▼ 〈표 5-4〉 정책 과정의 빅데이터기술 활용

정책 과정	활용사례	빅데이터유형	빅데이터 활용 정책 과정
문제형성, 정책형성	트위터 연관 키워드: 관광 여론 모니터링 (경기연구원)	소셜데이터	문제형성, 정책형성
문제형성	인터넷 및 SNS 실시간 동향: 시장조사 및 위기관리(SKT)	소셜데이터	문제형성
문제형성	민원 상담 키워드: 월별, 지역별 민원 파악 (국가권익위원회)	정형데이터 + 텍스트데이터	문제형성
정책형성, 대안채택	교통카드 및 휴대전화 위치정보: 버스 노선 수립(서울시 심야버스)	로그데이터	정책형성, 대안채택
정책형성	교통 빅데이터 구축: 실시간 혼잡구간정보 제공(SKT맵)	로그데이터	정책형성
정책형성	지점별 매출 및 기상자료: 날씨에 따른 수요 예측(파리바게뜨)	정형데이터 + 로그데이터	정책형성
정책형성, 대안채택	휴대전화 로밍, 신용카드: 관광 코스 개발 (서울시 관광)	로그데이터	정책형성, 대안채택

자료: 경정익(2018a).

빅데이터는 이와 같은 문제를 해결할 수 있는 기술로서, 실시간으로 사회변화를 예측하고 국민의 요구를 파악하여 선제적인 정책추진과 맞춤형 서비스를 제공하며, 객관적인 데이터를 기반으로 증거기반의 정책을 추진할 수 있다.

특히 부동산정책에서 그 실효성이 클 것으로 기대된다. 부동산정책은 국민의 실생활과 직결되어 사회적으로 크게 부각될 뿐만 아니라 다양한 분야와 복합적으로 연계되어 최적의 해결방안을 모색하기가 쉽지 않으며, 정책의 실효성에 대한 국민 체감도가 높은 특성이 있다. 지난 부동산정책을 살펴보면 2008년 미국의 금융위기 이후 국내 부동산시장이 침체되면서 국민적 문제를 해결하기 위해 추진된 정책의 실효성이 번번이 기대에 미치지 못하는 문제가 있었다. 정부의 의도와 달리 실제 나타난 정책효과는 적지 않은 괴리가 발생하여 국민의 기대에 미치지 못함으로서 정책의 신뢰성은 더욱 낮아져 다음 부동산정책을 추진하는 데 부담이 되어 자칫하면 딜레마의 함정에 빠질 수 있다는 우려가 있다.

그리고 최근에 나타나는 부동산의 현상을 보면 과거의 패턴을 벗어나고 있어 종전 방식으로는 분석과 대안제시가 어려워지고 있다. 예컨데 매매가 대비 전세가율이 과거와는 달리 60% 또는 70%를 초과하여도 전세에서 매매로 전환되지 않고 일부 지역은 80~90% 이상을 초과하는 현상이 나타난다든지, 거래량이 증가함에도 불구하고 매매가 상승으로 이어지지 않는 현상이 나타나고 있다. 또한 과거와는 달리 지역별 특성에 따른 정책효과가 상이하게 나타나고 있어 더욱 정교한 정책추진이 요구되는 것이다. 이러한 현상은 종전의 경험과 사고 그리고 분석방법으로는 설명하거나 예측하기 어려운 것이라 할 수 있다.

빅데이터에 의한 분석은 기존의 관점과 가치 그리고 기존 패러다임의 연장이 아닌 새로운 관점에서 창출되는 정보와 가치에 의해 문제를 해결할 수 있는 방법이라 할 수 있다. 새로운 시각에서 현안을 진단하고 예측할 수 있는 것이다.

빅데이터의 다양한 분석기술은 종전에는 반영할 수 없었던 비정형데이터까지 수집 분석하여 실시간으로 반영할 수 있다. 성공적인 부동산정책을 추진하기 위해서는 정책의 수요자인 국민의 목소리 뿐만 아니라 각계각층의 다양하고 광범위한 의견 반영은 매우 중요한 부분이다. 따라서 국민여론, 전문가 의견, 정책입안자 등 다양한 의견을 텍스트마이닝과 오피니언마이닝에 의한 감성분석으로 정형화하여 정책을 예측하고 사전에 모니터링하여 부동산정책을 성공적으로 추진할 수 있는 것이다.

따라서 부동산 문제에 관한 다양하고 광범위한 의견을 텍스트마이닝(Text mining)과 오피니언마이닝(Opinion mining) 등 감성분석 등을 통하여 그 결과를 기존의 정형데이터(인구, 경제관련 통계, 거래량과 가격관련 통계, 부동산시장 관련 지표 등)와 함께 분석함으로서 실시간적으로 현안을 정확하게 진단하여 국민과 부동산시장에서 요구하는 정책의제를 선정할 수 있으며, 정책효과를 예측할 수 있다. 따라서 선제적으로 정책을 발굴·추진하여 국민과 공감하며, 성공적인 부동산정책으로 현안을 선제적으로 해결하여 궁극적으로 국민의 삶의 질을 향상시킬 수 있게 될 것이다. 이와 유사한 빅데이터 분석기술을 활용한 공간정보 정책과 주가 예측 등에서의 의사결정과 예측모형은 이미 몇몇 연구에서 그 유효성이 실증되고 있으며, 더욱 발전된 연구가 진행되고 있다.

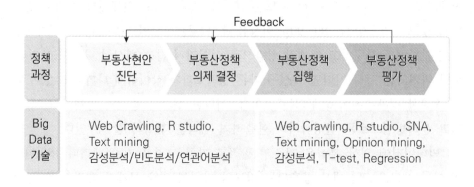

자료: 경정익(2017a), 빅데이터에 의한 부동산정책 현안진단 및 수요예측 방법론.

앞에서 언급한 바와 같이 부동산정책은 국민생활과의 밀착적인 특성으로 정책 과정에서 현실의 복합적인 문제를 실시간적으로 진단하여 정책에 반영할 수 있어야 할 것이다. 이는 빅데이터기술을 통해 정형데이터와 함께 다양하고 광범위한 의견을 반영하고, 객관적인 데이터를 기반으로 예측을 통한 선제적인 정책을 추진하여 정책에 대한 국민의 기대에 부응하고 신뢰받는 정책을 추진할 수 있어야 하는 것이다.

부동산의 모든 분야에서 빅데이터를 적용할 수 있는 대표적인 몇 가지 활용방안을 살펴보면 다음과 같다.

첫째, 빅데이터는 복잡한 정책수립 과정을 정량적인 분석을 통해 정책의 신뢰성과 투명성을 향상시켜 예측 가능한 국민 공감형 부동산정책 실현이 가능할 수 있다. 빅데이터는 부동산정책 요구에 대한 국민의 니즈(Needs)를 파악하고 소통하여 정책에 대한 국민평가와 정서를 반영한 선제적 국민공감형 부동산정책 추진을 가능하게 한다. 정책의제 발굴 과정에서는 부동산정책 또는 부동산시장 관련 키워드를 소셜데이터를 통해 국민 여론에 대한 자료를 수집하여 연관어를 감성분석함으로서 부동산시장 진단과 국민정서를 파악하여 선제적인 정책과제를 발굴하고 정책을 추진하는 과정에 정책의 실효성을 실시간으로 모니터링할 수 있다. 또한 부동산정책결정 및 집행 과정에서는 감성분석을 통해 정책추진의 전후 과정에서 정책에 대한 국민 여론 파악과 정책의 긍정·부정 원인을 파악할 수 있다. 그리고 부동산정책의 세부내용에 대한 연관어를 분석하여 관련 이슈가 무엇인지 모니터링할 수 있다. 정책평가 과정에서는 공공부문에 축적되고 있는 부동산거래나 임대차계약정보를 분석하여 정책이 제대로 작동하고 있는지를 평가할 수 있다(김대종·윤서연, 2013).

▼ [그림 5-5] 빅데이터에 의한 정책시행 후 정책 반응 및 거래량과 가격 변동지역 탐색

양도세 면제 및 감면 정책에 대한 반응

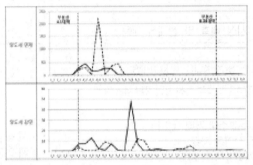

2013년 주택거래 변동율(2012년 대비)   2013년 주택가격 변동율(2012년 대비)

자료: 김대종(2013).

ICBM(IoT, Cloud, Big data, Mobile)은 최근 핵심정보기술로서 우리가 사는 사회를 사람 중심으로 초 연결사회, 지능화사회로 진화시켜 새로운 가치를 창출할 수 있도록 하고 있다. 그 중 빅데이터는 그 중심에서 정보기술의 새로운 패러다임이자 신 성장 동력으로 부각되고 있다. 빅데이터는 데이터 기반의 과학적이며

합리적인 의사결정지원, 미래예측 등을 통한 혁신의 기반으로 활용할 수 있는 기술로서 선진국을 비롯한 많은 국가 그리고 국내·외 많은 기업은 기술 개발과 활용의 선점을 위해 연구개발에 박차를 기하고 있다.

빅데이터는 기존에 활용할 수 없었던 데이터까지 실시간(Real Time)으로 수집·저장·분석하여 상호 의존성과 복잡성 그리고 불확실성이 증가하는 최근의 사회변화를 예측하고 난제 해결에 필요한 정보와 가치를 제시할 수 있을 것으로 기대하고 있다.

▼ [그림 5-6] 부동산시장 예측 및 선제적 대응

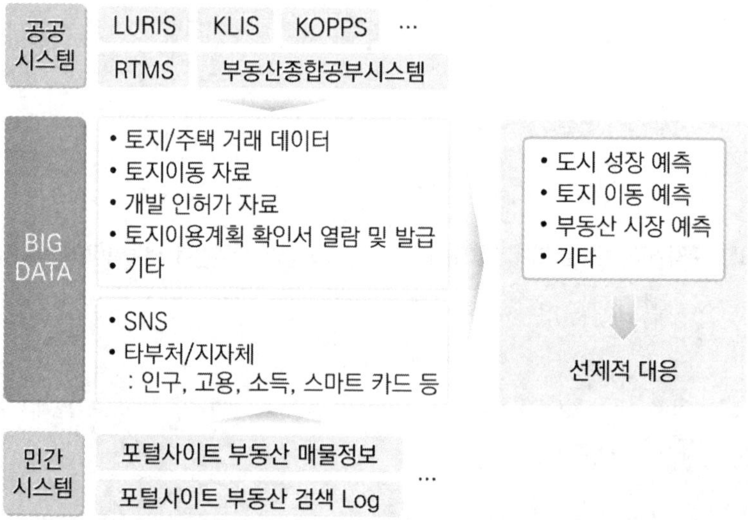

둘째, 토지이용 트렌드 및 패턴기반의 선제적 맞춤형 정책을 추진할 수 있다. 어느 토지에 어떠한 현상이 발생하고 있는지를 신속 정확하게 진단하고 예측할 수 있는 다양한 정보가 공공부문과 민간부문에 실시간으로 축적되고 있어 이러한 데이터를 수집하여 분석한다면 토지개발의 위치와 패턴을 파악하여 예측가능한 정책수립이 가능하게 되는 것이다. 예를 들어, 도시용도로 개발된 사례를 살펴보면 단기간동안 집중적으로 거래가 이루어진 특정 지역이 대부분이다. 따라서 토지이용 과정에서 토지 및 임야대장, 토지이용계획확인서 열람 및 발급, 부동산 등기사항증명서 열람 및 발급, 개발행위허가, 건축허가 등과 관련된 다양한 데이터가 실시간으로 축적되고 있다. 이러한 데이터를 가구와 기업의 행동, 계획 의도 등과 연계하여 분석하면 어느 지역의 토지가 어떠한 용도로 이용될 것인지에 대한 트렌드와 패턴을 파악할 수 있어 선제적 맞춤형 정책을 추진할 수 있다.

셋째, 빅데이터 활용으로 주택정책에 예측가능하고 선제적인 정책을 추진할 수 있다. 최근의 주택정책에서는 다변화되는 주택수요[25]에 맞는 세분화된 정책이 요구된다. 따라서 적절한 공급형태를 제공하기 위한 공시지가, 면적, 인구 증감의 단순통계에 따른 단일 형태의 주택공급이 아닌 전출·입의 상세정보에 따라 가구 구성별 증감, 연령층별 증감, 소득층별 증감 등 각 정보별 세부 항목과 상세 데이터의 분석을 필요로 한다. 부동산 소유 구조도 단일 소유에서 공동소유와 펀드소유 등으로 다양화되고 있다. 이와 같이 다양해지는 주택의 수요와 공급을 분석하고 예측하기 위해서는 최신성 있고, 다양한 부동산정보를 분석하여야 한다.

특히 부동산에 대한 사회적 영향력을 고려해 보았을 때 실시간으로 갱신되는 대용량 데이터의 적시적인 분석과 예측이 필요하므로 이에 빅데이터를 적용하여 판단할 수 있다. 이와 같이 빅데이터는 주택정책 과정에 이용함으로서 다변화된 수요욕구를 충족하고 예측력을 높여 선제적인 정책을 추진할 수 있다.

---

25 1981년 1월 택지개발촉진법을 제정하여 국가(공공) 주도의 택지개발 등 획일적인 주택공급을 하여 아파트와 아파트 외 단독·다가구·연립·다세대 등으로 분류되다가, 2009년 2월 개정된 주택법에 근거하여 서민과 1~2인 가구를 위한 도시형 생활주택, 주상복합, 오피스텔 등의 수요층을 충족하기 위한 다양한 유형의 주택이 공급되고 있다.

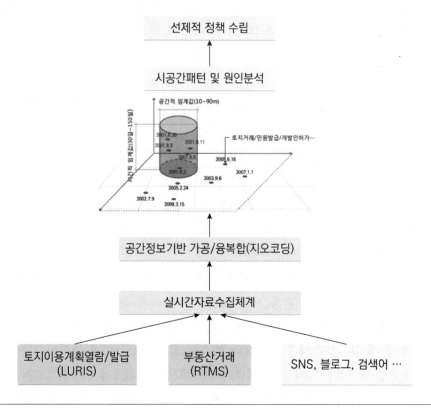

선제적 정책 수립

시공간패턴 및 원인분석

공간정보기반 가공/융복합(지오코딩)

실시간자료수집체계

| 토지이용계획열람/발급 (LURIS) | 부동산거래 (RTMS) | SNS, 블로그, 검색어 … |

자료: 김대종(2013).

넷째, 빅데이터 활용으로 부동산 활동의 의사결정에 효율성을 높일 수 있다. 현재까지 데이터베이스(DB)로 구축된 정형데이터와 부동산 관련 뉴스, 소셜데이터, 웹 로그데이터 등 비정형데이터를 텍스트마이닝(Text Mining)과 오피니언마이닝(Opinion Mining)을 통해 부동산의 매매, 임대, 중개, 이용, 개발, 입지선정, 정책, 가격결정 등 부동산활동의 효율성을 높일 수 있다.

텍스트마이닝과 감성분석에 의한 부동산 정책 효과 예측 모형 개발

관련이론/선행 연구고찰	기초데이터 수집	텍스트마이닝 오피니언마이닝	부동산 주택정책 효과 예측	여론과 정책효과 간 실증분석
빅데이터 연구동향	정책관련 여론 수집 및 분류	형태소/극성 판단 단어 도출	여론의 긍정/ 부정 마이닝의 스코어링을 통한 예측 판단	여론과 주택가격 변동의 패턴 검토
텍스트마이닝 오피니언마이닝		긍정/부정 단어 극성 태깅		
주택가격결정 분석 방법론	주택가격 및 거래량 데이터	스코어를 설정/ 극성판단	지역별 정책 효과 예측	여론과 주택가격 등락 비교
문헌/학술DB	네이버, 트위터, 블로그/카페	R studio seHANA S/W	R studio SPSS(PASW)	SPSS(PASW)

실제 증권시장에서는 증권과 관련된 각종 인터넷 블로그나 소셜네트워크서비스(SNS), 웹상의 기사 등 특정종목에 관한 내용을 텍스트마이닝하여 기존 주가예측 모델과 소셜데이터 함수에 넣어 주가 변동 추이를 분석하는 'K‒지수(감성분석지수)'를 개발하여 주가예측 적중률을 60%로 향상시키고 있다(매일경제, 2014). 부동산분야에서도 이와 같은 데이터 분석방식을 적용한다면 실시간에 의한 제반 부동산활동의 의사결정에 빅데이터를 광범위하게 활용할 수 있을 것이다.

다섯째, 빅데이터는 부동산 평가업무의 효율성을 높일 수 있다. 고도로 복잡화된 사회 현상속에서 평가 대상 물건도 더욱 다양하게 됨으로서, 기존의 3방식 6방법(비교방식, 원가방식, 수익방식)[26]에 의한 부동산가치를 평가하는 정확성의

---

26 기존의 감정평가는 비교방식, 원가방식, 수익방식이란 3방식과 거래사례비교법(매매, 임대), 원가법, 적산법, 수익환원법, 수익분석법 등 6방법 중 가장 적정한 방법에 의해 평가함(감정평가에 관한 규칙 제10조). 이중 거래사례비교법이 현실성과 객관성, 평가의 간편성으로 실무에 가장 많이 적용되고 있음(안정근, 2011).

한계를 빅데이터 활용으로 극복할 수 있다. 현재 평가에 적용하고 있는 3방식으로는 증가하고 복잡화되는 부동산물건의 가격과 가치평가의 정확성을 보장할 수 없어 이를 보완하기 위해 회귀분석과 총소득승수법, 노선가식 등을 보조수단으로 활용하고 있는 실태이다(노용호 외, 2003).

공시지가 산정의 경우 표준지 공시지가는 감정평가사에 따라 평가방식이 상이하여 평가가격의 불균형이 있으며, 체감지가를 제대로 반영하지 못하는 문제가 있다. 또한 개별공시지가는 비전문가(담당공무원)에 의해 평가가 이루어져 신뢰성 또한 미약하다. 이러한 문제는 빅데이터를 활용하여 해결할 수 있다. 즉, 주변 환경과 대상 물건에 대한 다양한 자료를 데이터마이닝에 의해 수집·분석함으로서 시계열에 의한 추이와 패턴을 찾아내어 가격과 가치 평가의 정확성과 신뢰성을 높일 수 있다. 이와 같이 공시지가 산정에 빅데이터를 활용하면 실질적인 체감지가를 반영하고, 개별토지의 특성을 정밀하게 반영할 수 있으며, 토지관리가 용이하며 토지이용에 대한 의사결정의 근거로 활용할 수 있다.

따라서 [그림 5-9]에서와 같이 경·공매 웹사이트에서 실제 거래가 이루어진 토지 및 주택관련 데이터를 웹 크롤링(Web Crawling)을 통해 수집하여 위치와 속성 등 변수를 이용한 모델링을 통해 부동산가치를 예측할 수 있다.

▼ [그림 5-9] 부동산 데이터 수집 및 모델링에 의한 가치 예측(예시)

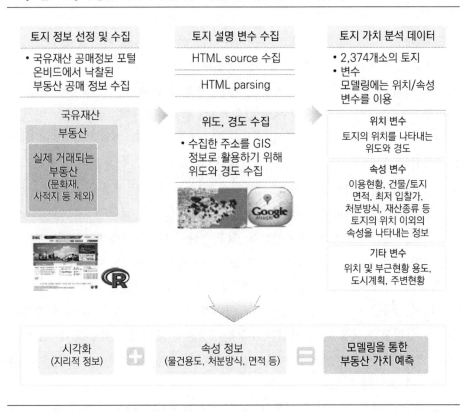

여섯째, 부동산 개발에서는 데이터를 기반으로 개발 입지선정이나, 최유효 이용을 통한 부동산가치를 높이는 노하우를 창출할 수 있을 것이다. 예를 들어, 토지에 건축하거나 건물의 리모델링을 통하여 수요자의 니즈에 맞도록 최적화 하여 부동산가치를 상승시킬 수 있는 방안을 제시할 수 있다.

도시성장을 관리하기 위해서 토지시장의 힘(Land Market Force)이 어느 쪽으로 향하고 있는지와 어느 농지·산지가 도시지역으로 용도 전환이 될 것인지를 예측할 수 있다. 예를 들어, 성장하는 도시의 토지거래와 관련된 자료는 토지를 개발하기 위하여 토지를 매입하는 과정에 생성되기 때문에 이를 분석하여 보면 어느 지역의 미 개발토지가 도시용도로 전환될 것인지 토지가 개발되기 이전에 예측가능하다(김대종·구형수, 2012).

일곱째, 부동산중개 및 컨설팅에서는 부동산과 관련된 다양한 데이터를 통해 수요자의 니즈(Needs)에 최적화된 개인화된 정보를 제공할 수 있을 것이다. 즉, 수요자의 성향과 연령, 소득, 소비패턴, 요구수익율, 시기 등 다양한 조건에 맞도록 부동산 물건을 선정하고 추천하는 컨설팅이 가능할 것이다.

여덟째, 부동산 빅데이터는 부동산 허위정보 유통 방지에 대한 대안이 될 수 있을 것이다. 부동산거래(특히 매매 및 임대차거래)와 관련한 의사결정은 가장 생활밀착적인 중대한 의사결정임에도 불구하고, 부동산 관련 정보의 낮은 품질과 서비스로 인해 거래참여자들의 합리적인 의사결정이 저해되고 있다. 국내 가계 보유자산의 75% 이상이 부동산인 현실을 감안해 볼 때, 부정확하고 신뢰도가 낮은 거래정보는 부동산시장을 왜곡시키게 되며, 잠재적인 부동산거래사고 발생 가능성을 높이고 있다.

주요 부동산거래정보 제공원천이 되고 있는 '부동산거래정보망'과 '부동산 포털사이트'에 유통되는 정보의 일부분이 허위매물정보[27]로 추정되고 있으며, 서비스되는 정보의 유용성도 매우 낮은 것으로 평가되고 있다. 부동산정보의 빅데이터의 활용은 이러한 부동산거래의 허위정보 유통을 방지할 수 있어 부동산정보의 신뢰성 회복을 통해 건전한 부동산시장과 거래질서가 확립될 수 있을 것으로 보인다. 부동산분야에서 빅데이터의 구체적인 활용에 대해서는 앞으로 많은 연구가 요구되고 있다.

그리고 개인이 편리하게 이용할 수 있는 빅데이터 플랫폼을 통해 개인의 성향과 패턴, 부동산시장을 분석한 결과 등이 고려되어 부동산 활동을 할 수 있는 개인화된 정보를 활용할 수 있을 것이다.

---

27 허위매물정보는 사실과 다른 매물정보로 부존재 매물정보, 가격오류 매물정보, 속성오류 매물정보, 조건오류 매물정보 등 4가지 유형으로 구분할 수 있다(김종삼 외, 2009).

1. 해외 주요국 추진정책

(1) 해외 주요국 부동산 빅데이터 구축

부동산분야에서 빅데이터는 공공과 민간 모두 활발하게 활용되고 있다.

먼저 해외의 부동산분야에서 빅데이터 활용을 살펴보면, 미국, 영국, 캐나다 등 해외 주요 국가에서는 정책적으로 데이터 공개가 확대하고 있어 부동산분야에서 대규모의 다양한 공공데이터를 확대·활용되고 있다. 미국 주택도시개발부(Department of Housing and Urban Development)는 공공데이터 개방정책에 따라 발간하는 보고서, 자료, 부동산통계 등을 API 방식으로 하여 테이블(엑셀), 지도, 인포그래픽스(Infogrphics) 등 다양한 형태의 자료를 HUD USER 포털사이트에 제공하고 있다. 따라서 영국으로부터 유럽, 미국, 중국 등에서 빅데이터를 활용한 프롭테크(PropTech)가 활발하게 나타나고 있으며 그 중 유니콘기업에 발생하고 있다.

▼ 〈표 5-5〉 해외 부동산 빅데이터 활용

구분	주요내용
미국	주택도시개발부(Department of Housing and Urban Development)는 보고서, 자료, 부동산통계 등을 API 방식에 의해 Excel, Map, Infographics 등 다양한 형태의 자료를 HUD USER 포털사이트를 개설하여 제공
영국	지방자치부(DCLG: Department of Communities and Local Government)는 Interform 사이트를 통해 부동산의 각종 자료 및 통계를 취합하여 제공
캐나다	온타리오주의 MPAC(Municipal Property Assessment Corporation)은 빅데이터를 통해 부동산의 가치를 감정하여 재산세를 부과, 매년 감정시가를 통보하여 세금 부과 금액을 사전 공지
일본	국토교통성은 전국적으로 운영 중에 있는 부동산거래정보망인 REINS에 공공정보와 민간정보를 취합한 빅데이터를 연계한 '부동산정보센터(Real Estate Information Center)'를 구상 추진

자료: 경정익(2015c).

영국의 지방자치부(DCLG: Department of Communities and Local Government)는 Interform 사이트를 통해 부동산의 각종 자료 및 통계를 취합하여 제공하고 있다. 캐나다의 온타리오주의 MPAC(Municipal Property Assessment Corporation)는 빅데이터를 통해 부동산의 가치를 감정하여 재산세를 부과하며, 매년 감정 시가를 통보하여 세금 부과 금액을 사전에 알 수 있도록 하고 있다. 일본 국토교통성은 전국적으로 운영중에 있는 부동산거래정보망인 REINS에 공공정보와 민간정보를 취합한 빅데이터를 연계한 '부동산정보센터(Real Estate Information Center)'를 운영하고 있다.

(2) 일본 공간 빅데이터 구축 현황

1) 공공부문의 공간 빅데이터 구축 현황

일본의 공공부문에서 구축된 공간 빅데이터 중 일부는 공개 데이터 형태로 제공되어 다양한 분야에서 널리 활용되고 있다. 대표적인 예가 한국의 인구센서스에 해당하는 일본 국세조사 데이터로, 인구, 성별, 연령, 배우자 관계 등 조사된 속성정보를 행정구역, 격자 등의 공간정보와 융합하여 대용량의 소지역 통계로 공표하고 있다.

이외에 아래 그림과 같이 공간 빅데이터의 재료로 이용되는 데이터로 센서스 관련 다양한 통계정보를 제공하는 e-Stat, 센서스 데이터 기반의 주제도를 제공하는 Census GIS가 있다. 그리고 행정구역, 철도, 도로, 강, 토지이용 등에 관한 다양한 공간정보를 제공하는 국토수치정보, 도로, 하천, 건물 등의 기반 지형지물에 관한 상세 정보를 제공하는 기반지도정보, 대기 및 수질 오염 등에 관한 정보를 담은 환경 GIS 등이 있다.

▼ 〈표 5-6〉 일본 공공부문의 공간 빅데이터 사례

종류	내용	예시
e−stat (政府統計の 綜合窓口)	인구센서스(1920−2010), 주택토지조사, 농업임업조사, 산업통계, 경제센서스 등의 센서스조사 결과를 제공	
Census GIS (統計GIS)	국세조사 결과를 다양한 주제도로 제공	
국토수치정보 (National Land Numerical Information) 國土數値情報)	다양한 공간정보 제공: 점(지가, 피난센터, 공공시설, 버스정류장, 관광지 등), 선(하천, 해안, 고속도로, 버스경로, 교통흐름(Person Trip)), 면(고도, 토지이용, 강설지역, 홍수침해 예상 지역, 세계 유산지역 등)	
기반지도정보 (Fundamental Geospatial Data, 基盤地図情報)	도로, 하천, 건물 등의 지형 지물의 정보를 담은 기본 지도	
환경 GIS (Environmental GIS, 環境GIS)	대기오염, 수질오염 등의 시계열 데이터	
지도, 항공사진 (Maps and aerial Photos browsing service, 地図·空中 写真閲覧 サービス)	선택한 지역의 400dpi해상도의 항공사진을 무료로 제공(1200dpi 고해상도 이미지는 유상제공)	

2) 민간부문의 공간 빅데이터 구축 현황

구축된 빅데이터는 일본 정부에서 무상으로 제공하고 있는 공개데이터 외에도 민간부문에서 생산하는 다양한 상업용 공간 빅데이터가 존재하는데, 건축물 기반 거주지도, 전화장자료, 고해상도 센서스, 모바일 인구통계, 소셜미디어 기반 인구정보 등이 그 예이다.

거주지도는 건축물 위치와 속성정보, 호별 거주자정보 등을 포함하며 민간기업에서 매년 자체조사를 통해 데이터를 갱신하고 정확도가 높아 다양한 분야에서 폭넓게 활용되고 있다. 전화장자료는 상점, 사무실, 기업, 개별 가정의 목록을 포함하며 주소 기반으로 공간정보화하여 사용하는 한편, 고해상도 센서스는 통계청에서 공표한 격자기반 인구통계를 토대로 100m×100m 격자와 같이 보다 세밀한 공간단위의 통계값으로 추정한 데이터이다. 예를 들어, 모바일 센서스가 핸드폰 사용자의 GPS 로그에 기반으로 생산한 활동인구 수치라면, SNS 기반 인구정보는 트위터 등 소셜미디어를 통해 파악한 외국인 관광객의 위치 및 이동패턴을 실시간으로 분석한 데이터이다.

People Flow 데이터는 국토교통성에 발표하는 개인 여행일지(PT: Person Trip) 데이터에 포함된 GPS 기록 및 다른 공간정보를 융합하여 사람들의 이동패턴을 매분마다 추정한 자료이다. 마지막으로 기업 간 거래 데이터는 민간은행에서 수집하는 기업신용정보 및 타 기업과의 거래내역정보이다.

▼ 〈표 5-7〉 일본 민간부문의 공간 빅데이터 사례

종류	내용	예시
거주지도 Zmap TOWNII(Residential map, 住宅地図)	Zenrin사에서 제공되는 건물정보, 거주자정보에 관한 지도	
전화장(Telephone directory, 電話帳)	상점, 사무실 및 개별 가정의 소유자명 및 건물명, 주소 등 제공	
고해상도 센서스(High resolution cenus)	통계청에서 제공하는 센서스데이터를 가공하여 100m 단위로 추정한 상세한 센서스 데이터 제공	2005년 100m 격자단위 인구통계 데이터

모바일 센서스(Mobile census)	일본 최대이동통신업체 NTT도 코모에서는 모바일 이용자정보, 핸드폰 사용내역, 기지국 데이 터를 활용하여 모바일 센서스 데이터 구축 및 제공	
SNS기반 인구정보(SNS based population census)	SNS 이용자정보 및 SNS에 등록 된 글을 분석하여 외국인 인구 규모 추정	
People Flow 데이터	국토교통성에서 발표하는 PT (Person Trip)데이터의 GPS 및 상 세 측정정보를 융합하여 사람들의 이동정보 데이터를 구축	
기업 간 거래데이터	기업신용조사 및 신용리스크를 관 리하는 제국 데이터뱅크(Teikoku Data bank Ltd)라는 기업에서 판 매하는 기업신용정보 및 기업 간 거래정보	

상업용 공간 빅데이터 이외에도 일본에서는 연구자들의 공통된 데이터 수요를 해결하기 위해 '연구용 공간 빅데이터 인프라'를 구축하여 사용하고 있다. 그 대표적인 예가 동경대학교 공간정보과학연구센터에서 운영하는 공동연구이용시스템인 JoRAS이다. JoRAS에서는 주소매칭서비스, 통계 데이터베이스, People Flow 데이터, 주거지도, 국세조사 데이터 등의 다양한 공간 데이터와 서비스를 일본 국내·외의 연구자들에게 제공함으로써, 연구자들의 공간 빅데이터 구득의 어려움을 해소하는 데 일조하고 있다.

▼ [그림 5-10] JoRAS 홈페이지

자료: http://www.csis.u-tokyo.ac.jp/japanese/research_activities/joint-research.html.

3) 공공부문의 공간 빅데이터 활용 동향

일본에서는 국토 및 도시계획, 지역경제, 재난/재해 등의 분야에서 공간 빅데이터를 활발히 사용 중이다. 국토 및 도시계획분야에서는 기초자료로 도시와 지역에 관한 인구 및 경제통계를 필요로 하는데, 총무성 국세조사 및 경제센서스를 통해 수집되는 250m, 500m, 1km 단위의 격자기반 인구, 주택, 경제 통계데이터를 주로 활용한다.

예를 들어, 최근 국토교통성에서는 '국토그랜드디자인 2050'을 수립하기 위해 전국 1km 단위의 격자인구통계를 포함한 MGD(Micro Geo Data)를 이용하여 인구감소로 인해 향후 무거주화가 진행될 지역을 추정하고 이를 토대로 '국토형성계획'을 수정반영한다. 또한 인구감소로 장래에 증가할 공가(空家) 문제에 대처하기 위해 마이크로(Micro) 인구·가구 통계, 격자단위 인구 추계, 인구동태 통계를 이용하여 미래의 빈집 분포 및 발생률을 건물 단위에서 추정하는 정책연구를 수행한 바 있다(Akiyama, 2015b).

▼ [그림 5-11] 국토교통성 "국토그랜드디자인 2050" 수립, 국토형성계획 수정

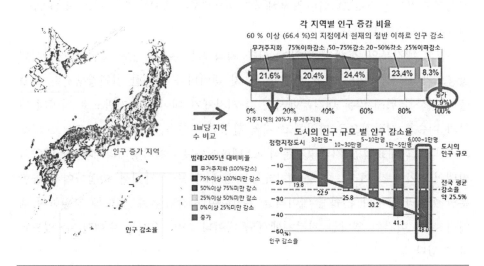

자료: Akiyama 2015b, p.42.

▼ [그림 5-12] 장래 공가(단독주택) 비율 추정결과

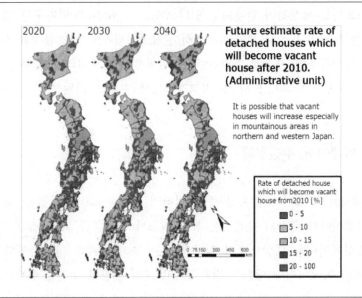

자료: Akiyama 2015b, p.42.

국토 관련 계획수립 및 정책지원 뿐만 아니라 계획 이후의 추진상황을 정기적으로 점검하는 국토모니터링을 위해서도 일본에서는 격자통계 기반의 MGD(Micro Grid Data)를 적극 활용 중이다.

일본 내각부의 정책에 힘입어 최근 지역경제 부분에서도 공간 빅데이터의 활용도가 높다. 데이터 기반 사회 실현 및 데이터를 이용한 지역창생전략 도출을 지원하기 위해 일본 내각부에서는 각 지자체가 데이터를 기반으로 지역의 현황과 이슈를 객관적으로 파악하고 지역 활성화 방안을 수립할 수 있도록 도와주고 있다. 그 대표적인 지역경제분석시스템(RESAS)은, 지역경제와 관련한 다양한 빅데이터(기업 간 거래, 통화량 데이터, 인구동태 등)를 국가에서 수집하여 제공할 뿐만 아니라 누구나 손쉽게 데이터를 분석하여 시각화할 수 있도록 지원하여 데이터 분석 여건이 열악한 지자체에서도 데이터 기반 정책을 수행할 수 있도록 하고 있다.

정부에서 제공한 시스템 이외에도 일본 학계에서는 MGD를 활용한 지역경제 지원 방안을 모색하고 있다. 예를 들어, 동경대의 공간정보과학연구센터는 전화장 및 건축물 데이터와 웹 문서를 융합하여 일본 상업지구의 활성수준에 관한 여러 통계지표들을 생산하여 판매하고 있다(Akiyama, 2014). 상업지구당 업종별 상점의 수, 방문자 수 등을 시계열로 추정하여 상업쇠퇴지역, 상업활성화 지역 등을 파악하고 상업활동이 시간에 따라 어떻게 변화하는지 모니터링할 수 있는 데이터 자원을 제공함으로써, 도시 및 지역경제정책 수행을 지원하고자 한다.

2. 국내 빅데이터 추진정책

국내에서는 빅데이터의 특징 중 데이터의 양(Volume)에 중점을 둔 구축된 대량의 정형데이터 위주의 융복합을 통해 비즈니스 모델을 모색하고 있으며, 최근에 비정형데이터를 대상으로 분석하고 있는 초기 단계라 할 수 있다.

국내에서 빅데이터에 대한 추진은 2010년부터 공공이 추진을 선도하고 민간이 이를 수행하는 Top-Down방식으로 추진되고 있다. 공공부문에서 빅데이터 추진은 빅데이터 관련 모델링, 시스템 구축, 평가, 운영 등 표준기반을 마련하는 기반 구축사업과 빅데이터 관련 시스템 구축을 위한 시범사업, 빅데이터 관련 시스템 구축 용역사업으로 구분하여 추진하고 있다.

데이터의 개방 확대로 오픈데이터의 양은 최근 급증하였지만, 새로운 비즈니스 창출에 활용할 수 있는 양질의 오픈데이터는 상대적으로 그 비중이 매우 적다. 이에 지난 2014년 정부에서는 수요자가 요구하는 데이터를 제공하기 위해 "국가 중점개방 데이터 개방계획"을 수립하고(행정안전부, 2014), 민관합동 태스크포스의 지휘 하에 활용도가 높은 36개 분야에 대해 개방 대상정보와 제공 목록 및 방법 등을 결정하였다.

▼ [그림 5-13] 부동산 관련 공간정보 개방 현황

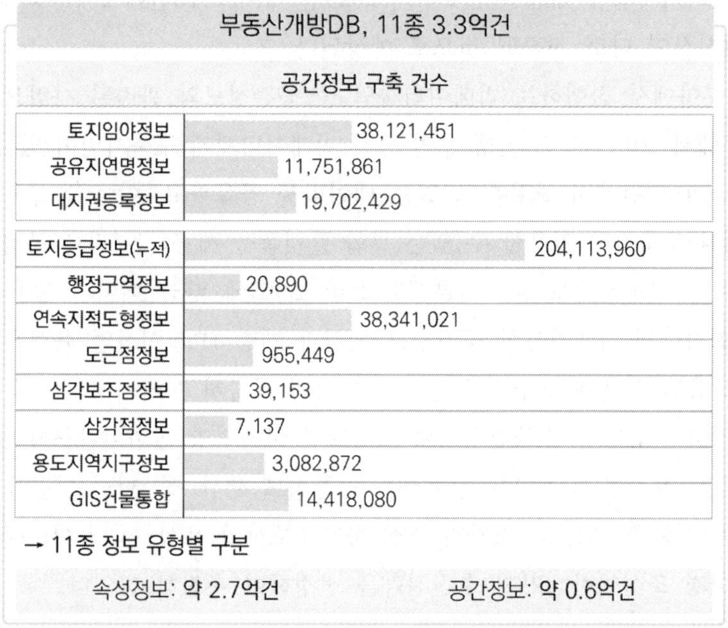

부동산개방DB, 11종 3.3억건	
공간정보 구축 건수	
토지임야정보	38,121,451
공유지연명정보	11,751,861
대지권등록정보	19,702,429
토지등급정보(누적)	204,113,960
행정구역정보	20,890
연속지적도형정보	38,341,021
도근점정보	955,449
삼각보조점정보	39,153
삼각점정보	7,137
용도지역지구정보	3,082,872
GIS건물통합	14,418,080

→ 11종 정보 유형별 구분

속성정보: 약 2.7억건	공간정보: 약 0.6억건

자료: 국토교통부(2015).

국가 차원의 정책에 따라 국토교통부 등 중앙부처에서 구축·관리하고 있던 국가공간정보도 활발히 개방되고 있으며 공간 빅데이터 구축의 원천자료로 이용되고 있다. 국토교통부는 보안 및 개인정보침해와 관련 없는 모든 데이터를 개방한다는 원칙 하에 국가공간정보통합체계 및 국가공간정보유통시스템을 통해 파급효과가 크고 수요가 많은 데이터를 우선적으로 개방하고 있다. "국가 중점개방 데이터"로 선정된 부동산종합정보([그림 5-13] 참조), 건축물정보 등이 우선개방 대상 국가공간정보이며, 이들 자료는 공간 기반정보 융합에 있어 기준정보 역할을 할 수 있기 때문에 향후 공간 빅데이터 구축 및 활용을 촉진할 것으로 기대된다.

데이터 개방 정책과 함께 투명한 행정 실현을 위해 정부는 빅데이터 관련 정책도 활발히 시행되고 있다. 초창기 빅데이터 정책이 데이터 개방 및 정보서비스 제공 중심이었다면 최근에는 그 초점이 산업육성, 데이터 분석 및 활용으로 옮겨가고 있다. 개인정보보호과 전문인력 부족 등의 이유로 한국의 빅데이터시장은 그 발전속도가 느린 편이지만 꾸준한 성장세를 보이고 있다. 공공분야의 경우 빅데이터사업에 대한 예산투자가 2015년 대비 2016년에 2배가량 증가하여 빅데이터시장이 다소 진작될 것으로 예상된다.

공공분야에서 진행하는 빅데이터사업 중 공간정보와 관련된 사업으로는 국토교통부에서 2014년부터 진행 중인 공간 빅데이터체계 구축사업이 있다. 이 사업은 공공과 민간에서 보유하고 있는 데이터를 공유하고, 이를 융합하여 공간 빅데이터를 구축하고 활용할 수 있는 통합 플랫폼을 제공하는 것을 목적으로 한다. 제6차 국가공간정보정책 기본계획(2018~2022)에 따라 데이터 활용은 국민 누구나 편리하게 사용가능한 공간정보 생산과 개방하며, 신산업 육성은 개방형 공간정보 융합 생태계 조성으로 양질의 일자리 창출하고 국가경영의 혁신을 위해 공간정보가 융합된 정책결정으로 스마트한 국가경영 실현이란 3가지 목표를 설정하였다. 따라서 ①가치를 창출하는 공간정보 생산, ② 혁신을 공유하는 공간정보 플랫폼 활성화, ③ 일자리 중심 공간정보산업 육성, ④ 참여하여 상생하는 정책환경 조성이란 4가지 추진전략을 선정하여 추진하고 있다.

(1) 공간 빅데이터 구축 현황

1) 공공부문의 공간 빅데이터 구축 현황

현재 한국의 오픈데이터는 행정안전부에서 운영하고 있는 공공데이터포털 (www.data.go.kr)이라는 종합창구를 통해 제공되고 있다. 공공데이터포털을 통해 공개된 데이터 중 국가중점개방 데이터이며 비교적 규모가 방대해서 공간 빅데이터의 성격을 띠는 데이터들은 건축물, 부동산, 부동산거래, 행정데이터, 상권정보 등이다. 이들 데이터는 건축물대장, 부동산거래신고 등과 같이 행정업무를 통해 지속적으로 생산되는 미시적 레코드(Micro Records)가 시간이 흐르면서 누적되어 대용량화된 특성을 띤다.

또한 주소, 건물코드, 필지코드 등의 위치로 연계할 수 있는 속성을 포함하여 공간좌표로의 변환이 비교적 용이하고, 좌표 기반으로 다른 정보와 쉽게 융합할 수 있으며 행정구역 등 다양한 공간단위로 집계할 수 있다는 장점이 있다. [그림 5-14]는 부동산 관련 공간 빅데이터의 예이다.

국가중점개방대상 공간정보 외에도 다양한 공공기관에서 공간 빅데이터를 구축·제공하고 있다. 교통부문에서는 지방자치단체, 한국철도공사, 한국도로공단 등의 기관에서 교통카드, 택시운행, 버스정류장 및 승하차 인원, 지하철역 승하차 인원 데이터 등을 제공하고 있다.

▼ [그림 5-14] 공간 빅데이터체계 목표시스템 개념도

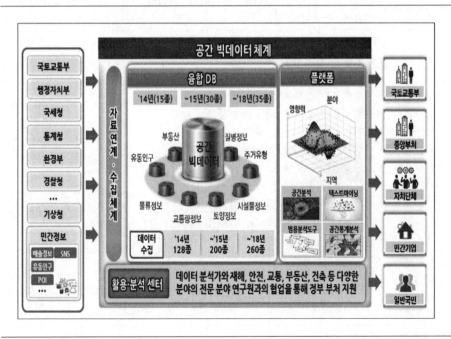

자료: 국토교통부(2015).

▼ 〈표 5-8〉 국가중점개방 데이터 중 공간 빅데이터

데이터 제공기관	개방 데이터	데이터 건수	제공방식
국토교통부 건축데이터 개방시스템	• 건축물대장(기본개요, 주택가격, 부속지번 등) • 폐쇄말소대장(기본개요, 층별개요, 부속지번 등) • 건축인허가(도로명대장, 부설주차장 등) • 주택인허가(대지위치, 부대시설, 부설주차장 등) • 건물에너지(수용가별 에너지 사용량) • 건물 유지점검(점검접수보고, 점검결과 유지관리, 건축물관리대장 등) 등	약 6.8억건	파일 데이터, Open API, 그리드, 지도

국토교통부
부동산
종합정보
개방시스템
	• 부동산 지적정보(법정구역정보, 연속지적도형정보,
	  토지(임야)정보, 토지등급, 대지권등록정보 등)
	• 건물정보(GIS건물통합정보), 토지정보(용도지역·
	  지구정보) 등
		약
		3.3억건
			파일 데이터
			(csv, shp),
			Open API

국토교통부
부동산
실거래신고
데이터
개방시스템
	• 아파트(단지명, 지번, 전용면적, 계약일, 거래금액,
	  층, 건축년도 등)
	• 연립·다세대(유형, 연면적, 대지면적, 계약일, 거
	  래금액, 건축년도 등)
	• 단독·다가구(유형, 연면적, 대지면적, 계약일, 거
	  래금액, 건축년도 등)
		약
		13백만건
			엑셀
			데이터,
			Open API,
			GIS검색

행정안전부 지방행정 데이터 개방시스템	지방행정데이터 440개 항목 • 교통물류(시내·외 버스업, 일반택시업 등) • 관광(관광숙박업, 국내·외 여행업 등) • 농축수산(가축사육업, 동물병원 등) • 문화체육(공중이용시설, 공연장 등) • 보건의료(병원, 약국, 보건진료소 등) • 사회복지(어린이집, 노인복지회관 등) • 소상공인(대규모점포, 전기사업업체 등) • 산업고용(석유판매업, 직업소개소 등) • 식품(일반음식점, 식품판매업 등) • 자격면허현황(공인중개사, 미용사, 조리사 등) • 환경(대기오염물질배출시설, 건설폐기물처리업 등)	약 3억건	파일 데이터, Open API, 맞춤형 검색서비스, 시각화 서비스 (추이 그래프, 분포지도 등)
소상공시장 진흥공단 상권정보 시스템	• 상가업소정보(상호명, 지점명, 주소, 도로명, 신우 편번호, 상권번호, 표준산업분류코드 등) • 상가업종정보(대분류, 중분류, 소분류) 등	200만건	파일 데이터 (csv), Open API

자료: 공공데이터포털(data.go.kr).

▼ 〈표 5-9〉 공간 빅데이터체계 구축사업에서 구축한 융합DB 15종 현황

구분	융합DB	설명
부동산 (6)	부동산 매물과 거래량 추이 분석	주택의 매매 및 전월세에 대한 거래량 추이 등을 분석하여 부동산 활성화 및 경기 상황 모니터링
	부동산 매물과 거래가격 추이 분석	주택의 매매 및 전월세에 대한 거래가격 추이 등을 분석하여 부동산 활성화 및 경기 상황 모니터링
	주거지 이주 패턴	전국 지역별 매매 및 전월세거래량 등을 분석하여 주거지 이주형태 및 이주방향, 패턴 등 파악에 활용
	지역별·시계열 월세 동향	부동산시장 중 주택의 월세에 대한 거래량 및 가격 추이를 지역별/시계열로 분석하여 부동산 경기 상황 모니터링
	부동산시장 동향 원인 분석	부동산 관련 언론정보 등의 키워드를 분석하고, 건축물 인허가정보 등 행정정보를 분석하여 부동산 경기 상황 모니터링
	부동산 검색빈도 거래량 추이 분석	건축물대장이나 토지대장의 발급정보(빈도)와 부동산거래량 및 가격 변동률을 비교·분석하여 부동산거래량 변화 예측에 활용
교통 (6)	지역별 시계열 승하차 패턴	지역별/시간별 이용현황, 이동패턴 등의 분석을 통해 대중교통을 활용한 이동현황을 파악하여 배차계획이나 노선정책 수립 등에 활용
	지역별·시계열 대중교통 환승 패턴	환승지점 및 환승객 수, 환승시간, 수단 간 환승링크 등의 분석 등 대중교통 환승 패턴을 분석하여 환승센터 거점 선정 등에 활용
	노선·구간별 대중 교통 재차인원분석	차량운행시간에 따른 재차인원을 분석하여 입석인원 비율, 혼잡비율 등을 고려한 배차간격 조정, 노선 증설 등에 활용
	노선 구간별 대중교통 통행시간 분석	대중교통 노선의 재차인원(탑승 혼잡도)이 구간별 통행속도, 통행시간에 미치는 상관관계를 분석하여 배차간격 조정 등에 활용
	지역 거주자별 대중교통 목적지 소요시간 분석	교통카드정보(환승 포함)를 활용하여 출발지점에서 목적지까지의 통행시간을 분석하여 대중교통 노선수, 노선별 배차수 등 정책결정에 활용
	카드사용 및 통화량을 통한 대중교통 수요분석	민간의 카드사용 및 통화량정보를 활용한 대중교통 취약지역을 분석하여 대중교통 노선수, 노선별 배차수 등 정책결정에 활용
지역 개발 (3)	통신데이터를 통한 지역내외 상주 및 유동인구 추이분석	통신데이터 및 인구정보를 이용하여 연령대별 주거 및 유동인구 등을 파악하여 지역경제활동의 변화 및 변화원인 파악 등에 활용

지역별·시계열 조세 및 카드내역 분석	지방소득세 및 카드내역 등을 분석하여 지역개발사업으로 유입된 인구변화 및 변화 원인 파악 등에 활용
도로별(목적·수단) 교통량 추이분석	월별/시간대별 교통량을 시계열 분석하여 지역별로 도로 기반 시설의 적정수준 파악 등에 활용

자료: 국토교통부(2015).

2) 민간부문의 공간 빅데이터 구축 현황

한국의 민간부문에서 구축되고 있는 공간 빅데이터는 크게 이동통신사의 모바일 데이터, 금융관련 기업의 신용거래 데이터, 검색포털 및 온라인 미디어에서 제공하는 소셜미디어 데이터, 민간 공간정보업체에서 제공하는 민간 공간정보의 4가지 유형으로 구분할 수 있다(김동한 외, 2014).

모바일 데이터는 한국 이동통신시장에서 점유율이 높은 SK 텔레콤과 KT에서 해당 통신사 이용고객의 정보와 휴대폰 이용정보, 기지국정보 등을 가공하여 생산하는 특정 시점과 장소에서 이동통신서비스(전화, 문자, 데이터 이용)를 사용하는 사람의 수에 관한 자료로, 현재 특정한 가격정책 없이 유상으로 판매되고 있다.

모바일 데이터는 주어진 시기에 특정 장소에 머무르는 사용자가 성별, 연령대별, 시간대별, 요일별, 주거지별로 몇 명인지를 스냅샷(Snapshot) 형태로 추정한 자료이기 때문에, 의미적으로 활동인구, 서비스인구, 유동인구 등으로 불린다.

모바일 데이터의 특성은 개별 사용자는 식별할 수 없지만 매우 세밀한 공간단위로 모바일 통신 이용량을 측정한다는 데 있다. SK텔레콤의 경우 50m×50m 크기의 Pcell(전국 약 300만 개, 서울 약 89만개) 기반으로, KT는 한 변이 1km인 육각셀(서울 약 1252개) 기반으로 데이터를 제공한다. [그림 5-15]는 SKT 모바일 데이터의 수집에 사용되는 기지국 및 통신데이터 처리 플랫폼과 이를 통해 도출되는 활동인구 데이터 사례를 보여준다.

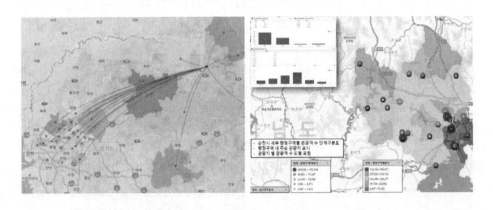

　　신용거래 데이터는 한국 신용카드업체나 신용정보 관리업체에서 고객의 소비 및 사회경제적 속성정보, 가맹점정보, 업종정보 등을 가공하여 생산하는 지역별·업종별 신용거래 매출정보이다. 다양한 신용카드 업체 중 시장점유율이 비교적 높은 카드사에서 다양한 크기의 소지역 단위로 신용거래 관련 정보를 가공한 공간 빅데이터를 판매하고 있다. 주요 속성으로는 요일별·시간대별·업종별·카드유형별 매출액, 매출건수, 신용카드 사용자의 주거지 등이 있다.

　　모바일 및 신용거래 데이터와 함께 인기가 높은 민간의 공간 빅데이터는 소셜미디어 데이터이다. 정형화된 일반 데이터와 달리 텍스트, 사진, 음성, 동영상 등 비정형의 구조적 특성을 띠는 소셜미디어 데이터는 핫이슈 포착, 사람들의 관심사 및 인식 변화 등에 유용하기 때문에 다양한 분야에서 활용된다. 공간정보분야에서는 위치나 장소명 등을 포함한 소셜미디어 데이터를 이용하여 사람들의 생각, 의견, 감정 등이 지역이나 시기에 따라 어떻게 달라지는지 파악할 수 있다(황명화 2014).

　　민간부문에서 유통되는 공간 빅데이터의 마지막 유형은 민간업체에서 수집하여 판매하는 공간정보이다. 한국 공간정보시장의 주류는 아니지만, 1990년대 초중반부터 민간 비즈니스 및 연구 지원을 위해 자체적으로 데이터를 구축하여 판매한 기업들(BizGIS, 오픈메이트 등)이 다수 존재한다. 이들 기업에서 장기적으로 자료를 구축·관리하고 그 결과를 최근의 공공데이터 등과 융합하면서, 물리적 규모는 크지 않지만 고품질의 사회경제, 자연환경 등에 관한 정보를 통합한 부가가치 높은(Deep Data) 민간의 공간정보가 공간 빅데이터의 한 유형으로 자리잡고 있다(이은영 2016).

(2) 부동산 빅데이터 추진정책

부동산분야에서 빅데이터 활용에 대한 추진은 주로 공공부문 위주로 진행되어 2013년에는 국토교통부의 '공간 빅데이터 구축 및 활용방안'에 대한 연구와 국토연구원의 '국토정책 선진화를 위한 빅데이터 활용에 관한 기초연구' 등을 추진하였다. 그리고 2014년에는 이를 확대되어 국토교통과학기술진흥원의 '빅데이터를 활용한 부동산시장 분석 및 예측모형 개발 기획'과 국토교통부의 '공간 빅데이터[28]체계 구축사업'과 국토정보공사의 'LX 빅데이터 추진전략 수립'과 '빅데이터 기반 구축' 등이 추진되고 있다.

국토교통부의 '공간 빅데이터체계 구축'의 공간 빅데이터 활용서비스를 제공하는 부문은 부동산 투기 감지 및 실수요거래를 분석하여 수요기반의 부동산정책 지원, 공공 및 민간정보 융합분석을 통한 대중교통 정책 의사결정을 지원하는 등 다양한 행정목적 활용이 포함되어 있다. "공간 빅데이터체계 구축사업"은 2014년 빅데이터 활용의 기반 구축과 2015년에는 다양한 분야의 DB를 융합한 활용서비스 구축 그리고 2016년 이후에는 활용서비스를 강화할 수 있도록 하였다. 이는 부동산 현안에 대한 사전 대응 또는 미래 예측과 관련하여 공간기반 빅데이터 수집·분석체계를 활용함으로써 변화추이 및 부동산시장 위험징후를 빠르게 파악하여 선제적 정책 수립을 지원하고, 부동산 민간정보 분석을 수행하여 지역별로 언급되는 주택 유형, 임대 유형에 대해 확인함으로써, 향후 지역별 수요조사에 유용하게 사용될 수 있을 것으로 기대된다.

---

28 공간정보는 지상·지하·수상·수중 등 공간상에 존재하는 자연 또는 인공지물 객체에 대한 위치정보 및 이와 관련된 공간적인 인지와 의사결정에 필요한 정보로서 부동산정보는 공간 정보의 한 부분이다(경정익, 2018a).

▼ 〈표 5-10〉 국내 부동산분야 빅데이터 활용 연구 추진

추진 연도	사업명	예산 (백만원)	추진기관	부서
2015	2015년 공간 빅데이터체계 구축	5,749	국토교통부	국토정보정책과
	소계	6,139		
2016	공간 빅데이터 분석 플랫폼 및 활용 체계 구축	1,481	LH공사	공간정보처
	빅데이터를 활용한 주택시장 분석 및 예측모형 개발(1)	171	국토교통과학 기술진흥원	한국감정원
	소계	1,952		
2017	2017년 공간 빅데이터체계 구축	2,078	국토교통부	국토정보정책과
	빅데이터공통 플랫폼 구축을 위한 내 재화 방안수립 컨설팅	259	LH공사	경영정보처
	2017년 공간 빅데이터 활용체계 구축	900	LH공사	공간정보처
	빅데이터를 활용한 주택시장 분석 및 예측모형 개발(2)	233	국토교통과학 기술진흥원	한국감정원
	HUG형 빅데이터기반 주택시장 분석 인프라 설계 용역	189	주택도시보증 공사	주택도시금융 연구원
	소계	4,268		
2018	국토교통 빅데이터추진전략 및 변화 관리 방안 정책 연구	80	국토교통부	빅데이터진흥팀
	국토교통 빅데이터마스터플랜 ISP	190	국토교통부	빅데이터진흥팀
	2018년 공간 빅데이터체계 구축	1,518	국토교통부	국토정보정책과
	빅데이터공통 플랫폼 구축 및 분석서 비스 확대	1,079	LH공사	경영정보처
	스마트시티 빅데이터 플랫폼 구축전 략 수립	380	LH공사	스마트도시개발처
	스마트시티 빅데이터 플랫폼 시범 구축	1,800	LH공사	스마트도시개발처
	2018년 공간 빅데이터 활용체계 구축	900	LH공사	공간정보처
	토지거래 동향 및 주거 선호지역 분석	–	한국국토정보 공사	공간정보사업실
	빅데이터를 활용한 주택시장 분석 및 예측모형 개발(3)	611	국토교통과학 기술진흥원	한국감정원
	HUG형 빅데이터 구축 및 활용	1,800	주택도시보증 공사	주택도시금융 연구원
	소계	11,518		
총계(2015년~2018년)		23,877		

자료: 국토연구원 · 한국교통연구원(2018).

▼ 〈표 5-11〉 공간 빅데이터 체계 구축사업 추진

구분	2014년~2016년 (기반 및 활용 플랫폼 구축)	2017년 (활용기반 강화)	2018년~2019년 (서비스확대 및 활용지원)
플랫폼 구축	• 341종 기초자료 수집, 부동산, 교통, 재난안전 등 45종 융합DB 구축 • 거리 분석, 밀도 분석, 통계 분석 등 34종 분석 라이브러리 개발 • 분석 모델기반 표준 플랫폼 기반 구축	• 교통 빅데이터연계(대중교통카드 8개 정산소 연계·DB수집) • GPKI 로그인 기능, 메타데이터 관리기능 강화 • 사용자 중심의 분석 활용 기반 구축	• 공간패턴, 경향 분석 등 대용량 시계열 공간 분석 기능 확대 개발 • 범부처 활용 및 수요조사에 따른 분석 모델 추가확대 구축
분석과제 지원	• 청주 안심길 및 CCTV 설치 최적지 분석 등 12건 활용분석 과제 발굴	• 국토부, 지자체 등 공간 빅데이터분석과제 11건(안) 지원	• 중앙부처, 지자체, 공공기관의 공간 빅데이터 분석 수요 지원
서비스	• 국토부(부동산, 교통 등) 기반서비스 및 표준 플랫폼 구축	• 교통 빅데이터 연계에 따른 대중교통 이용현황 중심 분석서비스 지원	• 범부처서비스 확대, 민간기업서비스 구축 및 지원

자료: 국토교통부(2017).

공간 빅데이터체계 구축사업은 부동산, 교통, 행정, 의료 등 260종 정보를 연계 구축을 추진하는데, 이중 부동산 투기 감지 및 실수요거래를 분석하여 수요 기반의 부동산정책 지원, 공공 및 민간정보 융합 분석을 통한 정책 의사결정을 지원하도록 하고 있다.

3. 부동산의 빅데이터 활용 사례

McKinsey(2011)는 빅데이터의 활용으로 각 산업부문별로 0.5~1%의 생산성 향상을 가져올 것으로 전망하고 있으며, 우리나라 국가정보화전략위원회(2011)는 공공분야에서 10.7조원 이상의 경제효과가 있을 것으로 추산하고 있다.

부동산분야에 빅데이터를 활용하는 부분은 앞으로 많은 논의와 연구가 있어야 할 것이다. 부동산학은 실용 복합 학문으로 정치, 경제, 사회, 법률 등 다양한 분야와 깊이 연계되어 있으며, 국민의 생활과 밀착되어 있어 그 중요성이 매우 높기 때문이다. 현재까지 빅데이터를 부동산분야에 활용하는 국내·외 사례를 살펴보면 다음과 같다.

(1) 해외 주요국 활용 사례

▼ 〈표 5-12〉 해외 부동산 빅데이터 활용

구분	주요내용
SmartZip (미국)	부동산 매물의 2,000개의 속성정보를 Datamining에 의한 빅데이터 분석으로 향후 6~12개월 이내 매물이 예상되는 대상을 제공하여 주는 매물 예상 분석서비스를 제공
Zillow (미국)	미국 내 3,000개 도시의 1.1억 가구 이상의 정보를 축척하여 주택소유자나 부동산 전문가가 'Zestimate' 툴을 활용하여 입력한 부동산정보, GIS 위치정보, 인구 및 통계정보, 학군정보 등 부동산 매매에 필요한 정보를 통합하여 주택가격 지수를 산정하여 활용
Teranet (캐나다)	'Geowarehouse' 사이트를 통해 토지정보, 가격, 소유주 등 다양하고 상세한 정보와 각 지역의 가구수, 평균소득 등 지역데이터와 물건에 대해 인공위성으로 찍은 3D사진, 그리고 다양한 각도에서 찍은 사진정보 등 방대한 부동산 등기정보를 데이터웨어하우스(www.geowarehouse.ca)를 구축하여 서비스

자료: 경정익(2018).

미국의 스마트집(SmartZip, www.smartzip.com)은 중개사(리얼터)에게 부동산 매물에 대한 2,000개의 속성정보에 대한 빅데이터 분석을 통해 향후 6~12개월 이내 매물이 예상되는 대상을 제공하여 주는 매물 예상 분석서비스를 제공하고 있다. 미국의 중개보수는 국내와는 달리 매도자만 지불하므로 그리고 중개활동에서 매물확보 단계는 중개단계 중 가장 중요한 단계이다. 스마트집에서 빅데이터 분석을 통해 도출한 매물로 예측되는 정보는 중개사 입장에서 보면 매출과 직결되는 매우 중요한 정보라 할 수 있다. 따라서 스마트집은 빅데이터에 의해 중개사에게 유료로 정보를 제공하는 성공적인 비즈니스를 수행하고 있는 것이다.

또한 미국의 질로우(Zillow)는 미 전역의 3,000개도시 1억1천만 가구 이상의 정보를 축척하여 주택소유자나 부동산 전문가가 'Zestimate'라는 툴을 활용하여 입력한 부동산정보, GIS 위치정보, 인구 및 통계정보, 학군정보 등 부동산 매매에 필요한 정보를 통합하여 주택가격 지수를 산정하여 활용하고 있다. 이러한 빅데이터 분석은 'R'을 기반으로 예측시스템을 구축하여 분석한다. 예를 들어, 해당 가격대의 낮은 범죄율을 가진 지역 내의 집이나 높은 등급의 초등학교에서 30분 거리에 있는 매물정보를 제공하고 있다. 또한 주택의 적정가격을 빅데이터 분석을 통해 제공한다. 이러한 빅데이터 분석은 아마존의 AWS(Amazon Web Service)의 머신러닝 기법을 적용함으로서 분석시간을 24시간에서 1시간으로 단축하고 있다.

▼ [그림 5-16] 질로우의 Zestimate

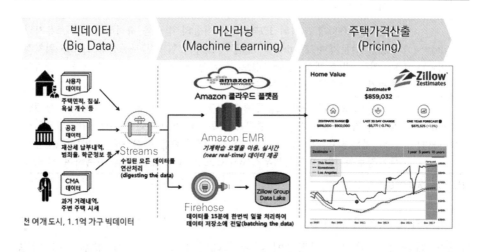

자료: 한국산업은행(2018).

또한 캐나다의 Teranet사는 'Geoware‒house'라는 사이트를 통해 토지정보, 가격, 소유주 등 다양하고 상세한 정보와 각 지역의 가구수, 평균소득 등 지역데이터와 물건에 대해 인공위성으로 찍은 3D사진, 그리고 다양한 각도에서 찍은 사진정보 등 방대한 부동산 등기정보를 데이터웨어하우스(www.geowarehouse.ca)로 구축하여 서비스하고 있다.

그 외에도 해외에서는 부동산 비즈니스 모델을 개발하거나 시행하고 있는 프롭테크는 대부분 빅데이터를 공통적으로 활용되고 있으며, 이러한 비즈니스는 계속 속출하며 나날이 발전해 가고 있다.

1) 미국 시라큐스시의 도시개발

미국 뉴욕주의 시라큐스시(Syracuse City)는 빅데이터의 분석을 통해 재건축과 도시의 재생사업을 추진하여 지속가능하고 살기 좋은 환경 친화적인 도시 개발을 추진하고 있다.

급속한 경제성장으로 국민소득 수준이 향상됨에 따라 도시의 과밀화, 고도화에 따른 대기오염 및 소음 등 환경의 질 개선의 필요성이 증가되고, 환경, 주민 행태, 주거의 상관관계에 기반을 둔 새로운 도시계획시스템이 필요하게 되는 등 복지, 환경, 건강 등 삶의 질 향상을 위한 환경변화의 필요성이 증대하게 되어 다양한 고려사항을 반영하고자 하였다.

시라큐스시는 구축된 빅데이터를 통해 버려진 가옥을 줄이고 낙후된 지역을 활성화하기 위해 그 원인을 분석한 결과 택지가 좁은 주거지역일수록 황폐화되고 유기될 가능성이 증가하며, 지역 황폐화에 교육 및 직업훈련 부족이 직접적으로 영향을 미치며, 여성보다 남성이 직업을 잃었을 때 주택을 버리는 확률이 높아짐을 발견하게 되었다.

▼ [그림 5-17] 시라큐스시 홈페이지

따라서 수집된 정보를 분석·통합하여 택지구성을 바꾸고 남성이 직장을 가질 수 있도록 직업교육 및 프로그램을 제공하는 정책을 추진하는 등 낙후지역의 특성에 맞춘 새로운 도시개발 모델을 제시하였다. 시라큐스시의 도시정책은 관련성이 없어 보이는 데이터의 분석을 통해 지역 특성에 맞는 새로운 도시개발을 추진하는 대표적인 빅데이터 활용 사례라고 할 수 있다.

우리나라에서 부동산분야의 빅데이터 활용은 부동산의 정보화를 통하여 정책의 선제적 대응, 부동산 동향과 전망 예측, 부동산 가격정보의 적정성 유지 등 다양한 분야에서 매우 효율적으로 활용될 수 있을 것으로 보인다.

2) 영국의 주택가격지수정보 제공

영국 토지등기소(Land Registry)에서는 매월 시장 동향 데이터를 공개하고 있으며, 특히 인기 많은 주택가격지수(House Price Index)와 거래데이터 그리고 매월 최근 매매가격정보를 제공하고 있다. 이는 시장 동향과 주택가격지수 등을 제시하기 위해서 이와 관련된 방대한 데이터를 실시간에 의해 통합하고 분석할 수 있도록 함으로서 가능한 것이다. 시장 동향 데이터는 주택가격지수의 인터넷 페이지에서 조회수가 두배로 증가했으며, 거래 데이터의 다운로드와 더불어 상세한 부동산 관련 데이터 이용이 부동산시장에서 활용되고 있다.

▼ [그림 5-18] 주택가격지수

3) 일본의 국토형성계획 수정을 위한 빅데이터 분석

일본은 지자체의 '지방판 종합전략'의 효과적 수립, 실행, 검증(PDCA)을 지원하기 위해 빅데이터기반 지역경제분석시스템(RESAS: Regional Economy Society Analyzing System)[29]을 개발하여 적극적으로 보급하고 있다. 뿐만 아니라 'MY CITY FORECAST'라는 프로그램을 개발하여 지역의 인구분포, 시설입지 데이터 등을 바탕으로 미래를 예측하여 향후 지역계획을 수립하는 데 정부와 국민이 함께 활용하고 있다.

RESAS는 지방창생의 실현을 위해 지역의 '현황과 과제'를 데이터로 파악하도록 유도한다. 또한 지역의 과제를 전문가와 지역에 관심을 가지고 있는 누구나 참여할 수 있도록 하여 '모두의 힘'으로 지방창생, 나아가 일본이 직면한 국가적 문제(인구감소, 고령화 등)를 해결하고자 한다.

따라서 국가가 지역경제와 관련한 다양한 빅데이터(기업 간 거래, 사람의 흐름, 인구동태 등)를 수집하여, 알기 쉽게 시각화 하는 시스템을 구축하여 제공한다. 이는 다양한 정책 아이디어를 발굴하도록 지원하며 상황에 따라 지역을 매크로(Macro) 혹은 마이크로(Micro) 단위로 유연하게 분석할 수 있도록 하고, 구체적이고 상세한 정보까지 취득한 후 이를 바탕으로 해당 지역의 다양한 사람들과 당면 과제를 논의할 수 있도록 객관적 자료를 제공하는 역할을 한다.

RESAS 운영체계

- 일본 내각부 마을·사람·일자리 창생본부는 2015년 4월 21일부터 RESAS서비스를 제공하고 있으며, 경제산업성과 내각부 지방창생 추진사무국이 시스템을 운영
- 내각부 내각관방 소속의 '마을·사람·일자리 창생본부' 산하에 빅데이터 팀을 구성하여 RESAS를 운영
- RESAS시스템 운영 지원 등은 경제산업성과 내각부 지방창생 추진사무국을 연계하여 서비스 제공
- 지자체별 종합전략 수립시 지자체 간 격차가 크므로 창생본부에서 재정지원 (교부금 등), 인력지원(중앙정부가 지방정부에 인력 파견), 정보지원(간단한

---

29 빅데이터를 활용하여 각 지자체가 객관적인 데이터를 기반으로 해당 지역의 과제를 파악하고 특성에 맞는 지역과제를 도출하여 '지방판 종합전략' 수립지원을 위해 구축된 데이터 분석시스템.

통계정보를 활용하는 환경 구축)을 수행
- RESAS는 지자체 공무원이 1차 활용주체이며, 특히 정보 활용 능력이 낮은 지자체 업무담당자를 주요 대상으로 하고 있음
- 일반 시민, 컨설팅 업체 등 민간부문에서도 RESAS를 활용할 수 있도록 인터넷으로 공개함으로써 지역문제 진단 및 해결을 위한 고민을 함께 할 수 있도록 유도
- 전국 각 도도부현청에 RESAS 담당부서를 설치하여 전국 네트워크를 구축하고 RESAS 활용 확대를 지원
- 전국 지방경제산업국 및 지방운송국에 각 도도부현 담당 지방창생 담당자를 배치함과 동시에, 해당 지역경제에 정통한 민간 전문인재를 확보하여, 총 200명 이상의 지원체계를 구축함으로써 RESAS를 활용한 지방판 종합전략 수립을 지원
- 특히, 지방 경제산업국의 기획담당직원(42명)이 '시스템 마스터'로서 시스템 활용에 대한 원스톱 지원을 수행

(2) 국내 활용 사례

1) 국토교통부 공간 빅데이터 플랫폼

국토교통부는 공간 빅데이터체계를 구축, 보안 및 개인정보침해와 관련 없는 모든 데이터를 개방한다는 원칙 아래 파급효과가 크고 수요가 많은 부동산종합정보, 건축물, 교통, 시설물 등 융합 DB를 구성, 활용분석을 위한 협업체계를 구축하였다.

주요 서비스는 ① 융합DB 구축(부동산, 교통, 지역개발분야 15종 융합DB 구축), ② 공간 빅데이터 플랫폼 구축, ③ 공간 빅데이터 활용서비스 구축, ④ 공간 빅데이터 활성화 방안 마련, ⑤ 공공포털 구축이다.

정부에서 추진한 빅데이터체계는 많은 예산이 투입되었으나 아직까지 실효성 있는 성공 활용사례가 적으며, 자료 간의 표준화 문제와 정확도 등으로 활용도가 저조하다는 비판적 견해가 있다.

2) 지오비전에 의한 부동산시장 분석과 지역 분석

지오비전은 부동산시장을 분석하는 데 있어 유용하게 활용할 수 있는 빅데이터이다. 통신사의 기지국 통화량에 의한 상주/유동/주거인구 분석, 신용카드

사의 카드 결재액을 통한 지역별 기간별 매출분석, 부동산거래정보 DB에 의한 부동산 매출/시세정보 분석, 통계청의 인구통계, 도시철도공사의 지하철 승하차 인원수, 창업전략연구소의 전문가 의견정보 등 최신성 있는 관련 정보들을 통합 분석하여 제공되고 있다.

따라서 부동산컨설팅과 입지를 선정함에 있어 이와 같은 빅데이터를 활용하여 위치를 선정할 수 있을 것이며, 상권분석을 통해 운영시 예상매출과 경쟁업소 분석을 통해 해당 업종에 최적의 매장 위치를 선정할 수 있다.

지오비전에 대해 좀 더 자세히 살펴보면 상권분석과 상권비교 분석, 경영수지분석을 할 수 있다. 상권분석은 전국 모든 업종에 대해 상권을 분석할 수 있다. 즉, 해당 지역을 선택하여 분석하고자 하는 지역을 선정한 후 업종을 선택하면 경쟁업종 분석, 기간별 매출 예상액, 연령별/성별 상주 및 유동인구수, 해당 매장 증감 추이, 매장 영업 지속기간, 공공/편의시설 현황 등의 결과를 볼 수 있다.

또한 상권비교 분석은 대상지역을 3개 이내로 선정하여 매출추이, 상주/유동인구, 경쟁업종 등에 대해 상호 비교하고 현재 영업 중인 경우에는 해당 시·도지역내에서 동일 업종 간 비교함으로서 매출과 지출, 순이익 등의 과소를 판단할 수 있다.

▼ [그림 5-19] 지오비전을 통한 지역 및 시장 분석

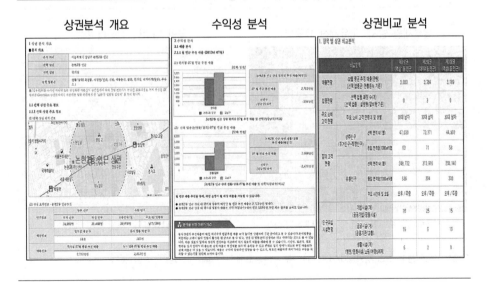

이와 같은 빅데이터를 컨설팅, 중개업 등에 활용한다면 데이터를 기반으로 해당 분야 전문가들에 의해 고객에게 고급 분석형 서비스를 제공하는 것 이상의 분석형에 의한 고급의 서비스를 제공하여 컨설팅과 중개업의 전문성과 신뢰감을 고취시킬 수 있을 것이다.

3) 부동산 통합정보 제공을 위한 빅데이터 구축 및 활용 추진

부동산 통합정보는 부동산 관련 서류가 연간 2억건 넘게 발급될 정도로 국민 생활과 밀접한 정보이며, 자치단체 행정처리시 70% 이상 참조될 만큼 중요한 정보로서, 국토 및 도시계획, 부동산정책수립, 국세·지방세 등 과세업무, 위치기반의 생활안전과 복지지원 정책수립의 핵심정보이다.

국토교통부는 그간 행정정보 일원화사업으로 추진한 부동산종합증명서 발급 등 일사편리서비스를 위해서 부동산종합공부시스템의 안정적 운영을 위한 정보시스템 구축사업을 추진하였다. '일사편리'는 국민의 재산권과 직결되고 가장 빈번하게 사용되는 민원정보인 만큼 원활한 업무처리를 위해 기존에 운영중인 시스템(한국토지정보시스템, 지적행정시스템)과 부동산종합공부시스템의 충분한 병행운영을 통해 안정성이 검증된 통합시스템이다.

▼ [그림 5-20] 부동산정보를 활용한 업무 효율성 제고

탈루세원 방지, 국유재산 효율화

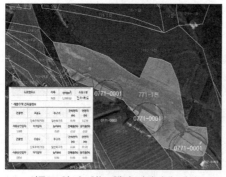

서류로 알 수 없는 행정 사각지대 개선

국민 밀착형 정책서비스

저비용 고효율의 국민 복지 추진

자료: 국토교통부 보도자료(2013.4.11), "부동산정보에도 '빅데이터 융합' 바람 분다".

또한 2013년 이후 본격화되는 부동산 빅데이터의 구축 및 활용을 위해서는 다각적 정책실현 방안을 수립하여 부동산 통합정보 플랫폼 구축 방안과 부동산 관련 인프라 통합 방안 그리고 지적과 건축 BIM(Building Information Modeling)을 융합하는 방안에 대한 정책연구를 추진하였다. 그리고 공간기반 부동산 통합정보를 활용하여 행정안전부의 주민등록 위장 전출입 방지 및 지방세 관리의 효율화, 국세청의 탈루 세원 발굴, 기획재정부의 국유재산 무단 점유현황 파악 등 부처 간 칸막이 제거로 국민중심의 통합적인 서비스 실현이 가능하게 되고 있다.

▼ [그림 5-21] 부동산통합정보 활용 추진 현황

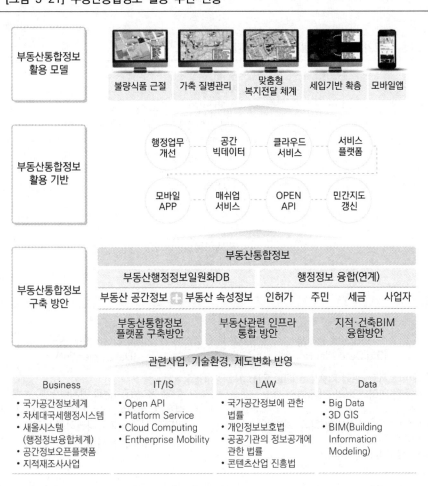

자료: 국토교통부 보도자료(2013.4.11).

4. 부동산분야의 빅데이터 활용 추진방향

부동산은 정치·경제·사회·문화 등 모든 분야와 밀접하게 연관되어 있어 더욱 빠르고 정확한 의사결정을 하기 위해서는 다양하고 방대한 자료를 필요로 한다. 따라서 빅데이터는 부동산분야에서 필수적으로 적용되어야 할 분야 중 하나이다.

부동산분야에서 성공적인 빅데이터 활용을 위해서는 데이터의 자원화, 데이터를 가공하고 분석 처리하는 기술, 데이터의 의미를 통찰할 수 있는 인력 등 3가지 분야의 전략적인 추진이 필수적이다.

▼ [그림 5-22] 빅데이터 활용을 위한 3대 요소

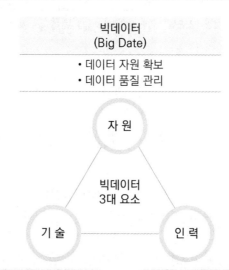

첫째, '자원'으로 부동산의 제반 활동에 활용할 수 있는 빅데이터를 발견하는 것으로, 주어진 빅데이터를 관리·처리하는 측면과 함께 활용할 수 있는 외부 빅데이터 자원을 발견하고 확보하는 전략을 수립해야 한다.

부동산에 대한 공공정보의 개방을 더욱 확대하여 활용성을 높여야 할 것이다. 따라서 빅데이터의 활용은 어디에 어떤 데이터가 있는지를 파악하고 활용할 것인지에서부터 출발하여야 한다. 우리나라는 2012년 이후 UN에서 발표한 전자정부 발전지수 1, 2위 국가로서 고도화된 시스템과 축적된 부동산 관련 데이터를 효율적으로 운영한다면 가장 성공적으로 빅데이터를 활용할 수 있는 국가가 될 가능성이 크다.

가트너는 빅데이터에서 다가오는 데이터의 경제시대를 이해하고 정보공유를 늘려 정보 사일로(Information Silos)를 극복해야 한다고 말하고 있다. 또한 범정부적 거버넌스를 구성하여 집단지성(Collective Intelligence)을 통해 부동산 데이터의 부가가치를 높일 수 있도록 민·관·학·연 등이 긴밀히 협력하여 빅데이터를 활용할 수 있도록 하여야 할 것이다.

둘째, '기술'로서 빅데이터의 프로세스와 신기술에 대한 신속하고 유연한 수용이 필요하다. 정부와 조직이 제반 부동산활동에서 혁신적 전략에 적용할 수 있도록 빅데이터 플랫폼, 빅데이터 분석기술 및 데이터 분석 기법에 대한 이해가 있어야 하는 것이다. 현재 이러한 빅데이터 고급분석기술은 기술발생단계(Technology Trigger)[30]로서 지속적인 연구와 방안을 모색하는 노력과 투자가 필요하다.

빅데이터는 사물인터넷(IoT)과 인공지능(AI)과의 결합체로, 머지않은 미래의 만물지능통신사회에서 일어나는 위험과 기회를 파악하고 대응할 수 있는 기반을 제공하게 될 것이다. 반면에 실제 빅데이터는 기대에 대한 실현 가능성과 아직 초기단계에 머무르고 있는 현실 사이에 많은 갭(gap)이 존재하고 있다. 따라서 향후에는 빅데이터에 인공지능을 결합하여 기계 스스로의 학습을 통해 맥락을 구성하고 이를 통해 부동산의 현상을 분석하고 예측할 수 있도록 하는 준비가 병행되어야 할 것이다.

셋째, 부동산분야에서 빅데이터 활용은 사회적 비용을 최소화하면서 부가가

---

30 신기술, 신제품 출시 및 새로운 이벤트의 출현으로 산업관계자들의 흥미를 유발하는 단계.

치를 창출할 수 있다는 점에서 빅데이터의 부동산 활용을 큐레이션(Curation) 할 수 있는 '부동산 빅데이터 큐레이터' 양성이 급선무라 할 수 있다. 빅데이터의 비구조화된 데이터속에 숨어있는 패턴을 발견할 수 있도록 다학제적이며, 통합적 사고와 부동산분야를 포함한 다양한 분야에 대해 직관력이 있는 빅데이터 전문가를 조직 내에 근무하는 구성원 중에서 선발하여 양성하여야 할 것이다. 빅데이터를 부동산분야에 어떻게 활용할 것인가 하는 빅데이터전략가와 데이터를 구축·관리하는 빅데이터 운영자 그리고 교육기관, 연구기관 등에서는 최적의 방법론을 설계·기획할 수 있는 빅데이터 과학자를 양성하여야 할 것이다.

넷째, 빅데이터의 부정적인 측면을 사려 깊게 살펴보고 대응할 수 있어야 한다. 빅데이터시장은 향후 지속적으로 성장할 것이다. 하지만 빅데이터 프로젝트의 절반 이상이 실패로 돌아갔으며 성공한 기업조차도 운영의 효율성 측면에서 보면 성공이라 말하기 어려울 것이라는 측면도 유념할 필요가 있다. 또한 아직은 자원의 낭비가 많다. 실제 2013년 초에 진행된 인포침스(Infochimps)의 조사 결과를 보면 전체 빅데이터 프로젝트 가운데 55%는 실패한 것으로 나타나고 있다는 사실이다. 실제 빅데이터는 무엇을 분석할 것인지가 모호하고 빅데이터 자체가 경영과 연결되지 않고 또한 경영문화 자체가 빅데이터에 적합하지 않을 경우 아무리 투자를 하더라도 성과가 부진할 수밖에 없기 때문이다. 빅데이터 프로젝트가 실패하는 데에는 몇 가지 근본적인 원인이 존재하며 이에 대한 적절한 대응이 필요하다.

명확한 비즈니스 목표 및 계획의 부재와 비즈니스 결과물을 고려치 않은 계획, 불충분한 예산, 프로젝트 범위의 이해 부족이 그 실패의 주요 요인이라 할 수 있다. 특히 데이터 분석기술의 부족 문제는 향후 5년간 더욱 심화될 전망이다. 또한 운영 효율성 증진 등 프로젝트가 적절히 마무리되었더라도 그 가치가 IT 외부로 전달되지 않는다면 그 역시 성공적인 프로젝트로 평가하는 데 한계가 있을 것이다.

따라서 빅데이터의 활용을 성공적으로 하기 위해서는 몇가지를 유념하여야 한다. 첫째, 빅데이터 도입은 기업의 ROI(Return on Investment) 산출식 접근이 필요하다. 투자가 얼마나 수익성이 있는가에 달려있듯이 빅데이터 도입도 무엇을 할 수 있을 것인가를 따져봐야 한다. 둘째, 데이터를 가지고 무엇을 할 것인가라는 구체적인 접근이 필수적이다. 지금 무슨 일이 일어나고 있는지에 대한 현황 파악(Insight)과 다음 분기에는 어떤 일이 일어날 것인지에 대한 미래 예측(Foresight) 등의 데이터 활용에 대한 깊은 고민이 필요하다. 셋째, 리더와 비즈니스 의사결정자들이 빅데이터로 무엇을 할 수 있고, 어떤 한계가 있으며, 인적, 조직적, 프로세스적인 면에서 어떤 변화가 필요한지 이해하는 것이다.

부동산은 생활밀착적이며 다학제적인 특성으로 빅데이터의 활용은 정부, 기업에서 개인에 이르기까지 실용적인 활용을 극대화할 수 있는 분야이다. 따라서 부동산에서 빅데이터를 어떻게 활용할 수 있는지에 대한 큐레이션이 중요하며, 정부와 기업, 개인에 이르기까지 집단지성을 통한 활용모색이 중요하다.

부동산에 대한 행정정보는 개인정보가 포함되어 있어 개인정보를 보호할 수 있는 제도적 장치를 마련하여야 한다. 이러한 개인정보 유출의 가능성으로 인하여 빅데이터시대를 빅브라더(Big Brother)31의 시대로 불리기도 한다. 따라서 부동산의 빅데이터를 분석하는 데는 개인정보를 필히 고려하여 처리해야 한다.

---

31 영국 소설가 조지 오웰의 소설 「1984년」에 나오는 독재자 빅브라더를 의미하는 용어임. 빅브라더의 긍정적 의미로는 선의의 목적으로 사회를 돌보는 보호적 감시를 뜻하며, 부정적 의미로는 정보 독점을 통해 권력자들이 행하는 사회 통제 수단을 말한다. 본서에서 빅브라더는 개인정보를 수집·이용하여 사생활을 감시하거나 이를 악용할 수 있다는 의미이다.

PART

03

블록체인과 부동산

부동산 빅데이터 블록체인 프롭테크

7

6

블록체인 개관

01절 블록체인 개념과 원리

1. 블록체인 개념

　뉴욕대의 데이비드 예르맥(David Yermack) 교수는 앞으로 10년 이내 대부분의 은행은 블록체인으로 인해 없어지게 될 것이라 한다. 2016년 다보스 포럼에서도 현재 진행중이라는 제4차산업혁명을 견인하는 7대 기반기술 중 블록체인을 가장 핵심적인 기술이라 한다. 그리고 가트너에서는 2027년 블록체인을 기반으로 하는 플랫폼이 전 세계 GDP의 10%를 차지하게 될 것으로 전망하고 있다.

　2009년 실제 거래가 이루어진 첫 암호화폐인 비트코인(Bitcoin)이 등장한 이후 전 세계적으로 2020년 9월 현재 약 6,928여개의 암호화폐가 개발되어 유통중이다(CoinMarket, 2020). 비트코인은 블록체인이 화폐·금융분야에 적용된 하나의 예로서, 암호화폐는 블록체인이 추구하는 분권화와 탈중앙화의 가치에 기반해 공증된 거래 중개자 없이도 네트워크 참가자들 간의 거래를 가능하게 한다. 미래학자이자 「블록체인 혁명(Blockchain Revolution)」의 저자인 돈 탭스콧(Don Tapscott)은 블록체인에 의한 정보의 투명성과 신뢰성 향상의 가치는 기존의 '정보의 인터넷(Internet of Information)'에서 '가치의 인터넷(Internet of Value)'시대로의 변화를 이끌 것으로 전망한다. 세계경제포럼(World Economic Forum)에서도 블록체인을 미래 12대 유망기술 중 하나로 선정하고 10여년 뒤에는 전 세계 GDP의 10%가 블록체인 기술에 기반할 것으로 예측하는 등 블록체인의 미래혁신에 대한 기대는 점점 더 높아지고 있다.

▼ [그림 6-1] 블록체인 부가가치 성장 전망

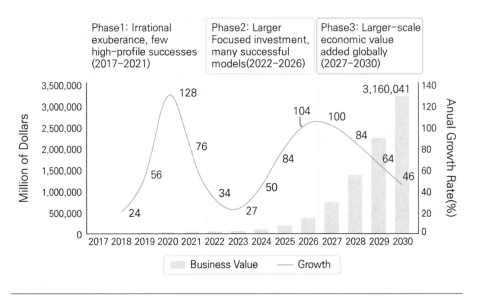

자료: Gartner(2018).

우리나라도 '제4차산업혁명위원회'를 대통령 직속으로 설치하면서 블록체인과 관련된 정책을 추진하고 많은 투자를 하고 있다. 미래창조과학부는 '블록체인 중장기 R&D 추진전략안'을 마련하여 사물인터넷분야, 핵심원천기술분야, 정보보호분야에 투자하고 있으며, 블록체인분야에 대해 대학 IT연구센터인 ITRC (Information Technology Research Center)신규 지원 등의 인력 양성을 지원하고 있으며, 비즈니스 패러다임을 바꿀 혁신기술로서 다양한 분야에 활용방안을 모색하여 공공서비스와 비즈니스 모델 개발을 추진하고 있다.

블록체인은 아직 실생활에서 체험하기는 쉽지 않지만 금융, 보험, 주식거래, 물류분야, 공공서비스 등에서 이미 상용화가 이루어지고 있다. 특히 부동산분야는 향후 블록체인 활용으로 많은 변화와 발전을 기할 것으로 기대되는 기술이다.

필자는 작년말 부동산분야에서 블록체인의 활용을 통한 변화와 발전에 대해 연구하면서 블록체인이 부동산의 획기적이며 혁신적인 발전을 기할 수 있는 기술임을 느끼게 되었다. 실제 미국을 비롯한 해외 여러 국가 뿐만 아니라 IBM, 아마존 등 글로벌기업에서는 블록체인에 의한 부동산 비즈니스 모델 개발을 활발히 진행하고 있다. 물론 블록체인 기술의 부동산 활용은 아직 초기단계로 시험적으로 시도되고 있는 단계라 할 수 있지만 생각보다 빠른 시일 내 실용화될 수 있을 것이라 생각한다.

부동산분야에 빅데이터, 인공지능, 블록체인 등 정보기술을 적용한 비즈니스 모델인 프롭테크(PropTech: Property Technology)는 2008년 영국을 비롯한 유럽과 북미를 중심으로 활발하게 진행되면서 미국, 영국, 중국 등 여러 국가의 부동산분야에서 유니콘(Unicorn)기업이 탄생되고 있다. 2016년 포브스지에서 전세계에서 가장 혁신적인 20개 기업을 선정하는 과정에 프롭테크(부동산기업) 3개 기업이 포함되기도 하였다.

우리나라는 국가와 국민들의 정보화역량이 세계적으로 우수한 국가이다. 유엔(UN)에서 격년으로 평가하는 전자정부지수와 온라인참여지수 그리고 세계경제포럼에서 실시하는 네트워크 준비지수 평가에서 최상위 국가로 평가되는 국가이며, 스마트폰 보급이 전 국민의 95% 이상 되는 등 국민들의 정보화역량도 높은 국가로 이렇게 우수한 정보화역량을 기반으로 프롭테크가 가장 활발하게 이루어질 수 있는 국가라 할 수 있다. 블록체인은 다시 우리나라의 부동산분야의 획기적인 발전을 기할 수 있는 기회를 부여하는 기술이다.

가트너에서 2019년 제시하는 다양한 기술에 대한 [그림 6-2]의 하이프사이클을 보면 어떠한 기술이든 기술이 처음으로 도입되는 태동기와 그 기술에 대한 상당한 기대감이 고조되는 거품기를 지나고 거품이 제거되는 시기를 지나 재조명, 안정기를 거치는 과정을 거치게 된다. 블록체인은 거품기를 지나 거품제거기에 놓인 기술이라 할 수 있다. 따라서 블록체인은 다양한 분야에서 얼마 지나지 않아 안정적으로 도입·활용되어 획기적이고 혁신적인 발전을 기할 수 있는 핵심적인 기술이라 할 수 있다.

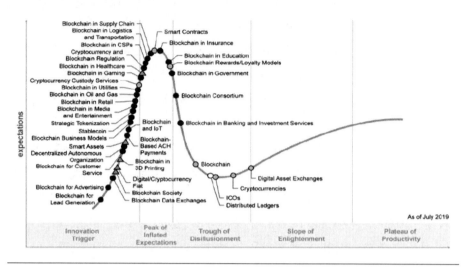

자료: Gartner(2019).

(1) 블록체인 개념 및 의의

2008년 10월 31일 사토시 나카모토(Satoshi Nakamoto, 필명)는 "Bitcoin: A Peer to Peer Electronic Cash System"이란 논문을 작성하여 암호학 전문가 수백명에게 메일을 발송하였다. 그러나 그의 기대와는 달리 그 논문에 대해서 관심을 두는 전문가는 별로 없어 그로부터 3개월 후인 2019년 1월 3일 사토시 나카모토는 직접 제네시스(최초) 블록을 형성하면서 최초 비트코인을 스스로 채굴하게 되었다. 이 비트코인은 동년 5월 22일 라즐로(Laszlo)에 의해 1만 BTS로 피자 2판(30달러)을 구입하게 되는 실제 거래가 이루어져 이날을 '비트코인 피자데이'로 매년 행사를 하기도 한다. 비트코인 블록체인은 2018년 12월 현재까지 3억건의 트랜잭션이 55만 블록으로 저장되면서 비트코인 채굴이 진행되고 있다.

▼ [그림 6-3] 비트코인 블록체인 연혁

- 2008.10.31 암호학 전문가 수백명에게 논문 메일 발송
  - 2008년 9월 15일 파산한 미국 최대의 투자은행 리먼 브라더스와 그로 인한 금융 위기에 대한 비판

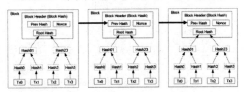

Chancellor on brink of second bailout for banks
The Times, 2009.1.3
(의장은 은행을 위한 두 번째 금융 구제에 직면해 있다)

- 2009.1.3 제네시스 블록에 의해 최초 비트코인 탄생

- 2010.5.18 Laszlo 비트코인 최초 실제 거래
  - 1만BTC로 30달러 피자2판 구입

- 2018년 12월 3억건 트랜젝션, 55만블록, 200GB

자료: 경정익(2019b).

사토시 나카모토가 블록체인 기술을 제안한 배경은 2008년 발표한 논문을 통해 살펴볼 수 있다. 그는 2008년 9월 15일 미국 최대 투자은행인 리먼 브라더스 파산을 시작으로 도미노현상처럼 전 세계로 금융위기가 확산되는 현상을 목격하면서 이를 보완할 방법을 생각한 것이다. 이는 중앙의 권력과 통제의 마비로 인해 전 세계의 금융위기가 발생하는 현상으로 이를 해결하기 위해서는 탈중앙화가 되어야 할 것이라는 생각을 한 것이다.

블록체인은 제4차산업혁명에서 기존 산업의 연결과 융·복합을 기반으로 한 패러다임 변화의 중요한 기술이라 할 수 있다. 블록체인(Blockchain)은 암호화 기술에 의해 원장에 입력된 정보가 블록체인 당사자에 의하여 확인되는 탈중앙화(De–Centralization)된 데이터베이스라고 할 수 있다. 그리고 블록체인을 포괄하는 분산원장기술(DLT: Distributed Ledger Technology)이란 중앙서버나 중앙관리자의 제어 없이 분산화된 네트워크의 각 노드(PC, 스마트폰 등 정보를 주고받는 모든 기구)에 데이터를 공유하고 동기화하는 기술이다.

민주성, 신뢰성과 가용성이 보장된 시스템 구현
(중앙 권력으로 의한 세계 금융위기 등 사회문제 해결)

De-Centralization

구분	규칙	적용기술	효과
민주성 (누가 기록?)	누구든지 참여 가능 다수 중 선출자 선정	• Proof of Work • Hash Puzzle	• 데이터 무결성 • 신원인증
신뢰성 (기록관리의 무결성?)	Block + Chain	• Merkle Tree • Hash Function • Asymmetric Encryption	• 데이터 무결성 • 신원인증
가용성 (상시 가동 보장?)	중앙집중이 아닌 분산원장	• De-Centralization Sys • DLT(Distributed Ledger Technology)	

자료: 경정익(2019b).

이러한 탈중앙화를 통해서 신뢰성과 민주성, 가용성이 보장된 시스템이 구현될 수 있어 금융위기와 같은 중앙시스템에 의해 발생하는 문제를 방지할 수 있는 것이다. 즉, 탈중앙화를 통해 누구도 위·변조할 수 없는 신뢰성 보장과 누구든지 참여하여 다수 중 선출자를 선정하여 기록할 수 있도록 하는 민주성 보장 그리고 어떠한 경우라도 상시 가동될 수 있는 가용성 보장이 이루어질 수 있는 것이다.

블록체인은 '퍼블릭(Public) 또는 프라이빗(Private) 네트워크에서 일어나는 거래정보가 암호화되어 해당 네트워크 참여자들 간 공유되는 디지털 원장(Ledger)'을 의미한다. 블록체인은 블록을 구성하고 있는 어느 한 거래정보가 변경되면 전체 블록체인 해시(Hash)값의 변동을 가져오게 되는 특징으로 특정 노드가 임의로 정보를 조작하는 것을 불가능하게 함으로써 정보의 무결성을 유지한다. 또한 P2P(Peer to Peer) 네트워크를 통한 완전한 정보 공유로 특정 노드를 목표로 한 외부로부터의 해킹 시도를 무력화시키고 전체 시스템이 중단되는 '단일 장애점(Single point of failure)' 위험에도 대비할 수 있게 된다.

이러한 블록체인의 가치로 인해 다양한 유형의 블록체인이 등장하고 있으며 관련 기술 개발에 대한 연구개발도 활발히 진행되고 있다. 비트코인과 같이 누구나 참여가능한 퍼블릭(Public) 블록체인은 물론, 허가받은 특정 노드만 참여가능한 프라이빗(Private) 블록체인 또는 미리 선정된 소수의 허가된 집단에 의해 운용되는 컨소시엄(Consortium) 블록체인 등 다양한 블록체인 유형이 개발·활용되고 있다. 그리고 기술진화적 측면에서도 블록체인은 '스마트계약(Smart Contract)'의 등장으로 암호화폐를 넘어 모든 종류의 거래가 가능한 온라인 플랫폼으로서의 성장 가능성을 보여주고 있다.

블록체인은 소비자와 생산자를 실질적으로 연결하는 네트워크의 혁신 중 하나로 2015년 9월 세계지식포럼에서 발행한 보고서(Deep Shift, Technology Tipping Points and Societal Impact, Survey Report)를 통해 세계경제포럼(WEF)에 참가한 800여 명의 글로벌 전문가 및 경영진의 50% 이상이 2025년에는 메인 스펙트럼에 급진적으로 확산될 티핑포인트(Tipping Point)에 도달할 것이며, 2025년까지 전 세계 GDP의 약 10%가 블록체인 기반의 플랫폼에 의해 이루어질 것으로 전망하는 기술이다(WEF, 2016). 또한 2016년 세계지식포럼에서 미래 전문가들은 향후 블록체인 기술이 상용화되면 사회 전반에 걸쳐 인터넷 발전만큼 혁신적 대변혁을 가져올 것으로 전망하고 있다.

▼ [그림 6-5] 블록체인 메커니즘

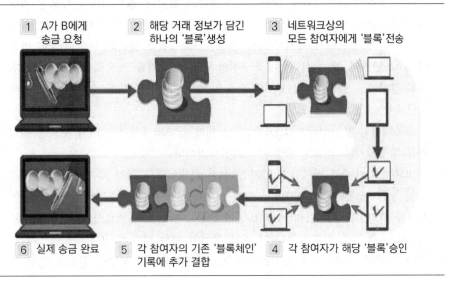

ABI 리서치가 발표한 보고서(2018.10)에서 핀테크(Fintech) 투자 업계를 비롯해 여러 산업에서 블록체인 응용분야 개발과 파일롯(시범) 테스트가 빠른 속도로 증가 및 확대되어 2023년에는 블록체인 매출이 106억 달러를 넘어설 것으로 전망하고 있다. 가트너(2019)는 2025년까지 블록체인이 창출하는 비즈니스 부가가치는 1,760억 달러 이상으로 성장할 것이며, 2030년까지 3조 1,000억 달러를 넘어설 것으로 예상한다.

산업계에서는 블록체인을 혁신적으로 보안성과 신뢰성을 높일 수 있는 기술로 인식하고 있다. 딜로이트의 조사 결과(2018.10)에 따르면, 1,000명의 응답자 중 소속 조직이 프로덕션 단계에서 블록체인을 사용하고 있다고 대답한 비율이 약 34%이다. 또 41%는 소속 조직이 1년 이내에 블록체인 애플리케이션을 배포할 계획을 갖고 있다고 한다. IDC는 기업들의 블록체인 네트워크 지출이 올해 21억 달러, 2021년에는 97억 달러에 도달할 것이라고 전망했다. IDC 조사 담당자들은 금융서비스, 유통서비스, 제조업을 중심으로 블록체인이 많이 도입되고 있다고 분석했다(IDC, 2018).

암호화폐 전문 뉴스 채널 CNN의 보도(2018.9.15)

WEF는 2018년 6월에 발간된 백서를 통해 공급망 관리, 특히 중소기업에서 가까운 장래에 블록체인을 활용을 검토했다고 밝혔다. 동아시아와 태평양 지역의 신용등급이 낮은 중소기업에게 상품을 인도하기 전에 미리 대금을 지불하도록 요구하게 됨으로서 아시아 개발 은행은 1조 5천억 달러의 무역 손실이 있으며, 2025년까지 그 손실액은 2조 4천억 달러로 증가할 것으로 예상하고 있다. 이와 같이 1조 5천억 달러의 무역 손실은 미리 자금을 조달할 수 없는 기업들이 부담해야 하는 적자이다.

블록체인의 분산원장기술(DLT)은 전 세계 약 1조 1천억 달러의 새로운 무역량을 발생시키고 손실을 줄일 수 있다는 것이다.

IBM이 케냐에서 네덜란드로 가는 선적 컨테이너 하나를 추적하는 실험에서 34일 동안 컨테이너가 농장에서 현지 소매업자에게 도착하는 데 걸린 34일 중, 서류가 처리되기를 기다리는 데 10일이 걸렸으며 심지어 중요한 문서들 중 일부가 분실되었으며, 한참의 시간이 지난 후에야 서류 더미 속에서 나중에 발견되었다. 이러한 프로세스를 분산원장기술로 대체함으로써 투명성 확보로 인한 밀

수량을 줄이고 비용을 절감하는 동시에 1조 달러 이상의 무역 손실을 없앨 수 있다.

쉽게 위조될 수 있는 종이 서류가 아닌 불변의 블록체인 기술을 통해 공급망을 추적하는 것은 회사들이 그들의 상품을 믿을 수 있게 조달하여 위조를 줄이기 더 쉽다는 것이다. 향후 10년 동안 줄일 수 있는 세계 무역 손실액으로 예상되는 1조 1천억 달러는 전 세계 GDP의 1.5%에 해당한다.

자료: http://www.ciokorea.com/news/40035#csidxd46b9f87bfefcef85781f50d724cac3

가트너(Gartner)의 'Hype Cycle for Emerging Technologies'은 향후 5~10년간 주목받을 것으로 전망되는 기술에 대하여 성장주기를 5개 단계로 구분하여 분석한 것으로, 유망기술이 '출현단계에서 폭발적으로 성장해 차세대 성장 동력으로 정점에 달한 후 성숙단계를 거쳐 서서히 안정기로 접어드는 일련의 과정'을 예측하고 있다. 블록체인은 제4차산업혁명을 주도하는 핵심기술로서, 가트너는 2020년 10대 핵심 전략기술 중 하나로 실용적인 블록체인(Practical Blockchain)을 선정하였다. 블록체인 기술은 여러 산업에 걸쳐 비즈니스를 할 수 있는 새로운 방법을 가능케 하는 변혁적(Transformational) 단계로서, 산업 원동력 차원에서 주요한 변화를 가져오고 있다.[1]

블록체인은 거래의 기록 및 관리에 대한 권한을 중앙기관 없이 P2P(Peer to Peer) 네트워크를 통해 분산하여 블록(Block)으로 기록하고 보관하는 분산장부(Distributed Dedger)기술이다. 즉, 거래정보의 검증을 위해 10분 동안 발생한 거래를 모아 묶은 형태를 블록이라고 하며, 개념적으로 블록(Block)들이 순차적으로 연결(Chain)된다는 의미에서 블록체인이라고 한다.

블록체인은 네트워크의 전체 구성원이 공동으로 거래정보를 기록·검증·보관함으로써 중앙은행이나 행정기관 등과 같은 "공인된 제3자"(Trusted 3rd party)의 공증 없이도 거래기록의 신뢰성을 확보할 수 있으며, 새로운 거래가 발생할 때마다 각 구성원이 보관중인 장부를 똑같이 업데이트하므로 해킹시 모든 장부를 변조해야 한다는 점에서 보안성이 매우 높은 장점이 있다.

블록체인에 의한 거래의 특징을 살펴보면 현재 금융시스템은 은행 등 공인된

---

1 Heather Pemberton Levy, "Understand how blockchain will evolve until 2030 and today's hype versus reality", Gartner, 2018. 10. 16.

제3자가 개입하여 금융거래를 관리하지만 블록체인은 암호화폐 프로토콜을 이용하여 제3자 없이 개인 간 직접 금융거래를 안전하게 할 수 있다. 특정 시간(비트코인 약 10분, 이더리움 약 14초)동안 발생한 모든 거래정보가 기록된 블록을 생성하고 모든 구성원에게 전송되며, 전송된 블록의 유효성이 확인될 경우 기존 블록체인에 연결하는 방식으로 구현된다. 또한 공개키 암호화(Public Key Encryption) 기술과 작업증명(PoW)거래를 검증하는 메커니즘을 도입하여 거래기록의 신뢰성을 제고하고 있다.

▼ [그림 6-6] 블록체인의 의미와 특징

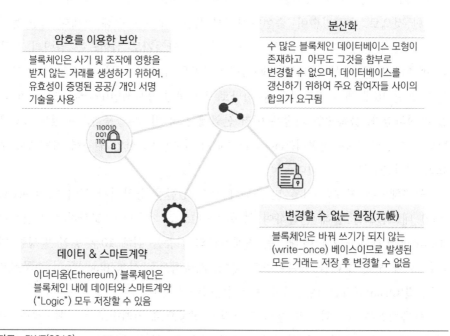

암호를 이용한 보안
블록체인은 사기 및 조작에 영향을 받지 않는 거래를 생성하기 위하여, 유효성이 증명된 공공/ 개인 서명 기술을 사용

분산화
수 많은 블록체인 데이터베이스 모형이 존재하고 아무도 그것을 함부로 변경할 수 없으며, 데이터베이스를 갱신하기 위하여 주요 참여자들 사이의 합의가 요구됨

변경할 수 없는 원장(元帳)
블록체인은 바꿔 쓰기가 되지 않는 (write-once) 베이스이므로 발생된 모든 거래는 저장 후 변경할 수 없음

데이터 & 스마트계약
이더리움(Ethereum) 블록체인은 블록체인 내에 데이터와 스마트계약 ("Logic") 모두 저장할 수 있음

자료: RWE(2016).

2. 블록체인 원리

비트코인 블록체인은 특정 시간(10분)마다 발생한 모든 거래기록정보에 대하여 ① 정보 집합(블록)을 생성하고 ② 모든 구성원들에게 이를 전송, ③ 전송

된 블록[2]의 유효성이 확인될 경우(작업증명), ④ 기존 블록체인에 최근 블록 (Block)을 연결(Chain)하는 방식으로 구현하는 것이다.

비트코인 블록체인 메커니즘 요약

① 새로운 거래 내역이 발생하면 모든 노드에 알려짐
② 각 노드들은 새로운 거래 내역을 10분 단위로 블록을 형성·저장
③ 타임스탬프 서버(노드)들은 그 블록에 대한 작업증명 과정을 통해 거래를 검증
④ 작업증명에 성공한 노드는 전체 노드에게 해당 블록을 전송
⑤ 각 노드들은 해당 블록에 포함된 거래가 이전에 쓰이지 않은 경우 승인
⑥ 51% 이상의 노드가 동의(승인)한 경우 이전 블록과 체인으로 연결

블록체인은 분산된 데이터베이스 또는 분산원장기술(DLT: Decentralized Ledger Technology)로, 분산원장이란 P2P시스템처럼 중앙서버 없이 사용자끼리 정보를 주고받는 기술을 말한다. 즉, 거래 장부를 모두가 공유하게 되는 것이다.

사실 실제의 분산원장기술은 1990년대 말에 등장하여 불법 프로그램인 P2P 파일 공유시스템에서 그 가능성을 확인하였다. P2P(Peer to Peer)는 파일을 직접 판매하는 사이트가 있는 것이 아니라 서로 파일을 공유하면서 사용자끼리 파일을 나누는 시스템이다. 이러한 분산원장기술에 신뢰성을 위한 합의시스템을 도입한 것이 바로 블록체인 기술이다.

블록체인은 블록에 데이터를 담아 체인 형태로 연결, 네트워크에 참여하는 수많은 컴퓨터에 동시에 이를 복제해 저장하는 분산형 데이터 저장기술로, 공공 거래 장부라고도 한다. 또한 중앙 집중형 서버에 거래 기록을 보관하지 않고 거래에 참여하는 모든 사용자에게 거래 내역을 보내 주며, 거래 때마다 모든 거래 참여자들이 정보를 공유하고 이를 대조하기 때문에 데이터를 위조하거나 변조할 수 없다. 이렇게 생성된 블록은 참여하는 모든 노드에 배달된다. 만약 연결되어 있는 블록 중 임의의 한 블록을 조작해 거짓 장부를 보냈다고 한다면 다른 노드에 형성된 블록들과는 정보값에서 차이가 나게 되며 이때 이 거짓 장부는 탈락되고 제대로 된 장부만 배달된다. 따라서 무결성(Integrity)의 블록이 배달되

---

2 블록(Block)이란 거래내역 및 발생시간 등의 내용을 문자, 숫자형태로 암호화하여 포함한 것으로 순차적으로 연결된 일종의 데이터 패킷을 의미.

고, 그 후의 블록이 또 앞의 블록의 무결성을 검증하게 되어, 해킹이 매우 어려워지고, 더욱이 중앙 집중 기관이 없으니 그쪽을 해킹하는 것도 불가능하다. 따라서 블록체인을 가장 무결성 검증이 뛰어난, 해킹이 가장 어려운 정보 거래 방식이라 하는 것이다.[3]

그리고 비트코인 블록체인은 특정한 중앙집권적인 관리자의 의존으로부터 탈피하여 분산·분권기술 사상에 의해 자율적으로 가동하는 시스템을 만들어내는 것과 궤를 같이한다. 비트코인도 블록체인 기술에 기반을 둔 P2P 암호화폐의 일종으로, 중앙은행이나 기타 중앙기관의 신뢰에 기초하는 것이 아니라 암호에 의한 증명에 기초한다. 비트코인은 전자적 지급수단이지만 강제통용력을 가지고 있지 않고, 고유한 가치를 가지고 있지 않으며, 누구도 그 가치를 보장해 주는 것도 아니다.

모르는 사람이나 적대적인 사람을 포함하여 많은 사람이 동일한 데이터의 동기화된 복사본을 저장할 수 있다.[4] 블록체인은 공공원장(Public ledger)과 같은 거래 기록의 전체 목록을 담고 있는 일련의 블록이 체인형태로 연결된 것이다. 개별 블록은 블록헤더와 트랜잭션으로 구성되어 있다. 블록헤더에는 일반적으로 이전 블록헤더의 해시값을 포함한 정보가 담겨있다. 트랜잭션에는 해당 블록에 저장되는 개별 정보를 담고 있으며, 하나의 블록에 여러 개별 트랜잭션이 존재할 수 있다.

블록체인 네트워크상 첫번째 블록은 그 앞의 블록이 존재하지 않으므로 그 앞의 블록헤더의 해시값이 없으며, 이를 제네시스 블록(Genesis Block)이라 한다. 그 이후 생성되는 블록의 블록헤더는 [그림 6-7]과 같이 그 앞 블록의 해시값을 포함시킴으로써 앞의 블록을 가리키게 된다. 이러한 작업이 반복되면서 체인 구조가 형성되며(Zheng, Xie, Dai, Chen, Wang, 2017), 데이터는 '추가전용원장(An append-only ledger)' 형태로 구성되어, 데이터를 추가할 수는 있으나 삭제할 수는 없다.

---

3 사토시 나카모토(Satoshi Nakamoto)에 의해 2007년 블록체인 기술이 고안된 배경도 글로벌 금융위기 사태를 통해 중앙집권화된 금융시스템의 위험성을 인지하고 개인 간 거래를 통한 안전한 시스템을 만들고자 한 것이었다고 한다(Satoshi Nakamoto, Bitcoin: A Peer-to-Peer Electronic Cash System, 2008(https://bitcoin.org/bitcoin.pdf) 참조).

4 The european union blockchain observatory and forum(2018).

▼ [그림 6-7] 블록의 구성

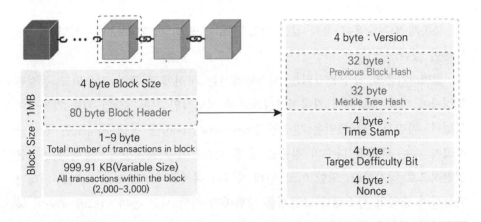

자료: 경정익(2019b).

▼ [그림 6-8] 블록체인 형성 과정

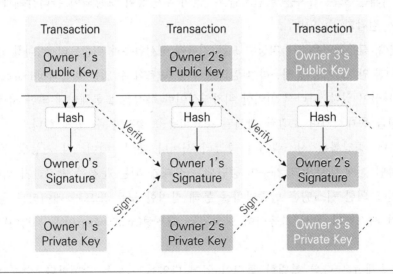

3. 블록체인 특성과 기능

블록체인 기술은 다음과 같은 탈중앙화, 투명성, 비가역성, 가용성의 중요한 특징이 있다.

첫째, 기존의 중앙통제되는 시스템에서는 사전에 신뢰가 검증되고 선정된 특정자에 의해 중앙에서 기록저장함으로서 의도적인 기록저장의 위조 가능성이 있었다. 따라서 블록체인은 탈중앙화(Decentralization)를 통해 자유로운 참여를 하고자 하는 불특정 다수의 검증을 통해 시스템에 기록저장함으로서 위변조를 원천적으로 방지한다. 또한 이로 인해 중개가 불필요한 P2P(Peer to Peer)거래가 가능하며 중앙의 시스템과 보안성을 강화하기 위한 시설 등의 인프라 구축이 불필요하여 비용을 절감할 수 있다.

둘째, 모든 거래기록을 블록체인시스템에 참여하는 모든 노드에게 생성하는 트랜잭션(거래장부)을 분산저장하여 공개적으로 접근 가능하게 함으로서 저장되고 관리되는 모든 기록을 위변조할 수 없어 투명성이 보장되어 관리감독과 규제비용을 절감할 수 있다.

셋째, 블록체인은 기록저장된 모든 기록에 해시함수와 머클트리, 비대칭 암호화 등 다양한 암호화기술을 적용하여 임의로 수정·변조할 수 없는 비가역성(Immutability)이란 특징이 있다. 따라서 이러한 비가역성이란 특징은 블록체인에 의한 시스템의 신뢰성을 증대시키며 보관과 관련된 소요비용을 절감할 수 있게 한다.

넷째, 중앙화된 시스템에서 중앙의 서버나 데이터베이스의 기능상 문제가 발생하면 전체 네트워크 가동이 중단되는 상태가 되는 문제를 방지하기 위해 블록체인에 의한 시스템은 탈중앙화를 통해 참여한 모든 노드가 데이터를 공유함으로써 시스템의 상시 가동성이 보장되는 가용성(Availability)이란 특징이 있다.

블록체인은 나름 특별한 특징이 있어 다양한 기능을 수행한다. 수행가능한 기능은 값의 전송, 자산관리, 합의 등에서 파생된다.

(1) 분산 합의

분산 합의는 블록체인의 기본기능으로 분산 합의 메커니즘이 있기 때문에 블록체인시스템에 중앙기관 없이 모든 참여자가 진실이라고 동의하는 하나의 버전을 제시할 수 있다.

(2) 트랜잭션 검증

블록체인 노드에서 발송되는 모든 트랜잭션은 사전에 정한 규칙집합을 기준으로 하여 검증된다. 따라서 유효한 트랜잭션만 선별되어 블록에 포함된다.

(3) 스마트계약 플랫폼

블록체인은 비즈니스 로직(Logic)을 수행하는 프로그램을 사용자 대신 실행할 수 있는 플랫폼이다. 모든 불록체인이 스마트계약을 수행하는 메커니즘을 지원하는 것은 아니나 이더리움, 멀티체인 등과 같은 최신 블록체인 플랫폼에서 스마트계약을 수행할 수 있다.

(4) 피어(Peer)값 간 전송

블록체인을 사용하면 토큰을 통해 사용자간 값 전송이 가능해진다. 즉, 토큰은 가치의 매개체로 볼 수 있다.

(5) 암호화폐 생성

사용되는 블록체인 유형에 따라 다양한 암호화폐 생성을 지원한다. 블록체인은 트랜잭션 유효성을 검증하고 블록체인을 보호하기 위해 자원을 소모하는 채굴자에게 인센티브로 암호화폐를 생성된다.

(6) 스마트자산

다른 사람이 소유권을 주장할 수 없도록 디지털 자산 또는 물리적 자산을 블록체인에 안전하고 정확하게 링크할 수 있다. 또한 자신의 자산을 완벽하게 통제할 수 있으며 이중지불 또는 이중소유가 불가능해진다.

(7) 불변성

일단 블록체인에 추가된 기록은 변경할 가능성은 희박하다. 물론 이전에 블록을 변경하려면 이에 대한 합의 알고리즘을 다시 계산하여야 하는 엄청난 양의 컴퓨팅 자원이 소요되기 때문에 이전의 기록을 본질적으로 변경이 불가능하다.

(8) 고유성

모든 트랜잭션은 이미 지급되지 않았음을 보장하는 고유성으로서 이중지불의 탐지 및 회피가 필수 요구사항인 암호화폐와 관련이 있다.

02절 블록체인 적용 기술

블록체인에 적용되는 기술은 합의 알고리즘과 암호기술인 해시함수(Hash Function), 전자서명(Digital Signature), 공개키 암호화(Public Cryptography) 알고리즘 등이 있다.

1. 합의 알고리즘

합의 알고리즘(Consensus Algorithm)은 네트워크의 모든 참여자들이 하나의 결과에 대한 합의를 도출하기 위한 알고리즘이다. 많은 노드(Node)들로 이루어진 블록체인 네트워크는 어떠한 경우에도 하나의 데이터베이스 즉, 블록체인을 유지할 수 있어야 한다. 특히 비트코인 블록체인은 누구나 노드가 될 수 있으므로 블록체인의 데이터를 변조하려는 악의적인 노드에 의한 공격을 방어할 수 있는 수단이 필요하다. 이 문제는 흔히 비잔틴 장군 문제(Byzantine Generals' Problem)로 표현된다. 흩어져 있는 장군들이 같은 시간에 성을 공격하기 위해 메시지를 서로 공유해야 한다. 메시지는 전파되는 시간이 필요하기 때문에 장군들 중 첩자가 메시지를 조작하여 전파하면 잘못된 메시지가 공유될 수 있다는 문제가 있다. 장군들은 이러한 첩자가 소수있더라도 동일한 메시지를 공유할 수 있어야 한다.

블록체인 네트워크의 관점에서 보면 악의적인 노드가 소수 존재하더라도 동일한 내용의 블록체인을 유지할 수 있어야 한다. 블록체인은 각 노드들이 만든 블록을 검증하고 블록체인에 반영하기 위해 합의 알고리즘을 사용한다. 누군가 거래내역을 조작한 블록을 생성하게 되면 합의 알고리즘에 의해서 채택되지 않고 버려지게 된다. 이를 통해 수많은 노드들이 동일한 내용의 블록체인을 유지할 수 있어 신뢰성을 유지할 수 있다.

▼ 〈표 6-1〉 합의 알고리즘 형태

구분	주요 내용
작업 증명 (Proof of Work: PoW)	비트코인의 창시자인 나카모토 사토시가 제안한 가장 기본적인 합의 알고리즘으로, P2P 네트워크에서 시간 및 비용을 들여 실행된 컴퓨터 수행작업을 신뢰하기 위해 참여 당사자 간에 검증하는 방식
지분증명 (Proof of Stake: PoS)	작업 증명 방식(PoW)의 단점인 과도한 에너지 소비문제를 해결한 것으로, 블록 생성권 지분에 참여자가 보유한 지분이 반영되도록 하는 방식
위임 (Delegate Proof of Stake: DPoS)	반 중앙화된 방식으로, 지분을 보유하고 있는 사람이 자기 권한을 대표자에게 위임하여 대표자들이 블록 생성 및 검증에 대한 권한을 행사하는 방식
PoI (Proof of Importance)	NEM(New Economy Movement)과 같은 가상화폐에서 사용하는 알고리즘으로, 네트워크 참여도에 따라 지급 보상이 달라짐
PBFT (Practical Byzantine Fault Tolerance)	PoW, PoS 단점을 해결한 방식으로, 블록체인시스템에서 약속된 행동을 하지 않고 일부러 잘못된 정보를 전달하는 비잔틴 노드가 있을 수 있는 비동기 시스템일 때, 노드 전부가 성공적인 합의를 할 수 있도록 개발된 증명방식
Tendermint (PBFT+DPoS)	PBFT 알고리즘을 보완, 공개 및 비공개 블록체인에 맞도록 개량한 증명방식으로, 추가로 DPoS가 포함되어 지분 기반 투표를 진행하는 방식
Consensus−by−bet	기존의 알고리즘과는 달리, 참여자의 동의 및 베팅을 통해서 블록체인의 거래를 승인하는 방식

자료: 이재규, "블록체인을 활용한 해외직구 프로세스 개선방안 연구", 숭실대학교, 2018.12.

(1) Proof-of-Work(PoW)

PoW(작업증명)는 Hashcash에서 제안되어 비트코인에서 사용되는 합의 알고리즘이다. PoW는 특정 노드가 특정 알고리즘으로 생성된 해시 문제를 풀면 블록을 생성할 권리를 부여하고 그 대가로 비트코인을 지급한다. 이 문제는 반복적인 연산을 필요로 하는 단순 작업으로, 결국 해시 함수를 푸는 연산 능력이 우수한 노드 즉, 해시 파워(Hash Power)를 많이 가진 노드가 블록을 더 많이 생성할 수 있고 비트코인을 받을 수 있는 기회가 더 많이 부여된다. 더 많은 연산 작업을 했다고 증명한 노드에게 블록 생성 권한을 주는 것이다. 만약 두 개 이상의 노드에서 거의 동시에 문제를 풀어서 블록을 생성하게 된다면 이 블록들이 모든 노드들에게 전파되면서 어느 순간 충돌을 일으키게 된다. 이때 해당 블록 이후로 연결된 블록들을 확인해서 더 긴 노드의 블록을 선택하게 된다(Longest Chain Win Rule). 즉 더 많은 작업 증명을 한 노드에게 블록의 생성 권한을 주는 것이다. 이렇게 블록을 생성하는 일련의 과정을 채굴(Mining)이라고 한다. 그래서 PoW는 비트코인, 이더리움, 라이트코인 등 채굴이 가능한 모든 암호화폐에 적용된다.

해시 파워를 요구하는 것은 악의적이거나 신뢰성이 부족한 노드가 비트코인 블록체인 네트워크에 참여하는 데 일종의 진입장벽의 역할도 한다. 높은 해시 파워를 갖추려면 장비구입 및 전력비용이 많이 들기 때문이다. 만약 비트코인 블록체인 네트워크에서 특정 세력이 전체 해시 파워의 51% 이상 점유하게 된다면 누구보다도 빨리 블록을 생성할 수 있기 때문에 거래기록이 조작된 블록을 생성하여 블록체인에 연결할 수 있다. 이를 '51% 공격(51% Attack)'이라고 한다. 하지만 비트코인의 경우 전체 해시 파워의 51%를 한 세력이 갖추는 것은 이론적으로만 가능하고 너무 많은 비용이 소요되어 경제적으로는 불가능에 가깝다. 다만 전체 해시 파워가 미약한 암호화폐들의 경우 51% 공격이 성공한 경우가 있다.

(2) Proof-of-Stake(PoS)

PoS(지분증명)는 Peer Coin이라는 암호화폐에서 최초로 발표한 합의 알고리즘이다. PoS의 경우 암호화폐를 많이 보유한 노드가 블록을 생성할 권리를 많이 얻게 된다. 즉, 지분(Stake)을 많이 보유한 사람이 블록을 생성할 수 있는 권리를 얻게 되며 보상도 많이 받게 되는 것으로 이자 및 배당과 유사한 개념이다. 암호화폐를 많이 소유하고 있는 노드일수록 그 가치를 유지하기 위해 시스템의 신뢰성을 손상시키지 않을 것이라는 전제를 기반으로 한다. 결국 위와 같은 역할을 하는 채굴 과정(작업증명)이 필요없기 때문에 작업증명(PoW)의 에너지 낭비 문제를 해결할 수 있다.

PoS를 기반으로 하는 암호화폐는 일반적으로 초기에 ICO(Initial Coin Offering)를 통해 대량의 코인이 판매되고 이후 블록 생성에 대한 대가로 조금씩 분배된다. 일반적으로 ICO를 통해 암호화폐를 판매할 때는 일반적으로 내부 구성원들과 기관 투자자 및 개인 투자자들에게 분배 및 판매한다. 만약 누군가가 51% 이상의 지분을 가지고 있으면 PoW와 마찬가지로 51% 공격이 가능하다. 하지만 성공한 ICO의 경우 암호화폐의 가격이 높고 보유자 층이 넓기 때문에 51%의 지분을 확보하는 것이 거의 불가능에 가깝다. 만약 실패한 ICO라 하더라도 51%씩이나 지분을 보유하고 있는 노드가 굳이 블록체인 네트워크의 신뢰성을 떨어뜨려 자신의 보유한 자산의 가치를 떨어뜨릴 이유가 존재하지 않는다. 그러므로 51% 공격에 대해서는 PoW보다 더 안전하다고 판단할 수 있다.

(3) Delegated Proof-of-Stake(DPoS)

DPoS(위임된 지분증명)는 이오스의 개발자인 댄 라리머(Dan Larimer)에 의해 고안된 합의 알고리즘이다. PoS는 일정지분을 가진 모든 노드에게 블록 생성 권한을 부여하지만 DPoS의 경우 지분 위임 결과(투표 결과)에 따라 선출된 상위 노드에게 권한을 위임하여 합의를 수행한다. 상위 노드는 암호화폐 보유자들의 투표로 선출되며 보유자들은 본인이 가진 암호화폐의 수만큼 투표 권리를 행사할 수 있다. 상위 노드 외에는 블록을 생성하지는 못하지만 상위 노드는 본인에게 투표한 사용자에게 블록 생성에 따른 보상을 분배할 수 있다.

DPoS를 기반으로 하는 암호화폐의 경우 상위 노드의 수가 제한되어 있기 때문에 합의 시간을 줄일 수 있어 단위 시간당 많은 트랜잭션을 처리할 수 있다는 장점이 있다. 또한 소량의 암호화폐 보유자들이 비용이 드는 노드 운영을 하지 않아도 보상받을 수 있다는 장점이 있다.

PoS가 직접 민주주의라면 DPoS는 간접 민주주의라고 할 수 있다. 앞서 언급한 장점은 간접 민주주의의 장점과 연관이 있다. 하지만 간접 민주주의의 경우 현실 정치에서도 그렇듯 단점들이 존재한다. 우선 상위 노드의 수가 적기 때문에 효율성은 높지만 해커들이 공격해야 할 노드가 적다는 의미도 된다. 그리고 암호화폐는 특성상 거래소에 보관하는 비중이 상당히 큰데 거래소에서 투표시스템을 갖추지 않을 경우 그 권리를 거래소에서 남용할 수 있다. 투표율이 저조한 경우나 상위 노드들 간의 담합 또한 민주주의가 왜곡되는 경우라고 볼 수 있다.

2. 해시 알고리즘(Hash Algorithm)

해시(Hash)는 어떤 문자열을 입력했을 때 특정 비트 길이의 문자열로 생성하는 것이다. 해시 알고리즘은 특정 알고리즘에 의해 특정 데이터를 입력하면 해시값이 생성된다. 만약 한 글자라도 다르면 다른 해시값이 생성되어 식별할 수 있다.

비트코인 블록체인에 적용되는 해시함수인 SHA-256[5]은 어떠한 입력값을 넣든 항상 256비트(32바이트)값을 출력한다. 예를 들어, 아래 [그림 6-9]에서 보는 바와 같이 실제로 'A'라는 문자열의 SHA-256 해시함수를 통해 얻은 결과값은 위의 그림에서 ①이라는 256비트(32바이트)값을 가진다. 반면에 알파벳 하나만 다른 'B'라는 문자열의 SHA-256 해시 결과값은 완전히 다른 문자열인 ②라는 해시값을 출력한다.

▼ [그림 6-9] 대표적인 해시 알고리즘인 SHA-256 연산 결과

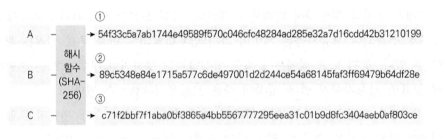

---

5 SHA는 Secure Hash Algorithm의 약자로 미국 국가안전보장국(NSA)에서 개발한 암호화 해시기법이다. 최초 해시 알고리즘은 1993년 발표한 SHA-0에서 SHA-1, SHA-2, SHA-256, SHA-3 등으로 해시값의 길이가 다양하게 개발되고 있다.

이와 같이 해시는 그 결과값을 완전히 다르게 하여 함께 식별할 수 있게 한다는 점에서 강력한 보안도구다. 이렇게 '암호화된 정보가 큰 폭으로 변화하는 효과'를 눈사태 효과(Avalanche Effect)라고 하는데 좋은 암호 알고리즘들은 모두 눈사태 효과를 그 특성으로 가진다. 흔히 소프트웨어 판매 업체에서는 판매하는 소프트웨어 설치 프로그램의 바이너리 코드에 해시 알고리즘을 적용한 결과값을 웹사이트에 함께 게시한다. 고객들은 자신이 어디선가 받은 소프트웨어가 정품인지 확신이 없을 때 자신이 가지고 있는 소프트웨어의 해시값이 사이트에 출력된 해시값과 일치하는지 확인하여 검증할 수 있다.

이러한 해시함수는 도서관에 있는 10만권 이상 방대한 도서일지라도 해시함수를 이용하면 단 32바이트로 표현할 수 있다. 이 해시 알고리즘을 이용하면 10만권의 도서관 책 중 단 한글자라도 변경되면 해시값이 변경되어 그 사실을 손쉽게 탐지할 수 있게 된다. 물론 어디가 어떻게 변경되었는지는 알 수 없다. 그러나 변경여부를 단 32바이트이면 충분히 확인할 수 있다. 이와 같은 원리를 이용하여 블록체인에 저장된 데이터의 위변조가 일어났는지를 손쉽게 확인할 수 있게 되는 것이다.

비트코인은 항상 SHA−256 함수를 통해 두 번 연속 적용한 해시값을 사용하며, 블록의 고유한 해시값을 계산할 때도 블록 데이터를 연속해서 두 번 해시한 후 사용한다.

블록체인의 해시함수는 다음과 같은 3가지 목적으로 활용한다. 첫째, 공개키의 해시값을 지갑주소로 활용하여 익명화된 거래를 수행하고, 가상화폐의 전자지갑 주소는 공개키 기반 암호화 알고리즘에서 생성된 공개키의 해시값을 사용한다. 따라서 개인정보(정확히는 송신자의 계좌정보) 없이 익명화된 거래를 통해 송금자의 신원을 감추고, 송금할 수 있다.

둘째, 해시함수를 사용하여 2가지의 무결성 검증에 활용한다. 하나는 체인으로 연결된 블록헤더의 해시값을 활용하여, 체인으로 연결된 다음 블록의 무결성 검증에 사용된다. 또 다른 무결성 검증은 각 블록의 전체 거래를 하나의 해시값(머클루트)으로 저장하고, 필요할 경우에는 언제든, 해당 블록의 머클루트값에 의해 블록 내에 포함된 개별 거래의 위변조 여부를 검증할 수 있다. 모든 거래 데이터의 해시값을 머클트리(Merkle Tree)를 이용하여 만들어지는 머클루트(Merkle Root)에 저장하고, 향후거래 내역의 위변조 여부를 검증할 때, 원본 해시값과 비교를 통하여, 각 거래의 무결성을 검증할 수 있다. 또한 머클루트는 1MB로 크기가 제한되어 있는 비트코인의 각 블록의 크기를 효율적으로 사용할 수 있게 해준다. 전체 거래내역을 다 저장할 필요없이, 머클루트라는 한 개의 해시값만 저장하면, 해당 블록 내의 모든 거래내역의 진위를 필요할 때, 비교할 수 있기 때문이다.

3. 머클트리(Merkle Tree) 암호화 기법

블록체인에서 블록의 바디(Body)에 포함된 모든 거래정보를 특정 크기 단위별로 암호화 함수(예: SHA-256)를 적용하여 여러 단계(round)를 거쳐 해시값을 만든다. 이 해시값들이 트리 형태이고, 1979년 개발자인 랄프 머클(Ralph Merkle)의 이름에서 따와 머클트리라고 부른다. 이 머클트리의 최상위에 위치하는 해시값을 머클트리 루트(Merkle tree root)라고 하고, 기존의 이진 트리 구조가 부모 노드에서 자식 노드로 향하는 구조였다면, 머클트리는 자식 노드에서 부모 트리로 상향하는 구조이다.

머클트리 루트를 생성하는 과정은 아래 그림에서 보는 바와 같이 먼저 블록 내의 모든 거래정보들의 해시값을 계산한 다음, 두 개의 데이터를 연결하여 해시값을 구한다(이 해시값은 리프 데이터에 대한 부모 데이터라고 한다). 그리고 쌍을 지을 수 없을 때까지 상향식으로 반복하여 해시값을 구한다. 이때 최종 해시값이 머클트리 루트도 블록의 헤더(Header)에 포함된다.

이와 같이 최종 해시값은 맨 아래 트랜잭션이 모두 종합되어 만들어진 해시값이다. 따라서 해시값의 특성상 2,000여 개의 트랜잭션 중 아주 사소한 사항이 변경이 발생하면 머클트리 루트의 해시값이 변경이 되어 바로 탐지할 수 있게 된다.

[그림 6-10]에서 누군가 악의적으로 Tx4 트랜잭션을 조작하려고 시도했을 경우 즉시 그 부모 노드의 해시값이 변경이 되어 그림의 음영처리한 상자에 표시된 것과 같이 연쇄적으로 영향을 미치게 되어 궁극적으로 머클트리 루트의 해시값이 달라지게 된다. 따라서 블록체인의 블록헤더의 단 32바이트(byte)의 머클트리 루트만 저장해 두면 2,000~3,000여개의 트랜잭션 중 어느 하나만 변경이

되어도 바로 탐지할 수 있게 되는 것이다.

▼ [그림 6-10] 머클트리와 트랜잭션 저장

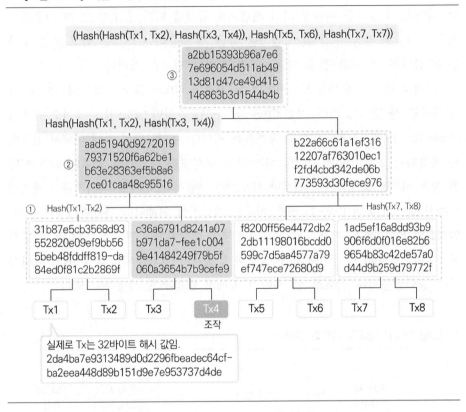

4. 비대칭 암호화 기술

암호화 기술은 소프트웨어분야에서도 다양하게 이용되고 있는데 크게 '대칭 암호화' 방식과 '비대칭 암호화' 방식이 있다.

대칭 암호화(Symmetric Cryptos)는 암호화를 할 때와 암호를 푸는 복호화할 때 동일한 키를 사용하는 것이며, 비대칭 암호화(Asymmetric Cryptos)는 암호화 할 때 사용하는 키와 복호화할 때 사용하는 키가 서로 완전히 다른 것이다. 따라서 대칭 암호화 방식은 암호키를 알게 되면 역으로 쉽게 풀 수가 있으나, 비대칭 암호화 방식은 어느 한쪽의 키를 안다고 해도 다른 쪽 키를 유추하기가 아주 어려워 쉽게 풀 수 없다.

예를 들어, 우리가 평소에 사용하는 금고는 열 때와 잠글 때 동일한 키를 사용한다. 하지만 이 금고를 비대칭 키의 개념으로 생각해 보면, 금고를 열 때 사용하는 키로는 금고를 잠글 수가 없고 금고를 잠글 때 사용하는 키로는 금고를 열 수가 없다. 금고를 열 때와 잠글 때 두 가지의 키가 필요한 것이다.

비대칭 암호화 방식에서는 이처럼 두 가지의 키(Key)를 사용하는데 '개인키'와 '공개키'를 한 쌍으로 한다. 개인키(Private Key)는 자신만 알고 있는 것이고 공개키(Public Key)는 말 그대로 외부로 공개하는 키이다. 이 한 쌍의 키에 의해서 암호화와 복호화가 이루어지는 것이다. 전달하는 메시지를 개인키로 암호화 하면 이와 한 쌍을 이루는 공개키에 의해서만 복호화가 가능하다. 반대로 메시지를 공개키에 의해서 암호화 하면 이와 한 쌍을 이루는 개인키에 의해서만 복호화가 가능하다. 암호화와 복호화하는 키가 다르다는 점이 조금 이상하게 들릴 수도 있지만 이 방식이 비대칭 암호화 방식이며 대칭 암호화 방식보다 보안성에서 우수하다. 따라서 이미 공인인증서나 암호화 웹 페이지 등에서 다양하게 사용하고 있다.

▼ [그림 6-11] 비대칭 암호화 절차

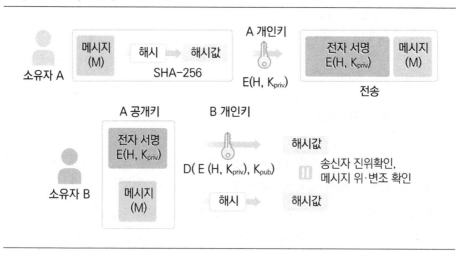

공개키와 개인키에 대해서 조금 더 자세히 설명하자면, 공개키로 암호화 한

내용은 이와 한 쌍을 이루는 개인키를 가진 사람만 복호화 하여 내용을 볼 수 있고, 개인키로 암호화한 내용은 공개키를 가진 사람 전부 볼 수 있으므로 이를 전자서명(Signature)행위 라고 한다. 전자서명에 의해서 이 메시지는 개인키를 가진 사람이 썼다는 것을 보증하고 공개키에 의해서 해석이 되면 검증되는 것이다. 모든 사용자는 자신만의 비대칭 키가 있다. 한 쌍으로 이루어진 개인키와 공개키를 모든 이용자가 가지고 있는 것이다. 여기서 개인키는 자신만 가지고 있고 공개키는 네트워크에 공유하여 다른 네트워크 이용자들이 사용할 수 있도록 한다.

그러면 이제 비트코인 관점에서 보면 거래 시 어떻게 비대칭 키가 사용되는지 보자.

소유자 A가 소유자 B에게 비트코인 10개를 준다고 가정해보자. 여기서 거래 메시지는 "소유자 A가 소유자 B에게 비트코인 10개를 준다"에 해당할 것이다. 이렇게 소유자 B에게 전달되는 새로운 거래 기록을 생성할 때는 소유자 B의 공개키를 사용하게 된다. 소유자 A에게 전달되었던 모든 거래기록과 새로 생성된 거래 메시지는 소유자 B의 공개키를 이용하여 암호화를 거치게 된다. 그리고 소유자 A의 개인키를 통해서 이 새로운 메시지가 자신에 의해서 생성되었음을 서명하게 된다. 이때 소유자 B는 소유자 A의 공개키를 이용하여 소유자 A의 서명이 맞는 것인지 검증할 수 있다. 소유자 B의 공개키를 사용하여 암호화한 것이기 때문에 소유자 B인 경우에만 자신의 개인키로 이 암호화된 메시지를 풀수가 있다. 검증 확인 후 복호화가 되면 메시지 내용에 따라서 소유자 B가 비트코인 10개의 소유자가 되는 것이고 이후 소유자 B인 경우에만 소유자 C에게 비트코인을 전달할 수 있는 자격이 주어진다.

정리하자면 공개키를 통해서 비트코인을 사용할 수 있도록 암호화하면 이와 한 쌍을 이루는 개인키를 가진 사용자만 비트코인을 사용할 수 있게 되는 것이다. 공개키를 비트코인 거래의 목적지 주소로 사용하고 개인키로 만든 디지털 서명을 비트코인 소유의 증거로 사용하는 것이다. 현재 은행시스템과 비교해 보면 공개키는 계좌번호에 해당하고 개인키는 비밀번호에 해당한다고 보면 조금 더 쉽게 이해할 수 있을 것이다.

지금까지 비대칭 키 암호화 방식을 통해 비트코인의 거래 방식을 알아 보았다. 이러한 비대칭 키 암호화 방식을 통해서 비트코인의 거래는 다른 사용자가 주소를 알아도 무분별하게 사용할 수 없도록 기술적으로 보증하는 것이다.

5. 해시퍼즐(Hash Puzzle)

해시퍼즐은 계산된 해시값이 시스템에서 주어진 목표값보다 작게 만드는 정수인 넌스(Nonce)를 찾는 과정이다.

해시값은 출력값이 주어졌을 때 입력값을 찾는 것이 구조적으로 굉장히 어렵다. 이러한 특성 때문에 작업증명(PoW)을 기반으로 하는 암호화폐에서는 다음 블록을 생성할 노드를 선출하는 데 해시 알고리즘을 사용한다. 비트코인의 경우 각 블록의 헤더를 보면 넌스(Nonce)라는 값이 있다. 노드들은 이 Nonce값을 1비트씩 바꾸어 보면서 목표치보다 작은 해시값이 나올 때까지 입력을 무한 반복한다. 이 조건에 맞는 해시값을 가장 먼저 찾은 노드(채굴자)에게 해당 블럭을 생성할 수 있는 권한과 보상(비트코인)이 주어진다. 그래서 높은 해시파워를 가지고 있는 채굴자들이 해시값을 상대적으로 신속하게 맞추어 채굴할 확률이 높아지는 것이다.

▼ [그림 6-12] 해시퍼즐 넌스 찾는 과정

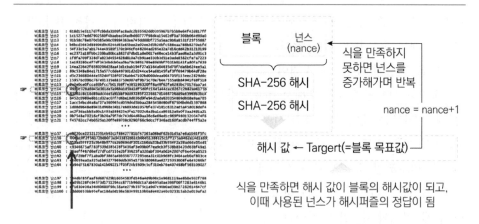

연속된 0의 갯수	1	2	3	4	5
넌스(Nonce)	14	58	156	70,999	1,739,385

비트코인에서는 SHA-256이라는 256비트로 해시값이 생성하는 해시 알고리즘을 썼는데 이 알고리즘에 적합하고 높은 해시파워를 가진 ASIC 채굴기가 개발되면서 종전에 그래픽 카드로 사용하는 개인 사용자들의 채굴이 어려워졌다. 그래서 비트코인 골드의 경우 ASIC 채굴기를 사용하지 못하도록 비트코인을 하드 포크해서 Equihash라는 해시 알고리즘으로 변경하였다.

비트코인 블록체인은 블록이 10분 단위로 1개의 블록이 생성되도록 하기 위해 꾸준히 난이도를 자동적으로 조절한다. 즉, 2,016개의 블록이 생성될 때마다 난이도가 재조정된다. 난이도 조정은 해시퍼즐에서 목표값을 상향조정하거나 하향조정하는 방식으로 통제한다. 블록이 10분에 한 개씩 생성이 되어 하루에 144개(6개×24H)가 생성되므로 2,016개가 생성이 되려면 정확히 2주가 소요되어 이를 초단위로 환산하면 1,209,600초가 된다. 이렇게 난이도를 조절하는 이유는 반도체의 집적도가 매 18개월마다 두배가 되어 그 성능도 두배가 된다는 무어의 법칙에 대비하기 위한 사토시 나카모토 생각이었다. 즉, 항상 10분에 하나의 블록이 생성되도록 하려면 하드웨어 발전에 따라 블록생성의 난이도를 조절할 필요성이 있다고 판단한 것이다.

비트코인 블록체인은 SHA-256 알고리즘을 기반으로 하기 때문에 전문 채굴전문가들은 해시를 더욱 **빠르게** 해시퍼즐을 하기 위한 하드웨어를 개발하고 있다.

먼저 랩탑이나 데스크탑 컴퓨터의 CPU에 의해 비트코인을 채굴을 1년간 실시하다가 비트코인 네트워크의 난이도가 상승하면서 PC에서 사용할 수 있는 GPU 또는 그래픽카드를 사용하여 채굴하였다. 그러나 과열발생과 특수 메인보드 사용, 여러개의 그래픽카드 사용을 위한 추가 하드웨어 필요성과 가격급등 등을 이유로 FPGA(Field Programmable Gate Array, 필드 프로그래밍 기능 게이트 배열)를 적용하게 되었다.

그러나 SHA-256 연산 수행에 최적화하여 설계된 ASIC(Application Specific Intergrated Circle)으로 적용되고 있다. 현재에는 단일 ASIC로는 채산성이 없어 수천개의 ASIC장치를 병렬로 연결하는 전문채굴센터가 사용자와 채굴계약을 맺고 채굴을 대행하기도 한다.

CPU   GPU

FPGA   ASIC

비트코인을 경쟁적으로 빠르게 채굴하기 위한 하드웨어 발전으로, 최근 ASIC을 동원한 일부 세력이 채굴을 독점하는 부작용이 나타나고 있다. 블록체인 네트워크에 참여하는 사용자 노드가 1,000만을 넘어서는 비트코인과 이더리움에서 단 3~4개 노드가 과반을 넘는 블록형성과 채굴을 독점하고 있으며, 상위 10개 채굴업자가 전체 99%가 넘는 블록을 장악하고 있다. 채굴난이도는 계속 급상승하여 제네시스 블록에 비하면 2018년 10월 5일 현재 난이도가 7.45조배 상승하여 감당할 수 있는 업체는 거의 없는 실정이다. 따라서 이렇게 채굴을 장악한 세력이 채산성 악화를 이유로 채굴을 중단하면 블록체인시스템은 멈추게 될 수도 있다.

아래 그림을 보면 채굴의 채산성은 이미 극도로 악화되어 가고 있어 난이도가 2018년 12월 20일에는 5.1조배까지 급격히 하락하는 현상이 나타나고 있다. 즉 대형 채굴업체는 보유하고 있는 암호화폐가치 유지를 위해 고육지책으로 채굴에 소극적으로 참여하기 때문인 것으로 보인다. 또한 이미 채굴업체는 보유하고 있는 암호화폐를 중개소를 통해 내던지며 최후의 순간을 준비하고 있을 수도 있다.

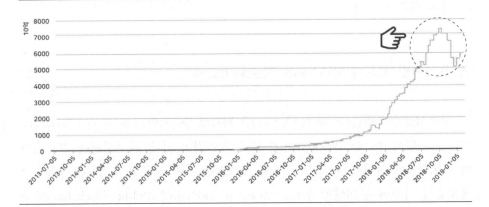

03절 블록체인 유형

블록체인은 기본적으로 퍼블릭, 프라이빗, 컨소시움, 하이브리드 등 4가지가 있으며, 이것을 복합한 유형도 있다.

1. 퍼블릭 블록체인(Public Blockchain)

퍼블릭 블록체인(Public blockchain)은 비트코인(Bitcoin)및 이더리움(Ethereum) 과 같은 오픈소스이다. 누구든지 사용자, 채굴자, 개발자 또는 커뮤니티 회원으로 참여할 수 있다. 퍼블릭 블록체인에 참여하는 모든 회원에게 공유되는 공용 블록에서 이루어지는 모든 트랜잭션은 완전히 투명하므로 누구나 트랜잭션 세부 사항을 검사 할 수 있다. 퍼블릭 블록체인은 블록체인 또는 처리 순서에 기록된 트랜잭션을 제어하는 개인이나 엔티티가 없도록 완전히 분산되도록 설계되었다. 퍼블릭 블록체 인에는 일반적으로 네트워크 참가를 유도하고 보상하기 위한 토큰(Token)이 있다.

퍼블릭 블록체인은 위치, 국적 등을 막론하고 누구나 블록체인 네트워크에 가입하여 참여할 수 있어 검열을 피할 수 있다. 따라서 국가가 시스템을 폐쇄하는 것은 매우 어렵다.

2. 프라이빗 블록체인(Private Blockchain)

프라이빗 블록체인(Private Blockchain)은 허가형 블록체인(Permissioned Blockchain)이라고도 하며, Public Blockchain과 많은 차이점이 있다. 트랜잭션은 비공개이며 네트워크에 참여할 수 있는 권한을 부여받은 자만 사용할 수 있다. 참가자는 네트워크 가입에 동의해야 한다. Private Blockchain은 Public Blockchain보다 중앙 집중식이다. Private Blockchain은 데이터를 공동으로 만들고 공유하려는 기업에게, 중요한 비즈니스 데이터를 Public Blockchain에 표시하지 않으려는 기업에게 유용하다. 본질적으로 이러한 사슬은 더욱 중앙 집중화되어 있다. 체인을 실행하는 엔티티는 참여자와 거버넌스 구조에 대해 중요한 제어권을 가진다. Private Blockchain은 네트워크에 참여를 유도할 필요가 없어 체인과 관련된 토큰이 없을 수 있다.

3. 컨소시엄 블록체인(Consortium Blockchain)

컨소시엄 블록체인(Consortium Blockchain)은 그룹의 지도력에 의하여 운영된다. Public Blockchain과는 다르게, 인터넷에 액세스할 수 있는 사람은 거래 확인 프로세스에 참여할 수 없다. 페더레이션(Federation)된 블록체인은 더 빠르며(높은 확장성), 더 많은 트랜잭션 프라이버시를 제공한다. 따라서 컨소시엄 블록체인은 주로 금융분야에서 사용된다. 컨센서스 프로세스(Consensus Process)는 사전 선택된 노드 세트에 의해 제어된다. 예컨대, 15개의 금융 기관으로 구성된 컨소시엄을 만들 수 있다. 각 금융기관은 노드를 운영하며 블록이 유효하도록 모든 블록에 서명해야 한다. 그리고 블록체인을 읽을 권리는 공개되거나 참가자들에게만 국한될 수 있다.

컨소시엄 블록체인은 Private Blockchain과 가장 큰 차이점은 컨소시엄 블록체인은 단일 개체가 아닌 그룹에 의해 관리된다는 것이다. 이 접근 방식은 프라이빗 블록체인의 모든 이점을 가지며 별도의 유형의 사슬과 달리 Private Blockchain의 하위 모델로 간주될 수 있다. 이 협업 모델은 블록체인의 이점을 활용할 수 있는 최상의 사용 사례를 제공하여 함께 일하는 사람들과 서로 경쟁하는 일군의 frenemies그룹을 구성한다. 비즈니스의 일부 측면에서 협력함으로써, 개별적 및 집합적으로 보다 효율적으로 작업할 수 있다. 컨소시엄 블록체인에 참여하는 사람들은 중앙은행, 정부, 공급망에 이르는 모든 사람들을 포함할 수 있다.

컨소시움 블록체인에 의해 실행되는 블록체인 중 하이퍼레저 패브릭(Hyperledger Fabric)은 하이퍼레저 프로젝트 팀(Hyperledger Project)이 개발하고 있는 하이퍼레저 패브릭(Hyperledger Fabric) 블록체인은 기업에서 사용하기 위한 블록체인 프레임워크의 오픈소스(Open Source) 프로젝트로서, 단독 프로젝트가 아닌 리눅스 재단(Linux Foundation)에서 진행하는 협업 프로젝트이다.

하이퍼레저 패브릭은 스마트컨트랙트(Smart Contract) 구현을 위해 Go, Node.js 와 같은 일반 프로그램 언어를 사용한다. 그리고 기존 퍼블릿 블록체인의 단점으로 지적된 성능 문제와 인증 문제를 동시에 보완한 기능을 가진 것이 주요 특징이다.

하이퍼레저 패브릭은 크게 세 가지 구조로 되어 있다. 첫째, 멤버십(Membership)으로 노드의 가입이나 참여자의 신원을 확인한다. 둘째, 블록체인으로 P2P(Peer 2 Peer) 분산 장부 프로토콜을 구현한다. 셋째, 체인코드(Chaincode)로 일반적인 스마트컨트렉트를 의미한다.

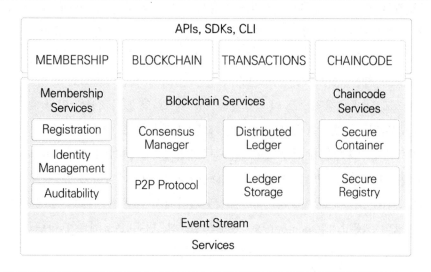

자료: 하이퍼레저 프로젝트(https://www.hyperledger.org).

4. 하이브리드 블록체인(Hybrid Blockchain)

Dragonchain은 하이브리드 블록체인이라는 점에서 블록체인 생태계 내에서 독창적인 위치를 가진다. 이는 권한이 부여된 블록체인의 개인정보보호 혜택과 공용 블록체인의 보안 및 투명성이라는 장점을 결합한 것이다. 따라서 기업은 어떤 데이터를 공개하고 투명하게 할 것인지, 어떤 데이터를 비공개로 유지할 것인지를 선택할 수 있다. Dragonchain 블록체인 플랫폼의 하이브리드 특성은 특허받은 Interchain™ 기능을 통해 가능하고, 다른 블록체인 프로토콜과 쉽게 연결할 수 있다. 블록체인의 다중 체인 네트워크를 허용한다. 이 기능을 통해 기업은 보안 및 개인정보를 희생하지 않고도 원하는 투명성으로 비즈니스를 수행할 수 있다. 또한 여러 공개 블록체인에 동시에 게시할 수 있게 되면 트랜잭션의 보안이 향상된다. 공용 체인에 결합된 해시력이 도움이 되는 이점이 있다.

04절 블록체인 기술 발전과 영향

1. 블록체인 기술 발전

블록체인은 개방적이고 분산된 원장으로서 양 당사자 사이의 거래를 효율적이고 검증가능하고 영구적으로 기록할 수 있으나, 기록된 데이터를 변경하기는 어려운 비가역성이 있다. 블록체인 기술은 암호화폐로 활용되는 시기(2009~2014년)를 지나,[6] 2015년 이후에는 스마트계약, 분산앱(Dapp) 등으로 발전하고 있다.

「블록체인: 신 경제를 위한 청사진(Blockchain: Blueprint for a New Economy)」의 저자이자 블록체인 과학연구소 설립자 멜라니 스완(Melanie Swan)에 따르면 블록체인의 기술 발전은 [그림 6-15]와 같이 3단계를 거치게 된다고 한다.

블록체인 1.0의 비트코인(Bitcoin)은 개방적이고 분산된 원장으로서 양 당사자 사이의 거래를 효율적이고 검증가능하고 영구적으로 기록할 수 있는 공평하게 공유, 복제 및 동기화되는 데이터베이스이다(National Archives and Records Administration, 2019). 블록체인 1.0은 결제 및 송금 등 기존 금융시스템의 혁신이 일어나는 단계로 비트코인은 블록체인의 핵심가치인 분권화와 탈중앙화에 기반한 글로벌 단일 금융시스템을 시도했다는 점에서 그 의의가 있으나 금융분야에서의 한정된 사용, 느린 거래 속도 및 낮은 확장성, 분산화된 시스템으로 인한 의사결정 과정에서의 합의 도출의 어려움 등의 한계점도 지니고 있었다.

블록체인 2.0은 2세대 블록체인인 이더리움(Ethereum)의 '스마트컨트랙트(Smart Contract)'를 중심으로 계약 자동화가 이루어지는 단계이다. 스마트컨트랙트는 계약의 내용과 실행조건을 컴퓨터 코드를 통해 사전에 설정한 후 해당 조건이 충족되면 블록체인 네트워크에서 자동적으로 계약을 집행할 수 있도록 한다. 온라인 상에서 거래 중개자 없이도 컴퓨터 코드만으로 법적 효력을 지닌 계약 집행이 가능하다는 점에서 스마트컨트랙트는 화폐의 성격이 강한 비트코인을 뛰어넘는 온라인거래 플랫폼으로의 블록체인의 발전 가능성을 보여주고 있

---

6 이 시기의 블록체인은 화폐로서 가치를 저장하거나 전달하는 기능이었다. Bitcoin, Litecoin, Dogecoin 등이 있다.

다. 그러나 플랫폼 내 자체 의사결정 기능이 미비한 하드포크(Hardfork) 발생이나 트랜잭션 처리속도 지연 등은 여전히 해결해야 할 문제이다.

블록체인 3.0은 기술이 사회 전반에 확산·적용되는 단계이다. 이전 블록체인 기술이 가지고 있던 문제점들을 해결하기 위해 3세대 블록체인은 합의 알고리즘의 변화, 거래 처리속도 개선, 자체 의사결정 기능 탑재 등 기술 향상에 주력하고 있다. 비트코인의 합의 알고리즘인 작업증명(PoW: Proof of Work) 방식에서 벗어나 더 많은 지분(코인)을 소유한 노드가 우선하여 블록을 생성할 수 있게 하는 PoS(Proof of Stake)나 DPoS(Delegated Proof of Stake), 또는 네트워크 리더를 중심으로 모든 참여자들과 합의를 도출하는 PBFT(Practical Byzantine Fault Tolerance) 방식 등 다양한 합의 알고리즘이 개발되고 있다.

3세대 암호화폐로 주목받고 있는 이오스(EOS), 에이다(ADA), 네오(NEO) 등은 새로운 합의 알고리즘을 기반으로 보다 혁신적이고 발전된 플랫폼을 선보이고 있어 향후 블록체인의 활용 범위를 더욱 넓혀줄 것으로 기대되고 있다.

▼ [그림 6-15] 블록체인 기술 발전

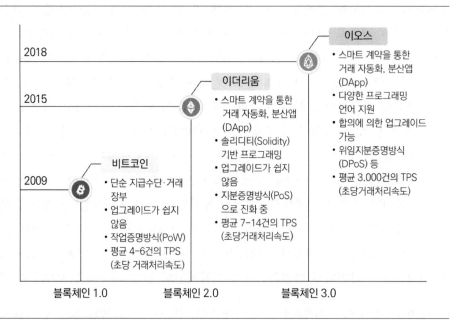

자료: Roberto Candusio(2018).

2. 블록체인 기술 영향

    탈 중앙화 및 분산장부시스템 기반의 블록체인은 현재 경제·사회·문화를 대폭 전환시킬만큼 파괴적인 기술로서 전 분야에 영향을 미치고 있다. 세계경제 포럼(WEF)은 미래(2018~2027년)세상을 변화시키는 유망한 기술로 웨어러블 컴퓨팅, 사물인터넷, 인공지능의 의사결정 등 21개를 선정하였으며, 이 중 블록체인과 관련된 다음의 2개 분야가 포함되어 있다.

    하나는 'Goverment and Blockchain'으로 각국 정부는 2023년에 블록체인으로 세금을 받기 시작할 것으로 전망하고 있다. 블록체인 조세제도 도입은 기회와 도전으로 국가가 통화정책을 추진 시 중앙은행의 통제가 약화되고 블록체인 자체에 내장될 새로운 조세 메커니즘이 역할을 대신 수행할 것으로 예상되고 있다.

    다른 하나는 'Bitcoin and Blockchain'으로 2027년에 전 세계 총생산(GDP)의 10%가 블록체인 기술로 저장될 것으로 예상하고 있다. 2016년 현재 비트코인의 가치는 200억 달러로 80조 달러의 글로벌 GDP 대비 약 0.25% 수준이다. 이에 따라 블록체인의 긍정적인 영향으로 이머징시장(Emerging Market)에서 양질의 금융서비스 증가, 새로운 거래서비스로서 금융기관의 직거래 생성, 모든 종류의 가치교환이 가능한 거래자산의 폭발적인 증가, 스마트계약으로 거래 및 법적 서비스 증가 등을 들 수 있다. 블록체인 기술의 영향을 금융 구조 혁신, 암호화폐 확산, 생태계 변화 측면에서 살펴보면 <표 6-2>와 같다.

▼ 〈표 6-2〉 블록체인 기술의 영향

구분	블록체인 기술의 영향
금융구조 혁신	• 기존 중앙화된 금융구조가 분산기반으로 가능해져 효율성과 비용 절감을 통한 금융혁신을 이룰 수 있으며, 대다수 금융기관들은 이러한 파괴적인 기술을 긍정적으로 수용 • 중앙은행이나 예탁결제원이 현물을 보증하는 디지털 금융자산(전자화폐, 어음, 증권, 보험, 펀드 등)도 지급결제의 완결성과 효율성 제고
암호화폐 확산	• 블록체인 기술이 적용된 비트코인, 이더리움, 리플, 라이트코인 등 약 2,138 종류(2019.4)의 암호화폐가 법적인 화폐로 인정받지 못했지만 전자상거래 또는 일반 상점에서 화폐 기능을 갖고 실질적인 화폐로서 전 세계로 확산되는 추세 • 세계적으로 암호화폐 용어를 사용하고 사실상 화폐로 인정하는 추세
생태계 변화	• 현재 중앙집중의 각종 디바이스와 사물이 연결되어 유통되는 종속개념의 수직 생태계는 모든 객체가 독립적으로 상호 연결되어 자동 관리되는 수평 생태계로 전환되어 경제사회 및 ICT 생태계에 커다란 변화가 나타날 것으로 예상 • 미래는 블록체인 기술의 영향으로 이종/개별 산업군의 형태로 생태계 구조 자체가 변화

자료: 임영환(2016), 일부 수정.

블록체인 기술의 초기 생태계는 금융거래분야 위주로 조성되었으나, 적용분야가 확대되면서 은행, 증권회사, 카드회사, 거래솔루션기업, 전자상거래 업체, 다양한 정보통신기업 등으로 확대되는 추세이다. 초기 블록체인 1.0에는 전자화폐(비트코인) 한 가지에 고정된 상태로서 사용자는 이미 구현되어 있는 블록체인 네트워크에 참여할 것인지 여부를 결정하는 퍼블릭(Public)블록체인 형태와 사전 승인이 필요한 프라이빗(Private)블록체인과 컨소시엄(Consortium)블록체인 형태로 존재하였다(유거송·김경훈, 2018).[7]

블록체인 기술이 발전함에 따라 거듭 기술의 진화를 거쳐 비허가형 블록체

---

[7] 블록체인은 네트워크 참여에 사전 승인이 필요한지 여부에 따라 허가형(Permission)과 비허가형(Permissionless)으로 구분할 수 있고, 허가형 블록체인은 합의 과정에 참여하려면 사전 승인이 필요하며, 참여자 개개인을 지정하는 프라이빗(Private) 블록체인과 특정 그룹 내에서 사전 합의에 따라 쓰기 권한을 가지는 컨소시엄(Consortium) 블록체인으로 분류된다. 비허가형 블록체인은 블록체인(분산원장)을 유지·관리하는 합의 과정에 누구나 참여할 수 있는 퍼블릭 블록체인을 말한다. 네트워크 참여자는 합의 과정에 기여한 보상으로 암호화폐를 지급받으며, 중앙 운영주체 없이 이용자의 참여에 따라 운영된다. 비허가형(퍼블릭) 블록체인에는 비트코인과 이더리움이 있고, 허가형 중 컨소시엄 블록체인으로는 코다(Corda)와 하이퍼레저 패브릭(Hyperledger Fablic) 등이 있다.

인(Permissionless Blockchain) 분야에서는 지불화폐를 넘어서 다양한 산업분야에 이용이 가능한 블록체인 플랫폼 및 서비스가 개발되어 미래산업의 혁신 아이콘으로 떠오르고 있다. 경제적 가치 이동 뿐만 아니라 블록체인의 알고리즘에 따라 스마트계약이 가능한 블록체인으로 다양하게 발전하고 있다(유거송·김경훈, 2018).[8]

미래의 혁신아이콘으로 부상하고 있는 블록체인은 금융권을 중심으로 시작하여 기존의 비즈니스 프로세스를 바꿀 새로운 패러다임으로 등장하여 전 산업분야로 그 활용범위를 넓혀가고 있다. 최근 거래의 암호화(Crypto Currency), 자금의 전송(Currency Transfer), 전자지불(Digital Payment) 등 근본적인 금융거래기술에 적용되기 시작하였고, 향후 더욱 진화하여 부동산, 물류, 보험, 계약, 자산관리, 감사, 공공서비스 등에 확대 적용될 것으로 보이며, 이미 선진국의 선도기업들이 관련 분야의 핵심기술을 개발하여 상용화 하고 있는 상황이다.

시가총액 5위 암호화폐이자 '3세대 블록체인(블록체인 3.0)'으로 불리는 이오스(EOS)는 비트코인이나 이더리움 등 다른 주요 블록체인과 달리 '위임지분증명(DPoS: Delegated Proof-of-Stake)'이라는 독특한 방식의 합의체계를 가지고 있다. 투표로 선출된 21개 블록생성자(BP: Block Producer)가 대표로 블록체인거래 유효성을 검증해 블록을 생성하는 방식이다. 21개 BP만 의사결정에 관여하기 때문에 중앙화된(Centralized) 블록체인이라는 비판을 받지만, 거래 처리 속도가 빠르다는 장점이 있다.[9]

---

8 2015년 비탈리 부테린(Vitalik Buterin)이 개발한 이더리움은 분산애플리케이션(Dapp: Decentralized Application)으로 블록체인상의 프로그램과 데이터 조작·삭제가 불가능하며 지속적으로 실행이 가능한 시스템이다. 중앙서버 없이 블록체인 네트워크 참여자(노드)에 의해 운영되는 프로그램으로 코드의 실행 및 데치터 기록이 블록체인 상에 이루어진다(유거송·김경훈, 2018).

9 "EOS, 최고의 범용 블록체인으로 자리 잡을 것", 조선일보, 2018.9.24. 기사. 이안 그릭(Ian Grigg)은 "거버넌스(Governance, 의사결정구조)와 확장성(Scalability), 처리 속도의 우수성 때문에 범용 블록체인이 될 것이다"라고 강조하고 있다. 특히 이안 그릭은 EOS와 '통제형 블록체인(Governed Blockchain)'의 강점을 설파했다. 블록체인이 일반적인 비즈니스에 널리 사용되려면 효율성과 일정 수준의 통제가 필요하다는 것이다.

여러 국가나 기업은 블록체인이 도입되면 매우 독창적이며 이상적일 수 있으나, 블록체인에 대한 지나친 기대에 따른 실망의 두려움으로 블록체인 도입을 망설이기도 한다. 실제 블록체인은 다양한 주체 간 신뢰를 구축할 필요가 있는 영역에 적합하다. IATA(International Air Transport Association)는 블록체인의 도입의 적정성을 판단하는 기준을 다음과 같이 제시하고 있다.

현재 미국, 유럽연합 등 많은 국가에서 블록체인은 국가의 혁신적인 발전을 기할 수 있는 범용기술로서 정책을 추진하고 있어 이에 대해 살펴본다.

▼ [그림 6-16] 블록체인 도입 적정성 판단 기준

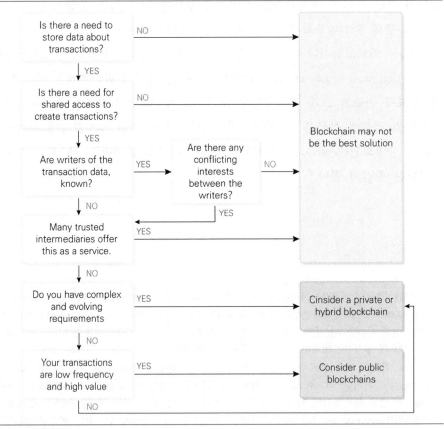

자료: IATA(2018).

1. 미국

미국의 연방 및 주 정부는 블록체인 기술이 금융을 포함한 산업과 사회서비스 등에 가져올 파급효과에 주목하고, 기관 간 협력 및 법·제도적 이슈 해소를 위한 관련 법률제정을 추진 중에 있다.

연방정부는 2019년 2월 제4차 개방형 정부를 위한 국가 실행전략(4th U.S. National Action Plan for Open Government)에 블록체인 기반 보고시스템을 명시하였으며, 2017년 총무청(General Services Administration)은 조달시스템에 블록체인의 적용을 실험하고 있다. 또한 연방 블록체인 커뮤니티(Federal Blockchain Community) 및 아틀라스 포털(U.S. Emerging Citizen Technology Atlas)[10]을 운영하고 있다. 이 연방 블록체인 커뮤니티에서는 2017년 7월 "제1회 미연방 블록체인 포럼"을 개최하여 100명 이상의 정부기관 관리자가 블록체인의 정부서비스 활용방안에 대하여 논의한바 있다.

연방정부는 정부, 신생 및 중소기업, 시민단체가 협력하여 IT기술을 활용한 공공서비스 선진화 이니셔티브를 구현하는 프로그램인 Emerging Citizen Technology 프로그램에서 블록체인을 활용하여 정부서비스를 구현하기 위한 미국 연방 블록체인 프로그램을 시작하고 있다. 또한 2017년 7월 Federal Blockchain Forum을 개최하여 연방정부 관리자 100명이 모여 제출된 200건의 Use Case를 검토하고 제약사항 및 해결방안을 논의하는 등 활발히 블록체인을 적용하기 위해 추진중에 있다.

주 정부의 블록체인 도입도 활발하게 진행하고 있다. 버몬트주(2016.6)와 애리조나주(2017.3), 네바다주(2017.6)는 블록체인상의 기록이나 서명의 법적 효력을 인정하거나 블록체인거래를 면세하는 법안을 통과시켰으며, 델라웨어주(2017.7)는 주식거래 명부에 블록체인을 사용하는 것을 허용하였다. 하지만 일부 주에서는 가상통화의 법적 규율 방안이나 법안을 발의하였으나 제정되지는 못하였다. 미국 총무청(General Services Administration)은 조달시스템에 블록체인을 적용하

---

10 2017년 10월에 개설된 아틀라스 포털은 최신 IT기술의 미국 정부 운영 및 정책 적용 사례를 공유하는 웹사이트로 공무원들의 자발적 업데이트로 운영되며 블록체인 및 인공지능, 가상현실 등을 다룸.

는 것을 시험하고 있다.

아틀라스(Atlas)는 미국 정부를 운영하거나 정책을 세울 때 최신 IT기술을 적용한 사례를 공유하는 웹사이트로 공무원들의 자발적 업데이트로 운영되며, 블록체인 및 인공지능, 가상현실기술 등을 다루고 있다.

▼ 〈표 6-3〉 미국 주 정부 블록체인 정책

주	내용
델라웨어	• 블록체인 이니셔티브(Blockchain Intiative) 추진(2016.5) • 주식거래 명부에 블록체인의 사용을 허용(2017.7)
애리조나	• 애리조나 주 전자거래법(Arizona Electronic Transaction Act)을 개정하여 블록체인 기술 기반 서명, 계약 등 거래기록에 법률적 효력 인정(2017.3)
버몬트	• 버몬트주 증거법(Vermont Rules of Evidence)을 제정하여 블록체인 기반 전자기록 인정(1913 Blockchain enabling, 2016.5) * 블록체인상 기록 및 서명의 법적 효력을 인정하고 블록체인 거래 면세
네바다	• 블록체인 기술의 사용을 승인하고, 미국 내 최초로 주 정부가 블록체인 사용에 세금이나 수수료를 부과하는 것을 금지하는 법안 통과(2017.6) • 블록체인 지원 법안(SB162, SB163, SB164)을 통과시켜, 주 정부기관들이 블록체인 기록을 허용하고 네바다 등록업체들이 국무장관이 요구하는 모든 사업 기록과 기업 문서를 블록체인을 통해 관리하도록 허용하였으며, 암호화폐가 무형상품이며 현행법에 따라 과세 대상이 아님을 명확히 함(2019.6)
일리노이	• '일리노이 블록체인 이니셔티브' 발족(2016.11)

자료: 소프트웨어정책연구소(2019).

2. 유럽연합(EU)

EU는 블록체인 개발을 추진하기 위해 새로운 기금을 조성하는 등 투자 규모를 확대하고 있다. 2019년 11월 유럽투자기금(EIF)은 유럽연합 집행위원회와 함께 블록체인과 인공지능 프로젝트를 지원하는 기금을 1억 유로(약 1억 1,000만 달러, 한화 약 1,295억 원) 조성하여 관련 스타트업과 중소기업에 지원한다.

IDC에 따르면 서유럽은 올해 블록체인부문에 6억 7400억 달러(약 7,940억 원)를 투자하여 미국(약 11억 달러, 한화 1조 3,000억 원)에 이어 두 번째 투자 규모이다. 유럽연합 집행위원회 주도로 블록체인 기술 개발 및 활용 촉진, 회원국 간 협력, 산업 활성화를 위한 다양한 조직 구성 및 프로그램을 진행하고 있다.

유럽연합 집행위원회는 블록체인 기반 국경 간 디지털 공공서비스를 구현하기 위해 2018년 4월 22개 회원국과 유럽블록체인 파트너십(The European Blockchain Partnership)을 체결하였으며, 이를 통해 유럽연합내 국가별로 다른 규제 형태와 산업육성 비전에 대한 정확한 이해를 바탕으로 통합된 블록체인 기술표준 마련과 단일 디지털·블록체인시장 구축에 나선다는 방침이다. 또한 블록체인에 대한 종합적인 이해를 위해 2018년초에는 블록체인 연구가 활발히 이루어지고 있는 대표적인 국제기구 중 하나인 유럽연합 블록체인 관측 및 논의 기구(EU Blockchain Observatory and Forum)을 설립하였다.

2018년 3월 유럽연합 집행위원회는 블록체인과 인공지능 등에 대한 다양한 핀테크 육성 정책을 담은 '핀테크 실행계획(FinTech Action Plan)'을 발표하는 등 유럽연합이 핀테크의 중심(Hub)이 되도록 추진중에 있다.

그리고 2019년 4월 유럽연합은 블록체인과 분산원장기술의 주류 도입을 촉진하기 위해 블록체인 스타트업, 중소기업, 규제기관, 표준수립기관을 모아 INATBA(신뢰 블록체인 응용 국제 연합)를 출범하였다.

3. 유럽 주요국

영국은 과학부(Government Chief Scientific Adviser)를 중심으로 2016년에 블록체인을 국가적으로 도입할 것을 선언하고 각종 정부서비스에 적용하고자 다양한 사업을 추진하고 있다. 영국 과학부는 2016년 「분산원장기술: 블록체인을 넘어(Distributed Ledger Technology: beyond BlockChain)」를 발간하였다. 이를 통해 정부의 블록체인 로드맵을 작성하여 지방 정부 실증사업 추진 지원, 명확한 규제 마련과 산학협력과 민간협력 지원 등을 권고하고 있다. 또한 영국은 2017년 마련한 제2차 투자관리전략(Investment Management Strategy II)에서 블록체인 기반 핀테크산업 육성을 명시하였다. 그리고 조폐국(Royal Mint)은 보유하고 있는 금과 연동되는 가상통화를 발행할 계획을 밝히기도 하였다.

스위스는 현재 유럽 지역에서 블록체인산업의 중심국가라 할 수 있다. 스위스는 암호화폐 우호 정책으로 블록체인산업이 활성화되고 있다. 2017년 8월 스위스 팔콘은행은 비트코인, 이더리움, 라이트코인 등 암호화폐거래를 허용하였고, 이후 스위스쿼트은행과 IG은행도 유사한 서비스를 제공하고 있다.

2018년 2월, 스위스 정부는 ICO 활성화를 위한 가이드라인을 발표하였는데, 이 가이드라인에 따르면 ICO에서 발행하는 암호화폐 유형을 지불형(Payment), 기능형(Utility), 그리고 자산형(Asset)으로 나누고 있다. ICO에 대해서는 8장 "암호화폐와 ICO"에서 자세히 살펴보고자 한다.

중부의 소도시 주크(Zug)시에는 크립토밸리(Crypto Valley)가 조성되어 블록체인분야의 실리콘밸리로 각광받고 있다. 주크 정부는 주민등록과 각종 결제에 비트코인을 허용하고 있으며, 민간단체인 크립토밸리협회(Crypto Valley Association)가 자율규제안을 마련해가고 있다.

에스토니아는 세계에서 블록체인을 정부에서 운영하는 정보시스템에 가장 먼저 도입한 국가다. 2014년에 주민등록에 블록체인을 도입한 e-레지던시(e-Residency)서비스를 세계 최초로 선보였다. 이를 통해 전 세계 누구나 에스토니아나 EU 회원국에서 법인을 설립할 수 있는 전자 신분증을 발급받을 수 있게 하였다. 에스토니아는 1997년 전자정부를 구축한 이후, 세금, 교통, 주민등록, 투표 등을 전산화하였으며, 2008년에는 세계 최초로 정부 기록물관리 블록체인을 도입하는 것을 검토하여 마침내 2012년 보건, 형사, 법제, 사업자 등록 등에 블록체인을 적용하는 데 성공하였다.

두바이는 블록체인 기반 정부시스템 구축을 위한 전략(Dubai Blockchain 2020 Strategy)을 바탕으로 공공영역의 적용을 본격화하고 있다. 두바이 미래 재단(Dubai Future Foundation)은 2016년 4월 정부 기관, 국제기업, UAE 은행 및 국제적인 블록체인 기술 회사 등이 참여하는 32명의 인사로 '글로벌 블록체인 협의회(GBC)'를 구성했는데, GBC는 2016년 5월 관광, 상속 및 재산 이전, 다이아몬드 확인 및 교역, 건강 기록 및 디지털 금융거래서비스 등에 관한 일곱 개의 블록체인 파일럿 프로젝트를 발표하였다.

두바이는 정부시스템에 블록체인 기술을 가장 선도적으로 도입하는 국가들 중 하나로 2016년에는 블록체인 기술 도입을 위한 전략과 실행 계획을 수립하는 데 주력했고, 2017년에는 여러 블록체인 프로젝트들의 기술 로드맵을 수립하고 프로토타입을 개발하였다.

2017년 2월 IBM과 협약을 맺어 블록체인 기술을 활용해 두바이의 세관과 무역기업의 물품·선적 상태에 대한 실시간 정보를 제공하는 무역거래시스템을 구축하여 단순한 정보 전달이나 처리를 넘어 블록체인 기반으로 정보의 실시간 처리 및 처리 자동화를 추진하였다.

2017년 6월 두바이 정부는 두바이 국제 공항에 블록체인 기반 디지털 여권을 도입하기 위해 영국에 기반을 둔 블록체인 신생기업인 오브젝트테크(ObjectTech)와 계약을 체결하였는데, 이는 블록체인에 의해 세계 최초로 기존의 수동 여권 검증 절차를 없애고 게이트 없는 공항 출입시스템을 추진하였다.

4. 중국

중국은 2016년 국무원의 제13차 5개년 국가정보화 규획에 처음으로 블록체인 기술을 포함하였고, 2018년 공업정보화부에서 반포한 '공업 인터넷 발전 행동계획(2018~2020년)'에도 언급되면서 블록체인산업 발전의 정책적 근거를 마련하였다. 그리고 오는 2023년까지 블록체인 기술 개발에 20억 달러 이상 투자할 계획을 수립하는 등 블록체인을 새로운 시대의 대표 정보기술로 인식하여 블록체인산업 발전의 정책적 근거를 마련하고 있다.

중국은 블록체인 기술의 다양한 산업화 분야에서 세계적 기준으로도 상당히 빠른 대응 중이다. 2016년 10월 중국 공업정보화부는 중국 블록체인 기술 및 응용발전 백서를 발간하여 전 세계적인 블록체인 관련 기술발전 현황 및 전형적인 응용상황들을 종합하고 중국 내 블록체인 기술발전 로드맵 및 미래 블록체인 기술의 표준화와 추천방향을 제시하고 있다.

북경우전대학의 "중국 블록체인산업 발전 백서('17.4)", 국립인터넷금융보안기술 전문가위원회(CNCERT)의 "블록체인 규정 가이드라인('17.7)" 발간을 통해 블록체인산업 발전의 기반을 조성하는 중이다.

중국의 블록체인산업이 성장하고 각 지방정부가 블록체인을 새로운 경제 동력으로 삼으면서 전국에 이미 20여 개의 클러스터를 조성하였다. 이를 통해 지방정부 차원의 산업육성 장려정책과 함께 창업자와 자본이 참여하고 관련 기업이 집결한 단지가 지역별로 육성하고 있다. 항저우 내 소재한 저장성에는 4개의 블록체인 산업단지가 조성되어 광둥성과 함께 전국에서 블록체인 클러스터가 가장 발달한 지역이며, 이외 후난성에 2개, 충칭에 2개, 상하이에 2개, 랴오닝, 허베이, 후베이, 장시, 광시, 장쑤, 하이난에는 각각 1개씩이 자리잡고 있다. 아직 단지 규모는 그리 크지 않지만, 이는 성장단계로 볼 수 있다. 2017년 5월 항저우시에 조성된 블록체인산업파크(Blockchain Industrial Park)를 비롯해 광저우 이미(Yimi) 블록체인 창업 공간과 상하이 블록체인 기술혁신 및 산업 문화 기지가 중국 내에서 경쟁력이 높은 단지로 평가되고 있다.

중국은 민간의 암호화폐 발행(ICO)을 엄격히 통제하면서 한편으로 정부 주도의 암호화폐 도입을 추진하고 있다. 중국은 2017년 하반기부터 민간의 무분별한 암호화폐 발행을 엄격히 통제하는 조치들을 취하고 있다. 그러나 한편으론 정부 주도의 중앙집중적 형태로 실물화폐와 병용할 수 있는 암호화폐 발행을 적극적으로 고려하고 있다. 한편, 중국증권거래소, 원자재거래소 등 11개의 금융기관들이 중국분산원장연맹(China Ledger Alliance)을 결성하여 중국의 법규 안에서 적용 가능한 분산원장 솔루션에 대한 연구 및 개발을 진행하고 있다.

또한 중국의 인터넷 검열기관인 중국 국가 인터넷정보사무처는 2019년 1월 10일 블록체인정보서비스에 대한 중국 최초의 포괄적인 관리 감독 규정인 '블록체인정보서비스 관리규정'을 제정하고 2019년 2월 15일부터 시행하고 있다. 이 규정으로 블록체인서비스 제공업체 및 블록체인 기술이나 시스템을 기반으로 만들어진 인터넷 사이트나 응용 프로그램을 통해 정보서비스를 제공하는 모든 회사는 당국의 관리 감독 대상이 되고 있다.

5. 싱가포르

싱가포르는 정부 주도의 블록체인시스템 구축에 적극 나서면서 아시아 국가 가운데 블록체인과 암호화폐 추진에 가장 적극적인 나라로 평가되고 있다.

한국, 중국 등은 암호화폐 공개(ICO)를 엄격히 금지하고 있는 반면 싱가포르는 명확한 가이드라인을 제시해 ICO를 관리하고 있다. 이 가이드라인에서 제시하는 조건이 분명해 블록체인 업체들은 자유롭게 관련 사업 수행이 가능하다.

2017년 11월 싱가포르 금융당국인 통화청(MAS: Monetary Authority of Singapore)은 싱가포르에서 진행되는 ICO에 대해 통화청이 관리하는 증권선물법에 대한 지침을 제공하는 '디지털 토큰 오퍼링 가이드'를 발표하고, 2018년 11월 ICO에 대한 가이드라인 개정안을 발표하였다.

싱가포르는 2018년 정부 차원에서 블록체인 기반 금융 플랫폼을 추진하고 있고, 금융회사 간 송금을 중심으로 시간과 비용 절감을 위해 추진 중이다. 그리고 2018년 4월 싱가포르 특허청은 블록체인 기반 결제시스템과 같은 핀테크 관련 응용 프로그램에 대한 특허 부여 프로세스를 가속화하기 위한 이니셔티브를 발표하였다.

2018년 11월, 싱가포르증권거래소(SGX)는 블록체인 기반 증권거래 플랫폼 도입 테스트를 완료하였다. 이 플랫폼은 싱가포르 정부가 블록체인 기반의 은행 간 실시간 총액 결제시스템을 구축하기 위해 추진하고 있는 '프로젝트 유빈(Project Ubin)'의 일환이다. 또한 2019년 5월 캐나다 중앙은행(BoC: The Bank of Canada)과 싱가포르 MAS는 블록체인 기술과 중앙은행 디지털화폐(CBDC: Central Bank Digital Currency)를 활용한 국가 간 결제 실험에 성공하였다.

싱가포르는 해상무역 강국의 특성을 살펴 무역에 특화된 블록체인 기술 도입에도 노력을 경주하고 있다. 2019년 3월 싱가포르 정부는 블록체인 기반의 해상 무역 플랫폼인 트레이드 트러스트(TradeTrust)[11]와 공식적으로 제휴를 맺고 해상무역시스템 효율화를 추진하였다.

싱가포르 정부는 해양항만청, 세관청, 해운협회를 중심으로 싱가포르기업들이 트레이드 트러스트시스템을 활용해 디지털 무역 문서를 안전하게 교환할 수 있도록 블록체인 기술을 도입을 최우선 목표로 하고 있다.

---

11 트레이드 트러스트는 블록체인 기술로 국제 배송과 같은 복잡한 프로세스를 효율적으로 관리하는 선적 전자증권(EB−Ls)시스템 업체.

6. 일본

일본 정부는 2014년 마운트곡스(Mt.Gox)거래소의 파산 이후 가상통화거래소 인가제 등을 도입하여 블록체인산업의 양성화에 힘써왔다. 2017년 4월 가상통화법을 제정하여 거래소 인가제 및 가상통화 회계 기준에 대한 가이드라인을 만들었으며, 일본블록체인추진협회는 엔화와 1:1로 교환 가능한 암호화폐인 젠(Zen)을 개발하였다. 일본 경제산업성은 '블록체인 기술을 이용한 서비스에 대한 국내·외 동향 조사(2016.4)'와 '블록체인 기술을 활용한 시스템의 평가 기준 정비 등의 조사(2017.3)'를 발표하였다. 그리고 총무성은 중앙 및 지방 정부의 조달 시스템에 블록체인을 도입하는 시험을 2017년 4월부터 수행하였다.

최근에는 도쿄올림픽 개최 준비로 '현금 없는 사회'를 표방하는 등 가상통화 및 블록체인 상용화에 박차를 가하는 모습이다. 일본 정부는 올림픽 기간 방문한 외국인들이 현금 대신 암호화폐를 편리하게 사용할 수 있게 하겠다는 방침이다. 이를 위해 올림픽 개최 이전에 가상통화 결제시스템에 대한 가이드라인을 마련하겠다고 밝히고 있다.

7. 우리나라

우리 정부는 가상통화 투기를 방지하기 위한 규제를 추진하는 한편, 블록체인 기술과 산업의 발전을 지원하고자 중장기 계획을 마련하고 있다.

과학기술정보통신부는 2017년 한국인터넷진흥원(KISA)에 블록체인 확산팀을 설치하고 정보통신기획평가원(IITP)을 중심으로 블록체인 기술 개발 중장기 계획을 마련해왔다. 또한 블록체인산업 육성을 위해 2018년 6월 '블록체인 기술 발전전략'을 발표하였다.

2018년 6월에는 국가 차원의 조기 경쟁력 확보를 위한 '블록체인 기술 발전전략'을 발표하였다. 이 발전전략의 목표는 사회편익 제고와 비즈니스 모델 혁신 블록체인 사례로 초기 시장 형성을 촉진하고 국내기업이 필요로 하는 원천기술 개발과 인력양성을 적극 지원하고자 하는 것이다. 따라서 '블록체인 기술의 장점을 활용한 공공·민간 업무 효율화'와 '초기단계인 블록체인 글로벌시장 선점을 위한 블록체인산업 발전 생태계 조성'이란 두 가지 기본 방향을 설정하여 ① 초기 시장 형성, ② 기술경쟁력 확보, ③ 산업활성화 기반 조성이란 추진전략을 수립하여 추진하고 있다.

발전전략의 후속 이행조치의 일환으로, 과학기술정보통신부는 2018년 9월 블록체인 기술의 전산업분야 활용 확산을 가로막는 규제를 개선하는 과제를 사전에 발굴하고 이에 대한 개선방안을 마련하기 위한 민간주도 '블록체인 규제개선 연구반'을 구성·운영하였다. ① 블록체인에 기록된 개인정보 파기 관련 기술적 대안 및 법령 개정 방안, ② 분산형 전산시스템 적용을 가로막는 법·제도 현황 분석, ③ 스마트 컨트랙트와 민법상 일반계약과의 차이로 인해 발생하는 법적 쟁점 검토, ④ 2018년에는 공공 시범사업의 본 사업 확대 추진 시 예상되는 규제 애로사항, ⑤ 분산원장시스템이 적용된 전자문서·전자서명의 법적 효력 등을 주요 과제로 정하고 이에 대한 논의를 진행할 예정에 있다.

블록체인 발전전략계획의 일환으로 한국인터넷진흥원이 중심이 되어 2018년도부터 <표 6-4>와 같이 연도별로 공공선도사업과 만간선도사업을 추진하고 있다.

▼ 〈표 6-4〉 연도별 블록체인 공공 선도사업

2018년 블록체인 공공선도사업		
사업명	추진기관	세부내용
투명한 전자투표시스템	선관위	저장된 데이터의 위·변조가 어려운 속성을 지닌 블록체인 기술을 전자투표시스템에 적용하여 투표 과정과 결과에 대한 신뢰성을 확보하고 온라인 전자투표 활용을 확산
블록체인기반 전자문서 발급인증시스템	외교부	'블록체인기반 아포스티유 관리시스템'을 선제적으로 구축하여 우리나라 발행 문서의 해외 활용 신뢰성을 제고하고, 글로벌 아포스티유 관리시스템 구축 국제표준화 추진
믿을 수 있는 축산물 이력관리시스템	농식 품부	사물인터넷 센서로부터 이력정보를 실시간 수집하여 블록체인으로 연계하는 '블록체인 기반 축산물 이력관리시스템' 구축을 통해 이력정보의 실시간 공유 및 검증체계를 갖춰 소비자의 신뢰도를 제고하고 각종 유통관련 서류에 대한 관리부담을 경감

종이없는 스마트계약 기반 부동산거래 플랫폼	국토부	기존 부동산종합공부시스템에 블록체인 기술 도입. 금융권, 법무사, 공인중개사 등과 연계 부동산거래 원스톱 서비스를 제공하는 부동산 스마트 거래 플랫폼 시범 구축
빠르고 효율적인 스마트 개인통관 서비스	관세청	여러 이해관계자들이 블록체인에 함께 참여하는 스마트 개인통관서비스는 상품구입부터 선적, 도착까지 각 유통단계별로 생산되는 정보를 블록체인으로 실시간 공유하여 위·변조로부터 안전하게 보호하고 다양한 참여자들 간의 정보공유를 통해 통관 절차효율화
청년활동지원 온라인 플랫폼	서울시	서류발급 관련기관들(국민건강보험공단, 근로복지공단, 대학, 서울시 등)을 블록체인으로 연계하여 서류 준비·제출의 번거로움과 검증 소요시간을 대폭 개선하고 연계된 데이터를 기반으로 다양한 맞춤형 청년지원

2019년 블록체인 공공선도사업		
사업명	추진기관	세부내용
신뢰기반 기록관리 플랫폼 구축	국가 기록원	표준전자문서 생산·유통·이관정보를 중앙부처, 지자체, 중앙·지방 영구기록물 관리기관에서 실시간으로 공유, 기록물의 진본성 여부와 무결성 검증
방위사업 지원을 위한 플랫폼	방위 사업청	제안서 및 평가정보를 방위사업청, 국방과학연구소, 한국방위산업진흥회 등이 공유하여 제안서 및 참고자료 위·변조 방지 및 평가 투명성 제공
인증서 없는 민원서비스 제공을 위한 플랫폼 구축	병무청	디지털 ID 기반의 인증정보, 병적정보 등을 병무청, 지방청, 국가보훈처 등이 공유하여 간편한 본인인증 모델 수립 및 종이 없는 행정서비스 제공
재난재해 예방 및 대응서비스 구축	부산시	부산광역시, 3개 시범구청, 유관기관(부산시설공단 등)에서 재난상황정보를 실시간으로 공유하여 공동대응으로 재난안전 골든 타임 단축
의료 융합 서비스 시스템 구축	서울 의료원	전자처방전 등 제증명서를 서울의료원, 약국과 실시간으로 공유, 의료정보의 무결성 및 맞춤형 건강정보 제공
시간제 노동자 권익보호	서울시	근로계획 취소 필요정보를 서울특별시, 소상공인연합회와 공유하여 근로계약서 위·변조 방지 및 노동자 권익보호
식품안전관리인증 서비스 플랫폼 구축	식품 의약품 안전처	HACCP운영 및 인증서 발행·유통정보를 식품의약품안전처, 한국식품안전관리인증원 등이 실시간 공유하여, 식품위해 사고 대응 및 원인 추적, 인증서 위·변조 방지

전자우편사서함	우정 사업본부	전자우편 수발신정보를 우정사업정보센터, 우편제작센터, 우체국쇼핑이 실시간 공유, 온·오프라인 우편물 전달 정확도 증가 및 우편 내용 일치성 제공
전라북도 스마트 투어리즘 플랫폼 구축	전북	관광정보를 전북도청, 전주시청, 한옥마을상인연합회에서 실시간으로 공유하고, 빅데이터 분석을 통해 수요자 맞춤형 관광서비스 제공
전기차 폐배터리유통이력 관리시스템 구축	제주도	전기차폐배터리 숟주기정보를 제주 폐배터리센터, 해체업자, 보급업체 등이 투명하게 공유하여 실시간 이력 검증 및 유통 안전성 확보
블록체인 기반 REC거래서비스	한국남부 발전	블록체인기반 REC거래시스템 구축으로 공급자 선정부터 대금지급까지 'All-in-one' 플랫폼을 통해 신속하고 정확한 서비스 구현
탄소배출권 이력관리시스템 구축	환경부	탄소배출권 인증·거래정보를 한국환경공단, 온실가스종합정보센터 등이 공유하고 거래 안전성 및 시장 신뢰성 확보

2020년 블록체인 공공선도사업		
사업명	**추진기관**	**세부내용**
블록체인 기반 디지털 증거 관리 플랫폼 구축	경찰청	디지털 증거 관리를 위해 각 흐름 단계의 무결성 확보 및 이력 관리 플랫폼 구축을 통한 국민의 정보인권 보장 및 법 집행의 신뢰성 강화
블록체인 기반 노지작물 생산·유통 관리 플랫폼 구축	농촌 진흥청	노지작물(콩) 생산 → 유통 → 소비 등 모든 단계에 블록체인 기술을 결합하여 농산물 물가 안정성 확보와 생산 유통 과정 투명성 신뢰성 증대 및 유통시간과 비용 절감
블록체인 기반 복지급여 중복수급 관리 플랫폼 구축	보건 복지부	블록체인 기술을 적용하여 복지급여 관계기관 간 투명한 정보공유로 중복수급 차단 및 중재기관 없이 확장 가능한 플랫폼 구축
블록체인 기반 식품안전 데이터 플랫폼 구축	식품 의약품 안전처	구입한 수입식품의 안전정보를 모바일 등으로 손쉽게 추적 확인함으로서 믿고 소비하는 수입식품 환경 조성
블록체인 기반 강원도형 만성질환 통합 관리 플랫폼 구축	강원도	환자 개인의 혈당, 혈압정보 등을 IoMT장비를 통해 수집하고 블록체인으로 이를 관리·공유하여 환자 맞춤형 셀프케어서비스 제공

분산신원증명(DID) 기반 디지털 공공 서비스 플랫폼 구축	경상남도	분산신원증명(DID)을 이용한 도민증명서비스 플랫폼을 구축하여 지역 공공서비스 이용 편의성 향상 및 사회적 비용 절감
블록체인 기반 상수도 스마트수질 관리시스템 구축	부산 광역시	실제 가구로 인입되는 수질을 측정할 수 있는 IoT센서를 설치 후 측정된 정보를 블록체인 기반으로 처리하여 수질정보 실시간 확인
블록체인 기반 자율주행자동차 신뢰 플랫폼 구축	세종특별 자치시	자율 주행차의 보안 및 신뢰성 제고를 통해 인명사고 방지 및 데이터 손실, 위·변조 방지로 자율주행자동차에 대한 대국민 안전성 인식 제고
블록체인기반 상호신뢰 통행료 정산 플랫폼 구축	한국도로 공사	한국도로공사와 민자사 간 정확한 데이터 공유정산체계 도입으로 시간과 비용의 절감 및 업무 효율성 증대 실현
블록체인 기반 전기차배터리 Life Cycle시스템 구축	제주특별 자치도	'블록체인 기반 폐배터리 유통이력 관리시스템 구축 시범사업'('19년) 플랫폼을 확대하여 실제 운행 중인 관용 전기차의 배터리 상태 관리시스템 구축, 중고 배터리 표준 확립 및 관리시스템 구축

자료: 한국인터넷진흥원(2019), 저자정리.

우리나라는 아직 블록체인에 대한 사회적 공감대가 부족한 상태로 암호화폐 투자 관련 정책과 블록체인 도입·산업 육성에 대한 전략을 동시에 마련해야 하는 상황이다. 블록체인은 기존 비즈니스 방식에 혁신적 변화를 줌에 따라 기존 법·제도체계로 추진하기에는 많은 제한이 있다. 따라서 실제 비즈니스를 만들어나가고 있는 민간분야와 공동으로 법과 제도를 마련할 필요가 있다. 특히 민간분야의 블록체인 도입이 매우 빠르게 확산되고 있으므로 이를 저해하지 않으면서 국내의 기술 역량을 제고할 수 있는 폭넓은 지원책이 필요한 상황이다.

Gartner는 아래 [그림 6−17]과 같이 블록체인 스펙트럼(Blockchain Spectrum)을 작성하여 블록체인 솔루션의 단계적 진화와 비즈니스 창출 예상치를 조사하였다.

▼ [그림 6-17] 가트너 블록체인 스펙트럼

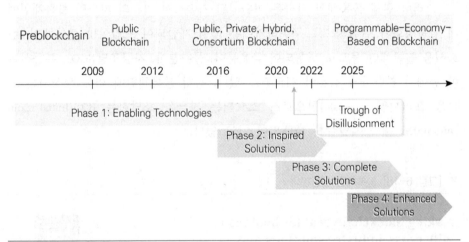

자료: Gartner(2019).

1단계 Blockchain Enabling technologies(2009~2020)는 블록체인을 적용하는 초기 단계로, 개인적이고 독점적 활동에서 비용과 마찰을 줄이기 위해 기존시스템 위에 구축된다. 기업 내 또는 사이에 적은 수의 노드에만 제한적으로 적용된다. 2단계 Blockchain−Inspired solutions(2016~2023)는 블록체인에서 영감을 얻은 솔루션의 현재 단계로 일반적으로 조직 운영 프로세스 또는 기록 유지 비 효율성 측면에서 특정 운영 문제를 해결하도록 고안한다. 이 단계에서는 토큰화(Tokenization) 또는 블록체인에 의한 분산된 의사결정이 이루어진다. 다음 3단계인 Blockchain Complete solutions는 2020년대부터 완전한 블

---

12 블록체인 활용사례는 김승래(2018.12)의 부동산거래의 블록체인에 의한 스마트계약체계를 참조하여 정리함.

록체인(Blockchain)이 구현됨으로써 스마트계약과 분산화 및 토큰화를 포함한 블록체인의 가치 제안을 실현하게 된다. 4단계 Blockchain Enhanced solutions (Post 2025)에서 실행되는 스마트계약은 진정한 자율권을 가지며 현재는 가능하지 않은 교환 및 거래를 가능하게 할 것이다. 이때에는 분산된 자치 단체(DAO)와 기계로 수행되는 소액거래가 이루어지게 될 것이다.

블록체인은 단순한 기술요소가 아니라 새로운 경제체제를 유발하게 할 수 있는 파급력이 큰 범용 기술(KISTEP, 2018)로서, 금융구조 혁신과 암호화폐의 확산, 산업생태계의 혁신적 변화를 줄 수 있는 기술이다.

그러나 현재 블록체인 기술은 미완성된 기술로서 기존의 퍼블릭 블록체인에서 탈중앙화가 현실적으로 구현하기에는 많이 제한되어 프라이빗 블록체인, 컨소시움 블록체인 등으로 변형되어 금융분야, 물류분야, 자금조달(ICO), 부동산분야 등에서 활발하게 적용이 시도되고 있다. 특히 블록체인에 의해 생성되는 토큰을 프리세일(Pre－sale)함으로서 소요되는 자금을 조달하는 ICO(Initial Coin Offering)도 해가 지날수록 확대되어 가고 있다.

▼ [그림 6-18] 블록체인 활용분야

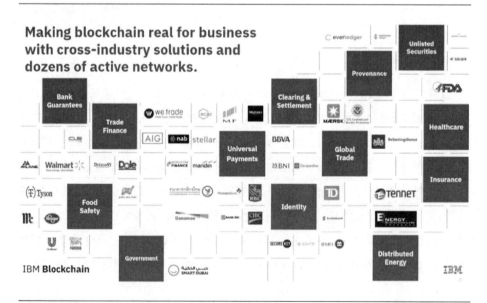

자료: IBM(2018).

다양한 분야에서 블록체인 기술을 도입하려는 이유는 시간과 비용을 절감하면서 거래효율을 높일 수 있을 뿐만 아니라 한번 입력된 정보는 수정할 수 없어 거래의 투명성도 확보할 수 있기 때문이다. 블록체인 기술이 이슈가 된 초기에는 금융분야에서 활발하게 도입했지만 이더리움이 등장한 2015년 이후에는 다양한 분야에서 경쟁력 향상을 위해 이용되면서 많은 기업들이 활발한 논의와 도입이 이루어지고 있다. 뿐만 아니라 각국 정부도 공공서비스의 신뢰성 확보와 업무수행 및 서비스의 효율성을 높일 수 있어 블록체인 기반의 공공서비스 도입을 위한 실험이 증가하는 추세이다.

전문가들은 대부분의 산업에서 블록체인 기술이 정점에 도달하기까지는 5년 이상 소요될 것으로 예상하고 있다. 미국 IT분야 시장조사 및 컨설팅 회사인 가트너는 2019년 발표한 블록체인 하이프사이클(Hype cycle)에서 분산원장, 가상통화 지갑, 합의 알고리즘 등 블록체인 관련 기술들에 대한 시장과 대중의 관심이 정점을 향하고 있다고 한다.

또한 대부분의 IT 컨설팅 기관들은 블록체인 기술이 2~3년 뒤 기술혁신의 정점에 오르고, 5~10년 안에 상용화되어, 2025년 전후 안정된 서비스가 제공될 수 있을 것으로 전망하고 있다.

블록체인의 비트코인, 이더리움, 리플(Ripple) 등 암호화폐에 의한 지불수단이 핀테크(Fin Tech)분야에 큰 영향을 주고 있다. 그리고 사물인터넷(IoT) 관련 분야에서도 발전할 잠재력이 매우 크다. 가령 IoT기기와 연계해서 스마트계약의 집행 관리 인프라 구축에 블록체인이 활용될 것으로 기대된다. 특히 IoT는 그 자체만으로도 엄청난 잠재력을 가진 것이어서 산업현장에서 더욱 저변을 넓혀갈 것으로 전망된다.[13]

블록체인 관련 연구는 일상생활분야에서도 부동산거래, 공과금 납부, 증명서 발급, 콘텐츠중개, 저작권보호 등에 관한 제2세대까지 진화하고 있으나, 제3세대 연구도 활발히 시도되고 있다.

---

13 IoT와 관련하여 차량에서 사용되는 사물인터넷은 각 센서가 수집한 데이터를 모아 빅데이터로 활용할 뿐만 아니라, IoT와 블록체인을 결합하여 렌터카 업체에서 이를 사용하게 된다면, 전원 콘센트나 자동차 키와 같은 장치가 블록체인으로 연계해서 결제정보나 계약정보를 토대로 시동을 걸어 주는 등 IoT서비스를 활성화 하기 위한 방안으로 활용될 수 있고, 이를 지원하는 인프라를 블록체인 기술 세트로 구축할 수 있을 것이다.

1. 금융분야

블록체인 기술이 초기에 가장 많이 활용되고 있는 금융분야로 결제, 보험, 예금인출, 대출, 자산관리, 자본조달 등에서 금융혁신의 시도가 세계 각국에서 시도되고 있다. 이미 세계 주요 은행들은 블록체인을 이용한 신개념의 보안 솔루션이나 송금시스템 개발과 암호화폐를 이용한 파생상품 개발에 전념하고 있다.

현행 금융서비스는 복잡한 구조와 상이한 플랫폼이 혼재되어 있어 블록체인이 낮은 비용으로 안전하고 일관성 있는 플랫폼을 제공할 수 있는 대안으로 부상하고 있어 가장 빠르게 안정적으로 적용될 것으로 기대되는 분야이다.

▼ 〈표 6-5〉 블록체인이 가져올 금융서비스의 변화

구분	설명	효과
지급결제	• 실시간 국제 송금 · 환전서비스 • 새로운 소액결제시스템	• 운영절차 간소화 • 규제의 효율성 향상 • 거래 상대방 위험 감소 • 청산 및 결제시간 단축 • 유동성 · 자본효율성 개선 • 부정거래 발생 최소화
보험계약	• 스마트계약을 통한 자동화 • 손해보험 청구 · 심사시스템	
예금대출	• 직접적인 수출 · 수입 무역금융 • 실시간 신디케이트론 서비스	
자본조달	• 데이터에 기반한 조건부 전환 • 온라인 증권발행을 통한 자금조달	
자산관리	• 실시간 데이터 업데이트 및 반영 • 종합 자산평가심화 자동화	

자료: 한국경제경영연구원(2017.4.3).

많은 해외 은행들은 직접 블록체인 연구개발에 참여하여 가상통화를 개발하거나 코다(Corda), 하이퍼레저 패브릭(Hyperledger Fabric) 등 컨소시엄 형태의 블록체인을 금융 프로세스에 도입 중이다. 미국의 10대 은행은 2014년 부터 2017년까지 블록체인 기업에 총 2억 6,700만 달러를 투자하였다고 보고된 바 있다. 그리고 골드만삭스는 세틀코인(SETLcoin)을, 시티그룹은 시티코인(Citicoin)을 개발하였으며, 스코틀랜드 은행(Royal Bank of Scotland)은 코다를 도입하여 주택담보대출 납부 처리를 자동화하였다.

해외송금시장은 맥킨지앤드컴퍼니에서 2022년에는 2조 9천억 달러가 될 것으로 예상하고 있다. 지난 5년간 세 배 이상 성장하는 등 지속적인 성장세를 이어가 속도와 비용 절감 측면에서 블록체인의 활용도가 높은 분야이다. 해외송금은 자금세탁이나 테러자금의 이동, 불법자금 은닉과 같은 범죄가 발생할 수 있는 위험한 금융업무로 분류되어 국제적으로 허가 받은 대형 금융기관만 허용되고 있다. 기존의 해외송금은 국제은행 통신망인 스위프트(SWIFT)[14]를 이용하거나 웨스턴유니언의 머니그램, 페이팔과 같은 해외송금 전문회사를 이용해야 한다. 그 중 스위프트는 전 세계 200여 개국, 1만 1,000여 개 금융기관이 참여하여 보증하기 때문에 안전한 송금이 가능하나 송금액의 4~6%에 달하는 높은 수수료와 송금에 3일이 소요되는 문제가 있다.

2004년에 설립된 리플(Ripple)은 블록체인에 의해 거래의 안전성과 비용 절감과 소요시간을 단축시킬 수 있으며 거래를 기록하여 중앙(중개)기관 없이 개인 간 송금이 가능하다. 거래 수수료는 송금액의 1~2% 정도로 낮고, 송금소요시간은 10분 이내에 불과하다. 그리고 스위프트나 웨스턴유니언은 대규모 송금액에 초점이 맞춰진 서비스인 탓에 소액일수록 거래비용이 높았지만, 블록체인을 활용할 경우 적은 비용으로 소액송금이 가능해진다. 따라서 일본, 영국, 스페인, 브라질, 폴란드, 중국 등 다양한 국가가 블록체인을 활용한 해외송금서비스를 확산하는 이유이다.

또한 마이크로소프트와 넷플릭스, 바이두 등 유망기술기업들이 다수 상장되어 있는 미국의 나스닥에서는 2015년 10월 블록체인 기반의 시스템을 개발하였다. 비상장 주식거래 시 결제나 장부 반영에 2~3일이 걸렸지만, 새로운 블록체인 기반 시스템으로 소요 시간을 10분 이내로 단축하였으며, 주식 발행 회사는 주주 현황과 투자 자본 흐름을 실시간으로 파악할 수 있게 되었다.

국내에서는 은행권을 중심으로 독자적 또는 협업을 통한 블록체인 플랫폼 활용이 추진 중으로 간편결제와 해외송금서비스에 블록체인 상용화를 준비하고 있다. 간편결제의 경우 계좌나 신용카드를 연결하여 번거로운 절차 없이 구매 버튼 하나만으로 결제가 가능하도록 블록체인을 도입해 2~3% 가량이었던 기존

---

14 SWIFT: 국제은행 간 통신협회로, 현재 전 세계 약 200개국, 1만 1천여 개 금융기관이 매일 SWIFT망을 통해 돈을 지불하거나 무역대금의 결제가 이루어지고 있음.

가맹점 결제 수수료를 0.5%로 낮출 수 있다. 이렇게 낮아진 수수료의 일부는 고객에게 할인으로 제공해 더 많은 소비자들이 블록체인 간편결제서비스를 이용할 수 있는 유인이 되고 있다. 또한 대부분 유학생이나 외국인 노동자들의 해외송금을 기존에는 스위프트(SWIFT)망을 이용함으로써 많은 송금 수수료가 발생했지만, 블록체인 플랫폼을 이용할 경우 1~2%의 낮은 수수료로 더 빠르게 이용할 수 있다. 다만, 금융당국은 자금세탁에 악용될 수 있고, 암호화폐 자체의 가치 변동폭이 지나치게 크기 때문에 암호화폐를 정산매개로 하는 해외송금은 현재 허용하지 않고 있다. 따라서 프리펀딩이나 풀링[15] 방식을 활용하거나 암호화폐를 사용하지 않는 블록체인 플랫폼인 리플의 엑스커런트(xCurrent)를 활용한 해외송금이 가능하도록 추진하고 있다.

▼ 〈표 6-6〉 국내 금융관 블록체인 적용 추진

구분	설명
KRX 한국거래소	자본시장 최초 장외주식시스템 블록체인 도입 상용화
KB 국민은행	해외송금서비스, 비대면 실명확인 증빙자료 보관시스템 구축
NH농협은행	블록체인을 적용한 골드바 구매 교환증 및 보증서 발급
KEB 하나은행	공인인증서를 대체하는 생체인증서비스, Digital Cash 출시 계획
우리은행	핀테크사업부를 중심으로 블록체인 활용 가능성 및 타당성 검토
NH농협은행	국내 최초 비트코인거래소인 코빗(Korbit)

자료: 한국경제경영연구원(2017.4.3).

KB국민은행은 2015년 9월 국내 핀테크 업체 코인플러그(Coinplug)에 15억원을 투자하여 인증 및 송금서비스 협력을 체결하였고, 신한은행은 2016년 7월 블록체인 외환 송금서비스 개발 스타트업 스트리미(Streami)와 협업을 체결하였다. NH농협은행은 2016년 8월 FIDO(Fast Identity Online) 기반의 공인인증서 대

---

15 프리 펀딩(Free Funding)은 해외 대형 송금 업체에 많은 돈을 미리 예치해 놓고, 고객 요청이 있을 때마다 현지 협력사에서 돈을 지급하는 방식이며, 풀링(Pooling)은 고객 송금 요청을 한꺼번에 모아 송금하는 방식을 의미한다.

체 기술 및 생체 인증 솔루션을 개발하여 자사 전체 금융 플랫폼에 탑재하였다. KEB하나은행은 2015년 6월 핀테크 스타트업 인큐베이팅 센터인 원큐랩(1Q Lab)을 통해 센트비 등 기업과 함께 블록체인 기술을 활용한 해외송금서비스망을 구축하였고, 우리은행은 2017년 2월 미국 송금 전문업체 머니그램(Money Gram)과 협약하여 전 세계 200여 개국으로 24시간 송금 가능한 서비스를 개시하였다. KRX 한국거래소는 2016년 9월 블록체인 전문기업 블로코(Blocko)와 협약하여 장외주식거래를 위한 KSM(KRX Startup Market)시스템을 개발하였고, IBK 기업은행은 2016년 7월 유럽과 아프리카 간 비트코인 송금서비스를 제공하는 케냐의 비트코인 스타트업 비트페사(BitPesa)와 공동 협력을 위한 업무협약을 체결하였다.

금융위원회는 2016년 11월 금융권 공동의 블록체인 컨소시엄을 출범하고 효율적인 공동연구 및 파일럿 프로젝트 등을 추진 중에 있다. 삼성 SDS는 그룹 내 삼성증권, 삼성카드, 삼성생명, 삼성화재 등 주요 금융 계열사 간 금융업무 플랫폼 넥스레저(Nexledger)를 자체개발하여 블록체인 기술을 활용함은 물론 해당 기술을 물류와 제조업 등으로 확대하여 적용하고 있고(아주경제, 2017.8.10), 삼성 SDS는 블록체인 플랫폼 넥스레저란 플랫폼으로 국내 최초 제조업으로 확대하며, SK C&C는 물류관련정보를 실시간 공유할 수 있는 블록체인 기반 물류서비스 개발 및 시범시스템을 적용하여 사업을 개시하고 있다(조주현, 2017.10.26).

LG는 2015년 1월 비상장주식 유통 플랫폼을 개발하여 스타트업 5개사의 전자증권 발행에 블록체인 기술을 활용하고 있으며, 한국전력은 블록체인 기술에 기반한 스마트그리드 환경에서 태양광 패널 등을 설치해 모은 전기에너지를 다른 사람과 직거래할 수 있도록 도울 수 있는 '이웃 간 전력거래시스템' 구축을 시범사업화 하였다(ZDNet Korea, 2017.9.29).

실제 금융분야 기관들은 <표 6-7>과 같이 블록체인 기술을 활용해 공급자와 소비자를 직접 연결시켜 거래의 간편화, 비용 감소, 시간 단축을 위해 노력하고 있으며, 금융기관들도 블록체인 플랫폼에 기반한 금융서비스 개발을 위해 투자 및 협력을 적극적으로 시도하고 있다.

블록체인 기술이 디지털 자산거래에도 활용되고 있다. 시장 변동성에 민감한 각종 금융자산(기업대출, 주식, 파생상품 등)의 거래 후 정산 과정의 속도와 효율성을 높여 자산거래의 위험을 낮출 수 있게 된다(이제영, 2017.7).

▼ 〈표 6-7〉 금융분야 블록체인 활용

구분	주요 내용
코인원 트랜스퍼 (CoinoneTransfer)	• 국내 최초로 블록체인을 도입한 해외송금서비스, 태국, 필리핀, 중국 등 7개국가에 제공 • 모바일 기기 사용자를 위해 안드로이드 버전에 이어 iOS버전을 출시
리플 (Ripple)	• 2009년 미국에서 간편 송금을 목적으로 개발된 결제 프로토콜 비즈니스 • 2012년 암호화폐를 발행. 뱅크오브아메리카, 스텐다드차타드, USB 등 세계 유수의 은행 및 금융사들과 협약을 맺고 리플의 송금시스템 적용 추진
크론(KRONN VenturesAG)	• 은행과 협약을 맺는 대신 자금의 외환송금시스템에 블록체인 기술을 적용하여 외환송금보다 쉽고 간편한 금융시스템 서비스 개시
JP모건	• 2016년 은행 간에 결제정보를 실시간 처리를 통해 시간을 단축하기 위해 이더리움기반 프라이빗 블록체인인 INN(Interbank Information Network)을 개발, 현재 전 세계 약 220개의 은행에서 해당 블록체인 네트워크를 사용 중 • 최근 은행 결제 처리의 효율성 향상을 위해 자체 암호화폐 'JPM코인' 개발
골드만삭스	• 암호화폐 관리 및 수탁서비스 업체 비트고(BitGo)에 1,500만 달러 투자 • 비트코인을 이용한 결제 스타트업 빔(Veem)에 2,500만 달러 규모의 투자를 주도

2. 물류 · 유통 · 제조분야

물류 및 유통분야에서도 블록체인을 통해 실시간 물류 추적, 제고관리 최적화, 투명성 제고 등을 실현하는 혁신이 이루어지고 있다. 특히 식품업계는 블록체인 도입을 적극적으로 시험하고 있다. 예를 들어, 하나의 식품을 제조하기 위해서는 다양한 국가에서 원료를 조달하여야 하며 특히 유기농식품의 경우 소비자의 관심이 높아지면서 원산지 정보에 대한 수요가 커져 이를 블록체인을 활용하려는 것이다.

2018년 글로벌시장 기준으로 소매 판매 유통시장은 전년도 대비하여 3% 성장했으며 그 가운데 15.2%를 차지하고 있는 전자상거래(e－Commercial)시장은 고속성장하며 글로벌 소매시장의 성장을 견인하고 있다. 이런 전자상거래기업들은 블록체인 기술을 이용해 자체 플랫폼 내 허위정보를 걸러내기 위해 블록체인 기술이 활용되고 있다.

알리바바는 2015년 미국 증시 사상 최대 규모인 250억 달러의 기업공개에 성공하면서 주가가 한때 120달러에 육박했지만, 짝퉁 논란으로 인해 주가가 80달러로 급락한 바 있다. 이후 알리바바는 고객 신뢰회복을 위해 많은 노력을 기울였으며, 대표적으로 블록체인 기술을 활용해 위조 수입품과 가짜 식품을 판별하고자 하였다. 알리바바가 2018년 기준으로 전 세계에서 블록체인 기술 특허를 가장 많이 보유한 기업으로 블록체인 기반 물류시스템을 통해 50개국에서 수입된 3만여 종의 상품정보를 추적할 수 있다.

또한 식품업계는 블록체인 도입을 적극적으로 시험하고 있다. 예를 들어, 하나의 식품을 제조하기 위해서는 다양한 국가에서 원료를 조달하여야 하며 특히 유기농식품의 경우 소비자의 관심이 높아지면서 원산지 정보에 대한 수요가 커져 이를 블록체인을 활용하려는 것이다. 가짜 식품의 유통을 방지하기 위해 블록체인상에 위·변조가 불가능한 유통 이력을 기록해 문제가 있는 상품을 추적해 걸러낸다. 이와 같이 블록체인 기술을 활용해 상품과 식품 안전에 대한 신뢰를 확보할 수 있게 한다.

아마존 역시 블록체인 기술을 적극적으로 도입하여 클라우드사업인 AWS(Amazon Web Services)를 중심으로 블록체인 서비스화를 추진하고 있다. 아마존은 자원을 절약하고 폐기물을 줄인 물품을 파악해 소비자가 선택할 수 있다면 소비자의 선택이 공급자의 의사결정에 영향을 미칠 수 있다는 데 착안하여 2019년 2월 '순환형 공급망 블록체인 프로젝트'를 추진하였다. 이는 소비자의 의사가 반영된 상품이 공급되는 순환형 공급망이 가능해지도록 블록체인 기술을 도입하여 해당 상품이 어떤 과정을 통해 생산되고 유통되었는지 등의 정보를 투명하게 확인할 수 있도록 하였다.

미국의 유통기업 월마트는 IBM과 협력해 식품공급망에 블록체인을 적용하는 시범사업을 실시하여 기존 유통관리시스템으로는 일주일이 소요되는 원산지 추적을 블록체인 기반시스템으로 2.2초로 크게 단축하였다고 한다.

최근 공급사슬관리(SCM: Supply Chain Management)가 더욱 복잡해지고 위조품의 생산과 불투명성이 커져가고 있어, 이에 블록체인 기술을 적용하면 신뢰성과 투명성을 제고시킬 수 있다. 또한, 국제 무역시스템, 설비 효율성 제고, 제품이력 관리, 소비자 마케팅전략 등에 활용될 수 있다. <표 6-8>과 같이 블록체인 상에 남아있는 기록을 통해 제조사 제품을 구성하고 있는 원자재 등에 대한 정보 파악이 가능하다. 그리고 제품의 생산·유통·판매 전 과정에서 발생하는 거래 내역은 제품을 생산한 최초 단계부터 최종 소비자에 이르기까지 모든 참여자들에게 제공된다. 따라서 생산자는 공급사슬상의 전 지점에서 제품이력을 추적할 수 있고, 이를 통해 구매자별 구매 성향 등을 파악할 수 있어 민첩성 확보, 가치 창출, 비용 절감, 투명성 확보가 가능하다(김광석, 2018).

▼ 〈표 6-8〉 물류·유통·제조분야 블록체인 활용

구분	주요 내용
에버레저 (Everledger)	• 2015년 설립된 영국 런던 스타트업으로, 다이아몬드 특성정보, 감정사, 소유권 상태 등의 정보를 블록체인에 저장 및 관리하는 서비스 제공
루이비통	• 블록체인 기반 상품 이력 관리 및 추적 플랫폼을 개발 • 진품 여부를 위해 제품 원산지부터 판매 시점까지 전 유통 과정 추적 가능, 지적 재산권 관리, 고객 맞춤형 상품 제안, 고객 이벤트 관리, 허위 광고 방지 등 부가서비스 제공 예정
징둥닷컴 (JD.com)	• 중국의 2위 전자상거래 업체로, 5만 종류의 제품 추적을 위해 블록체인 기술을 활용
앨버트슨 (Albertsons)	• 미국 전역에 2,300여개 지점의 세계 2위 슈퍼마켓 체인으로, 로메인 상추를 대상으로 블록체인에 의한 "푸드 트러스트"시범 적용
코다 커피 (CodaCoffee Co.)	• 최근 고객들이 커피 공급망 경로를 추적할 수 있는 클라우드기반 원장에 접속하게 하는 "세계 최초의 블록체인 추적커피" 플랫폼 제공

2019년초 해양 보존 재단인 오세아나(Oceana)의 연구에 따르면 해산물 상품 5개 중 1개꼴로 상품 라벨 표시가 잘못된 것으로 나타났다는 것이다. 이는 공급망 내에 유통되는 모든 해산물의 20%가 위조된 상태라는 의미다.

2020년 블록체인 기반 공급망 플랫폼인 홀체인(Wholechain) 추적시스템은 마스터카드의 블록체인 기반 프로비넌스(Provenance)서비스를 기반으로 작동하면서 식료품 파트너에게 매장에서 판매되는 해산물의 정상적인 조달과 환경 규정 준수를 더 광범위하게 접근할 수 있게 하였다.

마스터카드의 혁신 및 신생업체 인게이지먼트부문 수석 부사장인 데보라 바타는 "공급망이 파편화된 기업은 종단간 상품 추적이 어렵다. 원산지부터 소비자에게 이르기까지 과정을 추적하고 정상적인 조달, 규정 준수에 대한 시야를 제공하고 소비자가 구매하는 상품의 유통 과정을 확인할 수 있도록 블록체인을 도입하기로 했다"고 한다.

홀체인 추적시스템은 푸드 시티(Food City)를 시작으로 탑코(Topco)의 회원 식료품 체인이 가장 먼저 이 공급망 원장을 사용하였다. 초기에는 연어, 대구, 새우를 추적한다. 앞으로 탑코 매장을 찾은 고객은 스마트폰의 카메라로 해산물의 QR 코드를 스캔해서 생선이 어느 지역에서 잡혔고 어떤 유통 과정을 거쳐 매장에 이르게 됐는지에 관한 정보를 볼 수 있게 된 것이다.

마스터카드는 원산지 추적 솔루션을 디자이너 의류, 명품 등으로 확대할 계획이다. 마스터카드는 2020년 4월 프로비넌스 블록체인서비스를 출범한 초기에는 패션산업의 생산 체인을 추적하고 모니터링하는 데 주력했다. 가트너 연구부사장인 아비바 리탄은 "마스터카드는 막대한 125조 달러 규모의 B2B 결제시장의 중심으로 진입하기 위해 가장 성공적이고 유망한 블록체인 사용 사례인 원산지 추적부문, 특히 쉽게 상하고 수송 중 각별한 주의가 필요한 해산물의 원산지 추적부문에서 도약의 발판을 마련할 것"이라고 말했다.

가트너가 2019년 전 세계 850개의 블록체인 프로젝트에 대해 실시한 조사에 따르면 원산지 추적 및 이와 관련된 자산 추적 사용에 가장 효율성이 높으며, ID 관리/고객 알기(KYC), 무역 금융, 거래, 투표 등의 다른 사용 사례에 비해 파일럿 및 제한된 프로덕션 단계로 전환되는 속도도 더 빠르다는 것이다.

특히 고액 물품거래를 추적하는 데 용이하다. 블록체인에 고액 물품의 일련번호, 특징, 소유자, 감정서 등의 정보를 기록하고 소유권 이전 내용을 거래정보로 기록해 두면 그 물품이 어떤 경위로 유통됐는지에 대한 투명성을 담보할 수 있으며, 이를 통해 구매자는 가짜 물품 또는 도난당한 물품을 구입하지 않게 되기 때문에 사기 피해를 감소시킬 수 있다.

2016년 설립된 영국의 스타트업인 에버레저(Everledger)는 120만 개의 다이

아몬드 유통정보를 블록체인으로 관리한다. 다이아몬드의 기본 특성을 나타내는 4C(색(color), 투명도(Clarity), 컷(Cut), 캐럿 무게(Carat weight)) 외에도 산지나 가공회사와 같이 고유의 특성을 나타내는 40개의 정보를 종합하면 다이아몬드의 가치를 특정할 수 있는 정보가 된다. 에버레저에 등록된 다이아몬드정보는 거래할 때 블록체인을 통해 인증함으로써 도난·분실된 다이아몬드는 거래가 불가능하게 한다.

▼ [그림 6-19] 블록체인을 활용한 고액 물품 거래 추적성 확보 원리

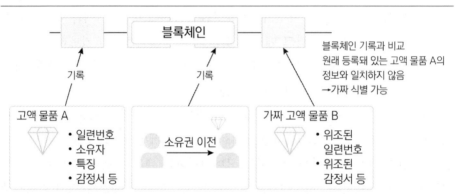

자료: 아카하네 요시히루·아이케이 마나부(2017).

콘텐츠분야는 블록체인 기술로 인해 직접적인 콘텐츠 보상체계를 마련하고 저작권 보호 방안을 제시할 수 있을 것으로 기대된다. 즉, 블록체인으로 중개자 없이 스마트계약 형태로 암호화폐와 같은 보상체계를 마련하고 저작권 증명의 신뢰도를 제고하여 창작자 중심의 콘텐츠 관리·유통이 이루어지게 된다. 또한 블록체인을 사용하면 이러한 제3의 신뢰기관이 없이도 자신의 저작권을 주장하는 것이 가능하게 된다.

블록체인 기반 콘텐츠 공유플랫폼 스팀잇(Steemit)은 이러한 정신을 가장 잘 실천한 사례이다. 저작권자 즉, 플랫폼 사용자가 글, 사진, 영상 등의 콘텐츠를 게시하면 그에 따른 보상(코인)을 받는 구조로 되어 있으며, 게시자 뿐만 아니라 실제로 콘텐츠에 투표(Upvote)한 사용자에게도 보상(코인)을 제공한다. 여기서 보상하는 코인은 스팀 블록체인 프로토콜에서 만들어진 스팀(Steem)으로 제공된

다. 수요 규모에 상관없이 순순히 게시물의 질에 따라 수익 창출이 가능해짐에 따라 플랫폼이 광고에 의존적이지 않게 되며 이에 따라 소비자 역시 원하는 종류의 콘텐츠에 대한 접근성이 확대된다.

브랜드와 빈티지에 따라 수천만 원을 호가하는 와인도 블록체인을 활용하면 가짜 와인이 차단된다. 이스라엘 스타트업인 빈엑스(VinX)는 와인 감정가들과 수입상들이 병에 주입하기 전 단계인 숙성 단계에서 해당 정보를 빈엑스의 블록체인 플랫폼에 입력해 와인 생산지를 밭 단위까지 추적할 수 있다.

국내 유통업계에도 블록체인 도입이 활발히 이루어지고 있다. SK C&C는 SKT의 사물인터넷 전용망인 로라(LoRa)를 활용해 블록체인 기반 컨테이너 화물 추적·관리체계를 구현하였다. 화물의 위치정보는 물론, 온도, 습도 관리 등 실시간정보를 물류 관계자들에게 공유하는 서비스다. 이미 한국－상하이 구간의 컨테이너 화물을 대상으로 시험 운영을 완료하였다. 해운물류 블록체인 컨소시엄에 참여하고 있는 현대상선은 냉동 컨테이너 시험항차(한국－중국) 및 인도·중동·유럽 항로 컨테이너선 시험운항을 완료하였다.

우리나라 관세청에서는 개인 통관시스템에 블록체인 기술을 적용하여 2019년부터 시범사업을 시행하고 있다. 전자상거래 통관은 쇼핑몰 → 특송업체 → 관세청 순으로 진행되며, 2017년 기준 3,300만 개에 이르는 수입 물품의 신고(특송업체)와 확인(관세청) 과정에 건당 12시간 이상 소요되었다. 블록체인 기술을 활용하면 통관 관련 정보를 관세청과 쇼핑몰, 특송업체가 공유하기 때문에 실시간 수입 신고가 가능하며, 더불어 저가로 신고하는 것도 방지할 수 있을 것으로 보인다.

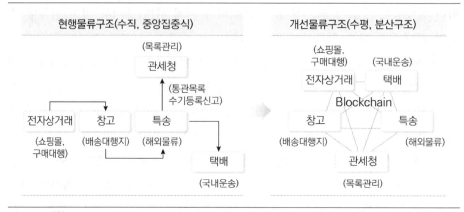

자료: 관세청.

3. 공공서비스분야

공공서비스분야에서는 공공서비스의 편의성 제공, 신뢰성 확보 및 국민 참여 확대를 위해 부동산 등기 및 거래, 전자투표, 증명서 발급, 지역화폐 등 다양한 부문에서 블록체인 도입을 하고 있다. 블록체인은 공공데이터를 개방·공유하고 국민 개개인의 편익을 위한 양방향 맞춤형 서비스를 제공할 수 있어 공공부문에서 큰 역할을 할 수 있을 것으로 기대된다. 그 예로 전자투표의 조작(해킹)방지 및 투명성(신뢰성)을 위해 국내·외 정당과 지자체를 중심으로 블록체인의 적용이 시범적으로 실시되고 있다.[16]

블록체인 기술을 활용하면, 투표의 신뢰성과 안전성을 확보하는 동시에 직접민주주의를 실현할 수 있고, 위조와 변조가 불가능한 전자증명서를 발급·유통할 수 있으며 지역화폐 발행비용을 절감하고 투명성은 높일 수 있기 때문이다.

---

16 경기도는 따복공동체 주민제안 공모사업 심사를 위한 전자투표에 블록체인 기술을 활용하였으며, 한국예탁결제원은 발행회사 간의 전자투표에 하이퍼레저 패브릭 기반 스마트계약을 적용하는 사업의 개념검증을 완료하였다. 한편 스페인의 정당 포데모스(Podemos)와 호주의 정당 플럭스(Flux)는 정당 내의 의견수렴에 블록체인 기반의 전자투표 방식을 활용하고 있고, 미국의 공화당과 민주당은 대선후보 경선에 블록체인 기반 전자투표를 이용한 바 있다(유거송·김경훈, 2018).

블록체인의 전자투표 방식은 완벽한 비밀투표를 보장하고 투표조작이 불가능하며, 투표집계 전 과정을 투명하게 모니터링 할 수 있어 이를 상용화하기 위한 블록체인 투표기기 개발과 실제 투표를 시행하는 상황에 이르렀다. 세계 최초의 블록체인 투표기기는 미국 뉴욕의 Blockchain Technologies 회사가 개발한 'Blockchain Apparatus'로, 팩스의 화면이 연결된 형태로 투표를 수집하는 과정에서 외부 조작을 막기 위해 인터넷 연결은 차단되고 수집된 투표는 DVD에 기록된다(Alyssa Hertig, 2015).

나아가 미국은 2016년 11월 대통령 선거에서 블록체인 기반의 전자투표가 기술적으로 준비된 가운데, 유타주 공화당에서는 당원들이 웹사이트에 등록함으로써 유권자들은 투표장에 가지 않고 공화당 대통령 후보지명에 대한 투표권을 행사할 수 있는 최초의 블록체인 온라인 투표를 시행하였다.

▼ 〈표 6-9〉 공공서비스분야 블록체인 활용

구분	주요 내용
이토니온 (ITTONION) 플랫폼	• 흩어져 있는 설문 및 여론조사 정보를 안전하게 통합하여 관리할 수 있게 하는 블록체인 기반의 정보 오픈 통합서비스 • 모두가 자유롭게 참여할 수 있는 설문 및 여론조사 정보 플랫폼을 제공하며, 이를 기반으로 변조나 위조가 되지 않는 정보 제공이 가능
블루웨일 (Blue Whale)	• 블록체인 융합기술 기반 솔루션기업으로, 삼성전자의 앱스토어인 '갤럭시스토어'용으로 게임평가 앱 개발 • 향후 갤럭시 스마트폰 이용자는 블록체인 기술이 적용된 게임평가 앱 내 '투표' 기능을 통해 게임을 평가
블록체인 캠퍼스	• 포스텍(POSTECH)과 연세대는 블록체인 기술이 적용된 암호화폐를 개발하여 캠퍼스 전체의 교내 매점이나 식당에서 결제 • 블록체인을 활용한 전자투표, 증명서 발급, 기부금 관리 등에 적용
벨릭 (VELIC)	• 블록체인을 활용한 부동산 지분투자 플랫폼인 엘리시아(ELYSIA)에서 암호화폐 사용 • 부동산 상품에 소액투자, 분산투자가 가능하며 해외 부동산에도 투자할 수 있고, 법적으로 보장되며 언제든지 환매 가능

이미 여러 국가에서 우편서비스, 토지대장 및 주택관리, 표결관리, 의료기록관리, 군사기밀 송·수신, 여론조사, 선거 등 신뢰성과 보안성, 공정성을 요하는

다양한 공공서비스 영역에 블록체인 기술이 적용되고 있다. 뿐만 아니라, 블록체인 기술을 활용하면 각종 공과금 및 과징금의 징수, 납세, 공공서비스 관련 시민행정, 여권발급, 토지 등기 내역 등 일선 공공업무와 기록들을 통합 관리할 수 있고, 인건비와 서버 관리비 등 운영비용을 크게 절감할 수 있다.

영국에서는 복지 수당을 효율적이고 투명하게 지급하기 위해 블록체인 도입을 추진하고 있으며, 거브코인(GovCoin)은 바클레이즈 은행, 런던대학교 등과 협력하여 노동연금시스템에 블록체인 기술을 적용한 공공복지시스템을 개발 중이다.

미국과 스웨덴, 조지아공화국 등은 부동산 등기와 거래에 블록체인을 적용하는 시범사업을 추진하고 있다. 미국 버몬트주를 비롯한 몇몇 주는 부동산거래 기록 관리에 블록체인 시범사업을 추진 중이며, 스웨덴 국토조사국은 토지 관리 시스템에 스마트계약을 적용하여 토지거래자, 부동산 중개인, 은행 등을 연결하는 서비스를 개발하여 적용하고 있다.

우리나라 역시 투표나 외교문서 유통시스템에 블록체인 기술 적용을 추진 중이다.

▼ [그림 6-21] 블록체인 기술을 활용하여 개발하고 있는 투표 및 외교문서 유통시스템

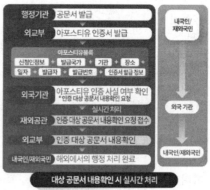

자료: 과학기술정보통신부(2018).

개인정보 자체를 국가에서 보유하지 않는 네덜란드에서는 개인정보는 개인의 것이라는 '자기주권 신원정보' 개념이 있다. 따라서 개인정보를 보유하지 않고도 정부는 블록체인 기술을 활용해 공공서비스를 가능하게 한다. 전 세계 거의 모든 정부가 국가시스템을 운영하기 위해 개인정보의 독점권을 보유하는 것과 전혀 다른 현상이다.

내가 '나'임을 증명하는 개인정보를 네덜란드는 개인과 관련된 국적, 출생지, 나이, 학력, 자격증 등 온갖 개인정보들을 암호화하여 블록체인에 저장하거나 PC나 스마트폰 등 개인 소유의 디지털 장비에 보관한다. 정부는 각 개인이 보관하는 개인정보의 해시값만 보유하여 개인이 보유한 정보가 위조되었는지 여부만 판별함으로서 블록체인 기술에 의해 개인정보를 정부가 보유하지 않고도 개인을 식별하여 공공서비스를 제공하는 것이다.

네덜란드의 산모 지원 프로그램은 블록체인 기술을 활용한 대표적인 공공서비스이다. 네덜란드 국민이면 누구나 지원받을 수 있는 산모 도우미서비스는 그 절차가 매우 복잡하여 도우미는 해당 서비스를 제공한 후 산모에게 받은 확인서를 담당기관에 제출하고, 담당기관은 이를 다시 보험사에 넘겨야 했다. 그리고 몇 주가 지나고 나서야 도우미는 서비스를 제공한 대가를 받을 수 있었다. 그러나 블록체인 도입으로 지급에 걸리는 시간이 30배 이상 단축되어 산모 도우미는 앱을 통해 산모에게 도움을 준 시간을 확인받는 정보는 블록체인 기반의 시스템에 기록되어 불필요한 행정 절차없이 보험사에 전달되어 처리되도록 하고 있다. 네덜란드 정부는 동일한 방식을 각종 보조금 지급에 적용해 블록체인을 통한 행정자동화를 추구하고 있다.

에스토니아는 반드시 직접 대면해서 처리해야 할 것으로 판단되는 결혼, 이혼, 부동산거래를 제외하고 국가의 거의 모든 행정서비스의 자동화를 추진하고 있다. 이렇게 모든 행정서비스가 자동화 될 수 있었던 배경에는 개인정보에 대한 투명한 관리가 있기 때문이다. 에스토니아는 자신의 e-ID로 정부포털에 접속하면 주소, 부동산 내역, 차량번호, 의료정보, 세금 등 정부가 관리하는 모든 개인정보를 살펴볼 수 있을 뿐만 아니라 모든 사람들은 정부의 어떤 기관이 어떻게 자신의 개인정보를 사용했는지 등의 내역을 볼 수 있다. 그리고 개인정보 조회 내역은 블록체인시스템에 기록되어 위·변조가 불가능하다. 이렇게 블록체인에 의해 투명하게 관리되는 개인정보로 인해 행정자동화가 가능하다. 누가,

언제, 어떤 개인정보를 조회했는지 언제든지 확인가능하기 때문에 개인정보를 활용한 행정 간소화 및 자동화의 편익을 의심 없이 누릴 수 있다.

이와 같이 블록체인시스템으로 모든 정보의 투명성이 보장되는 덕분에 구축된 행정서비스의 자동화로 인해 면허증 갱신을 위해 경찰서에 직접 찾아갈 필요가 없으며, 처방 받은 약을 구입하기 위해 종이 처방전을 들고 다닐 필요도 없다. 뿐만 아니라 병원을 옮겨 다닐 때 다른 병원에서 촬영한 엑스레이, MRI 등의 영상자료를 들고 다닐 필요도 없으며, 연말정산 역시 자동으로 이뤄진다.

많은 국가에서 도입을 고민하고 있는 온라인 투표시스템이 운영된지 이미 10년이 넘었다. 블록체인 기술을 통한 투명한 개인정보의 관리가 만들어 낸 공공서비스의 자동화 및 간소화 모습이다.

우리나라도 블록체인을 활용한 다양한 서비스들이 등장하고 있다. 비록 2017년 정부가 암호화폐 투기를 근절하기 위해 고강도 규제를 내세웠지만, 블록체인 기술을 암호화폐와 구분하여 미래를 선도할 기술로 선정해 활성화를 위한 노력을 기울이고 있다. 2019년 4월에 도입된 금융규제 샌드박스 제도에서 블록체인을 활용한 시범서비스를 허용한 것이 대표적이다.

정부의 규제개혁 움직임으로 인해 분산형 신원확인(DID: Decentralized ID)서비스에서 주도권을 잡으려는 경쟁이 본격화되었다. 분산형 신원확인서비스란 네덜란드의 공공서비스에서 살펴본 자기주권 신원 증명서비스를 블록체인으로 구현하는 것을 의미한다. 즉, 개인정보를 특정 기관에 위탁하지 않고 개인이 직접 보관하고 있다가 필요한 시점에 필요한 정보만을 직접 제공하는 방식이다.

분산형 신원확인서비스가 구현되자 쇼핑몰, 금융사에 가입할 때 본인인증 과정이 개인정보 입력 없이 간단한 생체 인증만으로도 가능해졌다. 병무청의 서비스가 대표적이다. 병무청은 블록체인 기술을 활용해 공인인증서 없이 핀(Pin)번호 혹은 지문인식만으로 로그인이 가능하도록 구현했으며, 이 정보 역시 병무청이 아닌 개인의 단말기에 저장된다.

2018년 8월 출시된 '뱅크사인'도 이와 유사하다. 뱅크사인(Banksign)은 공인인증서의 불편함을 없애기 위해 은행권이 공동으로 출시한 블록체인 기반 인증서비스이다. 블록체인 인증서는 한 번 발급받으면 다른 금융사에 별도로 인증받을 필요가 없다. 최초에 사용자가 입력한 개인정보가 금융사로 전달되어 인증되면 이 사실이 블록체인상에 기록되어 모든 금융사에 공유되기 때문이다. 이 과정에서 최소한의 개인정보만 활용되어 안전성과 편리성을 동시에 높일 수 있다. 행정절차도 간소화된다.

외교부는 블록체인을 활용해 재외국민의 금융위임장 진위 여부를 검증한다. 과거 해외 체류 재외국민이 국내 금융서비스를 이용하기 위해서는 재외공관에서 공증받은 뒤 금융위임장을 다시 국내 대리인에게 맡겨 국내은행에 제출했어야 했다. 은행 역시 이렇게 제출받은 위임장의 진위 여부를 확인하기 위해 적지 않은 시간이 소요되었다. 외교부는 블록체인에 공문서정보와 인증서를 저장해 국내은행과 재외공관과 공유함으로써 실시간으로 금융위임장 발급 사실과 영사확인 공증 여부의 진위 여부를 동시에 확인해 시간을 단축할 수 있다.

우정사업본부도 블록체인을 활용한 서비스 개편을 계획하고 있다. 2020년 시범운영 중인 블록체인 기반의 전자우편 사서함 '포스톡(POST-OK)'을 통해 종이로 발급되던 행정 및 공공기관의 우편물 혹은 요금고지서를 위·변조의 위험 없이 모바일로 받아볼 수 있다.

또한 SK텔레콤, KT, LG유플러스 등 이동통신 3사와 경찰청, 도로교통공단이 함께 진행하는 '모바일 운전면허증'도 2020년 한국판 뉴딜의 5대 대표과제의 하나인 지능형 정부의 일환으로 추진될 예정이다. 스마트폰 앱에 운전면허증을 등록하기만 하면 경찰청 및 도로교통공단의 정보가 실시간으로 연동된다. 블록체인 기술로 실제 운전면허증을 소지하지 않아도 운전자를 증명할 수 있게 되는 것이다. 이는 차량공유, 마이크로 모빌리티(전동킥보드)와 같은 플랫폼과도 연계되어 운전면허 인증이 필요한 플랫폼으로 확대가 가능하다.

이처럼 블록체인은 다양한 분야에 도입되어 실생활에 직접적인 혜택을 주기 시작했다. 보험분야에서의 활용도 주목할 만하다.

4. 사회·문화분야

블록체인 기술은 예술산업, 음원 및 콘텐츠, 카셰어링, 부동산거래, 상품권, 기프트 카드 등에 적용될 수 있으며, 특히 예술작품의 출처관리와 소유권 등의 중요한 지적재산권 문제를 해결하는 데 유용한 예술산업의 플랫폼으로 자리 매김할 것으로 예상된다. <표 6-10>과 같이 블록체인상에 콘텐츠정보를 저장함으로서 위·변조가 어려우며 복제한 내용도 쉽게 추적이 가능하여 저작권 보호에 뛰어난 장점이 있다. 이와 같이 디지털 콘텐츠들이 유통 및 공유되고 있는 인터넷 및 클라우드 등에 저작권이 있는 그림, 영상, 사진, 디지털 음악 등과 같은 콘텐츠들을 전달하는 과정에서 블록체인이 적용되어 소비자가 제작자에게 직접적으로 혜택을 줄 수 있는 "블록체인 기반 콘텐츠서비스"가 주목받고 있다.

▼ 〈표 6-10〉 사회·문화분야 블록체인 활용

구분	주요 내용
코닥원 (KODAKONE)	• 사진, 인쇄기업 코닥이 개발한 블록체인 기반 플랫폼으로, 코닥코인 (KODAKCoin)을 활용하여 사진거래-사용-저작권에 따른 비용 지급
스팀잇 (Steemit)	• 암호화폐 중 하나인 Steem에 기반하여 운영되는 소셜네트워크서비스(SNS) • 글을 게시해 페이스북의 '좋아요'와 같은 추천을 많이 받으면 보상이 지급되는 서비스 • 작성자는 글의 조회수와 인지도에 따라 암호화폐(Steem)로 보상받으 며 암호화폐거래소를 통해 환전 가능
우조뮤직 (UjoMusic) 뮤직코인 (MusicCoin)	• 이더리움 블록체인을 활용한 아티스트 중심의 음악 플랫폼 • 아티스트는 자신이 정한 스마트계약과 함께 음원을 업로드하며 사용자 는 이더리움기반 디지털 지갑을 만들어 결제 가능 • 뮤직코인 역시 블록체인 기반의 음악 스트리밍서비스로 음악 제작자들 에게 공정한 가치분배 실현
시빌 (Civil)	• 블록체인 기술과 암호화폐 보상을 통해 뉴스를 생산하고 배포하는 탈 중앙화 뉴스 플랫폼 • 기자와 독자가 직접 뉴스 콘텐츠를 거래할 수 있게 하는 오픈마켓

5. 의료 및 보험분야

의료분야에서는 전자의무기록(EMR) 관리의 효유성과 보안성 강화를 위한 블록체인 기술의 활용이 주목받고 있다. IBM의 왓슨 헬스(Watson Health)사업부는 미국 식품의약청(FDA)과 함께 블록체인 기술을 이용하여 의료연구 및 기타 목적으로 환자 데이터를 안전하게 공유할 수 있는 2년간의 실증 데이터 교환을 지원함으로써 블록체인 프레임워크를 통한 공중보건 기여방안을 모색 중이다(박미사 외, 2017). 또한 구글 알파벳 산하의 인공지능 기반 의료사업부인 딥마인드 헬스(Deepmind Health)는 영국 국민보건서비스(NHS)와 협업을 통해 블록체인 기술을 기반으로 의료기관 및 환자 등이 개인의료 데이터 현황을 실시간 추적할 수 있도록 할 계획이라고 한다.[17]

정부시스템에 가장 먼저 블록체인 기술을 도입한 북유럽의 작은 나라 에스토니아는 국민의 의료정보(진료기록)를 블록체인상의 개인 계정을 통해 관리하고 있다.

국내에서는 교보생명이 2017년부터 블록체인을 활용한 실손보험금 자동청구시스템을 운영 중이다. 그동안은 진료기록 사본 등을 병원에서 발급받아 보험사에 제출하는 절차가 번거로워 청구금액이 소액인 경우 보험금 청구를 포기하는 경우가 많았다. 블록체인시스템에 의해 실손보험 가입자가 병원에서 진료비를 수납하면 병원과 보험사가 진료기록을 실시간 공유하여 별도 서류 제출 없이 자동으로 보험금 청구되어 지급받을 수 있다. 즉, 진료기록사본 발급 및 제출 절차가 번거로워 보험금 청구 포기사례가 다수 발생하던 보험업계에서도 블록체인 기반의 통합인증을 활용해 병원과 보험사간 진료기록을 상호 실시간으로 공유하고 자동으로 보험금을 청구하는 것이 가능하게 되었다.

---

[17] 딥마인드 헬스는 2017년 3월 10일 영국의 의료기관 및 NHS와 함께 블록체인 기술을 사용한 '분산형 디지털 기록시스템'을 준비하고 있다고 발표하였다. 환자의 데이터를 암호화 하고 자동으로 기록하는 디지털 원장 'Veriable Data Audit'기술을 통해 환자정보를 실시간으로 추적하는 것이 핵심이다(박미사 · 김원 · 윤권일, 2017).

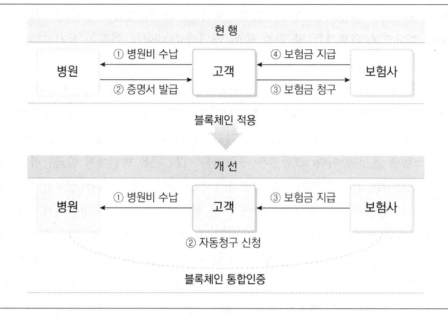

6. 非금융업분야

블록체인 기술은 네트워크 및 암호분야 응용과 플랫폼 기능에 따라서 암호화폐, 공공·보안, 산업응용, 거래·결제의 수단 등으로 활용범위가 산업전반 및 지식재산으로 확대되고 점차 ICT 역할이 강조되면서 금융분야 뿐만 아니라 전 산업분야에 범용적으로 활용되고 있는 추세이다.

블록체인은 2008년 금융위기로 금융기관의 역할에 대한 회의론에서 출발하여 금융분야를 넘어서 제조업은 물론 공공서비스분야에까지 적용범위를 전방위로 확산하여 범용적 기술로 자리매김하게 되었다. 제조·유통분야에서는 사물인터넷(IoT) 및 공급망 관리에 블록체인 기술이 활용되고 있다.

계약법 관련 블록체인은 텍스트 문서의 디지털서명[18]을 블록체인에 연결하

---

18 블록체인에서 디지털서명을 하면 약속한 내용과 약속한 시점에 대한 명백한 기록이 남게 되어 향후 법적 분쟁이 발생하더라도 블록체인을 이용해 해결할 수 있으며, 분야별 표준계약을 포맷 등을 개발하면 계약법 영역에서도 커다란 역할을 하게 될 것이다(임명환, 2016).

여 각종 서류의 계약을 안전하게 체결하고 관리할 수 있으며(스마트계약), 디지털 자산, 공공시설, 건축물, 토지, 자동차 리스, 소유권 확인 등의 법률 비즈니스에도 활용영역을 넓혀갈 수가 있다. 특히 자산증명 및 투명거래의 블록체인 특성에 착안하여 온두라스는 블록체인 기술을 활용하여 새로운 토지대장 DB를 구축하고 이를 안전한 주택담보대출, 매매계약, 광물권에 적용할 계획이다(Gertrude Chavez-Dreyfuss, 2015).

그리고 중복사용(Double-spending)이 불가능한 블록체인의 기능을 활용해서 음악, 영화, 예술작품, 콘텐츠 등의 저작권 구조를 획기적으로 변화시키는 기술이 개발되어 권리보호와 유통거래에 활기를 불어 넣을 수 있을 것이다. 각종 저작물의 콘텐츠를 생산하여 블록체인에 등록함으로써 해당 콘텐츠가 어디로 누구에 의해 전파되는지 명확하게 파악할 수 있으므로 저작권 문제와 불법복제를 근본적으로 방지할 수 있어 음원, 영상 등 디지털콘텐츠산업의 저작권 구조를 혁신할 수 있는 기술이 될 것이다(Pete Rizzo, 2016).

최근 블록체인 기술은 디지털정보 관리의 보안성을 강화하는 데 활용하기도 하고, 개인정보에 기반한 디지털 인증제도로서 활용하기도 한다. 대학, 기업, 정부 등 개인이 아닌 제3자가 인증한 정보도 블록체인 안에 등록함으로써 신원도용, 자금세탁, 금융사기 및 테러자금 조달 방지가 가능하게 한다.

해외에서 블록체인 기술의 활용분야로 주목받고 있는 것으로, 의료정보 플랫폼, 에너지산업분야, 클라우드 펀딩(Crowd Funding) 등의 사례가 있다.

에너지산업분야에서는 블록체인 기술을 활용한 분산형 에너지시스템 구현을 통해 에너지거래의 투명성을 제고하고 거래 활성화를 도모하기 위한 시도가 확산되고 있다. 글로벌 디지털산업기업인 GE(General Electric)는 가정용 태양광 발전 등 재생에너지거래 시 전력회사와 가정이 투명하게 거래를 진행할 수 있도록 블록체인을 이용하는 방안을 탐색하고 있다. 중국의 스타트업 에너고랩스(EnergoLabs)는 블록체인의 분산형 앱(Dapp)을 이용한 생태계, 태양광 패널, 에너지 저장소 등의 물리적 인프라를 연결한 '분산형 자율에너지(DAE: Decentralized Autonomous Energy)' 커뮤니티를 통해 개인간(P2P) 전력거래를 지원하는 모델을 개발하였다.

클라우드 펀딩과 관련하여 제안된 개발 프로젝트에 대해 여러 사람들이 기부형식으로 프로젝트의 개발비를 지원하고 그대로 암호화폐를 받는 ICO(Initial

Coin Opening)[19]방식의 클라우드 펀딩이 확산되고 있다. 기존의 클라우드 펀딩 플랫폼에 블록체인 기술을 접목시켜 투명성과 신뢰성을 향상시키는 장점을 활용하는 사례이다. 블록체인 플랫폼 이더리움의 개발자 비탈릭 부테린이 주도하는 DAO프로젝트는 이더리움 블록체인을 활용한 클라우드 펀딩을 하였다. 스타베이스(Starbase)는 클라우드 펀딩 및 소싱 플랫폼으로 블록체인 기술을 활용하여 모든 거래 내용을 투명하게 기록하여 확인 가능하도록 지원하며, 궁극적으로는 이더리움에 의한 암호화폐시스템을 통해 전 세계에서 누구나 클라우드 펀딩에 참가할 수 있는 생태계를 구축하는 것이 목표라고 한다.

7. 사물인터넷분야

사물인터넷(IoT: Internet of Things)은 각종 사물을 인터넷으로 연결하여 데이터를 주고받아 사용자에게 제공하거나 사용자가 원격 조정할 수 있는 기술이다. 그런데 사물인터넷으로 사물들이 데이터를 주고받을 때 생길 수 있는 보안성과 방대한 양의 데이터를 저장하는 과정에서 해킹하게 되면 매우 심각한 문제가 발생한다.

이런 사물인터넷(IoT)시대에 기기 데이터 수집, 통신 연결에 신뢰성이 강화된 시스템이 필요해짐에 따라 블록체인 기술 연구가 활발하게 진행 중이다.

사용자의 모든 정보가 해커에게 노출되는 문제를 해결하기 위해 블록체인이 IoT에 적용할 수 있으며, 방대한 데이터의 양을 줄일 수도 있다. 즉, 블록체인은 상위 해시값만을 다음 블록에 보관하기 때문에 적은 공간에 많은 양을 처리할 수 있게 되어 저장 공간을 확보할 수 있게 된다.

또한 조립을 완료한 IoT제품을 블록체인시스템에 등록하게 되면, 등록된 제품의 수명, 보증 기간, 제품정보 등을 제품 스스로가 조회하고, 고장여부를 확인 후 수리신청도 가능하게 하는 등 보증기간의 만료까지 제품 스스로가 자율적으로 판단하고 실행할 수 있게 된다. 예를 들어, IoT기술이 접목되면 세탁기 스스로 세제가 없다는 사실을 확인하여, 슈퍼에 주문하고, 암호화폐로 세제값을 계

---

19 ICO: 암포화폐공개라고 하며, 기업이 기술과 정보 등을 투자자에게 공개하고 암호화폐를 받아 투자금을 조달하는 방식을 말한다. 기존의 기업공개(IPO: Initial Public Opening)에 비유해 만든 개념임.

산한다. 슈퍼마켓 주인은 세탁기가 보낸 주문과 세제값 입금액을 확인한 후, 세제를 배달하고, 세탁기에게 배달 예정시각을 알려 준다. 세탁기가 고장났을 경우는 스스로 정비기사를 부를 수 있으며, 지불한 비용과 정비기사 방문시간을 주인에게 알려 줄 수도 있다(Pureswaran, 2015).

삼성SDS는 블록체인 기술 활용에 이더리움을 채택하고 이더리움기술을 기반으로 기업형 블록체인 솔루션을 공동개발하기 위해 EEA(Enterprise Ethereum Alliance)를 참여했다(심지혜, 2017). 또한 2017년 LG CNS는 '이더리움 기업연합 (EEA: Enterprise Ethereum Alliance)' 회원사가 되면서 삼성 SDS와 함께 이더리움을 활용해 현재 마이크로소프트, 인텔, JP모건 등 글로벌기업 500여개가 참여하여 기업용(Enterprise) 솔루션 및 비즈니스 모델을 개발하고 있다. LG CNS는 2018년 7월부터 글로벌 블록체인 프로젝트 '하이퍼레저'에 참여하여 금융·공공·통신·제조 등 전 산업영역에서 활용되는 기업형 블록체인 기술의 표준화 및 발전을 위한 프로젝트에 참여 중이다. 기업형 블록체인은 '허가형(Permissioned) 블록체인'으로 비허가형인 '퍼블릭 블록체인'과는 다르게 사전에 합의한 사용자들만이 네트워크에 참여하기에 비트코인 등과 같이 가격 변동성이 있는 암호화폐가 필요 없는 구조다(이정민, 2019).

나아가 블록체인 기술에 기반한 스마트계약의 실현을 눈앞에 두고 있다. 스마트계약이란 컴퓨터 코드로 입력된 계약 내용에 적혀진 특정한 조건들이 충족된 경우 자동적으로 계약이 진행되는 계약을 의미한다. 이러한 스마트계약의 내용과 실행조건 등을 사전에 분산원장에 저장하여 향후 자동적인 계약진행을 위한 시스템 개발이 가능하다.[20]

대표적으로 Ethereum & Microsoft는 온라인 네트워크상에서 스마트계약서비스 플랫폼을 개발중에 있다. 이는 거래 기록에 대한 임의 수정 및 위조가 거의 불가능하다는 특징에 기반하여 이더리움시스템을 통해 소유권 이전, 상속·증여 등 일반적인 자산거래 계약에 활용하게 된다. 또한 Microsoft사는 블록체인 개발 선도업체와 파트너십을 맺고 일정 조건을 만족시키면 거래가 자동으로 실

---

20 스마트계약이 일반화 되면 기존의 채권법에서 채무불이행으로 논의되고 있는 불이행의 문제도 많이 감소할 것으로 예상되며, 특히 계약이 성립되기까지 걸리는 시간의 획기적인 단축이 가능할 것으로 예상된다. 디지털 인증기술과 디지털 자산거래의 발달로 소유권 이전에 소요되는 시간을 매우 단축하고 그 비용도 감소될 것으로 보인다(이제영, 2017.7).

행되는 '기업형 스마트계약 기능'을 상용화하는 프로젝트를 진행 중으로 향후 블록체인 기반 플랫폼은 금융분야 뿐만 아니라 법률거래, 저작권, 신분확인 등 기업 금융환경 및 공공서비스분야까지 다양한 분야에서 적용될 것으로 예상된다.

또한 IBM과 Samsung은 사물인터넷 간의 금융거래 및 분권형 관리시스템을 개발 중이다. 이는 사물인터넷(IoT) 적용 시 가장 중요한 개인정보 및 판매이력 문제 해결이 가능할 것으로 보인다. 즉, 제조사는 제품에 대한 정보 뿐만 아니라 생산−유통−판매에 이르는 전 과정에 대한 정보가 모든 참여자에게 제공되므로 소비자 맞춤형 마케팅전략 수립이 가능하다. 그리고 분산형 사물인터넷 네트워크 플랫폼(ADEPT)[21] 개발 및 시현을 추진 중에 있다.

▼ [그림 6-23] 분산형 사물인터넷 네트워크 플랫폼

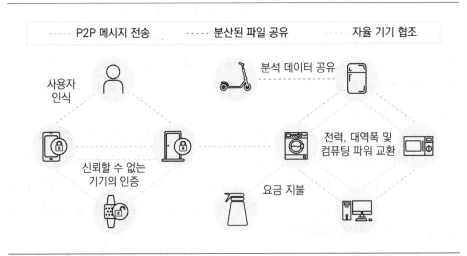

자료: 2015 국제전자제품박람회(CES).

---

21 ADEPT(Autonomous Decentralized Peer−to−Peer Telemetry): IoT 기기 간 파일공유, 스마트계약 실행방식, P2P 메시지 전달 프로토콜(Tele−hash) 등을 결합한 플랫폼.

비트코인 관련 일부 전문가들은 블록체인 기술은 암호화폐 구현을 위한 기술 그 자체라고 범위를 축소하려는 경향이 있다. 또한 데이터베이스를 연구하는 전문가들은 블록체인 기술은 또 다른 종류의 데이터 구조일 뿐이고, 비트코인과 블록체인이라는 용어의 인기로 인해 과도하게 부풀려져 있다고 주장하기도 한다(김승래, 2018).

여전히 블록체인은 곧 비트코인이라는 인식과 블록체인은 완벽한 보안이 가능하다는 기술에 대한 과도한 맹신은 블록체인 기술의 활용에 오히려 장애가 될 수도 있다. 특히 블록체인 기술의 가치에 대한 정확한 분석없이 비트코인의 문제를 바로 블록체인의 문제로 등가시키는 인식은 블록체인 기술 자체를 등한시하게 되는 부작용을 나타낼 뿐이다(박인수 외, 2016). 이러한 인식의 차이는 블록체인 기술이 복잡하고 이해하기가 어려운 점도 있을 것이고, 블록체인 현상을 전반적으로 설명해 주는 명확한 해답이 없기 때문일지도 모른다.

블록체인 기술은 아직 성장단계에 있지만, 현재 블록체인 기술의 한계로 기존 데이터베이스(DB)에 비해 덜 효율적이며, 블록체인으로 금융거래에서의 중간 매개체가 사라지지 않을 것으로 예측된다. 그리고 스마트계약 분산 플랫폼인 이더리움은 내부자가 조작할 취약성이 존재하며, 한정적으로 특정되고 투명성이 필요한 영역에서만 활용되는 한계가 있다(Daniel, 2018). 그리고 암호화폐로서 비트코인은 결국 버블이 붕괴할 수도 있다는 비판적 견해가 제기된다.[22]

블록체인은 모든 거래가 암호학적으로 검증되도록 요구하고 있기 때문에 이는 전통적인 거래절차에 비해 느리다는 지적도 있다.[23] 그리고 블록에 써넣을

---

22 워런버핏은 인터뷰에서 "금융계의 유명인사들은 너도나도 가상화폐를 언급한다. 다만 대부분은 가상화폐를 거품이라고 단정한다. 기존의 화폐시스템과 금융시스템에 엄청난 혼란을 줄 수 있다고 경고하는 상황이다. 비트코인은 규제대상도 아니고 누군가의 통제를 받지도 않는다. 나는 비트코인을 전혀 믿지 않으며 언젠가 붕괴하리라 생각한다." http://acejumin1.tistory.com/65 최종검색: 2018.9.25.
23 비트코인은 1초당 7건의 거래를 처리하고 이더리움은 초당 25건을 처리하는 반면 비자와 마스터 카드는 3만건, 알리바바는 10만건 이상을 처리한다. 블록체인은 분산원장기술 특성상

수 있는 내용이 한정된다는 단점도 있다.[24] 금융부분에서 증권화와 관련하여 예기치 못한 상황이 발생하면 필연적으로 재량권행사를 요구하는 상황이 발생하기에 결국 중재역할을 하는 제3자가 필요하다는 주장도 있다. 또한 스마트계약에 적용하는 분산 플랫폼인 이더리움은 영향력 있는 내부자에 의해 조작이 가능하다는 취약성도 있다는 한계를 노출하고 있다(임영환, 2017).

블록체인은 아직 발전 중이고 이에 기술적 한계도 존재하여 이를 보완하여야 할 것이다. 즉, 블록체인은 기본적으로 네트워크 구성원들의 합의를 통해 거래 투명성과 신뢰성을 확보하므로 기존 중앙집중형 시스템 대비 확장성(Scalability) 및 관리의 문제 등이 발생한다. 블록체인이 암호화폐를 넘어 다양한 산업분야에 활용되기 위해서는 거래처리 속도나 데이터 저장의 문제와 같은 기술적 한계를 개선해 나가야 한다. 또한 블록체인이 추구하는 정보공유 메커니즘으로 인한 프라이버시의 문제나 중앙 관리자 부재로 인한 거버넌스 문제 등에 대한 고민도 필요하다. 무엇보다 블록체인의 사회적 효용과 비용을 고려하고 생태계 활성화를 위해 필요한 요소들에 대한 논의가 우선되어야 할 것이다.

1. 분산네트워크에 의한 확장성 문제

분산네트워크 방식에 기반한 블록체인은 상대적으로 느린 거래처리 속도와 확장성 문제가 주요 한계점으로 지적된다. 네트워크 참여자가 많아질수록 검증해야 할 거래가 많아지면서 그만큼 네트워크 참여자들 간 합의에 도달하는 소요시간이 증가하게 된다. 실제 비트코인의 경우 초당 최대 7건의 거래만 처리할 수 있고 평균 10분의 블록 형성시간이 필요하다. 또 다른 암호화폐 리플(Ripple)의 경우 초당 1,500건의 거래를 처리한다고는 하지만 1초에 24,000건을 처리하

중앙화 원장시스템에 비해 거래 처리 속도가 느릴 수밖에 없다. 이런 문제를 해결하고자 많은 블록체인 네트워크들이 거래검증 역할을 소수의 노드 그룹에 집중시키고 있다. 트랜잭션 검증에 참여하는 사람을 제한함으로써 확장성 문제를 해결해왔다. 이는 근본적으로 공평하지 않은 인센티브 구조를 초래한다(한국금융, 데이비드 리터 펜타 CEO "블록체인 탈중앙·확장성 양립 가능" 2018.9.24. 기사).

24 남충현, 앞의 논문, p.7. 거래내역이 모든 참여자들에게 전파되고 새로운 블록에 쓰여지는 과정에 시간이 소요되어 전체 네트워크의 거래처리는 약 1초에 7회 정도로 제한되어 있다.

는 비자(Visa)에 비하면 여전히 미미한 수준이어서 빠른 거래처리를 요구하는 대부분의 산업분야에서 블록체인 활용은 아직 시기상조라는 비판이 있다. 그러나 전문가들은 기술 개발로 문제를 해결할 수 있다고 주장한다.

코인플러그에서 블록체인사업 개발을 담당했던 전문가와 지능형 블록체인 연구를 주도하고 있는 전문가는 3세대 암호화폐인 이오스(EOS) 모델과 같이 향후 블록체인은 탈중앙화의 규모를 줄여 거래처리 속도를 높이는 방향으로 발전해 나갈 것으로 예상하고 있다. 두 전문가들은 이오스와 같이 현재 새롭게 등장하는 많은 시스템들이 합의노드를 사전에 선정하고 이들 노드 간의 합의에 기반한 'DPoS(Delegated Proof of Stake)' 방식을 사용하는 등 새로운 알고리즘들이 개발되고 있어 블록체인의 거래처리 속도는 향후 빠르게 높아질 것으로 예상하고 있다.

또한 데이터 처리방식에 있어서도 다중 블록체인이나 샤딩(Sharding) 등 병렬처리 또는 분할처리 방식이 늘고 있어 이에 기반한 거래처리 속도의 증가도 기대되고 있다. 한국 IBM의 블록체인 팀장인 전문가는 최근에는 퍼블릭 블록체인이 지닌 확장성 또는 거버넌스 문제 등의 문제를 극복하기 위해 프라이빗 블록체인이 빠르게 확산되고 있다고 말하며 블록체인 속도 및 확장성의 문제는 관련 기술발전으로 해결 가능할 것으로 전망하였다.

블록체인의 확장 가능성을 높이기 위해서는 거래처리 속도 향상을 넘어 결제 완결성과 높은 신뢰성을 담보로 하는 합의 알고리즘의 개선도 병행되어야 할 것이다.

2. 누적 데이터 증가 및 저장 공간 부족 문제

블록체인 네트워크 참여자들이 거래내역을 공유하기 위해 필요한 데이터 저장 공간 문제도 기술적 해결이 필요한 부분이다. 블록체인에 한번 기록된 데이터는 임의로 변경이 불가하고 누적되므로 블록에 저장되는 데이터 용량이 지속적으로 늘어나게 된다. 실제로 비트코인의 경우 현재(2018년 12월 기준) 블록체인에 저장되는 데이터 용량이 200GB에 육박하고 있는 상황이고 이는 점점 더 증가할

것이다(이제영, 2018).[25]

데이터 저장과 관련된 또 다른 이슈는 블록의 용량이 제한되어 있다는 점이다. 비트코인의 경우 블록별 저장할 수 있는 최대용량은 1MB이다. 이러한 데이터 저장문제로 인해 블록체인은 대용량 데이터 기록이 필요한 분야에 활용되기 어렵다는 비판도 있다.

그리고 정보통신진흥기술센터에서 블록체인 PM을 맡고 있는 전문가는 보안이 중요한 데이터는 블록체인에 저장하고 그 외 위·변조가 크게 중요하지 않거나 블록체인에 저장했을 시 삭제가 불가능해 향후 문제가 될 수 있는 개인정보 등의 민감한 데이터는 블록체인 외부에 저장하는 방식으로 블록체인 데이터 저장문제를 해결할 수 있다고 한다.

코인플러그에서 블록체인사업 개발을 담당했던 전문가도 향후 블록체인에 저장되는 데이터 용량은 점차 줄어들 것으로 전망했다. 즉, 대용량의 데이터는 블록체인 외부서버에 보관하고 해당 데이터의 참조값 및 접근권한 정보 또는 데이터 무결성 여부파악을 위한 키(Key)값 등을 블록체인에 저장함으로써 외부서버에 저장된 데이터를 안전하게 관리하는 방향으로 발전될 것이라는 것이다.

3. 암호화폐 기반 토큰경제의 가능성

블록체인 기반 토큰경제(Token Economy) 가능성에 대한 기대가 높아지면서 암호화폐의 역할에 대한 논의가 활발해지고 있다. 전 세계적으로 암호화폐거래 및 벤처 스타트업의 ICO(Initial Coin Offering) 규제가 강화되고 있는 상황에서 비트코인을 비롯한 수많은 암호화폐들이 실제 법정화폐의 지위를 가지고 지불수단으로서 활용되기에는 어려울 것이라는 의견도 있다. 그러나 미국 등 일부 선진국에서는 암호화폐를 세금 지불수단으로 인정하는 등 그 활용범위가 넓어지고 있다. 또한 글로벌 스타트업들은 자사 비즈니스 모델 확산을 위해 ICO를 통한 토큰 발행을 하나의 수단으로 활용하고 있다. 한국 IBM에서 블록체인 아키텍트 팀을 이끌고 있는 전문가는 토큰노믹스(Tokenomics)시대에 토큰의 본질

---

25 이제영(2018), 블록체인 기술의 전망과 한계 그리고 시사점, STEPI. Future Horizon Vol.38(4).

적인 역할은 공급자와 소비자 등 다양한 참여자가 비즈니스 플랫폼에 참여하고 활동할 수 있도록 하는 촉진제라 정의하며, 향후 신뢰할 수 있는 기업이나 정부 기관이 발행한 토큰들을 중심으로 새로운 비즈니스 모델들이 지속적으로 생겨 날 것으로 전망하였다.

미래에 서로 다른 다양한 토큰 또는 코인들이 발행될 것이므로 이에 대한 대비 가 필요하다는 의견도 늘어나고 있다. 현재 토큰이나 코인을 설명하는 백서 (Whitepaper)는 일반 투자자들이 이해하기 어렵기 때문에 기술적 가치를 이해하고 투자하기 쉽지 않다. 법무법인 디라이트에서 블록체인 법률자문서비스를 제공하는 전문가는 기존에는 암호화폐가 투기의 대상으로서 인식되었다면 이제부터는 향후 토큰경제시대에 대비한 암호화폐의 기술적 가치와 사회시스템적인 가치를 향상시 키는 작업에 초점을 맞춰나가야 함을 강조한다. 무엇보다 토큰이나 코인에 대한 법적근거를 마련하여 시장이 이를 화폐로서 인식하고 받아들일 수 있도록 해야 하고 무분별한 ICO가 만연할 수 없도록 적절한 규제를 통해 투자자와 개발자 간에 투명한 정보 공유가 될 수 있는 환경을 마련해나가야 할 것이다.

4. 분산네트워크 방식에 의한 거버넌스 문제

블록체인의 산업적 활용을 위해 고려해야 할 이슈 중 하나는 바로 기술적 오류로 인한 사회적 리스크와 거버넌스의 문제이다. 분산네트워크에 의해 운영 되는 블록체인은 네트워크 내 소수에 의해 시스템이 장악될 수 있는 위험이 존 재한다. 즉, 특정 노드들을 중심으로 담합이 이루어진다면 이는 기존의 중앙집 중형 시스템에서 특정 관리자가 거래를 통제했던 것과 비교했을 때 차별성이 존 재하지 않는다. 특히 사용자 입장에서 해당 네트워크 내에서 어느 정도의 분산 화가 이루어지고 있고 실제로 공정한 메커니즘을 통한 합의가 이루어지고 있는 지 확인하기란 쉽지 않다. 거래 투명성과 신뢰성 향상을 위해 도입된 분산 네트 워크가 특정 참여자들의 담합으로 인해 지배당한다면 이는 해당 블록체인 기술 을 도입한 시스템 전체의 리스크가 될 수 있다. 이에 블록체인 커뮤니티를 중심 으로 합의 알고리즘의 투명성과 효율적 운영을 위한 기술 개발 노력이 활발히 진행되고 있다. 이러한 거버넌스 문제와 관련해서 블록체인 노드들 간 답합에 의해 네트워크 집중화 문제가 발생할 수 있기 때문에 '지분증명방식(PoS: Proof of Stake)' 또는 새로운 투표 방식의 플랫폼들이 도입되고 있다. 이러한 합의 알고리즘은 이전에 단순히 컴퓨팅 파워에 의존하던 '작업증명방식(PoW: Proof of Work)'에 비하면 개선된 방식이긴 하지만 여전히 소수에 의한 과점 형성의 위험은 있어 완벽한 탈중앙화가 이루어졌다고 보기는 어렵다. 특정 노드들이 과반수 이상을 차지하면서 공정한 합의를 침해하는, 소위 말하는 '51% 공격'을 원천적으로 막을 수 있는 해법이 아직은 존재하지 않는 상황이다. 그러나 블록체인 거버넌스 문제 해결을 위한 기술은 꾸준히 개발되고 있으며 무엇보다 향후 많은 사용자들이 블록체인 플랫폼에서 활동하도록 서비스 애플리케이션의 질을 높일 수 있다면 네트워크 참여자 증대로 인한 해당 서비스에서의 거버넌스 문제는 점차 완화될 수 있을 것으로 기대된다.

5. 블록체인의 산업적 활용을 위한 제도적 기반 구축이 필요

블록체인의 산업적 활용을 위한 법·제도적 시스템 구축도 고려해야 할 중요한 이슈 중 하나이다. 블록체인 기술은 현재로서는 아직 충분한 법적 근거가 없거나 현행 법령과 상충되는 경우가 존재하기 때문에 그 활용에 제약을 받고 있다. 예를 들어, 이더리움의 스마트계약의 경우 아직 민법에서 정의하는 '계약'으로 인정할 수 있는 법적근거가 없는 상황이고, 블록체인이 지닌 한번 저장된 정보는 삭제나 위·변조가 불가능하다는 특징은 개인정보 처리목적을 달성한 경우 파기하도록 규정하는 개인정보보호법과 상충된다. 따라서 향후 블록체인의 활용을 위해서는 기술 특징 및 산업별 특성에 기반한 법·제도적 근거 마련을 통해 해결해 나가야 할 것이다.

따라서 스마트계약에 기반한 다양한 서비스 애플리케이션들이 활용되고 있는 현 상황에서 기존의 계약법이나 기술 백서가 커버하지 못하는 부분들에 대한 별도의 규정을 마련해 나가는 작업이 필요하다.

6. 기존 시스템 대비 블록체인이 가져올 비용과 효용을 고려

보다 거시적인 관점에서 블록체인 적용이 가져올 비용과 효용을 면밀히 분석해야 한다. 블록체인은 기존 레거시(Legacy)시스템을 완전히 대체하기 위한 기술이라기보다는 비용 절감 및 거래 신뢰성 증진이 필요한 분야에 우선적으로 적용 가능한 기술이라 볼 수 있다. 블록체인 기술은 '이해당사자가 많아 복잡하지만 거래의 투명성 유지가 필요하고 정보처리비용이 많이 드는 분야'에 특히 유용할 것이라 말하며, 기존 시스템과의 연동을 통한 점진적인 기술 개발 형태로 진화해 나갈 것으로 전망했다.

블록체인 기술에 의한 혁신을 위해 혁신적 아이디어나 비즈니스 모델들을 구현, 테스트, 검증할 수 있는 지원 인프라의 필요성을 강조하며 기술 뿐만 아니라 생태계 구축의 관점에서 블록체인을 바라봐야 할 것이다. 또한 보다 장기적인 관점에서 ROI(Return on Investment)와 같이 비용 대비 효용을 측정하고 검증할 수 있는 방법론의 필요성이 있다. 블록체인이 기존의 시스템의 일부를 대체하고 보완해 나갈 수 있다면 블록체인의 미래가치는 더욱 커질 수 있을 것이다.

7. 블록체인 미래전망과 시사점

블록체인은 향후 빅데이터, 인공지능(AI)이나 사물인터넷(IoT) 등 제4차산업혁명을 이끄는 핵심기술과 융·복합될 것이다. 대용량 데이터의 수집과 운용이 중요해지는 제4차산업혁명시대에 블록체인은 데이터 보안은 물론 개별 데이터에 대한 개인의 통제권을 강화시킴으로써 빅데이터시장의 확산을 이끌 것으로 예상되는 기술이다.

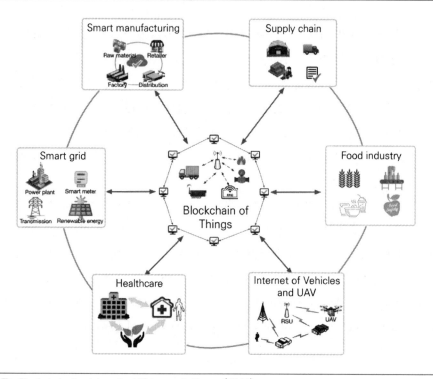

자료: Blockchain for Internet of Things: A Survey(2019).

한 예로 급격히 확장되고 있는 글로벌 사물인터넷시장의 경우 서비스 확장성과 보안 강화를 위해 블록체인을 활용하려는 시도가 증가하고 있다. 즉, 중앙 서버가 모든 데이터를 처리하는 기존 사물인터넷에서는 새로운 기기 증가에 따른 비용과 확장성의 문제, 중앙집중형 구조로 인한 데이터 위·변조의 위험, 중앙처리시스템의 네트워크 안정성 문제 등이 발생할 여지가 있으나 블록체인 기반 사물인터넷을 통해 이러한 문제점들의 개선이 가능해졌다.

블록체인을 통한 사물인터넷 기기 간 연결(BCoT: Blockchain for Internet of Thing)은 별도의 중앙처리시스템 없이도 새로운 노드가 손쉽게 네트워크에 참가하는 것을 허용함으로써 비용을 줄이고 확장성을 높일 수 있으며, 데이터를 노드별로 분산 저장함으로써 중앙 서버로의 해킹 시도를 무력화시킬 수 있다. 공급망 관리(SCM: Supply Chain Management)분야에서 블록체인 기반 사물인터넷시스템은 제조업체와 기업, 소비자를 네트워크 노드로 연결시킴으로써 제품 공급 및 소비와 관련된 일련의 과정(생산, 마케팅, 매매 등)에서의 투명하고 신뢰성 높은 정보를 제공한다.

블록체인은 나아가 지능형 교통시스템(ITS: Intelligent Transport System)과 같이 인공지능기술과 결합되어 운행 중인 차량, ITS서비스 공급자 및 관리자 간의 데이터 전송 및 분석을 위한 기반 기술로 활용되면서 보다 원활한 교통 흐름 통제에 기여할 수 있을 것이다. 이렇듯 블록체인이 향후 다른 제4차산업혁명 핵심 기술들과 결합될 때 보다 파괴적이고 혁신적인 미래 서비스 창출이 가능해질 것으로 예상된다.

블록체인의 산업적 활용가능성에 대한 기대가 높아지면서 서로 다른 시스템 간의 상호연결성을 확보하는 작업이 점점 더 중요해지고 있다. 향후 블록체인, 암호화폐와 관련된 다수 기술의 난립이 예상되면서 이종 플랫폼 간의 융합과 생태계 활성화를 지원할 수 있는 표준 개발의 필요성이 높아지고 있는 것이다. 현재 블록체인 표준화는 세계적으로 아직 초기단계이며 관련 작업이 국제표준화 기구(ISO, ITU)를 중심으로 활발히 진행되고 있는 만큼 국내에서도 블록체인 기술 선도를 위한 표준화 활동이 강화되어야 한다.

국내산업이 강점을 가지고 있는 분야를 중심으로 구성원들의 요구에 맞춘 특화된 블록체인 기술을 개발하고, 이렇게 발굴된 단체 표준을 국제 표준으로 확장함으로써 글로벌 블록체인시장을 리드해 나가는 국가 차원의 전략이 필요한 시기이다.

7

스마트계약(Smart Contract)

01절 스마트계약 개관

1. 스마트계약의 의의

비트코인이라는 암호화폐를 통해 디지털 가치를 창출하기 위한 구조로서 블록체인 기술을 사용하였는데, 이를 더욱 발전시킨 블록체인이 이더리움(Ethereum)이다. 이더리움은 비트코인과 통일하게 블록체인 기술을 이용한 것으로 디지털 가치('이더(ETH)'라고 불리는 암호화폐)를 이전하기 위한 구조나 블록체인 기술을 확장하여 여러 분야에 활용할 수 있도록 업그레이드한 기술로서, 흔히 '2세대 블록체인'이라고 일컫는다.[26]

비트코인 블록체인은 시스템의 확장과 개선의 제한, 다중거래의 제한, 다양한 애플리케이션의 제한이 있어, 이를 개선한 블록체인이 이더리움(Ethereum)이다.

---

26 1세대는 블록체인 기술을 최초로 구현한 '비트코인'이다. 이더리움의 개발자인 러시아 출신 캐나다인 비탈릭 부테린(Vitalik Buterin)에 의하면, "이더리움은 비트코인과 동일한 데이터 구조를 가지고 작동하지만, 프로그래밍 언어를 내장하여 활용을 확장할 수 있다는 점이 가장 큰 차이점"이라 한다. Vitalik Buterin, "Ethereum: A next-generation smart contract and decentralized application platform".2014. (http://blockchainlab.com/pdf/Ethereum_white_paper-a_next_generation_smart_contract_and_decentralized_application_platform-vitalik-buterin.pdf)

이더리움은 2013년 11월 러시아계 캐나다인인 비탈릭 부테린(Vitalik Buterin)
의 "A Next Generation Smart Contract and Decentralized Application Platform"
이란 백서를 발표하면서 출발하였다. 이 백서를 통해 2014년 7~8월 클라우드
펀딩에 의해 1,650억 원의 개발자금이 조달되어 이더리움 재단을 설립하고 2015년
7월 이더리움 블록체인시스템을 개발 가동하였다. 따라서 이더리움은 특정한 제3
자 중개(법원이나 분쟁조정기관, 에이전트 등)에 의존함이 없이 당사자 간 직접거래와
계약이행이 자동적으로 실행되는 것을 가능하게 하였다. 즉, 이더리움 블록체인에
의해 스마트계약 실행이 가능하게 되었으며 그 주된 목적은 거래비용을 줄이면서
전통적인 계약법보다 우수한 보안을 제공하는 것이다(Alexander Savelyev, 2017).

이와 같이 이더리움을 통해 블록체인 기술과 스마트계약을 조합시킴에 따라
거래의 안전성, 효율성을 높이고, 거래비용을 절감하기 위한 혁신적인 기술 개발의
길이 열리게 된 것이다.

이오스(EOS) 블록체인

EOS 블록체인이란 기존 블록체인의 성능을 개선한 3세대 블록체인 기술로서
DpoS 합의 알고리즘을 기반으로 하며 Dapp을 위한 고성능 플랫폼이다 Dpos는
기존 합의 알고리즘 PoS(Proof of Stake)에서 합의를 위한 권한을 대표자에게
위임할 수 있는 알고리즘으로, EOS에서는 21명의 슈퍼노드를 선출하여 블록 생
성 및 네트워크에 대한 영향력을 행사할 수 있게 한다. 이와 같은 DpoS 합의 알
고리즘으로 EOS는 선출된 21명의 슈퍼노드만 합의 과정에 참여하는 방식이므
로 처리가 매우 빠르며, 초 단위의 블록 생성을 통해 트랜잭션의 대기시간을 최
소화하여 사용자가 Dapp에 대한 이용을 향상시킨다. 그리고 종전 2세대 블록체
인인 이더리움과 달리 EOS는 사용자는 거래 수수료가 무료이며 EOS Dapp개발
자가 수수료를 지불하는 구조이다. 또한 이더리움은 숫자와 문자의 조합인 주소
라는 개념을 가지지만 EOS는 사람이 읽을 수 있는 문자열 형태인 계정이라는
개념을 가지므로 일반 사용자에게 있어 사용성이 더 편리하다.

이더리움은 비트코인과 달리 블록체인상에 컴퓨터 코드를 넣어 자동적으로
실행하는 구조를 구축하도록 비트코인을 발전시킨 블록체인이다. 즉, 가치이전

의 구조에 더하여 코드를 실행하는 구조를 접목시킨 것이다.

따라서 비트코인은 블록체인 기술을 주로 금융거래시스템에 접목한 시스템인 반면, 이더리움은 다양한 비즈니스분야에 블록체인 기술을 접목할 수 있게 되었다. 이와 같이 자동적으로 실행되는 코드가 '스마트계약'이라고 불리는 것이다.

스마트계약(Smart Contract)은 기존의 법적인 언어를 사용하는 대신 컴퓨터언어로 부호화[27]된 계약이다. 스마트계약은 컴퓨팅 네트워크에서 실행할 수 있으므로 계약조건은 네트워크의 모든 노드가 따르는 프로토콜에 의해 자동으로 적용된다. 이런 스마트계약의 개념은 1997년 닉 스자보(Nick Szabo)에 의해 처음으로 사용한 것으로 '스스로 이행이 되는 자동화된 약정(Automated Self-Enforced Agreements)'이라고 칭한다(Nick Szabo, 1997).

스마트계약은 계약의 대가 지급수단 및 반대급부가 암호화되고 계약 이행 및 검증의 과정이 네트워크로 자동화되어, 계약실행 조건을 확인하는 사람의 간섭 없이, 그리고 추가비용 없이 직접 처리함으로써 복잡한 사업상의 계약을 적은 비용과 합의에 따른 신뢰를 바탕으로 안전하게 계약을 실행할 수 있게 한다. 따라서 플랫폼에서 기록 저장(Record Keeping), 현금 흐름(Cash Flow), 계약 이행(Fulfillment)을 모두 해결할 수 있어 업무 효율성을 증대할 수 있다.

스마트계약은 자동적으로 계약을 체결·집행하게 됨으로서 비용을 감소시키고 상대방에게 계약이 이행될 것이라는 확신을 줄 수 있으며, 공개된 거래정보와 결합되면 거래 상대방 위험(신용)과 계약의 불확실성을 감소시킬 수 있다. 또한 코드로 작성되므로 문언주의 하에 엄격히 해석될 가능성이 높아 계약 해석의 불명확성을 감소시킬 수 있다. 그러나 일상 언어의 계약을 프로그래밍하는 작성 단계에서 해석의 불일치 및 작성 오류가 발생할 가능성도 있다.[28]

최초의 암호화폐인 비트코인은 블록체인을 이용해서 중개기관이 없는 대금결제 및 송금의 기능을 구현하는 것이었으나 이더리움에 의한 스마트계약은 그 범위를 확장시켜 모든 종류의 계약을 중개기관 없이 처리할 수 있다. 스마트계약은 쉽게 말해 음료수 자판기와 유사한 동작 개념을 가지고 있다. 음료수 자판

---

27 부호화(符號化, Coding): 주어진 정보를 어떤 표준적인 형태로 변환하는 것.

28 코드로서 표현할 수 있는 한계 및 코드와 계약 내용과의 불일치 문제를 해결하기 위해, 사람이 읽을 수 있는 방식으로 개별 스마트계약의 의도와 구체적인 내용을 표현하는 리카르디안 계약이 논의되고 있다.

기는 구매자가 일정 이상의 동전을 투입하면 해당하는 금액의 음료를 선택할 수 있는 권리를 부여하고, 구매자가 음료를 선택하면 해당 음료와 잔액을 반출한 후에 거래가 자동으로 종료되게 되도록 프로그래밍 되어 있어 스마트계약과 동일한 개념이다.

스마트계약의 경우 계약 당사자들이 계약 내용을 프로그래밍하여 블록체인에 기록되어 계약 내용과 결과는 블록체인에 영구히 기록되기 때문에 조작이 불가능하다. 또한 계약이 성립되면 자동적으로 암호화폐가 계약된 만큼 당사자들 사이에 전송된다.

그리고 현실에서의 계약은 조작 및 부인을 방지하기 위하여 신뢰성 있는 제3자의 공증이 필요하나 스마트계약은 제3자 공증이 필요없이 블록체인 네트워크에 참여하는 노드들이 공동으로 증명한다. 현실에서의 계약은 조건이 부합했을 때 당사자가 직접 계약조건을 처리하기 위해 송금 등의 역할을 해야 되지만 스마트계약은 조건이 충족되면 자동으로 계약 내용이 실행된다. 따라서 제3자의 공증비용을 감소시킬 수 있는 장점이 있다.

2. 스마트계약 개념 논의

이렇게 블록체인에 의해 가능하게 된 '스마트계약'은 논자에 따라 다른 의미로 사용되고 있고, 그 모호성에 기초하여 법적 개념 정의도 다양하다. 첫째, 스마트계약(Smart Contract)은 블록체인 플랫폼에 실현되어 있는 일련의 소프트웨어 코드로서, 미리 결정된 조건이 성취되는 경우에 블록체인에 담겨진 자산에 대하여 계약이 자동적으로 이행되는 것을 보장되는 컴퓨터 프로그램이라는 것이다. 둘째, 스마트계약은 계약 조항을 컴퓨터 코드로 만드는 것이므로 '컴퓨터 코드화된 계약'을 의미하거나 계약상의 권리의무와 연계되지 않고 오로지 코드에 의하여 정의되고 자동적으로 이행되는 "코드에 의하여 규정되는 관계"를 의미한다는 것이다(김제완, 2018). 셋째, 스마트계약은 계약에 해당하지 않고 일정 조건이 성취되면 계약체결과 이행이 예정된 전자코드에 지나지 않으므로 이는 계약의 한 종류라기보다는 '스마트한 이행이 보장되는 계약행위'라 할 수 있다는 견해이다(정정영, 2018). 넷째, 스마트계약은 계약조건이 사전에 코드화되고 계약조건이 충족되면 그 실행이 자동적으로 이루어지는 특성을 고려하면 기술적 측면에서는 컴퓨터 프로그램이지만 법적 측면에서는 '코드화된 계약'이라고 할 수 있으므로, 스마트계약은 '계약의 교섭과 이행이 코드에 의해서 자동으로 수행되거나, 인증되거나 또는 집행되는 약정'이다(정진명, 2018). 다섯째, 전통적인 계약이론의 관점에서는 스마트계약을 계약으로 보기는 곤란하고 계약의 즉시 이행을 실현시키는 기술이라고 할 수 있지만, 코드 설정자와 코드 실행자 간 관계의 형성 및 디지털재산의 이전은 전통적인 계약적 관점에서 계약의 일종으로 볼 수 있다(고형석, 2018).

그러나 중요한 것은 현재의 수준에서 기술적인 관점에서의 '코드'와 계약법상의 '합의'는 구별되어야 한다. 스마트계약이라는 단어가 '계약'이라는 언어를 포함하고 있어 마치 코드가 계약인 것처럼 보이나 그 자체가 계약이 아니라 계약을 자동적으로 실행하기 위한 기술, 프로그램, 코드이다(윤태영, 2019).

스마트계약은 계약 체결 이후 인간의 개입이 필요하지 않다는 측면에서 알고리즘 계약의 일종이라 할 수 있다. 알고리즘 계약은 계약의 일방 또는 쌍방 당사자가 알고리즘을 활용해서 계약의 체결 여부나 조건을 결정하는 것(Scholz, 2017.7)으로 인간이 미리 계약의 내용 및 조건을 설정하면 컴퓨터가 계약 조건의 성취여부를 판단해서 계약 내용을 처리하는 방식이다. 그 대표적인 사례로 증권업계의 알고리즘 매매가 있는데 특정한 조건을 만족하는 매매 기회가 발생하면 컴퓨터가 알아서 증권의 주문을 집행하는 것이다.

스마트계약이 기존의 알고리즘 계약과 큰 차이는 P2P 네트워크에 기초한 분산화된 자치조직(Decentralized autonomous organization)을 활용한다는 점이다 (Amuial et al., 2016). 그리고 블록체인 기술에 의해 서로 모르는 사람들이 중앙 기관의 관여없이 사건의 발생 여부에 관해 투명하게 의견 일치를 이루어내는 특성이 있다. 따라서 스마트계약은 2명 간에 이루어지는 당사자 간의 계약 뿐만 아니라 회사설립, 펀드모금 등 다수의 사람들이 참여하는 합동행위에도 적용하기 용이하다.

또한 이행 자동화로 불이행 문제를 남기지 않으므로 계약비용의 최소화가 가능하다. 계약에서 가장 큰 위험 중 하나는 상대방이 계약 조건이 성취됐음에도 불구하고 계약 내용을 이행하지 않는 불이행 문제이다. 따라서 서면계약은 이와 같은 불이행 문제가 발생될 것을 고려해서 계약서를 작성할 때 법률전문가를 고용해서 계약의 조건·내용을 최대한 명확하게 기술하고, 계약서를 공증이라는 제도를 통해 공적으로 기록해 불이행 문제가 발생했을 때 계약서에 의거해서 소송을 통해 강제로 집행할 수 있는 권한을 획득하게 된다.

스마트계약에서는 계약의 체결·증명·이행이 모두 블록체인 플랫폼에서 전자 계약으로 이뤄지고, 특히 계약 조건 성취에 따른 계약내용 이행이 소프트웨어 코드에 따라 인간의 개입 없이 자동적으로 이루어진다. 따라서 계약의 조건·내용을 명확하게 기술하고 이것들을 소프트웨어로 전환하기 위해서는 비용이 발생하지만, 종이 계약과 다르게 불이행 문제를 고려한 계약의 증명과 불이행 문제를 해결하기 위한 강제집행에 비용이 전혀 들어가지 않는다. 오히려 현재 스마트계약의 쟁점은 사후적으로 인간 개입이 반드시 필요한 경우에 어떻게 처리하느냐의 고려하게 한다. 다시 말해 컴퓨터 오류에 의해 당사자의 의사와 달리 계약내용 이행이 이뤄진 경우 이러한 이행을 인정할 것인지 그리고 반사회적 계약 또는 불공정한 계약의 경우 공인된 제3자인 법원의 무효화의 가능성을 검토하여야 하는 것이다.

▼ [그림 7-1] 서면계약과 스마트계약의 비교

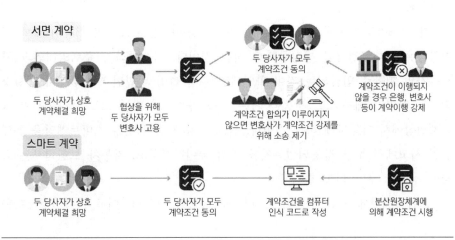

자료: 이정훈(2018).

3. 스마트계약 활용 사례

스마트계약(Smart Contract)은 의료, 자동차, 부동산거래, 보험, 복권, 공급망 관리, 암호 교환거래, 금융거래, 계약, 법률, 정부(전자투표시스템), 유언의 집행과 같은 다양한 분야에서 유용하게 활용될 것으로 전망되고 있다.

스마트계약은 규격화된 형식의 반복적인 계약이 많은 분야, 원격자 간 계약 체결이 필요한 분야, 제품의 유통 추적이 필요한 분야에서 우선적으로 도입되고 있다. 실제 스마트계약의 장·단점을 고려하여 해외 부동산업계, 금융업계, 보험 업계, 공유서비스 중심으로 스마트 컨트랙트 비즈니스 모델이 출현하고 있으며, 미국에서 가장 활발하게 진행 중이다.

예를 들어, 보험업에서 특정 조건을 만족시키면 계약 보상금이 지급되도록 스마트계약을 작성함으로써, 조건 성취 시 블록체인을 활용하여 컴퓨터가 보상 여부를 판단한 후 보험금을 지불하게 하는 등 일정한 형식의 반복적인 계약에 유용하다. 전 세계 식품 유통에 관여하는 생산자, 공급자, 운영자, 배급업체, 유통업체, 규제당국, 소비자 등이 모두 블록체인상에서 식품오염 이력을 확인하고 이에 따라 대금을 지불하게 되는 제품의 유통 추적이 필요한 분야에 적용되고 있다. 닭고기 등의 식품에 대해서도 생산, 가공, 유통, 판매에 이르기까지의 모든 과정을 스마트계약으로 하고, 그 이력을 체계적으로 관리하는 사업화가 진행되고 있다.

다른 스마트계약의 활용 사례로는 IoT(사물인터넷)의 스위치 기능이 주택 및 차량공유의 대금결제를 가상통화로 하는 것이다. 가상통화가 주택임대인과 차 소유자의 계좌로 입금되는 것이 확인되면 주택 출입 비밀번호를 부여하고 차량의 잠금장치가 해제되고, 시동을 거는 것을 가능하게 하는 코드를 작동시켜 블록체인상에서 가동하게 하는 것이다. 셀프 주차 차량의 경우 스마트계약을 통해 충돌 사고에서 누가 잘못되었는지를 미리 데이터화하고, 자동차 보험회사는 요금을 청구할 수 있다고 한다.[29]

스마트계약에 의한 음원다운서비스도 등장하고 있다. 이용자는 가상통화를

---

[29] Matthew N. O. Sadiku, Kelechi G. Eze, Sarhan M. Musa, "Smart Contracts: A Primer", Journal of Scientific and Engineering Research, 2018, 5(5), pp.539−541.

지불하고, 음원을 다운로드한다. 가상통화는 음원송신사업자에게 지불되는 것이 아니라, 일정 비율이 로얄티로서 음원 저작자에게 직접 분배된다. 그렇게 함으로써, 최종 소비자(End User)로부터 아티스트에게 직접적으로 확실하게 지불되어 아티스트를 보호하고 창작을 촉진하게 된다.

항공편의 지연보험에 적용된다. 보험구입자에 대하여, 항공편의 지연 정도에 따라 결정되는 보험금이 즉시 계좌로 자동적으로 지급되는 것과 같은 구조를 스마트계약으로 실현할 수 있다.

▼ [그림 7-2] 부동산 스마트계약 개념도

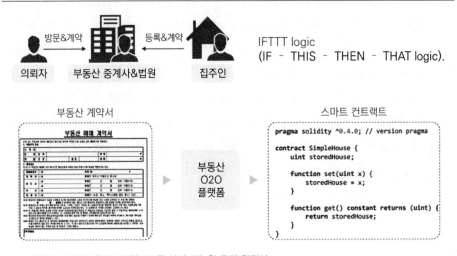

- 조건문에 따라 계약이 이행되도록 설계 가능한 튜링 완전성
- 암호화 기술 적용으로 금전적 거래, 계약내용 기록관리
  (국가간 지급결제, 주식/채권/보험 등 계약, 투표, 특허관리, 소유권 증명 등 이용)

현재 우리나라에서는 부동산거래에서 스마트계약을 도입하려는 시도를 하고 있다. 국토교통부는 블록체인 클라우드 기반 부동산 종합공부시스템(KRAS)을 도입, 토지대장을 국토부, 지자체, 금융결제원 등이 투명하게 공유함으로써 스마트계약을 통한 자동갱신 및 수행 내용과 이력 등을 검증하는 것을 추진하고 있다. 이것이 실현되면 담보대출 시 관련 서류 준비 없이 은행 방문만으로 신속한 처리가 가능하게 되는 등 스마트거래가 가능하다. 또한 위조·변조의 가능성이 사전에 차단되는 블록체인 기반시스템으로 국민 토지재산권 보호와 허위정보제

공 등으로 야기되는 사회적 비용이 감소되는 것으로 보고 있다.[30] 이렇게 스마트계약은 현재 다각도로 활용이 추진되고 있으며, 어느 정도로 발전할 것인지 예측조차 하기 어려운 상황이다.

4. 스마트계약 시장가치 및 효과

스마트계약과 관련된 비즈니스는 기업의 비용을 절감시킬 수 있어 지속적인 성장이 확대될 것으로 예상되고 있다. Gartner는 2022년에는 글로벌 기관 중 25% 이상이 복잡하지 않고 영향이 적은 계약에 대해서 스마트계약을 사용할 것으로 예상하고 있다. 그리고 Capgemini는 2020년 초 스마트계약 도입이 활성화될 것이며 특히 금융업계가 비용 절감과 수요 창출의 효과를 얻을 것이라고 예측하고 있다. 금융권에서는 스마트계약 도입으로 결제 주기가 20일에서 6~12일로 단축되어 5~6% 추가 수요를 발생시킴으로써 매년 20~70억 달러의 추가 수입 발생을 예상하고 있다. 소비자 금융에서는 주택 담보 대출의 처리비용을 낮춰 매년 30~110억 달러 비용 절감을, 보험업에서는 개인용 자동차 보험에서만 연간 210억 달러 비용이 절감될 것으로 예상한다.

▶
02절　해외 스마트계약의 추진

스마트계약은 기술의 장·단점을 고려하여 해외 금융업계, 보험업계, 공유서비스 중심으로 스마트계약 비즈니스 모델이 출현하고 있으며, 미국에서 가장 활발하게 진행 중으로 다음과 같은 일정한 형식의 반복적인 계약이 많은 분야, 원격자 간 계약 체결이 필요한 분야, 제품의 유통 추적이 필요한 분야에서 우선 도입하고 있다.

30　http://www.viva100.com/main/view.php?key=20190502010000661 브릿지 경제, 2019년 5월 3일자 칼럼 "대한민국은 '블록체인 혁신' 중" 참조.

첫째, 일정한 형식의 반복적인 계약이 많은 분야로서 예를 들어, 보험업에서 특정 조건을 만족시키면 계약 보상금이 지급되도록 스마트계약을 작성함으로써, 조건 성취 시 블록체인을 활용하여 컴퓨터가 보상 여부를 판단한 후 보험금을 지불하도록 하고 있다.

둘째, 원격자 간 계약 체결이 필요한 분야로서 집 또는 자동차를 공유하는 경우 계약 조건을 정하고 이에 따라 금전 지급 및 서비스 제공이 이루어지도록 하는데 적용될 수 있다. 일정 시간 공유에 대한 비용을 지불하면 자동차 시동을 걸어 이용 가능케 하는 것을 예로 들 수 있다.

셋째, 제품의 유통 추적이 필요한 분야로서 전 세계 식품 유통에 관여하는 생산자, 공급자, 운영자, 배급업체, 유통업체, 규제당국, 소비자 등이 모두 블록체인 상에서 식품 오염 이력을 확인하고 이에 따라 대금을 지불하도록 하는 것이다.

▼ 〈표 7-1〉 해외 민간기업의 스마트컨트랙트 도입 동향

기업	관련 국가	내용
Bank of America Merrill Lynch, Citi, Credit Suisse, J.P. Morgan, The Depository Trust & Clearing Corporation, Markit	미국	CDS(Credit Default Swaps, 신용부도 스왑: 기업이나 국가의 파산 위험을 거래할 수 있는 파생상품)거래 확인을 위한 스마트컨트랙트 적용 테스트를 성공적으로 완료함
DocuSign, Visa	미국	자동차 렌탈서비스에 스마트컨트랙트를 결합한 서비스를 시범 운영함. 고객이 자동차를 시운전한 다음 자동차가 마음에 들어 렌탈을 진행하기로 결정하면, 다른 서류 필요 없이 차 내부의 스마트컨트랙트시스템을 통해 계약 조건을 선택한 후 렌탈할 수 있음
Wells Fargo, Brighann Cotton, The Commonwealth Bank of Australia	미국 호주	스마트컨트랙트와 IoT를 결합하여 솜거래를 실시함. 스마트컨트랙트를 통해 거래를 체결하고, GPS를 활용하여 솜의 운반 현황 추적함 물건이 최종 목적지에 도착하게 되면 그 사실을 관련 업체들에게 통지하고 스마트컨트랙트가 자동으로 거래업체에 돈을 지불함

Toyota	일본 미국	미국 MIT Media Lab과 함께 자율자동차에 스마트컨트랙트를 적용하여 탑승 가능 사용자를 인증하거나 전지 충전 일정 및 가격 등을 설정하는 서비스를 연구 중임
AXA, Fizzy	프랑스	비행기가 2시간 이상 지연 시 보험 가입자에게 자동으로 보험료를 지급하는 여행 보험 상품 출시. 고객의 보험 구입 내용을 이더리움에 저장하고 이를 전 세계 비행기 데이터베이스에 연결, 비행기 지연 시 자동으로 보험료 지급
B3i(Blockchain Insurance Industry Initiative)	여러 국가	15개 보험회사가 블록체인 기술을 연구하고 업계 표준을 개발하기 위해 발족한 단체로 2017년에는 스마트컨트랙트 관리시스템 프로토타입 개발 발표
Arabian Chain Technology	UAE	2019년 상반기 서비스 런칭을 목표로 이슬람 금융시장을 대상으로 한 스마트컨트랙트와 법률 자동화 플랫폼을 구축 중임
Slock.it	독일	개인과 개인이 중개자 없이 재화를 공유, 대여, 판매할 수 있도록 돕는 공유경제 인프라를 구축함
Binded	미국	온라인에서 유통되는 저작권 있는 작품을 이용자가 업로드하면 소유증명서 발급 및 이용자정보를 저장하여 저작권을 요구할 수 있는 서비스를 제공함

자료: KISTEP(2018.12).

1. 미국

미국은 각 주 차원에서 스마트계약 관련 입법을 하기 위해 노력하고 있다. 애리조나주, 플로리다주, 테네시주는 미국 내 전자기록을 통한 블록체인거래 및 스마트계약을 법적으로 인정하는 법안을 통과시켰다.

먼저 애리조나주는 스마트계약의 개념을 최초로 법률에 도입하였다.[31] 전자거래법(Arizona Electronic Transactions Act)을 개정하여 서명, 계약 등 블록체인 기술 기반 거래 기록에 대한 법률적 효력을 인정하였으며(2017.3), 뒤이어 기업들이 블록체인에 데이터를 저장하고 공유하는 것을 허용하는 법안과 암호화폐로 소득세를 납부할 수 있도록 하는 법안을 통과시켰다.

---

31 애리조나주법은 스마트계약을 분산된 공유 원장에서 자산의 이전을 위해 수행되는 사건 기반(Event–Driven) 프로그램이라고 정의하고 있음.

오하이오주도 블록체인 기술을 활용한 스마트계약 및 데이터 저장을 합법화하는 법안을 고려 중(2018.5)으로 전자거래법 개정 법안 'Senate Bill 300'은 블록체인 데이터와 스마트계약을 전자기록의 일부로 취급함으로써 이를 통한 계약이 법적 효력을 갖는다고 명시하였다. 상기 법안이 통과되면 전자정보와 소유권을 저장하는 데 블록체인 기술을 활용할 수 있게 될 것이다.

미국은 주단위로 이와 같은 스마트계약을 추진하기 위한 입법 활동 외에도 의료정보, 우편서비스 관련 시범사업을 추진하고 있으며, 블록체인을 활용한 공공 의료정보시스템 개선 및 정보관리사업, 블록체인 기반의 포스트코인을 활용한 배송상태 확인·직거래·금융서비스사업 등을 진행하고 있다.

2. 유럽연합

유럽연합은 블록체인 기술 연구 및 기반 마련에 적극적인 자세를 보이고 있으며, EU 집행위원회(EU Commission)가 이와 관련된 다양한 역할을 수행하고 있다.

블록체인 기술의 거버넌스와 상호운용성 프레임워크에 대한 과업 수행, EU 블록체인 포럼을 출범하였으며, EU 블록체인 인프라 필요성과 편익 평가, 회원국들과의 공조 및 EU 차원의 통합 이니셔티브를 추진하고 500만 유로 규모의 사회복지를 위한 블록체인(Blockchains for Social Good) 상(償) 제정 등을 추진하고 있다. 그리고 블록체인을 다루는 EU 프로젝트에 약 8천만 유로를 지원하며, 2020년까지 Horizon 2020을 통해 3억 유로의 자금을 제공할 계획이다.

또한 EU 집행위원회는 분산원장기술 및 블록체인에 대한 포괄적인 전략을 촉구하는 핀테크 행동 계획(Fintech Action Plan)을 발표하고, Fintech Lab Research Center를 설립하여 스마트계약과 ICO의 법적 측면에 대해 연구하고 있다.

3. 영국

영국은 법을 모니터링하고 제정 방향을 제안하는 기관인 법률위원회(Law Commission)에서 2018년 스마트계약 관련 법체계 검토 계획을 발표하였다(2018.7).

스마트계약을 통해 자금 세탁 방지, 부동산, 신탁 영역의 법을 검토하였다. 또한 암호화폐를 자산으로 여기고 범죄자로부터 몰수한 사례가 있는 것을 볼 때, 영국은 블록체인 기술에 우호적인 방향 즉, 암호화폐를 공식화하고 스마트계약을 통한 계약을 인정하는 방향으로 정책을 추진할 것으로 예상된다.

또한 블록체인을 활용하여 연금 지급 내역, 학자금 대출 내역, 납세 내역, 범죄 기록 등을 관리하는 방안을 검토 중이며, 노동연금부(Department for Work and Pensions)는 수급자 24명을 대상으로 6개월간 블록체인 기반의 스마트계약에 의한 휴대폰 애플리케이션을 통해서만 수당을 지급받고 사용하는 실험을 진행한 바 있다.

4. 일본

일본은 2017년 4월 암호화폐를 정식 지급 결제 수단으로 인정하도록 자금결제법을 개정하였으며, 암호화폐를 기업의 자산으로 인정하며, 일본회계기준위원회는 이를 반영한 암호화폐 회계 기준 가이드라인을 마련하여 2018년부터 기업회계 원칙에 적용하고 있다.

또한 경제산업성 지침 하에 신에너지산업 기술종합개발기구(NEDO)가 무역산업에서 활용 가능한 블록체인 기반 데이터 공유시스템을 개발하여 배송 업체, 중개 운영 업체, 은행, 보험 회사 등 무역 관계 업체들 간 물류 데이터를 공유하는 과정을 디지털화 하여 스마트계약을 활용하고 있다.

5. 중국

중국의 정보기술산업부(MIIT)는 스마트계약을 포함한 국가적 차원 블록체인 표준 개발을 2018년 주요 의제로 진행하여 기본 프레임 및 프로세스, 응용프로그램, 정보보안 등 구체적인 부분까지 상호 운용이 가능하고 신뢰성이 높은 산업 표준을 제시할 계획이다. 그리고 국내 표준화와 국제표준화기구(ISO)기술위원회에도 적극적으로 참여하고 있으며, 2018년 말까지 표준체계를 구축하고, 이를 산업계에 적용할 예정이다. 또한 금융에서 시작해 전력, 공급망 관리, IoT 등 다른 산업으로의 단계적인 확장을 고려하고 있으며, 지방의 다양한 기관과 협력 관계를 넓히고 컴퓨팅파워와 용량을 늘려 스마트계약을 포함한 블록체인 생태계를 더욱 강하게 만들고자 한다.

특히 항저우·포산시 등 특정 지역에 블록체인 기반 스마트시티를 구축하고 있다. 완샹그룹은 7년 내지 10년간 약 200억 위안을 투자하여 항저우 인근에 전기차 배터리를 생산하는 약 9만 명 규모의 블록체인 스마트시티를 건설할 계획을 발표하였다(2016.9). 블록체인 스마트도시에서는 도시 내 시설 자동화, 출생·사망증명서 발급, 투표절차 등 사회 인프라 전반에 스마트계약을 적용하여 페이퍼리스 사회를 구현할 계획이며, 스마트기계끼리 직접 소통하는 시스템을 구축해 전기차 배터리 생산공정을 효율화하고 교환시점을 예측하는 등 배터리 관리도 블록체인 기술을 적용하고 있다.

광둥성 포산시는 블록체인 기반 IMI(Intelligent Multifunctional Identity) 플랫폼을 통해 지방정부시스템을 일원화하고 있다. 플랫폼에 등록한 개인은 공공기관에 방문하지 않고도 스마트계약에 의해 자동적으로 세금납부, 연금수령, 공공시설 사용 등이 가능한데 이용할 때마다 개인정보 기입이 필요 없어 행정 절차가 간편해진다.

중국의 대법원인 최고인민법원은 2018년 9월 법률 분쟁에서 블록체인 증거를 인정한다고 공식 발표하였다. 중국 인터넷법원 소송 판결에 관한 새로운 규칙32을 공표하여 블록체인 기술을 통해 저장되고 인증된 디지털 증거의 법적 구속력을 인정하고 있다. 참고로 증거물로 제출된 블록체인 기반 증거는 전자서명, 믿을만한 타임스탬프, 해시값 등이 포함되어 있어야 한다.

---

32 인터넷법원은 관련 당사자가 디지털 서명, 신뢰할 수 있는 타임스탬프 및 해시값 검증을 통해 또는 디지털 플랫폼을 통해 이러한 데이터를 수집 및 저장한 경우 증거로 제출되는 디지털 데이터를 인식하고 이러한 기술의 신뢰성을 증명할 수 있어야 한다.

최근 제4차산업혁명시대의 기술발달에 따라 새롭게 나타나는 스마트계약에 의한 부동산서비스와 거래 형태를 입법적으로 해결하려는 노력이 주요국에서 활발히 논의되고 있다. 선진국의 블록체인 관련 입법 동향은 가상통화(암호화폐)에 대한 규제에서 출발하여 최근에는 부동산산업에 적용하기 위한 기반을 마련하기 위한 논의가 이루어지고 있다. 블록체인 기반의 가상통화에 대해서는 이용자 보호를 위한 입법이 주를 이루고 있는 반면에 스마트계약과 관련하여서는 신기술에 대한 명시적인 정의를 규정하고 블록체인에 의한 부동산거래기록의 증명력을 부여하거나 법원의 증거자료로 삼을 수 있는 법적 근거를 마련하는 방향으로 입법이 추진되고 있다.

해외 주요국은 블록체인 기술이 국가의 미래 경쟁력을 좌우할 것으로 예상하면서 해당 기술을 부동산을 비롯한 다양한 산업분야에 응용하기 위한 촉진정책의 하나로 기술 개발을 위한 컨소시엄을 구성하거나 시범사업을 추진하고, 나아가 관련 법제의 정비를 하고 있다.

해외 주요국에서 블록체인 기반 부동산거래시스템을 도입하는 목적은 거래등록 및 소유권 이전 절차를 간소화하여 안전하고 효율적인 부동산거래를 가능케 하기 위해서이다. 기존 부동산거래에서는 부동산 등기부의 공신력 문제, 이중매매나 사문서의 위·변조 문제, 부동산 투기 및 탈세 문제 등이 수반되지만 블록체인시스템에 의한 거래에서는 이러한 문제를 해소할 수 있기 때문이다. 따라서 국가별 법적근거 마련을 위한 입법추진사항을 살펴보면 다음과 같다.

1. 미국

미국은 2014년의 온라인시장보호법(Online Market Protection Act of 2014)에서 스마트계약에 대해 최초로 규정하였다. 스마트계약을 "암호화로 인코딩된 계약(Agreement)으로서 다중서명기술(Multi-signature technology)이 활용되어 사전에 결정된 변수가 충족될 때 자동화되어 다중 당사자에 대하여 실행되고 공공기록 또는 자산의 이전이 가능한 것"이라는 것이다. 아울러 블록체인에 대해서도 "프로그램을 작성하는 알고리즘(Algorithm)에 관한 다양한 신기술의 개념 중 암호화된 알고리즘 체인"이라 정의하고 있다.

주(State)정부 차원에서도 블록체인에 관한 정의 조항을 마련하고 있다. 버몬트주(州)는 입법을 통해 블록체인은 인터넷 상호작용, P2P 네트워크 또는 어떠한 다른 방법을 통해 유지되든 간에 수학적으로 안전하고 시간순으로 분산된 합의 장부 또는 데이터베이스라고 정의하고 있다.

한편 애리조나주(州)는 전자거래법(Arizona Electronic Transactions Act)[33]에서는 직접적인 스마트계약 관련 조항을 마련하고 있다. 이 법에서 스마트계약이란 분산화, 비집중화, 공유되는 복제된 원장에서 실행되는 이벤트 기반의 프로그램으로서 원장에서 자산을 보관하고 그것의 이전을 지시할 수 있으며, 상거래에 있어서 계약적 효력과 유효성 또는 집행 가능성을 단독으로 배제할 수 없는 것"이라고 정의하고 있다. 이와 같이 애리조나주의 입법은 블록체인 기술이 토큰화된 암호화 경제를 주도하고 스마트계약에 관한 다양한 상용화의 가능성을 대비하여 사전적으로 법적 근거를 마련하였다는 점에서 의미가 있다.

버몬트주(州)에서는 블록체인 기술로 생성된 데이터의 검증(Authentication), 증거능력(Admissibility), 추정력(Presumptions)을 인정하는 것을 골자로 하는 법안을 명시하였다.

최근 플로리다주(州) 의회에서도 스마트계약에 법적 근거를 부여하는 법안이 제출되었다. 블록체인에 기록된 데이터를 법적 증거자료로 사용할 수 있도록 허용하는 법안(HB 1657)인데, 블록체인 원장과 스마트계약에 기록된 내용을 증거자료로 채택할 수 있도록 법적 유효성을 부여하고 있다(양영식 외, 2018). 특히 스마트계약에 포함된 전자기록이 법률이나 규정에 위반되지 않을 때에 한하여 적용 가능하다는 단서 조항을 마련함으로써 기존 계약법과의 충돌을 최소화하였다. 동 법안은 블록체인 기술을 통해 확보된 기록 또는 계약을 전자적 형식의 기록으로 보며, 또 블록체인에 기록된 서명을 유효한 전자서명으로 볼 수 있도

---

33 2017년 2월 7일 전자거래법(Arizona Electronic Transactions Act)이 개정 통과되었다(Arizona Code, Title 44, chapter 26 article 5.

록 한다는 점에 의의가 있다. 따라서 누군가가 정보를 저장하기 위해 블록체인 장부를 사용했다면 그 정보는 합법성을 보장받을 수 있고, 정보가 저장된 원장은 보관 및 그에 의한 자산이전, 기록된 데이터의 법적 증거력이 인정된다는 점에서 더욱 적극적인 입법안이라 할 수 있다.

그밖에 네바다주는 블록체인 지원법을 제정하여 블록체인 기반 거래에 대해서는 지역세를 면세하며, 델라웨어주는 주식거래 및 명의개서에서 블록체인 등록이 유효할 수 있도록 관련법을 개정하였다.

2. 영국

EU에서는 스마트계약에 관한 입법을 위한 다양한 포럼을 운영하여 폭넓은 의견 수렴을 하는 단계라 할 수 있다. 그 중 영국은 과학부를 중심으로 핀테크 기업을 중심으로 신기술산업에 대한 규제샌드박스(Regulation sandbox)를 마련하여 정책적으로 규제를 완화해주는 제한된 구역을 설정하는 방식으로 기술혁신을 추진하고 있으나 아직 스마트계약에 관한 직접적 법적 근거 제정은 논의 중이다. 또한 블록체인 활용 촉진을 위해 정부서비스분야에서 스마트계약의 도입을 검토하고 있는 단계로 부동산공부를 비롯한 정부 문서의 위·변조 방지시스템, 부정수급 방지시스템을 위한 블록체인 도입이 주된 내용이다. 그밖에도 영국 정부는 블록체인 기술의 효용성 평가 및 실증사업 추진, 규제 개선, 실제 적용 가능 수준으로 기술력을 확보할 것을 각 부처에 권고하고 있다.

3. 스웨덴

스웨덴의 부동산은 현재 스웨덴 GDP의 약 3배인 11조 SEK(약 1조 2천억 달러)이다. 스웨덴 국민들에게 주택은 가장 큰 자산이자 가장 큰 개인채무의 원천으로 담보가치가 3조 SEK에 이른다. 스웨덴에서는 부동산을 구입하는 것이 매우 중요함에도 불구하고 계약의 체결과 소유권이전 사이에 걸리는 기간은 3~6개월이 소요되어 부동산 이전 과정이 매우 느리고 잘못되는 경우가 많았다. 스웨덴의 Lantmäteriet은 가장 오래된 등록시스템으로 이에 블록체인을 활용하여 서비스와 프로세스를 개선하기 위해 노력하고 있다. 1970년대에 토지 등록을 디지털화한 최초의 공공 시스템 중 하나였다. 그러나 토지 등록 데이터베이스는 디지털화되었지만, 토지 이전 프로세스는 디지털화되지 못하였으며, 오히려 기존 정보기술 및 입법 제약 조건에 의해 억제되고 있었다.

종래의 토지등록시스템에서는 Lantmäteriet가 부동산 이전 과정에서 뒤늦게 관여하였다. 즉 매수인의 은행이 타이틀 등록 신청서, 청구서 및 Lantmäteriet에 새로운 모기지 신청서를 보낼 때(계약서에 서명하고 비교적 장기간이 경과한다)까지 레지스트리 내에서 전송이 된 데이터가 나타나지 않는 문제가 있다. 이는 거래 과정에서 신뢰할 수 있는 Lantmäteriet가 초기 단계부터 참여하게 하면 투명성과 신뢰성을 높일 수 있다.

기존 거래 과정은 문서의 준비 및 인증, 검증을 위해 많은 시간과 노력이 소요되었으며, 계약을 체결한 때부터 부동산 이전까지 평균 4개월 이상이 소요되었다.

이와 같이 장시간이 소요되는 문제점을 살펴보면 다음과 같다. 첫째, 토지 등록 절차의 대부분은 1970년대 디지털화되었지만 종이 트랜잭션과 물리적 서명을 의무화하는 레거시 프로세스 및 법률에 의해 억제되기 때문이다. 이 과정은 일반 우편에 의한 물리적 서명 및 교환을 요하는 많은 서류를 포함하였다. 둘째, 혼자 계약서에 서명하는 데 2시간이 걸릴 수 있으며, 서류 및 서명자 신원 확인은 수동으로 진행되었다. 셋째, 토지이전 절차가 디지털이 아닌 것 이외에도 토지 등록의 기재사항이 누락되거나 불완전하거나 잘못될 수 있다. 넷째, 필요한 문서의 양과 데이터 입력의 중복으로 인해 오류 위험이 증가하고 오류로 인해 응용 프로그램의 4~7%를 다시 제출해야 하는 것이다.

2016년에 이를 보완하기 위해 Lantmäteriet전략 컨설팅 업체인 Kairos Future은 Telia Company와 Blockchain Startup ChromaWay와 컨소시엄을 구성하여 블록체인 적용을 추진하였다. 이 컨소시엄은 토지 부동산 매매 계약이 체결된 시점부터 체결 소유권이 이전되기까지 부동산거래가 블록체인에 배치되는 프로토타입을 개발했다. 이 프로토타입은 은행, 토지 레지스트리, 중개인, 구매자 및 판매자 등 모든 당사자가 거래 진행 상황을 모니터링하게 함으로서 1억 유로 이상의 비용 절감을 가능하게 하여 부동산정보의 비대칭을 해소하고자 했다(Eeva Haaramo, 2017).

스웨덴 등기청은 블록체인을 이용한 부동산 등록시스템을 도입하고 전용 및 분산된 형태의 블록체인 기반 부동산거래시스템을 구축하여 시범사업을 시행하고 있는데, 동 시범사업에서 쟁점이 된 것은 스마트계약을 활용하여 등기 이전과 거래에 필요한 유럽연합 법률과 규정에 부합되는지 여부 및 강화된 개인정보보호법(GDPR)의 저촉 문제였다. 이러한 문제로 인해 아직 스웨덴에서는 실제 부동산거래 및 등록은 인간이 개입하여 수동적인 서류작업을 통하여 이루어지고 있다고 한다.34

2017년 7월까지 Lantmäteriet는 토지와 재산을 등록하기 위해 블록체인을 공식적으로 소규모로 적용하기 시작했다. 2018년 3월에 블록체인 기반 플랫폼에서 첫 번째 토지 매매 및 구매 시도를 신청하는 후보자를 선정하였다. 이 프로젝트는 개념 증명 및 작업기술을 갖춘 테스트 베드를 완료했으며, 2018년 중반부터 실제의 토지 이전 과정을 수행하고 있다(Karin Lindström, 2018).

4. 독일

독일은 2019년 9월 블록체인 기술의 위협요인을 해소하고 산업 육성을 위한 포괄적인 내용을 담은 연방 블록체인전략을 추진하였다. 이 전략에서는 블록체인에 의해 디지털 신원확인, 인증시스템, 유가증권, 스테이블코인(Stable Coin)35을 중심으로 연방차원의 적극적인 산업 육성을 추진하고 있다.

부동산과 관련한 추진정책으로는 독일의 금융규제기관인 연방금융감독청

---

34 현재 스웨덴에서 토지 등록 기관을 통해 테스트하고 있는 블록체인 부동산 기록은 모든 서류작업을 없앰으로써 사기 위험을 줄이고 안전한 거래를 보다 신속하게 수행함으로써 스웨덴의 납세자가 연간 1억 유로(약 1억 6천만 달러)를 절약할 수 있다고 전하고 있다(Nasdaq, Swedish Mapping Authority Pioneering Blockchain—Based Real Estate Sales, 2018 (https://www.nasdaq. com/article): Coindesk, 2018년 6월 18일자 기사, "스웨덴 정부, 블록체인으로 토지등기 시연"(https://www.coindeskkorea.com).

35 스테이블코인은 법정화폐로 표시한 코인의 가격이 거의 변동하지 않고 안정된 가치를 유지할 수 있는 암호화폐.

(BaFIN)은 2019년 7월 블록체인 스타트업인 Fundament사의 토큰화된 부동산 담보채권 발행을 허용하였다. 그동안 토큰화하여 판매한 부동산자산의 경우 투자 설명서나 금융당국의 승인이 없었으며, 최소 투자금 기준과 참여 투자자 수에 제한을 두는 규제가 있었다. 그러나 Fundament사는 이러한 규제문제를 해결하기 위해 2018년 12월 투자설명서를 최초로 제출하고 규제준수에 관련한 사항을 7개월간 금융당국과 조율하여 해결하게 된 것이다.

토큰 발행 및 구매를 연방금융감독청이 규제를 허용함에 따라 Fundament사는 2.5억 유로 규모의 토큰[36]을 발행하여 비트코인, 이더리움, 미국 달러, 유로화 등으로 토큰 구입이 가능하게 하였다. 이렇게 발행된 Fundament사의 토큰은 독일 내 5개 건설 프로젝트를 담보로 하고 있어, 토큰 보유자는 채권 발행 주체인 Fundament사에 연 4~8%의 배당금을 청구할 법적 권리가 있다.

5. 에스토니아

에스토니아는 정부가 제공하는 다양한 공공서비스(계좌개설, 온라인 송금, EU 국가 내 경제)에 블록체인을 기반으로 하는 시스템을 이용할 수 있도록 하고 있다. 블록체인기반의 디지털시민권(Estonia e-residency) 제도는 2015년 12월부터 시행하여 혼인신고, 계약, 출생증명 등을 공증하는 신원서비스를 실시하고 있다. 에스토니아는 인구 132만 명에 불과한 국가이지만, 디지털 이민자를 받아들여 전자시민권자 1,000만 명을 유치해 10만개 기업이 활동할 수 있도록 하여 산업 생태계를 조성하는 목표를 추진하고 있다.

디지털시민권은 에스토니아에 거주하지 않는 사람에게도 금융활동을 내국민과 동일하게 할 수 있는 지위를 부여하는 효과를 기대할 수 있다. 또한 에스토니아 정부는 몇 년 전부터 가드타임이라는 회사가 고안한 블록체인 기반의 '키 없는 전자서명 인프라스트럭처(KSI: Keyless Signature Infrastructure)'를 도입한 바 있다(임명환, 2016).

---

36 이더리움 공개(Public) 블록체인 플랫폼을 채택하였으며 ERC-20 표준 토큰을 사용.

6. 조지아공화국

조지아공화국(Republic of Georgia)은 Bitfury Group을 통하여 부동산거래 관련 블록체인을 추진하였다. 2016년 4월 Bitfury Group은 Georgia's National Agency of Public Registry(NAPR)[37]과 계약을 통해 조지아공화국 최초의 Blockchain land-titling registry를 시범 운영하였으며, Bitfury Group과 NAPR은 디지털 기록시스템에 통합된 맞춤 설계된 Blockchain시스템을 성공적으로 구현하였다. Private Blockchain은 분산 디지털 타임스탬프서비스를 통해 Bitcoin Blockchain에 고정되어 있다. 분산 디지털 타임스탬프기능을 통해 NAPR은 시민의 필수정보와 소유권 증명을 포함하는 문서를 확인하고 서명할 수 있다.[38]

▼ [그림 7-3] Blockchain land-titling registry

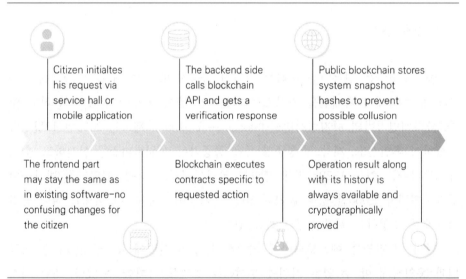

Citizen initialtes his request via service hall or mobile application

The backend side calls blockchain API and gets a verification response

Public blockchain stores system snapshot hashes to prevent possible collusion

The frontend part may stay the same as in existing software-no confusing changes for the citizen

Blockchain executes contracts specific to requested action

Operation result along with its history is always available and cryptographically proved

자료: The Bitfury Group, Government of Republic of Georgia Partner to Expand Historic Blockchain Land-Titling Project(2017).

---

37 NAPR은 프라이빗 블록체인에 의한 토지등록(Land Titling Registry)을 구축 운영하여 토지정보 확인과 소유권 증명을 보장하는 시스템.
38 The Bitfury Group, Government of Republic of Georgia Partner to Expand Historic Blockchain Land-Titling Project, 2017.

7. 일본

일본은 2019년 6월 내각 최고회의를 통해 국가 블록체인 기술 도입전략을 수립하고 연도별 블록체인사업 성과 목표를 제시하였다. 따라서 중앙 경제산업성, 후생노동성, 국토성, 환경성, 금융성을 중심으로 블록체인 샌드박스 허용 확대와 실증사업 추진을 확산해 가고 있다.

국토성은 블록체인 기술을 활용하여 부동산 중개사 중개없이 직인도 사용하지 않으며 온라인상에서 임대서비스 계약을 체결하기 위한 서비스를 착수하였다. 일본의 택지건물거래법에 따르면 임대계약은 서면상으로 계약하도록 규정되어 있으나 블록체인에 의해 이러한 서비스를 실행하기 위해 임대계약 전자화를 위해 2019년 10월 초 제도 개편을 추진하고 있다(정보통신기획평가원, 2019.12).

8. 기타 국가

중국은 2016년 12월 블록체인을 '국가중점육성기술'로 선정함으로써 핵심기술 개발 및 시범사업을 추진하고 있다. 특히 항저우에 블록체인산업단지를 조성함과 동시에 정부 주도로 블록체인 표준위원회를 구성하여 스마트계약, 가상화폐, 보안, 기록 관리 등 블록체인 핵심분야에 대한 표준화 플랫폼 작업에 앞장서고 있다.

장기간 군부독재로 고통받은 온두라스에서는 군벌·토호세력에 의한 토지대장 등 조작 방지를 위해 부동산 기록 및 관리분야에 블록체인 도입을 추진하고 있다. 한편 세계 굴지의 기업들은 IT, 금융기관 등으로 구성된 다양한 협의체(컨소시엄)를 구성하여 위험부담을 줄이고 투자비용을 절감하는 방식으로 블록체인 플랫폼을 개발하여 기업업무를 간소화하는 한편 스마트계약시대에 대비하고 있다.

두바이(Dubai)는 부동산 임대 등록을 포함한 모든 부동산매물을 블록체인으로 기록하고, 부동산을 포함한 전기 및 물, 기관, 통신시스템을 관련 암호화폐로 연결하여 스마트하고 안전한 데이터베이스를 활용한 블록체인 부동산거래시스템을 도입하였다. 이러한 부동산 플랫폼은 ID카드 및 거주 비자의 유효성을 포함하여 개인 세입자의 데이터베이스를 통합하고, 수표를 발행하거나 서류를 인쇄할 필요 없이 암호화폐로 대금 지급이 가능한 시스템이다. 전체의 부동산거래 프로세스가 관계기관을 방문할 필요 없이 세계 어느 곳에서나 몇 분 이내에 거래를 완료할 수 있도록 구성되어 있다는 것이다(Gulf News, 2017).

9. 국가별 부동산분야 블록체인 활용 시사점

해외의 부동산거래 스마트계약 적용사례를 보면 공공기관의 증명이나 소유권 이전과 같은 권리이전 절차와는 다소 거리가 있고 오직 당사자 간의 거래기록을 증명하는 수준에 머무르고 있다.

지금까지 소유권을 이전하기 위해서는 서면으로 작성된 증서가 필요하며, 이를 제3자에게 통지하고 권리를 보호받기 위해 공공기관에 등록하여야 한다. 따라서 블록체인 기술에 기반한 온전한 부동산거래가 이루어지기 위해서는 다음과 같은 몇가지 조건이 충족되어야 한다. 첫째, 네트워크상에서 부동산 등 특정 자산이 전자기록으로 생성되고 거래내역이 기록될 수 있어야 한다. 둘째, 별도의 중개자 개입 없이도 거래가 성사될 수 있어야 한다. 이렇게 되기 위해서는 먼저 소유권의 확실성과 정확성을 보증하는 트랜잭션이 마련되고 계약 실행단계에서의 유연성이 확보되어야 한다. 셋째, 스마트계약에 의한 부동산거래가 효율적으로 구현되기 위해서는 모든 소유권 및 저당권 등이 블록체인을 활용한 데이터에 기록되어 당사자들이 다른 중간기관의 개입 없이 거래할 수 있어야 한다 (University of Oxford Research, 2017).

각국이 블록체인 기반 부동산거래시스템을 도입하는 목적은 거래 등록 및 명의 이전 절차를 간소화하여 안전하고 효율적인 부동산거래를 가능케 하기 위해서이다. 기존 부동산거래에서는 부동산 등기부의 공신력 문제, 이중매매나 사문서의 위·변조 문제, 부동산 투기 및 탈세 문제 등이 수반되지만 블록체인시스템에 의한 거래에서는 이러한 문제 중 다수가 해소될 수 있기 때문이다. 또한, 스마트계약에 의한 부동산거래는 실행 면에서 유리한 것들이 있다. 스마트계약에 의한 부동산거래에서도 매도인은 부동산 소유권을 보유하고 매수인은 매매대금의 지급을 조건으로 소유권을 이전받을 지위에 있게 된다. 그런데 자동화된 거래시스템에 의하면 미리 프로그래밍된 조건에 따라 대금 지급과 소유권 이전이 자동으로 이행되어 계약의 이행 및 불이행의 문제가 남지 않는 것이 특징이다. 그러나 이러한 거래 관계가 실현되기 위해서는 디지털 통화(암호화폐, 토큰), 디지털 부동산 자산(Asset), 유효한 매매계약이 있어야 할 것이다. 여기서 디지털 통화는 시스템 참가자 각자가 통화 잔액을 갖고 원하는 만큼의 지급이 가능한 인터페이스를 갖춰야 하고, 부동산 자산의 권리는 디지털 자산으로 공신력 있는 기록과 자산에 대한 권리이전 수단이 갖춰져야 하며, 마지막으로 전자적 의사표시 및 알고리즘 계약에 관한 시스템이 확립되어야 할 것이다.

04절   국내 스마트계약 추진과 발전방향

1. 국내 스마트계약 추진

과학기술정보통신부는 2018년 6월 국가 차원의 조기 경쟁력 확보를 위한 '블록체인 기술 발전전략'을 발표하고 이에 따라 단계별로 추진하고 있다. 추진 목표는 사회편익 제고와 비즈니스 모델 혁신 블록체인 사례로 초기 시장 형성을 촉진하고 국내기업이 필요로 하는 원천기술 개발과 인력양성을 적극 지원하고자 하는 것이다. 또한 기본방향 및 추진전략으로 '블록체인 기술의 장점을 활용한 공공·민간 업무 효율화'와 '초기단계인 블록체인 글로벌시장 선점을 위한 블록체인산업 발전 생태계 조성' 두 가지 기본 방향 아래, ① 초기 시장 형성, ② 기술경쟁력 확보, ③ 산업활성화 기반 조성 추진전략을 수립하였다.

과학기술정보통신부는 발전전략을 발표한 후 그 후속 이행조치의 일환으로 2018년 9월 블록체인 기술의 전산업분야 활용 확산을 가로막는 규제를 개선하는 과제를 사전에 발굴하고 이에 대한 개선방안을 마련하기 위한 민간주도 '블록체인 규제개선 연구반'을 구성·운영하였다. 이 운영반에서는 ① 블록체인에 기록된 개인정보 파기 관련 기술적 대안 및 법령 개정 방안, ② 분산형 전산시스템 적용을 가로막는 법·제도 현황 분석, ③ 스마트계약과 민법상 일반계약과의 차이로 인해 발생하는 법적 쟁점 검토, ④ 2018년 공공 시범사업의 본 사업 확대 추진 시 예상되는 규제 애로사항, ⑤ 분산원장시스템이 적용된 전자문서·전자서명의 법적 효력 등을 주요 과제로 정하고 이에 대한 논의를 진행하고 있다.

▼ 〈표 7-2〉 '블록체인 기술 발전전략' 추진전략 및 과제

추진전략	추진과제	세부 안건
초기시장 형성	선제적인 공공선도사업 추진으로 공공업무 효율화	공공부문 시범사업 추진
	다수가 참여하고 협업하는 민간주도 개방형 혁신 지원	국민 프로젝트, 혁신성장 선도사업 연계
기술경쟁력 확보	블록체인 핵심기술 확보로 기술경쟁력 제고	핵심기술 확보, 산업분야별 특화기술 개발
	신뢰성 평가를 위한 블록체인 기술 지원센터 구축	블록체인 기술 지원센터 구축, 신뢰성 평가서비스 및 테스트베드 제공
	블록체인 기술 선도를 위한 표준화 활동 강화	표준화 로드맵 고도화, 표준화 전문가 활동 지원, 산업분야별 단체 표준화 추진
산업 활성화 기반 조성	블록체인 핵심인력 양성	실무인력 양성을 위한 블록체인 놀이터 운영, 연구센터 지정 확대 등 고급·전문교육 강화, 대학 교과 신설 등 저변 확대
	글로벌 경쟁력을 갖춘 블록체인 전문기업 육성	창업 및 아이디어사업화 지원, 중소기업 혁신 지원
	블록체인 기술 확산에 걸림돌이 되는 법제도 개선	블록체인 규제개선 연구반 운영, 세제 지원
	대국민 인식 제고를 통한 활성화	블록체인 진흥주간 정례화, 산업 실태 조사 추진

자료: 과학기술정보통신부(2018).

정부는 2018년부터 공공분야에 블록체인을 접목하는 시범사업 추진을 시작으로 6개의 시범사업을 진행하였다. 공공분야 시범사업을 통해 산업분야별 블록체인 도입을 위한 참여자 간 논의 및 업무 처리절차 표준화를 촉진하고 사회적 인식 확산과 투자 확대를 유도하고자 하였다.

2017년에는 실손보험금 청구 자동화(교보생명)와 이웃 간 전력거래(한국전력) 등 4개 과제를 추진하였으며, 2018년에는 파급효과가 크고 국민체감 편익이 높은 과제를 발굴하기 위해 국가기관·지자체를 대상으로 시범사업 과제의 사전수요 조사를 진행하였다. 2019년에는 41개 기관이 제출한 72개 과제 중 6개를 엄선하여 시행하며 업무절차, 비용절감 등 성과가 확인된 시범사업 과제를 매년 2개 내외 선정하여 다년도 지원을 통해 상용서비스로 확산하고자 하였다.

그리고 2018년 개발된 시범사업 플랫폼에 대한 실증 운영계획을 발표(2018. 11)하였다. 국토부 스마트계약 기반 부동산거래 플랫폼사업의 실증지역으로 제주도가 선정되어 2019년 1월부터 제주도 내 11개 금융기관에서 실제 운영하며 활용 가능성을 검증한 후 다양한 부동산업무 콘텐츠개발 및 전국 단위로 확산 운영할 계획이었다.

관세청과 업무협약을 체결한 전자상거래업체 코리아센터와 운송업체 CJ대한통운이 2019년 1월부터 스마트개인통관서비스에 참여하여 해당 업체들의 주문·운송정보를 블록체인시스템상에서 처리할 계획이다.

공공기관뿐만이 아니라, 스타트업기업이나 대기업도 스마트계약서비스를 준비하고 있다. 먼저 스타트업에서 스마트계약기술을 적용한 경기도 따복공동체 주민제안 공모사업 심사 온라인 투표서비스(블로코), 스마트계약 보안 감사 및 개발 툴 제공서비스(해치랩스), 유휴 컴퓨터 연산자원을 공유하는 오픈 리소스서비스(커먼컴퓨터) 등을 개발하는 다양한 스타트업이 등장하고 있다.

또한 교보생명과 우정사업본부는 스마트계약 기반의 보험 자동 청구시스템을 구축하여 운영하고 있다. 보험회사가 스마트계약을 이용하여 환자의 병원의 진단 이력을 확인할 수 있도록 함으로써 보험청구 시 불필요한 서류 절차를 간편하게 처리할 수 있도록 현재 자사 직원을 대상으로 파일럿 프로그램(Pilot Programe)을 운영 중에 있다.

KT는 네트워크 기반 블록체인 기술개발 및 블록체인 실증센터를 설립하여 지역화폐서비스, 블록체인 기반 로밍서비스, 감염병 확산방지 플랫폼, 콘텐츠거래 등의 사업을 추진 중에 있다. 스마트계약을 통해 통신사 간 로밍서비스를 이용자에게 제공하는 과정에서 통신사 간 교환하는 사용내역 데이터를 자동 검증·확인하고 그 과정에서 오류가 없음이 확인되면 실시간으로 정산이 이루어지도록 하며, 소규모 전력중개사업에서 IoT기술로 수집된 발전량을 블록체인에 저장하여 거래·정산하도록 하는 데 활용되고 있다.

특히 부동산분야에서는 최근 4차산업혁명위원회에서 국가적 역량을 강화하기 위해 블록체인 기술 확산전략 중 신뢰강화와 효율성 등의 블록체인의 장점을 활용하여 선정한 7대 분야 중 "스마트컨트랙트기반 부동산거래서비스개선"을 선정하여 2020년부터 2024년까지 추진할 계획에 있다(4차산업혁명위원회 보도자료, 2020.6.24).

2. 스마트계약 환경 조성을 위한 과제

첫째, 스마트계약 활용을 통한 기대 효과에도 불구하고 블록체인 기반에 내재되어 있는 위험요소와 기반체계 미흡으로 인한 우려로 스마트계약 도입 및 활용에 제약이 존재한다. 즉, 기술적 문제 뿐만 아니라 현행 법·제도상 블록체인·스마트계약기술의 법적 분쟁 가능성과 책임소재의 불명확성이 상기 기술 활용을 저해하고 있다. 따라서 스마트계약 환경이 조성되기 위해서는 이런 제약사항들이 우선 해결되어야 할 것이다.

둘째, 다양한 주체가 수행한 시범사업 성과를 바탕으로 사회적 논의 진행이 필요하다. 앞에서 살펴본 바와 같이 주요국들은 스마트계약기술의 편의성 및 파급력에 주목하여 이를 행정분야에 적극적으로 도입하고 있으며, 2017년도부터 매년 다양한 행정분야에 블록체인 기술을 접목하는 국가 주도의 시범사업 뿐만 아니라 민간에서도 관련 사업이 시범 운영될 수 있는 법적 환경을 마련하고, 그 성과를 평가·분석하여 이를 바탕으로 향후 스마트계약 활용 방향 및 필요한 기술·제도에 대한 논의를 진행하여야 할 것이다.

셋째, 실제 계약과 스마트계약의 일치성 및 오류·버그 검증체계가 필요하다. 스마트계약은 복잡한 코드로 되어 있기 때문에 일반인이 직접 작성하거나 이해하기 어려워, 작성 및 체결 과정에서 당사자의 의도와 대행된 표현 간의 차이와 오류 및 버그가 발생할 수 있다. 따라서 스마트계약이 원하는 대로 작성되었는지 확인할 수 있는 기술 개발(AI)과 관련 검증 능력이 있는 전문가 육성이 필요하다.

8

암호화폐와 ICO

크립토경제(Crypto Economy)[39]를 구성하는 한 요소인 토큰경제(Token Economy)는 탈중앙화된 블록체인 기반의 서비스를 위해 암호화폐(토큰)를 활용해 보상체계를 구축함으로써 구현되는 메커니즘을 의미한다. 즉 토큰경제는 크립토경제를 구성하는 한 요소라 할 수 있다.

본래 토큰경제는 특정 행위에 대한 동기 부여를 위한 행동 유도 장치로서 주로 교육 및 재활훈련 차원에서 활용되었다. 그러나 최근 들어 암호화폐의 보상체계 및 거버넌스 구현 차원에서 연구와 관심이 증대되고 있다.

토큰경제의 한 부분인 ICO에 의한 투자가 2018년 초반 급증하며 토큰을 단지 투자 대상으로만 보며 투입되었다. 이런 투기성 자금은 버블 붕괴와 함께 큰 손해를 입기도 하였다. 이후 토큰경제는 암호기술적 관점이 아니라 서비스 구현을 위한 사용자의 참여 유도와 합의 메커니즘의 구현에 대해 토큰경제 관점에서 분석하고 이해해야 할 필요성이 부각되고 있다.

이러한 토큰경제는 토큰(Tokens), 목표행동(Specified target behavior), 대체보상재(Back-up reinforcers)등 3가지 구성요소를 포함한다. 이중 목표 행동을 유도하는 인센티브 설계 관점에서 암호화폐가 그 핵심으로, 비탈릭 뷰테린(2017)은 이더리움 백서에서 탈중앙화된 조직의 구현을 위해 관계자들의 자발적인 참여가 필요하며 이를 위해 암호화폐의 필요성을 주장하였다.

---

39 Zamfir(2015)는 블록체인 기반으로 탈중앙화된 디지털경제에서 재화와 용역의 생산, 유통 및 소비를 규율하는 프로토콜을 설계하는 것을 크립토경제학으로 정의하고 이를 통해 구현되는 경제시스템을 크립토경제라 한다. Dick Bryan(2018)은 크립토경제를 단순한 기술적 메커니즘이 아닌 기업, 개인 간의 거버넌스, 재무, 화폐 등과 관련한 협력 방식에 대한 새로운 경제적 접근으로 정의한다.

2019년, '블록체인'이라고도 알려진 분산원장기술(DLT: Distributed Ledger Technology)과 관련하여 가장 많은 변화와 혁신이 예상되는 분야가 바로 자산의 토큰화이다.

'토큰화(Tokenization)'40란 현재 통용되고 있는 법정화폐를 대신하여 디지털 경제 기반의 네트워크 상에서 거래가 가능한 토큰으로 치환하는 것으로 향후 부동산을 비롯한 모든 실물자산이 분산원장기술(DLT)인 블록체인을 통해 토큰화의 대상이 될 것으로 예상하기도 한다.

이렇게 토큰화된 부동산 등 실물자산은 앞으로 은행이나 정부 등 거래를 중재할 그 어떤 중앙화 된 권위체도 없이 완전히 개방된 P2P 네트워크상에서 암호화 자산으로 존재하게 된다.

▶ 01절　암호화폐

암호화폐는 분산화된 가상화폐로 암호화 기술을 이용하여 유효성을 인증하는 방식에 의해 발행되는 화폐이다.

이와 유사한 용어인 디지털화폐는 법정화폐 발행 여부와 관계없이 전자적 형태로 표시된 모든 화폐로 IC 카드 또는 네트워크에 연결된 컴퓨터에 전자적 방법으로 저장된 은행예금이나 돈 등으로, 현금을 대체되는 전자적 지불수단인 화폐이다. 그리고 가상화폐는 마일리지와 같이 디지털화폐 중 법정화폐로 표시되지 않은 화폐이다.

---

40 '토큰화'란 디지털 또는 현물 자산과 법정화폐를 네트워크 상에서 거래가 가능한 토큰으로 치환하는 것을 의미함.

탈중앙화, 분권화의 속성인 블록체인에 의한 암호화폐의 특성을 살펴보면 다음과 같다. 첫째, 정부나 중앙은행 등의 발행 주체가 없어 기존의 화폐 정책을 조정하는 경제 당국에 의해 영향받지 않는다. 따라서 정부측면에서는 정부의 화폐발행권과 통화정책 능력을 약화시키는 요인으로 작용하여 암호화폐를 적극적으로 지지하지는 않고 있다.

둘째, 암호화폐라는 개념이 명확하지 않아 각국마다 이에 대한 정책이 상이하다.

셋째, 기능상 화폐로서의 기능인 교환 매개의 수단, 가치 척도의 수단, 가치저장의 수단의 기능을 충분히 충족하고 있는가에 대해서도 많은 논란의 여지가 있다. 미국, 영국, 독일 등 주요국의 과세당국도 암호화폐 매매차익에 대해서는 자본자산의 매각에서 발생한 이득과 손실에 대한 조세인 '자본이득세'를 적용하고 있다.

넷째, 암호화폐는 가치 변동성이 크기 때문에 가치 척도의 기능에 대한 의문을 갖게 만들고, 국가가 통제할 수 없는 상황에서, 금융시장의 혼란, 그리고 소비자 피해가 우려된다는 측면에서 국가는 암호화폐시장 규제를 정당화하려는 경향이 있다. 이외에도 암호화폐의 익명성을 이용한 탈세, 자금세탁, 테러 자금지원과 같은 범죄행위를 막기 위하여 국가가 규제를 도입하려 하고 있다.

암호화폐는 비트코인 이외에도 coinmarketcap.com에 따르면 2020년 9월 8일 현재 유통되는 6,928종으로 가상통화시장의 평가금액이 1조 8,409억 달러에 이르고 있다. 암호화폐시장에서 2020년 9월 8일 시가총액 기준 비트코인의 비중은 12.81%이며, 이더리움(ETH: Ethereum) 9.92%, 리플(XRP: Ripple) 5.41%를 포함한 상위 10개 암호화폐가 75.9%의 비중을 차지한다.

▼ 〈표 8-1〉 화폐 비교

구분	현 통용화폐	디지털화폐	암호화폐
발행 기관	중앙은행	금융기관 등	없음
발행 규모	중앙은행 재량	소비자 수요	사전에 결정
법률 기반	한국은행법	전자금융거래법	없음
화폐 단위	−	현금과 동일	독자 단위
교환가치	−	현금과 1대 1로 고정	수요−공급에 따라 변동
거래 기록	불필요	발행기관	불특정 다수
기반 기술	제지, 인쇄술	지급 결재 청산 인프라	암호기술

암호화폐 중 알트코인41의 비중이 증가함에 따라 자체 독립적인 블록체인상에서 거래되는 코인(Coin, 비트코인, 이더리움, 리플 등)과 기존의 블록체인상에서 작동하는 토큰(Token, 이더리움 기반의 EOS, TRON 등, 비트코인 기반에서 발행되는 테더 등)으로 구분하기도 한다.

▼ [그림 8-2] 토큰과 코인

구분	토큰(Token)	코인(Coin)
정의	독립된 블록체인 네트워크에 의하지 않는 생성	독립된 블록체인 네트워크에 의한 생성
발행 주체	발행 주체 명확	발행 주체 불명확
사례	트론(TRX), 이오스(EOS)	비트코인(BTC), 퀀텀(QTUM), 이더리움(ETH), 스팀(STEEM), 넴(NEM)

신규 암호화폐는 새로운 블록체인 개발, 하드포크(Hard fork), 가상통화공개(ICO: Initial Coin Offering) 등을 통해 알트코인을 생성해가며 다양성을 늘려가고 있으며, 가상통화거래소 및 P2P거래 플랫폼을 통해 거래되고 있다. 기술 업

---

41 알트코인(Altcoin)은 비트코인을 제외한 다른 가상통화를 통칭하여 일컫는 용어.

데이트 및 운영방침의 방향성에 따라 기존의 블록체인에서 분기(Fork)해 이후 독립적인 블록체인을 형성하는 것을 하드포크라 하며, 이와 같은 방식을 통해 비트코인에서 비트코인 캐시('17.8.1), 비트코인 골드('17.10.24)가, 이더리움에서 이더리움 클래식('16.7.24)이 생성되었다.

그리고 블록체인 기술에 기반한 신규 프로젝트의 자금 조달을 위한 가상통화공개(ICO)는 비트코인 등 기존의 가상통화로 투자금을 모집하고 프로젝트와 관련한 가상통화를 투자자에게 배당하는 방식으로 진행되기도 한다.

코인스케줄닷컴(coinschedule.com)에 따르면 ICO를 통해 2016년 이후 2,117개 토큰 판매 실행 중 345개가 법정화폐와 교환이 이루어져 연도별로는 2015년 1,400만 달러, 2016년 2.6억 달러, 2017년 65억 달러, 2018년 216.2억 달러, 2019년 32.6억 달러, 2020년 1월 2,054만 달러이다.

암호화폐는 비록 부정적인 인식이 있어 세계 여러 국가에서 활성화하려는 정책보다는 규제에 역점을 두고 있으나, 암호화폐의 기반 기술인 블록체인의 유용성에는 일반적으로 공감하여 블록체인과 암호화폐시장을 활성화 하려는 노력도 있다. 이미 금융분야 이외에도 다른 분야에서는 정부나 기업의 이견 차이 없이 이에 대한 투자에 적극적이다. 한국전력의 블록체인 EV충전소(길재식, 2017)와 삼성SDS의 블록체인 플랫폼 기반의 넥스레저(Nexledger)를 통한 실시간 대량 거래처리, 스마트계약, 관리 모니터링체계 등은 이의 예들이다(강진규, 2018). 우리나라는 암호화폐거래량 순위는 3위이지만, 전반적으로 암호화폐에 대해 규제가 강한 편이다.

1. 토큰의 분류

ICO를 통해 발행되는 디지털 토큰은 크게 기능적인 분류 방식(Functional classification)에 따라 4가지 유형으로 나누어지고 있다.[42] ① 기존 비트코인과 동

---

42 ICO로 발행되는 디지털 토큰(또는 디지털 코인 등 암호화폐)의 기능에 따른 분류인데, 이는 스위스 금융감독청[Switzerland Financial Markets Supervisory Authority(FINMA)]의 분류 방식에 따라 디지털 토큰(또는 디지털 코인)을 분류한 것이다.: Aurelio GurreaMartinez · Nydia Remolina Leon, "The Law and Finance of Initial Coin Offerings", Working Paper

일한 암호화폐(Cryptocurrency)와 같이 지급결제수단 활용 목적인 경우의 토큰(Payment Token, 이하 지급결제수단형 토큰), ② 블록체인 기반의 애플리케이션을 이용할 수 있는 권한이나 블록체인에서 특정 사업의 서비스를 이용할 수 있도록 구현하는 징표인 서비스 이용 기능형 토큰(Utility Token, 이하 유틸리티 토큰), ③ 디지털 토큰이 채무증권, 지분증권, 기타 증권 등 권리가 공시될 수 있도록 구현되어 있는 경우(Asset Token, 이하 자산형 토큰), ④ ①~③의 내용에 따른 성격이 동시에 구현되는 디지털 토큰(Hybrid Token, 이하 하이브리드 토큰)이 있다(스위스 금융감독청, 2018).

ICO의 특성을 살펴보면 첫째, 대부분의 프로젝트들은 실체가 없는 비즈니스 모델에 기초하거나 또는 비즈니스 모델이 있더라도 실제 운영되기까지 상당한 시일이 소요된다. 둘째, 암호화폐에 대한 가장 강력한 비판 중 하나는 암호화폐와 기초자산(Underlying asset) 사이에 아무런 관계가 없다는 것이다(한국블록체인협회, 2019.3). 셋째, 현재 시중에 유통되는 토큰은 대부분 기능형 토큰으로 발행주체가 제공하는 네트워크의 활성화를 위한 인센티브를 부여하는 목적으로 발행(최지혜·한명욱, 2018: 20)되고 있다. 해당 네트워크가 활성화되면 가치가 상승할 수 있겠지만 네트워크 운영기업의 소유권과는 거의 관련이 없어 금융시장에서의 투기적 가치상승 이외에는 실제로 수익을 창출하기 어렵다는 단점이 있다.

이러한 기능형 토큰을 보완하기 위해 일정한 수익을 발생시키는 비즈니스 모델(실물 자산)에 기초하는 증권형 토큰(STO: Security Token Offering)이 개발되어 현재 금융시장에서 ICO의 새로운 대안으로 부각되고 있다.

Series 4/2018(Ibero—American Institute for Law and Finance, 2018).

유형	IPO(최초기업공개)	ICO(최초코인발행)	STO(증권형 토큰 발행)
증권유형	증권	토큰	증권
기반자산	실물유가자산	체인상 자산	실물유가자산
상장비용	상당히 높음	상당히 낮음	보통
기업 리스크	비교적 작음	상당히 큼	적정
자금조달 규모	큼	중소형	큼
투자 리스크	중간	높음	상대적 높음
적격투자자 여부	○	×	○
투자자 보호수준	높음	낮음	보통

앞에서 기술한 토큰 및 ICO와 비교를 통해 증권형 토큰(STO: Security Token Offering)의 특징을 살펴보면 다음과 같다.

첫째, 주로 주식·채권 등 금융자산에 기초하는 자산형 토큰과는 달리, 증권형 토큰은 부동산과 지적재산권 등 실물 자산을 토큰에 연동시킨 디지털 자산으로 토큰에 연동된 자산에 대한 소유를 의미하며 토큰 발행 주체가 창출하는 수익에 대한 배당 청구 및 의사결정 권리를 포함한다.

둘째, ICO는 발행주체가 제공하는 '서비스'를 이용하기 위한 토큰을 판매했지만, STO는 비즈니스 모델에서 발생하는 수익을 배당금으로 제공하는 토큰을 발행하는 것이다.

셋째, STO를 실행하기 위해서는 투자자들에게 배당금 지급을 보장할 수 있는 수익 창출의 비즈니스 모델이 존재해야 한다는 것이다. 자산의 수익에 기초해서 수익청구권 및 의사결정권을 발행한다는 점에서 증권과 유사한 특징이 있다.

넷째, ICO는 빈약한 비즈니스 모델로 수익 창출이 부진하지만, STO는 수익을 창출하는 자산, 특히 실물 자산에 기초한다는 점에서 상대적으로 자금조달에서 유리하기 때문에 금융시장에서 ICO의 대안으로 각광받고 있다.

따라서 확실한 비즈니스 모델에 기초한 STO는 ICO보다 자금조달 규모가 크고 투자 리스크도 상대적으로 낮다. 그리고 비용적 측면에서도 STO는 ICO보다는 상장비용이 높지만 금융시장의 기존 자금조달 방식인 IPO(Initial Public

Offering, 최초기업공개)보다는 낮다.

증권형 토큰은 금융시장에 긍정적인 영향을 미치는 장점으로 유동성 증대, 비용 감소, 새로운 기회 창출이 있다(오세진 외, 2019). 유동성 증대부문은 주식과 같이 부분 소유를 통해 소액 자본의 투자가 가능해지고, 실물 자산의 암호자산화를 통해 암호화폐에 투자된 자금이 유입될 수 있고, 국제적 접근성 향상으로 세계 각국의 자본이 투자될 수 있게 되는 것이다. 다음 비용 측면은 블록체인 기술을 활용한 STO는 증권에 비해 관리비용이 상대적으로 적다는 것이다. 그리고 스마트계약 등 새로운 방식을 도입해서 기존과 다른 다양한 구조의 금융상품을 설계할 수 있게 되는 기회 창출이란 장점이 있다.

반면 증권형 토큰은 다음과 같은 한계도 있다. 새로운 자금조달 방식 도입이 자산의 비유동성 및 시장의 비효율성을 근본적으로 해결할 수 없다는 것이다. 예를 들어, STO의 도입만으로는 레몬시장[43]의 정보 비대칭성 때문에 발생하는 정확한 가치산정이 어려워지는 문제를 해결할 수 없다는 것이다. 그리고 구체적인 정부 규제가 생겨났을 때 STO가 기존 방식과 비교해서 어떤 장점을 가질지 예측하기 어려운 문제가 있다.

이와 같은 증권형 토큰의 장단점을 살펴 보면 STO는 리츠(REITs: Real Estate Investment Trusts)의 주요 특징인 소액화에 따른 유동성 증대, 금융시장과의 연계, 포트폴리오 효과 등을 고려해 볼 때 큰 차이가 없어 보인다. 즉, STO의 특징인 소액화 부동산 소유권을 세분하여 소액 투자를 가능하게 한다는 점과 자금을 조달하는 측면에서 암호화폐시장과 증권시장이란 차이만 있을 뿐 금융시장의 풍부한 자금을 유입하는 면과 상호운용성이란 측면에서 증권화를 통해 다른 자산과 분산투자가 가능하게 된다는 점에서 동일하다고 할 수 있다. 국제적 접근이란 측면도 토큰과 리츠의 본질적 차이라기보다는 새로운 기법인 토큰에 아직 규제가 적용되지 않기 때문에 누리는 상대적 이점으로 볼 수 있다는 것이다.

---

43 레몬시장(Lemon Market): 정보의 비대칭으로 저품질의 재화나 서비스만 거래되는 시장 상황.

▼ 〈표 8-3〉 토큰과 리츠 비교

구분		토큰	리츠
자산 유동성 증대	소액화	• 전자화폐의 분절 가능성 • 소액자본 투자 가능	• 소액 단위 증권 발생 • 소액투자자의 간접투자
	자금 유입	• 암호화폐의 엄청난 가치상승 • 증권형 토큰으로 부의 이전	• 부동산시장과 증권시장 연계 • 부동산시장으로 유동성 유입
	국제적 접근성	• (규제가 없다는 전제) 어디서나 구매 가능	
비용감소		• 블록체인 기술을 활용한 거래비용의 절감	
새로운 기회 창출	상호 운용성	• 다양한 자산의 일괄 관리 • 효율적인 금융구조 설계	• 안정자산(부동산)에 기초 • 리츠의 포토폴리오 효과
	확장 기능	• 스마트계약과 같은 블록체인 기술만의 장점 활용 가능	

자료: 국토연구원(2019).

그러나 블록체인 기술을 활용한 거래비용 절감과 확장된 기능 활용은 리츠에서는 불가능하고 토큰에서만 가능한 특징이다. 특히 스마트계약은 계약의 체결과 이행을 인간의 개입 없이 블록체인으로 실행하는 방식으로 새로운 계약관계를 형성할 뿐만 아니라 불이행 문제를 남기지 않으므로 거래비용을 획기적으로 절감할 수 있다. 따라서 토큰과 리츠는 실물 자산을 금융상품화한다는 측면에서 다양한 특징들을 공유하지만, 블록체인 기술을 활용한 토큰은 스마트계약과 같은 혁신적 거래방식으로 비용을 절감할 수 있다는 차별성이 있다.

[참고] 블록체인에 의한 주요 암호화폐

1. Bitcoin

비트코인은 블록체인 기술에 의해 만들어진 최초의 암호화폐이다. 비트코인은 순수 지불을 위한 암호화폐로 성능적으로나 기능적으로는 다른 암호화폐에 비해 부족하지만 여전히 다양한 암호화폐의 거래를 위한 주된 통화로써의 역할을 하고 있다.

비트코인의 블록체인 네트워크는 평균 10분마다 트랜잭션들을 모아서 블록을 생성한다. 블록을 생성하는 데 사용되는 합의 알고리즘은 PoW이다.

비트코인의 거래량이 증가하면서 기존의 1MB의 블록사이즈와 10분의 블록 생성 시간으로는 빠른 거래처리가 불가능했다. 이 문제를 해결하기 위해 비트코인의 개발자 그룹은 세그윗(Segwit)과 라이트닝 네트워크(Lightning network)라는 방법을 제안했다. 거래 기록에는 거래를 승인하기 위해 많은 부분이 서명으로 이루어져 있는데 이 서명 부분을 따로 분리해 저장하는 방식을 세그윗이라고 한다. 또한 라이트닝 네트워크는 비트코인 네트워크에 서브체인을 추가하여 메인체인의 부하를 감소시키는 방법이다. 하지만 비트코인의 블록체인 네트워크를 운영하는 채굴자들은 세그윗과 라이트닝 네트워크를 반대하고 블록의 사이즈를 늘려서 비트코인 블록체인 네트워크가 처리할 수 있는 트랜잭션의 용량을 증가시키기를 원했다.

세그윗을 하면 기존 블록구조에 적합한 채굴기의 효율이 감소하여 수익이 악화되기 때문이다. 개발자 그룹에서는 블록 크기가 커질 경우 비트코인 코어의 용량이 기하급수적으로 증가하기 때문에 이를 감당할 수 없는 소규모 채굴자들이 떠날 것을 우려했다.

이러한 상황에서 개발자들과 채굴자들이 조금씩 양보하면서 나온 방안이 세그윗2x이다. 세그윗을 적용하면서 블록사이즈도 2배로 늘리는 방안이었다. 하지만 결국은 합의에 이르지 못하고 2017년 8월 1일 478558 블록을 기점으로 비트코인과 비트코인 캐시로 하드포크(hardfork)되어 분리되었다.

[자료: Nakamoto, Satoshi, "Bitcoin: A peer-to-peer electronic cash system, https://bitcoin.org/bitcoin.pdf]

2. Bitcoin Cash

비트코인 캐시는 비트코인에서 하드포크 된 암호화폐이다. 하드포크는 블록체인업그레이드 후 기존의 블록체인과 다른 추가적인 블록체인이 된다. 비트코인 캐시는 처리속도를 높이기 위해서 블록크기를 8MB까지 늘렸고 현재는 32MB까지 업그레이드 했다. 블록 사이즈가 증가하면서 기존의 비트코인 블록보다 더 많은 트랜잭션을 기록할 수 있게 되어 처리 속도가 빨라졌다. 비트코인 캐시는 처음에는 블록 크기를 제외하면 비트코인과 동일했다. 블록 생성 간격도 10분이고 합의 알고리즘도 PoW로 동일하다. 하지만 비트코인 캐시는 스마트계약 기능을 개발하는 등 독자적으로 기능들을 추가하면서 발전하고 있다.

[자료: BitcoinCash, https://www.bitcoincash.org/]

3. Bitcoin Gold

비트코인 골드 또한 비트코인에서 하드포크된 암호화폐이다. 비트코인 골드는 채굴의 탈중앙화를 모토로 탄생되었다. 원래 비트코인은 누구나 쉽게 구할 수 있는 그래픽 카드를 이용해서 채굴할 수 있었으나 대규모 채굴업자들이 높은 해시파워를 가지고 있는 ASIC 방식의 전용 채굴기를 이용하여 채굴을 독점하는 현상이 발생했다. 비트코인 골드는 이러한 문제를 해결하기 위해 해시 알고리즘을 변경하여 ASIC 채굴을 막았다.

비트코인과 비트코인 캐시는 'SHA-256'이라는 해시 알고리즘을 사용하지만 비트코인 골드는 'Equihash'라는 해시 알고리즘을 사용한다. 또한 비트코인 골드도 세그윗과 라이트닝 네트워크를 적용하여 트랜잭션 처리 성능을 향상시켰다. 또한 향후 스마트계약 기능도 추가할 예정이다.

[자료: Bitcoin Gold, https://bitcoingold.org/]

4. Litecoin

구글 소프트웨어 엔지니어 출신인 찰리 리(Charlie Lee)에 의해 개발된 암호화폐로 비트코인을 기반으로 만들어졌다. 비트코인의 낮은 처리속도를 개선시키기 위해 블록 생성시간을 2분 30초로 줄여 4배 빨라졌고 블록 사이즈도 4MB까지 늘렸다. 또한 세그윗과 라이트닝 네트워크를 도입해 트랜잭션 처리 속도를 더욱 향상시켰다. 앞으로 스마트계약을 가능하게 해주는 MAST(Merkelized Abstract Syntax Trees)라는 기술도 추가할 예정이다. 라이트코인은 라이트코인 재단을 통해 오픈소스 프로젝트로 개발되고 있다.

[자료: Litecoin, https://litecoin.org/]

5. Ethereum

이더리움은 2015년 비탈릭 부테린이 개발한 블록체인을 기반으로 스마트계약을 지원하는 분산 응용 애플리케이션 플랫폼이다. 이더리움은 플랫폼을 의미하며 이더리움에서 사용하는 암호화폐는 '이더'라고 정의지만 보편적으로는 이더리움이 플랫폼과 암호화폐 모두를 지칭하는 표현으로 사용되고 있다.

이더리움은 현재 스위스에 위치한 이더리움 재단에서 오픈소스 프로젝트로 개발하고 있다. 이더리움은 스마트계약을 구현하기 위해 솔리디티(Solidity)라는 고유의 프로그래밍 언어를 제공한다. 솔리디티는 계약 지향 프로그래밍 언어로 바이트코드로 컴파일된 후에 이더리움 블록체인에 기록된다. 기록된 바이트 코드는 이더리움 가상머신(Ethererium Virtual Machine, EVM) 위에서 동작한다.

DApp은 자바 스크립트나 파이썬 등의 프로그래밍 언어를 사용하여 프로그래밍 할 수 있으며 이더리움 플랫폼 위에서 동작하기 때문에 탈중앙화된 형태의 애플리케이션을 쉽게 구현할 수 있다. DApp 또한 거래와 보상을 위해 이더리움을 기반으로 하는 자체 암호화폐를 발행할 수 있다. 이더리움 플랫폼은 ERC-20, ERC-721라는 토큰의 표준을 제공한다.

이더리움에 참여하는 모든 노드들은 이더리움 가상머신을 실행한다. 이더리움 가상머신은 eWASM(Ethereum flavored WebAssembly)이라는 새로운 가상머신으로 교체를 준비하고 있다. eWASM이 도입되면 솔리디티 외에 다른 범용 프로그래밍 언어로도 DApp을 개발할 수 있게 되고 보다 효율적인 프로그래밍이 가능하다.

이더리움은 12초마다 하나씩 블록을 생성하고 있고 블록의 사이즈도 가변적이기 때문에 비트코인보다 빠른 트랜잭션 처리 성능을 보여준다. 그럼에도 불구하고 현재 이더리움 플랫폼은 많은 사용자들로 인해 트랜잭션 처리가 상당히 느려지고 있다.

이더리움은 현재 합의 알고리즘으로 PoW를 채택하고 있지만 처리속도 향상을 위해 PoS기반의 합의 알고리즘인 캐스퍼(Casper)로 전환을 준비하고 있다. 또한 전체 블록체인 네트워크를 여러 개의 소규모 네트워크로 분할하여 처리하는 방법인샤딩(Sharding)을 적용하여 트랜잭션 처리속도를 더 향상시킬 예정이다.

[자료: Buterin, Vitalik. "A Next-Generation Smart Contract and Decentralized Application Platform-Ethereum Whitepaper", 2014. https://github.com/ethereum/wiki/wiki/White-Paper]

6. Ripple

리플은 블록체인을 기반으로 하는 차세대 글로벌 결제 네트워크이다. 리플은 송금 기능에 특화된 블록체인 네트워크로 기존의 국제 송금 방식인 SWIFT(Society for Worldwide Interbank Financial Telecommunication)를 대체할 목적으로 개발되었다. 리플은 SWIFT 같은 중개기관 없이 P2P로 거래하기 때문에 저렴한 비용으로 국제 송금 및 결제서비스를 제공할 수 있다. 리플에서 사용되는 암호화폐는 리플코인이며 교환되는 화폐 간의 중간 역할을 하기 위해 사용된다. 리플은 일반적인 암호화폐와는 달리 리플랩스라는 운영주체가 있는 중앙화된 구조의 블록체인이며 블록체인에 참여하는 것도 허가 받은 노드만 가능한 프라이빗 블록체인(Private Blockchain)이다. 소수의 노드로 운영되기 때문에 매우 빠른 트랜잭션 처리(3.5초)가 가능하다.

[자료: Ripple, https://ripple.com/]

7. EOS

이오스는 유명 블록체인 개발자인 댄 라리머 주도로 개발된 퍼블릭 블록체인 플랫폼이다. 기존 블록체인 플랫폼의 비싼 수수료와 느린 트랜잭션 처리속도를 개선하기 위한 목적으로 개발되었다. 이오스는 많은 부분이 웹 어셈블리로 개발되었기 때문에 스마트계약을 웹브라우저상에서 빠르게 실행할 수 있다

이더리움 기반의 DApp들은 서비스를 이용하기 위해 직접 이더리움을 구매해서 지불해야 하는 단점이 있다. 하지만 이오스 기반의 DApp들의 경우 트랜잭션 자체에는 비용을 내지 않고 DApp 개발사가 이오스를 보유한 만큼의 대역폭을 확보하여 서비스를 제공하는 형태이다. 이러한 구조는 기존의 중앙화된 무료서비스들이 탈중앙화된 블록체인 기반으로 이동할 수 있는 기회를 제공한다.

이오스는 DPoS를 합의 알고리즘으로 채택했으며 이오스 보유자들의 투표로 블록 프로듀서(BP: Block Producer)라 불리는 21명의 대표자 노드를 선출해서 블록을 생성할 수 있는 권한을 얻는다. 투표는 정해진 날짜에 진행되는 것이 아니라 라운드 단위로 투표자들이 자신의 지분만큼 BP에서 투표하거나 철회할 수 있다. 신뢰를 잃은 BP는 언제든지 다른 BP로 대체될 수 있는 구조를 가지고 있다.

[자료: Eos.io, https://eos.io]

8. NEO

네오는 스마트경제를 실현하기 위해 블록체인 기술을 이용한다. 실물 자산을 디지털 자산화 하고 그 소유권을 블록체인 위에서 거래하는 것이다. 이러한 디지털 자산들은 스마트계약을 통해 거래된다.

네오의 가장 큰 특징은 이중 토큰 구조를 가지고 있다는 것이다. 블록이 생성

될 때마다 가스(GAS)라는 암호화폐가 추가적으로 생성되며 1년마다 생산량이 반감된다. 가스는 네오 보유자들에게 배당되며 네오 블록체인 네트워크에서 수수료로 사용된다.

네오의 합의 알고리즘은 dBFT(delegated Byzantine Fault Tolerance)로 DPoS와 유사하다. 네오의 스마트계약 또한 이더리움과 거의 유사하며 이더리움, 이오스와 마찬가지로 DApp을 개발할 수 있는 플랫폼을 제공한다. 또한 네오는 이더리움과 달리 대부분의 주요 프로그래밍 언어를 지원한다는 장점이 있다.

[자료: Neo, https://neo.org/]

9. Stellarlumen

스텔라루멘은 리플에서 하드포크된 암호화폐로 리플과 동일한 국제 송금용 서비스를 제공하는 목적으로 개발되었다. 리플과 다른 특징은 크게 두 가지인데, 첫 번째는 합의 알고리즘으로 스텔라 합의 프로토콜(Stellar Consensus Protocol, SCP)을 사용한다는 것이다. SCP는 사용자가 어떤 노드를 신뢰할 것인지 직접 선택하여 이를 바탕으로 형성된 신뢰망을 통해 합의에 이르는 방식으로 동작한다. 두 번째는 리플과는 다른 퍼블릭 블록체인이라는 점이다. 퍼블릭 블록체인이지만 합의 과정은 모든 노드가 참여가 가능하고 전송 과정은 참여 제한을 두어 리플처럼 빠른 트랜잭션 처리가 가능하다는 장점이 있다.

[자료: Stellarlumen, https://www.stellar.org/]

10. Tether

테더는 홍콩의 비트파이넥스거래소와 관련된 업체인 테더 리미티드가 발행하는 미국 달러와 연동되는 암호화폐이다. 일반적으로 가격의 등락이 있는 암호화폐들과는 달리 1테더는 1달러의 가치를 유지하도록 설계되어 있다. 테더 리미티드는 지급 보증을 위해 발행한 테더의 개수만큼 계좌에 달러를 보관하고 있다. 테더는 계좌에 있는 달러를 담보로 안정적인 가치를 유지하기 때문에 가격의 변동이 매우 적다. 그래서 거래소에서 기축통화로 많이 사용되며 특히 실물화폐를 다루지 않는 국제거래소에서 많이 사용된다. 이러한 특성의 태환형 암호화폐는 테더 외에도 TrueUSD, USD Coin 등이 있으며 이들을 통칭하여 스테이블코인(stable coin)이라고 한다.

[자료: Tether, https://tether.to/]

11. Cardano

카르다노는 암호화폐가 설계되고 개발되는 방식을 바꾸려는 노력의 일환으로 2015년에 시작된 프로젝트이다. 카르다노는 블록체인 플랫폼의 이름이고 그 위에서 동작하는 암호화폐의 이름은 에이다(ADA)라고 한다. 카르다노는 분산형 퍼블릭 블록체인으로서 완전한 오픈소스이며, 이전에 개발된 그 어떤 블록체인 플랫폼보다 더 많은 고급 기능을 제공하는 스마트계약기반의 블록체인 플랫폼이다. 하스켈(Haskel) 언어를 사용하여 구현되었기 때문에 성능 및 안정성이 뛰어나며 소프트포크를 통한 업그레이드가 용이하도록 설계되어 있다.

카르다노의 가장 큰 특징은 바로 합의 알고리즘으로 사용되는 우로보로스 지분증명(OPoS: Ouroboros PoS)이다. PoS는 지분 보유가 많을수록 높아지는 확률에 따라 다음 블록 생성자를 추첨해야 되는데 마지막 블록의 정보를 바탕으로 랜덤변수를 계산한다. 만약 마지막 블록 생성 노드가 블록 생성 시간 중에 랜덤 변수를 조작한다면 공정하지 않은 이득을 취하는 것이 가능해진다. 이를 Stake-Grinding Attack이라고 한다. OPoS는 랜덤변수 생성에 모든 노드가 참여할 수 있게 설계되었기 때문에 Stake-Grinding Attack 문제를 해결할 수 있다.
[자료: Cardano, https://www.cardano.org/en/home/]

12. Monero

모네로는 기존의 비트코인에서 제공하는 기능에 거래내역 추적 방지기능을 추가한 것이다. 비트코인은 모든 거래내용을 누구나 확인할 수 있는 투명한 시스템이지만 모네로는 링 시그니처(Ring signature), 스텔스 주소(Stealth address), 링 기밀거래(Confidential transaction)라는 기술을 통해 모든 거래의 송신자, 수신자 및 금액을 숨길 수 있다.

모네로와 같은 추적 불가능한 암호화폐를 통칭하여 다크 코인(Dark Coin)이라고 하며 대시(Dash), 지캐시(Zcash), 코모도(Komodo) 등이 있다. 하지만 다크 코인의 보안성을 악용하여 자금세탁 및 마약거래에 사용되는 경우가 발생하면서 일본을 비롯한 몇몇 국가의 거래소에서는 퇴출되고 있다.
[자료: Monero, https://www.getmonero.org/]

13. Tron

트론은 콘텐츠 기반의 엔터테인먼트산업시스템을 만들기 위한 블록체인 프로젝트이다. 트론은 암호화폐시장에서 가장 많은 분산 애플리케이션 사용자를 보유한 프로토콜이며 트론의 앱 파트너들은 천만명 이상의 사용자를 보유하고 있다.

트론은 합의 알고리즘으로 DPoS를 사용한다. 투표로 선정된 27개의 SR(Super Representative)들은 블록 생성 및 관리를 담당하게 되며 보상으로 블록당 트론 암호화폐 32개를 지급받는다.

트론은 우수한 확장성과 효율이 높은 스마트계약에 초점을 맞추어 개발하고 있다. 트론 프로토콜과 트론 가상머신(TVM; Tron Virtual Machine)을 사용해 DApp을 운영할 수 있는 블록체인 플랫폼을 제공한다. 트론을 기반으로 하는 DApp들은 다양한 모듈을 사용하여 개발이 가능하기 때문에 개발의 유연성이 보장되며 지속적인 확장이 가능하다.

[자료: Tron, https://tron.network]

14. Binance Coin

바이낸스 코인은 이더리움 기반의 ERC-20 토큰 규격으로 발행되었다. 바이낸스 코인은 암호화폐거래소인 바이낸스 거래소에서 사용되는 암호화폐로 거래소 내 수수료 지불 및 기축 통화로써의 역할을 한다. 최근 암호화폐거래소들은 이러한 목적으로 사용할 자체 코인을 출시하는 경우가 많다. 거래소 코인은 바이낸스코인 외에 쿠코인 거래소의 쿠코인 쉐어(KuCoin Shares), 후오비 거래소의 후오비 토큰(Huobi Token) 등이 있다.

[자료: Binance Coin, https://www.binance.com/resources/ico/Binance_WhitePaper_en.pdf]

2. 주요국 암호화폐 정책동향

암호화폐에 대하여는 각국의 규제방식이 조금씩 상이하여 주요국의 암호화폐에 대한 정책을 살펴보고자 한다.

(1) 미국

미국의 암호화폐에 대한 규제는 주로 연방준비은행(Federal Reserve Bank), 증권거래위원회(Securities Exchange Commission), 재무부 및 관련 주 당국에 의해 이루어지고 있다. 미국은 암호화폐에 대한 정책이 주마다 상이하나, 기본적으로 암호화폐를 금이나 원유 등과 같은 금융상품으로 보는 입장이다(박혁진, 2018).

미국은 분산 통화가 자금세탁 규제를 준수해야 한다고 규정하고 있음에도 불구하고, 일반적으로 비트코인을 비롯한 블록체인 기술 개발에 대한 금지 또는 엄격한 제한을 요구하지 않고 있다(Guadamuz & Marsden, 2015). 즉, 미국은 전 세계 암호화폐시장의 주도권을 잡기 위해 원칙적으로 암호화폐를 허용하되 무분별한 암호화폐 발행으로 인한 부작용을 최소화하는 방향으로 규제하는 것으로 보인다.

미국 국세청은 2014년 암호화폐를 자본자산의 일종으로 인정하여, 암호화폐 거래·채굴로 발생하는 소득에 대해 소득세, 법인세와 양도소득세를 부과하고 있다(한서희, 2018). 또한 2018년 미국 증권거래위원회(SEC)가 암호화폐거래소 등록을 의무화하는 등 기존의 증권법 내에서 규제하려는 움직임을 보이고 있다(신지은, 2018).

또한 미국은 제도권 금융시장에 암호화폐를 가장 먼저 도입한 나라로 암호화폐거래 자체는 인정되고 있지만, 금융상품의 인정이나 ICO에 대해서는 엄격하며, 증권거래위원회(SEC) 경우는 암호화폐의 승인이 부정적이다. 그러나 2017년 12월 11일 미국 시카고 옵션거래소(CBOE)에서 비트코인 선물 매매를 시작으로 18일에는 세계최대의 파생상품거래소인 시카고 상업거래소(CME)에서도 비트코인 선물거래를 개시하였다.

미국은 불특정 다수로부터 자금을 투자받기 위해 암호화폐를 공개하는 ICO(Initial Coin Offering)부문에서도 규제를 두지 않으나, ICO를 빙자한 불법 다단계 금융이나 암호화폐 발행 사기 등 범죄행위 발생이 빈번하자 규제를 강화하려는 움직임을 보이고 있다. 2017년에는 3,200만 달러에 상당하는 자금을 투자받은 센트라(Centra)코인이 2018년 4월에 사기로 밝혀지면서 증권거래위원회는 ICO규제를 강화하기는 하지만, ICO를 전면적으로 금지하지는 않고 있다(배운철, 2018). 이는 ICO를 전면 금지할 수 있었음에도 블록체인 기술 발전에 부정적으로 작용할 수 있기 때문으로 해석할 수도 있다.

(2) 일본

일본은 전 세계에서 암호화폐에 가장 신속하고 적극적으로 대응하고 있는 국가 중 하나라 할 수 있다. 일본은 암호화폐를 적극적으로 수용하고, 블록체인을 육성하기 위해 2017년 4월 자금결제법 개정을 통해 암호화폐를 결제수단으로 허용하였다(박혁진, 2018).

2014년 암호화폐거래소 마운트 곡스(Mt. Gox)가 약 80만 비트코인을 해킹당하면서, 일본 정부는 암호화폐 관련 제도 정비와 규제의 필요성을 인식하게 되었다. 이러한 배경에는 암호화폐를 통한 자금 세탁을 막고 이용자를 보호하는 것이고, 불법거래를 적발하고 산업 진흥은 민간에게 맡긴다는 것이다(고란, 2018). 2017년부터 비트코인과 같은 암호화폐의 소비세(8%) 면제를 승인하였고, 암호화폐를 채굴하거나 거래시 차익이 발생할 경우, 소득세, 법인세와 양도소득세를 부과하고 있다(한서희, 2018). 그러나 일본도 미국처럼 ICO규제에는 신중히 접근하고 있어 2018년 12월에는 ICO(Initial Coin Offering)에 나서는 거래소는 순자산이 투자금액을 초과해야 한다는 새로운 ICO 법안 초안이 발표되었다. 초안은 암호화폐 발행 기업의 ICO 시행 전 사전등록을 의무화하고 순자산을 제한하고, 개별 크립토 상장 외에도 마진 및 파생거래 등도 종합적으로 규제한다는 것이다.

일본은 비트코인(BTC)을 유효한 결제수단으로 인정하는 세계 최초의 국가로서 그 동안 자율적인 규제를 강조하다 정부차원의 규제를 강화하는 쪽으로 방향을 선회하였다(김진범, 2018).

(3) 중국

중국은 현재 암호화폐시장을 가장 강력히 규제하는 국가로서, 암호화폐 유통 자체를 인정하지 않기에 ICO를 금지하고 과세도 이루어지지 않고 있다.

2017년 9월 암호화폐를 불법으로 규정하고, 암호화폐공개(ICO)를 전면 금지했으며, 2018년 1월 10일자 월스트리트저널에 따르면 1월 2일 중국 정부는 암호화폐 채굴업체를 폐쇄했다(박혁진, 2018). 이는 암호화폐의 거래 증가가 불법 자금세탁과 금융사기, 자본의 해외유출로 금융 리스크를 방지하려는 것에 기인한다.

중국은 표면적으로는 암호화폐시장을 인정하지 않고 있으나 그 이면을 보면 ICO 금지 조처를 내린 2주 후 중국 산업정보성이 정보통신기술연구원(CAICT) 내에 블록체인 오픈랩(Trusted Blockchain Open Lab)을 개설하는 등 국가가 주체인 암호화폐 발행을 준비하고 있다. 중국인민은행은 블록체인 기반의 디지털 위안화를 개발하여 2016년 말 시험을 마쳤다. 그리고 2017년 중국인민은행은 중앙은행의 블록체인 기반 디지털 어음거래 플랫폼 실험 가동에 성공하여 세계에서 처음으로 암호화폐를 연구하고 이를 응용한 중앙은행이 되었다.

그리고 중국 정부는 2018년 중국인민은행 산하 조폐 및 광업공사의 자회사인 블록체인 연구소를 통해 국영 암호 법정화폐를 개발하고 있다고 공식적으로 발표하였다. 중국 공업신식화부는 2016년 10월 '중국 블록체인 기술 및 응용프로그램 개발 백서'를 발표하여 핵심기술 개발 및 시범사업, 플랫폼 구축 계획을 제시하였다.

즉, 민간 암호화폐 및 ICO는 강력하게 규제하는 반면에 중국 정부가 보증하는 암호화폐를 발행함으로써 전 세계 암호화폐시장에서 경쟁 우위를 차지하려는 것이다.

거래소 폐쇄조치 이전인 2017년을 기준으로 보면 중국은 전 세계 암호화폐 채굴량의 80%, 거래량의 90% 이상을 차지할 정도로 암호화폐시장에서 압도적인 비중을 보였다(백권호, 2018). 이러한 측면에서 중국 정부가 법정 암호화폐를 발행한다면, 비트코인을 비롯한 암호화폐의 탈중앙화, 분산화 특성은 약화될 수 있겠으나, 암호화폐에 대한 수요는 더욱 많아질 것으로 보인다.

(4) 기타 국가

앞에서 살펴본 바와 같이 미국, 일본은 암호화폐를 자산으로 분류하여 양도세 및 소득, 법인세를 부과하고 있다. 프랑스도 2019년 1월 7일 프랑스 하원 금융위원회가 암호화폐 판매 수익에 대한 세금을 다른 자본의 소득세와 연계시키는 '2019년 예산법 개정안'을 통과시켰다. 암호화폐거래 세율이 가장 높은 국가는 일본으로 최저 15%에서 최고 55%의 세율을 부과하고 있으며, 싱가포르, 영국, 몰타, 노르웨이 등에서는 암호화폐거래와 관련하여 면세 혹은 조건부 면세 정책을 시행하고 있다(Coinness.com). 또한 유럽연합(EU)도 재무장관 회의를 통해 암호화폐 관련 규정을 제안하고 있다.

(5) 우리나라

2018년 12월 정부는 암호화폐에 대한 과세 계획을 밝힌바 있다. 외국의 과세 사례 등을 검토해 가상통화에 대한 과세방안을 준비 중이고, 시장과열 위험, 투자자 보호 문제가 상존하는 만큼 관련 규제는 신중히 접근하겠다는 방침이다(원재연, 2018). 결론적으로 우리나라는 현재 비록 대법원이 암호화폐의 자산가치를 인정하는 판결을 내려 제도화의 근거를 마련한 적은 있지만, 공식적으로 암호화폐 제도화에 부정적인 입장이며, 자산이나 지급결제수단으로 인정하지 않고 있다.

또한 우리나라는 ICO시행을 실질적으로 금지하고 있다. 2018년 12월 금융위원회에서도 ICO를 비롯한 암호화폐 정책과 관련해 기존 입장에서 변화가 없다고 밝혔다(김지수, 2018).

ICO는 전 세계적으로 16%에 달하는 나라가 허용하고, 18%는 금지, 9%는 부정적 입장을, 나머지 57%는 중립적인 입장을 보이고 있다(안성배 외, 2018). 특히, 미국은 ICO를 엄격히 규제하고 있다. 이의 사례로 2018년 11월 17일 미국 SEC는 블록체인 프로젝트 에어폭스(Airfox)사와 파라곤 코인(Paragon Coin)의 ICO가 증권형 토큰으로 분류될 수 있다며 벌금을 부과한 바 있다. 현재 ICO에 대해 가장 적극적인 국가는 프랑스로 2018년 초까지만 해도 암호화폐 규제 성향이 강했지만 2019년 ICO관련 새로운 규정을 도입하여 안전한 투자환경을 조성하고 있다(Coinness.com, 2018).

02절 ICO

1. ICO의 개념과 구조

ICO란 기술이나 사업에 대한 투자 자금을 모집하고자 코인 또는 토큰(Coin or Token)을 제공하는 등 블록체인 거버넌스(Blockchain Governance)를 이용하는 것을 말한다(Richard Kastelein, 2017). 자본시장과 금융투자에 관한 법률(이하 자본시장법)에서 규율하는 주식공개상장(Initial Public Offering, 이하 IPO)과 유사한 역할과 기능을 하는 것으로 IPO에 대응하여 ICO라는 용어로 지칭되고 있다(Karsten Wöckener, 2017).

따라서 ICO는 블록체인을 기반으로 사업 투자자금을 조달하는 방식으로 암호화폐(Cryptocurrency)와 연계하는 구조를 갖추고 있다. ICO를 통하여 새로이 발행되는 디지털 토큰 또는 암호화폐 등은 기존의 채굴형 방식을 채택하고 있는 암호화폐인 비트코인(Bitcoin) 등과는 다르게 발행되는 토큰으로 최초 발행자를 확인할 수 있다.

▼ [그림 8-3] ICO의 구조

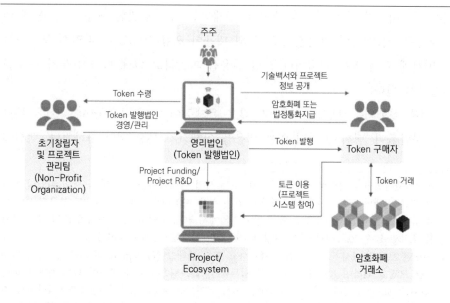

자료: PwC(2018), "Initial coin offerings-Legal Frameworks and regulations for ICOs".

ICO는 일반적으로 다음과 같이 진행된다(정승영, 2019). ① 블록체인을 기반으로 하는 특정기술이나 비즈니스 모델 등을 구현할 수 있는 단계에 이른 상황에서, ② 기술이나 사업 아이디어를 가진 팀이 해당 기술이나 사업 아이디어를 보유한 비영리재단(Non-profit foundation)을 설립하고, 해당 기술에 기반하여 디지털 토큰이나 디지털 코인을 발행하는 서비스 등을 하는 영리기업(Token issuing entity)도 별도 설립하여 ICO를 진행하게 된다.[44][45] ③ ICO는 투자자들이 기존의 암호화폐 등을 투자하는 대가로 ICO에서 발행되는 디지털 토큰을 받는 구조[46]로, 이를 두고 토큰 세일(Token Sale)이라 한다. 차후 디지털 토큰 등은 암호화폐 거래소에 상장하여 거래가 이루어질 수 있도록 구조를 갖출 수도 있으며, 토큰이 후속 개발된 디지털 코인 등과 연계되면서 암호화폐거래소에 상장이 이루어질 수도 있다. ④ ICO에서 가장 중요한 부분 중 하나는 투자를 받을 수 있도록 목표하는 기술 또는 사업 내용에 대한 공개 과정이 수반된다는 점이다. ICO를 위하여 설립된 비영리재단이 배포하는 '백서(Whitepaper)'에서는 투자를 받고자 하는 기술 또는 사업 프로젝트의 내용이 구체적으로 기술되어 있다. 백서에서는 기존 기술이나 사업 프로젝트 대비 개발하고자 하는 해당 기술의 경쟁력 또는 현재 진행하고자 하는 사업의 개선점, 구체적인 기술에 관한 내용, 토큰 등에 대한 배분과 시스템 내 의결권 구조 등의 내용이 포함되어 있다. 따라서 투자자들은 백서에 담겨 있는 기술이나 사업 내용을 파악하고 그에 따라서 투자 여부를 결정하게 된다.

현재 실행되는 '백서'는 다음과 같은 문제점이 있어 유의하여야 한다. 투자하는 사람들이 '백서'에 담겨 있는 내용을 이해하지 못한 채 투자하거나, 백서에

---

44 비영리재단법인을 설립하여 별도로 기술 또는 사업 아이디어를 가지고 있는 팀(비영리재단)과 토큰 발행의 서비스기업을 분리하고 있는 것은 비영리재단에 투자자들이 보유한 암호화폐 등을 출연하고, 토큰을 받는 것은 영리기업에서 받게 되면서 출연 시의 양도에 따른 과세를 면제받을 수 있기 때문이라 설명되기도 한다(손경한·김예지, 2018).

45 2018년 보안용 메시지 프로그램을 제공하고 있는 텔레그램(Telegram)이 기술 및 사업 투자자금 모집을 위하여 ICO를 이용한 바 있는데, 텔레그램은 ICO를 통하여 1,700백만 미국달러($1,700million, 한화 약 1조 8,700억 원)를 투자받은 바 있다. 또한 암호화폐시장에서 최상위권(2018년 11월 기준 글로벌 암호화폐 유통시장가치 산정 순위 5위)인 EOS가 ICO 방식의 코인 발행을 진행하면서 현재까지 최대 규모의 투자자금 모집 기록($4,200million, 한화 약 4조 6,200억 원)을 가지고 있다. 한편, 우리나라의 기업들이 ICO를 추진한 대표적인 사례로는 보스코인(BOScoin)이 있다. 보스코인은 국내 제도상 한계를 피하여 스위스에서 ICO를 진행한 바 있으며, 보스코인 이외에도 약 200여개의 이상의 국내기업들이 해외에서 ICO를 추진하여 약 1조원의 투자자금을 글로벌 암호화폐 공개시장에서 모집한 바 있다(손경한·김예지, 앞의 논문).

46 보통 비트코인이나 이더리움과 같이 암호화폐시장에서 점유율이 상당히 높은 암호화폐를 주고, 새로 제공되는 토큰을 받는 구조.

서 소개한 기술이나 사업 아이디어 자체가 '사기'에 가깝게 구성되어 있어서 투자자들이 그 실현가능성을 판별하기 어려운 경우들이 있다는 점이다. 즉, 투자자들이 ICO라고 하는 투자체계 내에서 세부내용을 파악할 수 있는 지표는 '백서'에 담긴 내용뿐인데, 이를 면밀하게 분석하고 시장의 평가나 반응에 대해서도 알지 못한 채, ICO시장의 열기에 휩쓸려 상당한 투자를 한 후에야 해당 ICO의 투자 리스크를 알게 된다는 것이다.[47]

현재까지 우리나라에서는 합리적인 투자자 보호 수단이라 할 수 있는 제도적 장치가 완비되어 있지 않은 상황이기 때문에 금융위원회 등 금융당국에서는 ICO에 대해서 부정적인 입장을 견지하고 있다.

2. ICO에서의 디지털 코인과 디지털 토큰의 구분

ICO에서의 디지털 토큰은 블록체인시스템 네트워크체계에서 투자자에 대해서 코인이 아닌 다른 재산적 가치를 표창하는 징표를 줄 수 있는데, 이를 토큰이라고 한다(Rob Massey et al., 2017). 반면, 디지털 코인(또는 암호화폐)은 블록체인시스템 내에서 네트워크에 참여하는 참여자들에게 인센티브를 주는 가치산정 수단(A unit of value native to a blockchain)이기 때문에 그 기술적인 측면에서 토큰과 차이가 있다. 예를 들어, 이더리움(Etherium) 블록체인은 해당 블록체인 체제에서 스마트계약(Smart Contract) 기능이 구현될 수 있도록 구축되어 있다. 따라서 이더리움 블록체인 네트워크에서는 개발자들이 특정 계약의 내용에서 스마트계약의 기능이 구현될 수 있도록 디지털 토큰을 만들 수 있다.

토큰과 코인의 구분은 기존 블록체인 네트워크에 근간하여 생성되는지, 아니면 독립된 블록체인 네트워크를 가지고 있는지가 제시되기도 한다. 독립된 별도의 블록체인 네트워크 즉, '메인넷(Main Net)'이 있는 경우에는 코인에 해당되지만, 토큰은 이더리움 네트워크 등 기존의 블록체인 네트워크에 기반한다. 또

---

47 주식 투자와 같이 백서에 대해서 면밀하게 살펴보고 운영진의 이력 등에 대해서 검토하는 것까지 필요하다고 말한다. 투자자들이 백서 및 운영진 이력 등 주요 사항을 검토하지 않고 사기(Scam)로 이어진 사례로 2018년 영국의 시골 학교 선생님들이 꾸민 베네빗(Benebit) 토큰 사례를 제시되기도 한다.

한 블록체인 비즈니스의 미래 디지털 토큰은 디지털 코인과는 다르게 유틸리티 서비스를 이용하는 권리가 담기도록 기능을 구현하거나, 특정 사업이나 기술에 대한 투자지분을 표창하는 징표로 만들 수도 있다.

▼ [그림 8-4] 토큰과 코인

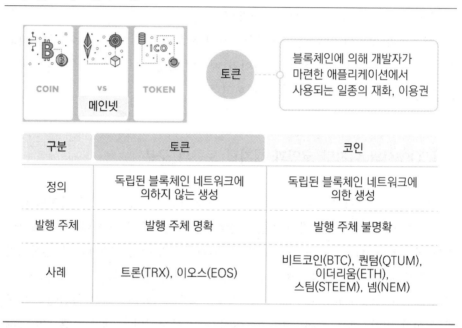

구분	토큰	코인
정의	독립된 블록체인 네트워크에 의하지 않는 생성	독립된 블록체인 네트워크에 의한 생성
발행 주체	발행 주체 명확	발행 주체 불명확
사례	트론(TRX), 이오스(EOS)	비트코인(BTC), 퀀텀(QTUM), 이더리움(ETH), 스팀(STEEM), 넴(NEM)

3. ICO와 IPO, Crowd Funding 간의 비교

(1) ICO와 IPO 간의 비교

ICO와 IPO는 모두 투자자금을 모집하고자 한다는 점에서 동일하지만, IPO는 ICO와 다르게 법률과 관련 규정에 따라서 '주식'의 상장과 기업에 대한 공시 자체가 통제된다. 우리나라 자본시장법 제390조에서는 거래소에서 증권시장의 상장규정을 제정하여 운영하도록 의무를 설정하고 있어 유가증권시장 상장규정과 코스닥시장 상장규정, 코넥스시장 상장규정이 각각 제정되어 운영되고 있다. 또한 상장 이후 주요 내용을 알리기 위한 공시의무와 관련해서는 거래소에 공시

규정을 제정하여 운영하도록 하고 있고(자본시장법 제391조 제1항), 이 역시 유가 증권시장, 코스닥시장, 코넥스시장으로 나누어져 공시규정이 제정·운영되고 있다. 그러나 ICO와 가장 밀접한 연관이 있는 규모의 기업은 중소기업법상의 중소기업으로 증권 매매에 있어서 제한이 없어야 하고 최근 감사의견이 '적정'이어야 한다. 또한 해당 기업은 지정 자문사 1인과 계약이 있어야 하며 증권의 액면가액이 있어야 한다.

(2) ICO와 클라우드 펀딩(Crowd Funding) 간의 비교

ICO는 온라인으로 여러 사람들에게서 자금을 모집하는 것이기 때문에 클라우드 펀딩의 성격을 가진 것으로 볼 여지가 있다.[48] 다만, 현재 온라인 클라우드 펀딩은 자본시장법상 규제를 받는 영역에 포함되어 있으므로 ICO와는 구분되는 측면이 있다. 우선 자본시장법에서는 온라인 클라우드 펀딩은 온라인 소액투자로 보고, 이러한 소액투자를 중개하는 온라인 소액투자의 중개업자를 규제하는 방식을 채택하고 있다.

자본시장법 제2편 제5장에서는 "온라인 소액투자 중개업자 등에 관한 특례"를 마련해놓고, 온라인 소액투자의 중개업자를 통하여 소액증권이 발행될 때에는 증권모집에 있어서 주요 요건 사항을 온라인 소액투자 중개업자의 홈페이지에 공시하도록 하고(자본시장법 제117조의10 제2항) 온라인 소액투자 중개업자가 게재 사실에 대해 확인하도록 의무를 부여하고 있다. 온라인 소액투자 중개업자는 투자자를 선별적으로 받을 수 있도록 하여 투자자의 리스크를 통제할 수 있는 구조를 형성하고 있다.[49]

---

48 ICO를 클라우드 펀딩의 일종으로 분류하는 견해(KT경제경영연구소)도 있으나, 클라우드 펀딩과 IPO의 성격을 혼재한 것으로 가진 것이라고 분류하거나(백명훈·이규옥, 2017), 블록체인을 활용한 ICO의 이해와 금융법상 쟁점, 금융법연구 제14권 제2호(금융법학회, 2017), 실질적인 IPO로 분류하는 견해도 있다.

49 자본시장법 제117조의7 제5항에서는 발행인의 요청에 따라서 투자자의 자격을 제한할 수 있고, 자본시장법 제117조의10 제6항에서는 전문투자자가 아닌 이상 일정 투자금액(1천만 원, 2천만 원 등) 이상을 투자할 수 없도록 하여 투자자의 리스크를 줄이는 방식을 채택하고 있다.

1. 블록체인 기술의 유형별 위협

블록체인은 해킹에 안전한 기술이라고 하나 연이어 들려오는 비트코인, 이 더리움 등 각종 암호화폐의 해킹소식에 의아해 한다. 그러나 현재까지 알려진 암호화폐 해킹은 대부분 블록체인시스템 자체에 대한 해킹사고가 아닌 블록체 인 기술을 이용하여 제작된 암호화폐를 거래하는 암호화폐거래소에 대한 해킹 이다. 예를 들어, 특정 화폐를 위·변조하여 화폐 경제시스템 자체에 직접적인 피해를 입히는 것이 아니라 증권회사의 컴퓨터시스템을 해킹하여 일부 고객의 배 당금을 본래의 계좌에 입금하지 않고 다른 계좌에 입금되도록 계좌번호를 위·변 조한 것과 유사한 것이다.

▼〈표 8-4〉 암호화폐거래소 해킹 사고 현황

발생연월	피해 업체(국가)	피해규모(추정, 억 원)	공격 방식
2019.7.	비트포인트(일본)	380	월렛 해킹
2019.6.	비트루(싱가폴)	40	월렛 해킹
2019.3.	빗썸(한국)	150	개인키 도난
2019.1.	크립토피아(뉴질랜드)	180	월렛 해킹
2018.9.	자이프(일본)	667	암호화폐거래소 해킹
2018.6.	빗썸(한국)	350	악성코드 감염(이메일)
2018.6.	코인레일(한국)	450	악성코드 감염(이메일)
2018.2.	비트그레일(이탈리아)	1,900	암호화폐거래소 해킹
2018.1	코인체크(일본)	5,648	암호화폐거래소 해킹

자료: 한국정보보호산업협회(KISIA) 블록체인 전문위원회(2020).

블록체인은 특정 데이터를 저장하거나 전송함에 있어 원본을 활용하는 측면 에서 매우 높은 무결성을 확보할 수 있는 기술이다. 블록체인의 이러한 장점은 디지털 환경에 한해서다. 예를 들어, 식품추적시스템을 블록체인 기반으로 구축하면 특정 식품의 고유코드를 각 노드에 분산 저장하여 유통 과정에 대한 정보를 별도의 기관을 통한 검증 절차 없이 증명할 수 있으나 블록체인에 등록한 특정 식품의 코드값이 정확하게 특정식품과 일치하는지의 여부는 블록체인 기술과는 별개의 이슈이다.

더불어 블록체인의 일반적인 동작방식에 따른 주소 생성단계에서의 암호화 방식 및 인증키 관리, P2P 네트워크 통신 단계에서 발생하는 보안의 취약점과 인터넷 및 컴퓨팅시스템이 보유한 보안 취약점을 블록체인 기술도 그대로 보유할 가능성을 배제할 수 없는 문제가 있다.

아래 그림은 일반적인 블록체인 플랫폼 및 서비스시스템을 도식화한 것이다.

▼ [그림 8-5] 블록체인서비스 플랫폼 개념도

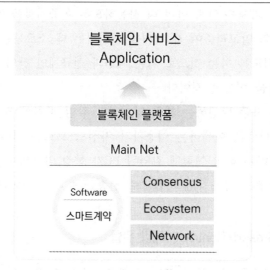

자료: KISIA 블록체인전문위원회.

블록체인 해킹 위협을 자세히 살펴 보면, 블록체인서비스(Application)단계, 블록체인 메인넷의 SW를 구성하는 스마트계약(Smart Contract)단계와 블록체인 네트워크(P2P N/W)단계로 구분할 수 있다.

국내·외에서 발생하고 있는 블록체인 해킹의 위협을 유형별로 정리하면 다음과 같다.

(1) 블록체인서비스(Application) 해킹 위협

첫째, 암호자산을 저장할 수 있는 전자지갑 탈취(Wallet Theft)이다. 전자지갑은 암호화폐를 블록체인에 직접 저장하는 것이 아니라 블록체인의 분산원장에 저장되어 있는 '암호화폐의 주인이 나다'라고 증명할 수 있는 증명서를 보관하는 장소이다. 따라서 전자지갑을 공격한다는 것은 블록체인시스템을 공격하는 것이 아니라 암호화폐 소유자의 개인인증을 위한 비밀키 탈취를 통해 암호화폐의 정보를 위변조하는 것이다. 주로 일반적인 컴퓨터 환경에서 동작하고 있는 Wallet S/W에 랜섬웨어와 같은 악성코드의 감염을 통해 특정 주소의 자산을 동결시키거나, 각 지갑의 주소(Account)를 생성하는 비밀키를 탈취하여 주소(Account)를 생성, 배포함으로서 공격대상이 보유한 암호화폐를 다른 지갑으로 옮기는 것이다.

둘째, 사용한 가치를 다시 한번 더 사용하도록 이중지불을 하도록 하는 것이다. 블록체인 합의 알고리즘이 각 거래를 처리하는 데 소요되는 시간 간격을 이용하여 또 지불되도록 하는 것으로 기존 체인과 신규체인 간의 전자지갑 주소의 인증키 중복현상을 이용한 것이다.

셋째는 최근 자주 발생하는 채굴 악성코드 감염 방법인 크랩토 재킹(Crypto Jacking)이다. 인터넷을 이용하는 이용자가 자신도 모르는 사이에 자신의 PC에 채굴 SW를 설치하게 하여 이렇게 감염된 PC가 특정 암호화폐를 채굴하게 하여 암호화폐를 악성코드 유포자의 지갑으로 전송하게 하는 것이다.

(2) 스마트계약(Smaert Contract) 해킹 위협

스마트컨트랙트를 구성하는 코드 중 재귀함수에 의한 취약점을 이용하는 재진입공격(Reentracy Attact)으로, 암호화폐 인출을 신청한 뒤 이전 거래의 종료 이전에 동일한 새로운 거래를 반복하도록 하는 방식이다.

즉 리플레이 공격(Replay Attack)으로 하드 포크(Hard Fork)된 기존 블록체인시스템 내에서 유효한 거래가 새로운 블록체인시스템의 스마트컨트랙트에 입력되면 각각의 시스템의 인증키를 동일하게 사용하기 때문에 유효성을 인정받아 정해진 절차(송금 또는 출금)를 또 다시 수행하게 되는 특성을 악이용하는 것이다.

(3) 네트워크(P2P N/W) 해킹 위협

블록체인시스템의 가장 대표적인 공격으로 전체 노드 해시파워(Hash Power)의 51%를 장악하는 공격방법이다. 전체 노드의 51%가 특정 거래 요청에 대하여 검증 및 승인이 있을 경우 정상적으로 유효성 있는 블록으로 인정되는 원리를 악이용하여 위변조하는 방식으로 가장 큰 위협이다. 이러한 블록체인 네트워크 51%공격 방식에는 Sydil Attack과 Balance Attack 등이 있다.

그 외에도 허위정보 전파공격(Eclipse Attack), 이기적 채굴 독점(Selfish Mining), 블록보류공격(Block Withholding Attack), 분산서비스 거부 공격(DDoS Attack) 등이 있다.

2. 블록체인 기반의 분산형 ID(DID: Decentralized IDentifier)

DID는 사용자 스스로 필요에 따라 신원정보를 발급·증명·관리·통제하는 형태의 신원관리체계로 개인정보를 관리할 수 있는 시작점을 제공하는 것이다.

기존의 ID체계에서 해킹은 75%가 ID를 데이터베이스에 저장할 때 그리고 다시 로그인할 때 발생한다. 이는 각 서비스 제공기관이 개별적으로 사용자 인증정보와 개인정보를 관리하게 됨으로써 이 관리기관이 해킹 대상이 되면 이용자의 과실 여부와 무관하게 해킹될 수 있게 되는 것이다.

DID는 블록체인 기반의 분산형 데이터베이스인 분산원장기술(DLT: Distributed Ledger Technology)을 이용해 분산형 장부를 관리하는 노드의 컨센서스(Consensus)를 근거로 한다.

DID는 다음과 같은 절차에 의해 수행된다.

① DID 발급 후 공개키는 블록체인 플랫폼에, 개인키는 개인 모바일 단말기에 저장

② 유저는 자격증명이 가능한 발행자(Issuer)에게 가격증명(VC: Verifiable Credentials)발급을 요청

　　– 발행자는 휴대폰인증 등 대변인증을 통해 본인임을 확인하고 VC 발급

　　– 발급된 VC는 유저의 휴대폰에 전달되어 저장

－ 발급된 VC의 정보를 블록체인 플랫폼에 저장
③ VC의 정보추출이 불가하도록 Service Provider에게 사본 제출
－ 제출된 VC사본을 블록체인 플랫폼을 통해서 검증 진행
－ Service Provider는 VC검증 결과를 전달 받아 이에 맞는 서비스 제공
－ VC이용에 대한 혜택으로 포인트 지급
④ 유저는 포인트를 통해 서비스나 물품 구매

▼ [그림 8-6] DID 수행 절차

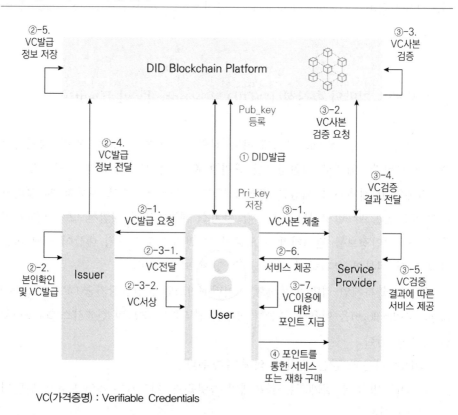

VC(가격증명) : Verifiable Credentials

자료: 이기혁(2020).

(1) DID 활용 사례

2017년 캐나다의 은행 및 정부기관을 중심으로 블록체인 기반의 신원인증시스템인 베리파이드미(Verified.Me) 시범사업을 운영하였다. 베리파이드미 앱은 IBM 블록체인상에 구축된 하이퍼레저 패브릭 v1.2을 기반으로 분산형 ID솔루션을 위해 설계되어 활용중이다.

▼ [그림 8-7] 스위스 주크시 신분증 발급절차

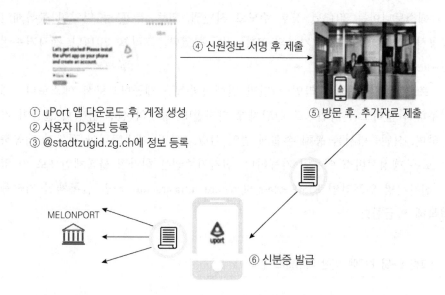

④ 신원정보 서명 후 제출

① uPort 앱 다운로드 후, 계정 생성
② 사용자 ID정보 등록
③ @stadtzugid.zg.ch에 정보 등록

⑤ 방문 후, 추가자료 제출

MELONPORT

⑥ 신분증 발급

① 사용자는 uPort앱을 다운로드 후, 계정 생성
② 사용자는 앱을 통해 휴대폰에 개인키/공개키를 생성 후, 사용자 ID(공개키와 관련된 스마트컨트랙트 주소, uPortID)를 블록체인 등록
③ 신분증 발급 요청을 위해 홈페이지(https://stadtzugid.zg.ch)에 정보 등록
④ 사용자ID 및 본인 확인정보를 개인키로 서명 후 제출
⑤ ID발급 담당부서에 방문하여 추가 신원자료 제출
⑥ ID발급자는 관련서류 확인 후 Off-Chain방식으로 발급기관이 서명한 신분증 발급

자료: https://medium.com/uport/zug-id-exploring-the-first-publicly-verified-blockchain-identity-38bd0ee3702.

스위스는 유럽 블록체인산업의 중심지로 2017년 주크(Zug)시에 그랩트 밸리를 조성하여 주크시민을 대상으로 블록체인 기반의 신분증을 발급하는 파이럿을 운영중으로, 해당 신분증을 통해 주크시에서 제공하는 공공서비스를 ID와 패스워드 없이 이용할 수 있다. 등록된 사용자의 공개키 관련 정보(계정주소, Account)와 사용자 본인을 확인하는 정보(생년월일, 여권번호 등)를 주크시 ID 발급기관에 제공해 발급한다. 발급받은 신분증은 블록체인시스템에서 신분증 내부에 저장된 개인정보 노출을 방지하게 위해 분산원장 밖에 저장되는 Off Chain 방식으로 제공된다.

에스토니아는 2013년 정부 주도로 시민권, 의료, 투표 등 다양한 블록체인 공공사업으로 블록체인 기반의 ID를 발급하였다. 그리고 2014년 전자거주권(e-Residency)

프로그램을 통해 온라인 시민권 발행서비스를 제공함으로서 에스토니아에 거주하지 않아도 온라인으로 간단하게 디지털ID 형태의 신원 증명서 발급이 가능하며, 신원증명서를 통해 손쉽게 법인 설립, EU 및 에스토니아 정부가 제공하는 모든 행정서비스 이용이 가능하다. 전자거주권은 허가형 블록체인으로 키 없는 전자서명 인프라인 KIS(Keyless Signature Infrastructure)기반 블록체인 기술을 접목해 발급한다.

▼ [그림 8-8] KIS에 의한 디지털ID 발급

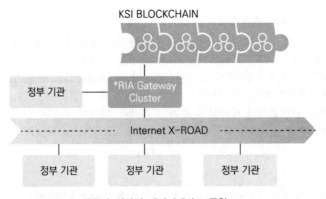

■ Internet X Road: 공공과 민간의 데이터베이스 통합

국내에서는 고용노동부에서 2020년 중 취업에 필요한 학력증명서, 자격증, 경력증명서 등을 블록체인시스템으로 제공·검증하는 방안을 추진중으로 해당 증명서를 디지털지갑에 발급받아 온라인으로 제출하는 사업을 추진할 예정이다. 이는 구직자의 디지털ID(신원정보)를 블록체인에 저장해 기업과 발급기관에 송신하고 디지털ID를 키(Key)로 기업과 발급기관 간 정보를 교환하는 방식이다.

또한 행정안전부도 2019년 전자증명서 발급, 유통하는 플랫폼을 구축한 뒤 시범서비스를 거쳐 2020년부터 전자증명서를 발급·유통할 계획이다.

이러한 블록체인 기반의 신원증명(DID)은 부동산거래에도 폭넓게 활용될 것이다. 거래 과정에 거래 상대방에 대한 신원확인으로부터 필요로 하는 각종 증명서 발급을 하지 않고도 거래가 이루어지게 되어 비용과 시간 절약, 편의성을 높일 수 있을 것이다.

(2) DID 활용 기대효과

DID가 상용화됨으로서 기대할 수 있는 효과는 다음과 같다. 첫째, 안정성으로 중앙기관에 별도의 개인정보를 보관하는 것이 아니기 때문에 개인정보 유출을 최소화하고 영지식증명(Zero-Knowledge Proof)과 같은 암호알고리즘을 통한 프라이버시 보호가 가능해질 것이다.

둘째, 확장성으로 On/Off Line을 막론하고 다양한 환경에서의 활용이 가능하며 증명의 효력이 특정 국가에 한정되지 않아 글로벌 비즈니스로 확장이 용이하다.

셋째, 효율성으로 사용자 경험을 통해 고객 유입증대, 특정 이용자 그룹을 통한 신규 비즈니스가 용이해질 것이다.

넷째, 비용 절감으로 매번 신원인증을 실시함으로써 발생하는 비용과 관리에 소요되는 인력 운영비용이 절감된다.

9

블록체인과 부동산

01절　부동산분야 블록체인 적용 검토

1. 부동산분야 블록체인 연관성

　　부동산분야의 블록체인은 공공서비스, 거래, 투자, 금융분야 등 다양한 분야에 활용성이 높은 기술이다. 부동산의 공공서비스분야는 블록체인의 탈중앙화에 따른 분산원장으로 부동산의 각종 공부를 저장 관리함으로서 부동산공부의 비가역적인 관리를 통해 신뢰를 높일 수 있다. 따라서 미국, 유럽연합, 영국, 스웨덴, 조지아공화국, 러시아, 중국, 일본 등 많은 국가들이 시험적인 시도를 하거나 실질적인 시행을 하고 있다.

　　그리고 부동산은 거래 과정에서 정부기관, 공인중개사, 법무사, 세무사, 변호사, 감정평가사 등의 전문가와 금융기관 등을 포함한 많은 시장참여자로 구성되어 이러한 참여자의 개입이 불가피하고 그들의 활약 여부에 따라 부동산거래 결과가 달라지기도 한다. 따라서 공공과 망 안에서 부동산거래에서 계약체결로부터 등록에 이르는 거래 과정을 실시간 네트워크를 통해 해결하고자 하는 시도가 이루어지고 있다. 그러나 이 경우에도 송달지연에 따른 복잡하고 많은 참여자의 개입으로 거래가 지연되는 문제, 중개인의 개입에 따른 번거로움, 거래내용을 종이서류에 기록하여 처리해야 하는 문제, 당사자 확인절차 등 비효율적인 요소는 여전히 존재한다. 이처럼 종래의 복잡한 부동산거래 프로세스에서 발생하는 비효율성을 극복하고 보다 효율적이고 안정적으로 부동산거래를 하려는 획기적 방법으로 블록체인 기술을 활용하는 시도가 이루어지고 있다.

부동산거래에서 블록체인을 적용할 경우, 먼저 거래 당사자의 확인과 위·변조가 불가능한 사본을 유지하는데, 블록체인의 분산원장기술(DLT) 방식과 비대칭 암호화 기법을 적용하면 거래 당사자와 대상물 정보에 대한 신뢰성이 확보되고 동시에 보안성이 확보될 수 있다. 또한 복잡한 거래절차로 인해 많은 시간이 소요되는 부동산거래 과정에 블록체인과 스마트계약을 적용하게 되면 거래의 신속성 및 효율성을 기할 수 있다. 따라서 이와 같이 부동산거래에 블록체인을 적용함으로서 얻을 수 있는 장점으로 인해 현재 다양한 국가에서 블록체인을 활용하여 부동산 및 토지 등기(Registry)를 분산된 원장에 데이터화하여 저장하고 거래의 자동실행이 가능하도록 하는 기술로 활발히 논의되고 있다(Graglia and Mellon, 2018).

현재까지의 블록체인 스마트계약을 활용하는 상용화 사례로 부동산거래에서 부동산의 임대료, 보증금, 수수료의 지불을 자동화하거나, 부동산 에스크로(Escrow) 계정을 블록체인 스마트계약의 다중서명지갑(Multi-signature Wallets)으로 대체하는 방식 등이 있다. 그 밖에도 단기적 부동산 임대료 지급방식으로 블록체인 스마트계약이 활용되고 있으며, 머지않은 시기에 블록체인 기반 레지스트리를 통해 트랜잭션 시간을 줄이고, 중개인의 개입 없이 부동산을 P2P 자산전송 방식으로 이전하는 것이 가능해질 것으로 전망되고 있다.

이상과 같이 블록체인을 활용한 부동산거래는 부동산 등기, 거래, 중개영역에 걸쳐 넓은 분야에서 그 활용 가능성을 주목받고 있다. 우선적으로 부동산매물 목록 공유 및 정보검증, 스마트계약, 토지대장과 등기사항증명서 등 각종 공부시스템과 부동산 등록분야에서 스웨덴, 미국, 일본, 영국 등에서 파일럿테스트가 이루어지고 있다. 그 밖에도 부동산 감정평가 결과 공유, 담보대출, 임대관리, 건물관리, 공사 하도급 등 다양한 부동산 관련 분야에 블록체인 기술이 접목이 본격적으로 이루어질 것으로 기대되고 있다.

그리고 부동산 투자와 금융분야에서는 ICO와 클라우드 펀딩으로 자금을 조달하여 부동산 투자의 글로벌화와 규모의 확대를 기할 것으로 전망된다.

골드만삭스(Goldman Sachs)는 블록체인 기술을 부동산 소유권 보험시장에 활용하여 연간 약 20~40조 달러의 비용 절감 효과가 있을 것으로 기대하고 있다(Goldman Sachs Group, 2016).

2. 부동산분야와 블록체인 적용 검토

블록체인 기술을 활용하여 부동산거래의 효율성을 구현하기 위해서는 신원증명, 분산원장기술에 의한 신뢰성 있는 부동산 데이터 구축, 다중 서명지갑, 블록체인 관련 기술, 정확한 데이터, 이해관계자, 전문 커뮤니티 교육 등 다양한 기술적 요소의 존재가 전제된다. 이러한 조건의 충족을 전제로 Granglia and Mellon(2018)은 다음 <표 9-1>과 같이 블록체인의 부동산 활용을 8단계로 나누어 제시하고 있다.

▼ 〈표 9-1〉 부동산의 블록체인 적용 8단계(세계은행)

1단계	블록체인 기록	• 부동산거래에 블록체인 기술 적용 • 부동산거래/기록의 비가역성으로 신뢰성 향상	거래의 효율성 향상
2단계	스마트 워크플로우	• 거래 참여자가 볼 수 있도록 거래 진행상황 기록 • 종전 부동산거래의 투명성과 신속성 향상에 기여	
3단계	스마트 에스크로 (Escrow)	• 스마트계약을 통해 에스크로 대체 • 모든 계약조건 충족 시 블록체인을 통해 소유권 이전	
4단계	블록체인 등기	• 블록체인이 기존 등기시스템 대체 • 1-3단계 중앙집중식 데이터베이스, 4단계는 프라이빗(허가형) 블록체인	
5단계	권리 분할	• 권리를 분할한 다음 블록체인을 통해 개별 관리 • 모든 거래는 블록체인시스템을 통해 추적 가능	거래의 혁신성 구현
6단계	구분소유권	• 투자자가 특정 자산의 일부를 구매 • 블록체인 기술의 활용을 통해 거래비용이 상당히 낮아짐	
7단계	P2P거래	• 중개인 없이 구분소유권 개인 간 거래 • 빠른 청산과 낮은 비용으로 거래 가능, 단 법적 권리의 명료화 필요	
8단계	상호운용성	• 여러 블록체인들의 병합 운영 • 물리적 공간과 법률적 권리에 대한 통일된 정의 필요	

자료: Granglia and Mellon(2018), 저자 정리.

현재 상용화가 시도되고 있는 분야는 부동산 기록저장, 스마트계약을 통한 진행상황 기록, 스마트 에스크로, 기록 승인권과 같이 소유권과 재산권을 디지털화하는 작업에 국한하는 것으로 4단계라 할 수 있다. 아직까지 P2P 방식의 부동산자산거래의 상호운용에 이르는 8단계까지는 연구가 진행 중으로 향후 5~10년이 소요될 것으로 보인다. 특히 블록체인을 활용한 부동산 기록저장의 경우, 디지털 지문 또는 고유의 식별자를 통하여 보안 문제를 해결하고 있다. 부동산거래공증을 위한 방법으로 비트코인 블록체인을 적용하거나 임대 등록만을 특화하여 블록체인 기술을 적용하는 사례가 있다.[50]

이렇게 제시된 단계는 병렬적인 변화가 아니라 순차적으로 변화·발전할 것으로 특정 단계의 실현은 이전 단계들의 완료를 전제로 한다. 예를 들어, 2단계 스마트 워크플로우는 1단계 블록체인 기록을 바탕으로 가능해지는 것이다. 따라서 1~4단계까지는 블록체인을 활용한 부동산거래의 일반적인 형태인 매매 및 리스(임대) 등에서 이루어지는 단계라 할 수 있다. 다음 5단계부터는 상대적으로 새로운 방식의 부동산거래로 블록체인을 활용한 블록생성의 권리를 분산하거나 세분화된 권리의 이전 및 블록체인 간 상호운용이 가능한 유형으로 분류되어 부동산거래에서 기존 방식의 효율성을 높일 수 있는 수준이라 할 수 있다. 새로운 변화의 분기점으로 작용하는 것이 바로 권리 분할에 기초한 구분소유권거래의 활성화라 할 수 있다.

이와 같은 자산의 일부를 거래하는 구분소유권거래 그 자체가 완전히 새롭다고 볼 수는 없지만, 거래비용 절감이나 소요자금확보를 위한 구분소유권거래의 일상화는 부동산거래에서 새로운 변화라 할 수 있다.

---

50 브라질과 조지아 공화국은 비트코인 블록체인을 활용한 부동산 기록을 위한 수단으로 시행하고 있다. 미국 사우스 벌링턴 시는 블록체인 기반 부동산거래를 처음으로 성공시키고 있어 귀추가 주목되고 있으며, 중국의 건설은행은 '슝안신구'에서 블록체인을 이용한 부동산 임대 플랫폼을 운영하고 있다(Kotra, 해외시장뉴스 중국 블록체인시장 동향(http://news.kotra.or.kr/kotranews/index.do).

1. 국내 부동산분야 블록체인 추진정책

　국토교통부는 정부의 블록체인 공공 선도사업의 일환으로 2018년 종이 없는 스마트계약 기반 부동산거래 플랫폼을 구축하는 시범사업을 시행하였다.

　지금까지 부동산 매매나 대출을 하는 경우 등기소나 국세청, 또는 은행 등에 종이로 된 해당 부동산증명서를 제출해야만 했다. 이렇게 발급된 부동산증명서는 2018년의 경우 약 1.9억만 건으로, 발급비용이 무려 1,292억 원 정도가 소요된 것으로 나타났다.[51] 따라서 이러한 문제를 해소하기 위해 2018년 기존 부동산종합공부시스템(KRAS)에 블록체인 기술을 도입하여 금융권, 법무사, 공인중개사 등과 연계하는 부동산거래 원스톱서비스를 제공하는 부동산 스마트거래 플랫폼을 시범 구축하였다. 그리고 2019년에는 제주특별자치도를 시범지역으로 지정하여 제주도 내 금융기관과 부동산공부를 블록체인에 의해 공유하는 시범사업을 시도하였다(국토교통부 보도자료, 2018.10.31).

　앞에서 살펴본 바와 같이 종래에는 부동산거래와 이에 필요한 담보대출을 받기 위해서 다양한 부동산공부를 발급받아 제출하여야 해서 장시간 소요되며 막대한 공부 발급비용 등 사회적 비용이 소요되며 또한 종이 문서의 경우 위·변조 가능성이 상존하고 있다. 그러나 블록체인 기본부동산공부시스템은 분산원장기술에 모든 참여자가 실시간의 최신 정보를 공유하게 됨으로써 부동산계약 시 요구되는 각종 증명서 발급비용이 절약되고, 디지털 기록이 위·변조되기 쉬운 종이 문서를 대체함에 따라 사기의 위험도 최소한으로 줄일 수 있으며 부동산거래의 허위매물 문제도 해결할 수 있는 장점이 있다.

　부동산허위매물 문제는 현재 부동산 등록을 관리하는 주체가 부동산 소유

51　2018년에 발급된 190백만 건의 부동산 증명서는 국토교통부 소관의 서류와 법원 소관의 서류로 구분된다. 국토교통부 소관 서류로는 토지대장과 지적도, 토지이용계획 확인서 등 총 15종 43백만 건이 발급되었고, 법원 소관 서류로는 토지와 건축물, 그리고 집합건물 등 3종 147백만 건의 등기사항증명서가 발급되었다(국토교통부 보도자료, 2018.10.31).

자, 중개업소, 부동산정보 사이트관리자 등으로 구분되어 각각 별개의 데이터를 수동으로 등록함에 따라 발생한다. 그러나 블록체인을 활용한 매물 등록제도가 확립되면 부동산 소유자의 서명을 거쳐 부동산이 네트워크에 등록되게 되므로 매물의 진위를 가릴 수 있으며, 거래가 성사된 후에는 그 사실을 참여자 모두가 확인할 수 있으므로 허위매물 방지와 이중매매의 위험도 현저히 줄어들게 될 것이다. 또한 블록체인 기반 스마트계약을 이용하는 부동산의 경우 임대인 입장에서는 개인 전자지갑을 통해 건물 임대료 납부를 받을 수 있어서 편의성이 제고될 수 있다.

따라서 국토교통부 주관하여 한국인터넷진흥원을 전문기관으로 2020년부터 블록체인 기반의 부동산정보 공유플랫폼 구축을 추진하여 건축물대장 등을 온라인으로 실시간 공유해 부동산거래 시 기관 방문과 종이문서 발급을 줄인다는 계획이 있다. 2020년에는 전략계획(ISP)을 수립하고, 2021년부터 2024년까지 총 4년간 약 200억 원을 투입하여 블록체인 기반 부동산 플랫폼 구축을 추진할 예정이다. 이 블록체인 기반의 부동산정보 공유플랫폼은 블록체인 기술에 의해 토지대장, 건축물대장 등 부동산공부를 분산 저장하여 관계기관, 민간업체 등이 실시간으로 부동산거래정보를 공유하여 계약 전 건축물대장, 토지대장, 토지이용계획 등 거래정보를 실시간으로 확인할 수 있다. 따라서 오프라인으로 진행되는 부동산거래 과정에 블록체인을 접목해 계약부터 등기 업무까지 한번에 처리할 수 있는 부동산 전자계약시스템을 구축하고 부동산 허위매물을 방지하고자 한다(파이낸셜뉴스, 2020.4.8).

2. 부동산분야의 블록체인 활용

부동산거래는 자산 양도에 관련된 다양한 참여자 때문에 복잡하고 상당한 시간이 소요되는 특징이 있다. 이는 중개사무소, 등기소, 금융기관, 세무기관, 공증기관이 참여하기 때문에 이러한 현상이 나타난다. 그리고 부동산거래는 절대적으로 서류 작업과 계약 서명에 의존하고 '거래의 불신' 탓에 행정절차도 복잡한 것이 현실이다.

부동산거래는 일단 등기소시스템이 블록체인 기반으로 구축되면 매매로 인한 소유권 이전등기 역시 간편하게 처리될 가능성이 높다.[52] 그리고 블록체인 기반의 부동산통합시스템에서는 부동산거래가 스마트계약에 의해 계약이 체결되면 부동산거래계약서, 토지대장과 건축물대장을 포함해 실거래가 신고필증, 인감증명, 주민등록등본, 국민주택채권 매입증명서 등 이전등기에 필요한 서류가 한 번에 처리될 수 있다(김승래, 2018). 또한 다운계약서, 불법 및 편법 증여, 불법 분양권거래 등이 모두 통제 가능하다.

따라서 많은 국가들이 국가 토지대장 구축과 건물 부동산 등기 관리에 블록체인 기술을 도입하는 추세이다. 정부의 부동산 규제에 대한 고민도 해결될 수 있어 미국, 영국, 독일 등 각 국가의 정부는 블록체인 기술을 활용한 부동산거래 시스템에 박차를 가하고 있다.

포레스터 리서치(Forrester Research)의 2018년 보고서(Predictions 2019; Distributed Ledger Technology, 2018.11)에서 부동산은 블록체인 기반 네트워크상에 토큰화됨으로써 부동산 관련 기업들은 거래 프로세스가 완전히 바뀐 새로운 비즈니스 모델을 창출해 낼 수 있을 것으로 전망하고 있다. 그러나 아직까지 블록체인은 비즈니스 및 테크놀로지 관점에서 보면 아직 미지의 영역에 속해 있어 인공지능이나 증강현실과 같이 현실적 문제들을 해결할 수 있음이 증명되어야만 기업들은 블록체인을 선택할 수 있을 것으로 보고 있다. 반면에 사용자들의 무조건적인 호응에 반작용하여 전반적인 기술 채택에 악영향을 미칠 수 있다는 우려도 있다.

블록체인은 비트코인을 비롯한 각종 암호화폐의 기반 기술로서 크게 이슈가 된 분산된 형태의 P2P에 기반한 정보시스템이다. 블록체인은 전 세계에 분포한 수많은 노드에 장부(데이터)가 저장되고, 네트워크상에 연결되어 있는 누구라도 모든 장부(데이터)를 실시간으로 볼 수 있다. 그렇기에 어느 한 주체가 나서서 네트워크를 통제하거나, 조작하는 것이 사실상 불가능하다. 왜냐하면 모든 장부를 공유함으로서 다른 참여자들이 곧바로 그 사실을 알게 되기 때문이다. 따라서 부동산공부에 수록된 데이터와 부동산계약서를 블록체인에 의해 저장·관리한다면 신뢰성과 보안성, 편리성과 부동산의 효율성을 기할 수 있게 됨으로써

---

52 거래내역이 모든 참여자들에게 전파되고 새로운 블록에 쓰여지는 과정에 시간이 소요되어 전체 네트워크의 거래처리 용량은 약 1초에 7회 정도로 제한되어 있다.

부동산에서 혁신적인 변화와 발전을 기대할 수 있다.

또한 블록체인에 의한 토큰화(Tokenization)는 블록체인시스템상에서 부동산 거래가 가능하도록 자산을 디지털화 하는 것으로서 새로운 소유권 및 서비스 모델의 탄생을 의미한다. 부동산에 일대 혁신이 이루어질 것으로 전망된다. 블록체인으로 부동산을 토큰화함으로서 부동산 투자, 매매, 임대 등 부동산 전자상거래가 가능하게 될 것이다. 또한 부동산의 소유권의 세분화를 통한 구분소유권 설정을 가능하게 함으로써 부동산의 개발, 투자, 금융 등에 혁신적 변화와 발전이 예고되고 있다.

실제 이와 같이 부동산의 토큰화를 통해 거래가 가능하도록 유가 증권화에 가장 앞장서고 있는 기업으로 폴리매스(Polymath), 시큐리타이즈(Securitize), 그리고 하버(Harbor), 아틀란트(ATLANT), 메리디오(Meridio), 퀀튬RE(Quantm RE) 등이 있다. 이에 대한 자세한 내용은 본서 Part 5 프롭테크에서 살펴볼 수 있다.

또한 스타트업인 조인터(Jointer.io)라는 기업은 부동산의 토큰화 뿐만 아니라 다른 업체들과 달리 여러 가지 부동산, 건물을 인덱스화 함으로써 구매자들이 다양한 토큰을 매입할 수 있도록 하여 부동산 투자에 따르는 리스크를 감소시키고 수익률을 증가시키는 최적의 투자 포트폴리오(Portfolio) 효과를 기대할 수 있는 아이템을 적용하고 있다.

부동산 지분투자 과정에서는 지분을 보유한 소유자를 신뢰하여야 거래가 진행될 수 있는데 이러한 문제를 블록체인으로 해결할 수 있다. 예를 들어, 부동산 거래 과정에서 건물 소유주(매도자)가 부동산가치의 80%를 주택담보대출자(매수자)에게 제공되는 경우 매수자는 그 부동산에 공부에 공시되지 않은 유치권이 설정되어 있는지, 아니면 다른 채무가 있는지도 알 수 없다. 또한 지분투자시 수익 발생에 따른 배당금을 지불하도록 강제할 수 있는 방법도 요원하다. 결국 소유주가 은행 계좌를 통해 배당금을 이체해 줄 것이라고 '믿는 것'외에는 방법이 없다. 또한 실제 존재하지 않는 부동산이 거래가 이루어지거나, 동일한 부동산이 이중으로 거래가 이루어지는 경우도 발생할 수 있다. 블록체인의 탈중앙화에 의해 분산원장기술과 정보의 비가역성이란 특성은 이와 같이 허위거래나 이중거래를 원천적으로 방지할 수 있다. 실제 미국에서는 이를 방지하기 위한 비용으로 부동산 가격의 1~2% 수준의 수수료가 발생하나, 블록체인 기술을 활용하면 허위매물의 등록이나 거래가 원천적으로 불가능하므로 부정을 방지하고 있다. 서비스의 질은 높아지고, 시간과 비용을 절약한다.

부동산 및 자산관리의 영역에서도 블록체인 기술이 활용되는 것은 개발도상국 입장에서는 매우 중요한 일이다. 페루의 경제학자 에르난도 데 소토(Hernando De Soto)교수는 자신의 저서 「자본의 미스터리(The Mystery of Capital: Why Capitalism Triumphs in the West and Fails Everywhere Else)」에서 '문서화된 재산권 보호의 효과'를 다음과 같이 설명한다. 법적 시스템이 문서화되는 경우 첫째, 자산의 경제적 잠재력이 숫자로 드러나고 둘째, 산재한 정보가 하나의 체제로 통합되며 셋째, 책임소재가 명확해진다. 넷째, 자산이 대체 가능한 형태로 전환되고 다섯째, 다수의 사람이 법적 네트워크에 진입할 수 있게 되어 안전한 거래가 보장된다는 것이다

이러한 경제적 영향의 실제 예로, 페루에서는 통신회사의 사유화(Privitize)를 위해 회사에 결부된 각종 권리를 문서화하여 죽은 자본(Dead Capital)을 살아있는 자본(Live Capital)으로 전환하는 작업을 하였다. 그 결과 통신회사의 시장가치가 5천 3백만 달러(1990년)에서 20억 달러(1993년)로 약 37배 상승하였다. 문서화로 인한 위의 여섯 가지 효과가 37배의 가치 상승으로 표출된 셈이다.

이와 같이 공인된 문서에 의해 보장받는 권리의 전산화는 전 세계 국민의 소유 범위를 확장하는 것이다. 한국에서도 미국 아마존(Amazon)의 주식을 살 수 있게 된 것은 순전히 우리가 인터넷이라는 통신망으로 연결되어있기 때문이다. 이를 다시 정리하여 표현하면, "문서화되고 전산화된 부동산소유권 제도가 유동성 확대를 이끌었으며 결과적으로 자산의 가치상승을 가져 올 수 있다"는 것으로 블록체인에 의해 부동산 권리 설정(예: 지분분할 및 거래)은 가치를 상승시킬 수 있는 것이다.

그러나 현존하는 시스템에서는 다음과 같은 한계는 여전히 존재한다. 첫째, 소유권거래 과정에서 소요되는 중개비용이 국가 간 자산거래의 활발한 발전을 막는다. 국내에서 미국의 부동산을 매입하는 상황을 상상해 보면 비거주 외국인은 부동산 취득자금을 인출하는 시점부터 소유권 이전 등기, 매각대금 반출 등 복잡한 과정 속에 존재하는 중개인에게 높은 수수료를 제공하여야 한다. 또한 법적·기술적 복잡성이 투자에 진입장벽으로 작용한다. 더 나아가 미국에 소재

한 부동산 지분을 공동 소유하는 상황에서는 더욱 더 복잡한 과정이 추가된다.

둘째, 부동산 단위 자산의 가격이 높아 소수의 자본가나 기관투자자에게는 친숙하지만 그러하지 못한 대중에게는 고가의 자산 소유에 한계가 있다. 대중은 쉽사리 투자하지 못하는 자산(부동산, 비상장주식 및 벤처기업 투자, 고가의 미술품 등)이 여전히 존재하며 암묵적이든 명시적이든 선택을 받은 소수만이 그 기회를 독점하고 있다.

셋째, 소비와 투자를 분리하여 생각하는 패러다임의 한계가 존재하여 진정한 의미의 공유경제를 막고 있다. 기존의 거시 경제균형 함수($Y=C+I+G$)가 상정하는 소비와 투자 간 개념의 분리는 결국 소비자를 단순히 '소비자'에만 머무르게 하고, 소비 행위를 통해 얻을 수 있는 부가적인 가치창출 기회를 박탈한다.

블록체인은 앞에서 설명한 세 가지 한계를 극복하며, 이제까지 우리가 생각해온 '소유'의 개념에 혁신적 변화를 주게 한다. 이는 블록체인이 국경에 제한받지 않는 '글로벌 분산장부시스템(Distributed Ledger System)'으로서 작동하기에 가능한 일이다.

에르난도 데 소토(Hernando De Soto) 교수는 전 세계의 등록되지 않은 자산이 약 20조 달러에 달할 것이라 한다. 그는 남미의 시장경제가 성장하지 못한 요인 가운데 자산이 등록되지 않은 탓에 담보로 활용하지 못한 점이 크다는 것이다. 등록되지 않은 자산이 관리되면 개발도상국의 경제성장률이 10% 이상 높아질 수 있다고 주장하기도 한다. 이와 같이 블록체인에 의한 부동산관리는 자산가치의 상승과 신뢰성과 효율성을 기할 수 있는 것이다.

앞의 국가별 부동산 블록체인 추진정책에서 설명한 바와 같이, 미국은 연방정부와 애리조나주, 버몬츠주 등에서 부동산거래기록 관리에 블록체인을 도입하는 시범사업을 추진하였으며, 스웨덴 국토조사국의 Lantmateriet는 프라이빗 블록체인을 적용하여 토지거래자, 부동산중개인, 은행 등을 연결하는 시스템을 개발하여 2017년 7월 시범운영하여 2018년부터는 토지등록을 시행하고 있어 등록시간을 3개월에서 수일로 단축시키고 연간 1억 유로가 절감되는 효과를 얻고 있다. 조지아공화국에서는 부동산 소유권과 계약 위변조를 방지하기 위한 공공 등기청(NAPR)[53]의 국가 토지대장을 블록체인 방식으로 전환하는 프로젝트를 추진

---

53 NAPR은 프라이빗 블록체인에 의한 토지등록(Land Titling Registry)을 구축 운영하여 토지정

하였으며, 온두라스는 위·변조가 만연된 토지대장을 블록체인으로 관리하여 신뢰성을 향상시키고 있다.

일본 역시 2018년부터 토지대장 관리에 블록체인 활용을 추진하고 있다. 일본 법무성은 전국 2억여개의 토지 구획과 5천만여개 건물정보를 비롯해 부동산 매매에 관한 데이터를 블록체인으로 관리할 예정이다.

그 외에도 로테르담, 브라질, 두바이, 러시아 등 많은 국가에서 파일럿 테스트 수준의 블록체인 활용을 시험중에 있다. 민간부문에서는 부동산 계약 및 거래, 부동산공부 저장 및 관리, 부동산 ICO등에서 블록체인이 부동산분야의 다양한 비즈니스 모델 구현을 시험 중에 있다.

국내에서는 2016년부터 블록체인에 의해 신속 편리하고 위변조를 방지하며 공부발급에 소요되는 비용을 절감할 수 있는 블록체인에 의한 시스템을 2018년에 구축하여 2019년에 제주도를 시범적으로 운영한 후 향후 전국으로 확대하여 적용하려고 추진하고 있다.

또한 새롭게 구축하고 있는 블록체인 기반의 부동산거래시스템은 블록체인 기술을 활용하여 종이증명서가 아닌 데이터 형식의 부동산정보를 관련기관에 제공하고 이를 통해 실시간으로 부동산정보를 공유할 수 있다. 따라서 부동산과 관련하여 대출을 받고자 하는 경우, 부동산 증명서를 은행에 제출하지 않아도 은행담당자가 블록체인에 저장된 토지대장 같은 부동산정보를 확인할 수 있게 됨으로서 경제적, 시간절감 등 효율성을 기할 수 있을 것이다.[54] 이외에도 블록체인은 단일 부동산을 제공하는 대신 아파트 건물 집합 또는 상업용 부동산 등 여러 부동산 집합을 포괄하는 인덱스를 구성하여 투자자는 개별 부동산이든 집합된 부동산이든 이를 선택할 수 있다. 블록체인을 이용하면 더 이상 '특정 부동산'에 얽매이지 않아도 된다는 것이다. 특정 부동산이 시장가격보다 비싼지 저렴한지, 소유주가 모든 자산을 매각하고 있는지, 자본은 있는지 등을 신경 쓰지 않아도 된다. 그리고 모든 부동산(그리고 그들의 소득 능력)은 제도적으로 관리될 수 있게 된다.

블록체인상에서 부동산은 암호화폐(코인)로서 대출을 받기 위한 증권, 또는

보 확인과 소유권 증명을 보장하는 시스템.

54 https://www.sciencetimes.co.kr/?news＝(최종검색: 2020.4.9)

단순히 수익을 기대할 수 있는 금융 자산으로 취급될 수도 있다.

블록체인의 또 다른 사용 사례는 부동산거래시장이다. 부동산업자, 구매자, 판매자, 모기지 대출업자 모두 블록체인을 통해 재산권 이전의 모든 데이터를 투명하게 볼 수 있으므로 시간과 결제 과정에 따른 비용을 줄일 수 있다. 스태튼 아일랜드 멀티플 리스팅서비스(Staten Island Multiple Listing Service) CEO인 샌디 크루거는 올해 초 기존 부동산거래의 비효율성을 해소하고 투명성을 확보하기 위해 회사의 부동산 목록 사이트에 사용할 블록체인 개념 증명을 실시했다. 셸터줌(ShelterZoom)의 온라인 플랫폼을 기반으로 하는 이 블록체인을 통해 판매자와 구매자, 각각의 부동산 대리인은 동시에, 실시간으로 모든 제안과 거래를 볼 수 있어 부동산거래의 효율성을 기할 수 있게 된다.

또한 실제 미국의 중개사 간에 운영되는 부동산거래정보망인 MLS(Multiple Listing System)상에서 다음 그림과 같이 블록체인이 적용되고 있다.

▼ [그림 9-1] 미국의 중개 과정의 블록체인 적용

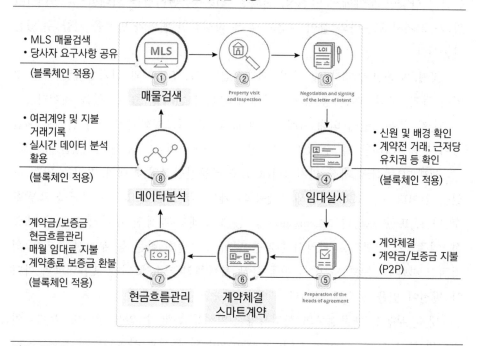

자료: Blockchain in commercial Real Estate The future is here! – Deloitte(2017).

블록체인을 적용할 수 있는 조건은 데이터를 분산저장함으로 공개되어도 무방한 데이터야 하며, 무결성이 필수이며 거래 발생 빈도가 낮아야 한다. 또한 명확한 상호관계를 정의할 수 있어야 하며 프라이버시가 보장되는 환경이 요구된다.

부동산정보는 부동산 공시법상 대부분 누구든지 열람할 수 있게 공시되어 있다. 부동산정보는 정확성, 신뢰성, 현시간성이란 특성이 있으며 실생활과 밀접하게 연관되어 있어 정보의 무결성이 핵심이라 할 수 있다. 또한 낮은 거래 빈도와 부동산정보의 비공개성이란 특성이 있다. 다른 분야에 비해 부동산거래는 예를 들어, 서울지역의 거래빈도는 서울부동산정보광장 웹사이트에 의하면 일일 평균 600여건에 지나지 않는다.

앞에서 살펴본 블록체인 특성과 비교해 보면 연관성이 높아 블록체인은 부동산의 다양한 분야에서 안전성, 신뢰성, 신속성, 편리성을 기대할 수 있어 [그림 9-2]에서 보는바와 같이 다음과 같은 혁신적인 변화와 발전을 기할 수 있는 기술이다.

첫째, 부동산의 거래 및 등기, 거래시간 단축, 간소화와 신뢰성을 증대할 수 있어 등기, 계약, 대출 등 부동산거래에 혁신적 변화를 줄 수 있을 것이다.

둘째, 블록체인에 의해 비대면 스마트계약과 글로벌화되어 국가 간에도 제한 없이 부동산거래를 할 수 있는 부동산의 전자상거래를 구현할 수 있을 것이다.

셋째, 부동산의 자산 디지털화(ICO)로 부동산산업의 확대와 발전을 기할 수 있을 것이다. 즉, ICO를 통해 부동산의 개발, 투자에 소요되는 자금을 조달할 수 있다. 또한 토큰화(Tokenization)를 통해 소액의 부동산 투자가 가능한 대중화, 민주화가 실현되고 지역적 한계를 넘어 글로벌화 하는 등 부동산 투자의 획기적인 변화가 가능할 것이며 이를 통해 블록체인 기술에 의한 프롭테크의 확대와 발전이 있을 것으로 보인다.

넷째, 부동산 매물정보의 신뢰성과 정확성을 높일 수 있을 것이다. 블록체인 기술의 분기(Fork)와 Longest Chain Win Rule의 특성과 블록체인의 유형 중 하이퍼레저 패블릭으로 인해 부동산 매물의 허위매물을 근절시킬 수 있을 것으로 기대된다.

이와 같이 블록체인에 의해 부동산분야는 종전의 기술적, 환경적 제한의 한계를 벗어나 부동산 공공서비스의 혁신과 부동산거래, 개발, 금융, 투자분야의 혁신적 발전과 블록체인에 의한 프롭테크가 확대 발전을 하게 될 것으로 보인다. 블록체인의 분산원장기술(DLT)에 의해 중앙집중식 공부 저장 관리에서 부동산공부의 분산저장 관리로 부동산공부의 투명성과 신뢰성이 높아지며, 부동산정보의 공유를 통해 누구든지 신뢰성 있고 시간적 변화에 따른 정보의 현시성이 높아지며, 소요시간과 비용의 절감 효과가 있는 정보에 의한 각종 권리 설정 및 확인이 가능해져 부동산 공공서비스의 혁신이 이루어질 것이다.

이러한 블록체인에 의한 부동산 변화에 대해 세부적으로 살펴보면 다음과 같다.

▼ [그림 9-2] 블록체인에 의한 부동산 변화

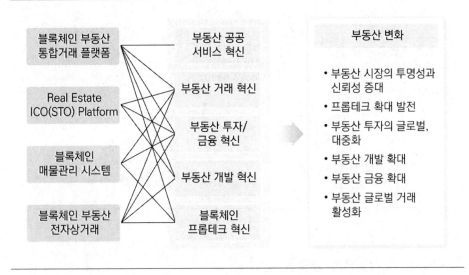

1. 블록체인에 의한 통합거래 플랫폼 운영

부동산시장의 참여자는 아래 그림에서 보는 바와 같이 중앙정부와 지방자치단체로부터 부동산 개발 및 임대업자 등의 공급자, 부동산을 필요로 하는 개인, 기업, 공공기관 등의 수요자, 부동산거래에 있어 중개, 세무, 법률적 측면에서 지원하는 전문가 그리고 은행, 보험회사 등의 금융기관 등이 있다.

블록체인 기반의 부동산거래 통합 플랫폼을 구축하면 이러한 시장 참여자는 실시간에 의해 부동산정보를 공유하고 활용하여 투명성과 신뢰성이 높은 부동산정보를 활용하게 될 것이다. 그리고 부동산거래의 공간적 확장으로 지역적 한계를 넘어 국내 부동산시장을 뛰어넘어 글로벌한 부동산시장으로 확대되고, 소요시간과 비용을 절감하며 안전한 거래가 이루어지게 될 것이다.

▼ [그림 9-3] 블록체인에 의한 통합거래 플랫폼

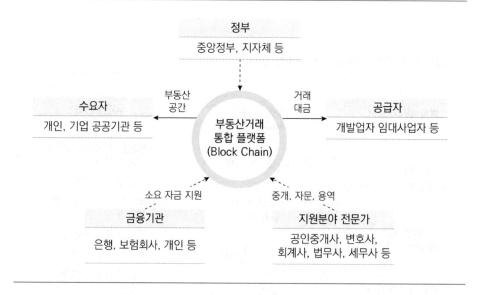

2. 부동산 ICO(STO) 플랫폼 운영

부동산의 개발업, 임대업, 중개업 등에서 프롭테크(Proptech: Property + Tech)를 개발하는 부동산 회사는 ICO 또는 STO를 통해 토큰을 발행하여 세일(Sale)함으로서 소요되는 자금을 조달하여 사업을 추진할 수 있다. 부동산 관련 회사는 블록체인 기반의 플랫폼 구축과 토큰발행 등 기술적인 부분에 대해서는 해당

되는 기술을 지원해 줄 전문기관이나 기업의 지원을 통해 해결한다.

부동산 개발, 투자, 프롭테크 개발을 추진하고자 하는 회사는 사업수행에 대한 상세한 사업계획서를 작성한 백서를 공개하여 투자자에게 발행되는 토큰을 판매하여 자금을 조달하여 부동산의 다양한 프로젝트를 수행한다. 부동산 개발 및 투자업 등을 하고자 하는 회사는 클라우드 펀딩(Crowd Funding)에 의해 다수의 소액투자를 유도함으로서 소요 자금을 조달할 수 있다. 또한 발행된 토큰은 암호화폐거래소를 통해 일반인에게도 거래가 이루진다. 이러한 토큰거래와 부동산사업을 추진함에 있어 스마트계약(Smart Contract)을 적용함으로서 거래비용 절감, 신뢰성과 신속성을 유지할 수 있다.

▼ [그림 9-4] ICO(STO)에 의한 부동산 비즈니스 모델 개념도

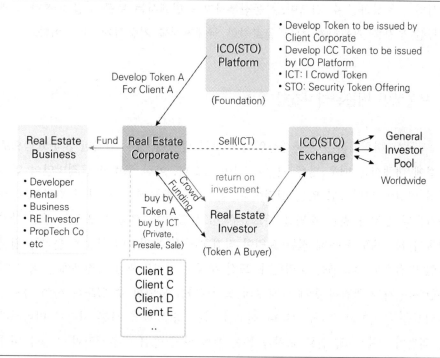

자료: 경정익(2020b).

이와 같이 부동산 ICO(STO) 플랫폼은 클라우드 펀딩을 통해 다수의 소액투자를 할 수 있게 됨으로서 누구든지 부동산 투자에 참여할 수 있는 투자의 민주

성의 구현과 개발업, 투자업에 소요되는 대규모 자금까지 조달도 가능할 수 있을 것이다. 그리고 종전의 부동산사업의 지역적 한계를 벗어나 글로벌한 토큰세일을 통한 국제적인 부동산 투자(지분 및 구분 소유)와 자금 조달로 부동산개발, 투자업을 수행할 수 있을 것이다.

ICO(STO)를 통해 프롭테크를 수행하는 데 소요되는 자금을 금융기관과 벤처캐피탈(VC)보다 소요되는 지금을 용이하게 조달할 수 있어 프롭테크 활성화에도 기여할 것으로 기대된다.

따라서 사업을 수행하여 발생하는 수익은 토큰을 구입한 투자자에게 배분되며, 수익정도에 따른 토큰가격의 변동으로 암호화폐거래소를 통해 토큰을 구입한 일반투자자까지 직접 또는 간접적으로 수익배분이 이루진다.

부동산 ICO(STO) 플랫폼을 통해서 클라우드 펀딩을 통한 자금조달로 부동산사업이 활성화될 수 있으며, 부동산투자자 측면에서는 토큰 구입을 통한 소액 부동산 투자를 가능하게 하고 글로벌한 국제거래를 가능하게 할 것이다.

3. 블록체인 매물관리시스템 운영

부동산 허위매물은 부동산산업의 정보화 발전에 매우 심각한 저해요인으로 근절에 대해서는 매우 많은 연구가 있어 왔으나, 아직 뚜렷한 근절방안이 없어 직접 일일이 확인하고 있는 실정이다. 실제 허위매물에 대한 대처 방안으로 사용자들의 신고를 받는 방법을 주로 채택하고 있으며, 부동산 포털의 경우 확인 매물이라는 제도를 통해 전문 요원이 직접 매물을 확인하여 확증을 붙이는 원시적인 방법으로 시스템을 운영한다. 또한 부동산 정보검색앱의 경우에는 직접 거주한 사용자의 의견과 함께 국토부의 실거래가를 확인할 수 있도록 하여 정보에 신뢰성을 부여하고 있다. 그러나 신고를 하는 경우 해당 사후 처리가 미비하다는 의견이 다수이고, 전문 요원을 통한 매물 확인 방법은 추가적인 비용에 비해 효과가 미미하다는 지적이 있다. 또한 실거주자의 의견 및 실거래가를 공개하는 방법은 등록된 허위매물을 가려내는 것은 가능하지만, 허위매물의 등록을 막는 것은 불가능하다. 결국 근본적인 해결 방안이 되지 못하고 있는 실정이다.

블록체인의 가장 큰 특징은 분산저장됨으로서 한 번 등재된 내용은 변경이 불가능하며, 데이터를 축적하는 과정에서 트리(Tree)를 형성하며 이질적인 데이터에 대해서는 분기한다는 것이다. 또한 데이터 블록 간에 연결하며 트리를 형성하는 특성으로, 동일한 키워드에 대해 동일한 데이터가 들어온 경우 이전에 등록된 데이터의 신뢰성을 보장해준다. 반면 상이한 데이터가 들어온 경우에는 분기(Fork)가 발생하는데, 이때 이후에는 더 먼저 그리고 더 많이 쌓인 방향을 선택하게 된다. 동일한 데이터일수록 트리 진행방향으로 선택하는 것이다. 블록체인은 이와 같이 새로운 블록이 형성되면 긴 블록체인은 가장 난이도가 높은 체인으로, 여기에 블록이 연결된다. 즉, 블록체인은 합의 검증하는 과정에 가장 난이도가 높은 체인을 선택함으로써 모든 노드는 네트워크 전역의 합의를 이끌어 내고 일관된 상태로 수렴하게 된다.

▼ [그림 9-5] Fork & Longest Chain Win Rule

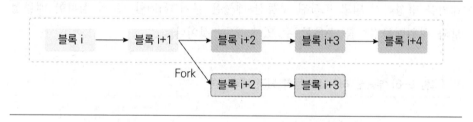

이를 부동산시장에 접목하여 고려하면, 구분하기 위한 키워드로 매물이 갖고 있는 고유식별 데이터를 사용하고 유사성 판별에는 매물의 규격이나 금액 등의 정보가 이용된다. 악의적인 부동산 중개사가 인증 과정을 통과하고 블록체인에 자신의 정보를 등재하였다 하더라도 블록체인의 트리 분기 특성상 신뢰도를 얻을 확률은 낮다.

그 이유는 첫 번째 일반적으로 매물을 맡기는 사회 구조를 들 수 있다. 일반적으로 판매 희망자는 여러 부동산에 자신의 매물을 맡기기 때문에 허위로 정보를 기입한 경우 해당 정보가 다른 모든 부동산과 동일해야 신뢰성을 얻을 수 있기 때문이다. 자신만 유리하기 위해 등록한 정보를 다른 업자와 공유할 확률은 다른 업자가 올바른 정보를 등록할 경우보다 낮기에 신뢰성을 얻기 어렵다.

두 번째 이유는 한 번 매물이 거래가 성사되어 다른 구매 희망자로 넘어가고 그 사람이 다시 판매하게 되었을 경우, 이전에 허위로 등재한 정보와 동일한 정보로 등재하기 어렵다. 그러면 이전 데이터와 분기가 발생하게 되고 더 긴 블록을 얻은 쪽의 부동산 중개사는 신뢰도가 상승하는 반면, 블록이 증가하지 않는 경우의 부동산 중개사는 이전의 기록에 대해 합리적인 의심지점이 생기고 신뢰도도 하락하게 되는 구조이기 때문이다. 블록체인은 한 번 기록된 데이터를 수정할 수 없기에 이전에 허위로 등재한 부동산 중개매물에 대해서는 계속해서 그 사실을 사전에 구매 희망자에게 공지하여 불이익을 받을 수밖에 없다. 이렇게 블록체인을 이용하여 누가 옳은 정보를 올리고 누가 옳지 못한 정보를 올리는지 부동산 업자 간에 상호 감시체제를 형성하여 서비스 내에는 신뢰성이 높은 정보만 존재하도록 하게 되는 것이다.

따라서 이와 같은 블록체인의 검증 과정을 이용하여 부동산의 허위매물을 식별할 수 있을 것으로 보인다. 부동산 매물정보 중 동일하게 등록된 블록은 긴 체인을 형성하게 되고 조작된 부동산 매물은 분기(Fork)함으로서 정확한 매물정보와 허위매물정보를 구분할 수 있게 되는 것이다.

▼ [그림 9-6] 부동산 허위매물 등록 방지 메커니즘

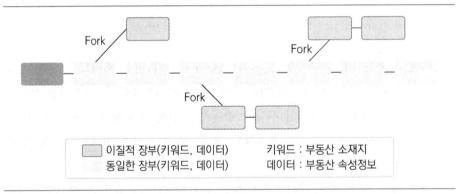

또한 하이퍼레저 패브릭(HyperLedger Fablic)을 통하면 허위매물 등록을 방지할 수 있다. 하이퍼레저는 IBM이 주축이 되어 오픈소스 블록체인 및 관련 도구에 대한 포괄적인 프로젝트로써 공개되고 개방된 형태의 네트워크가 아니라

MSP(Membership Service Provider)라 불리우는 인증관리시스템에 등록된 사용자만 참여할 수 있게 되어 있다. 이는 블록체인에 있는 '모두에 의한 검증'이란 속성을 접목하기 위해 피어(Peer)라는 그룹이 형성된다. 피어그룹은 모든 트랜잭션을 직접 실행해 보고 그 결과를 검증하는 역할을 수행한다. 또 각 피어는 블록체인 데이터를 저장하고 상태를 기록하는 역할을 수행하여 블록체인에서 채굴과 검증을 겸하는 완전노드 정도로 비유할 수 있으나 하이퍼레저 패블릭에는 리더 선출 과정이 없고 작업검증 과정이 없으며 채굴도 존재하지 않는다. 그 대신 트랜잭션과 피어 사이에 정렬자(Orderer)라는 서버가 존재해 동시 다발로 제출되는 트랜잭션을 감시하고 정렬하는 것은 물론 마지막 검증을 마친 트랜잭션의 결과를 각 피어가 최종적으로 원장에 기록하도록 허가하는 역할을 수행한다.

따라서 [그림 9-7]과 같이 하이퍼레저 패브릭의 구조를 활용하면 부동산 허위매물을 근절할 수 있을 것으로 보인다. 매도자로부터 접수된 매물정보를 블록체인시스템에 등록함에 있어 하이퍼레저 패블릭의 피어그룹에서 매물정보에 대한 진위 여부를 합의·검증하고 그 결과를 부동산 중개사를 경유해 정렬자 그룹(Orderer)에 전달하여 검증 후 그 결과를 피어그룹에게 매물등록을 하게 함으로서 피어그룹과 정렬자 그룹의 독립된 두 그룹에 의해 매물정보의 진위 여부를 검증하게 함으로써 부동산 허위매물을 방지할 수 있을 것이다.

이와 같이 블록체인 기술을 활용하여 부동산 매물에 대해 정확도 표기도 가능할 것이며 허위매물 등록을 근본적으로 방지할 수 있다.

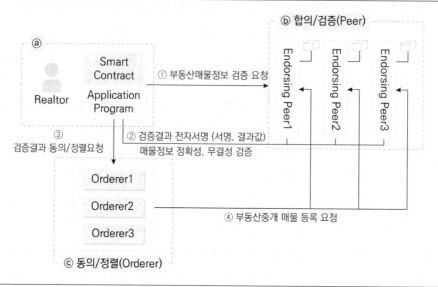

자료: 경정익(2020b).

4. 블록체인에 의한 부동산 전자상거래 구현

부동산거래는 일반적으로 다음과 같이 진행된다. 먼저 매수자는 조건에 맞는 대상부동산을 조사하여 권리, 가격, 지역 및 개별 투자분석을 하고, 매수자와 매도자의 거래당사자 간 가격, 대금지급 방법, 거래조건 등의 합의가 이루어지면 계약을 체결한다. 이후 계약조건에 따라 중도금과 잔금을 지불하고 권리이전 청구를 위한 계약서 검인을 거쳐 소유권이전 등기와 점유인수를 하며 취등록세 및 양도세 지불과 공과금을 지불하는 절차를 거치게 된다.

이와 같은 거래절차에서 블록체인과 스마트계약, 암호화폐가 적용되는 블록체인 기반의 부동산거래정보시스템에 의해 이루짐으로서 부동산 전자상거래(Real Estate e-Commerce)가 가능하게 될 것으로 보인다. 먼저 대상부동산 조사분석과 계약체결 과정에서 스마트계약이 체결되면 계약금, 중도금, 잔금이 자동적으로 지불하게 된다. 특히 스마트계약은 계약 당사자의 신용과는 무관하게 계약이 체결되고 실행하게 되는 특징이 있다.

따라서 종전의 계약에서 계약불이행에 따른 향후 보험료, 소송비용 등의 비용이 발생하던 것이 스마트계약을 함으로서 이러한 비용소요가 없어져 절감될 수 있다. 거래에 따른 계약금, 중도금, 잔금과 취등록세, 양도소득세 등의 세금지불 등 금액거래는 블록체인에 의해 실시됨으로서 P2P거래가 이루어져 매도자와 매수자 간 중간 금융기관 없이 암호화폐에 의해 거래가 되며 안전하고 신속하고 거래 수수료 없이 이루어지게 된다. 적정 부동산을 탐색하는 과정에서는 사물인터넷(IoT)에 의해 수집되는 실시간의 해당 데이터를 수집하여 인공지능과 빅데이터로 과학적, 증거기반의 분석을 실시하고, 가상현실과 증강현실, 혼합현실을 적용함으로서 임장활동의 지역적 한계를 넘어 공간적으로 확장되는 부동산시장이 형성될 것이며 누구든지 쉽게 고도의 분석을 통해 적정 부동산을 탐색하게 될 것이다.

또한 거래 간 중개사, 세무사, 법무사 등 전문가의 지원 없이 이루지게 될 것이다. <표 9-1>에서 살펴본 세계은행에서 발표한 부동산거래 단계 중 8단계가 이루어지면 이와 같은 실행이 모두 이루어지는 부동산 전자상거래가 가능할 것으로 기대된다.

미국에 본사가 있는 유아용품과 장난감을 판매하는 오프라인 매장 1,600여 개를 운영하는 기업인 토이저러스(Toys R Us)[55]는 2017년 7월 미국과 캐나다 매장에 한해 파산을 신청하여 세상을 놀라게 하였다. 거대한 토이저러스는 누구도 파산을 할 것이라 생각하지 못하였으나 오프라인 매장의 운영이 아마존의 전자상거래로 인해 더 이상의 유지가 어렵다는 것을 단적으로 보이고 있다. 시간이 지날수록 오프라인시장은 온라인시장 즉 전자상거래로 변화하고 있는 것이다.

부동산시장은 다른 분야와 달리 임장활동이 요구되고, 특히 거액의 거래가 이루짐으로서 고도의 안정성과 보안성이 요구되는 등 일반적인 거래와는 많은 차이가 있어 전자상거래가 곤란하였다. 그러나 블록체인을 비롯한 인공지능과 빅데이터, VR/AR/MR 등의 기술에 의해 전자상거래가 가능하게 될 것으로 기대되고 있다. 블록체인에 의해 전자상거래가 이루어지면 상상하지 못할 대규모의

---

55 토이저러스는 1957년 창업해 전 세계 1,600개 이상 점포와 6만4,000명 이상의 종업원을 거느린 초대형 장난감 소매점이다. 2017년 창립 60주년을 맞이한 2017년 미국과 캐나다 소재 매장에 대해 파산신청함.

거래가 이루어질 것이다.

▼ [그림 9-8] 블록체인 부동산 전자상거래 구현

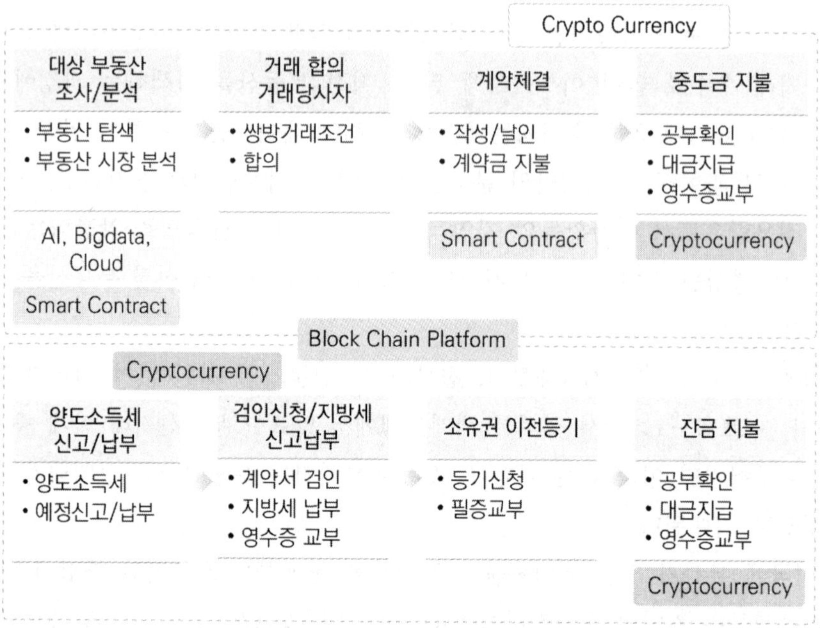

자료: 경정익(2018a), 부동산정보기술론.

04절 부동산분야와 블록체인 적용 발전방향

비트코인 블록체인 기술은 완성된 기술이 아님을 우선 유념해야 할 것이다. 다시 말해 퍼블릭 블록체인 기술의 가장 핵심이라 할 수 있는 탈중앙화를 유지하기 어려운 문제가 있다. 프라이빗, 컨소시움 블록체인 등은 이러한 문제를 보완하기 위해서 다양하게 변형된 블록체인이 나타나고 있어 블록체인의 기술적 발전 동향을 예의 주시하고 부동산분야에서 그 활용에 대해 세심하게 살펴보아야 한다. 그리고 부동산분야의 블록체인의 실질적인 활용은 부동산의 특성과 블록체인의 기술적 접근을 통해 실현가능한 부동산분야의 활용방안을 모색하고 추진할 필요가 있다.

따라서 부동산분야의 블록체인 활용을 효율적으로 하기 위해서는 다음과 같은 면을 보완하여야 할 것이다.

첫째, 현행 법령과 상충되거나 수용 여부가 불분명한 부분을 위한 기술적·법제도적 검토가 요구된다. 일반적으로 중앙집중식 구조를 전제하는 현재의 법령과는 달리 블록체인, 스마트계약기술은 분산처리를 주된 구조로 보기 때문에 현행 법체계에서는 적용하기 곤란한 부분이 발생한다. 예를 들어, 중앙 집중적으로 데이터를 관리하여 수정·삭제가 용이하였던 과거 시스템과 달리 블록체인 시스템은 참여자들이 데이터를 공유하고 분산 관리하여 데이터가 변경이 되지 않는 방식을 택함으로써 데이터 수정·삭제가 어려워 개인정보보호법과의 상충 문제가 발생한다. 즉, 개인정보보호법은 개인정보의 처리 목적을 달성한 경우 해당 개인정보를 파기토록 규정하고 있으나 블록체인은 전체 블록의 무결성 유지를 위하여 일부 삭제가 불가능하기 때문에 문제가 된다. 그리고 블록체인의 데이터 내용은 유지하면서 개인정보 관련 내용은 삭제하는 기술적 해결방식 또는 법정책적으로 해결하는 방식 등을 검토할 필요가 있다. 이 외에도 계약이 취소·무효되는 경우 체인 상의 정보를 어떻게 수정할 것인지, 스마트계약으로 인한 분쟁 발생 시 관할을 어떻게 정할 것인지, 개정되는 강행규정에 어긋나는 기존 스마트계약을 어떻게 처리할지, 약관규제법을 적용하여야 할지 등 다양한 법적 쟁점이 산재되어 있어 분쟁 해결 보완 장치 마련을 위한 고민을 하여야 할 것이다.

둘째, 블록체인은 부동산의 다양한 분야에 접목되어 계약 등 실생활과 밀접한 부분에서 사용되므로, 여러 정부 부처, 전문가, 국민들이 그 필요성 및 방식을 함께 논의하는 거버넌스 체계가 구축되어야 할 필요가 있다.

셋째, 부동산거래에서 매도인은 부동산 소유권을 보유하고 매수인은 매매대금의 지급을 조건으로 소유권을 이전받을 지위에 있게 된다. 그런데 스마트계약이 실행되는 자동화된 거래시스템에 의하면 미리 프로그래밍된 조건에 따라 대금 지급과 소유권 이전이 자동으로 이행되어 계약의 이행 및 불이행의 문제가 남지 않는 것이 특징이다. 그러나 이러한 거래 관계가 실현되기 위해서는 디지털 통화(암호화폐), 디지털 부동산 자산(Asset), 유효한 매매계약이 있어야 할 것이다. 여기서 디지털 통화는 시스템 참가자 각자가 통화 잔액을 갖고 원하는 만큼의 지급이 가능한 인터페이스를 갖춰야 하고, 부동산 자산의 권리는 디지털 자산으로 공신력 있는 기록과 자산에 대한 권리이전 수단이 갖춰져야 하며, 마지막으로 전자적 의사표시 및 알고리즘 계약에 관한 시스템이 확립되어야 할 것이다.

넷째, 부동산분야에서 무분별한 블록체인 적용에 대해 경계하여야 할 것이다. 블록체인은 분산 처리로 얻는 장점이 있는 반면 처리 속도가 느려 효율성이 떨어지는 등의 단점도 지니고 있으나, 블록체인 신드롬 속에 산업·서비스의 특징을 고려하지 않고 무분별하게 블록체인 기술을 적용하려고 하는 경향이 있다. 따라서 과학기술 정책, 시범사업, 국가연구개발사업 기획 시 상기 신드롬에 사로잡힌 것이 아닌지 냉철한 분석과 판단이 필요하다. 부동산산업·서비스를 분산 방식으로 처리할 경우 얻는 이익이 무엇인지, 분산 방식으로 처리가 가능한 규모인지, 데이터 무결성이 반드시 필요한 분야인지, 데이터 내용이 공개되어도 되는 분야인지 등을 고려하여야 한다.

다섯째, 블록체인에 대한 정확한 이해를 바탕으로 부동산분야에 활용의 시행착오를 최소화하여야 할 것이다. 블록체인보다 먼저 부동산분야에 적용을 추진한 빅데이터를 살펴보면, 상당한 활용 효과가 있을 것이란 기대에 부풀어 상당한 예산과 시간을 투입하고 다양한 활용방안을 제시하고 추진하였다. 이렇게 부동산관련 다양한 프로젝트는 종료를 전후해서는 종료가 언제 되고 어떠한 결과와 효과가 있는 것인지는 알기가 어려울 정도로 되고 있는 실정이다. 실제 활용은 처음 기대와는 많은 차이가 발생하고 있다. 이는 빅데이터기술에 대한 충분한 이해가 부족하기 때문이다. 앞에서 살펴 본 제주도지역을 대상으로 한 부동산종합공부시스템의 블록체인 시범사업은 중지된 상태로 블록체인의 충분한 이해와 면밀한 검토가 이루어지지 않은 대표적인 사례라 할 수 있다.

PART

04

스마트정보기술과
부동산

부동산 빅데이터 블록체인 프롭테크

10

인공지능과 부동산

1. 인공지능(AI: Artificial Intelligence) 개요

인류는 오랫동안 인간을 대체할 수 있는 자동화된 노동력 또는 지능체를 만들기 위해 노력해 왔다. 디지털 개념과 기술의 발전은 단순하고 반복적인 업무를 자동화하는 시스템에서부터 인간의 복잡한 인지 및 판단활동을 보조하거나 대체할 수 있는 컴퓨터시스템에 이르기까지 많은 변화와 발전을 가져 왔다.

근래에 와서는 한 걸음 더 나아가서 인간을 초월하는 능력, 슈퍼 인텔리전스(Super Intelligence)능력을 지닌 컴퓨터시스템에 대한 논의가 활발히 이루어지고 있다(Antonov, 2011). 아직까지 인간의 생각과 판단을 완벽히 대체할 수 있는 컴퓨터시스템은 개발되지 못하였으나, '알파고 제로' 등 인간 능력에 버금가는 인공지능 사례들이 매스컴을 통하여 소개되면서 그 목표가 그리 멀지 않았다는 추측이 가능하게 되었다. 이런 끊임없는 노력의 결과로 1990년대에 컴퓨터 공학과 기계 공학을 중심으로 재탄생한 인공지능분야는 지속적으로 발전하여, 최근에 화두가 되고 있는 제4차산업혁명의 핵심 기술로 대두되면서 과거보다도 더 활발한 연구가 이루어지고 있다(Schwab, 2016).

2020년대는 AI에 의해 생활이 획기적으로 바뀌는 변화가 일어날 전망이다.

전문가들은 특히 데이터와 AI가 글로벌 저성장기에 생산성을 높이는 정도가 아니라 새로운 생산요소로 자리 잡을 것이라 한다.

글로벌 컨설팅기업인 프라이스워터하우스쿠퍼스(PwC)는 2030년에는 인공지능에 의한 시장규모가 114조 달러에 이를 것으로 전망하면서, AI 활용을 통해 GDP가 최대 14% 늘어날 것으로 전망한다. IT 자문기업인 가트너는 AI로 파생되는 글로벌 비즈니스가치가 2019년 2조 6,000억 달러를 넘는 데 이어 2020년에는 3조 3,460억 달러, 2025년은 5조 520억 달러에 이를 것으로 예상한다. 가트너가 발표한 2020년 10대 기술 트렌드에는 인간증강(Human Augmentation)과 자율사물(Autonomous Things)을 포함되어 있다. 웨어러블 기기를 통한 신체능력 강화와, 인간과 AI의 협업을 통한 인식능력 증강이 10년 내에 일반화될 것으로 전망하고 있다. 이와 함께 로봇, 드론, 자율주행차 등 기기가 인간의 활동을 대신해 주고, 주변환경이나 사람들과 상호작용하면서 생활 도우미 역할을 할 것으로 내다봤다.

▼ [그림 10-1] 2020 Gartner 10대 핵심 전략기술

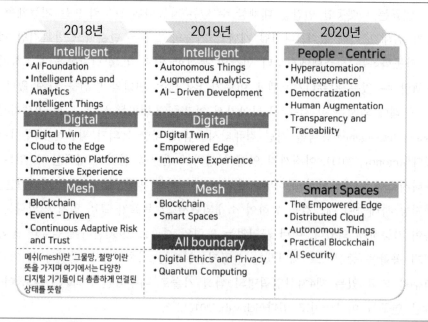

자료: Gartner(2019.7).

과학자들은 인류가 호모 사피엔스시대 이후 지능과 신체 한계를 기술로 극복한 '트랜스 휴먼(Trans Human)'시대를 맞을 것이라고 전망하며, 인간이 발명한 기술이 스스로 진화할 것이라고 한다. 나아가 슈퍼컴퓨터급 두뇌로 사고하며 병에 걸리거나 늙지 않으면서 반사회적 유전자를 제거해 평화롭게 공존하는 '포스트 휴먼'시대가 열릴 것으로 내다보고 있다. 국내·외 연구자들은 기존 머신러닝(Machine Learning)의 한계를 극복한 다차원 머신러닝, 사람 대신 AI가 AI를 설계하는 메타 AI, 가상현실과 증강현실을 접목한 차세대 HMI(Human Machine Interface), 중추신경계 및 신체와 소통하며 신체의 일부분처럼 작동하는 신체 결합 로봇기술 등을 경쟁적으로 연구하고 있다. 반면에 이러한 기술들이 실용화되는 과정에서 인간 삶과 사회시스템, 인류 문명과 조화롭게 작동하도록 만드는 것은 매우 중요한 인류의 숙제이기도 하다.

마윈 알리바바 창업자는 작년 9월 중국 상하이에서 열린 세계 AI 콘퍼런스에서 테슬라와 스페이스X 창업자인 엘론 머스크와 가진 대담에서 "AI에 대해 흥분되는 것은 AI가 사람들이 스스로를 더 잘 이해하는 장을 열어줄 것이라는 점"이라는 것이다. 그러면서 "사람들이 AI가 가져올 재앙에 대해 걱정하지만 그것은 재앙이 아니라 실수"라면서 "인류는 그런 실수들을 바로잡고 스스로 발전해 나갈 수 있을 것이다. 그래서 우리에게 교육이 필요하다"고 강조했다(디지털타임스, 2020).[1]

AI로 인해 증강된 제품들이 늘어나면서 이 기술이 가져올 자동화와 개인화의 활용이 늘어나고, 그 결과로 이 기술을 찾는 소비자의 수요와 요구도 증가할 전망이다.

2. 인공지능 역사

인공지능은 1950년에 Turing의 "Can machines think?"라는 논문에서 인간과 같이 생각할 수 있고 대화할 수 있는 기계 혹은 시스템 개발을 제안하면서 본격적으로 연구가 시작되었다. 초기에는 인간과 자연스러운 대화를 할 수 있는 음성인식과 이해가 가능한 시스템을 만드는 데 그 초점이 맞추어져 있었다. 1987년

---

[1] 디지털타임스(2010.3.2), 초연결 슈퍼지능시대, 인류의 삶 생활이 바뀐다.
  자료: http://www.dt.co.kr/contents.html?article_no=2020030302102131650001&ref=naver.

애플(Apple)은 그들의 미래에 대한 비전이라고 발표한 'Knowledge Navigator'라는 홍보용 비디오에서 인간과 자유롭게 대화를 통해서 인간과 같이 지적활동을 수행하는 시스템을 소개한 이후, 약 20여년이 지난 2011년에서야 비로소 음성인식이 가능한 시스템인 Siri(Speech Interpretation and Recognition Interface)를 개발하여 현재 많은 분야에서 상용화되고 있다.

인공지능 연구는 [그림 10-2]와 같이 지금까지 2번의 '붐'과 2번의 '겨울의 시대'를 거쳐 3번째 붐의 시대에 이르고 있다.

제1차 붐은 1950년 후반~1960년대였다. 1956년 여름, 다트머스 대학교에서 개최된 워크숍에서 인간과 같이 생각하는 기계를 처음으로 '인공지능'이라 부르기로 정의한 후 컴퓨터를 통해 '추론·탐색'을 하는 것으로 특정한 문제를 해결하는 연구가 활발히 진행되었다. 에니악(ENIAC)의 출현으로 컴퓨터를 처음 접하고, 깊은 인상을 받은 사람들은 컴퓨터가 굉장히 똑똑하다고 생각했지만 이 당시의 인공지능은 대단히 한정된 상황에서만 문제를 풀 수 있었다. 소위 'Toy Problem(간단한 문제)'은 풀어도 복잡한 문제에 대한 답을 할 수 없음이 밝혀지면서 1차 붐은 빠른 속도로 수그러든다.

이후 1970년대의 긴 '겨울의 시대'를 지나 1980년대에 들어서자 '지식'을 컴퓨터에 학습시키는 접근법에 대한 연구가 진행되면서 제2차 붐이 시작되었다. 예를 들어, 병에 관한 지식을 학습시키면 질병에 대한 해결책을 내놓는다는 접근이다. 이를 '전문가시스템(Expert Systems)'이라고 한다. 지식을 활용한 인공지능시스템으로는 1970년대 초에 미국 스탠퍼드대에서 개발한 '마이신(MYCIN)'이 유명하다. 전염성 혈액 질환의 환자를 진단하고 항생 물질을 자동으로 처방하는 프로그램으로 감염증 전문 의사 대신 진단을 내리는 시스템이다.

그 외에도 생산·회계·금융 등 다양한 분야에서 전문가시스템이 만들어졌으나 기본적으로 입력한 지식 이상의 것은 할 수 없었다. 그리고 입력하는 지식이 보다 알차고, 예외에도 대응할 수 있도록 하려면 감당할 수 없는 정도로 지식이 방대해야만 했다. 즉, 전문가의 지식을 인간이 컴퓨터에 모델링하는 지식획득 과정에서 발생되는 문제(Knowledge Acquisition Problems)로 인해 전문가시스템이 기업에서 인간 전문가를 완전히 대체하기에는 많은 한계가 있었다(Boose, 1985). 결국 한계에 직면한 AI 연구는 1995년경부터 2번째 겨울의 시대를 맞이한다.

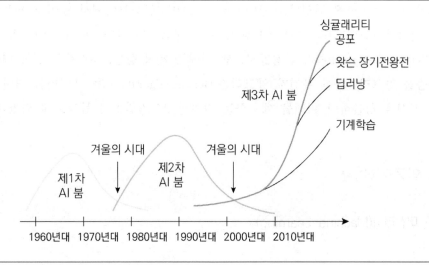
▼ [그림 10-2] 인공지능의 붐과 웨이브

싱귤래리티
공포
왓슨 장기전왕전
딥러닝
제3차 AI 붐
기계학습
겨울의 시대   겨울의 시대
제2차
AI 붐
제1차
AI 붐
1960년대 1970년대 1980년대 1990년대 2000년대 2010년대

자료: 마쓰오 유타카(2015), 인공지능과 딥러닝.

　1990년대 후반에는 인터넷상의 데이터가 폭발적으로 증가하면서 이를 이용한 '머신러닝'이 주목받기 시작했다. 머신러닝은 데이터를 입력하면 스스로 학습을 하는 기술이다. 따라서 양질의 데이터가 머신러닝기술의 승패를 좌우한다. 머신러닝의 기본 개념은 제1차 붐 시기에 이미 제시되었지만 당시의 기술과 인프라로는 많은 양의 데이터를 저장하고 이를 빠르게 분석하기에는 역부족이었다. 하지만 기반 기술의 꾸준한 발전 덕분에 '빅데이터'라는 방대한 '재료'를 '머신러닝'이라는 '도구'로 가공하는 것이 가능해지면서 가시적인 성과가 나타나기 시작했다. 컴퓨터의 양적·질적기술의 발전이 머신러닝에 날개를 달아주면서 AI의 제3차 붐이 열렸다.

　IBM의 딥블루(DeepBlue)와 왓슨(Watson), 애플의 시리, 구글의 영상 속 고양이 분류, 그리고 알파고의 승리 등의 과정을 거치며 인공지능의 가능성에 세상은 또다시 놀라고 있다. 산업 전체에 직접 또는 간접적으로 ICT가 활용되고 있는데, 이제는 인공지능까지 산업 기반 기술로 여겨지고 있는 상황으로 국내에서도 이러한 산업의 변화를 수용하고 있는 모습이다.

　지식획득 문제들을 해결하기 위하여 지식을 인간 전문가로부터 습득하는 것이 아니라 데이터로 부터 습득하는 기계학습(Machine Learning)이란 또 다른 AI기술이 등장하게 되었다(Langley, et al., 1995). 금융분야에서 많이 사용하였던 신경망시스템(Neural Network Systems)이 대표적인 기계학습기술이라 할 수 있다(Wong, et al., 1998). 신경망시스템 외에 통계적 방법, 유전자의 진화 메커니즘을 알고리즘화한 유전자 알고리즘(Genetic Algorithm) 등 데이터를 기반으로 지식을 창출하여 미래를 예측하는 다양한 AI 기법들이 등장하게 되었다.

3. 인공지능기술

(1) 머신러닝(Machine Learning)

머신러닝은 "명시적인 프로그래밍 없이 컴퓨터가 학습하는 능력을 갖추게 하는 연구분야"라고 1959년 아서 사무엘(Arthur Samuel)은 정의하고 있다. 또한 톰 미첼은 머신러닝을 공학적으로 풀이하여 "어떤 작업 T에 대한 컴퓨터 프로그램의 성능을 P로 측정했을 때 경험 E로 인해 성능이 향상됐다면, 이 컴퓨터 프로그램은 작업 T와 성능 측정 P에 대해 경험 E로 학습한 것이다."라고 하였다.

예를 들어, 인공지능으로 만든 개인보증 사기 대출 필터가 있다고 가정해보자. 이 사기 대출 필터가 사기 대출과 일반 대출의 샘플을 이용해 사기 대출 구분법을 학습하여 성능을 향상시킬 수 있다면 머신러닝 프로그램이다.

사기 대출 필터를 톰 미첼의 정의에 대입하면 작업 T는 새로운 대출이 사기 대출인지 정상 대출인지 구분하는 것이고, 경험 E는 훈련 데이터(Training data)이며, 성능 측정 P는 직접 정의해야 한다. 이 경우에는 사기 대출을 정확히 '분류'해낸 비율을 P로 사용할 수 있을 것이다.

기계학습기술은 전문가시스템과는 달리 과거의 데이터를 이용하여 패턴을 학습한 후에 이를 미래를 위한 예측에 사용하는 기술이다. 이 시대의 기계학습은 제한된 양의 데이터를 가지고서 학습을 해야 하기 때문에, 편협된 데이터를 가지고 학습하게 되면 잘못된 예측을 할 확률이 높아지게 된다. 이런 이유 때문에 기계학습의 성능을 극대화시키기 위하여 데이터의 전처리 과정을 거친 후 학습을 위한 데이터로 사용하여 왔다. 최근에 들어서 인터넷과 IoT, 다양한 센싱 기술이 널리 활용되면서 많은 양의 정보가 다양한 형태로 존재하게 되었고, 과거에 비하여 컴퓨팅 파워 또한 크게 좋아지면서 많은 양의 데이터를 신속하게 처리할 수 있는 기술적 인프라와 많은 양의 다양한 정보를 기반으로 미래를 예측하는 빅데이터(Big Data) 기반의 새로운 AI기술이 등장하게 된 것이다.

아직까지도 데이터를 "Good Data"와 "Bad Data"를 구분하는 것이 빅데이터 기반의 AI기술의 저변 확대에 크게 영향을 미치나, 과거에 비하여 편협된 데이터로 인한 잘못된 예측을 할 확률은 크게 감소하였다고 할 수 있다. 최근에는 컴퓨팅 파워의 발전과 데이터량의 확대를 토대로 하는 신경망시스템(Neural Network System)은 딥러닝(Deep Learning)이라는 이름으로 비정형데이터들을 학습하고 예측하는 데 다시 각광받고 있다.

한 가지 주목할 만한 것은 정보기술뿐만이 아니라 뇌에 대한 연구 및 바이오기술이 AI 연구와 접목되고 있다는 것이다. 지능이란 결국 사람의 뇌의 생명 작용이므로 뇌와 신경에 대한 연구와 바이오 메커니즘의 연구가 정보기술과 융합되면 혁명적인 AI기술의 발전이 나타날 것으로 기대된다.

(2) 머신러닝 학습방법

머신러닝은 학습시스템에 훈련 데이터를 입력하는 형태에 따라 지도학습, 비지도학습, 그리고 강화학습으로 나뉜다.

1) 지도학습(Supervised Learning)

지도학습의 가장 큰 특징은 주입하는 훈련 데이터에 레이블(Lable)이라는 답이 포함된다는 점이다. '입력'과 '올바른 출력'인 레이블이 세트가 된 훈련 데이터를 미리 준비하고, 어떤 입력이 들어오면 올바른 답이 나오도록 컴퓨터를 학습시키는 방법이다.

분류와 회귀는 전형적인 지도학습이다. 분류는 주어진 입력 데이터가 어떤 부류의 값인지 표식하는 것이다. 앞에서 예를 든 가상의 사기 대출 필터는 지도학습 중 분류에 속한다. 사기 대출 필터는 많은 대출 샘플과 사기 여부를 가지고 훈련되어야 한다. 회귀(Regression)는 주어진 훈련 데이터에서 대응되는 출력 중 연속적인 값을 출력하는 것이다. 정확히는 종속변수와 독립변수의 인과관계를 파악하는 것이라고 볼 수 있다. 채권 회수율 예측모형이 이에 속한다. 채권자의 다양한 데이터와 부도 여부 정보를 하나의 세트로 넣고 학습시킨 후 새 채권자의 채권 회수율을 예측하는 시스템이다. 대표적인 지도학습 알고리즘으로는 k-최근접 이웃(k-Nearest Neighbors), 선형 회귀(Linear Regression), 로지스틱 회귀(Logistic Regression), 서포트 벡터 머신(Support Vector Machines(SVM)), 결정 트리(Decision Tree)와 랜덤 포레스트(Random Forests), 신경회로망(Neural Networks) 등이 있다.

2) 비지도(非指導)학습(Unsupervised Learning)

지도학습과 달리, 비지도학습의 데이터에는 레이블(Lable)이라는 답이 존재하지 않는다. 대신 비지도학습은 정답 없이 목표만 주어지는 학습법이다. 데이터 속에 있는 일정한 패턴이나 룰을 추출하는 것이 목적이다.

전체의 데이터를 어떤 공통 항목을 가지는 군집으로 나누거나(클러스터링), 데이터를 간소화하는 차원 축소 알고리즘 빈출 패턴을 찾는 것이 대표적인 비지도학습이다. 예를 들어, 홈페이지 방문자에 대한 데이터에 비지도학습을 적용해 본다면, 비슷한 방문자들을 분류하는 데 군집 알고리즘을 적용할 수 있다. 방문자가 어떤 그룹에 속하는지 알려주는 가이드라인은 없지만 알고리즘은 스스로 분류기준을 찾게 될 것이다. 또한 홈페이지의 방문자 로그를 학습한다고 가정해 보면, 50%의 방문자는 주택담보대출 관련 페이지를 주로 읽으며 저녁시간에 방문하는 남성이며, 20%는 주택연금 관련 페이지를 주로 읽으며 낮시간에 방문하고 노년층임을 알게 될지도 모른다.

또 하나의 예로 '기저귀와 맥주를 함께 구매하는 경우가 많다'는 연관 규칙 학습(Association rule learning)이라고 하는 비지도학습 방법이다.

대표적인 비지도학습 알고리즘으로는 군집 알고리즘에 k-평균(k-Means), 계층군집분석(HCA), 기대값 최대화(Expectation Maximization)가 있으며, 시각화와 차원축소 알고리즘에는 주성분 분석(Principal Component Analysis), 커널(PCA), 지역적 선형 임베딩(LLE), t-SNE(t-Distributed Stochastic Neighbor Embedding)가 있

고, 연관 규칙 학습에는 어프라이어리(Apriori), 이클렛(Eclat)이 있다.

3) 강화학습(Reinforcement Learning)

강화학습은 앞의 두 학습 방법과는 다른 개념의 알고리즘으로 학습하는 시스템을 에이전트라고 부르며 환경을 관찰해서 행동을 실행하고 보상 또는 벌점을 받는다. 강아지를 훈련시킬 때 잘한 행동에 보상을 주고 잘못된 행동에 벌칙을 주는 것을 생각하면 쉽게 이해가 갈 것이다.

강화학습에서 다루는 환경은 주로 마르코프 결정 과정(Markov Decision Process)과 같은 형태로 주어진다. 마르코프 결정 과정의 핵심 문제는 의사결정자의 의사결정 정책 π를 구하는 것이다. 마르코프 결정 과정은 어떤 상태 S에 있다고 했을 때 의사결정자는 해당 상태 S에서 어떤 행동 a를 취할 수 있으며, 다음 시점에서 확률적으로 s'로 전이한다. 이때 의사결정자는 상태 전이에 따라 보상으로 Ra(s · s ')를 받는다. 이 보상은 +가 될 수도 있고 -의 벌점이 될 수도 있다. 전이 확률 함수는 Pa(s · s ')로 주어진다.

머신러닝의 강화학습으로 마르코프 결정 과정 문제를 해결할 때 기존의 방식과 다른 점은 마르코프 결정 과정에 대한 지식을 요구하지 않는다는 점과, 크기가 매우 커서 적용할 수 없는 규모의 문제를 다룬다는 것이다.

4. 인공지능 분류와 활용

(1) 인공지능 분류

인공지능은 Turing 테스트를 통과하느냐 그렇지 못 하느냐는 기준에 의해 인공지능 기능 여부를 구분한다. Russell, et al.(2003)은 AI기술의 지능정도와 AI기술의 적용 방향(생각과 행동)에 따라서 인공지능을 [그림 10-3]과 같이 4가지로 분류하였다. 인간을 대체할 수 있는 정도의 지적 능력을 가지고 있는 시스템을 "강한 인공지능"시스템으로 분류하였고, 기본적인 논리에 초점을 두어 합리적으로 생각하고 활동하는 시스템을 "약한 인공지능"시스템으로 분류하였다.

과거에는 반복적인 인간의 업무 처리를 대신 하기 위하여 "약한 인공지능" 기반의 애플리케이션 개발이 주였으나, 최근에 들어 AI기술이 다양한 분야에 적용되면서 더 높은 수준의 지능을 소비자들이 요구하게 되었다. 즉, 인간의 높은 지적·판단 능력을 요구하는 법률이나 의료분야나 인간과의 긴밀한 협업(Co-Operation)을 요구하는 분야에 AI기술이 적용되기 시작하면서 "강한 인공지능" 기술에 대한 관심이 높아지게 되었다.

▼ [그림 10-3] 인공지능 분류

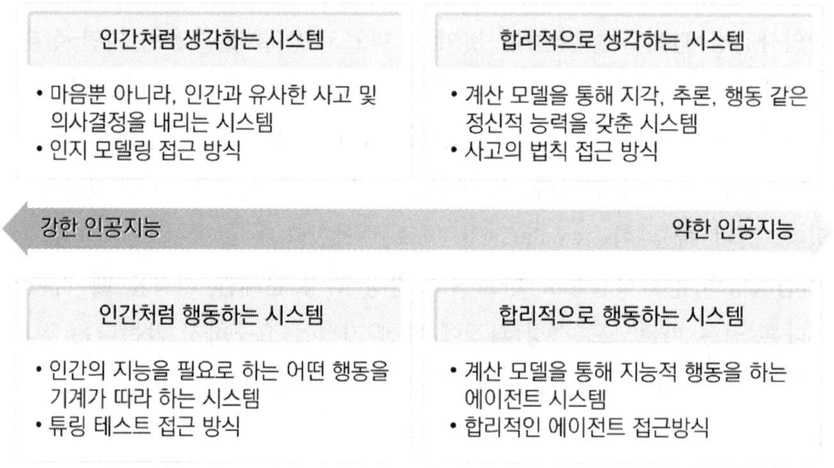

인간처럼 생각하는 시스템	합리적으로 생각하는 시스템
• 마음뿐 아니라, 인간과 유사한 사고 및 의사결정을 내리는 시스템 • 인지 모델링 접근 방식	• 계산 모델을 통해 지각, 추론, 행동 같은 정신적 능력을 갖춘 시스템 • 사고의 법칙 접근 방식

강한 인공지능   약한 인공지능

인간처럼 행동하는 시스템	합리적으로 행동하는 시스템
• 인간의 지능을 필요로 하는 어떤 행동을 기계가 따라 하는 시스템 • 튜링 테스트 접근 방식	• 계산 모델을 통해 지능적 행동을 하는 에이전트 시스템 • 합리적인 에이전트 접근방식

자료: Russell, et al.(2003).

또한 마쓰오(2015)는 인공지능을 <표 10-1>과 같이 4개의 수준으로 분류하였다. 수준 1과 수준 2의 인공지능은 "약한 인공지능"으로 분류하고, 수준 3과 수준 4의 인공지능은 "강한 인공지능"으로 분류할 수 있을 것이다.

▼ 〈표 10-1〉 인공지능 수준 구분

수준	내용	예시
수준 1	단순한 제어 프로그램	단순한 제어 프로그램을 탑재한 다양한 전자제품 (예: 에어콘, 청소기, 세탁기 등)
수준 2	고전적인 인공지능	적절한 판단을 내리기 위해 추론/탐색을 하거나, 기존에 보유한 지식 베이스를 기반으로 판단하는 시스템 (예: 전문가시스템)
수준 3	기계학습된 인공지능	정제된 데이터를 바탕으로 학습하고, 문제 해결을 위한 해결책을 판단하는 인공지능시스템 (예: 온라인 쇼핑몰의 추천시스템)
수준 4	딥러닝된 인공지능	대규모의 데이터를 기반으로 자동적으로 학습하고, 복잡한 문제 해결을 위하여 사용되는 인공지능시스템 (예: 자연어처리, 영상인식)

자료: 마쓰오(2015).

인간의 지능에 가까운 인공지능의 발전 가능성을 가름하기 위한 테스트는 주로 게임을 통해서 이루어졌다. 1989년 IBM에서 만든 체스 전용 컴퓨터인 딥 소트(Deep Thought)는 인간에게 도전했으나 실패했다. 그 후 1997년에 개발된 IBM의 딥 블루(Deep Blue)라는 인공지능은 당시 세계 체스 챔피언인 게리 카스파로프(Garry Kasparov)를 2승 1패 3무로 승리하였고, 체스 공간보다 훨씬 복잡한(19×19)!의 문제 공간(Problem Space)을 가지고 있는 바둑에서는 2016년 Google의 딥러닝(Deep Learning)기술의 알파고(Alphago)가 4승 1패로 인간 이세돌 9단을 상대로 승리하였다. 이 대국은 인간의 지능을 뛰어 넘는 인공지능의 가능성을 볼 수 있는 획기적인 사건이었다. 이후 1년 후 알파고를 개발한 하사비시(Demis Hassabis)는 2017년 10월 한 단계 더 발전한 알파고 제로(AlphaGo Zero)라는 인공지능을 개발하였다.

2014년 6월 영국 레딩대는 'Eugene Goostman'으로 명명한 컴퓨터가 심사위원의 33%를 속이고 Turing 테스트를 통과했다고 선전해 화제가 되었다. 그러나 영어가 모국어가 아닌 13세 소년 설정의 챗봇(Chatbot) 수준으로 평가되고 있다. 아직까지 수준 4의 강한 인공지능 수준의 종합적 사고 능력을 보여주는 인간과 같은 컴퓨터는 개발되지 못한 상태라 할 수 있다.

(2) 인공지능 활용

현재 진행 중인 제4차산업혁명을 이끌 핵심기술로 AI기술이 언급되면서 이 기술을 이용한 애플리케이션 개발에 기업과 정부에서도 많은 관심을 보이고 있다. 제4차산업혁명의 핵심기술인 빅데이터와 사물인터넷(IoT)기술이 AI기술과 융합되면 상상할 수 없었던 시너지 효과를 낼 수 있을 것으로 예상하고 있다(황경태 외, 2005; Schwab, 2016; Atzori, et al., 2010). 딥러닝과 같이 빅데이터를 이용하여 학습할 수 있는 다양한 AI 알고리즘이 개발되고, 이러한 알고리즘이 일상생활에서 사용되는 제품이나 서비스에 널리 적용된다면 우리의 생활은 크게 변화될 것이다.

인공지능기술과 산업의 동향을 살펴보기 위해 인공지능분야별 스타트업기업의 수를 살펴보면 다음과 같다. Venture Scanner 통계에 따르면 2016년 전 세계적으로 등록된 AI 스타트업기업은 이전 대비 50% 증가한 1,535개 업체였다.

▼ [그림 10-4] 인공지능기술 분야별 업체 현황

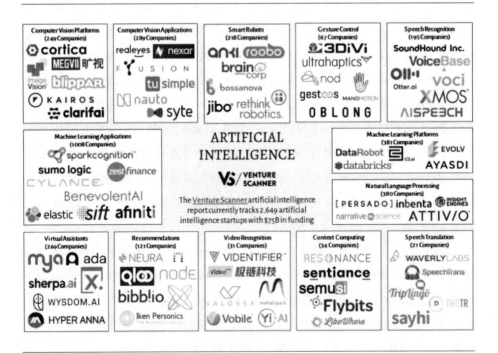

자료: Venture Scanner Sector Maps정보 활용(2019년 12월).

그러나 2019년 3분기에는 2,649개 업체로 또 다시 58% 증가하였다. 인공지능분야별 업체 수를 보면 Machine Learning Applications가 1,008개 업체로 가장 높게 나타났으며, 그 다음으로 Machine Learning Platforms 381개, Natural Language Processing 380개, Computer Vision Applications 289개, Virtual Assistants 269개, Computer Vision Platforms 249개, Smart Robots 218개, Speech Recognition 195개 등으로 나타났다.

기계학습은 응용(Machine Learning Applications)분야에서 다른 분야보다 상대적으로 매우 활발하게 나타나고 있다. 이는 기술 응용이 대중화되고 있다는 의미로 여겨진다. 과거 인공지능기술은 전문성과 기술력을 가지고 제한적으로 사용되는 것이 일반적이었다.

또한 산업인식 측면에서 비즈니스 모델로의 가치는 높지 않았다. 하지만 지금은 인공지능기술을 이용한 서비스가 경제적 가치를 가져오고 시장에서도 경쟁력을 위한 하나의 요소로 사용되고 있다. 이러한 결과는 두 번째 빈도로 나타난 기계학습 플랫폼(Machine Learning Platforms)과도 연관성이 있다. 인공지능기술을 이용한 서비스를 제공하기 위해 고도의 전문성을 가진 인력이나 고성능 컴퓨팅 인프라를 갖추지 않아도 상용화된 플랫폼을 이용하여 서비스가 가능해지고 있다. 시장의 요구와 그 요구를 충족해 줄 수 있는 기술 활용의 용이성은 응용산업을 활성화하는 데 크게 기여했다고 판단한다.

인공지능분야 학계 동향 파악을 위해서는 AAAI(The Association for the Advancement of Artificial Intelligence)에서 제공하는 기술, 산업별 AI−Topics를 이용할 수 있다. 뉴스, 학술대회, 저널 등의 인공지능 주제별 빈도를 나타내고 있는 AITopics을 살펴보면 제공하는 빈도를 주제별, 기계학습 안에서의 기술별 그리고 산업분야별로 구분하여 <표 10−2>와 같이 나타내었다.

먼저 '인공지능'에서 주요 주제로는 기계학습(Machine Learning)이 138,958건으로 압도적으로 높게 나타났고, 그 다음으로 Representation & Reasoning, Robots, Natural Language 순으로 나타났다. 가장 순위가 높았던 '기계학습'을 주제로 다시 세부 기술의 연구 빈도를 살펴보았는데 신경망(Neural Network)이 41,932건으로 가장 높았으며, 그 다음으로 Statistical Learning, Learning Graphical Models, Reinforcement Learning 등의 순으로 나타났다. 인공지능 관련 산업별 순위를 보면 정보기술(Information Technology)이 55,119건으로 가장 높게 나타났으며, 그 뒤를 이어 건강 및 의료(Health & Medicine), 교육(Education), 정부/행정(Government), 레저 & 엔터테인먼트(Leisure & Entertainment) 등으로 나타났다(AAAI's AITopics website, Accessed 20 Dec. 2019).

▼ 〈표 10-2〉 AAAI의 인공지능기술별/산업별 Topics 상위 10

Topic	빈도	기술(in 기계학습)	빈도	산업	빈도
Machine Learning	138,958	Neural Network	41,932	Information Technology	55,119
Representation & Reasoning	60,974	Statistical Learning	26,615	Health & Medicine	39,376
Robots	45,854	Learning Graphical Models	8,536	Education	29,318
Natural Language	32,423	Reinforcement Learning	4,521	Government	27,828
Issues	7,841	Performance Analysis	1,651	Leisure & Entertainment	26,969
Cognitive Science	7,216	Evolutionary Systems	1,351	Transportation	25,852
Games	5,469	Memory Based Learning	1,094	Banking & Finance	16,966
Vision	5,387	Inductive Learning	1,002	Media	15,112
Speech	1,907	Pattern Recognition	996	Automobiles & Trucks	11,468
The Future	909	Decision Tree Learning	859	Law	10,111

자료: "aitopics.org"에서 제공하는 집계정보를 활용(2019년 12월).

정보통신기술의 급속한 발전은 사회의 각 부문을 자동화 단계를 넘어서 지능화 단계로 빠르게 변화시키고 있다. 농업·제조업·서비스업 등 주요 산업분야 생산방식이 인간의 개입을 최소화하고, 데이터를 기반으로 지능화가 추진되고 있다. 그리고 복잡하고 다양한 시장의 욕구가 제품이나 서비스의 지능화를 요구하고 있는 것이다.

▼ [그림 10-5] 인공지능 활용 비즈니스

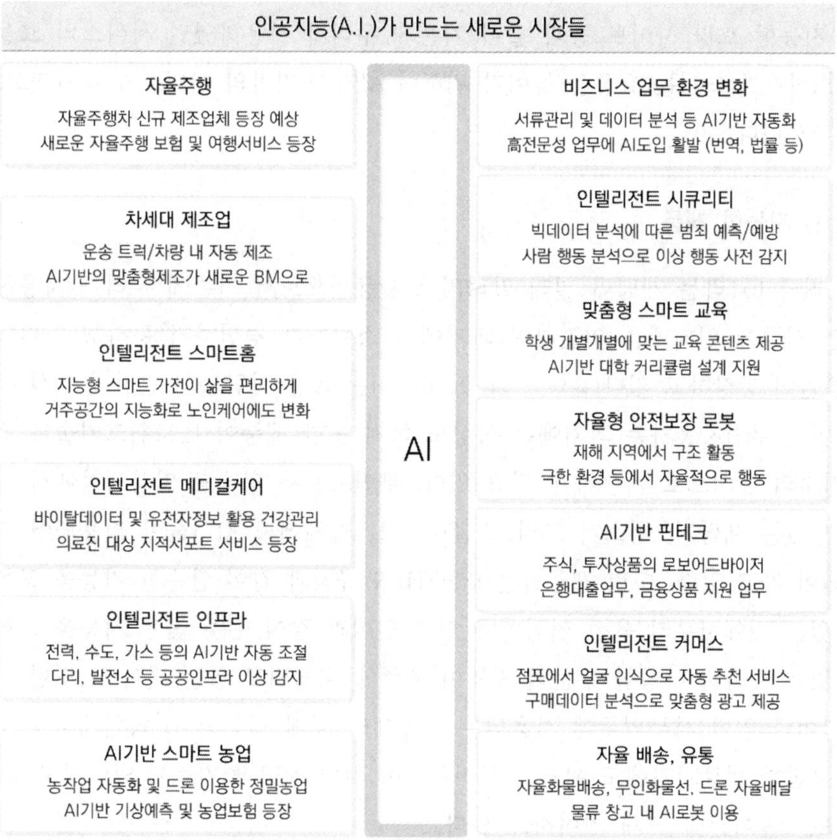

인공지능(A.I.)가 만드는 새로운 시장들		
자율주행 자율주행차 신규 제조업체 등장 예상 새로운 자율주행 보험 및 여행서비스 등장	AI	**비즈니스 업무 환경 변화** 서류관리 및 데이터 분석 등 AI기반 자동화 高전문성 업무에 AI도입 활발 (번역, 법률 등)
차세대 제조업 운송 트럭/차량 내 자동 제조 AI기반의 맞춤형제조가 새로운 BM으로		**인텔리전트 시큐리티** 빅데이터 분석에 따른 범죄 예측/예방 사람 행동 분석으로 이상 행동 사전 감지
인텔리전트 스마트홈 지능형 스마트 가전이 삶을 편리하게 거주공간의 지능화로 노인케어에도 변화		**맞춤형 스마트 교육** 학생 개별개별에 맞는 교육 콘텐츠 제공 AI기반 대학 커리큘럼 설계 지원
		자율형 안전보장 로봇 재해 지역에서 구조 활동 극한 환경 등에서 자율적으로 행동
인텔리전트 메디컬케어 바이탈데이터 및 유전자정보 활용 건강관리 의료진 대상 지적서포트 서비스 등장		**AI기반 핀테크** 주식, 투자상품의 로보어드바이저 은행대출업무, 금융상품 지원 업무
인텔리전트 인프라 전력, 수도, 가스 등의 AI기반 자동 조절 다리, 발전소 등 공공인프라 이상 감지		**인텔리전트 커머스** 점포에서 얼굴 인식으로 자동 추천 서비스 구매데이터 분석으로 맞춤형 광고 제공
AI기반 스마트 농업 농작업 자동화 및 드론 이용한 정밀농업 AI기반 기상예측 및 농업보험 등장		**자율 배송, 유통** 자율화물배송, 무인화물선, 드론 자율배달 물류 창고 내 AI로봇 이용

자료: KT경제경영연구소(2019).

　　근래에 등장하는 많은 제품이나 서비스는 새로운 정보통신기술을 이용하여 과거의 제품이나 서비스로부터 경험하지 못했던 새로운 가치를 소비자들이 경험하도록 하고 있다. 특히 최근 들어서는 다양한 센싱기술(Sencing Tech.)의 발전으로 센서로부터 습득한 대규모의 데이터를 효율적으로 처리할 수 있는 AI기술의 발전이 더욱 더 지능적인 제품이나 서비스를 소비자들이 경험할 수 있게 만들고 있다.

　　따라서 지능적인 제품을 제작하기 위해서는 제품의 지능적인 행동을 통제하기 위한 AI 기반의 플랫폼이 필요하다. 지능형 자동차, 지능형 책, 지능형 건물, 지능형 전화 등 우리가 일상생활에서 사용하고 있는 거의 모든 물리적인 제품이 지능화되고 있다. 서비스분야에서도 소비자의 만족과 생산성을 높이기 위하여 AI 기반의 지능형 서비스가 개발되고 있다. 그리고 지능형 검색엔진, 지능형 게임, 지능형 쇼핑 사이트 등과 같이 기존에 우리가 사용하였던 서비스의 효율성과 소비자가 느끼는 효용을 높이기 위하여 AI기술 기반의 서비스가 추가되고 있는 추세이다.

1) 지능형 제품

최근 IoT라는 개념이 널리 알려지고 활용됨으로서 기존에 우리가 사용하여 왔던 사물에 인터넷을 연결하여 과거에는 소비자가 경험하지 못하였던 다양한 제품들이 등장하고 있다(윤영석 외, 2016). 최근 많은 사람들의 관심의 대상이 되고 있는 무인자동차는 과거에는 상상도 하지 못한 제품이 네트워크기술과 컴퓨팅기술의 발전으로 가능하게 되고 있다. 무인자동차 외에도 일상생활에서 사용하고 있는 세탁기, 청소기 그리고 집과 건물 자체에도 AI기술이 적용되어 지능화되어 가고 있다. 이런 제품들은 IF~THEN 규칙과 같이 단순한 지능을 포함하고 있는 것에서부터 음성 인식이나 영상 인식과 같이 수준 높은 지능을 포함하고 있는 것까지 다양한 수준의 지능이 제품에 내재되고 있는 것이다. 또한 생산 공장이나 일반 사무업무에 사용되는 사물에도 넓게 적용되며, 병원에서 사용되는 복잡한 의료기기에도 AI기술이 적용되어 질병 진단과 치료에 있어서도 그 정확도를 높이는데 크게 기여하고 있다.

그러나 지능형 제품들이 우리의 생활에 항상 긍정적인 영향만을 미치는 것은 아니다. 최근 들어 자율주행자동차의 사고와 같은 하드웨어나 소프트웨어적인 오류로 인한 지능형 제품들의 결함이 발생하면서 이제는 지능형 제품의 역기능이 우리가 해결하여야 할 과제로 생각하는 계기가 되었다.

또한 제품의 품질을 검사하기 위한 체크 리스트가 제품마다 존재하고 있으나, 제품과 지능형 서비스가 결합된 지능형 제품의 품질을 보증하기 위한 방법은 아직 소개된 것이 없을 뿐만 아니라 제품 결함발생 시 책임 소재 여부도 불분명하여 소비자들로부터 신뢰감을 상실할 가능성이 매우 높은 실정이다(Park, et al., 2001). 기존의 지능형 제품들은 지능적인 활동을 위하여 입력된 지식 베이스를 기반으로 적절한 판단과 행동을 하는 단순 지능형 제품이었으나, 최근에는 주변의 환경 변화를 스스로 인지하고, 합리적인 판단과 행동을 스스로 할 수 있는 기계학습 기능을 지닌 지능형 제품들이 소개되고 있다.

2) 지능형 서비스

물리적인 사물이나 제품과 서비스에도 다양한 AI기술이 적용되어 지능적인 서비스를 소비자에게 제공하고 있다. 전통적으로 오프라인상에서 제공하던 서비스와 인터넷을 기반으로 한 온라인서비스에도 업무의 생산성과 소비자의 만족을 제고하기 위하여 AI기술을 다양한 용도로 사용하고 있다. 급속하게 발전한 AI기술을 이용하여 법률, 의료, 투자, 교육, 그리고 세무서비스와 같은 지식 집약적인 서비스분야에도 지능형 서비스가 소개되어, 양질의 서비스를 저렴한 비용으로 보다 많은 사람이 그 혜택을 누릴 수 있게 되고 있는 것이다.

e-Business 초기에는 인터넷을 이용한 거래의 효율성에 초점이 맞추어져 있다가, 성숙기에 접어들면서 차별화된 서비스를 제공하기 위한 다양한 지능형 서비스가 나타나고 있다. 가장 널리 알려진 e-Business 기반의 지능형 서비스는 온라인 쇼핑몰에서 제공하는 추천시스템이다. 각기 다른 데이터와 알고리즘을 이용하여 지능적으로 상품을 소비자에게 추천한다. 온라인 쇼핑몰과 각종 포털 사이트에서도 효율적인 검색을 위한 지능형 서비스를 제공하고 있다. 이러한 대부분의 지능형 서비스는 네트워크를 기반으로 하여 제공되고 있다.

지능형 제품과 같이 지능형 서비스도 우리들의 일상생활과 업무생산의 효율성을 높여 주고 있다. 과거에는 접근이 불가능하였던 지식이나 서비스가 이제는 지능형 서비스를 통하여 접근이 가능하게 되었고, 또한 과거에 수행이 불가능하였던 업무를 완벽하게 수행할 수 있게 되고 있다.

하지만 지능형 서비스도 우리의 생활에 항상 긍정적인 영향만을 미치는 것은 아니다. 잘못된 서비스를 제공함으로써 소비자에게 재정적 혹은 인체에 큰 피해를 입힐 가능성이 매우 크다고 할 수 있다. 오프라인상에서 제공되는 지식 집약적인 서비스의 품질은 서비스 제공자의 지식과 경험에 의하여 검증될 수 있으나, 이 서비스가 네트워크 기반의 지능형 서비스로 온라인에서 제공된다면 소비자의 신뢰를 확보하는 것은 그리 쉬운 일은 아닐 것이다.

▼ 〈표 10-3〉 지능형 서비스 활용 예제

구분	지능서비스 예	특징
금융	우리은행 'Chatbot'	• 금융계 24시간 고객 상담서비스 • 금융 사고나 서비스장애 빠른 대응 가능 • 자동이체나 공과금 납부내역 알림, 사용자 맞춤형 금융상품 정보 추천 등 개인 비서와 같은 역할
교육 평생학습	한국클래스티 '러닝카드'	• 학습 콘텐츠 러닝카드 앱 • AI기술을 통해 학습자의 학교 진도와 학습성향, 학습수준에 맞는 가장 최적의 학습 콘텐츠 추천 • 학습 종료 후 성취도와 성적을 분석해주는 리포트 제공 • 자기주도 학습 강화/개인 맞춤형 학습
의료 헬스케어	미국국립보건 연구소 AiCure	• 스마트폰과 인공지능을 이용한 의료용 플랫폼 구축 • 최근 약복용 여부를 추적하고 환자의 행동을 이해하는 데 AI기술을 활용 • 실시간으로 환자의 처방약 복용 준수 여부를 확인, 복용량을 지키지 않거나 스마트폰 앱을 사용하지 않을 경우 자동적으로 신호 전송
소비경제	한국 신한카드 '판(FAN) 페이봇'	• 인공지능을 통해 고객관리 • AI기술을 이용하여 카드내역을 자동 분류해주고, 예산 편성에 도움 제공 • AI 기반 고객 소비 컨설팅
법률서비스	한국 생활법률 서비스	• 생활법률서비스 상담 • 딥러닝·기계학습 기법을 활용하여 개인화된 법률서비스 제공 • 멀티미디어 법률교육 콘텐츠 제공

<표 10-3>은 AI기술이 서비스에 적용된 사례이다. 대부분의 지능형 서비스는 AI기술 중 기계학습기술을 이용하여 소비자들에게 개인화 서비스를 제공하는 데 초점이 맞추어져 있다. 개인화 서비스 수준을 한 단계 더 높이기 위해서는 기존의 학습에 사용하였던 제한된 양의 데이터보다도 더 많고 다양한 종류의 데이터를 활용한 서비스가 추천되어야 할 것이다.

3) 지식서비스

의료, 법률, 투자서비스와 같이 지식집약적인 직종에 있어서는 아직까지 AI 기술이 완전히 인간의 업무를 대체하지는 못하고 있다. 하지만 인간의 업무를 효율적으로 처리하는 데 도움을 줄 수 있는 다양한 지식과 정보를 제공하여 줌으로써, 과거 고비용 장시간 소요되었던 업무를 좀 더 신속하고 정확하게 오류를 줄여 처리할 수 있게 도움을 주고 있다. 특히 전문서비스분야일수록 일반적으로 수많은 정보와 지식을 검색하고, 정리하는 데 많은 시간과 노력이 요구된다. 그렇다 보니 전문가들에게는 무엇보다도 오랜 경험이 업무의 효율성과 성과를 좌우하는 주요한 요소였다. 하지만 최근 들어서 AI에 의한 지능형 서비스는 전문가들의 의사결정의 질을 크게 상승시키고 있다.

AI기술은 인간과의 협업에서 큰 시너지 효과를 창출할 수 있는 것이다. 특히 업무가 비정형적이어서 매뉴얼에 의한 업무 처리보다는 상황에 따른 인간의 판단이 요구되는 분야에 그 효과가 크다. AI기술은 방대한 양의 데이터를 신속하게 처리할 수 있는 고성능 컴퓨터의 등장과 그 데이터를 학습하여 향후의 유사한 상황에 학습한 내용을 적용할 수 있게 되어 복잡한 인간 업무의 보완 및 협업이 가능하여 부동산의 다양한 활용에 유용하다.

의료분야는 AI기술을 일상생활에서 사용하는 가전제품에 적용하기 위한 노력만큼 오랫동안 AI기술의 상용화를 지속적으로 추진하는 분야이다. 그 예로 마이신(MYCIN)은 질병 진단을 위해서 개발된 인공지능시스템이다.

최근에는 빅데이터, 기계학습, 그리고 영상처리기술을 이용하여 의료진의 진단에 도움을 주는 정보를 제공하여 의료서비스의 품질을 크게 향상시키고 있다. AI기술을 이용하여 임상현장에서 의료진이 수행하여야 하는 진단지원, 치료방법 결정지원, 처방 결정지원, 의료 영상분석지원 등의 업무를 보조하고 있다. 그 밖에도 환자의 상태를 지속적으로 모니터링하고, 이상 징후 발생 시 병원에 연락을 자동적으로 해줄 수 있는 AI 기반의 의료기기가 출시되고 있다.

의료분야에 가장 널리 알려진 지능형 서비스의 예는 미국의 앤더슨 암센터에서 사용하고 있는 IBM의 왓슨(Watson) 컴퓨터일 것이다. IBM의 슈퍼컴퓨터 '왓슨(Watson)'은 전문의와 함께 암·백혈병 환자를 진단한다(중앙일보, 2015). 의료진이 각종 임상정보를 입력하면 Watson은 환자의 상태를 진단하고 치료법 등을 조언해준다. 수백만 건의 진단서, 환자기록, 의료서적 등의 데이터를 토대로 'Watson'은 스스로 판단해 가장 확률 높은 병명과 성공 가능성이 큰 치료법 등을 알려준다.

국내에서도 최근 가천대 길병원을 비롯하여 몇몇 대학병원에서 Watson컴퓨터를 도입하여 의료진의 암 진단과 치료를 보조한다(조선일보, 2016). 이 밖에도 미국의 Enlitic(www.enlitic.com)사는 딥러닝기술을 이용하여 CT, MRI, 현미경, 방사선 사진 등과 같은 영상자료를 자동적으로 분석하여 종양의 특성을 분석하고, 더 나아가서 환자의 유전자정보를 결합하여 암을 진단하고, 치료 방법을 제안하여 주는 지능형 서비스를 제공하고 있다. 국내기업인 Lunit(lunit.io)은 딥러닝 기술을 이용하여 의료 영상 분석서비스를 제공하고 있다.

▼ [그림 10-6] 인공지능 의료진료 활용(WATSON)

인도 마니팔 병원 왓슨과 인간의사 진단 일치율(단위: %)

직장암		85.0
폐암	17.8	
유방암	비전이성 유방암	80.0
	삼중음성 유방암	67.9
	전이성 유방암	45.0
	HER2음성 유방암	35.0

*인도 마니팔 병원. 2016년 12월, 유방암(638명), 대장암(126명), 직장암(124명), 폐암(112명) 등 총 1,000명 대상 조사.

가천대 길병원
(2016년 12월)

부산대병원
(2017년 1월)

대구 가톨릭대원
(2017년 1월)

대구 계명대동산병원
(2017년 3월)

대전 건양대병원
(2017년 4월)

중앙보훈병원
(올 상반기 도입예정)

자료: 한국일보(2017.4.20), 암치료 AI 왓슨에 궁금한 네 가지

최근 들어 인간의 업무를 보완하고 협업이 가능한 AI 기반 시스템 적용분야로 많은 사람들의 관심을 받고 있는 분야 중 하나는 법률서비스인 리걸테크(Legal Tech)이다. 리걸테크는 인공지능 등 정보기술을 공공서비스인 법률서비스에 적용한 것으로 판사, 검사, 변호사 등이 수행하는 법률서비스(Legal Service)와 기술을 결합한 것이다. 이 분야 역시 의료분야만큼 비정형적인 업무가 많아서 인간의 판단력에 준하는 방대한 양의 데이터를 처리할 수 있는 시스템의 도움이 필요한 분야이다. 근래 AI기술을 기반으로 법률, 판례분석 등에서 기계학습 활용을 통한 비용 절감으로 다양한 법률서비스가 널리 확대되고 있다.[2]

▼ 〈표 10-4〉 리걸테크 스타트업 유형 및 사례기업

그룹 유형	법률서비스	내용	기업
[1그룹] 셀프 서비스	셀프서비스 플랫폼을 통해 상품화된 법률 솔루션을 제공	• 온라인 법률 문서서비스: 개인, 중소기업 및 기업에 표준 법률 양식과 간단한 법률 자문 제공 • 법인, 이혼, 계약 등의 표준 문서는 온라인 자동화 문서구성시스템을 통해 사용자가 쉽게 작성 • 안전한 블록체인 기술을 기반으로 온라인/모바일 솔루션을 통해 계약, 법인화 및 기타 법적 문제와 관련된 개인/법인의 스마트계약서를 작성	• 미국 LegalZoom • Rocket Lawyer • 독일 ShakeLaw agreement24.de • formblitz.de • janolaw.de • smartlaw.de • synergist.io
[2그룹] 전자 법률 시장 플랫폼	변호사 – 고객 (L2C)	• 고객은 변호사와 직접 연결하고 거래 비용 절감 　– 온라인 목록, 명성, 비교 및 예약 시스템을 통해 고객이 법률서비스를 직접 예약 　– 법률 자문 및 콘텐츠 포털에 다양한 법률서비스 접근 • 정의된 문제에 고정 요금 법률서비스 패키지를 제공 　– 온라인 역경매 플랫폼을 통해 사례에 대한 경쟁 입찰	• Avvo • advoassist.de • term • insvertretung.de • anwaltsausknft.de • anwaltinfos.de

---

2 김석관(2017), 4차산업혁명의 기술 동인과 산업 파급 전망, STEPI.

[2그룹]
전자 법률
시장 플랫폼
	변호사-
	기업(L2B) 및
	변호사-
	변호사(L2L)
		• 채용 플랫폼
		• 법률 포털보다 정교한 법률 DB(법률
		  문서, 규정, 판례법, 합법적인 핸드북
		  과 2차 문헌의 결합) 제공
		• 계약 변호사 인력 솔루션
		• 법률 회사 및 법률 부서에 종사하는
		  법률 프로세스 아웃소싱(LPO) 플랫폼
			buzer.de, dejure.org

[3그룹] 특정 유형 법률서비스	법률 문서 검토, 관리, 분석	• 문서 검토 및 전자증거 개시 • 지적 재산 자산 관리 도구 • 자동화된 문서 어셈블리: 법률 문서 제작 전산화 • 법률 계약 관리 • 법률 연구 분석	Kira Diligence Engine, Ebrevia

[4그룹]
파괴적
플랫폼
	가상 법원,
	온라인 분쟁
	해결
		• 가상 법원 운영, 파괴적인 유형의 플랫폼
		• 온라인 분쟁 해결(ODR) 플랫폼
		• 소액 소비자 주장에 대해 ODR를 제공하
		  여 변호사나 판사의 개입 없이 eBay에서
		  연간 6천만건의 분쟁 중 90% 해결
			Modria

[5그룹] 인공지능 시스템	인공지능	• IBM 왓슨 활용한 인공지능 ROSS시 스템	ROSS

자료: 김석관(2017), 4차산업혁명의 기술 동인과 산업 파급 전망, STEPI.

미국의 Blackstone Discovery(www.blackstonediscovery.com)사는 최초 재판 개시(공판 전 증거 서류나 사실을 제시하는 절차), 관련 문서 검토 등과 같은 노동 집약적인 법무자료 조사를 대행하는 AI시스템을 개발해 서비스를 상용화하였다. 이 기업은 AI기술과 빅데이터 기법을 이용한 지능형 검색기술서비스를 제공하여 2012년에 벌어진 삼성과 애플의 특허소송에서도 해당 기술이 활용되었다.

그리고 법률분석기업인 Fiscal Note(www. fiscalnote.com)는 AI기술을 접목시켜 미국 의회 또는 정부 데이터를 분석해 법령정보를 기업의 정부 정책 담당자에게 실시간으로 전송하고 있으며, 상정된 법규가 의회에 통과될 가능성까지 예측하는 데 정확도는 무려 94% 정도에 달하는 것으로 밝혔다.

Lex Mahina(www.lexmahina.com)사는 법률 관련 빅데이터 분석을 통해 소송의 결과를 예측하는 시스템이며, 이용자들이 자신의 사건을 입력하며 해당

사건의 경험, 평균 소요시간, 관련 사건의 승·패소율 및 손해보상금액 등 정보를 제공할 뿐만 아니라 유리한 소송전략 등을 정리하여 제공한다. 이 밖에도 세계 최초로 분쟁 해결 온라인 플랫폼인 'Rechtwijzer(http://www.hiil.org/project/rechtwijzer)'는 이혼소송, 임대차 등의 갈등을 해결하는 서비스이다. 이혼 한건을 해결하는 비용이 1,000유로, 3개월 정도로 지금까지 이혼한 커플이 600쌍에 달하며 3,000명이 이혼소송을 진행 중이다(동아일보, 2016).

국내에서도 AI 기반의 다양한 법률서비스를 적극적으로 개발 중이다. 우리나라 법무부는 부동산 임대차, 해고 등 일상생활에서 겪을 수 있는 법률문제들을 대화 방식으로 상담할 수 있도록 개발을 추진하였다(한국경제, 2016). 또한 변호사와 AI 전문가들로 구성된 인텔리콘 메타연구소는 5년 연구 끝에 2015년 지능형 법률정보시스템 아이리스(i-LIS) 개발에 성공하여 2016년 세계법률경진대회(COLLEE)에서 수상하였다.

의료나 법률서비스만큼 복잡한 정보처리와 인간의 판단 능력이 요구되는 또 다른 분야는 투자서비스분야일 것이다. 예측하기 힘든 다양한 사건이 벌어지고, 그 사건에 실시간으로 적절히 대응하는 것이 매우 중요한 투자서비스분야에서는 과거부터 많은 증권사와 펀드 운용회사에서 트레이딩에 '시스템 트레이딩'이라는 컴퓨터기반 알고리즘을 사용해왔다. 최근 들어서 딥러닝, 추리, 기계학습 등의 AI기술을 시스템 트레이딩에 도입하면서 좀 더 지능적인 트레이딩시스템을 만들고자 노력하고 있다.

AI기술은 투자분야와 신용평가 및 심사, 사기방지 등의 다양한 금융분야에 확대되고 있는 추세이다. 그러나 현재의 이용 가능한 AI기술로는 역동적으로 변화하는 투자시장을 예측하는 데는 제한이 있다. 즉, 인간의 투자자문서비스를 완전히 대체하진 못하고 투자자문서비스를 제공하는 전문가에게 필요한 정보를 신속하게 처리 혹은 정리해 주는 보조 역할을 하고 있다. AI기술을 기반으로 투자자들의 위험에 대한 성향, 목표 수익률, 자금의 성격 등 투자자들의 다양한 측면을 진단하여 투자자에게 적합한 솔루션을 제시하게 된다.

해외에서는 이미 빠른 속도로 발전하고 있으며, 홍콩에서 컴퓨터 공학자와 금융 전문가가 협력하여 설립한 Aidyia(www.aidyia.com)사는 AI기술을 활용한 투자 알고리즘을 개발해 2003년부터 2014년까지 미국의 증권시장에 적용하여 연간 29%의 놀라운 수익률을 달성할 수 있다는 결과가 나왔다(KT 경제경영연구소, 2016). 또한 미국의 Clone Algo(www. clonealgo.us)는 과거 데이터가 아닌 현재의 데이터를 기반으로 투자 자문을 제공하는 투자서비스를 제공하여, 2013년 평균 52%의 놀라운 수익률을 달성하였다.

국내에도 AI기술을 활용해 금융산업에 다양한 투자서비스를 개발 중이다. 한화투자증권의 AI 기반 주식 포트폴리오서비스인 '스마트로보Q'는 빅데이터와 기계학습기술을 기반으로 투자자의 위험성향에 맞는 주식을 추천하는 서비스로 우수한 성과를 달성했다(한국경제, 2016). NH투자증권도 AI기술을 기반으로 개발한 플랫폼인 '로보캅(ROBO Change Of Paradigm)'이 투자자 본인의 투자 성향 및 목적 등을 입력하면 적합한 투자상품을 자동으로 추천해준다(아시아경제, 2016).

이와 같이 의료·법률·투자서비스와 같은 지식 집약적 서비스분야에서 성공적으로 AI기술이 적용되면서 서비스 이용자들은 좀 더 저렴한 가격으로 양질의 서비스를 받을 수 있게 되고, 서비스 제공자인 전문인들에게는 업무를 AI기술이 보조해 주어서 업무의 효율성이 증대될 것으로 기대된다.

그러나 가까운 미래에 인간이 더 복잡하고, 많은 문제에 AI기술을 적용하고자 시도하면서 많은 오류와 문제가 발생할 가능성이 있어 우려스럽다(Hengstler, et al., 2016). 이러한 문제는 많은 물적 손실을 가져다 줄 수도 있고, 심지어는 생명을 잃게 할 수도 있을 것이다. 그러나 아직까지 오류시 그 책임 소재가 누구에게 있는지에 대한 명확한 법적 해석이 존재하고 있지 못한 실정으로 이에 대한 대안마련이 필요하다고 할 수 있다.

▼ [그림 10-7] Gartner Hyper Cycle for AI 2019

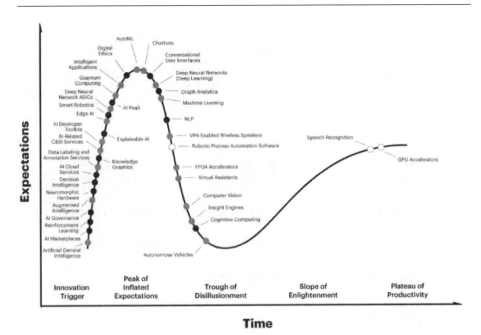

자료: Gartner(2019).

5. 국내 인공지능 개발 추진

외국 뿐만 아니라 국내에서도 산업분야에 직접 또는 간접적으로 ICT가 활용되어, 이제 인공지능은 산업 기반 기술로 여겨지고 있는 상황이다. 2019년 12월, 국무회의에서 "IT강국을 넘어 AI강국으로"를 주제로 범정부 역량을 결집하여 AI 시대 미래비전과 전략을 담은 "AI 국가전략"을 [그림 10-8]과 같이 발표하였다. 이를 기반으로 경제·사회 전반의 혁신을 위한 3대분야 9대전략, 100대 실행과제를 제시하고, 인공지능을 통해 경제효과 최대 455조 원 창출, 2030년까지 삶의 질 세계 10위 도약을 목표로 수립하였다.[3]

---

3 과학기술정보통신부(2019.12), "IT 강국을 넘어 AI 강국으로, AI 국가전략".

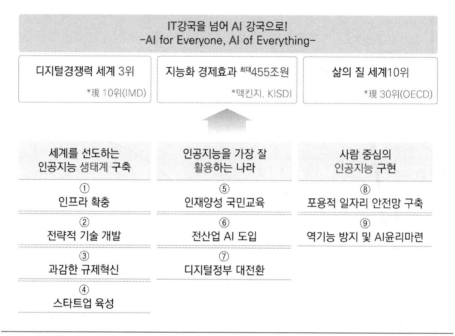

자료: 과학기술정보통신부(2019.12).

인공지능의 높은 관심은 산업의 변화와 함께 공공기관의 기술 및 활용을 위한 서비스 지원에서도 나타나고 있다. 한국정보화진흥원은 AI기술 및 제품·서비스 개발에 필요한 AI 인프라(AI 데이터, AI SW API, 컴퓨팅 자원)를 지원함으로써 누구나 활용하고 참여할 수 있는 AI 통합 플랫폼인 AI Hub를 제공하고 있다. AI Hub는 다양한 사용자가 AI를 개발 및 활용하기 위한 인프라서비스 4종(AI 데이터, AI 소프트웨어, AI 컴퓨팅, AI 이지빌더)과 AI 활성화를 위한 서비스 3종(AI 혁신체험, AI 리더보드, AI 커뮤니티)의 총 7가지 서비스를 지원하고 있다.[4]

ICT분야 미래 기술 연구를 위한 기관으로 한국전자통신연구원(ETRI: Electronics and Telecommunications Research Institute)에서는 과학기술정보통신부 R&D 과제를 통해 개발된 인공지능기술들을 오픈 API 형태로 개발하여 중소·벤처 기업, 학교, 개인 개발자 등의 다양한 사용자들에게 <표 10-5>와 같이

---

4 AI Hub website, Accessed 20 Dec. 2019.

제공하고 있다.

▼ 〈표 10-5〉 공공 인공지능 오픈 API · DATA서비스 이용범위

기술명	API명	1일 허용량
언어 분석기술	형태소 분석 API, 개체명 인식 API, 동음이의어 분석 API, 다의어 분석 API, 의존 구문분석 API, 의미역 인식 API	5,000건/일 (1회 사용 시 입력은 1만 글자 이하)
어휘관계 분석기술	어휘정보 API, 동음이의어정보 API, 다의어정보 API, 어휘 간 유사도 분석 API	5,000건/일
질의응답기술	질문분석 API, 기계독해 API, 위키백과 QA API, 법률 QA API	5,000건/일 (1회 사용 시 입력은 1만 글자 이하)
음성인식기술	한국어 인식 API, 영어 인식 API, 중국어 인식 API, 일본어 인식 API, 독어 인식 API, 불어 인식 API, 스페인어 인식 API, 러시아어 인식 API, 베트남어 인식 API	1,000건/일 (60초 이내/건당)
발음평가기술	영어 발음평가 API	
이미지 인식기술	객체검출 API, 사람속성 검출 API	250건/일
동영상 인식기술	장면 분할 API	100건/일
대화처리기술	대화처리 API	2,000건/일

자료: ETRI, 오픈 API서비스 자료(2019년 12월).

인공지능 응용 개발과 개방형 인공지능 혁신 생태계 조성을 통해 국내 인공지능산업의 경쟁력을 강화하는 것을 목표로 하며, 인공지능 SW기술과 함께 학습 데이터도 제공하여 국내 인공지능 개발자들이 인공지능기술 개발을 경험하도록 하고 있다. 공개된 인공지능 SW기술들은 '데모'와 'Open API'를 통해 단순 기술 체험 및 연구 활용이 가능하고, 해당 기술에 기반을 둔 기술사업화에 관심이 있을 경우, 기술이전을 통해 사업화를 추진할 수 있도록 지원한다.[5]

ETRI에서는 인공지능을 위한 KSB(Knowledge−converged Super Brain) 플랫폼을 지원하고 있다. BeeAI 플랫폼으로도 알려져 있으며, 인간중심 초연결 지능

---

5 ETRI 공공인공지능 오픈 데이터서비스 포털, Accessed 20 Dec. 2019.

사회 구현을 위한 자가학습형 지식융합 슈퍼브레인 핵심기술로 소개하고 있다.

▼ [그림 10-9] Knowledge-converged Super Brain 프레임워크

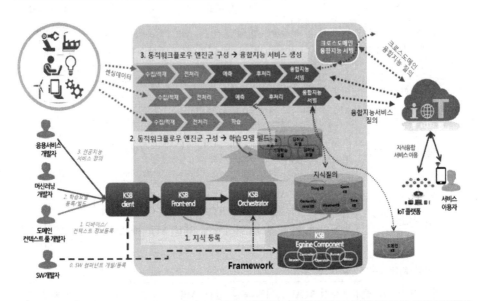

자료: ETRI(2019.12), 인공지능 프레임워크 BeeAI 프레임워크 소개자료.

　　KSB는 초연결 IoE(Internet of Everything) 네트워크를 통해 멀티모달 데이터를 수집 및 정제하고 기계학습을 통해 지식을 추출하여 도메인 전문가 지식과 융합하고 추론함으로써 예측·예방·최적화 지능서비스를 제공하는 것을 목표로 하고 있다([그림 10-9] 참조). 해당 기술은 IoT 데이터를 기반으로 건물의 에너지 수요를 예측하고 관리 효율을 최적화할 수 있는 건물 에너지 최적화 기술, 자가 학습 엔진을 기반으로 위험물질의 누출을 감시하고 진단하는 플랜트 누출 진단시스템기술, 운전과 수면 등 고령자의 일상생활 중 생체신호를 모니터링하여 뇌졸중을 예측하는 고령자 뇌졸중 사전 감지기술 등의 핵심기술로 구성된다.[6]

　　인공지능기술 활용과 확산을 위한 노력으로 무료 기술지원과 함께 정보

6　ETRI(2019), 인공지능 프레임워크 BeeAI.

및 지식 공유를 위한 인적 네트워크 교류가 필요하다. 이를 위해 서울시는 KAIST의 기술 자원 및 연구역량과 '모두의 연구소'의 개방형 혁신 연구 문화를 바탕으로, 인공지능 관련 전문 인재를 양성하고 특화기업을 발굴·육성하며 개방형 연구 문화를 촉진하고 전문가 간의 소통과 교류를 촉진하는 전문 지원기관인 양재 R&CD 혁신허브를 설립하였다. AI 미래인재 양성, AI 글로벌 유니콘 발굴육성, 개방형 AI 연구 커뮤니티, AI 네트워킹 등이 혁신허브의 주요 프로그램이다.[7]

▼ [그림 10-10] 인공지능 지식 교류를 위한 "AI기술던"

자료: 양재 R&CD 혁신허브, AI 신기술던 포스터 재구성(2019년 12월).

특히, 혁신허브의 "AI기술던" 행사([그림 10-10])는 오픈 세미나 형태의 산업분야별 다양한 이슈를 중심으로 인공지능 적용 방안을 공유하는 자리이다. 이는 다양한 도메인 및 산업에서 인공지능을 활용하는 데 필요한 지식을 공유할 수 있는 물리적 공간이라 생각한다.

7 양재 R&CD 혁신허브, Accessed 10 Dec. 2019.

인공지능은 부동산산업 규모를 확대하고 고도화를 이끌 수 있는 잠재력을 가지고 있어 다음과 같이 부동산의 다양한 분야의 발전을 위해 폭넓게 활용할 수 있는 기술이다.

첫째, 인공지능을 통해 데이터분석을 기반으로 전문성 있는 부동산활동과 부동산산업분야 진입이 가능하다. 다양한 데이터를 기반으로 하는 정량적 분석(Quantitative Analysis)을 통해 기존의 분석자의 경험과 지식을 바탕으로 하는 정성적 분석(Qualitative Analysis)보다 과학적이고 근거기반의 분석(EBA: Evidence Based Analysis)을 통해 의사결정을 할 수 있다.

둘째, 인공지능에 의한 의사결정의 지능화를 통해 부동산개발, 투자 등 다양한 부동산산업분야에서 각종 리스크를 획기적으로 낮출 수 있을 것으로 기대된다. 부동산은 거래금액이 고액이며, 각종 규제와 권리관계가 복잡하기 때문에 다양한 변수를 종합적으로 검토하여 위험을 최소화하여야 한다. 인공지능은 다양한 데이터 분석을 지능화하여 리스크를 효과적으로 관리할 수 있어 부동산에 적용하면 부동산 투자, 개발, 거래, 금융 등에서 리스크를 줄이고 산업구조를 확대하는 효과를 거둘 수 있다. 그리고 정부, 공급자와 수용자, 전문지원 전문가 등 시장참여자들도 이와 같은 지능형 리스크 관리서비스를 제공하는 인공지능을 활용하여 보다 정확한 의사결정과 업무처리가 가능해질 것이다.

셋째, 인공지능은 공간의 지능화를 통해 임대서비스 등 고부가서비스를 활성화할 수 있다. 공간의 지능화는 크게 두 가지 측면을 생각할 수 있다. 하나는 컴퓨터 파워가 공간에 내재되는 것이고, 다른 하나는 공간내 사물이 인터넷으로 서로 연결되어 지능화된 기능을 수행하는 것이다. 인공지능은 스마트홈, 스마트오피스 등 공간에 내재된 지능요소의 가치를 높여 이를 공간 자체보다 더 큰 부가가치의 원천으로 활용할 수 있다.

부동산산업은 임대, 중개를 넘어선 다양한 서비스도 늘어나고 있다. 에너지 절약, 실내공기의 질 개선 등 각종 부가서비스가 계속 개발될 수 있다. 공간의 상황을 실시간 확인할 수 있고, 필요한 경우 각종 기기를 자동적으로 작동시키며, 그 결과 또한 계속 모니터링할 수 있기 때문에 공간에 대한 서비스를 산업화할 수 있다. 여기에 Amazon의 Alexa, Apple의 Siri와 같은 디지털 어시스턴트들이 스마트폰을 넘어서 공간에 결합되는 날도 멀지 않았다. 부동산산업의 입장에서 보면 물리적 시설과 지능서비스를 함께 제공할 수 있게 되는 것이다.

넷째, 관계의 지능화도 인공지능이 부동산산업에 기여할 수 있는 중요한 변화 중 하나이다. 판매자와 수요자를 연결하고, 건물주와 임대인을 연결하는 등 중개와 관리는 부동산산업의 고유한 분야이다. 인공지능은 이런 부동산 관계를 지능화하여 소유 중심으로 발전해온 한국 부동산시장을 다양화할 것으로 기대된다. 인공지능이 각종 사회관계 및 권리관계를 과거와 비교할 수 없을 정도로 정교하고 정확하게 실시간 관리할 수 있게 해 줄 수 있기 때문이다(황종성, 2017). 이를 통해 소유보다 공유와 접근을 통한 부동산 이용을 활성화할 수 있다. 특히 하나의 공간을 하나의 주체가 점유하는 것이 아니기 때문에 인공지능을 통한 정밀한 규칙과 상황 관리는 협력적 공간 활용을 촉진하는 데 크게 기여할 수 있다.

한편 관계의 지능화는 커뮤니티의 발전을 촉진하는 데도 기여할 수 있다. 부동산의 가치를 결정함에 있어 커뮤니티의 질이 중요하다는 것은 주지의 사실이다. 하지만 그동안 부동산산업은 커뮤니티의 발전에 별로 기여하지 못했다. 지역을 잘 개발한 경우라도 그 지역 주민을 묶어줄 효과적인 플랫폼은 제공하지 못했기 때문이다. 인공지능은 사회관계망 등을 통해 주민들의 요구와 고민을 서로 이해하게 하고 교류와 협력을 촉진하여 마을 공동체의 발전을 이끌 수 있다.

마지막으로 인공지능은 서비스의 지능화를 통해 부동산산업의 고도화를 촉진시킬 수 있다. 특히 스마트시티서비스의 발전은 부동산산업의 지형을 획기적으로 바꿔놓을 것으로 기대된다. 스마트시티는 도시가 하나의 플랫폼으로서 교통, 에너지, 안전 등 각 부문을 서로 연계하고 데이터와 서비스를 융합하며 그 위에서 자율주행자동차, 드론 등 신기술의 활용을 가능케 하는 도시를 의미한다. 만약 도시가 이런 플랫폼 역할을 하지 못하면 매번 필요에 따라 관련되는 분야와 데이터를 연계해야 하기 때문에 비용이 기하급수적으로 늘어나게 된다. 인공지능은 이런 스마트시티서비스를 구현해 가는 기술로서 이를 통해 부동산산업은 완전히 새로운 구조를 갖게 될 것이다. 부동산은 도시변화와 분리된 것이 아니라 서로 유기적으로 연결된 존재이다. 미래에는 정부와 민간의 역할과 기능 구분이 모호해지고, 부동산시장의 각종 행위자들도 상호 긴밀한 협력관계 속에서 활동하게 될 것이다. 서비스 측면에서는 부동산 내부와 외부의 공공서비스가 연계되어 부동산산업은 지금과는 완전히 다른 미래지향적 지능서비스산업으로 발전할 수 있을 것이다.

이와 같이 인공지능의 활용은 부동산산업의 고도화를 앞당길 수 있다. 리스크 관리 기반이 약한 개발업, 중개업, 분양업 등 부동산의 다양한 분야에 전통방식의 Low-Tech에 의존하고 있는 현 상태를 탈피하여 경험이 많지 않은 사람도 참여하고 다양한 서비스도 안전하게 제공할 수 있는 유연한 시장을 만들 수 있다. 공간의 지능화를 통해 임대업의 활성화를 넘어 다양한 부가서비스의 제공이 가능해지고, 관계의 지능화는 소유 중심의 부동산시장을 공유와 접근 중심의 시장으로 바꾸는 계기가 될 것이다. 그리고 스마트시티서비스까지 접목시키면 내부적으로는 부동산이 상호간에 연결되고 외부적으로는 공공서비스와 연계되는 새로운 산업구조로 발전될 것이다.

일자리 측면에서 보면, 인공지능이 부동산 일자리의 안정성을 해치는 위협요인이 된다는 점을 부인할 수 없다. 한국에서 부동산 일자리의 대부분을 차지하는 관리업과 중개 및 컨설팅업은 인공지능과 로봇에 의한 자동화로 대체 가능성이 높은 분야다. Frey와 Osborne(2013)도 부동산 중개인이 하는 업무의 자동화 가능성을 1점 만점 중 0.97로 평가하여 사라질 가능성이 매우 높은 직업군에 포함시킨 바 있다.

하지만 한국 부동산산업 전체로 보면 인공지능에 의한 일자리 창출 효과가 더 강하게 작용할 가능성이 높다. 앞서 언급하였듯이 인공지능을 통해 부동산산업의 고도화를 실현하면 그 효과로 새로운 일자리가 더 많이 창출될 수 있기 때문이다. 이런 점에서 인공지능에 의한 일자리 변화 문제를 직업(Job)보다 그 직업을 수행하는 데 필요한 업무(Task)에 초점을 맞춰 분석한 OECD(2018)의 연구를 눈여겨 볼 필요가 있다. 이 연구에서는 부동산산업을 자동화 가능성이 낮은 20개 산업 중 하나에 포함시켰다. 부동산 일자리가 요구하는 업무는 중개업과 같이 자동화 가능성이 높은 것도 있지만 전체적으로는 반복적 업무보다는 고객 하나 하나에 대한 맞춤형 서비스와 각종 창의적 아이디어가 필요한 업무가 더 많다고 본 것이다.

▼ [그림 10-11] 인공지능과 부동산 관계

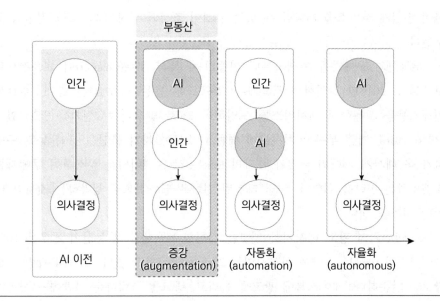

인공지능이 가져올 부동산산업의 변화 중 일자리 창출에 매우 긍정적인 효과를 수반할 것으로 보이는 다음과 같은 이유와 마인드 변화가 요구된다.

첫째, 기술패러다임이 급속히 바뀌고 있다. 인공지능과 로봇, 더 넓게 데이터 분석은 불과 10년 전만 해도 주력기술로 떠오르지 못했다. 산업현장은 물론이고 대학에서도 이에 대한 교육이 이루어지지 못했다. 특히 부동산산업이 신기술을 수용하는 속도도 매우 느려서 아직도 부동산산업현장에서 활용되는 최신기술은 인터넷 관련기술이 주류를 이룬다. 따라서 인공지능이 만드는 새로운 서비스와 시장은 기존 산업인력보다는 새롭게 진입하기 위해 대비하는 세대에게 유리할 수밖에 없다. 꼭 개발자가 아니더라도 기술의 잠재력을 정확하게 이해하고 이를 적재적소에 활용하는 능력을 발휘할 수 있어야 할 것이다.

둘째, 부동산산업이 플랫폼 기반으로 되어 간다는 점이다. 기술과 서비스와 도메인 사이의 경계가 사라지고 서비스 개발에 필요한 각종 기반들이 빠르게 자리를 잡고 있다. 예컨대 실내·외 지도가 확대되고 있고, 유무선 통신을 넘어 사물통신 기반도 강화되며, GPS 등 부동산과 관련된 공간정보도 날로 정교화되고 있다. 이런 기반이 없을 때에는 부동산서비스 개발자가 하나의 서비스를 위해 필요한 모든 요소를 직접 구축해야 했지만, 이제는 이미 구축된 플랫폼을 활용하여 손쉽게 서비스를 개발할 수 있는 환경이 조성되어 창의력과 도전정신이 요구된다.

부동산의 구매자를 탐색하는데 인공지능, 특히 챗봇(Chatbot)이 효율적으로 활용된다. 2016년 창업한 미국의 Rex 부동산은 통상 5~6%하는 중개수수료를 인공지능을 활용한 중개서비스를 도입하여 2%로 낮추어 큰 인기를 끌고 있다 (Zhao, 2018). 기존 부동산 회사들이 매물 리스트에 자기 물건을 올려 놓고 구매자가 올 때까지 기다리는 것과는 달리 Rex는 각종 데이터를 분석하여 구매자를 타겟팅하는 전략을 취한다. 이런 타겟팅 전략은 일반적으로 생각하는 것보다 뛰어난 성과를 낸다.

Facebook의 광고 메시지와 챗봇을 결합한 Wepsbot 부동산의 경우는 10일만에 3건의 아파트 계약을 성사시키는 성과를 거두기도 했다. 그들의 방법은 생각보다 단순하다. 페이스북에 광고를 올리고, 광고를 클릭하는 사람에게 챗봇이 맞춤형 메시지를 보내면, 이를 보고 물건을 보러 오는 사람이 생기는 것이다. 이 회사는 10일만에 아파트 3건을 판매하는데 1,064건의 광고 클릭이 있었고, 그 중 243명이 대화에 응했으며, 이중 60명이 구체적 상담을 시작했다. 챗봇만으로 잠재적 구매자를 찾은 것으로는 아주 높은 생산성이라 할 수 있다.

챗봇의 판매능력을 보여주는 또 다른 사례는 부동산 전문 잡지인 Inman이 2016년 챗봇과 실제 부동산 중개인을 경쟁시킨 일이다. 세 명의 부동산 중개인과 챗봇이 구매자의 관심과 특성을 반영하여 각각 매물을 제안했는데 챗봇이 제안한 매물을 모두 선택한 것이다.

하지만 부동산 중개의 전과정을 챗봇, 혹은 인공지능만으로 진행하는 것은 아니다. 잠재적 구매자를 찾는 것까지 인공지능이 해내면, 그 다음은 실제 중개인이 판매를 담당한다. 인간과 인공지능이 협업관계의 일종인 증강관계를 형성하는 것이다(황종성, 2018).

▼ 〈표 10-6〉 챗봇서비스 발전 단계

단계 구분	1단계 챗봇서비스 (Chatbot)	2단계 지능형 비서 (Intelligent Assistant)	3단계 감성 비서 (Conscious Assistant)
제공방식	텍스트, 음성	텍스트, 음성, 시각자료	텍스트, 음성, 시각자료, 행동인지
입력방식	폐쇄형, 개방형 일부	폐쇄형 일부, 개방형	개방형·폐쇄형 복합 사용
주요기술	패턴매칭, 키워드 및 연관어 추출 등	딥러닝·머신러닝, 자연어 처리, 기타 신기술 융합 등	감성인지기술, 데이터 정형화 기술
내용	• 학습된 내용에 대한 질의 응답 • 사용자와 단순한 형태의 소통 • 검색을 통한 결과 제공	• 사용자의 패턴·상황을 고려한 개인 맞춤형 서비스 제공 • 간단한 업무 처리	• 감정 교류를 통한 서비스 및 각종 서비스에 대한 선제적 대응

자료: 글로벌ICT 포럼(2019.8.16), 인공지능 기반 챗봇기술 국외 현황과 시사점.

11

클라우드 컴퓨팅과 부동산

▶ 01절 **클라우드 컴퓨팅 개관**

1. 클라우드 컴퓨팅 개요

클라우드 컴퓨팅(Cloud Computing)은 '서로 다른 물리적인 위치에 존재하는 컴퓨터들의 자원을 가상화하고 경제적 서비스를 제공하는 기술로 하드웨어, SW 등 전산자원을 필요로 하는 곳에 필요한 만큼 자원을 제공하는 기술'이다. 즉, 클라우드 컴퓨팅은 스토리지·플랫폼·소프트웨어와 같은 ICT 장비·제품(이하 "ICT 자원"이라 한다)을 데이터센터에 대량으로 집적시킨 다음, 개별 이용자가 요구하는 만큼만 가상적으로 분리하여 정보통신망을 통해 서비스로 제공하고 사용량에 비례하는 비용을 청구하는 방식이다. 이는 각 PC 내부저장장치에 프로그램을 설치하여 이용하는 종전 방식에서 클라우드라는 가상 공간을 연결한 인터넷 네트워크를 통해 필요한 자원을 이용하는 방식이다.

다시 말해 클라우드 컴퓨팅은 기업의 자원을 네트워크, 서버, 스토리지, 컴퓨팅 자원서비스, 애플리케이션 등의 IT 자원을 최적화 구매하여 소유하지 않고 시간과 장소에 상관없이 필요한 시점에 인터넷을 통해 서비스 형태(as a service)로 이용할 수 있는 컴퓨팅 방식을 의미한다.

▼ [그림 11-1] 기존 방식과 클라우드 컴퓨팅 방식 비교

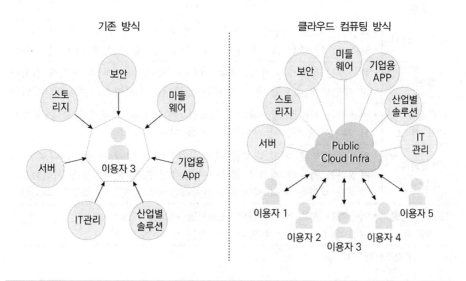

자료: 국회입법처(2017.12), 클라우드 컴퓨팅의 현황과 과제.

2. 클라우드 컴퓨팅의 특징과 유용성

클라우드 컴퓨팅의 특징은 <표 11-1>에서 보는 바와 같이 접속 용이성, 확장성, 맞춤형, 가상성과 분산성, 사용량 기반 과금제 등이 있다.

▼ 〈표 11-1〉 클라우드 컴퓨팅의 특징

구분	내용
접속 용이성	• 시간과 장소에 상관없이 인터넷을 통해 클라우드서비스 이용 가능 • 클라우드에 대한 표준화된 접속을 통해 다양한 기기로 서비스를 이용
유연성	• 클라우드 공급자는 갑작스러운 이용량 증가나 이용자 수 변화에 신속하고 유연하게 대응할 수 있기 때문에 중단없이 서비스를 이용할 수 있음
주문형 셀프서비스	• 이용자는 서비스 제공자와 직접적인 상호작용을 거치지 않고, 자율적으로 자신이 원하는 클라우드서비스를 이용 가능
가상화와 분산처리	• 하나의 서버를 여러 대처럼 사용하거나 여러 대의 서버를 하나로 묶어 운영하는 가상화 기술을 접목하여 컴퓨팅 자원의 사용성을 최적화 • 방대한 작업을 여러 서버에 분산처리함으로써 시스템 과부화 최소화
사용량 기반 과금제	• 이용자는 서비스 사용량에 대해서만 비용을 지불 • 개인이 전기사용량에 따라 과금하는 방식과 유사함

자료: 국회입법조사처(2017.12)

　클라우드 컴퓨팅의 유용성을 살펴보면 ICT 자원의 구축·운영비용 절감, ICT 사용 환경개선, 친환경 ICT 환경조성 등 다양하다.

　첫째, ICT 자원의 구축·운영비용 절감으로 클라우드 컴퓨팅을 이용할 경우 각종 ICT 자원을 개별적으로 구입 또는 소유하는 대신 필요한 만큼 사용하고, 사용한 만큼만 비용을 지불하기 때문에 ICT 자원의 구축비용을 감소시킬 수 있다. 또한 클라우드 컴퓨팅사업자가 대형 데이터센터에서 물리적 ICT 자원을 통합적으로 운영·관리하기 때문에 개별 이용자의 ICT 운영비용 부담을 줄일 수 있다.

ICT 자원의 구축·운영비용 절감 효과

- 창업·벤처기업이 클라우드 컴퓨팅을 이용할 경우 경제적 비용으로 신속하게 ICT 환경을 구축할 수 있기 때문에 신속한 창업에 유리함
- 중·대기업도 클라우드 컴퓨팅을 이용하면 ICT 구축·운영 예산을 절약할 수 있기 때문에 예산 활용의 효율성을 높일 수 있음
- 클라우드 컴퓨팅을 이용하는 조직은 ICT 관리 인력 축소로 인건비 부담이 완화되고, 자체 ICT 설비와 데이터센터에서 발생하는 전기료나 라이선스 관련 비용을 절감하고 기존 데이터센터 공간을 다른 용도로 활용할 수 있음

둘째, ICT 사용 환경 개선으로 클라우드 컴퓨팅 이용자는 서비스 선택을 통해 손쉽게 ICT 자원을 추가·변경할 수 있기 때문에 ICT 자원 활용의 편리성이 높아진다. 사용량의 일시적인 증가에도 충분히 대응하여 안정적으로 서비스를 지속할 수 있어 경제적이다. 또한 사무용 ICT 자원(사무용 PC, 소프트웨어, 업무처리시스템 등)을 클라우드에서 구현하는 가상 데스크톱(Virtual Desktop) 기능을 이용하면 공간의 제약에서 벗어나 스마트 워크 방식으로 업무 연속성을 확보할 수 있기 때문에 기업의 생산성 향상에 유리하다.

ICT 사용 환경 개선 사례

- 전자상거래, 대학의 수강신청, 계절성 민원접수와 같은 불규칙하거나 일회성 업무에 충분히 안정적인 대응이 가능함[8]
- 사무 환경 변화에 유연하게 대처할 수 있기 때문에 스마트 워크(Smart Work) 나 탄력근무제와 같은 새로운 업무환경에 적극 대처할 수 있음

---

8 대표적인 사례가 2015년 중국 광군제(光棍節, 11월 11일)에서 중국 전자상거래기업인 알리바바(www.alibaba.com)는 자체 클라우드 컴퓨팅시스템인 '알리 클라우드'를 활용하여 평소 대비 수백배나 폭증한 14억3천만건의 트래픽(접속건수)을 서버 다운 없이 효율적으로 처리함(자료: 정용철, 16조 매출 알리바바 "서버 안 죽었다"… 비결은 "알리 클라우드", 전자신문, 2015년 11월 12일).

셋째, 친환경 ICT 환경 조성으로 클라우드 컴퓨팅을 활용할 경우 기존에 비해 하드웨어의 활용률이 개선되고, 기존에 개별 기업별로 보유하고 있던 데이터 센터를 감축시킬 수 있기 때문에 저전력·저탄소 환경을 마련할 수 있으며 물리적 ICT 자원이 줄어들기 때문에 장래에 발생되는 ICT 폐기물의 양을 사전에 줄일 수 있다.

넷째, 정보통신처리에 대한 접근성 개선 및 정보격차 해소에 기여할 수 있다. 경제력이 부족하여 PC와 소프트웨어 등 ICT 자원을 필요한 만큼 구입하지 못하는 개인과 기업들도 클라우드 컴퓨팅을 통해 낮은 비용으로 최신의 ICT 자원을 이용할 수 있기 때문에 정보통신처리에 대한 접근성을 개선하고, 궁극적으로는 정보격차(Digital divide) 해소에도 기여할 수 있다.

3. 클라우드 컴퓨팅의 유형과 구성

클라우드 컴퓨팅(Cloud Computing)은 마치 구름(Cloud)처럼 인터넷상에서 무형의 상태로 존재하는 하드웨어(H/W), 소프트웨어(S/W) 등의 컴퓨팅 자원을 언제 어디서나 사용하는 서비스이다. 클라우드 컴퓨팅은 IT환경을 근본적으로 바꾸는 '제3의 IT혁명'으로서 IT산업전반에 지대한 영향을 주어 아마존, 구글, 마이크로 소프트(MS), IBM 등과 국내의 삼성전자, 네이버, KTF 등 유수의 IT기업들이 경쟁적으로 클라우드시장에 진입하고 있다.

클라우드서비스는 서비스 유형에 따라 IaaS(Infrastructure as a Service), DaaS(Data as a Service), PaaS(Platform As a Service), 그리고 SaaS(Software as a Service) 등으로 분류된다.[9]

SaaS(Software as a Service)는 애플리케이션 기능을 인터넷을 통해 이용할 수 있는 서비스를 말하며, 클라우드 컴퓨팅의 최상위에 위치하는 서비스라 할 수

---

9 이 외에도 IaaS, PaaS, SaaS의 분류에 포함되지 않는 새로운 형태의 클라우드서비스를 XaaS(Anything as a Service)로 표현하는 경우가 있음. 또한 이용자는 모니터와 키보드 같은 입·출력 장치만 갖추고 나머지는 클라우드에서 사용자별로 가상 데스크톱 환경을 생성해 주는 가상 데스크톱서비스(DaaS: Desktop as a Service)를 별도로 구분하는 입장도 있음. 그러나 국내외적으로 가장 보편적으로 적용되는 분류 방식은 IaaS, PaaS, SaaS로 구분하는 것임.

있다. SaaS의 한 예로는 네트워크의 ERP CRM e-커머스, 세일즈 포스 닷컴의 CRM SPA같은 서비스가 있다.

PaaS(Platform as a Service)는 애플리케이션을 포스팅하는 플랫폼의 기능을 인터넷을 통해 이용할 수 있는 서비스이며, 클라우드서비스사업자는 서비스 구성 컴포넌트, 호환성 제공서비스 등을 지원한다. 해당 서비스의 예로는 구글의 Google App Engine을 들 수 있다.

IaaS(Infrastructure as a Service)는 애플리케이션을 호스팅하는 인프라(자원)를 인터넷을 통해 사용자에게 하드웨어를 판매하는 것이 아니라 하드웨어 자원을 빌려주는 서비스이다.

클라우드 컴퓨팅은 IT의 모든 자원을 공유하여 활용함으로서 정보기술 자원의 효율성을 제고할 수 있어 스마트폰, 전자북 등 다양한 모바일 단말기를 활용해서 시간과 공간의 제한이 없는 업무의 혁신이 공공과 민간에서 점차 확대 적용되고 있는 스마트워킹(Smart Working)에 필요한 기반이다.

개별 클라우드사업자는 IaaS·PaaS·SaaS를 모두 제공하기도 하고, 자신의 전문 분야에 해당하는 서비스만 선별적으로 제공하기도 한다. 자체 인프라가 부족한 클라우드사업자(대부분 스타트업·중소기업)는 대형 클라우드사업자가 제공하는 IaaS나 PaaS를 기반으로 해서 SaaS를 공급하기도 한다. 또한 클라우드사업자도 다른 사업자가 제공하는 클라우드서비스를 이용하는 경우가 있다.

이용자는 자신의 상황을 고려하여 모든 ICT 자원을 클라우드로 전환하여 IaaS·PaaS·SaaS를 이용할 수도 있고, 데이터 저장만 IaaS를 이용하고 소프트웨어는 클라우드 방식이 아닌 기존의 물리적 전산시스템(Legacy system)에서 운용하는 등 다양한 조합을 선택할 수 있다.

▼ 〈표 11-2〉 서비스 모델에 따른 클라우드 컴퓨팅의 유형 분류

유형	설명	시장 현황
IaaS	서버·스토리지·처리장치와 같은 물리적인 컴퓨팅 인프라를 클라우드 서비스 형태로 제공	• 아마존 AWS, 마이크로소프트 애저(Microsoft Azure) 등 글로벌기업이 세계시장을 주도하고 있으며, 이 중 일부는 국내기업과 협력하거나 국내에 직접 데이터센터를 운영하고 있음 • 국내는 통신사들이 기업용 서비스(B2B)나 개인용 서비스(B2C)를 결합 상품으로 출시하고 있으며, 네이버(Naver)·더존(Duzon) 등 인터넷기업이나 기업용 솔루션기업도 클라우드서비스를 제공함
PaaS	애플리케이션이나 응용프로그램 개발에 필요한 운영체제(윈도우, 리눅스, 안드로이드 등), 미들웨어와 같은 플랫폼을 클라우드서비스 형태로 제공	• 현재 글로벌 PaaS시장은 크지 않지만 PaaS시장을 선점하는 기업이 향후 IaaS와 SaaS사업의 주도권을 확보할 수 있을 것이라는 전망에 따라 마이크로소프트·아마존·구글·아이비엠 등의 경쟁이 치열함 • 이와 함께 오픈시프트(Openshift), 클라우드 파운드리(Cloud Foundry) 등 공개 PaaS도 세력을 확대 중임
SaaS	완성된 애플리케이션이나 응용프로그램을 클라우드서비스 형태로 제공	• 구글·MS 등이 주도하는 가운데 에스에이피(SAP)·어도비(Adobe) 등 전통 SW기업도 SaaS시장에 진입하고 있음 • 국내 더존·한글과컴퓨터 등이 전사적 자원관리(ERP) 및 오피스 프로그램을 SaaS 형태로 전환하고 시장 진출을 추진중임

자료: 국회입법처(2017), 클라우드 컴퓨팅 현황과 과제.

4. 클라우드 컴퓨팅의 시장 전망

가트너는 '17년부터 '21년까지 전 세계 공용 클라우드시장이 연평균 약17.6%씩 성장하여 '21년 시장규모는 '17년 1,453억 달러 대비 91.5% 증가한 2,783억 달러가 될 것으로 예상하고 있다. 전체 서비스 중에서 SaaS가 가장 큰 비중을 차지하며 '21년 비중은 40.7%로 '17년의 40.5%와 큰 차이를 보이지 않을 것으로 예상하고 있다(Gartner, 2018).

앞으로 클라우드시장의 성장은 IaaS와 PaaS가 주도하여 가장 빠르게 성장할 것으로 예상되며 '21년 시장 규모는 '17년 대비 각각 267%, 233% 증가할 것으로 전망하고 있다.

또한 기업들의 멀티 클라우드 및 하이브리드 클라우드에 대한 수요가 증가함에 따라 IaaS와 PaaS의 통합서비스에 대한 수요가 늘어날 것으로 예상한다.

▼ [그림 11-2] 세계 클라우드서비스 시장규모 및 전망

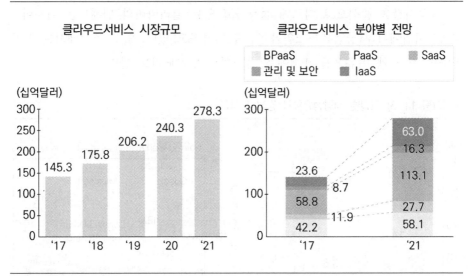

클라우드서비스 시장규모

클라우드서비스 분야별 전망

BPaaS　PaaS　SaaS
관리 및 보안　IaaS

자료: Gartner(2018.9).

주요기업으로는 아마존의 AWS[10]가 압도적 시장 지위를 유지하는 가운데 MS와 구글, 알리바바가 빠르게 성장하고 있는 상황이다. 2006년 상업 클라우드서비스를 처음 시작한 AWS가 전 세계시장의 34%를 차지하면서 시장을 지배하였고, MS의 Azure는 2010년 그리고 구글 클라우드는 다소 늦은 2013년부터 시장에 진입하였다.

아마존의 AWS는 규모의 경제를 바탕으로 시장 지배적 위치를 계속 유지할 수 있는 선순환 사이클을 확보하여 저렴한 가격으로 많은 고객을 확보하고, 그 고객을 바탕으로 컴퓨팅 자원 활용률을 높게 유지할 수 있어 단위당 비용이 낮아져 고객 유치에 유리한 위치에 있다. 유통기업인 월마트(Wal-Mart)와 타겟(Target)이 최근 이해상충 이슈로 인해 AWS에서 MS와 구글로 이동하는 상황이다. 그러나 시장 진입이 늦었으나 MS는 'Cloud First'전략을 바탕으로 AWS를 추

---

10 AWS(Amazon Web Service): 아마존의 클라우드서비스 제공 플랫폼.

격하고 있으며, 구글도 머신러닝분야의 우위를 바탕으로 빠르게 성장하고 있다. 따라서 AWS가 연간 약 45%씩 성장하는 반면, MS와 구글은 85~98%의 성장률 기록하고 있다. 데이터 센터가 설치된 지역 수로는 AWS(19), MS Azure(44), 구글 (17)이다.

중국시장을 중심으로 빠르게 성장하고 있는 알리바바와 텐센트는 아시아· 태평양지역에서 시장점유율 2위와 5위를 기록하고 있다. 일부 조사에서는 알리바바의 전 세계 점유율을 IBM에 앞선 4위로 평가되기도 한다.

▼ [그림 11-3] 기업별 시장점유율과 경쟁 포지션

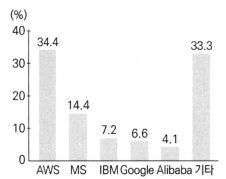

주: 2018년 3분기, IaaS 및 PaaS시장 기준
자료: Synergy research group(2018.10)

주: 2018년 2분기, IaaS 및 PaaS시장 기준
자료: Synergy research group(2018.7)

세계시장에서 IaaS와 PaaS가 가장 빠르게 성장할 것으로 기대되는 데 반해, 국내시장에서는 SaaS가 가장 빠르게 성장할 것으로 기대하고 있다. 2017년에서 2021년의 서비스별 성장률은 SaaS(136%), IaaS(106%), PaaS(104%)라 하고 있다.

국내 클라우드 기술 수준은 중국에도 뒤처지고 있는 상황으로 정보통신기술 진흥센터의 2018년 ICT기술 수준 조사보고서에 따르면 미국을 100으로 할 때, 한국의 클라우드기술 수준은 84로 평가된다. 세부 분야 중에서 클라우드 플랫폼 사업화 기술은 훨씬 더 큰 격차(미국(100), 중국(85.2), 유럽(89.5), 일본(83.9)), 한국 (83.5)로 클라우드기술이 발전하기 위해서는 충분히 큰 시장 규모를 바탕으로 규모의 경제를 확보해야 하나 국내시장만으로는 한계가 있어 보인다.

▼ [그림 11-4] 국내 공용 클라우드시장 규모 및 기술 수준

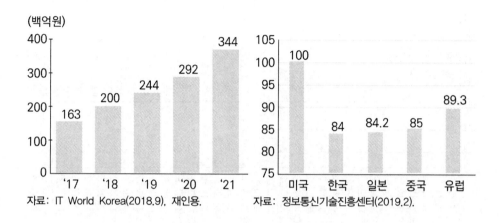

자료: IT World Korea(2018.9), 재인용.   자료: 정보통신기술진흥센터(2019.2).

클라우드 사용률은 2018년을 기준으로 미국을 제외한 OECD 국가의 평균 클라우드 사용률은 30.6%로 핀란드가 65.26%로 가장 높고, 스웨덴(57.21%), 덴마크(55.62%), 노르웨이(50.66%), 네덜란드(48.25%) 순인 반면 한국은 최하위 수준이다.

한국은 가장 최근에 집계된 '15년 기준 12.9%의 사용률을 기록하여 그리스, 폴란드, 터키, 멕시코와 함께 가장 사용률이 낮은 국가에 포함되고 있다.

▼ [그림 11-5] 2018년 OECD 국가별 기업 클라우드 사용률(2018년 기준)

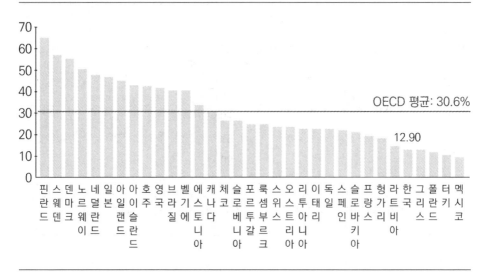

자료: OECD, "ICT Access and Usage by Business"

AWS,[11] MS, 구글 등이 높은 브랜드 인지도를 바탕으로 국내시장을 주도하는 가운데 KT, 네이버, SK C&C 등이 경쟁하고 있다. 시장조사회사인 IDG가 2018년 3월 국내 IT전문가에게 설문한 결과에 따르면 가장 먼저 떠올린 클라우드 브랜드로 69%가 AWS를 지목하여 2016년 11월의 같은 조사에서 AWS를 지목한 비중인 42%보다 크게 증가하였다. 브랜드를 선호하는 이유로는 AWS는 경험과 다양한 고객, MS는 비즈니스와 산업에 대한 이해이며, 구글은 안정적으로 서비스를 하고 있기 때문이다.

국내기업 중 클라우드 매출 규모가 가장 큰 KT는 공공기관을 대상으로 하는 G-Cloud서비스를 하는 강점을 가지고 있다. 다음 네이버는 인공지능이나 자율주행기술 개발 등의 서비스를 위해 자체 데이터센터를 운영한 경험을 바탕으로 2017년부터 기업 클라우드사업을 시작하여 국내 뿐만 아니라 일본, 동남아, 독일, 미국 등에 자체 데이터센터(리전)를 운영중이다. SK C&C는 2016년 8월 IBM과 공동으로 판교에 데이터센터를 건립하고 클라우드사업을 해왔으며,

---

11 기업별 클라우드 매출이 공개되지 않으나, 업계에서는 한국 AWS의 매출은 8천억 원 이상일 것으로 추정.

최근 알리바바와도 제휴하고 게임 '배틀그라운드', e-commerce '11번가' 등이 주요 고객이다.

한국 클라우드산업협회의 2017년 클라우드산업 실태조사에 따르면 국내 클라우드 공급기업은 700개로 중견기업 이상이 55개, 중소기업이 645개이며, 2015년 353개 대비 약 2배 증가한 것으로 나타나고 있다. 전체 700개 기업 중 SaaS가 253개로 가장 큰 비중을 차지하며, 클라우드 SW기업이 135개, IaaS가 131개로 조사된다.

해외진출을 하고 있는 기업 비중은 2016년 11.6%에서 2017년 5.2%로 감소하였다. 과거에 진출한 경험이 있는 기업 비중이 2017년 22.7%를 차지하고 있어 해외진출을 시도했으나 현재는 철수한 기업들이 다수 있는 것으로 판단된다. 이는 기술력이 열악하고 기업규모가 영세한 기업들이 많아 주로 대기업 클라우드사업자의 서드파티 역할을 담당하는 것으로 보인다. 그리고 응답 기업들의 75.8%가 전문인력 수급에 어려움을 겪는 것으로 나타나고 있다.

▼ [그림 11-6] 클라우드서비스 공급기업

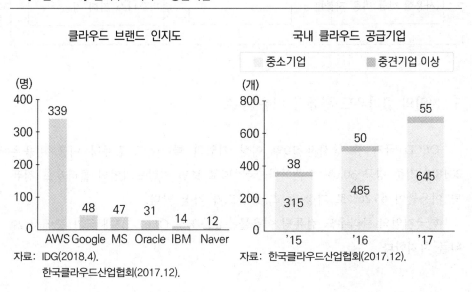

▼ 〈표 11-3〉 클라우드로 인한 미래 변화

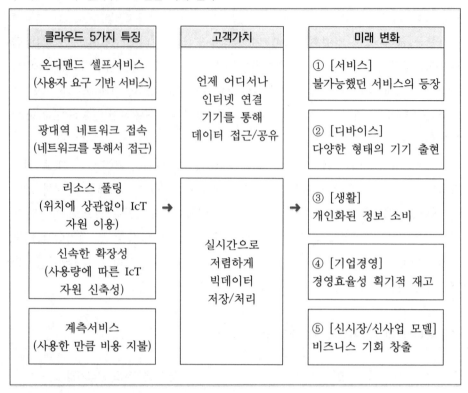

클라우드 5가지 특징	고객가치	미래 변화
온디맨드 셀프서비스 (사용자 요구 기반 서비스)	언제 어디서나 인터넷 연결 기기를 통해 데이터 접근/공유	① [서비스] 불가능했던 서비스의 등장
광대역 네트워크 접속 (네트워크를 통해서 접근)		② [디바이스] 다양한 형태의 기기 출현
리소스 풀링 (위치에 상관없이 IcT 자원 이용)		③ [생활] 개인화된 정보 소비
신속한 확장성 (사용량에 따른 IcT 자원 신축성)	실시간으로 저렴하게 빅데이터 저장/처리	④ [기업경영] 경영효율성 획기적 재고
계측서비스 (사용한 만큼 비용 지불)		⑤ [신시장/신사업 모델] 비즈니스 기회 창출

5. 기업의 클라우드 컴퓨팅 이용 수준

OECD 국가 중 종사자 10인 이상 기업의 클라우드 컴퓨팅 이용 비율은 2018년 기준 평균 30.6% 수준이다. 국가별로 보면 핀란드기업의 클라우드 컴퓨팅 이용률이 65.26%로 가장 높고, 폴란드가 가장 낮다.

한국기업의 클라우드 컴퓨팅 이용률은 12.9%로 OECD 33개 국가 중에서 29위를 차지한다.

6. 클라우드 컴퓨팅 향후 전망

멀티(Multi)[12] 또는 하이브리드(Hybrid)[13] 클라우드는 특정 공급기업에 구속(Lock-in)되지 않고 상황에 맞는 최적의 시스템을 활용할 수 있는 장점으로 기업들이 주목하고 있다. 시장조사기관인 Right Scale의 조사에 따르면 종업원 1,000명 이상 기업은 82%, 1,000명 미만 기업은 64%가 멀티 또는 하이브리드 클라우드전략을 추구한다고 한다.

국내기업들도 최근 AWS의 사고를 계기로 멀티 또는 하이브리드 클라우드 전략을 추구하려는 경향이 강해지는 추세이다. 데이터와 컴퓨팅의 특성과 사용목적에 따라 자체 인프라와 사설 또는 공용 클라우드 중에서 어느 쪽이 최적인지를 판단하고 복수의 서로 다른 시스템을 넘나들면서 효과적으로 활용할 수 있는 기술과 역량이 중요해지고 있는 것이다.

멀티 또는 하이브리드 클라우드를 실현하는 과정에서 컨테이너의 활용이 확대되고 관련 기술 개발이 빨라질 전망으로 컨테이너를 활용하면 다른 서비스 공급자의 시스템으로 손쉽게 이전하여 원활한 작업이 가능해지기 때문이다. 다중 컨테이너를 관리하는 시스템은 구글의 쿠버네티스(Kubernetes)가 시장의 표준으로 안착하고 있어 구글의 클라우드 기술분야에서의 영향력은 더욱 커질 전망이다.

▼ [그림 11-7] 기업 규모별 클라우드 전략

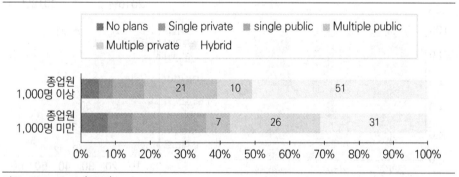

자료: Right Scale(2018).

---

12 두 개 이상의 공급기업이 제공하는 클라우드서비스를 동시에 활용하는 방식.
13 기존의 자체 IT시스템을 유지할 필요가 있는 영역과 클라우드로 전환하는 것이 효과적인 영역을 구분하여 동시에 운영하는 것.

기업들의 클라우드기술을 도입하는 목적은 IT 관리 효율화에서 빅데이터 분석과 인공지능 개발을 효율적으로 하기 위함이다. 클라우드는 인공지능의 개발과 활용을 위해 필요한 방대한 컴퓨팅 자원을 제공하는 기초 인프라로서 인공지능분야를 선도하고 있는 아마존, MS, 구글, IBM, 알리바바, 텐센트 등이 글로벌 클라우드시장을 주도하고 있다. 한국의 IDG 조사에서 클라우드를 도입한 기업들은 AI을 도입했거나 할 계획이 있는 비중이 67%였던 반면, 클라우드 도입 계획이 없는 기업들은 AI에 대한 관심도 거의 없는 것으로 나타나고 있다. 국내기업들의 클라우드 활용도 애플리케이션 개발과 테스트에서 빅데이터 분석 및 인공지능 구현으로 서서히 변화하고 있다. 한국 IDG가 2016년 11월과 2018년 3월에 시행한 조사를 비교하면 국내기업들이 AI 구현과 빅데이터 관련 업무를 위해 클라우드를 사용하는 경우가 증가하고 있다. 클라우드는 빅데이터 및 분석('16년 24%→'18년 36%), AI 구현('16년 0%→'18년 24%)에서 사용이 증가하고 있다. 글로벌 클라우드사업자들인 아마존의 AWS, MS, 구글과 국내의 SK C&C나 네이버도 인공지능 개발을 위한 PaaS를 클라우드서비스에서 제공하고 있다.

▼ [그림 11-8] 클라우드 도입 설문조사 결과

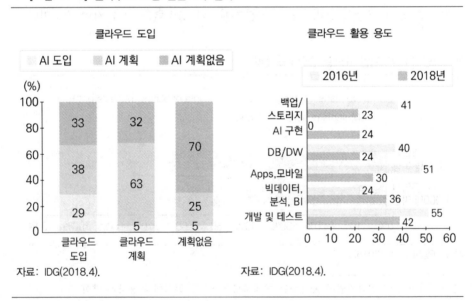

자료: IDG(2018.4).

자료: IDG(2018.4).

국내 클라우드시장은 글로벌기업들의 각축장이 될 전망으로 2019년 이후 글로벌 Top 3기업들이 모두 한국에 데이터센터를 보유하게 되어 본격적인 경쟁이 이루어지고 있다. 2016년 1월 아마존의 AWS가 가장 먼저 국내에 데이터 센터를 건설하고 한국시장의 규모와 성장가능성을 입증하면서 다른 기업들도 국내에 진출하기 시작하였고, MS도 2017년 3월에 국내 데이터센터를 개소한 이래 Azure 매출이 300% 성장하였다. 구글은 2019년 1분기에 서울에 데이터 센터를 운영하고 있다.

▼ [그림 11-9] 클라우드 데이터센터

클라우드별 데이터센터 규모	구글 클라우드 데이터센터

자료: CB Insights(2018).　　　자료: 구글 클라우드 홈페이지.

개정된 전자금융감독규정이 시행됨에 따라 국내 금융회사들의 클라우드 전환이 확대되고 그동안 중요하지 않은 정보만 클라우드에서 이용할 수 있었던 제약이 사라지면서 금융회사들의 클라우드 도입이 증가하고 있다. 한국은행은 2018년 8월 1일 네이버 클라우드 플랫폼에서 IaaS 방식으로 클라우드서비스를 처음으로 도입하였으며, 2019년 1월에 카카오뱅크가 클라우드 전면 도입하여 개정된 전자금융감독 규정의 첫 번째 적용 사례가 되었다.

부동산분야에서 클라우드 컴퓨팅은 다양하게 활용될 수 있을 것으로 보인다. 공공기관에서는 부동산과 관련된 정보시스템을 구축하고 관련 정보를 저장하는 데 클라우드 컴퓨팅의 IssS, PaaS을 활용할 것으로 보인다. 민간에서는 먼저 클라우드 컴퓨팅의 IaaS와 PaaS분야에서 부동산정보서비스업체는 정보시스템과 DB를 구축하고 SaaS분야에서는 각종 소요되는 소프트웨어를 종전과 같이 직접 개발하기보다는 공유하거나 필요시 커스터마이징(Customizing)함으로써 비용 절감과 업무의 효율성을 기할 수 있을 것으로 보인다.

클라우드 컴퓨팅이 활발하게 활용될 초연결사회로 진입하면서 공유를 통해 효율이 향상되고 혁신이 쉬워지면서, 부동산분야에 다음과 같은 변화가 나타나게 될 것이다. 첫째, 오픈소스가 활성화됨에 따라 클라우드 컴퓨팅을 통해 부동산산업의 많은 부분에서 프롭테크가 활발하게 나타나게 될 것이다. 미래사회의 부동산 비즈니스 플랫폼이 주목받게 될 것이다.

리처드 매슈 스톨먼(Richard Matthew Stallman)은 1985년에 자유 소프트웨어재단을 설립하고 카피레프트(Copyleft)[14]의 개념을 만들었다. 뒤이어 에릭 레이먼드(Eric Steven Raymond)은 "성당과 시장(1997)"을 통하여 오픈소스 개발 과정의 운영 및 반복 과정을 설명하면서 오픈소스 운동을 주도하고 실제로 넷스케이프 소스 코드도 공개하였다. 뒤이어 1999년에 아파치 그룹과 미 델라웨어사가 병합하여 세운 오픈소스재단인 아파치 소프트웨어 재단은 아파치 라이선스 조항 아래 자신들이 개발한 SW를 배포하고 있다. 이와 같이 오픈소스가 더욱 활성화되면서 프롭테크에 많이 활용될 것이다.

가트너(Gartner)에 따르면, 2015년 7월부터 8월까지 2개월에 걸쳐 실시한 결과, 전 세계 11개 국가 547개의 IT기업 중 22%에 해당하는 기업이 업무환경 전체에 오픈소스 소프트웨어를 사용하는 것으로 조사되었다. 또한, 부서와 프로젝트별로 오픈소스 소프트웨어를 사용하는 기업은 전체의 46%이며 도입에 앞서

---

14 카피레프트: 지적재산권에 반대해 지적창작물에 대한 권리를 모든 사람이 공유할 수 있도록
   하는 운동

장단점을 고려하고 있는 기업은 21%이며, 향후 1년 6개월 이내에 사용할 예정인 기업의 비율이 전체의 30%에 육박할 것으로 예상하였다. 추가적으로 가트너는 2010년까지 글로벌 2천개 기업의 75%에서 사용됐던 오픈소스 소프트웨어가 2016년에는 99%까지 확대되어 필수적인 소프트웨어 포트폴리오로 포함될 것으로 예측하였으며, 비(非)IT기업 중 50%가 경쟁력을 갖추기 위한 비즈니스전략으로 오픈소스를 활용할 것으로 전망하였다.

▼ [그림 11-10] 크라우드 소싱 사례

[Google Image Labeler 사례]	[Fold It 사례]
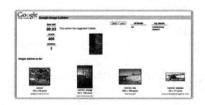	
구글이 이미지 검색 시	단백질 연결구조 해독 게임,
정확도개선을 위해 도입한 게임	**수만 명 게이머가 참여하여**
'Google Image Labeler'	**3주 만에**
	정확한 단백질 구조 모델을 파악
15억장 이상의 이미지에 태그	***에이즈 관련 단백질 구조를 밝힘***

자료: 주강진 외(2016), 공유경제와 미래사회.

구글과 페이스북 Tensorflow, Bigsur 등을 공개함으로써, 인공지능산업은 공유를 통한 협력과 경쟁으로 산업 전체의 발전을 앞당겼다. 95%를 오픈소스로 활용하고 5%에 집중하는 기업과 95%를 모두 다 만드는 기업의 경쟁력에는 차이가 발생할 수밖에 없다. 또한 오픈소스는 데이터의 관리와 통합에도 유리하고, 업무에 필요한 방향으로 신속, 정확하게 애플리케이션을 개발해 적용 및 비즈니스 프로세스 개선과 리엔지니어링에서도 용이하다(주강진 외, 2016).

GRP 파트너스에 따르면 2000년에는 500만 달러에 달했던 실리콘의 평균 창업비용이 2011년 0.1% 수준인 5천 달러로 감소되었다고 한다. 이러한 변화는 클라우드기술의 발달로 오픈소스 그리고 혁신 플랫폼의 등장으로 부동산분야의 창업자는 혁신을 가져오는 핵심역량에만 집중할 수 있게 되었다. 또한 창업자는 창업 및 신사업 개발 시 필요한 공통요소들을 창업 및 사업화 플랫폼화 하여 빠른 부동산서비스 제품 개발과 실행이 가능해졌다. 또한 클라우드 기반의 부동산분야 플랫폼을 활용하여 낮은 초기 비용으로도 수익 창출이 가능하게 되었다. 이외에 공유플랫폼 자체를 이용하여 공동작업구간을 이용하여 도구 등을 공유하면서 추가적인 비용을 감소시키고 있다. 심지어 창업에 필요한 기술조차도 스킬셰어(Skill share)와 같은 온라인 강의를 활용하여 익힐 수 있다(엘릭스 스테파니, 2015).

▼ [그림 11-11] 클라우드 컴퓨팅을 통한 비용 격감

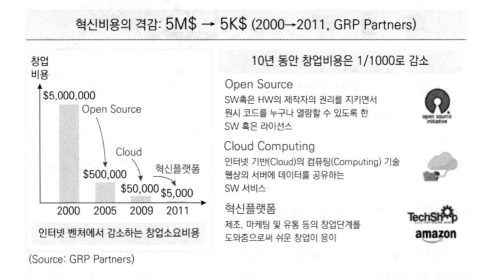

(Source: GRP Partners)

자료: 주강진 · 김애선 · 신영섭 · 장아침(2016), 공유경제와 미래사회, 창조경제 연구회.

둘째, 클라우드 컴퓨팅은 부동산산업분야 중 프롭테크의 초기 진입에 경제성과 효율성을 제공하여 부동산산업 규모를 획기적으로 증대하게 될 것이다. 부동산산업의 정보기술을 활용하여 혁신적인 비즈니스 모델을 구현하고자 할 경우 Iaas,

Saas, Paas 등의 클라우드 컴퓨팅서비스를 통해 필수적인 IT자원만을 활용함으로서 과거에 비해 최소한의 자금으로 프롭테크를 구현할 수 있을 것이다.

셋째, 클라우드 컴퓨팅은 클라우드 펀딩(Crowd Funding)을 효율적으로 할 수 있어 부동산개발, 부동산투자 부동산임대 등 부동산산업분야의 프롭테크를 확대할 수 있을 것이다.

클라우드 펀딩은 일반인들이 모여서 프로젝트에 같이 후원 또는 투자하는 모델로, 누구나 투자자가 될 수 있다. 후원을 받고자 하는 회사나 사람이 클라우드 펀딩 플랫폼에 프로젝트(아이디어)를 올리고 최소의 금액과 모금기한을 정한다. 주어진 기간 동안에 후원 또는 투자하는 사람들에게는 특별한 서비스를 제공하거나 생산된 제품의 가격을 할인해주는 등의 특혜를 준다. 또한 후원하는 사람 입장에서는 해당 프로젝트가 진행될 수 있도록 더 많은 사람을 끌어들이기 위해 스스로 홍보에 나서기도 한다.

대표적인 클라우드 펀딩기업인 킥 스타터(Kick Starter)는 모금 프로젝트의 44%가 모금에 성공했으며, 공공부문에서도 활용이 증가되는 추세이다. 클라우드 컴퓨팅에 의한 클라우드 펀딩을 통해 부동산 개발, 부동산 투자, 부동산임대 등 부동산활동에 소요되는 자금을 조달할 수 있어 부동산산업의 활성화를 기할수 있을 것이다.

넷째, 클라우드 컴퓨팅은 스마트 워크(Smart Work)를 통해 부동산 활동의 시간과 장소의 제한을 극복하게 하여 업무의 효율성을 제고할 수 있다. 스마트 워크(Smart Work)는 시간과 장소에 구애되지 않고 언제 어디서나 편리하게 네트워크상에서 함께 일을 할 수 있어 실시간의 업무처리와 업무의 효율성을 향상시킬수 있는 유연한 근무방식이다.

최근 지식기반사회로 전환됨에 따라 스마트기기의 확산과 클라우드(Cloud) 및 가상화(Virtualization) 기술의 발전으로 시간과 장소에 제약없이 자유롭게 컴퓨팅을 할 수 있는 환경이 조성되었다. 우리나라는 진화된 IT기술과 정부서비스 간 융·복합을 통해 언제 어디서나 매체에 관계없이 자유롭게 국민이 원하는 정부서비스를 이용하고, 국민의 참여·소통으로 진화(進化)하는 선진화된 전자정부를 구현하게 된 것이다.

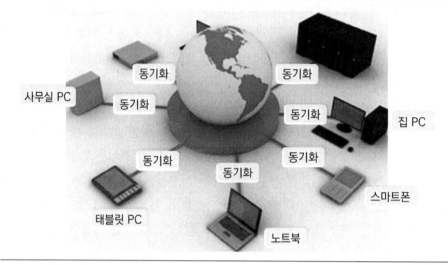

사무실 PC

동기화

동기화

동기화

집 PC

동기화

동기화

동기화

스마트폰

태블릿 PC

노트북

자료: 경정익(2018a), 부동산정보기술론.

▶ 03절 엣지 컴퓨팅(Edge Computing)

1. 엣지 컴퓨팅 개요

최근 급속히 확산되고 있는 IoT 기기로 인해 기기와 서버 간 데이터 통신량이 폭증하면서 클라우드 컴퓨팅에서의 지연율 발생과 일시적 네트워크 중단 등 기술적 한계가 표출되기 시작했고, 이를 해결하기 위한 기술로 엣지 컴퓨팅이 등장하였다(한국전자통신연구원, 2019).

엣지 컴퓨팅(Edge Computing)은 클라우드(Cloud) 컴퓨팅과 대조적 개념의 컴퓨팅 방식으로, 클라우드나 중앙이 아닌 네트워크 종단(Edge)에서 컴퓨팅이 이루어지도록 하는 것을 의미한다. 엣지 컴퓨팅은 중앙서버에 의존하지 않고 IoT 기기 자체 또는 물리적으로 근거리에 위치한 엣지 서버를 주 매개로 하여 데이터 분석과 기기 동작이 이뤄지는 방식이다. 엣지 컴퓨팅은 마치 신체의 자율신

경계와 같은 기술이라고 할 수 있는데, 구름(Cloud)보다 더 가까이 안개처럼 다가와 포그(Fog) 컴퓨팅기술로 불리기도 한다.

제4차산업혁명시대에서 엣지 컴퓨팅은 필수 요소 기술중에 하나이다. 네트워크 불안정, 불필요한 데이터 문제, 프라이버시, 지연 문제 등을 해결하면서 새롭게 등장하는 수많은 스마트기기와 자율 자동차, 스마트시티, 스마트그리드, 스마트공장 등 새로운 응용 영역이 중요해지는 제4차산업혁명시대에 사회에 미치는 영향은 진화가 아닌 혁명이라 할 수 있다.

▼ [그림 11-13] 클라우드 컴퓨팅과 엣지 컴퓨팅

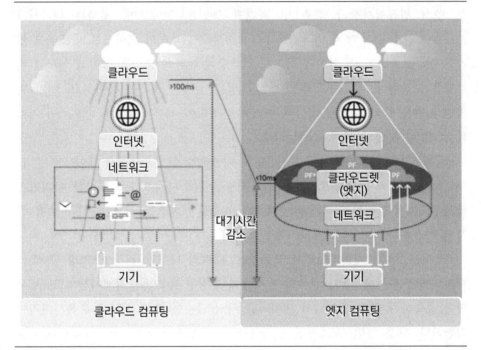

자료: 삼성 Newsroom.

컴퓨팅은 통합과 분산 사이의 세대교체가 반복되는 역사인데, 이런 엣지 컴퓨팅의 부상을 컴퓨팅 역사 측면에서 다시 주목받는 새로운 분산 컴퓨팅이다. 메인프레임의 시대는 IBM이, 클라이언트 서버시대는 HPE 등이 컴퓨팅시장을 주도했고, 클라우드 중심으로 패러다임이 바뀌니 구글과 아마존 등 인터넷과 소프트웨어를 주특기로 하는 회사들이 컴퓨팅 흐름을 주도하는 주역으로 부상했는데, 실시간 데이터처리가 필요한 IT 환경이 확산되면서 클라우드가 갖는 효율성은 한계에 직면하고, 시장은 다시 통합이 아니라 분산 컴퓨팅의 DNA를 요구하기 시작했다는 것이다.

2. 시장 및 기업 동향

(1) 시장 동향

엣지 컴퓨팅시장의 적용 및 확대될 동인을 알아보면, 첫째는 대기시간(Latency) 감소이다. 엣지 컴퓨팅은 IoT 디바이스로부터의 데이터를 네트워크 엣지단에서 효율화할 수 있어 클라우드 컴퓨팅에 대한 의존도를 줄이고 실시간 컴퓨팅을 보장한다. 분산구조의 엣지 컴퓨팅은 실시간 예측이 용이하고, 대기 및 지연 시간을 줄이기 위해 데이터 소스에 근접하여 컴퓨팅을 수행함으로써 기계학습 및 AI 모델의 구현도 가능하다.

둘째는 비용 절감으로, 엣지 컴퓨팅은 데이터의 소스 가까이서 데이터를 분석·처리하여 엣지와 클라우드 간 데이터 전송을 감소시켜 IoT에 투자하는 기업은 클라우드에서 실행될 서비스와 엣지에서 실행될 서비스를 구분함으로서 비용 절감이 가능하다.

셋째는 스마트애플리케이션의 증가로, 대량의 데이터가 생성·저장·분석·처리되어야 하는데, 엣지 컴퓨팅은 시간에 민감한 IoT 애플리케이션의 요구 사항을 충족하기 위해 엣지에서 데이터를 처리하는 등 요구 사항을 충족시키기에 적합하다. 예를 들면, 제조부문 엣지 단말의 스트리밍 데이터(Streaming Data)는 제품 결함을 예방하고 생산을 최적화하는 데 도움이 될 수 있으며, 스마트신호등의 경우 엣지 컴퓨팅을 통해 스트리밍 데이터가 실시간 차량 선회 등에 도움이 된다.

넷째는 보안 및 개인정보보호로서 엣지 컴퓨팅은 데이터 소스에 가까운 엣지단에서 데이터를 처리함으로써 데이터센터와 센서간 데이터 교환을 줄여 보안 위험을 차단할 수 있다.

현재 엣지 컴퓨팅시장이 전체 ICT 장비시장에서 차지하는 비중은 불과 0.1%도 안 되기에 향후 활용성이나 시장규모를 예측하기 어렵다. 엣지 컴퓨팅시장에 대한 시장조사기관별 시장 규모 및 성장률에 대한 예측에 상당한 차이가 있어, Grand View Research는 다른 기관보다 시장 규모를 약 1/7 정도로 작게 예측하고 있으나 Market Research Future는 평균 약 40% 성장률로 2023년에 약 70~80억 달러의 규모에 달할 것으로 예상된다(Technonavio, 2019).

(2) 기업별 동향

1) MS

MS(Microsoft)는 엣지 컴퓨팅분야에서 가장 활발한 기술 개발 활동을 보이고 있으며, 2010년 이후 엣지 컴퓨팅기술과 관련해 300여개의 특허를 확보하고 있다.

MS는 클라우드서비스를 엣지 기기로 전송하는 동적 소프트웨어 플랫폼인 'Azure IoT Edge'를 2017년 10월에 출시하여 하이브리드 클라우드와 엣지 IoT 솔루션시장 확대에 기여하였다. Azure Machine Learning, Azure Stream Analytics, Azure Functions 등을 활용한 고급 분석, 머신러닝 및 AI 기능은 클라우드에서 구현하고 IoT Edge는 종단 단말에서 이들 기능을 배포하는 작업을 지원한다. 엣지와 클라우드 각각에서 처리할 IoT 데이터를 구분하여 클라우드 전송 트래픽을 줄여 대역폭비용을 절감한다. 또한 오프라인이나 일시적으로 클라우드에 연결된 상황하에서도 IoT Edge는 안정적으로 동작하며 최신 상태의 동기화를 지속적으로 유지한다.

2) 아마존

아마존은 AWS IoT Greengrass라는 이름으로 엣지 컴퓨팅 솔루션을 제공한다. AWS IoT Greengrass는 커넥티드 디바이스에 대해 로컬 컴퓨팅, 메시징, 데이터 캐싱, 동기화 및 머신러닝 추론 기능을 로컬 디바이스로 확장하는 소프트웨어로써 AWS를 디바이스까지 원활하게 확장하기 때문에 클라우드를 계속해서 사용하여 데이터를 관리, 분석 및 저장하는 동시에 생성되는 데이터와 관련하여 로컬 작업도 가능하다.

인터넷(클라우드)에 연결되어 있지 않더라도 AWS IoT Greengrass Core가 Greengrass 내의 커넥티드 디바이스에서 AWS Lambda 함수를 실행하고, 디바이스 데이터를 동기화 상태로 유지하고, 다른 디바이스와 안전하게 통신할 수 있다.

3) 구글

구글은 2008년 7월 '구글 클라우드 넥스트' 콘퍼런스 행사에서 IoT 기기에서 빠르게 머신러닝 모델을 실행할 수 있도록 설계한 하드웨어 칩인 '엣지TPU(Tensor Processing Unit)'와 SW인 '클라우드 IoT 엣지'를 공개하였다. 엣지 TPU는 1센트 동전 위에 4개가 올라갈 정도로 크기가 작고, 고성능·저전력을 구현하는 것이 특징으로, 사용자가 클라우드에서 머신러닝 학습 속도를 높인 후 엣지에서 빠른 머신러닝 추론을 실행하도록 도와준다. 클라우드 IoT 엣지는 데이터를 클라우드로 전송해 응답을 기다릴 필요 없이 이미지, 동영상, 동작, 음향, 모션을 엣지 기기에서 바로 처리하고 분석한다.

(3) 엣지 컴퓨팅 활용과 산업별 효과

엣지 컴퓨팅의 대표적인 활용분야는 자율주행자동차, 스마트팩토리, 가상·증강현실 등이다.

1) 스마트팩토리(제조업)

엣지 컴퓨팅의 활용은 중앙 데이터센터나 서버까지의 통신 부하를 경감시킴으로써 네트워크 및 스토리지의 자원비용을 절감할 수 있다. 설비 장애에 대한 실시간 예측으로 공정 효율 및 설비 자산 생산성 향상과 선조치를 통한 장애 발생비용 절감이 가능하다.

기존 제조분야에서는 미리 입력된 프로그램에 따라 생산 시설이 수동적으로 움직였으나 스마트팩토리에서의 엣지 컴퓨팅은 각 생산 설비 및 기계단에서 데이터를 분석하여 불량 공정의 해소 및 비용절감이 가능하다. 제조부문에서의 재고 관리는 생산 관리에서 가장 중요한 기능으로 많은 자본과 제품 납품에 영향을 미치는 등 판매, 공급, 생산계획과 재무에도 영향을 미친다.

2) 자율주행차(교통/물류)

자동차 주변 환경과 상호작용을 통한 내부 제어 과정에서 데이터 전송 오류, 네트워크 지연 등의 문제를 최소화 시켜 안전성을 제고할 수 있다. 차량 감지기에서 실시간으로 발생하는 데이터를 엣지에서 신속하게 처리하여 차량흐름, 주변도로 상황 등을 즉시 인지하고 돌발 상황에 빠르게 대처가 가능해진다. 중앙 데이터 관리 방식인 클라우드의 경우 네트워크 지연과 더불어 데이터 전송 중 오류발생 확률이 높기 때문에 차량의 기능안전성 확보를 위해서는 엣지 컴퓨팅의 기술이 필요할 것으로 전망하고 있다.

엣지 컴퓨팅 구현의 대표 사례로 교통시스템은 엣지 컴퓨팅이 가장 유용하게 활용될 수 있는 분야이다. 차량에 부착된 센서에서 실시간으로 데이터를 수집해 앞차 간 거리 유지나 주변 도로 상황, 차량흐름 등을 파악하고, 주행 중 돌발 상황이 발생했을 때 신속하게 대처하여 사고를 피할 수 있다.

완전 자율주행시대가 오면 자동차라는 공간은 단순한 이동수단에서 벗어나 다양한 콘텐츠 소비 공간으로 변모할 것이며, 특히 AR/VR 등의 미디어 콘텐츠 소비로 이어질 것이고, 자율주행차는 새로운 콘텐츠 소비의 플랫폼으로 자리매김할 것이다.

3) 가상 · 증강현실

가상 · 증강현실은 실시간 처리가 어려운 대용량의 가상 · 증강현실 애플리케이션과 콘텐츠 등에서 수집한 데이터를 초저지연으로 처리하여 구현할 수 있다. 대용량 데이터를 중앙 데이터센터로 전송할 경우 네트워크의 과부하로 인해 데이터 전송 속도와 안전성을 보장하기 어려운 문제점이 발생할 수 있어 이를 해결하기 위한 엣지 컴퓨팅기술이 부각되고 있다. 시간은 몰입 경험에 직접적 영향을 미치는 요소이기 때문에 가상 · 증강현실 콘텐츠를 MEC(Multi-access Edge Computing)에서 신속하게 처리하는 장점을 가진다.

4) 이동통신(IT/통신산업)

이전 세대 네트워크 발전과는 달리, 4G에서 5G로의 전환은 단순한 무선 액서스 네트워크를 업그레이드하는 것이 아니라, 5G의 성능 목표를 달성하려면 새로운 아키텍처가 필요하다. 다중 액서스 엣지 컴퓨팅 같은 표준을 활용하여 네트워크 엣지에 좀 더 가까워져야 함을 의미한다.

MEC는 5G 네트워크의 기능 및 응용에 대한 재배치(Relocate)를 담당하는 축으로 5G로 진화하기 위한 필수 네트워크 · 컴퓨팅기술이다. 특히 5G에서 요구되는 저지연을 실현하는 주요한 구조기술로서, 사용자에게 LTE 셀의 약 20ms 걸리던 대기시간을 최대 1ms로 단축이 가능하다.

5) Device Mesh(가전 제품)

가정에서 벌어지는 가족 개개인의 생활 및 가정환경에 대한 정보를 수집 · 분석하여, 필요한 제어 및 서비스를 가정에 설치된 엣지 컴퓨팅에서 하거나, 중앙의 클라우드를 통해 필요한 콘텐츠와 서비스를 제공하는 것이 가능하다. 냉장고, 세탁기, 청소기, TV, 에어컨, 가스, 전력 등 집안 가전 및 가정시스템을 환경의 변화 및 가족 개개인의 생활 패턴, 일정 등에 따라 종합적으로 판단하고 지원하는 '지능형 통합 가사 도우미'시스템 구축이 가능하다.

6) 발전소 운영 최적화(에너지/유틸리티)

GE 파워의 감시 · 진단(M&D: Monitoring & Diagnostics) 센터는 세계 60여 개국에서 3억 5천만 명에게 전력을 공급하는 약 900곳 발전소의 가스터빈 5,000기, 발전기 등 설비들의 가동 상태를 MEC를 통해 실시간으로 LED 화면으로 모니터링한다. 또한, MEC를 통해 GE의 새로운 에너지 저장 플랫폼, Reservoir(레저부아)는 태양열 에너지 공급이 정점에 달하는 때는 정오인데, 이때 에너지를 저장해 두고 일몰 후에 저녁 요리를 준비하거나 TV를 보는 데 사용할 수 있게 한다.

사물인터넷과 부동산

01절 사물인터넷 개관

1. 사물인터넷 개념 및 의의

사물인터넷(IoT: Internet of Thing)은 '언제 어디서나, 무엇이든 연결된다'는 의미로 사람·사물·공간 등 모든 것(Things)이 인터넷으로 연결되어 네트워크 효과에 의해 기하급수적으로 생성되는 데이터를 수집·생성·공유·활용한다는 개념이다. 즉, 인위적으로 개입하지 않는 상태에서 인간과 사물, 서비스 등 분산된 구성 요소들 간에 상호 협력적으로 센싱, 네트워킹, 정보 처리 등 지능적 관계를 형성하는 사물 공간을 연결하는 기술이다. 이는 센싱, 유·무선통신 및 네트워크 인프라기술, IoT서비스 인터페이스기술 등 3대 주요 기술이 급속히 발전하여 방대한 양의 정보 지식이 생산 공유되면서 새로운 성장 기회와 가치창출을 가능하게 된 것이다.

IoT는 개발이 가속화되는 초기 단계로, 아직 사용자의 일상을 획기적으로 변화시킬 상태는 아니나 미래상을 바꿀 혁신적 기술이라 할 수 있다.

일반 소비자의 환경은 빠르게 변화하고 있다. 스마트홈, 스마트워크, 자율주행자동차 등은 모두 사물인터넷에 의해 우리 생활에 변화를 가져올 한 단면이다. 또한 소비자 환경 변화와 비즈니스에도 새로운 기회가 될 것이다. 사물인터넷을 통해 생성된 데이터와 이를 의미 있는 정보로 가공하는 '분석' 과정이 바로 소비자의 환경을 변화시키고 새로운 비즈니스 가치를 창출하게 될 것이다. 데이터는 바로 '새로운 천연자원'이며 분석기술은 이를 정제하고 나아가 미래를 '예측'하는 핵심자원이다.

IoT로 인해 수집하는 대용량의 데이터의 분석기술을 비즈니스에 적용해 얻을 수 있는 가치는 상상을 초월한다. 현재 매일 생성되고 있는 데이터는 무려 2.5엑사바이트(EB)에 달하며 인터넷에서는 그 어느 때보다도 엄청난 규모의 정보가 넘쳐나고 있다. 또한, Y세대의 96%는 소셜네트워크를 통해 인터넷에서 다양한 참여 활동을 하고 있다. 이들을 연결하는 9억 6,000만 개의 커넥티드 기기에 의해 사물인터넷에 의해 엄청난 규모의 데이터를 생성하게 된다.

물론, 오늘날 한 명의 사용자가 보유하고 있는 모바일 기기는 스마트폰, 혹은 태블릿PC 등 '몇몇'에 지나지 않는다. 그러나 가까운 미래에는 도어락이나 식기세척기, 칫솔, 커피머신, 전등, 온도계 등 사용자가 소유하고 있는 모든 사물이 서로 연결됨에 따라 이를 관리할 수 있는 통합된 플랫폼과 각종 요소들을 응용할 수 있는 다양한 서비스가 확대될 것으로 전망된다.

실제로 이러한 사물인터넷기술이 발달함에 따라 기업들은 '모바일'에 대한 개념을 재정립하고 있다. 스마트폰이 처음 등장했을 때 모바일의 핵심은 스마트폰 운영체제 및 생태계였다. 그러나 구글 글래스와 스마트워치가 등장한 현재 이러한 모바일의 개념은 스마트폰에서 확장돼 '웨어러블(Wearable)'로 진화하고 있다. 그리고 미래의 '모바일'은 웨어러블에서 나아가 우리 주변 모든 사물에 탑재된 센서들과 이 모든 것을 관리하는 지능형 사물인터넷 플랫폼이 될 것이다.

소비자에게는 일상의 변화를 가져오는 새로운 기술은 비즈니스에 항상 새로운 기회였다. 기술을 받아들이고 확산시키는 것이 일반 소비자들이라면 그 기술을 발전시키는 것은 비즈니스의 몫이기 때문이다. 예를 들어, 오늘날 일반 소비자 사이에서 스마트폰과 태블릿PC가 널리 사용되기 시작함에 따라 기업들 또한 모바일서비스의 중요성을 깨닫고 새로운 모바일생태계의 번창이 촉진되었다. 클라우드와 소셜네트워크, 모바일과 빅데이터가 그러했듯이 사물인터넷 또한 비즈니스의 가치 창출 과정 전체에 큰 변화를 가져오고 있다. 그러나 기회를 적시에 포착하고 활용하기 위해서는 우선적으로 소비자들이 새로운 기술에 무엇을 바라고 있는지를 정확하게 파악해야 할 것이다.

사물인터넷의 의의는 궁극적으로 이러한 빅데이터를 가치 있는 정보로 가공해 삶의 질을 향상시키는 데 있다. 특히 퍼블릭 클라우드와 소셜데이터 그리고 수많은 센서들이 생성하는 스트리밍 데이터를 분석하는 빅데이터 분석 솔루션은 몇 분의 1초 사이에 의사결정을 가능하게 한다. 따라서 각종 비즈니스 프로세스와 의사결정 과정 특히 다채널 실시간 마케팅과 같이 시간에 민감한 프로세스들에서 중요하게 활용될 것이다. 예를 들어, 스마트홈에서 시스템이 시간, 온도, 움직임 등의 시공간적 데이터를 실시간으로 수집·분석하면 언제, 어디서, 어떻게 기기와 인간이 상호작용 하는지에 대한 새로운 인사이트(Insight)를 창출할 수 있는 것이다. 이 외에도 스마트도시, 스마트그리드, 공급망 관리 등의 시스템에서 사물인터넷 데이터를 실시간으로 분석하면 소비자와 주변 환경, 소비자와 기업, 기업 간 소통 방식을 보다 잘 이해하고, 전체 프로세서의 질 또한 개선할 수 있다.

2. 사물인터넷 관련 유망산업 동향

(1) 스마트홈

스마트홈(Smart Home)은 가정에서 활용되는 모든 기기가 연결되어 능동적인 상황인지·분석·실행 과정을 자동화하여 맞춤형 서비스를 제공하는 주택이다. 따라서 가정에서 활용되는 모든 기기가 지능화되고 통신망에 연결되면서 유지·관리와 편의성 제고, 사용자 행동 분석 기반의 자율형 서비스 제공 등 새로운 부가가치를 창출할 수 있게 될 것이다.

스마트홈은 2025년경까지 가사 자동화, 에너지·안전 관리 효율화 등을 통해 연간 최대 3,490억 달러의 경제적 효과를 창출할 것으로 기대되고 있다(Mckincey, 2016).

구분		내용	잠재적 경제효과 (억 달러, 연간)
사용자	가사 자동화	가사소요 시간 절약 17%	1,340~1,970
	에너지 관리	냉난방 등 에너지 20% 절약	510~1,080
	안전·보안	재난 대비 재산 피해 10% 절감	150~220
공급자	사용기반 설계	제품 사용 모니터링을 통해 제품 개선	30~170
	판매전 분석	소비자의 제품 구입 가능성 판단	0~50
계			2,030~3,490

자료: McKinsey & Company(2016).

국내 스마트홈시장은 '15년 2.1억 달러에서 '20년 13.2억 달러로 성장 전망하고 있으며, IoT로 연결되는 스마트홈 관련 기기 수는 같은 기간 12만대에서 101만대로 증가될 것으로 전망된다(현재경제연구원, 2016).

(2) 스마트도시

스마트도시(Smart City)란 도시행정, 교육, 복지 등 다양한 도시 부분에 ICT의 첨단 인프라가 적용되어 도시의 효율성을 제고하고 지속가능한 부가가치를 창출하는 도시이다. 스마트도시는 스마트빌딩, 스마트헬스케어, 스마트교통, 스마트인프라(유틸리티), 스마트정부, 스마트보안, 스마트그리드(에너지) 등이 유기적으로 연결되어 지능형 서비스를 제공한다.

대도시로의 인구유입 심화, 신흥국의 급속한 도시화로 2020년까지 세계 인구의 58%에 해당하는 46억 인구가 도시지역에 거주할 것으로 예상하고 있다 (Pike Research, 2013). 이러한 도시 인구 증가는 교통난, 에너지 부족, 환경오염 등 도시 문제를 가중시키고 주거 지역의 설계, 운영에 대한 해결 방안의 모색이 요구된다. IoT기반 스마트도시의 확산은 빌딩 관리 자동화, 지능화된 에너지 관리시스템, 교통 인프라 효율화 등을 통해 해결하며 부가가치를 창출할 수 있다.

▼ 〈표 12-2〉 스마트도시 구성 요소

분류	내용	2012~2020 CAGR	스마트시티 비중 (2020년 기준)
스마트빌딩	• 빌딩 에너지·조명·온도 등 관리, 유지·보수 자동화 등	8.8%	10.2%
스마트헬스케어	• 원격진료, 환자 지원 등	6.9%	15.3%
스마트교통	• 지능형 교통시스템(TTS), 대중교통 배차, 체증지역·우회로 안내 등	14.8%	9.1%
스마트인프라	• 수도, 가스, 폐기물 관리 효율화 등	8.9%	13.8%
스마트정부·교육	• 행정 효율화 • 통합도시지원센터 운영 등 • 온라인 도서관, 가상교육	20.9%	12.4%
스마트안전·보안	• 도시방범, 재난재해 경보	14.0%	14.1%
스마트그리드	• 전력사용 효율화	19.6%	16.7%

주: 2012~2020년 연평균성장률 및 비중은 글로벌 스마트시티시장 기준.
자료: Frost & Sullivan, IDC.

스마트도시시장은 전 세계 2012년 6,100억 달러에서 2020년 1조 5,600억 달러로 연평균 12.4% 성장할 것으로 전망하고 있다.

국내는 2000년대 중반 스마트도시의 초기 모델이라고 할 수 있는 u−City에 이어 스마트도시 구축을 추진해 오고 있다. 2015년 들어 u−City를 발전시킨 스마트도시 모델 수립에 착수하고, 2017년까지 약 170억 원을 투입해 대 중소기업과 함께 스마트도시 실증사업 추진을 계획하는 등으로 국내시장은 2016년 1.7조 원에서 2020년 2.9조 원으로 성장할 것으로 전망하고 있다(현재경제연구원, 2016).

(3) 커넥티드 카(Connected Car)

커넥티드 카란 자동차와 ICT기술이 융합되어 안전하고 편안한 운전을 제공하는 차량으로 자동차에 통신기능이 장착되어 차량, 인프라, 스마트디바이스 간 실시간 정보교류를 통해 안전하고 편안한 운전 경험을 제공하는 차량을 의미한다. 현재로서는 차량 제어 모니터를 차량 내에 탑재하고, 미디어 콘텐츠 스트리밍 및 기타 애플리케이션서비스 등은 스마트폰과 연결해 이용하는 스마트폰 형태가 주를 이루고 있으나, 궁극적으로 솔루션 및 플랫폼이 차량에 탑재되어 차량 자체가 하나의 '커넥티드 디바이스(Connected Device)'가 되는 'Embedded' 형태로 진화할 전망이다.

2020년 세계 커넥티트카시장은 약 1,200억 달러 규모로 예상되며, 안전 및 주행보조 기능이 가장 큰 비중을 차지할 것이며, 국내는 2020년 국내 커넥티드 카시장은 23억 달러이며 연결차량 수는 440만대로 증가할 것으로 전망하고 있다(현재경제연구원, 2016).

02절 사물인터넷과 부동산

부동산관리분야에서 사물인터넷은 공간정보를 기반으로 발전하여 효율성을 기할 수 있을 것이다. 현실세계를 가상세계로 구현하는 디지털트윈(Digital Twin)이나 스마트시티도 한 사물인터넷기술을 기반으로 한다.

사물의 위치를 기반으로 한 센서데이터를 바탕으로 사용자 개개인에게 의미 있는 정보를 제공할 수 있도록 Geo-IoT[15] 플랫폼서비스 개발을 지속적으로 추진하고 상용화한다면 이를 통해 누구나 쉽고 유용하게 이용할 수 있는 사람중심의 고도의 부동산서비스 실현이 가능할 것이다.

따라서 기존의 육안조사를 실시하는 체계에서 2015년부터 한국국토정보공사(LX)의 공간정보연구원에서 Geo-IoT 플랫폼의 개발을 추진하고 있다. IoT 센서기술을 사용하여 실시간으로 취합되는 센서정보를 분석하여 저비용으로 건축물의 노후 상태, 누수, 전등 수명 및 교체 시기, 냉난방 상태 등을 실시간 상시 모니터링 점검이 가능하여 건축물 관리의 시간과 비용을 절감할 수 있으며 사용자의 편의성을 증대시킬 수 있을 것이다. 또한 Geo-IoT 플랫폼은 지방소

---

15 Geo-IoT란 공간정보와 사물인터넷의 융·복합기술로서 위치를 바탕으로 사물의 정보를 수집하고 분석하여 공간상황에 대해 인지하고 반복적인 센서 데이터 처리에 따른 학습을 토대로 상황을 예측하여 스마트한 공간서비스를 구현하는 기술이다.

멸, 인구감소에 따라 공가 또는 폐가 발생이 증가함에 따라 이러한 건물을 실시간으로 모니터링하고 관리하는 데 효율성을 기할 수 있을 것이다(공간정보연구원, 2018).

▼ [그림 12-1] 센서를 통한 건물노후상태 모니터링

즉 부동산측면에서 IoT에 의해 부동산 활동에서 정량적 분석에 필요한 각종 데이터를 실시간에 대량으로 수집·활용할 수 있게 될 것이다. 다시 말해 IoT에 의해 수집되는 부동산 관련 데이터를 빅데이터에 의해 분석하고 디지털트윈(Digital Twin)에 의해 시뮬레이션하게 됨으로서 더욱 효율적으로 부동산정책, 개발, 평가 등의 부동산 활동을 할 수 있게 될 것이다.

▼ [그림 12-2] Geo-IoT 플랫폼서비스 개념도(LX)

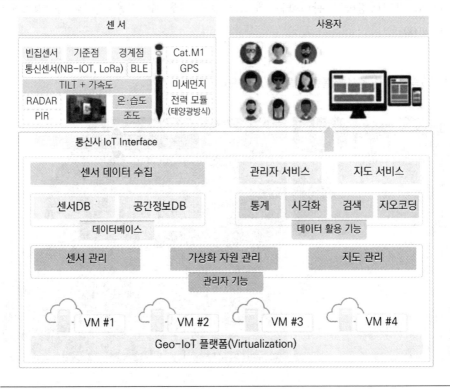

자료: 공간정보연구원(2018), Geo-IoT 플랫폼서비스기술 개발 및 활용방안, 공간정보 Vol.21.

13

증강/가상/혼합현실과 부동산

01절 증강현실, 가상현실, 혼합현실(AR/VR/MR)

'가상현실(VR: Virtual Reality)'이라는 용어는 19세기 프랑스의 시인이자 연출가인 앙토냉 아르토(Antonin Artaud)가 처음 사용한 것으로 알려져 있다. 그는 등장인물과 소품 등이 극장에서 만들어내는 마치 환영과 같은 속성을 "la realite virtuelle" 즉 "Virtual Reality"로 묘사했다(Antonin Artaud, 1958).

가상현실에 대한 연구는 1960년대부터 시작되었다. 초기 가상현실분야의 연구는 미국을 중심으로 고가의 항공기조정훈련과 전투훈련을 대체하는 시뮬레이션을 위해 시작되었다. 그러나 최근 몇 년 전부터 페이스북, 구글 등 글로벌 ICT 기업들의 주도하에 막대한 투자가 이루어지면서 가상현실 하드웨어 기기들이 시장에 저가로 공급되었고, 다양한 콘텐츠 및 애플리케이션이 선을 보이면서 괄목할 만한 성장세를 보이고 있다.

가상의 세계를 경험하는 방법은 사용자의 태도에 따라 수동적인 경험과 능동적인 경험으로 구분된다. 우리에게 가장 익숙한 TV, 극장 스크린, 하이파이 오디오 등과 같이 평면 디스플레이 기반의 미디어기술은 수동적인 사용자 경험을 기반으로 발전했다. 사실적인 색감, 높은 해상도와 명암비의 화면, 다채널의 오디오 등 영상과 음향기술분야에서 특히 많은 발전을 이루었다. 가상 공간에서의 능동적인 사용자 경험을 가능하게 하는 기기로 현재까지 가장 대표적인 형태는 HMD(Head-Mounted Display)를 탑재한 헤드셋 형태이다. 1968년 이반 서덜랜드(Ivan Sutheraland)가 고안한 이래 발전을 거듭하여 "VR의 원년"이라고도 불리우는 2016년에는 Oculus, HTC, Sony 등에서 HMD 기기를 연이어 출시하며 VR시장에 안착되고 있다.

증강현실(AR: Augmented Reality)은 가상현실을 보완할 수 있는 기술로, 1968년 미국의 Ivan Sutherland에 의해 개념이 소개되었다. 증강현실이란 용어는 1992년 Boing사의 Tomas P. Caudell 박사가 처음 사용하였으며, 1994년 Toronto 대학의 Paul Milgram 교수 등이 현실-증강현실-증강가상-가상을 구분하여 설명하였다.

▼ [그림 13-1] 가상현실과 증강현실

증강현실은 가상정보를 실시간으로 증강하는 것으로 사용자가 증강된 가상정보와 상호작용하여 실기(實記)하는 기술이다. 1995년 Azuma는 실제와 가상물체의 결합(Combines the real and the virtual), 실시간 상호작용의 가능(Interactive in real-time), 가상물체가 실제 공간에 정확하게 정합(Register in 3D)이란 3가지 조건을 만족하는 기술을 증강현실로 정의하였다. 증강현실은 실제의 환경에 객체 및 정보를 끊임없이(Seamless) 혼합하여 실기한 것으로 가상현실보다 현실감 있게 몰입할 수 있어 모바일에 의한 스마트폰이 활성화되면서 새로운 모바일 애플리케이션으로 주목받고 있는 정보기술이다.

가상현실은 실제 현실과 단절시킨 상태에서 컴퓨터에 의해 인위적으로 생성한 공간을 체험하는 것으로 증강현실과 구별된다. 1994년 Milgram과 Kishino는 [그림 13-1]과 같이 사용자가 체험할 수 있는 현실세계(Real Environment), 가상현실(Virtual Environment), 실제와 가상이 혼합된 현실로 구분하는 증강현실 연속체(Reality-Virtuality Continuum)를 정의하였다(Milgram et al., 1994).[16]

증강현실은 실제 공간에서 사용자 자신의 감각기관을 통해 직접 획득할 수 없는 가상의 정보를 증강하여 사용자의 인지능력을 향상시키고자 하는 것이다.

최근에는 VR과 AR의 경계가 허물어진 혼합현실(MR: Mixed Reality)로 발전하고 있다. VR과 AR의 경계를 나누지 않고, 가상현실의 몰입감과 증강현실의 현실 소통의 특징을 융합한 혼합현실이 대두되고 있다. 혼합현실은 가상과 현실의 비중에 따라 증강현실(AR)과 증강가상(AV)으로 분류하고 있으나, 실제로는 현실과 가상이 어우러져 명확하게 구분하기가 어려운 경우가 대부분이다.

▼ [그림 13-2] 가상, 증강, 혼합현실 연속체

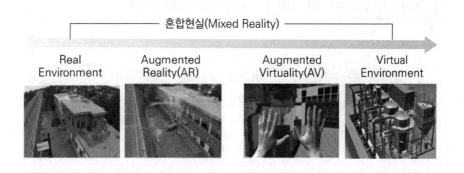

자료: Milgram(1994), 자료 기반 재구성.

---

[16] P. Milgram and F. Kishino(1994), "A taxonomy of mixed reality visual displays", IEICE Transactions on Information Systems, pp.1321-1329.

혼합현실은 1992년 보잉사에서 근무하던 토머스 코델 박사가 비행기 전선 조립을 하기 위해 실제 화면에 가상 이미지를 겹쳐 쓰면서 처음으로 '혼합현실(MR)'이라고 부른 이래 발전을 거듭하고 있다. 혼합현실(MR)은 가상현실(VR)과 증강현실(AR)을 포함하는 개념으로, 현실 공간과 가상 공간을 혼합하여 현실의 물건과 가상의 물건이 실시간으로 영향을 주고받는 새로운 공간을 구축한다. 가상현실의 장점인 몰입도와 증강현실의 장점인 현실감을 결합해 HMD나 스마트글래스 등의 형태로 다양한 분야에 적용되고 있어, 가상현실과 증강현실의 다음 단계로 혼합현실이 대세가 될 것으로 전망되고 있다(남현우, 2018).

혼합현실(MR)은 가상현실(VR)의 이질감을 완화하고 증강현실(AR)의 낮은 몰입도를 개선해 가상과 현실 이미지를 균형 있게 조합하여 단점을 보완한 복합체로서 대표적인 MR기기로는 삼성전자의 'HMD 오디세이', 구글의 '구글 글래스' 등이 존재한다. MR기기는 VR기기와 달리 2개의 카메라 센서가 장착돼 사용자의 정확한 위치 인식이 가능하고 실제 물리적 공간 또한 인지가 가능해 사용이 자유롭고 다양한 콘텐츠 지원이 가능하다. Gartner의 브라이언 블라우 부사장은 '20년부터 VR/AR기기는 도태되고 VR과 AR을 동시에 구현할 수 있는 MR기기만이 시장에 남을 것이라 예측하기도 한다.

▼ [그림 13-3] VR, AR, MR 간의 관계도 및 구글 글래스 이미지

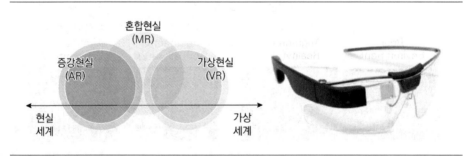

자료: Gartner(2018.7).

혼합현실은 멀리 있는 사람이 바로 옆에 있는 것처럼, 홀로그램 이미지로 나타나서, 가상회의를 열 수 있고, 모델하우스, 부동산개발, 인터랙티브 건축 모델, 소매분야에서 없는 물건도 컴퓨터로 생성한 이미지를 투영하는 방식으로 진열

할 수 있다. 현재 활용분야로는 뷰티와 패션업계, 전자상거래, 스마트팩토리 등 제조현장, 교육, 엔터테인먼트, 항공우주, 설계, 헬스 케어, 커뮤니케이션, 기상예보, 물류, 현장서비스, 광고, 시뮬레이션 등 다양한 분야로 확대되고 있다.[17]

▼ 〈표 13-1〉 가상현실, 증강현실, 혼합현실 비교

구분	가상현실(VR)	증강현실(AR)	혼합현실(MR)
개념	• 자신(객체)과 배경, 환경이 모두 가상의 이미지를 사용하는 디지털 환경 구축	• 현실의 이미지나 배경에 3차원 가상 이미지를 합하여 하나의 영상으로 제공	• 현실정보 기반에 가상 정보를 융합
특징	• 가장 보편화된 형태 • 현실과 완전히 분리 • 가상세계에서의 몰입과 상호작용 강조	• 현실과 결합된 확장세계에서의 지능적 증강과 직접적 상호작용 강조	• 현실의 물건과 가상의 물건이 실시간으로 영향을 받는 새로운 공간 구축
장점	• 컴퓨터 그래픽으로 입체감 있는 영상 구현 • 몰입감 뛰어남	• 현실세계에 그래픽을 구현, 가상의 정보를 즉각적으로 보여줌 • 3차원 모델링의 부담 경감	• 현실과 상호작용 우수 • 사실감, 몰입감 극대
단점	• 현실세계와 차단되어 있어 현실과 상호작용 미약 • 별도로 컴퓨터 그래픽 세계를 구현 필요	• 시야와 정보 분리 • 몰입감 떨어짐 • 실시간정보와 콘텐츠를 제공해야 하는 기술적 어려움	• 대량의 데이터 처리 • 장비나 기술적 제약 • 고가로 개발자용에 국한
적용분야	• 게임, 의료, 광고, 산업, 시뮬레이터, 교육, 관광	• 게임, 로봇, 내비게이션, 쇼핑, 스마트글래스, 의료	• 의료, 교육, 엔터테인먼트, 제조, 항공우주, 쇼핑
대표기업	• 바이두, 삼성전자, 알리바바, 구글, 오큘러스	• 애플, 엡손, 삼성전자, 페이스북	• MS, 구글, 인텔, 매직리프, 삼성전자
제품	• 오큘러스HMD	• 포켓몬고	• 매직리프 원, 홀로렌즈

자료: ETRI기술경제연구본부(2019.1).

혼합현실은 현실속에 복잡한 가상의 오브젝트를 생성해 자유롭게 수정할 수 있기 때문에 건축 디자인과 기계설계, 자동차 프로토타입 제작 등에 적용될 수

---

17 중앙일보(2018.3.6), "가상·증강현실보다 진화했다는 혼합현실은 뭔가요?".

있다. 또 기상예보에도 적용되고 있는데, 2018년 9월 미국 플로리다 등 남부지역에서 허리케인 플로렌스(Florence)의 도래에 따라 주민들에게 피난하라는 기상예보 방송에 활용되어 매우 생동감 있게 전달되어 호평을 받았다.[18]

▼ [그림 13-4] 혼합현실의 적용분야

혼합현실 이용한 건축 디자인	허리케인 기상예보의 혼합현실 적용

자료: http://www.google.com.

혼합현실은 대용량 데이터 처리 등의 기술적 제약과 고가로 가상현실이나 증강현실과는 달리 사용은 아직 제한적인 기술이라 할 수 있다.

이러한 가상현실, 증강현실, 혼합현실은 국방, 부동산, 교육, 의료, 게임 등 다양한 부문에서 빠른 속도로 상용화되어 가고 있는 기술로 향후 더욱 확대 발전될 것으로 전망된다.

---

[18] Digital Journal(2016.8.18), "Robots, drones to help secure Winter Olympics in South Korea".

▼ 〈표 13-2〉 혼합현실에 의한 제품과 서비스

국가	업체	혼합현실 제품/서비스	내용
한국	비빔블	무안경식 혼합현실시스템 HOLOMR	장비를 착용하지 않아도 홀로그램 형태의 콘텐츠를 간접 체험 가능
	닷밀	혼합현실 기반 VR게임 생중계시스템	오프라인 공간에 가상현실 게임 속 영상을 송출하는 차세대 중계시스템
	KT	혼합현실 게임 소개	일본의 게임사 미리프가 제작한 MR게임 '하도(HADO)' 경기를 진행
	농촌진흥청	경운기 안전교육용 시뮬레이터	혼합현실 방식을 적용하여 운전자가 HMD 를 착용하고 운전조작 장치를 보면서 실제 경운기와 같이 조작, 체험
미국	마이크로소프트 (MS)	홀로렌즈	반투명한 디스플레이를 통해 사용자의 주변 환경을 볼 수 있음
		윈도 MR	2017년 11월 공개된 혼합현실 플랫폼으로 헤드셋을 통해 콘텐츠 소개
	매직리프 (Magic Leaf)	매직리프 원	3D 사실감이 가상현실보다 뛰어나며, 개발 자용 버전으로 2,295달러에 판매
	케이브웨스턴리 저브대의학전문 대학원	의료 MR	CT나 MRI로, 인체 내부구조 등 실제로 눈 으로 볼 수 없는 영역을 MR로 구현하여 의 학연구에 활용
	코넬대	홀로그래프를 활용한 암 연구	MS의 MR기술인 홀로그래프를 활용하여 암 연구에 적용
	NASA	우주인 교육 프로젝트	우주인 교육 프로젝트인 "프로젝트 사이드 킥"에서 우주비행사가 MR 디바이스를 착용 하여 실제 우주인 교육에 활용
	포드(Ford)	MS-포드 공동 프로젝트	MS의 홀로렌즈를 이용하여 디자인을 사전 확인하는 등 자동차 설계기간을 단축
프랑스	슈나이더 일렉트릭	홀로렌즈를 제조현장에 접목	홀로렌즈나 태블릿PC로 디스플레이의 증강 현실 기능을 통해 문제점과 해결책 파악
독일	BMW	자동차 디자인 프로세스에 혼합현실 도입	자동차 개발 과정을 생성한 후 자동차 제작 전에 다양한 재료를 이용하여 최종 자동차 모습을 볼 수 있음

독일	티센크르푸	리프트나 엘리베이터 판매에 혼합현실 활용	영업사원이 고객에게 리프트나 엘리베이터 설치 후 모습을 가상으로 구현 제시
일본	Realize Moblie Communications	치과치료 시뮬레이션	혼합현실 HMD에 의해 치과치료 교육을 위한 시뮬레이션 개발
	소프트뱅크	MR Intel 시뮬레이터	인기게임 Ingress에 혼합현실을 접목

자료: ETRI기술경제연구본부(2019.1)

1. 국내·외 정책 추진 현황

가상·증강현실기술은 차세대 IT 및 미디어기술로 중요하게 여겨지면서 해외 주요 국가들은 정부 주도의 지원 계획을 발표하고 적극적인 지원에 나서고 있다.

미국 정부는 2000년대 중반부터 가상·증강현실을 10대 미래 핵심전략기술 중 하나로 지정하여 투자하고 있다. 2014년에는 국가 주도 R&D 프로그램인 Brain Initiative 연구개발에 VR/AR을 포함하였으며, 향후 10년간 약 50조 원을 지원하기로 하였다. 또한, FIND(Future Internet Design) 프로젝트를 통해 가상현실 기반이 될 미래 네트워크 구축을 위해 투자 중이다. 교육분야에 VR 교육 프로젝트를 지원하기 위한 기금을 마련하고, 교육과학연구소(IES)를 중심으로 상업적 이용이 가능한 교육기술 연구 개발을 위해 중소기업에 105만 달러를 지원하였다.

미 교육부에서는 VR/AR기술을 활용한 차세대 교육 도구 개발 및 시뮬레이션 환경 구축에 투자하기도 하였다. NRC(National Research Council)에서는 NPS(Naval Postgraduate School)의 MOVES(Modeling, Virtual, Environments and Simulation)라는 프로그램을 통해 VR/AR기술을 국방, 훈련 등에 적용하는 연구개발을 지원하였다. 또한, 2018년도부터 미 국방부는 STE 프로그램을 통해 2022년까지 군사용 가상훈련시스템에 110억 달러를 투자하고 있다.

한편, 가상·증강현실기술의 상용화를 위해서 구글, 마이크로소프트, 애플 등 메이저 민간기업을 중심으로 실용적인 연구 개발이 이루어지고 있다.

유럽은 범유럽 7차 종합계획을 수립하고 미래 R&D 프로젝트를 통한 실감미디어 기술 개발에 주력하고 있다. EU 주요국을 중심으로 대형 연구개발사업[19]에 가상현실과 관련된 연구를 포함하고 있다. 독일, 오스트리아, 스페인 등이 참여한 AMIRE(Authoring MIxed Reality) 프로젝트는 혼합현실 개발을 위한 다양한 기술을 개발 중에 있다.

독일의 경우, 장기적 관점에서 정부 주도의 연구개발 계획을 세우고 Fraunhofer IGD를 통해 민간기업을 지원하고 있다. 영국은 2018년부터 산업전략 기금(Industrial Strategy Challenge Fund)에서 VR/AR분야 산업기술 발전을 위해 최대 3,300만 파운드를 투자한다.

일본은 글로벌 ICT 강국으로 재부상하기 위해 차세대 가상·증강현실 미디어산업에 대한 범부처적인 투자를 추진하고 있다. 국가가 2,000억 원 규모의 펀드를 조성하여 관련 기업을 지원하는 "버추얼 리얼리티 테크노 재팬(Virtual Reality Techno Japan)" 정책을 시행하고 있다.

중국은 시진핑 정부의 "인터넷 플러스" 정책에 따라, 기존 산업과 가상현실을 융합시켜 글로벌시장에서의 입지를 강화시키겠다는 입장이다. 중국 공업신식화부는 2016년 4월 가상현실산업 발전 로드맵과 함께 "가상현실산업 발전 백서 5.0"을 발표하고, 가상현실 콘텐츠 제작과 유통, 인력 양성 등을 위한 가상현실산업 단지 조성을 추진하고 있다. 최근 2018년 5월에는 VR 연구개발 및 타 분야 융합 정책을 입안하여 VR/AR산업 진흥을 위해 다양한 분야에서 VR/AR기술과의 융합을 지원할 예정이다.

국내의 경우에도 가상현실과 증강현실분야는 새로운 산업 및 시장을 선도할 수 있는 제4차산업혁명의 주요 기술로 인식하여 정부 차원의 관심과 지원을 하고 있다. 과학기술정보통신부의 "가상현실 플래그십 프로젝트", 산업통상자원부의 "가상훈련시스템 개발", 문화체육관광부의 "VR/AR 체감형 게임 콘텐츠 원천기술 개발 및 ICT 융복합 기능성 게임 제작", 범부처 차원의 사업인 "국가전략 프로젝트" 등을 추진하였다. 또한, "13대 혁신성장동력 추진계획(2017.10)"에서

---

19 ESPRIT(European Strategic Program on Research in Information Technology), BRITE (Business Register Interoperability Throughout Europe), PROMeTHEUS(PROfessional Mobility in THe European Union Study)

융합서비스 유형 중에 VR/AR기술을 선정하여 교육·제조·국방·의료 등과의 융합을 촉진하고, 2022년까지 연 매출 100억 이상의 글로벌 강소기업 100개 이상을 육성한다는 정책을 추진하고 있다.

2. 가상 및 증강현실 산업동향

초기의 가상·증강현실은 오큘러스(Oculus), 매직리프(Magic Leap), 버툭스(Virtuix) 등 창의적인 아이디어나 선도적 기술력을 가진 스타트업들이 주역이었다. 매직리프사의 경우, 그래핀을 소재로 하여 빛을 이용해 신호를 보내 정보전달을 다루는 기술인 '포토닉스 칩'을 통해 웨어러블 기기 없이 현실 공간에 가상정보를 보이게 만드는 기술을 발표하고 많은 투자를 받아 산업을 선도하는 탑플레이어(Top player)로 성장하고 있다. 점차 마이크로소프트, 애플, 페이스북, 소니 등 글로벌 주요 ICT기업들이 참여하면서 경쟁이 심화되어 가고 있다.

현재 HTC(HTC vive pro), 오큘러스(Oculus Go, Oculus Quest), 마이크로소프트(Windows Mixed reality), 소니(Playstation VR) 등이 주도하고 있는 가상현실 및 HMD산업은 향후 기술 성숙도에 따라 규모가 달라질 것으로 예측된다. 현재 가상현실산업이 HMD 등 하드웨어를 중심으로 성장하고 있지만, 가상현실 장비의 보급 이후에는 미디어 및 콘텐츠를 비롯한 플랫폼 등 소프트웨어시장이 더 큰 비중을 차지할 것이며 게임, 하드웨어, 위치기반서비스 등과 같은 분야의 순으로 성장이 예상된다.

증강현실은 모바일을 기반으로 한 산업이 중심을 이루고 있으나 점차 HMD, 스마트글래스의 비중이 커지고 있다. 모바일 증강현실분야는 애플(ARkit), 구글(ARCore), 페이스북(Camera Effects) 등과 같은 SW 플랫폼기술에 의해 발생되는 다양한 서비스로 인해 시장규모 및 산업이 확대될 전망이다. HMD 및 스마트글래스분야에서는 매직리프(Magic Leap One), 마이크로소프트(Hololens 3세대), ODG(R9) 등이 제품화되면 2020년부터는 크게 성장할 것으로 전망된다.

증강현실은 전자상거래, 하드웨어, 광고분야 순으로 활용이 확대될 것으로 전망된다.

가상·증강현실은 많은 산업분야에서 다양한 요소기술이 적용 및 활용될 수 있는 것으로 인식되어 현재에도 스타트업 및 글로벌기업들의 기술 경쟁이 활발하며 많은 투자가 이루어지고 있다. 국내의 경우에도 가상·증강현실은 차세대 산업으로 여겨져 대기업 및 스타트업 중심으로 다양한 시도를 하고 있다. SK텔레콤은 2017년 MWC(Mobile World Congress)에서 증강현실의 활용으로서 텔레프레즌스(Tele-presence)서비스를 선보였다. 이 서비스는 원격지의 회의 참가자들이 실제 같은 방에 있는 것처럼 느낄 수 있는 증강현실 기반 홀로그래픽 통화 솔루션으로 원격 의료 및 원격 회의 등의 원천기술이 될 수 있다. 삼성전자는 마이크로소프트와 협업하여 혼합현실 HMD인 "삼성 HMD 오디세이(Samsung HMD Odyesy)"를 발표하였다. "삼성 HMD 오디세이"는 넓은 시야각을 제공하여 게임이나 360도 영상 콘텐츠를 생생하게 즐길 수 있는 것이 특징이고, 마이크가 내장되어 있어 사용 중에도 음성 채팅 애플리케이션을 통해 실시간 소통이 가능하도록 하였다.

▼ [그림 13-5] VR, AR 활용 전망

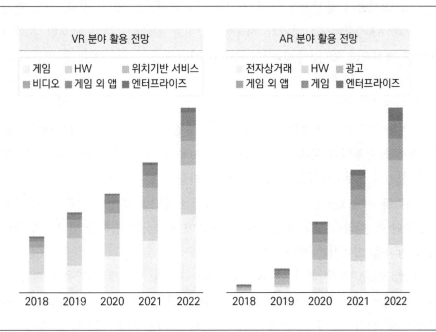

자료: "Digital Capital(2018 Q1)", 자료 기반 재구성.

국내에서 증강현실분야는 가상현실처럼 상용화가 아직 활성화되지는 않았으나 게임, 영상, 공연 등 엔터테인먼트산업을 중심으로 다양한 분야로 확대되어 가고 있다. 국내 한 스타트업은 "프로젝션 맵핑(Projection Mapping)"을 이용하여 평창 동계올림픽 개폐회식, 광주유니버시아드 대회 등 행사에서 혼합현실 콘텐츠 공연을 연출하기도 하였다. "프로젝션 맵핑"은 대상물 표면에 빛으로 이루어진 영상을 투사하여 변화를 줌으로써 현실에 존재하는 대상에 다양한 가상의 효과를 연출하는 방법으로, 미디어 파사드 등을 예로 들 수 있다.

혼합현실은 해외에서는 마이크로소프트, 매직리프, 소프트뱅크 등이 혼합현실기술과 서비스를 개발하고 있으며 BMW, 슈나이더 일렉트릭, 티센크르푸는 혼합현실을 자사의 제품에 적용하고 있다. 현재 마이크로소프트(MS)는 혼합현실분야에서 가장 앞서 가고 있다는 평가를 받고 있다(ETRI, 2019).

3. 증강현실 및 가상, 혼합현실 발전방향

VR/AR기술의 발전방향은 네 가지로 분류해 볼 수 있다. 첫째, 각기 발전하던 VR과 AR기술이 그 경계가 허물어져 VR과 AR의 구분이 모호한 혼합현실(MR)로 발전하고 있다. 둘째, 시각 중심의 기술에서 소리와 촉각 등 인간의 모든 오감을 통해 경험하는 다중 감각기술로 발전하고 있다. 셋째, 앉은 상태에서 360도의 3차원 콘텐츠를 보여주던 정적인 기술이 주변 공간을 인식하고 사용자의 위치와 움직임을 반영하는 동적 기술로 발전하고 있다. 넷째, HMD를 착용하고 외부와 단절되어 혼자 사용하던 단일 사용자 기기에서 여러 사람들이 같은 가상 공간에 있는 것처럼 서로 소통하는 기술로 발전 중이다.

이러한 기술 발전은 기기가 설치된 고정된 공간을 벗어나 집과 직장, 야외와 교통수단 등 다양한 생활 공간 속에서 활용이 증가하고 생활을 변화시켜 새로운 시장 창출을 기대하게 한다.

또한 VR/AR시장 뿐만 아니라 요구되는 고성능 컴퓨팅 환경을 마련하기 위해 하드웨어·네트워크·소프트웨어시장을 견인할 것으로 기대되며, 초기시장 형성이 예상되는 게임·영상의 엔터테인먼트 산업을 넘어 헬스케어·부동산·쇼핑, 교육 등으로 다양한 산업을 혁신시켜 산업적 효과도 막대할 것으로 예측된다. 이러한 기술 발전 방향과 예상되는 파급효과는 VR/AR이 가진 막대한 가능성을 의미한다.

▼ [그림 13-6] AR/VR 기술발전방향

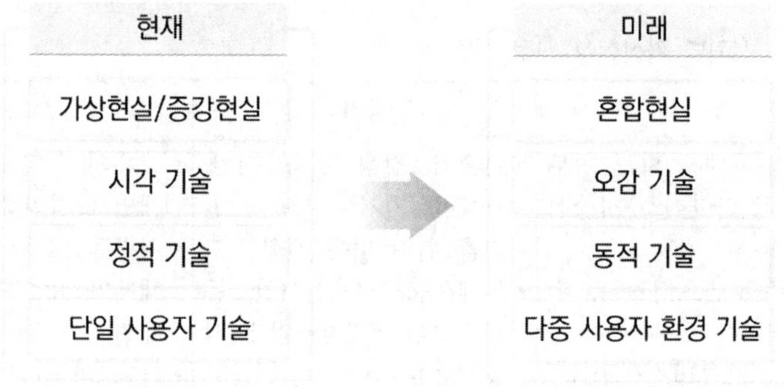

현재	미래
가상현실/증강현실	혼합현실
시각 기술	오감 기술
정적 기술	동적 기술
단일 사용자 기술	다중 사용자 환경 기술

자료: SPRi.

▼ 〈표 13-3〉 2025년 VR/AR 소프트웨어시장 예측(2016-01)

산업	2020년 시장 예측		2025년 시장 예측		혁신시장
	시장규모 (10억 $)	사용자 수 (백만 명)	시장규모 (10억 $)	사용자 수 (백만 명)	
게임	6.9	70	11.6	216	PC, 콘솔, 아케이드 게임
공연 및 이벤트	0.8	28	4.1	95	티켓 판매
영상	0.8	24	3.2	79	온라인 스트리밍
유통	0.5	9.5	1.6	31.5	전자상거래
부동산	0.8	0.2	2.6	0.3	중개시장
교육	0.3	7	0.7	15	교육 소프트웨어 및 서비스
국방	0.5	등록된 HMD수로 추정	1.4	등록된 HMD수로 추정	훈련 및 시뮬레이션
헬스케어	1.2	0.8	5.1	3.4	환자 모니터링
엔지니어링	1.5	1.0	4.7	3.2	CAD/CAM

자료: ETRI(2019).

2020년 전체 시장에서 엔터테인먼트산업이 64%를 차지하나 타산업의 활용이 증가하면서 비중이 2025년에는 54%로 감소하는 반면 게임이 전체 시장에서 차지하는 비중은 52%('20)에서 33%('25)로 급감하나 영상, 공연·스포츠 중계 등은 빠르게 성장할 것으로 예상하며, 2025년 기준으로 엔터테인먼트 외에 헬스케어(15%), 엔지니어링(13%), 부동산(7%)의 순서로 시장 비중이 높을 것으로 전망된다(ETRI, 2019).

▼ 〈표 13-4〉 시기별 가상현실 시장 전망

	초기	중기	후기
디 바 이 스	• 기술력/콘텐츠 확보 여부가 초기 디바이스 시장점유율 좌우 • 플랫폼/콘텐츠지원 등 수직계열화를 추구 • PC기반(오큘러스/HTC) • 스마트폰기반(삼성전자) • 콘솔기반(소니)이 강세	• 기술력 경쟁 더욱 치열. 가상현실기기는 사용자 편의를 위해 더욱 진화 • 무게/해상도/지연시간 등 기술력이 우월한 업체 시장점유율 증가	• 고유의 운영체제를 갖춘 개별 IT기기로 진화 • 시장점유율이 높은 운영체제가 표준화되어 시장 재편 • PC/모바일/콘솔이 통합된 하나의 기기로 재편
플 랫 폼	• 디바이스 업체에 의한 콘텐츠 유통이 주를 이룰 것 • 개별 디바이스별로 특화된 콘텐츠가 디바이스 업체의 플랫폼에 의해 유통	• 플랫폼 중요성 더욱 증가 • PC/모바일/콘솔 등 각각 기기별로 공통적으로 이용 가능한 콘텐츠 유통 • PC기반(오큘러스/Vibe) • 스마트폰기반(삼성/구글/애플) • 콘솔기반(소니)	• 디바이스가 개별 IT기기로 진화, 한 단계 진화된 플랫폼 경쟁 예상 • 기존 PC/모바일/콘솔 베이스 플랫폼간 경쟁 시작
콘 텐 츠	• 디바이스 업체들의 지원으로 초기 콘텐츠 제작 • 개별 디바이스별로 특화된 콘텐츠가 제작될 것 • 대형 개발사가 선도적으로 시장에 진입하려 할 것(유비소프트 등) • 가상현실기기의 특성에 맞는 콘텐츠 개발이 중요	• 시장형성과 함께 자발적인 콘텐츠 생산이 이루어질 것 • 콘텐츠 생산 초기단계, Track Record 축적. 개발력 및 개발사로서의 인지도를 높여가는 것이 중요 • 기존에 상대적으로 높은 개발력을 보유하던 콘솔/PC게임 제작사 유리	• 콘텐츠 생산 활성화 • 콘텐츠업체들의 수익성 및 매출이 극대화 되는 시기 • 그러나 PC/콘솔/모바일 게임 제작사 모두가 가상현실게임 개발에 뛰어들며 경쟁이 극화되는 상황 전망

자료: 이정·정호윤(2015), 재구성.

부동산 개발, 부동산 분양, 부동산중개, 부동산 임대, 부동산 마케팅 등 부동산의 다양한 분야에서 증강현실은 매우 유용하게 활용될 수 있는 기술이다. 현재 국내·외에서 증강현실을 적용하여 부동산정보를 검색할 수 있는 애플리케이션(Application)이 개발되어 서비스가 제공되고 있다. 스마트기기에 증강현실을 적용한 앱을 통해 다양한 부동산정보를 신속하고 편리하게 검색할 수 있으며, 대상 부동산(주택)을 입체적으로 볼 수 있으며, 내부배치를 가상으로 검토할 수 있어 부동산 마케팅 등 앞으로 그 활용이 더욱 확대될 것으로 전망된다.

특히 부동산 개발업, 분양업, 중개업에서 가상현실과 증강현실 나아가 혼합현실기술을 적용하면 개발 및 마케팅 등에서 소요비용을 대폭적으로 낮출 수 있다. 예를 들어, 분양하기 위해 가상현실기술에 의한 모델하우스를 운용하면 실제 모델하우스 설치비용이 10분의 1로 오프라인에서 온라인 모델하우스로 대체하여 대폭적으로 비용을 절감할 수 있어 활용이 확대되고 있다.

▼ [그림 13-7] 가상현실에 의한 모델하우스 사례(홈픽 브릭코)

자료: 가상현실(VR) 2018–산업 트렌드를 바꾸는 가상현실의 현재.

또한 중개업에서 중개매물에 대해 실제 현장을 방문하는 임장활동에서 가상현실이 적용된 대상물에 대한 확인으로 실제 직접 임장활동을 하는 이상으로 상세하게 매물을 확인할 수 있다. 따라서 중개 공간이 지역적 한계를 벗어나 전국 또는 글로벌한 공간으로 확장될 수 있으며 더 나아가 블록체인 기술과 더불어 적용하면 부동산의 전자상거래가 활성화되는 데 크게 기여할 수 있을 것이다.

미국의 EXP Realty는 가상현실(VR) 공간에 중개사무소를 운영하여 급성장하는 중개법인이다. EXP Realty는 2009년 글랜 샌포드(Glenn Sanford)가 창립하여 중개사무실 없이 가상 공간에서 운영함으로써 사무실 임대 및 운영비용, 로열티, 프랜차이즈 수수료없이 창업과 비용을 최소화할 수 있으며, 본사와 중개사 간 중개 수수료를 나눔을 통해 국제화되어 미국 49개주와 캐나다의 3개시에서 13,000 중개사가 활동하는 부동산중개회사로 급성장하고 있다.

시행사 및 시공사는 가상현실과 증강현실, 혼합현실을 적용하게 되면 입지를 분석하고 입지선정을 하고 최적화된 내부 공간 활용을 할 수 있도록 시뮬레이션할 수 있어 활용이 이루어지고 있다.

▼ [그림 13-8] 부동산분야 가상현실, 증강현실 적용

	현재(Off-Line)	향후(AR/VR/MR)	
건립 세대			
비건립 세대			
조경 및 전망			

자료: 지도와 모형에 의존한 상상은 이제 그만, 공간정보, 2018 Spring vol.18.

또한 건축 설계 과정을 효율화할 수 있다. 세계 건설시장은 약 10조 달러에 달한다. 이중 약 13%가 설계 오류로 인한 재건설비용이다. 이는 설계 과정에서 충분한 시뮬레이션을 거치지 않았기 때문에 발생한다. 특히 설계 과정에서 채광이나 경관 등에 대한 고려는 필수적이나 실제 도면과 수치에만 의존해서 해결하기에는 현실적인 어려움이 있다. 가상현실을 적용하여 3차원 공간정보를 이용한 설계단계의 가상 시뮬레이션을 해 본다면 이러한 어려움을 해결하고, 재건설비용 축소에 큰 도움이 될 수 있다. 뿐만 아니라 여러 설계사들이 설계도면을 가상현실로 구현한 건물에 동시에 접속해 가상건물에서 채광, 경관, 내부 구조 등에 대해 실시간으로 확인·보완할 수 있다. 미국 등 선진국에서는 이미 설계 단계에서 가상현실기술을 도입해 사용하기 시작하고 있다. 실제로 이 분야의 소프트웨어를 개발하고 있는 미국의 스타트업 IrisVR(http://irisvirtualreality.com)은 낮은 그래픽 수준에도 불구하고 대규모 투자를 유치하는 등 높은 사업성을 인정받고 있다.

▼ [그림 13-9] IrisVR 설계

14

사이버물리시스템, 디지털트윈과 부동산

01절   사이버물리시스템과 디지털트윈 개관

사이버물리시스템(CPS: Cyber Physical System)과 디지털트윈(Digital Twin)은 다양한 지능형 장치 및 무선 통신 기기가 급증하고 컴퓨팅 및 메모리 성능의 발전이 지속되면서 다양한 응용분야에 미치는 영향도 급증할 것으로 전망된다. 사이버물리시스템과 디지털트윈기술은 컴퓨팅으로 대표되는 사이버 세계의 기능이 미래에는 훨씬 더 광범위한 분야에서 현실(물리적) 세계와 접목하여 그 활용도가 증가할 것으로 예상되어 나타난 기술이다.

디지털 시대에 따라 데이터가 폭발적으로 증가되어 가트너는 인터넷에 연결된 사물 수가 2013년에는 개인별 0.44개(26억개/70억명)에서 2020년에는 3.71개(260억개/70억명)로 증가할 것으로 전망하고 있다. 따라서 이렇게 개인별로 연결된 사물수가 증가함에 따라 기하급수적으로 급증하는 데이터를 활용하고자 하는 사이버물리시스템과 디지털트윈은 폭발적으로 성장할 잠재력이 있다. 예를 들어, 의료기기, 자동차, 로봇, 항공기, 보안 및 감지시스템 등에서 사이버물리시스템은 구성 요소의 복잡성 증가로 전체 시스템의 결합이 증대되어 이러한 요소를 유기적으로 통합하여 효율성을 기할 수 있다.

또한 디지털트윈(Digital Twin)은 자산, 프로세스 및 시스템 등 물리적 객체에 대한 디지털 복제로서, 수명주기 전체에 걸쳐 대상 객체 요소들의 속성 및 상태를 유지하며 이들이 어떻게 작동하는지를 가상 공간에서 시뮬레이션할 수 있는 가상의 모델로서 다양한 분야 뿐만 아니라 부동산의 개발, 도시계획 및 정비 등에서 활용도가 매우 높은 기술이다.

1. 사이버물리시스템(CPS: Cyber Physical System)

(1) 사이버물리시스템의 의의

사이버물리시스템(CPS)은 실제 공간에 존재하는 물리적인 환경과 컴퓨터상에 존재하는 사이버 환경이 사물인터넷, 클라우드, 빅데이터 등의 기술발달에 힘입어 서로 연계되고 상호작용하는 다이나믹한 시스템을 의미한다. CPS는 정보를 활용하여 물리적 환경에 대한 이해를 높여 주고, 스스로 인지하고 반응하는 자율성을 기반으로 모니터링, 분석, 시뮬레이션을 통해 문제해결 및 최적화를 가능하게 한다. 또한 물리적인 세계와 사이버 세계의 융합을 추구하는 새로운 패러다임으로 생산성 향상은 물론 교통, 안전, 환경, 재난재해 등 사회의 각 부문에 적용하여 인간의 삶의 변화를 일으킬 수 있는 기술이다(사공호상, 2018).

▼ [그림 14-1] 사이버물리시스템과 디지털트윈의 관계

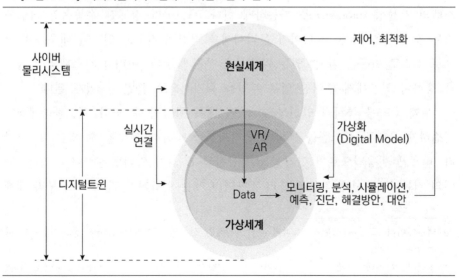

자료: 사공호상(2018).

CPS는 이러한 통신(Communication), 연산(Computation), 제어(Control)의 세 요소를 핵심 개념으로 하여 인간과 공존하는 물리(현실)세계 개체(Physical Entities)와, 센서, 액추에이터(Actuator),[20] 임베디드시스템(Embedded System)[21] 등과 같은 시스템 개체들로 구성되는 가상세계와의 융합을 추구한다. 특히 여기서 말하는 물리세계의 개체란 인간과 상호작용하는 자연적 또는 인위적 객체를 모두 포함하여 자동차, 주택, 의료기기 등이 이에 해당한다.

(2) 사이버물리시스템의 가치와 활용

CPS를 통한 물리세계와 사이버세계의 융합을 통해 우리가 얻을 수 있는 가치는 다음과 같이 매우 높다(NIST, 2013).

첫째, CPS를 통하여 물리세계에 관한 보다 많은 정보를 적시에 제공받아 물리 세계에 대한 이해를 높일 수 있다. 인간이 이해하고 연산할 수 있는 영역은 컴퓨터에 비하면 상당히 제한적이다. 따라서 인간 대신에 시스템이 뇌 물리세계를 인지, 분석, 계산하여 인간에게 정보를 제공함으로써 인간은 물리세계를 좀 더 명확히 파악할 수 있을 것이다. 예를 들어, 로봇에 부착된 다양한 센서가 환자의 상태를 정확히 파악하여 안전하게 수술하는 데 도움을 줄 수 있다.

둘째, CPS는 기존의 자동제어시스템을 포괄하는 개념으로 여러 측면에서 시스템의 자율성(Autonomy)을 가능하게 한다. 즉, 이미 정해진 수동적인 작업을 하는 것에서 한 걸음 더 나아가 물리세계를 직접 인지하고 인지한 내용을 바탕으로 스스로 반응을 할 수 있는 자율성을 가지게 된다. 이러한 시스템의 자율성을 통하여 인간에게 주어진 업무 부담을 획기적으로 줄일 수 있게 된다.

셋째, CPS를 통하여 안전성(Safety)이 대폭 향상될 수 있다. 즉, 물리세계와 밀접하게 융합된 시스템을 통하여 물리세계를 정확히 분석할 수 있을 뿐 아니라, 빠르게 반응함으로써 안전성을 향상시킨다. 과거 인터넷은 인간과 인간 사이의 커뮤니케이션에 혁신을 불러 왔다면, CPS는 인간과 인간 주변의 물리 세계

---

20 액추에이터: 모터나 스위치, 스피커처럼 전기적인 신호의 변화를 이용하여 물리적인 상태를 바꿔주는 장치.
21 임베디드시스템: 기계 또는 전자장치의 두뇌역할을 하는 마이크로 프로세서를 장착하여 효과적인 제어를 할 수 있도록 하는 시스템.

와의 상호작용에 혁신을 가져올 것으로 기대된다. 이렇듯 CPS는 인간의 삶에 큰 변화를 불러 일으킬 수 있는 혁신적인 기술이다.

미국, 유럽연합, 일본 등 주요국들은 이미 이러한 CPS의 가치에 주목하고 있다. 미국은 2007년과 2010년 미국의 대통령과학기술자문위원회의 보고서에서 국가 경쟁력 강화를 위해 CPS를 최우선 연구 과제로 선정하여 2009년부터 National Science Foundation을 통해 대규모 연구 지원을 시작하였다. 유럽연합은 Framework Programme 7 ARTEMIS을 통하여 연구투자가 활발히 진행되고 있다(NIST, 2013). 또한 일본은 연간 약 250만 달러 규모의 재난 대응 및 헬스케어분야 CPS 연구 지원을 하고 있는 실정이다.

반면 우리나라는 아직 CPS 관련 연구가 걸음마 단계에 머무르고 있다. 특히 조직화된 대규모 기초 연구 및 그에 걸맞은 지원이 매우 부족한 상태이다(Y. Lim, 2013).

미국의 연구개발 CPS 핵심응용분야

- 스마트생산 공정시스템
- 스마트전력시스템
- 스마트홈/빌딩시스템
- 스마트재해 대응시스템
- 스마트교통시스템
- 스마트헬스케어시스템
- 스마트국방시스템

스마트제조(Smart Manufacturing)는 제조업의 전략적 혁신을 위해 인간, 기술, 정보를 융합하며, 다양한 정보기술(ICT)을 적용하고자 하는 기술이라고 할 수 있다. 이러한 스마트제조는 소비자 요구의 다양화, 고급화에 맞추어 개인맞춤형 생산(Personalized Manufacturing)을 구현하고, 인간과 협업하며 스스로 학습하는 디지털제조 방식을 적용하는 제4차산업혁명시대의 생산체계를 말한다.

또한 스마트공장(Smart Factory)은 스마트기술을 적용하여 제조를 실행하는 생산시스템으로 제조 현장에 정보기술을 결합, 개별 공장의 설비(장비)와 공정이 지능화되어 생산네트워크로 연결되고, 모든 생산 데이터와 정보가 실시간으로 공유, 활용되어 최적화되어 공장 간 또는 공장내 협업적인 운영이 지속되는 생산체계이다(이규택 외, 2016).

(3) 사이버물리시스템 정책과 전략

미국의 첨단제조 파트너십(AMP)과 제조혁신 네트워크(NNMI), 독일의 Industrie 4.0, 일본의 일본재흥전략, EU의 Horizon 2020: Factories of Future 등 제조 선진국들은 후발국들과의 제조기술 격차를 늘리기 위해, 후발국은 선진국들과 기술 격차를 줄이기 위해 국가적 차원에서 관련된 연구에 많은 노력과 투자를 하고 있다. 다음의 <표 14-1>에서 주요 국가들의 관련 정책을 살펴볼 수 있다.

▼ 〈표 14-1〉 국가별 스마트제조 정책/전략

구분	정책/전략	주요 프로그램
미국	**첨단제조 파트너십(AMP)** • 기술혁신 플랫폼 제공, 첨단 제조기술 로드맵 작성 • 중소기업이 사용가능한 시설 정비 • 중점 4영역: 안전보장, 첨단 재료, 차세대 로보틱스, 제조공정·에너지 효율성 향상	**제조혁신네트워크(NNMI)** • AMP의 핵심 프로그램 • 45개 제조혁신연구소(IM)설치(2012~) • America Makes(적층가공기술)시행 • 파워 일레트로닉스, 경량·신소재 금속, 디지털 제조·설계, 첨단복합재료 거점 구축
독일	**하이테크전략** • CPS로 네트워크화된 스마트제조 • 국내 제조기반 강화와 제조시스템 수출을 겨냥한 듀얼전략	**Industrie 4.0(2011~)** • 차세대 제조업 연구 • Autonomik for Industrie 4.0 Smart factory KL(인공지능연구소 등)
일본	**일본재흥전략** • 미래투자를 통한 생산성혁명: 혁신·벤처 창출 • 제4차산업혁명 도전 가속화: IoT, 빅데이터, 인공지능을 통한 산업·취업 구조 변혁 • 중견·중소기업·소규모 사업자의 '수익력' 강화	**'개혁 2020'** • 성장 가속화 민·관 프로젝트: 자동주행, 수소사회, 첨단로봇 등의 분야에서 2020년까지 가시적인 성과 창출
EU	**Manufacture전략연구 어젠다** • 고부가가치의 새로운 제품·서비스와 새로운 비즈니스 모델 창출 • 새로운 제조 공학 창출 • 연구·교육 인프라 정비	**Horizon 2020: Factories of Future** • 선진적 제조공정 • 응용성 있는 스마트한 제조 시스템 • 버추얼화되고 자원 고효율인 공장 • 연계·이동가능성이 큰 기업활동 • 인간 중심의 제조 • 소비자의 요구에 따른 제조

자료: 노상도(2016).

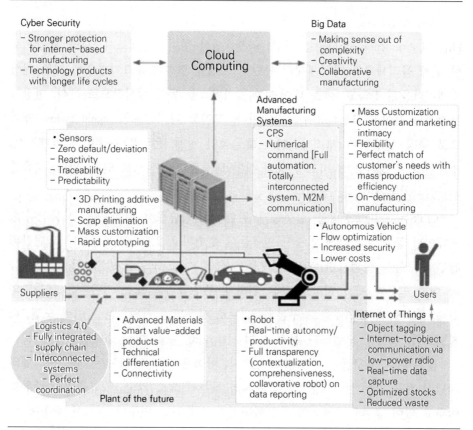

Cyber Security
- Stronger protection for internet-based manufacturing
- Technology products with longer life cycles

Cloud Computing

Big Data
- Making sense out of complexity
- Creativity
- Collaborative manufacturing

Advanced Manufacturing Systems
- CPS
- Numerical command [Full automation. Totally interconnected system. M2M communication]

• Sensors
- Zero default/deviation
- Reactivity
- Traceability
- Predictability

• Mass Customization
- Customer and marketing intimacy
- Flexibility
- Perfect match of customer's needs with mass production efficiency
- On-demand manufacturing

• 3D Printing additive manufacturing
- Scrap elimination
- Mass customization
- Rapid prototyping

• Autonomous Vehicle
- Flow optimization
- Increased security
- Lower costs

Suppliers

Users

Logistics 4.0
- Fully integrated supply chain
- Interconnected systems
- Perfect coordination

Plant of the future

• Advanced Materials
- Smart value-added products
- Technical differentiation
- Connectivity

• Robot
- Real-time autonomy/ productivity
- Full transparency (contextualization, comprehensiveness, collavorative robot) on data reporting

Internet of Things
- Object tagging
- Internet-to-object communication via low-power radio
- Real-time data capture
- Optimized stocks
- Reduced waste

자료: 노상도(2016).

우리나라 역시 '제조업 혁신을 위해 제조업 혁신 3.0'전략을 수립하고 4대전략과 13대 추진 과제를 중심으로 다양한 기술 개발을 진행하고 있다. 특히 스마트생산방식 확산, 지역 제조업의 스마트혁신, 사업재편 촉진 및 혁신기반 조성 등 추진방향을 설정하고, 8대 스마트제조기술(스마트센서, CPS, 3D프린팅, 에너지절감, 사물인터넷, 클라우드, 빅데이터, 홀로그램)에 대한 중·장기 로드맵을 수립하여 추진 중에 있다.

(4) 사이버물리시스템 활용

스마트팩토리를 설계하고 운영하기 위한 사이버물리시스템인 CPPS(Cyber Physical Production System)는 제품, 공정, 생산 설비 등 제조시스템을 대상으로 한 실제 물리세계와 가상세계의 통합 시스템을 말한다. IoT기반으로 제조 현장 빅데이터를 수집하고, 이를 데이터 애널리틱스를 통해 실시간으로 분석, 현장과 동기화된 사이버 모델(Cyber Model)이다. 그리고 디지털트윈(Digital Twins) 개념으로 구성·활용하여 제조시스템의 효율적인 설계·운영을 수행하는 체계로서, 주문변경, 공정이상, 설비고장 등의 상황 변경을 자율적으로 인지, 판단, 대응할 수 있는 지능적인 시스템이다.

CPPS는 스마트공장을 실현하기 위한 핵심기술로서 클라우드, 사물인터넷, 빅데이터 등과 밀접하게 연관된 연구들이 수행되고 있다. 2005년부터 10년간의 관련 연구들을 살펴보면, 관련 연구들은 크게 개념, 모델링 방법, 활용 방안 등에 대한 연구와 제조 현장 적용을 위한 다른 ICT기술 또는 기존 시스템들과의 접목 방안에 관한 연구들로 구분된다. 주로 사용되는 키워드는 사이버 모델, 디지털트윈, 실시간 모델링과 분석 등이다(Hyoung Seok Kang, 2016).

많은 관련 연구들이 수행되고 있으나, 아직은 초기 단계여서 전체 시스템의 개념적 접근 또는 설계, 방법론의 제시와 부분적 요소 기술 적용 측면이 주류를 이루고 있어 좀 더 구체적이고 통합적이며 실증적인 연구가 필요한 상황이다.

스마트제조와 스마트팩토리는 제조업에 ICT를 결합, 적용하여 설계, 운영을 최적화하고자 하는 제조 혁신전략으로, 가장 큰 목적은 어떠한 낭비도 없는 전 과정에서의 '제조 최적화'라고 할 수 있다.

스마트팩토리 CPPS는 ① IoT기술을 적용해 생산의 전 과정을 연결, 데이터를 수집, 감시하고 ② 모아진 제조 빅데이터를 관리, 정제, 분석하며 ③ 실시간 가상화를 통해 현장 상황과 일치하는 사이버 모델을 수립, 디지털트윈 개념으로 활용함으로써 ④ 자율, 능동적으로 설계, 운영 최적화를 달성하고자 하는 핵심 실행전략이다. 특히 스마트팩토리의 설계, 운영을 위한 CPS기술의 개발과 적용을 위해서는 기술 그 자체에 대한 연구와 개발에 더하여 다른 기술과 상호작용, 유연하게 운용될 수 있는 통합기술과 플랫폼의 구축이 필수적이다(노상도, 2016).

(5) 사이버물리시스템의 미래 활용

사이버물리시스템(CPS)의 학문적 정립 및 기술 구현은 향후 국가 인프라, 운송, 전력망, 산업 자동화, 의료·헬스케어, 국방, 농업 등 실로 다양한 분야에서 인류 삶의 질 및 복지 향상과 안전성 제고에 커다란 혁신을 가져올 것으로 기대된다.

▼ [그림 14-3] 사이버물리시스템의 미래 응용분야

의료 및 헬스케어분야
- 네트워킹 기능 탑재 고신뢰 의료 기기, 의료 로봇
- 노인, 장애인 등을 위한 원격 헬스케어 서비스

에너지 생산 및 송전분야
- 스마트한 전기 활용, 태양광, 풍력 등 신재생 에너지원 활용
- Net-Zero 에너지 빌딩 구축, 기존 전력망의 CPS 업그레이드

국가 핵심 인프라분야
- 더 안전하고, 차간 거리를 줄일 수 있는 고속도로 시스템
- 정전에 영향을 받지 않는 전력 생산 및 배전 시스템

운송 시스템분야
- 더 빨리, 더 멀리 운행하며 에너지를 덜 소모하는 항공기/자동차
- 교통 사고 사망자/부상자 최소화, 교통 체증/정체 최소화 시스템

국방분야
- 더 기능이 뛰어난 국방 시스템
- 네트워크로 연결된 자율형 로봇 기반의 국방 시스템

CPS가 가져올 미래사회의 모습은 첫째, 지능형 원격 맞춤의료 서비스를 가능하게 할 것이다. 인류의 평균 수명이 길어지면서 건강하게 장수하려는 인간의 욕구가 높아지고 있다. 미래에는 CPS기술을 이용 개인별 건강상태를 주거지에서 모니터링하여 건강 상태를 기록·관리하며 치료할 수 있게 될 것이다.

둘째, 기술은 주택에 장착된 냄새 등 각종 감지 센서를 통해 평소의 건강상태를 점검하고, 특별한 이상 징후가 나타나면 지능형 건강검진 의복을 착용하여 초기 검진하고 이에 따른 후속 처방을 원격으로 받을 수 있게 될 것이다.

셋째, 각종 재난과 사고의 실시간 대응을 통해 안전한 미래사회를 가능케 할 것이다. 지난 2007년 태안에서 발생한 원유 유출 사고나 2008년 남대문 방화사건 등은 초기대응의 실패로 엄청난 재난을 당한 실례이다. 사건 초기, 실시간에 센서를 통해 사이버시스템에 데이터가 수집되고, 그 처리 방안이 물리시스템에 전달되었다면 사고의 확대를 방지할 수가 있었을 것이다.

넷째, 단일 사건의 모니터링 및 제어뿐 아니라 다른 사건 및 프로세스 간의 상관관계를 파악하여 총체적으로 사건을 대처할 수 있게 할 것이다. 예컨대 코로나19(COVID-19), 독감 발생의 감염 확산 경로를 추적하고, 타 질병과 날씨 등 다른 조건과의 상관관계를 분석하여 독감 발생에 대해 총체적 정보를 가지고 대처할 수 있게 될 것이다. 또 다른 예로, 수은이 생선에 미치는 영향을 수은뿐 아니라 생선의 이주경로, 오염원, 수질 등 각종 원인을 수집 분석하여 종합적 상관관계를 파악하여 대처할 수 있게 될 것이다.

다섯째, CPS기술은 에너지 절약 및 보존에 혁신적 결과를 가져다 줄 것이다. 현재의 에너지 생산 및 송전은 대형 전력 생산 시설에서 소비자에게 전력망을 통해 일방적으로 전달되는데, 전력망 시스템은 일반적으로 소비자 평균수요보다 훨씬 높은 전력 송전을 가능하게 설계되어 있다. 소비자들이 전력 사용량에 관한 정보가 부족하여 매년 낭비하는 전력이 소양강댐 481개의 연간 발전량과 맞먹는 1,700억 KWh이다. 이는 매년 정부통합전산센터 4,000개 이상이 사용할 수 있는 전력량에 해당된다. CPS기술은 물리시스템인 전력망에 컴퓨팅기술을 결합하여 기존 전력망을 지능화함으로써 전력이 양방향으로 이동할 수 있게 하며, 소비자의 스마트한 전력 활용을 유도하여 에너지 효율을 극대화하고 전력 공급의 신뢰도를 제고할 수 있게 할 것이다. 나아가 날씨, 소비자 생활패턴, 시간대별 에너지 가격 등을 근거로 필요예상 전력과 비용도 예측할 수 있어 소비자들에게 저렴한 전기를 제공할 수 있게 될 것이다.

여섯째, CPS기술은 개인의 휴대용 전자기기들에도 스며들어 사람들이 일하고, 소통하는 방식과 일상생활에 대변혁을 가져올 것이다. 실시간에 데이터를 접근할 수 있어 관심사가 비슷한 주위 사람들과 언제 어디서나 소통할 수 있게 되며, 관심사가 비슷한 사람들이 근처에 있을 경우 자동적으로 알려줄 것이다. 대중교통의 지연 여부 정보가 개인에게 전달되어 적절히 대처하게 안내를 해주며, 도로상황을 실시간에 파악하여 가장 적절한 경로를 내비게이션에 자동적으로 제공해 줄 것이다.

CPS기술 발전은 실로 다양한 분야에서 21세기 신산업을 창출하리라 기대된다. 의료 및 헬스케어 분야에서는 고신뢰 의료기기 및 의료로봇 산업이 기대되며, 노인 및 장애인을 위한 원격 헬스케어 서비스 산업이 이루어 질 것이다. 에너지분야에서는 소비자의 스마트한 전기 활용으로 에너지 효율을 극대화하고, 태양광, 풍력 등 다양한 신재생 에너지원 활용을 극대화하여 소위 'Net-Zero' 에너지 빌딩을 가능케 할 것이다. 운송 분야에서는 자동차간 안전 거리를 유지하여 교통사고를 최소화하고, 나아가 교통 안내 및 통제를 실시간에 하여 교통체증 및 정체를 최소화할 수 있게 될 것이다. 한편, 로봇산업 분야에서는 네트워크로 연결된 자율형 로봇이 등장하게 될 것이다(신성철, 2012).

2. 디지털트윈(Digital Twin)

(1) 디지털트윈의 정의 및 유형

디지털트윈(Digital Twin)은 사물인터넷(IoT), 빅데이터, 인공지능, 사이버물리시스템(CPS) 등과 함께 제4차산업혁명을 견인하는 기술로서 다양한 산업현장에서 생산성, 경제성, 안전성 등을 향상시키고자 하는 요구가 확산됨에 따라 주목받고 있는 기술이다.

디지털트윈은 2002년에 미국 미시간대학교에서 처음으로 유사한 개념이 언급된 이후 "현실 세계에 존재하는 대상이나 시스템의 디지털 버전", "물리적 자산에 대한 살아있는 디지털 시뮬레이션 모델", "물리적 객체의 시뮬레이션 모듈" 등의 의미로 설명되고 있다.

다시 말해, 디지털트윈은 자산, 프로세스 및 시스템 등 물리적 객체들에 대한 디지털 복제(쌍둥이)로서, 수명주기 전체에 대한 객체 요소들의 속성과 현상을 유지하며 어떻게 작동 반응하는지의 동적 성질을 묘사하는 가상의 시뮬레이션인 것이다.

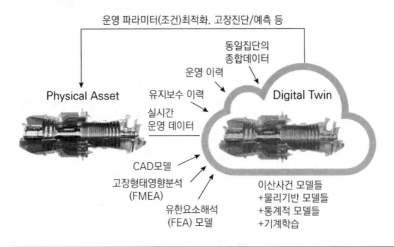

자료: 이광기 외(2018).

컴퓨터에 구현된 디지털트윈(가상 모델)은 대상 객체(물리적 자산)와 연동하여 현실 상황을 반영하면서 현실에서 발생할 수 있는 상황을 예측하거나 운영 최적화 조건을 알려주는 등 산업 경쟁력 강화의 주요 수단으로 인식되고 있다.

이러한 디지털트윈은 기본 CPS 유형과 고급 CPS 유형으로 구분될 수 있다. 기본 CPS 유형은 물리시스템의 운용 데이터, 관련 규칙 및 지식 등에 기초하여 최적의 결정을 하고 제어를 실행하는 데이터와 인공지능 기반의 CPS이다. 고급 CPS 유형은 데이터와 인공지능에 기초한 제어결정 결과에 더해 제어대상 물리시스템에 대한 디지털 모델을 통해 시뮬레이션으로 제어결과를 미리 판단까지를 고려한 최적화 제어를 실행하는 디지털 모델이다.

디지털트윈의 활용은 관심 대상의 물리 객체에 대한 데이터와 행위를 추상화한 디지털 모델을 만들고 시뮬레이션을 통해 해당 실체계의 운영과 관련된 예측과 최적화를 달성하고자 하는 것으로 시뮬레이션 모델과는 많은 차이가 있다.

디지털트윈을 적용하기 위해서는 다음과 같은 두 가지 요건이 충족되어야 한다. 먼저 운용 특성을 고려할 때 실제의 대상 객체에 대한 시뮬레이션 모델이외에 시뮬레이션 실행 및 가시화 환경, 실제의 물리적 객체와의 연동 수단 등이 구비되어야 한다. 또한 디지털트윈은 대응하는 물리적 요소들이 수명주기 동안 변화가 지속되더라도 쌍둥이성을 유지하기 위해 물리적 대상 객체에서 생성되는 최신 데이터를 지속적으로 반영하여 갱신 및 변경되는 진화하는 디지털 모델을 필요로 한다.

(2) 디지털트윈의 활용

디지털트윈은 산업분야에서 사업의 가치 창출 등 긍정적인 효과를 기대할 수 있어 적용 범위는 매우 광범위하다.

첫째, 설계, 제조(생산), 판매, 운영 및 유지보수 등의 단계에서 최적화, 성능 관리, 고장진단, 예지정비 등의 응용 목적으로 적용할 수 있으며, 관심 대상에 따라 부품, 제품, 시스템, 공정, 공장 또는 공급망 전체를 범위로 디지털트윈이 구축되어 활용할 수 있다.

둘째, 제조, 전력, 의료, 항공, 자동차, 스마트도시 등 산업 전반에 걸쳐 사용할 수 있다. 제조부문에서는 제품 설계에서부터 플랜트 운영 감시, 작업량과 로드 예측, 생산 손실 예측, 고장 진단과 예측 등 제조 공정의 효율성 제고 및 최적화를 위해 널리 사용하며, 항공 및 전력산업에서는 프로펠러, 터빈 등 기계의 고장 진단, 예측 등의 목적으로 사용할 수 있다.

셋째, 자동차분야에서 가상 모델은 차량의 성능을 분석하고 고객에게 맞춤식 경험을 제공하여 설계, 판매 등에 도움이 되며, 의료분야에서 IoT 플랫폼의 데이터를 활용한 개인화된 의료서비스 제공 및 효율적인 환자 모니터링을 가능하게 한다.

넷째, 스마트도시에서는 해당 도시에 대한 교통, 에너지, 환경 등의 새로운 정책을 가상 도시(모델)를 통해 사전 검증할 수 있다.

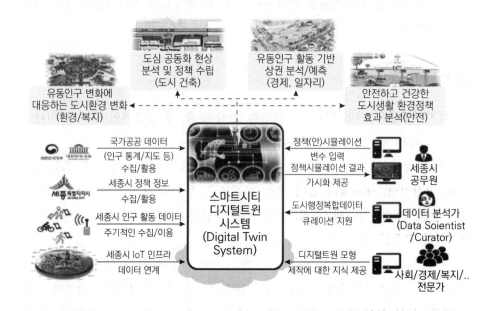

자료: 세종매일(2018.4.20).

디지털트윈의 유형으로는 부품트윈, 제품트윈, 공정(프로세스)트윈, 그리고 시스템트윈으로 구분할 수 있으며 이들 중에서 공정 및 시스템트윈은 넓은 기능성으로 인해 여러 산업분야에서 많이 사용될 수 있다.

제조산업분야로부터 적용되면서 발전하고 있는 디지털트윈 응용에서는 가상 모델의 모습을 시각화 해주는 기능이 강조되고 있다. 디지털트윈이 물리적 대상의 아이디어 구상 단계는 물론 설계, 제조 및 생산, 운영 및 유지보수 등 전체의 수명주기를 지원하는 기술로 활용됨에 따라 제품설계서에 해당하는 3D(시각화) 모델 생성 기능이 강조되고 있다. 이러한 맥락에서 3D모델링과 시뮬레이션 기능을 결합한 형태의 디지털트윈 모델 개발도구를 필요로 한다.

모델링 및 시뮬레이션(M&S)의 경우에서와 같이 디지털트윈을 교육, 실험 등에 활용하는 경우에는 가상현실, 증강현실 등과 같은 가시화 기능과의 결합이 중요할 수 있다.

세상에 존재하는 지형지물, 자연현상, 사람과 사물의 위치, 형태, 속성 등 공간인지와 의사결정에 필수 요소인 공간정보는 초연결·지능정보사회의 핵심정보로 중요성이 크게 증가하고 있다. 따라서 초연결, 초융합, 초지능기술의 발전에 힘입어 물리적 환경과 사이버 환경이 융합하는 '사이버물리시스템(CPS)'은 제4차산업혁명과 지능정보사회를 견인할 것으로 예상되는 기술이다.

이러한 제4차산업혁명에 대응하기 위해서 공간정보는 정태적(情態的) 표현 수준에서 벗어나 현실세계와 가상세계를 서로 연결·상호작용이 가능한 동적(動的)인 '디지털트윈 공간(DTS: Digital Twin Space)'으로 발전하여야 할 것이다.

DTS는 부동산을 비롯한 교통, 에너지, 환경, 재난재해 등 사회 각 분야의 현황과 문제점을 효과적으로 모니터링·분석하고, 시뮬레이션을 통해 해결책을 모색하는 사회적 사이버물리시스템(Social CPS)의 통합 및 협업 플랫폼으로 융합 발전이 요구된다.

부동산분야에서 실세계의 데이터를 활용한 DTS 모니터링, 분석, 예측, 시뮬레이션으로 부동산정책 수행, 부동산 개발, 부동산 투자 등 다양한 부동산 문제를 해결할 수 있는 정보를 도출하고, 이를 현실세계에 반영하여 효율성을 기할 수 있을 것이다.

그리고 스마트도시에 CPS와 디지털트윈을 적용하여 다양한 부동산 문제를 효율적으로 해결할 수 있을 것이다. 스마트시티는 똑똑한 도시를 의미한다. 똑똑한 도시는 사람의 감각기관처럼 정보를 수집하고 두뇌처럼 판단하며 신경처럼 행동을 제어하는 것을 말한다. 도시가 사람처럼 똑똑해지기 위해서는 사람의 몸과 같은 시스템이 필요하다. 사람은 어떤 일을 시행하기 전에 정보를 수집하고 이들을 연결해서 문제가 무엇인지, 그리고 가장 효과적인 방법은 무엇인가 등을 생각한다. 실제로 벌어질 일을 뇌에서 충분히 시뮬레이션한 다음 실행한다. 사람의 뇌와 같이 시뮬레이션이 가능한 가상 공간을 만들어서 활용하려는 노력이 도시 전체에 확산되고 있다. 실세계의 문제를 디지털 가상세계에서 분석하고 시뮬레이션한 후 실세계에 적용하는 사이버물리시스템과 디지털트윈을 초연결 스마트시티에 구현하고자 하는 가장 이상적인 기술로 주목받고 있다.

부동산과 관련한 현실세계와 동일한 가상세계를 구축하고, 현실의 데이터를 가상세계로 연결하여 다양한 분석과 예측을 수행함으로써 부동산 문제를 해결함은 물론 사전에 예방할 수 있을 뿐만 아니라 최적의 환경을 유지할 수 있다.

사이버물리시스템과 디지털트윈은 일회성으로 그치는 것이 아니라 부동산의 변화하는 정보, 변화하는 현실 상황을 실시간으로 반영하여 지속적으로 연계하고 피드백 하는 동적인 시스템이다. 현실세계와 가상세계의 연결을 위하여 부동산의 다양한 문제를 해결할 수 있는 시범사례를 발굴하여 활용할 수 있어야 할 것이다.

아마존의 성공 비결은 데이터다. 창업 초창기부터 고객의 데이터를 끌어모아 분석해 새로운 정보를 만들었다. "우리는 데이터를 절대 버리지 않는다. 이유는 단순하다. 데이터가 상품이나 서비스로 언제 중요해질지 알기 힘들기 때문이다. 사소한 데이터라도 대량으로 취합하고 분석하면 의미 있는 정보가 될 수 있다."

제프 베조스 아마존 회장이 아마존 창업 직후 했던 말이다. 아마존은 1994년 온라인 서점으로 시작해 지금은 세계 최대의 클라우드 업체이자 인공지능(AI) 플랫폼 회사가 됐다. 아마존의 성공 비결은 데이터다. 창업 초창기부터 고객의 데이터를 끌어모아 분석해 새로운 정보를 만들었던 것이다. 더 많은 데이터를 모아 고객에게 알맞은 상품이나 콘텐츠를 추천하는 것이다.

AI·클라우드시장에서 아마존과 치열하게 경쟁 중인 구글의 전략도 더 많은 데이터를 확보하고 있다. 구글 검색, 지메일, 안드로이드 운영체제(OS) 등을 통해 사용자가 어떤 사람인지 파악해 그에 알맞은 광고를 보여주는 것이 구글의 기본적인 사업 모델이다.

제4차산업혁명의 '꽃'이 AI라면 데이터는 꽃이 자랄 수 있는 '토양'이다. AI는 데이터를 먹고 성장한다. 제대로 된 데이터를 확보하지 못한다면 제4차산업혁명 시대 글로벌기업들과의 경쟁에서 살아남기 쉽지 않다.

세계적 기업으로 성장한 스타트업 중에서도 데이터를 효과적으로 사용한 곳을 쉽게 찾아볼 수 있다. 세계 최대 승용차 공유업체 우버가 대표적이다. 이 회사의 서비스는 언뜻 단순해 보인다. 승객이 차량을 호출하면 가장 가까운 곳의 차량을 배차해주는 것이 전부다. 하지만 서비스 뒷면에는 빅데이터를 활용한 최적화 알고리즘이 숨어 있다. 차량을 부르면 기존 차량의 주행정보를 이용해 승객에게 가장 빨리 갈 수 있는 차량은 무엇인지, 목적지까지 최적의 경로는 무엇인지 분석해 알려준다. 이 같은 분석의 기반은 수많은 우버 차량의 주행 데이터다. 덕분에 우버는 창업 10년 만에 기업가치가 720억 달러에 이르는 데카콘기업

(decacorn, 기업가치가 100억 달러 이상인 신생 벤처기업)으로 성장할 수 있었다. 우버가 자율주행차 기술 개발에서 앞선 것도 이 같은 데이터 덕분이다. 우버는 자율주행차시대가 오면 개인이 차를 소유하기보다 차량을 공유하는 시대가될 것으로 내다보고 자율주행차기술을 연구하고 있다.

국내에선 다소 생소한 팔란티어 테크놀로지(팔란티어는 <반지의 제왕>에서마법사 사루만이 세상 구석구석을 볼 수 있게 하는 마법 구슬을 뜻함)도 빅데이터 분석으로 200억 달러 이상의 기업가치를 기록하고 있다. 페이팔의 창업자인피터 틸이 만든 이 회사는 데이터를 분석해 범죄를 예측하거나 금융회사의 위험을 관리하는 등의 업무를 하고 있다. 2011년 오사마 빈 라덴의 은신처를 찾아내는 데도 이 회사의 기술력이 활용된 것으로 알려졌다.

넷플릭스 역시 빅데이터기업으로 손꼽힌다. 넷플릭스의 경쟁력은 콘텐츠 큐레이션이다. 수많은 콘텐츠 가운데 사용자가 좋아할 만한 콘텐츠만 골라 보여주는것이다. 넷플릭스는 영화를 단순히 액션·멜로·코미디 등으로 구분하는 데 그치지 않고 '주도적 여성이 등장하는 영화', '1900년대 초반 미국을 배경으로 하는소설 원작 영화'와 같은 식으로 세분화한다. 고객의 시청 취향도 7만여개로 분류해 알맞은 영화를 제시한다.

국내에서도 데이터를 활용한 사례가 잇따르고 있다. P2P 금융업체는 빅데이터 분석을 바탕으로 제1금융권에서 대출받기 어려운 신용등급 4~7등급 고객에게 대출을 해준다. 이들은 과거 연 이자율 20%가 넘는 고금리 대부업체를 찾을수밖에 없었다. P2P 업체는 신용평가사로부터 받는 금융 데이터와 자체적으로수집하는 고객 행동양식 등 250여가지 데이터를 분석해 개인별로 금리를 다르게 책정한다.

신한카드가 지난 8월 선보인 '마이샵'은 고객 2,200만 명의 데이터를 분석해중소 가맹점에 무료로 마케팅 솔루션을 지원해주는 사업이다. 시간대별·성별·연령별 이용패턴과 매출 현황을 실시간으로 확인할 수 있고 상권 유형 분석도제공한다. 이를 통해 쿠폰 발행이나 홍보 이벤트, 멤버십서비스 등을 할 수 있어마케팅 여력이 없는 소상공인에게 도움이 된다는 설명이다. 삼성카드도 빅데이터를 활용해 중소형 가맹점의 마케팅을 돕는 '링크 비즈파트너'서비스를 지난해9월부터 운영 중이다. 가맹점주가 고객에게 제공할 혜택을 등록하면 삼성카드가해당 매장을 이용할 가능성이 높은 고객에게 자동으로 혜택을 알려준다.

12.3조 달러시장을 잡아라

전문가들은 단순히 날짜 문제가 아니라 5G에 기반을 둔 산업융합, 미래 첨단 기술시장을 리드하려는 경쟁으로 평가한다.

초고속(20Gbps)·초저지연(1ms=1/1,000초)·초연결(km³면적당 지원하는 100만 개 사물 연결)이라는 특성 덕분에, 5G가 되면 인공지능(AI), 자율주행차, 커넥티드카, 가상현실(VR), 증강현실(AR) 등 차세대 융복합분야도 비약적으로 커지게 된다.

2020년쯤 5G가 본격 상용화에 들어가면 2035년까지 16개 산업분야에서 12조 3,000억 달러(약 1경 4,030조 6,100억 원)의 가치를 만들어 낼 텐데, 이를 두고 글로벌 패권 경쟁이 진행되고 있는 것이다.

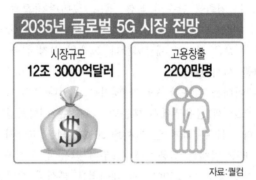

미국과 중국의 5G 패권 전쟁 진행중

대표적인 게 중국 통신장비 업체 화웨이와 미국 정부의 갈등이다. 미국 정부는 미국 국방수권법(NDAA) 제889조에 근거해 모든 미 정부기관이 화웨이의 장비 및 서비스를 구매하는 것을 금지했고, 화웨이 장비나 서비스를 구매한 제3자와도 계약 체결이나, 자금 지원 및 대출을 금지했다. 일본과 호주 등을 끌어들여 반(反)화웨이 동맹을 구축하고 있다.

이에 화웨이는 미국 연방법원에 화웨이를 겨냥한 판매제한조치는 위헌이라며 미국 정부를 제소했다. 미국 정부가 5G시장에서 화웨이를 배제하면 미국의 5G 상용화가 지연되고, 보다 향상된 5G기술을 미 소비자에게 제공하는 것을 막을 뿐 아니라, 미국 내 5G 네트워크를 향상할 수 있는 노력을 방해하게 될 것이라고 주장하고 있다.

한국과 독일은 일단 화웨이 논란에서 중립지대다. LG유플러스와 보다폰이 화웨이 5G 장비를 도입했거나 도입할 예정이기 때문이다. 이들이 화웨이를 택한 것은 당장 서비스되는 5G는 LTE 연동형(NSA·NonStandAlone)방식이라 LTE 때 썼던 화웨이 장비를 도입하는 게 유리하기 때문이다. 화웨이 장비로 하면 15%~40% 정도 비용을 줄일 수 있는 것으로 전해진다.

업계 전문가는 "사회주의국가인 중국시스템을 봤을 때 화웨이 장비의 백도어 우려가 없다고 볼 순 없지만, 미국이 FANG(페이스북·아마존·넷플릭스·구글 알파벳)뿐 아니라 5G를 포함한 첨단기술산업에서 패권을 유지하려면 화웨이나 ZTE를 견제할 수밖에 상황이기도 하다"라고 평했다.

일본 역시 도쿄 올림픽을 앞두고 5G 글로벌 경쟁에 뛰어들었다. 황창규 KT 회장은 지난 15일, 일본 경제단체인 게이단렌이 주최한 'B20 도쿄 서밋' 참석차 일본을 방문한 자리에서 "일본이 이번 B20의 주제로 내세운 '지속가능한 발전을 위한 소사이어티 5.0은 5G와 밀접한 관련이 있다"면서 "도쿄 올림픽에서 5G 상용화를 통해 건강, 에너지, 먹거리 등 모든 산업분야에서 새로운 도약의 발판을 만들겠다는 말을 반복적으로 들었다"고 전했다.

PART
05

프롭테크(PropTech)

부동산 빅데이터 블록체인 프롭테크

프롭테크 개관

01절 **국내 부동산산업 구조 분석**

1. 부동산산업 구조 변화

IT기술을 기반으로 한 산업별 융복합은 부동산에서도 함께 진행되어 자산(부동산, Property)과 기술(Technology)을 통합한 프롭테크(PropTech)라는 새로운 신조어를 만들어내기에 이르렀다. 프롭테크는 제4차산업혁명이라는 거대한 담론 속에서 부동산서비스의 진화를 이끌어가는 첨병 역할을 하고 있다. 이는 프롭테크를 통한 부동산업의 발전과 확장에서 여실히 드러난다.

딜로이트(Deloitte, 2018)와 비스나우(BISNOW, 2019)의 발표에 따르면 [그림 15−1]에서 보는 바와 같이 프롭테크에 의해 2008년 이후 상업용 프롭테크분야에 대한 벤처캐피탈의 투자액은 증가하는 추세로, 2019년 투자액이 다시 최고치를 경신해 180억 달러에 이르고 있다. 2017년 이후에는 프롭테크 신규 창업이 줄어드는 추세이지만 유니콘·데카콘기업의 등장 추세가 가속화되는 형국이다.

▼ [그림 15-1] 상업용 프롭테크기업 설립 및 투자액 추이

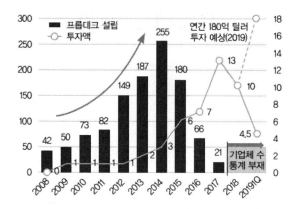

주1: 2017년까지 자료는 Deloitte 2018, 2018년 이후 자료는 BISNOW 2019를 기반으로 작성함.
주2: 2018년 이후 프롭테크기업 설립 통계는 아직 제공되지 않아 표기할 수 없었음.
자료: Deloitte(2018); BISNOW(2019).

▼ [그림 15-2] 부동산산업 매출액 증가 추이

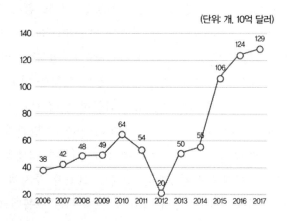

주: 2010년과 2015년 자료는 경제총조사, 그 외 년도는 서비스업조사 보고서를 활용해 작성함.
자료: 통계청(각 연도).

2. 부동산산업 구조의 현주소

부동산과 연관되는 주변 환경과 여건의 변화 즉, 인구구조의 변화, 사회 문화적 그리고 과학기술 발전과 경제적, 정치적 환경적 측면에서 다음과 같은 트렌드의 변화가 있으며 이는 앞으로 더욱 심화될 것으로 보인다.

첫째, 인구구조적 변화로서 1~2인 가구가 2019년 598만 가구 29.8%에서 2047년에는 832만 가구 37.3%로 증가할 것으로 예상하고 있다(정부관계부처합동, 2020.6.25). 또한 출산률이 2012년 1.32에서 2018년 0.98로 떨어졌으며 고령인구가 2012년 11.5%에서 2018년 14.3%로 고령화가 급속도로 빠르게 진행되고 있다(통계청, 2019b). 따라서 부동산거래가 감소하고, 개발수요 감소 등으로 기존 부동산시장은 축소될 것이며, 1~2인 가구 증가로 개발수요보다는 임대수요가 증가할 것으로 예상된다.

둘째, 사회 문화적 측면을 살펴보면, 프로슈머(Prosumer), 스마트컨슈머(Smart Consumer)의 영향력이 확대됨으로서 소비자의 권리가 높아져가고 생산과 소비의 경계가 모호해지며, 모바일과 플랫폼의 발전을 통해 부동산에도 공유경제가 더욱 확산될 것으로 보인다. 그리고 윤리·친환경 등 사회적 가치를 중시하는 소비문화가 확산되어 부동산분야에서 소비자의 니즈(Needs)에 맞춘 품질 향상과 필요성이 증가하며, 수요 세분화에 대응하는 부동산서비스의 다양한 요구가 증가할 것으로 보인다.

셋째, 과학기술이 발전하는 측면에서 빅데이터, 인공지능, AR/VR 등 신기술 발전으로 전 세계가 시장 성장률이 VR은 77.8%, 드론은 53% 증가하고 있으며, IT기술발달과 모바일 기기 확산으로 빅데이터의 생산, 관리가 활발해지고 있다. 빅데이터를 이용한 인공지능의 발달로 인공지능이 탑재된 스마트폰과 가전 및 자동차와 AI 결합 그리고 AI 활용 마케팅, 고객상담 자동화 등으로 AI시장은 2016년 80억 달러에서 2020년 470억 달러로 연평균 55.1% 성장을 예상하고 있다. 또한 블록체인을 활용한 데이터 공유로 금융, 에너지, 제조, 물류 유통, 공공 서비스 제공 방식의 변화가 이루어지고 있다. 특히 블록체인은 부동산거래의 신뢰를 향상시켜 중개 및 보증 의존도를 낮추고 거래시간과 비용을 절감하게 함으로서 부동산 전자상거래, 부동산서비스의 플랫폼기반의 O2O(Online to Offline)

등 융복합에 의한 신규 수요가 발생할 것이다.

넷째, 경제적 측면에서 만성적인 저성장 추세에 그리고 소득과 자산의 양극화가 심화되며, 수익체증, 소비의 네트워크 효과가 발생하는 등 플랫폼 기반의 O2O, C2B가 확산될 추세가 있다. 또한 금융기법의 발달과 전국에 28.2%는 30~40년된 노후 주택으로 이러한 문제를 효율적으로 해결하기 위해서는 부동산과 금융, IT등 신규 융복합서비스 성장이 필요하며 부동산 개보수 및 진단의 수요가 증가할 것으로 보인다.

다섯째, 정치·환경적 측면을 살펴보면 공공데이터 공개 확대로 활발한 공공데이터포털 이용과 모바일기술 발달로 인한 직접참여와 소통 활성화로 민간과 공공의 협력과 민간의 역할 증대로 거버넌스의 질과 범위를 확대됨으로서 정보공유 및 공개 필요성이 증가하고 민관 협력 및 업계 자정 노력의 요구가 증대하고 있다.

여섯째, 코로나19와 같은 팬데믹(Pandemic)으로 비대면에 의한 부동산서비스의 중요성이 강조되고 확대될 것이다. 따라서 빅데이터, 인공지능, 블록체인, VR/AR, 클라우드 컴퓨팅 등 다양한 정보기술이 적용된 부동산서비스가 발전될 것이다.

3. 부동산산업 구조의 문제점

실제 부동산산업의 현재 문제점을 살펴보면 [그림 15-3]에서 보는 바와 같이 첫째, 기존의 부동산산업은 매우 영세하며 Low Tech산업이다. 주요국과 비교하면 임대업의 매출액 비중이 낮은 반면 중개업사업체는 높은 비중을 차지하고 관리업과 중개업 종사자 비중이 높아 부동산산업은 구조적으로 매우 취약함을 알 수 있다.

둘째, 부동산산업의 전체 GDP 대비 부가가치 비중이 2000년에는 9.39%에서 2017년 7.79로 낮아졌으며 이는 외국의 7~14%와도 많은 차이가 있다. 경제성장에 기여하는 기여도도 2000년 0.6%에서 0.1%로 감소하는 추세에 있다(국토연구원, 2016).

셋째, 부동산산업별 관련법과 규제, 자격제도 등이 분절적이고 복잡하여 업역별 부동산서비스 제공에 치중되어 있으며, 상업용, 업무용 부동산정보 미공개,

부동산거래안전 담보장치 미흡 등으로 신뢰도와 투명성[1]이 매우 낮은 수준이다.
또한 부동산서비스업의 소비자 만족도는 29개 업종 중 중개업이 22위, 주택 수
리 및 인테리어 24위로 낮은 수준이다.

▼ [그림 15-3] 부동산산업 국제 비교

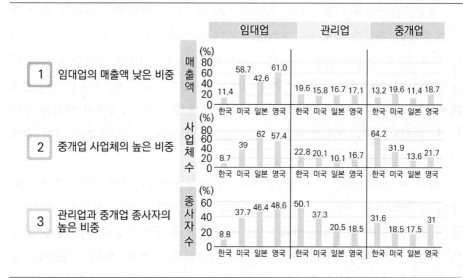

자료: 김승종(2018.11.5), 부동산서비스산업의 발전방향.

4. 부동산산업의 발전 방향

부동산과 IT를 융복합한 서비스를 발굴하여 서비스 품질을 강화할 수 있는
방안이 필요하다.

빅데이터, 인공지능, IoT, 블록체인, VR/AR 등 정보기술의 발전에 의한 온
라인서비스 기반 구축, 모바일 및 인터넷에 익숙한 C세대[2]의 등장으로 부동산시
장은 오프라인 중심에서 온라인 중심으로, 중개사 중심에서 수요자 중심으로의

---

1 JLL의 발표에 의하면 한국의 부동산정보 투명성은 2014년 43위, 2016년 40위(109개국 중),
   2018년 31위(100개국 중)로 점차 향상되고 있으나 매우 저조한 수준임.
2 C세대는 접속(Connection), 창조(Creation), 커뮤니티(Community), 큐레이션(Curation)의 네
   단어에 공통적으로 들어가는 앞글자 C를 딴 세대, 2006년 구글연구진에 의해 고안된 개념

변화가 나타나고 있다.

전통적인 산업에서는 가치창출과 이동이 단계적으로 일어남으로써 생산자 → 판매자 → 소비자 순으로 가치가 선형적 가치사슬(Linear value chain)이 형성되고 있는 반면 플랫폼[3] 구조에서는 시장 참여자 간 상호작용이 가능한 개방적인 인프라를 기반으로 가치가 복합적으로 창출된다(Marshall W. Van Alstyne 외, 2016).

부동산산업에서의 플랫폼의 변화는 1980년부터 시작되어 스타트업 창업 열기가 활발한 영국과 미국에서 2000년대부터 본격화되어 부동산 스타트업기업들이 본격적으로 등장하였다. 부동산 플랫폼화는 초기 IT기술을 활용한 매물의 단순한 정보 제공이 위주였으나, 점차 가격비교, 허위매물 검증, 비대면 온라인거래 등의 복합서비스로 진화하고 있다. 또한 중개기관에서 독점하던 정보를 투명하게 공개함으로서 거래의 비효율성을 낮추고 부동산시장의 구조를 점차 수요자 친화적으로 발전되어 가고 있다.

국내 부동산산업은 구미지역과 일본 등 부동산서비스업의 선진국과는 달리 주택 분양과 신규 개발이 주된 업무분야로 자리잡았던 탓에,[4] 부동산 생애주기 중 후방 산업분야의 성장이 상대적으로 미흡하고 부가가치 창출이 전체 산업 대비 미흡한 상태이다(국토교통부 2018). 이를 만회하기 위해 정부는 '네트워크형 부동산 종합서비스 인증제'를 도입(2016)한 데 이어, 부동산서비스산업 진흥법을 시행(2018)하며 부동산서비스를 제도권에 안착시키려는 노력을 기울였다. 또한 빅데이터, 인공지능, 블록체인, IoT, 가상현실, 증강현실 등 정보기술의 활용이 더욱 확대 발전한다면 향후 부동산서비스업이 산업에서 차지하는 역할이 더욱 중요해질 것으로 판단된다.

---

3 플랫폼(Platform)이란 생산자와 소비자가 모여 상품이나 서비스 등 다양한 가치를 교환할 수 있는 공간을 의미함.

4 2017년 서비스업조사에 따르면 부동산업(68) 매출액 중 61.1% 가량이 부동산 개발 및 공급업(6812)에서 창출되고 있는 것으로 나타남.

1. 개요

한국 프롭테크 스타트업의 대표적인 50개 기업의 누적 투자 유치 금액은 이미 1조원을 넘어 2조원을 바라보고 있다. 프롭테크시장이 성장세를 지속하고 있다(전자신문, 2020).[5] 이러한 프롭테크가 확산하는 데는 다음과 같은 주변 환경의 몇가지 변화가 있어 가능했다. 첫째는 디지털 변혁(Digital Transformation)에 기인하고 있다. 디지털 변혁은 ICT를 활용해 새로운 솔루션 창출, 운영 혁신, 사업기반 재 구축 등으로 경쟁력을 제고하고 신 성장을 추구하는 활동을 의미한다.

최근 제4차산업혁명 추세로 경쟁력 제고와 신사업 개발을 목적으로 디지털기술을 활용해 사업과 경영 구조를 재편할 목적으로 실행을 가속화하고 있다. 기업 생존 연한이 점점 짧아지고 수익성 강화를 목적으로 디지털기술을 활용해 제품과 운영 활동에 근본적인 변혁이 강하게 요청되고 있기 때문이다. 현재 디지털 전환은 첨단제조기술·ICT 등 기술 적용과 프로세스 효율화에서 더 나아가 비즈니스 모델 변혁과 생태계 구축까지 확장해 실행되고 있다. 부동산분야에서도 다양한 디지털기술을 활용하여 비즈니스 모델이 개발되는 것이다.

둘째, 세계 정부의 오픈 데이터 정책에 따라 공공부문의 부동산과 관련된 다양한 정보를 손쉽게 확보하여

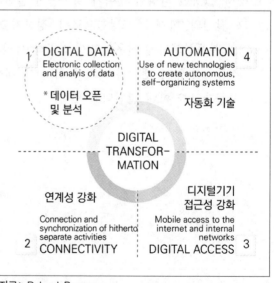

자료: Roland Berger.

---

5   전자신문(2020.3.29), 딥테크와 프롭테크.

활용할 수 있는 환경이 조성되어 민간 활용이 용이해지면서 성장세가 가속화되어 가고 있다.

각 산업분야에 유용하게 적용될 빅데이터가 부각되면서 공공에서 보유하고 있는 데이터 활용의 중요성이 증대됨에 따라 2013년 G8 국가 정상회의에서 오픈데이터 헌장(Open Data Charter)[6]을 마련하여 공공데이터 개방을 위한 국제적 노력을 경주하고, 해외 주요국은 양질의 공공데이터 개방을 통한 데이터 경쟁력 강화를 위해 오픈데이터 헌장을 반영한 국가차원의 데이터 정책을 수립하여 추진하도록 하였다.

따라서 미국의 2013년 오픈데이터정책, 영국의 2014년 오픈데이터전략, 프랑스의 2018년 투명하고 협업적인 행정을 위한 국가계획, 캐나다의 2016년 열린정부 행동계획안, 일본의 2013년 세계 최첨단 ICT 국가 창조선언 등은 주요 공공데이터 공개 정책이라 할 수 있다. 즉, 미국 공공데이터 플랫폼에 따르면 정부가 보유한 데이터를 효율적으로 제공하여 사용자가 활용할 수 있도록 공공데이터 개방을 위한 원스톱 플랫폼을 구축·운영하기 위해 53개 국가가 플랫폼을 운영하고 있는 것이다.

셋째, 그동안 다양한 분야가 정보통신 발전에 따라 급성장하여 왔으나 이제는 그 발전의 한계에 도달함으로서 정보기술 발전과 역량을 로우테크(Low Tech.)인 부동산분야에 적용하고자 전환하고 있다. 부동산분야는 그동안 하이테크가 적용되지 않아 개발의 여지가 커 이에 대해 많은 인력과 노력이 적용됨으로서 프롭테크가 확대 발전되고 있다.

---

6 기본 원칙으로 ① 데이터 개방(Open Data by Default), ② 고품질과 대용량의 데이터 제공(Quality and Quantity Data), ③ 모든 사용자에 데이터 활용과 재이용 지원(Usable by All), ④ 거버넌스 향상을 위한 데이터 개방(Releasing Data for Improved Governance), ⑤ 혁신을 위한 데이터 개방(Releasing Data for Innovation).

▼ 〈표 15-1〉 주요국의 공공데이터 플랫폼 운영을 통한 공공데이터 공개 현황

국가(주소)	데이터셋	특징
영국 (data.gov.uk)	경제, 환경, 지도, 범죄·법, 국방, 정부지출, 교육, 건강, 교통 등 12개 분야 44,086개의 데이터셋	• CKAN을 활용하여 '10년 공공데이터 포털' 구축 • 국무조정실 산하 정부디지털서비스청 (Government Digital Service)에서 운영
캐나다 (open.canada.ca)	농업, 경제·산업, 교육·훈련, 정치, 건강·안전, 정보통신, 노동, 법, 군사·과학기술, 사회문화, 교통 등 19개 분야 80,914개의 데이터셋	• 개발자를 위한 도구인 'Code for Canada'를 제공, 혁신적이고 창의적인 응용 프로그램 개발 지원
프랑스 (data.gouv.fr)	농업, 문화, 경제, 교육 및 연구, 지속 가능한 에너지, 건강, 사회, 교통 등 9개 분야 33,157개의 데이터셋	• 다양한 이해관계자들이 공동으로 시스템을 구축하는 오픈소스 방식으로 운용 • 팔로잉, 업데이트 및 제거정보, 댓글 실시간 확인, 알림 기능, 자료 전송 기능 탑재 등 실시간 이용자 활동 공개
미국 (data.gov)	농업, 기후, 교육, 에너지, 금융, 건강, 지방정부, 과학연구 등 14개 분야 285,810개의 데이터셋	• CKAN(데이터)과 Wordpress(콘텐츠)를 통합하여 포털 운영 • GitHub에 소스 코드를 공개하여 자유로운 데이터 편집·추가 가능
일본 (data.go.jp)	재무행정, 경제, 사법, 안전, 교통, 인구, 정보통신, 과학기술 등 17개 분야 21,647개의 데이터셋	• 메타데이터를 종류별로 일괄 다운로드할 수 있도록 제공 * JSON, CSV포맷으로 제공
한국 (data.go.kr)	교육, 국토관리, 공공행정, 재정금융, 산업고용, 사회복지 등 16개 분야 24,990개의 데이터셋	• 오픈API(2,521개)와 LOD서비스를 제공하여 데이터 활용도 제고 노력 • 사용자 수요가 높은 분야를 선정하여 활용이 용이한 형태로 가공된 대용량의 국가중점데이터 제공

자료: 정보통신기술진흥센터(2018).

2. 프롭테크의 정의

프롭테크(PropTech)는 부동산(Property)과 기술(Technology)의 합성어로 부동산업과 기술업을 결합한 새로운 형태의 산업, 서비스, 기업을 포괄한 의미이다. JLL(2017, 2018)은 프롭테크(Proptech)를 부동산 중심 관점으로 기술을 활용하여 부동산서비스를 보다 효율적으로 개발하거나 개선하는 것으로 정의하여 부동산의 구매, 판매, 임대, 개발, 관리의 전(全) 단계에서 기술을 활용하는 것이라 하고 있다. 또한 기업의 형태에 의미를 부여하여 프롭테크를 부동산 데이터에 기반하여 성공한 스타트업과 디지털화된 신(新) 부동산서비스를 제공하는 기업들로 정의하고 있다(KB지식비타민, 2018). 따라서 프롭테크는 글로벌시장에서 다양한 형태의 상품과 서비스를 제공하는 스타트업이 설립되고 있고, 대기업군에서도 기술 개발이 이루어지고 있다.

프롭테크와 유사한 의미로 부동산플랫폼 비즈니스, 공유경제, 리테크(REtech: Real Estate Technology), 콘테크(ConTech: Construction Technology) 등 기술을 결합한 업태를 다양하게 명명되고 있다. 미국에서는 프롭테크와 동일한 개념으로 REtech(Real Estate Technology)란 용어가 쓰이고 있으며, 상업용 부동산에 대해서는 CREtech(Commercial Real Estate Technology)라는 용어도 사용된다.

공유경제(Sharing Economy)는 금융위기 이후 사용된 용어로 한번 생산된 제품을 여럿이 공유해 쓰는 협력 소비를 기본으로 한 경제 방식을 칭한다. IT기술에 의해 종전의 공간적, 시간적, 거리의 제약이 없는 환경이 조성되면서 공유경제로서 대표적으로 위키피디아, 공유 자동차, 에어비앤비 등의 비즈니스가 출현하였다.

그리고 콘테크(ConTech)는 건설(Construction)과 기술(Technology)의 합성어로 우리나라에서는 생소하나 영국을 중심으로 주로 사용되고 있다. 건축, 엔지니어링, 시공, 시설 관리(FM)분야에서 AI, 빅데이터, VR/AR, 블록체인 등 기술을 활용한 새로운 산업과 서비스이다. 최근에는 데이터에 기반한 스마트빌딩, 조달 시스템 선진화 등을 중심으로 발전하고 있다.

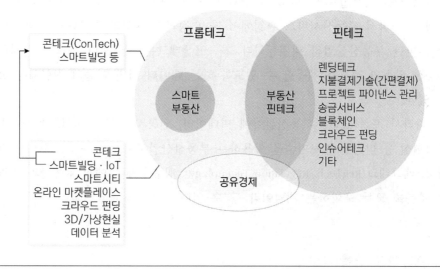

자료: Andrew Baum(2017).

Andrew Baum(2017)은 그림에서 보는 바와 같이 프롭테크와 핀테크를 구분하여 부동산에 특화된 핀테크를 부동산 핀테크로 정의하고 있다. 다만 핀테크와 공유경제에는 부동산을 제외한 영역이 존재하기 때문에 부동산과의 교집합부문만을 프롭테크로 이해할 수 있다. 또한 MIPIM(2017)의 혁신 포럼에서는 산업 영역보다는 기술분야에 초점을 두고 스마트빌딩, 사물인터넷, 스마트시티, 3D·가상현실, 데이터 분석 등을 프롭테크의 영역에 포함하여 정의하고 있다.

Baum과 MIPIM의 통섭적 정리는 프롭테크의 전반적 개념을 이해하는 데 도움이 될 수 있겠지만, 프롭테크와 부동산서비스의 직접적 관계를 살펴보기에는 한계가 있다. 그렇다면 프롭테크로 일컬어지는 다양한 요소 중 어떠한 요인이 기존 부동산서비스업의 수준을 제고하는 데 영향을 미치는 것일까? 그 해답은 데이터에 있다. 해외 유수 컨설팅기업들은 미래 유망분야로 '데이터 드리븐(data driven)'서비스를 지목하면서, 그 대표적인 사례로 공간 빅데이터를 기반으로 다양한 서비스를 제공할 수 있는 프롭테크를 꼽았다. 그동안 제공되었던 부동산 데이터는 질이 떨어져 서비스화하기 어려웠을 뿐 아니라 그마저도 일부 주체들이 독점하고 있는 구조였다. 이 때문에 부동산서비스를 확산시키기에는 한계가 존재할 수밖에 없었다. 하지만 각종 IT기술을 적용한 프롭테크가 등장하면서 이러한 한계를 극복할 수 있었고 그 결과 더욱 편리한 부동산서비스의 제공이 가능했다. 따라서 부동산서비스 관점에서 다시 정의한 협의의 프롭테크는 데이터에 기반한 부동산산업의 디지털화다. 즉, 프롭테크는 지금보다 더욱 고차원의 부동산 활동의 정보를 제공할 수 있도록 하는 데이터 기반 기술의 집합체라 할 수 있다.

따라서 프롭테크는 부동산분야에 빅데이터, 인공지능, 블록체인, 증강현실, 가상현실 등 다양한 정보기술을 활용하는 부동산산업서비스이다. 즉, 콘테크, 핀테크, 레그테크(RegTech: Regulation Technology), 공유경제 등에서 부동산과 연관된 부분을 모두 포함하는 개념이라 할 수 있다.

3. 프롭테크 연혁

프롭테크는 1980년대부터 영국을 비롯하여 유럽에서부터 부동산서비스를 각종 정보기술을 활용하여 효율적으로 하기 위한 비즈니스로 발전하게 되었다.

1980년대 중반에 상업용 부동산에 대한 설계, 재무, 중개부문의 소프트웨어 업체들이 등장하면서 RETech 영역이 영국에서 태동하였다. 대표적인 프롭테크 기업인 Yardi(1984)는 부동산 회계·자산관리 통합시스템인 Basic Property Management를 부동산기업들에게 제공하여 업무를 효율적으로 수행하는 서비스를 하였다. 또한 CoStar Group(1987)은 2017년 기준으로 기업의 자산가치가 67억불이 되는 유니콘기업[7]으로 사무실, 산업부지, 소매점 및 기타 상업용 부동산에 대한 매매·임대 물건정보, 시세 분석, 임차인정보 등을 DB로 구축한 'CoStar Property Professional'을 개발하여 중개사와 구매자에게 정보를 제공하고 있다.

2000년대에는 인터넷을 이용한 e-Business사업이 부동산 중개부문에 활발

---

7 유니콘(Unicorn)은 원래 머리에 뿔이 하나 달린 신화 속의 동물을 일컫는데 경제분야에서는 기업가치가 10억 달러 이상인 비상장 신생기업(Startup)을 의미하며, 데카콘은 전설 속에 등장하는 머리에 뿔이 10개 달린 희귀한 말을 의미하여 기업가치가 100억 달러 이상인 스타트업을 지칭하는 용어로 사용한다.

히 적용되면서 RETech기업들이 성장하여, 대표적으로 RightMove는 2000년에 Halifax, Countrywide plc, Royal&Sun Alliance, Connells 등 4개의 대형 부동산 기업이 합자하여 설립한 영국의 온라인 부동산 포털 회사로, 부동산 중개사들의 매물에 대한 리스팅·검색서비스를 제공하고 주택가격지수를 제공하고 프롭테크 로 2017년 기준으로 기업의 자산가치가 46억불에 해당하는 유니콘기업이다.

1990년대 말 유럽을 중심으로 등장하게 된 新 RETech는 모바일 채널과 빅데이터 분석, VR 등 하이테크 요소를 결합하는 특징이 있다. 영국이 주도가 된 RETech는 2008년 부동산 중개 포털을 런칭한 Zoopla와 기존 부동산기업들을 인수하면서 2009년 7백만 파운드의 수익을 달성하면서 확대되었다.

▼ 〈표 15-2〉 유럽의 프롭테크 지원 기구 현황

국가	구분	년도	비고
독일	GPTI (German PropTech Initiative)	2016	독일 프롭테크 협회. 베를린에 위치한 건설 및 부동산 관련 디지털 혁신 선도기업들의 모임
영국	UKPA (UK PropTech Association)	2017	영국 프롭테크 협회. IT기업과 부동산기업 간 협업을 증진하고 최신 프롭테크정보 제공을 위해 설립
북유럽	NPTI (Nordic PropTech Initiative)	2017	북유럽 프롭테크 협회. 스타트업 강국 핀란드를 중심으로 북유럽 프롭테크기업 지원을 위한 단체
스위스	POM+ Consulting	2017	프롭테크 스타트업과 투자자, 기술 수요자 간 연결 및 컨설팅을 전문으로 하는 스위스의 부동산&테크 컨설팅 업체

그 이후 프롭테크 스타트업의 창업이 본격화되어 벤처캐피탈인 Spire Ventures 가 2014년 유럽 최초의 프롭테크 스타트업 엑셀레이터인 Pi Labs(英)를 설립한 것을 계기로 유럽 각국 정부는 PropTech 지원기구를 구성 운영하면서 더욱 발전 하게 되었다.

2010년대 들어서면서 전통적 Low-Tech산업인 부동산산업에 첨단 정보기 술 접목을 통한 변화가 활발히 진행 중으로 정보기술을 활용하여 방대한 부동산

정보를 분석하고, 웹과 모바일 등 사용자 친화적 방법으로 정보를 제공하는 스타트업이 미국과 유럽을 중심으로 우후죽순격으로 나타나고 있다.

2017년 6월 발표된 포브스지(Forbes)에 의하면 "가장 혁신적인 성장기업(the World's Most Innovative Growth Companies)" 20개사 중 프롭테크에 의한 부동산 기업이 3개사가 포함되었다. 영국의 부동산 플랫폼인 Rightmove(1위), 미국의 Zillow(13위), CoStar Group(15위) 등 3개사가 선정되는 등 미국, 영국, 독일 일본, 중국에 이르기까지 전 세계적으로 프롭테크가 속출하고 있다.

▼ 〈표 15-3〉 유럽의 프롭테크 지원 기구 현황

순위	기업명	5년 평균 매출 증가율	기업가치	내용	국가
1	rightmove find your happy	14.6%	46억 달러 (5.2조 원)	00년 설립, 영국 1위 부동산 플랫폼	🇬🇧
13	Zillow GROUP	69.1%	66억 달러 (7.5조 원)	06년 설립, 미국 1위 부동산 플랫폼	🇺🇸
15	CoStar Group	27.2%	67억 달러 (7.6조 원)	87년 설립, 상업용부동산에서 출발, Apartments.com 등 온라인업체 인수(`14)	🇺🇸

자료: 정수진(2018).

북미와 아시아 지역에서도 프롭테크 스타트업의 창업이 급격히 증가하면서 전 세계 프롭테크기업의 수는 2018년 현재 4천개를 넘어섰으며 투자 유치액도 78억 달러에 이른다(KB 금융지주연구소, 2018.2).

최근에 와서는 미국이 전 세계 프롭테크 투자 건수의 반 이상을 차지하고 있으며, 2011년 Airbnb, 2014년 Wework, Houzz, Ten-X가 프롭테크 유니콘(Unicorn) 또는 데카콘(Decacorn)기업으로 성장하였으며 2016년에는 SMS Assist, Compass, Opendoor 등이 유니콘기업으로 성장하는 등 프롭테크가 확장 중에 있다.

또한 중국은 2015년 대중창업, 만중창신 선언을 통해 프롭테크 및 기타 기술기반기업의 성장을 장려하고 있어 2017년 8월 알리바바와 항저우 저장성 지방정부는 주택 임대를 위한 온라인시스템을 시작하는 등 민간기업과 지방정부가 협업하여 프롭테크 발전을 가속화하고 있다. CBInsights에 의하면 2018년 8월을 기준으로 데카콘기업은 17개, 유니콘기업은 260개에 이르고 있으며, 2017년 기준으로 보면 70%가 미국 기업이며 나머지는 중국기업으로 여전히 프롭테크 1.0의 보완적 단계인 온라인 마켓플레이스가 절대 다수를 차지하고 있다.[8]

세계 민간 유니콘기업의 1/3은 아시아에 본사를 두고 있다. 아시아 태평양 내에서 15개 국가 중 8개 국가가 1억 달러 이상의 펀드를 받은 스타트업 한 개 이상을 보유하고 있다. 중국은 아시아 지역에서 10억 달러 스타트업의 70% 이상을 보유한 주요 위치에 있다. 아시아 태평양의 프롭테크 미래는 밝아 2020년에 지역펀딩가치는 45억 달러에 이를 것으로 전망된다.

프롭테크는 부동산과 기술의 융합이기에 프롭테크 성장은 부동산시장의 상황과 기술의 민첩성에 크게 의존한다. JLL은 아시아 태평양 여러 시장을 맵핑하여 부동산시장 규모와 디지털 진화에 관련한 매트릭스를 구성해오고 있다. 이를 통해 국가별로 프롭테크 번창을 위한 최고의 조건들을 제안하여, 최고의 기회로 이 분야의 유니콘 업체들을 육성하고자 하고 있다.

4. 프롭테크의 부동산산업 생산성 관계

JLL은 각 국가의 부동산시장 규모를 Total Investable Real Estate Universe 프로그램을 활용하여 측정하고 있다. 여기서, Digital Savviness(디지털 적응력)은 NRI(Networked Readiness Index)에[9] 의해 측정되는데, NRI는 World Economic Forum에서 공시하는 지수로 경제가 정보와 커뮤니케이션기술을 얼마나 잘 사용하여 경쟁력과 복리를 향상시키는가에 관한 지수를 의미한다.

---

8 https://www.cbinsights.com/research/construction‒tech‒startup‒market‒map/.

9 NRI는 4개의 주요 카테고리와 10개의 서브 카테고리(약 53개 개별적 지수를 보유)로 만들어진 복합 지수이다. 이 지수로 국가 혹은 지역의 공헌을 측정한다. 이는 다시 환경(Environment, 정치적 규제적 환경, 비즈니스와 혁신 환경 등) 준비(Readiness, 인프라, 가격의 적절성, 숙련 등), 사용(Usage, 개인적 사용, 비즈니스 사용, 정부 사용 등) 및 영향(Impact, 경제적 영향, 사회적 영향 등)으로 구분한다. NRI는 포용적인 관점에서 한 국가나 지역의 기술 민첩성을 측정하는 지표로 사용된다.
http://www.retailon.kr/on/bbs/board.php?bo_table=r1_02&wr_id=877

JLL은 각 국가와 지역의 부동산시장 규모와 NRI에 의해 측정된 디지털 적응력을 10등급 점수로 구분하여 국가별로 비교해 보면 아래 그림과 같다.

▼ [그림 15-5] 프롭테크 개발 국가별 시장규모와 민첩성

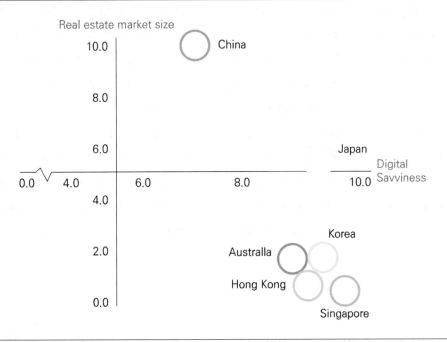

자료: JLL(2018), Click and Mortar: The Growing Influence of Proptech.

중국과 일본은 프롭테크 유니콘기업을 최고로 확보할 기회를 맞이하고 있다. 현지 시장규모 크기 여부는 스타트업의 기술 적응력 규모/수준 확대, 이해관계자의 기술 활용, 부동산시장(구매 임대 개발 등)의 다양한 니즈 해결수단 활용 등에 중요하다. 그만큼 시장 규모가 크면 유리하다.

중국에는 이미 프롭테크 몇몇 유니콘기업이 존재한다. Lianjia는 중국 온라인과 오프라인 부동산시장에서 7% 시장점유율을 갖고 있다. 이 회사는 2017년 4월 기준으로 중국 36개 도시에서 공격적으로 확장 중이다. 다른 프롭테크 유니콘기업으로는 Mofang Gongyu, Fangdd, 및 Aiwujiwu 등이 있다.

일본은 기술적 우위를 활용하는 부동산시장 규모가 의미 있게 두 배가 되면

서 국가의 프롭테크 스타트업 여건은 더욱 양호해졌다. 일본의 프롭테크는 중개와 임대분야에서 양호한 성장 잠재력을 갖고 있다. 특히 단기 임대에서 곧 숙박 부족 현상에 직면할 것으로 보여 시장 참여기회는 많아지고 있다. 도쿄 올림픽 관련하여 인바운드 관광 증가 때문이다.

다른 국가들도 높은 기술 적응력 점수를 나타내고 있지만, 비교적 작은 현지 시장 규모로 인해 시장 점유를 높이고 규모를 키우기에는 어려움이 있다. 성장은 다른 시장으로의 침투를 요구한다. 시장은 항상 현재 지식보다 더 깊고 높은 수준을 요구한다. 한국, 호주, 홍콩, 싱가포르 같은 시장에서 잘 닦여진 기존 스타트업은 여전히 자신의 시장 범위를 확장하면서 지역의 유니콘기업이 되고 있다. 그 방법은 현지 사업활동, 투자 혹은 인수합병을 포함한 파트너십 방법을 활용하고 있다.

참고로 한국은 디지털 기술적 우위를 활용하는 면은 일본과 대등한 수준으로 높은 편이나 부동산시장규모가 크지 않아 프롭테크가 유니콘기업으로 성장할 가능성은 낮아 보인다. 따라서 높은 디지털 적응력을 바탕으로 해외투자 또는 인수합병 등으로 국내 뿐만 아니라 해외 부동산시장을 대상으로 프롭테크를 추진하여야 할 것이다.

인도를 주목할 필요가 있다. 인도는 중국, 호주, 일본, 싱가포르, 홍콩 등에 비해 뒤처져 왔다. 이들 5개 국가는 2015년 아시아 태평양 상업용 부동산 투자 흐름의 83%를 차지하고 있다. 그러나 향후 10년 이내에 인도도 이들 그룹에 참여할 것으로 보인다. 그 예로 급증하고 있는 프롭테크 스타트업 숫자는 인도의 프롭테크 성장의 잠재력을 나타내는 증거가 되고 있다.

또한 디지털화(Digitalization)를 통해 부동산서비스 생산성이 향상되고 있다는 연구결과도 있다. 여러 기관들은 부동산 데이터의 대량화·전문화가 진행되면서 프롭테크를 기반으로 부동산서비스가 개선되고 있다는 점을 주지하며 프롭테크의 발전이 부동산서비스 생산성 향상에 직접적인 영향을 끼칠 것으로 기대하고 있다. 그중에서도 특히 부동산서비스의 디지털화가 의사결정의 투명성 보장과 효율화에 가장 큰 영향을 미친다고 한다(Wang 2019).

디지털화와 자동화(Automation)는 종종 같은 의미로 사용된다. 최근 공정의 자동화가 대부분 디지털화에 의해 이뤄지기 때문이다. 하지만 엄밀히 말하면 디지털화란 절차의 자동화 뿐만 아니라 비즈니스 모델의 향상을 포함한다 (Gartner 2015). 프롭테크를 활용한 부동산서비스의 디지털화도 마찬가지다. 아래 그림은 RICS(Royal Institution of Chartered Surveyors)에서 2017년 발표한 The Technological Revolution and the Future of Residential Property 보고서를 통해 프롭테크로 기존의 부동산서비스 비즈니스가 얼마나 디지털화하고 있는 지를 나타내고 있는 것이다.

▼ [그림 15-6] 영국의 부동산서비스 진화 과정과 프롭테크의 역할

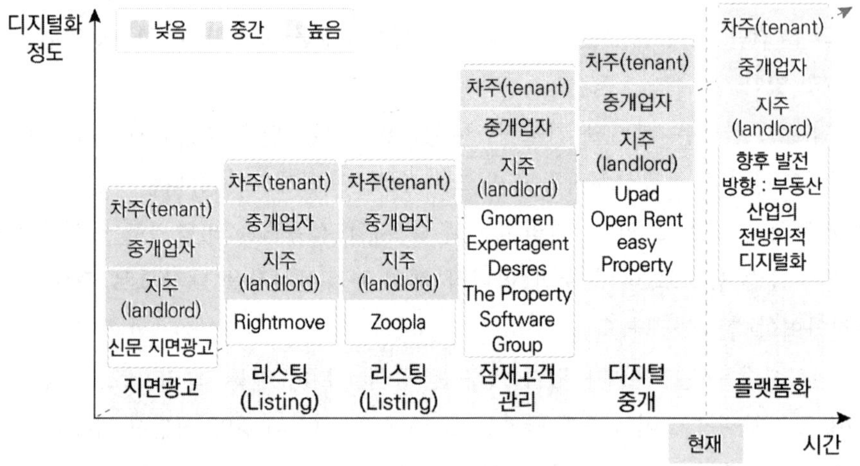

자료: RICS(2017).

RICS가 영국의 주거용 부동산 프롭테크의 발전 과정을 설명하면서 주목한 기업은 영국 프롭테크시장의 선구자라 할 수 있는 라이트무브(Rightmove)와 주플라(Zoopla)다. 두 회사는 실제 데이터에 기반한 부동산거래정보망(MLS) 개발을 2002년경 시작했는데, RICS는 이를 기존 부동산서비스시장의 판도를 변화시킨 사건으로 서술하고 있다. 이후 프롭테크에 의한 디지털화가 지속적으로 진전되어 최근에는 실질적인 부동산 중개 플랫폼으로의 전환이 이뤄진 상태다.

McKinsey&Company(2016a, 2016b, 2018a)는 산업별 디지털화 지수와 생산성의 향상 정도를 분석하여 산업이 디지털화될 정도로 생산성 향상에 상관관계가

있다는 점을 이미 증명한 바 있다. 이 분석 결과에 따르면 미국의 상관계수는 0.44이며, 유럽은 0.28로 미국보다는 상관관계가 낮지만, 양의 상관관계로 나타났다. 그중에서도 부동산산업은 여전히 디지털화 정도가 낮았던 반면 노동자 1인당 부가가치로 측정되는 생산성은 비교적 높은 것으로 분석됐다. 이 결과를 바꿔 말하면, 부동산서비스의 디지털화에 의한 프롭테크 확대는 부동산산업의 부가가치를 향상하는 데 미치는 영향이 더욱 클 수 있다는 것이다.

▼ [그림 15-7] 산업별 디지털화 점수와 생산성 향상(미국 사례)

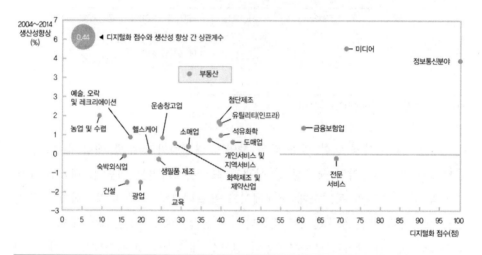

주: 생산성의 향상은 노동자 1인당 부가가치(value added per worker)의 향상 정도를 측정함.
자료: McKinsey & Company(2016a).

　　McKinsey & Company에서 실증분석한 Getting ahead of the market: How big data is transforming real estate(2018b)은 이러한 주장을 더욱 공고히 한다. 그들은 기존 상업용 부동산 가격 예측 메커니즘과 옐프(Yelp)[10]의 빅데이터 기반의 예측시스템을 비교 분석한 결과에서, 관심 지점(POI: Point of Interest)의 밀집도, 관심 지점에 대해 사용자가 매긴 별점의 평균 등 기존 가격을 결정하는 상권 내 소비자들의 중위 소득, 상가 공실률, 건물의 준공연도 등에서는 고려할 수 없었던 정보들이 전체 정보량 중 60%를 차지하고 있다고 언급하고 있다.

10 미국을 중심으로 발전한 지역 리뷰 사이트로, 1억 2천만 건이 넘는 누적 데이터를 보유함.

자료: McKinsey & Company(2018b).

해외 사례에서 확인한 것과 같이 산업별 디지털화 점수를 매길 수 없어 프롭테크와 부동산산업의 생산성 간 상관관계를 특정하기는 어렵다. 하지만 구미 지역의 분석 결과와 동일하게 국내에서도 프롭테크를 통한 디지털화가 부동산산업 생산성과 양의 상관관계를 갖는다고 가정할 경우, 프롭테크의 도입이 부동산서비스 개선과 나아가 부동산산업의 생산성 제고에 긍정적 영향을 끼칠 수 있을 것이다.

프롭테크 분야별 현황

프롭테크는 부동산 플랫폼, 중개 및 임대, 부동산 관리, 부동산 개발, 투자 및 자금조달 등의 5가지 분야로 구분할 수 있다.

먼저 부동산 플랫폼분야는 부동산정보 제공 플랫폼과 부동산거래 플랫폼으로 세분될 수 있다. 인공지능과 빅데이터, 사물인터넷, 클라우드 컴퓨팅, 디지털 트윈(Digital Twin), 가상/증강/혼합현실 등 정보기술에 의해 데이터를 수집, 저장, 관리, 분석하여 정보를 제공해 주는 지능형 부동산 플랫폼(Intelligence Real Estate Platform)이 운용될 것이다. 그리고 여기에 블록체인이 추가되어 부동산거래, 개발, 금융 등 부동산산업 혁신적인 발전을 기할 수 있는 블록체인 기반 부동산거래통합 플랫폼(Blockchain-based Real Estate Transaction Integration Platform)으로 발전하여 부동산 전자상거래까지 부분적으로 구현되고 있다.

부동산 플랫폼을 운용하는 프롭테크기업으로는 질로우(Zillow), 라이트무브(Rightmove), 코스타 그룹(Costar Group) 등이 있으며, 블록체인기반의 부동산거래 프롭테크로는 임브렉스(Imblex), 프로피(Propy), 아트란트(ATRANT), 메리디오(Meridio), 퀀틈RE(Quantm RE) 등이 있다.

중개 및 임대분야는 부동산정보를 기반으로 개별 부동산에 대한 물건정보 등재에서부터 데이터분석, 자문, 중개, 광고 및 마케팅에 이르는 매매 및 임대정보를 제공하고 있다. 중개 및 임대 영역은 플랫폼을 중심으로 성장하기 때문에 다수의 참여자 확보가 성공요소라 할 수 있다. 이를 위해 독자적인 정보를 개발하고 정보의 질 향상, 비용절감 등이 중요하다. 실제로 리얼터(Realtor), 레드핀(Redfin), exp Realty 등은 각각 디테일한 매물정보와 수수료 인하 등으로 플랫폼에 다수 참여를 유도하여 시장지배력을 확보하고 있다.

부동산 관리분야는 에너지관리, 사물인터넷(IoT), 센서기술 등에 스마트기술을 기반으로 하여 임차인과건물 관리서비스를 하고 있다. 건물주에게 상업용 건물에 대한 보안 및 제어시스템을 제공하는 KISI와 센서 및 IoT기술을 이용해 스마트홈시스템을 구현하는 Hive 등이 선도기업이다.

이는 중개 및 임대영역과 연계한 플랫폼으로 확장가능하며 건물주와 임차인 간 중개, 임대, 부동산 관리 서비스를 제공하는 No agent가 대표적 사례라고 할 수 있다.

▼ [그림 16-1] 프롭테크의 비즈니스 영역

투자 및 자금조달
(Propy, QuantmRE)

부동산 개발
(Procore, Matterport)

부동산 관리
(VTS, Honeywel, Hive)

중개·임대
(Zillow, Redfin)

자료: JLL(2017).

부동산 개발과 관련된 프롭테크는 건설, 인테리어 디자인, VR/3D분야 등이 이에 해당한다. 개발 진행 과정에 대한 효율적 관리를 지원하며 고도화된 기술을 적용하거나 프로젝트 성과를 예측, 모니터링하는 소프트웨어를 제공한다. Procore, RUMBIX, Bluehomes, Holobuilder 등이 주요한 사례라 할 수 있다. 최근에는 Matterport, Eyespy360 등 가상현실기술을 이용하여 3D설계, 모바일 도면 등을 제공하는 기업들이 주목받고 있으며 부동산 플랫폼에 정밀한 정보 제공에 기여하고 있다.

▼ 〈표 16-1〉 해외 프롭테크 대표기업 현황

구분	프롭테크 대표기업
부동산정보 제공 및 거래 플랫폼	부동산정보를 저장 분석하여 부동산활동에 필요한 정보를 제공 • Zillow: 부동산 가격을 산출할 수 있는 시스템 Zestimate 개발/운영 • Rightmove: 영국의 부동산 플랫폼 구축 및 운영 • CoStar Group: 영국의 상업용 부동산에 대한 부동산 플랫폼 운영
부동산 중개 및 임대	부동산 데이터 기반의 물건정보 등록, 데이터 분석, 자문, 중개, 광고 및 마케팅에 이르는 매매 및 임대정보를 제공 • Realtor: 상세한 매물정보 제공 • Redfin: O2O방식, 중개 수수료 인하로 시장지배력 확보 • exp Realty: 가상현실을 통한 사무실 없이 중개서비스

부동산 관리	스마트정보기술을 기반으로 한 임차인·건물 관리서비스 • KISI: 건물주에게 상업용 건물에 대한 보안 및 제어시스템 제공 • Hive: 센서 및 IoT기술을 이용해 스마트홈시스템 구현 • No Agent: 중개 및 임대영역과 연계한 플랫폼으로 건물주와 임차인 간 중개, 임대, 부동산 관리서비스 제공
부동산 개발	건설, 인테리어 디자인, VR/3D분야 등에 의해 개발 진행 과정에 대한 효율적 관리를 지원하며 고도화된 기술을 적용하거나 프로젝트 성과를 예측, 모니터링하는 소프트웨어 제공(Procore, RHUMBIX, BluHomes, HoloBuilder) • Matterport, Eyespy360: VR에 의한 3D설계, 모바일 도면 등 제공 부동산 플랫폼에 의해 정밀한 정보 제공
부동산 투자 및 자금조달	핀테크기술이 부동산시장 도입으로 클라우드 펀딩과 개인금융 • 개인금융: 부동산 중개영역과 연계하여 소비자 접근성 및 편의성 강화

01절 부동산 플랫폼부문 프롭테크

▼ 〈표 16-2〉 분야별 대표적인 부동산 플랫폼기업

구분	기업명	특징
정보	Zillow	• 2006년 시애틀에서 창업 • 미국의 대표적인 부동산정보 플랫폼 • 부동산거래정보 및 Zestimate(가격산출시스템)을 통한 가격정보 제공
중개	RedFin	• 2004년 시애틀에서 창업 • 미국의 대표적인 부동산 중개 플랫폼 • 온라인에서 부동산정보 플랫폼을 운용함과 동시에 오프라인에서 직접 고용한 중개인을 통해 거래
공유/임대	Wework	• 2010년 뉴욕에서 창업 • 전 세계 약 22여개 국가 280여개 지점을 보유한 대표적인 사무공간 공유플랫폼 • 중심상업지구에 위치한 사무공간의 단기임대 및 커뮤니티 제공

자료: 정수진(2018).

1. 부동산 플랫폼 질로우(Zillow)

　미국의 질로우는 2006년 마이크로 소프트(MS)와 익스피디아(expedia) 출신의 Rich Barton과 Lloyd Frink에 의해 시애틀에서 공동 창업한 미국의 대표적인 중개 플랫폼을 운영하는 프롭테크이다.

　이 기업은 2011년 8월 나스닥에 상장되었으며 2014년 7월 경쟁업체이자 방문자수 2위인 트룰리아(Trulia)[11]를 인수하는 등 6개의 부동산 관련 전문 브랜드[12]를 보유하고 있다. 2017년 10.8억 달러 매출에 기업 시가총액이 67억 불(2017년 8월 기준)이며, 부동산 플랫폼시장 점유율이 36.6%(2016년)으로 월 1.8억 명의 사용자가 방문하는 프롭테크이다(정수철, 2018).

　질로우의 비즈니스 모델은 부동산 수요자에게 관심 대상이 되는 거래 물건의 적정 주택가격을 평가하여 제공함으로서 이 사이트를 통해 일반인, 공인중개사, 금융기관 등에게 자료의 공신력 및 사이트 방문객의 규모를 바탕으로 홍보를 할 수 있게 되어 부동산과 관련된 광고수익[13]을 취하는 구조이다.

　질로우는 미국내 3천여개 도시 1.1억여 가구의 자체 보유한 데이터와 공공데이터를 결합한 빅데이터를 기반으로 구축한 제스티메이트(Zestimate)에 의해 주택가격정보를 제공한다. 제스티메이트에서 주택가격 평가는 중개인들로부터 거래 내역 및 시세정보 등과, 주택 소유자로부터 주택면적, 주택형태, 내부구조 및 설비 등 주택의 물리적 특성, 공공기관으로부터의 확보한 재산세 납부내역, 범죄율, 학군정보 등의 데이터를 바탕으로 빅데이터 분석을 통해 주택가격정보를 제공한다. 또한 아마존의 클라우드 플랫폼인 AWS(Amazon Web Service)[14]의

11　Trulia(2005)는 주택난이 심각한 샌프란시스코에서 온라인 부동산 포털의 정보한계를 절실히 느낀 두 창업자가 만든 생활밀착형 부동산정보제공 포털로, 경쟁사와 달리 범죄 빈도수, 이웃정보, 통근 시간 등의 정보를 구글과 협업하여 인포그래픽 지도로 제공.

12　부동산 매물정보를 제공하는 '질로우'와 '트룰리아', 뉴욕지역 특화 플랫폼인 'naked apartments'와 'Street Easy', 지도 데이터 기반 아파트정보 플랫폼인 'hotpads', 생애 최초 주택구매자 대상 특화서비스를 제공하는 'Real Estate.com'로 구성.

13　질로우는 2018년 매출이 10.8억 달러로 수익은 부동산 중개인, 임대업체, 건설업체 등의 광고를 동사의 웹사이트 및 모바일 애플리케이션에 게시하고 얻는 광고료 수입에서 발생한다. 2017년 말 기준 부동산 중개인이 71%, 임대업체 및 건설업체가 17%, 대부업체가 6%, 기타 일반 광고주가 6% 수준으로 발주자별 광고료 수입 비중을 차지하고 있다.

14　아마존 웹서비스(Amazon Web Services)는 아마존이 대량의 서버, 스토리지 및 네트워크 장

머신러닝 기법을 사용하여 방대한 정보의 분석시간을 획기적으로 단축[15]하여 실시간으로 주택가격을 산출한다.

▼ [그림 16-2] 제스티메이트의 구조

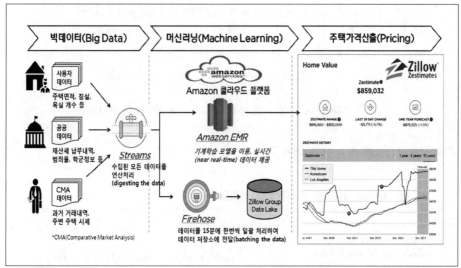

자료: 질로우 홈페이지, 정수진(2018).

제스티메이트는 부동산중개사와 소비자 간 부동산정보의 비대칭을 극복하는 데 기여하고 있다. 과거에는 중개사로부터 제한적으로 제공 받던 매물에 대한 정보가 제스티메이트라는 부동산 분석 플랫폼을 통해 소비자에게 투명하게 제공되고 있는 것이다. 더욱이 제공되는 주택가격은 추정하는 방법과 산식의 공개를 통해 산출되는 주택가격의 신뢰도를 제고하고 있다. 2018. 2월 질로우 홈페이지에 공시한 주택 가격의 정확성을 보면 가격 산출 대상인 96.6만가구 가운데 산출하여 제공되는 주택가격과 실제 거래 가격의 차이가 5% 이내인 매물의 비중이 53.9%이며, 10% 이내는 73.3%, 20% 이내는 85.8%인 것으로 나타나고 있다는 것이다.

비를 구비하여 사용자에게 인프라를 대여하고 사용자는 각 장비를 사용한 만큼 비용을 지불하는 서비스이다. 현재 아마존은 단순한 자료 저장기능을 넘어서 기계학습이 가능한 인공지능서비스인 Amazon EMR을 제공.

15 AWS사용으로 매물분석에 24시간 소요되던 산출시간을 한 시간 이내로 단축함.

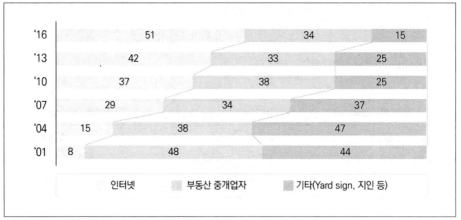

	인터넷	부동산 중개업자	기타(Yard sign, 지인 등)
'16	51	34	15
'13	42	33	25
'10	37	38	25
'07	29	34	37
'04	15	38	47
'01	8	48	44

자료: National Association of Realtors.

▼ [그림 16-4] 제스티메이트 주택가격의 정확도

Data Coverage and Zestimate Accuracy Table Choose a location type below to change data: Top Metro Areas States/Counties* National	Zestimate Accuracy	Homes with Zestimates		Within 10% of Sale Price		Median Error
		Homes on Zillow	Within 5% of Sale Price		Within 20% of Sale Price	
Atlanta, GA	★★★	2.1M	1.7M	54.5%	75.4%	88.0%	4.4%
Baltimore, MD	★★★★	997.8K	893.5K	58.1%	75.6%	86.0%	3.9%
Boston, MA	★★★	1.6M	1.4M	54.2%	77.4%	90.4%	4.4%
Charlotte, NC	★★	974.9K	809.6K	50.2%	72.8%	86.4%	5.0%
Chicago, IL	★★★★	3.3M	2.9M	60.9%	79.4%	90.4%	3.6%

자료: 질로우 홈페이지.

　　따라서 미국의 주택시장에서 구매하고자 하는 주택과 관련한 정보를 수집하는 창구의 획기적인 변화가 있다. 주택구매자가 인터넷을 통해 매물정보를 취득하는 비중이 2001년의 8%에서 2016년에는 51%로 43% 증가하는 반면, 부동산 중개인을 통해 매물정보 취득 비중은 48%에서 34%로 14% 감소하는 등 오프라인거래 비중이 절반으로 축소되고 있어 중개분야의 프롭테크는 더욱 발전될 것으로 보인다.

2. 아트란트(ATRANT) 블록체인 기반 부동산거래 플랫폼

아트란트(https://atlant.io)는 부동산 소유권의 지분을 나타내는 'Property Token'이라고 불리는 증권형 토큰(STO)을 발행하여 개별 부동산에 직접적으로 연동하여 운영한다. 이 Property Token은 해당 부동산의 고유한 물리적 특성, 법적 지위, 점유 현황, 재무 상태, 수익성 분석 등 디지털 기록을 담고 있다. 따라서 토큰의 소유자는 부동산에 대한 부분소유권을 가지고 있는 것이므로 해당 부동산의 가치상승과 임대수익에 따라 일정한 배당금을 받는다.

Property Token은 'ADEX Exchange'라고 하는 거래 플랫폼에 등록함으로서 토큰에 대한 공급과 수요에 따라 토큰의 가치가 실시간으로 부여된다. 예를 들어, 토큰의 매도자가 매수자보다 많으면 토큰의 가치가 떨어지게 되어 토큰으로 거래 플랫폼에서 부동산의 가치를 산정하게 된다. 그리고 토큰의 수익(배당금)은 부동산의 가치상승 및 임대수익에 따라 달라지므로, 토큰의 공급이 더 많아져서 토큰의 가치가 감소한다는 것은 결국 부동산 가치의 하락을 의미하게 되는 것이다.

아트란트는 기능형 토큰인 'ATL'을 별도로 발행해서 네트워크 유지 인력에게 지급하여 네트워크의 유지 · 운영에 활용한다. 기능형 토큰은 STO가 아니라 ICO를 통해 발행하며, 'P2P Rentals'는 스마트계약에 기초해서 임대인과 임차인 간 직접거래를 지원한다.

그리고 탈중앙화된 리뷰시스템(Reputation)을 제공해서 리뷰 조작을 방지하고, 플랫폼에 임대인이 등록할 때 보증금을 예치하게 해서 보호장치를 마련하고 있다.

현재 이러한 P2P Rentals는 'ATLANT Rent'라는 이름의 데모 버전으로 운영 중이다. 아트란트는 부동산 토큰화와 임대차거래 중개를 병행하여 증권형 토큰을 발행하는 부동산 토큰화 플랫폼과 거래정보를 연계하는 임대차거래 플랫폼은 별도 사업으로 분리되어 각각 진행하고 있다.

그러나 증권형 토큰 발행을 P2P 임대차거래에 연계해서 상호운용성을 높이려는 시도는 아직 나타나지 않고 있다.

ADEX Exchange		ATLANT Rent
Property Token		ALT
STO	➕	ICO
• 부분소유권 • 임대수익 배분		• 스마트계약 • 시스템 유지 운영

자료: 경정익(2019b).

3. 메리디오(Meridio) 블록체인 기반 부동산거래 플랫폼

메리디오(www.meridio.co)는 스마트계약을 활용한 블록체인 소프트웨어 회사인 컨센시스(ConsenSys)가 개발한 부동산거래·투자 플랫폼으로, 블록체인에 기초한 스마트계약(Smart Contract)을 활용해서 부동산시장의 혁신을 촉진하고 있다.

현재 부동산거래는 높은 중개비용, 진입장벽, 낮은 유동성이란 문제점을 내 포하고 있어 먼저 스마트계약을 활용해서 거래비용을 절감하고 거래의 투명성 증진을 유도하며, 부동산 개발, 기존 부동산 중개시장 등에 부동산 플랫폼을 통해 부동산가치에 대한 실시간 자료를 제공할 수 있다. 그리고 투자자에게는 플랫폼을 통해 소규모 자본금으로 부동산에 투자할 수 있는 다양한 기회를 부여하며, P2P거래를 통한 거래비용 절감 효과 등을 얻을 수도 있다.

메리디오(Meridio)는 부동산 소유자로 하여금 다양한 유형의 투자자 집단에 접근할 수 있게 하여 자산의 유동성을 높일 수 있는 장점이 있다. 특히 스마트 계약을 활용해서 소유주가 부동산 소유권의 일부분만을 토큰으로 만들어서 투 자자에게 판매함으로써 구분소유권거래의 활성화를 시도할 수 있다. 메리디오는 현재 증권형 토큰을 발행하지 않고 부동산 투자 및 거래를 위해 암호화폐가 아 닌 미국 달러를 사용한다.

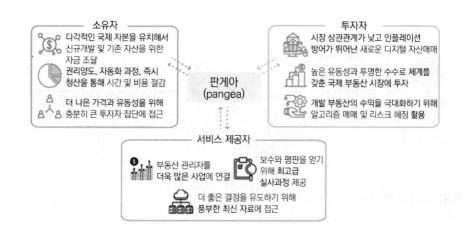

자료: 국토연구원(2019).

Meridio는 블록체인 기술을 활용하여 [그림 16-7]과 같이 구분소유권 거래방식을 제시한다. 주택소유주는 자신이 원하는 만큼 80%의 소유권을 토큰화하여 '판게아(Pangea)' 플랫폼에서 P2P 방식으로 전 세계 투자자 누구와도 거래할 수 있다. Meridio는 토큰발행을 통해 부동산의 온전한 소유권을 세분하여 거래함으로서 자산의 유동성을 높이는 한편, 스마트계약과 P2P거래로 거래비용을 절감하면서 거래의 투명성을 증진한다.

물론 구분소유권을 거래하는 것은 블록체인 기술을 활용하지 않더라도 현행 방식으로도 충분히 가능하다. 구분소유권에 대한 종이 계약서를 작성하고 공증을 받은 다음 해당 구분소유권으로 증권 또는 주식을 만들어서 증권거래소에서 거래하면 되는 것이다. 그러나 블록체인 기술을 활용하면 소유권의 분해·기록·거래에서 발생하는 여러 가지 비용들을 감소시킬 수 있다. 증권거래소를 통하지 않는 탈중앙화된 시스템은 구분소유권을 더 저렴한 비용으로 더 투명하게 거래할 수 있도록 해줌으로써 거래비용 감소로 구분소유권거래를 활성화시키고 부동산시장 규모를 확대할 수 있을 것이다.

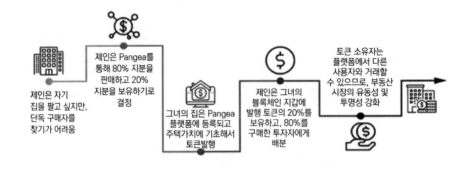

자료: 국토연구원(2019).

4. 퀀튬RE(QuantmRE)의 블록체인 기반 부동산거래 플랫폼

QuantmRE(www.quantmre.com)는 구분소유권거래에 기초한 증권형 토큰(EQRE)을 발행하는 거래 플랫폼을 운영한다. 이 플랫폼으로 주택소유주는 구분소유권거래로 빚을 지지 않고 현금을 확보할 수 있는 장점이 있다.

주택소유주는 주택의 일부를 양도하는 대가로 증권형 토큰을 발행함으로써 이자 지불 없이 당장 현금을 확보할 수 있고 최대 30년까지 현 주택에서 거주가능하다. 이 비즈니스 모델의 핵심은 주택담보대출과 같은 빚을 떠안지 않고 주택 지분에 기초해서 현금을 추출하는 구분소유권거래에 있다. 주택소유주는 자신이 원하는 만큼 소유권의 일부를 'QuantmRE'에게 양도하면서 그에 합당하는 현금을 바로 확보할 수 있게 되는 것이다.

QuantmRE는 포트폴리오에 기초한 'EQRE' 토큰을 발행한다. 이 'EQRE'이라고 불리는 증권형 토큰은 소유 또는 점유하고 있는 주택에 해당하는 주식을 조합해서 만든 포트폴리오에 기초해서 발행한다. 투자자는 개별 부동산에 직접 투자하거나 EQRE 토큰 구매를 통해 투자한다.

또한 EQRE 증권형 토큰(STO)의 가치는 유동화 또는 판매 실적에 따라 실시간으로 변하며, QuantmRE는 분기별로 자산에 대한 재평가를 실시해서 공표하며 이렇게 기록된 다양한 가치정보를 바탕으로 금융전문가가 토큰의 구매자에게 최적의 포트폴리오 구성을 제시할 수 있게 한다.

QuantmRE는 이렇게 양수한 서로 다른 주택의 구분소유권들을 섞어서 부동산 포트폴리오를 구성한 다음 증권형 토큰을 발행하여 주택소유자에게 지불하는 현금을 확보하는 프롭테크이다.

▼ [그림 16-8] QuantmRE의 비즈니스 프로세스

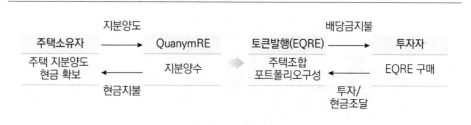

자료: 경정익(2019b).

구분소유권 양도 계약에서 주택소유주와 QuantmRE는 구분소유권을 양도하는 현재시점과 주택 매각으로 구분소유권의 가치를 실현하는 미래시점을 구분하여 수익을 창출하는 구조이다.

[그림 16–9]에서 보는바와 같이 10%만큼 구분소유권을 양도받으면서 차후에 주택소유주가 주택을 실제로 매각할 때 미래가치를 고려하여 그 매각 대금의 15%를 요구할 수 있는 권리를 약정할 수 있는데, 이때 현재가치의 10%와 미래가치의 15%의 차이가 QuantmRE이 벌어들이는 수익의 근원이 된다는 것이다.

투자자는 증권형 토큰을 구입한 소유자로써 차후에 QuantmRE로부터 정해진 배당금을 수령하게 된다.

QuantmRE의 비즈니스 모델은 미래투자의 불확실성과 주택소유자와 QuantmRE의 현금지불과 회수 간의 비대칭성은 구분소유권의 현재가치와 미래가치의 차이로 보상된다. [그림 16–9]에서 알 수 있듯이 이 차이는 주택가치 상승 여부에 따라 더 커질 수 있다. 또한 계약 불이행 문제를 남기지 않는 스마트계약을 통해서 불확실한 미래에도 불구하고 별도의 법률적 보호 장치 없이 저렴한 거래비용으로 계약을 체결할 수 있다. 그리고 일정부분 양도에 따른 스마트계약 체결 이후에도 여전히 주택에 최대 30년간 거주할 수 있고 주택 매각 시점에 금융비용을 정산한다는

측면에서 주택 역모기지와 유사하지만 나이 제한과 같은 별다른 가입조건이 없다는 측면에서 차별적이다(Sullivan, 2018).

▼ [그림 16-9] 구분소유권 양도에서 현재와 미래가치 차이 거래

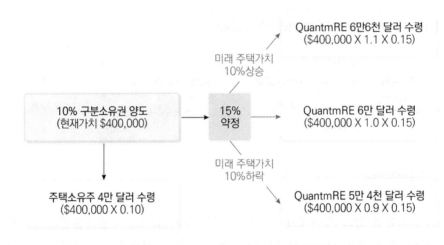

자료: 국토연구원(2019).

또한 주택 역모기지도 주택 매각 시점에서의 금융비용 정산을 전제로 매월 이자 지급이 없다는 점은 QuantmRE 방식과 동일하다. 그러나 주택 역모기지는 기본적으로 주택 전체를 담보로 하는 대출이며, 주택 매각 시점까지의 미래에 대한 불확실성을 정부 지원을 통한 공적 보증 또는 평균 수명을 고려한 상품 설계로 해결함으로서 노후 생활 안정이라는 정책적 측면 또는 전체 대출 금액의 제한이라는 상품적 측면이 있다. 반면에 QuantmRE 방식은 주택의 일부를 양도하게 되며, 사적 주체 사이의 구분소유권거래이므로 정책적 측면 또는 상품적 측면에서 고려되는 조건이 없다는 차이가 있다.

1. 중개 플랫폼 레드핀(RedFin)

레드핀은 2004년 David Eraker 등이 시애틀에서 공동 창업한 미국의 대표적인 O2O(Online to Offline) 부동산 중개 플랫폼기업으로 2017년 7월 나스닥에 상장되었으며, 2017년 매출액은 3.7억 달러, 월 평균 사용자는 2천 6백만 명인 프롭테크이다.

레드핀의 비즈니스 모델은 중개 플랫폼에 의한 O2O에 의해 중개사를 직접 고용하여 직접중개하는 수직계열화로 수수료를 감면하여 일정한 시장지위를 확보하는 것이다.

레드핀의 매출은 소속된 Lead Agent에서 발생하는 '브로커리지 수익(Brokerage Revenue)'과 외부 중개인으로부터 발생하는 '파트너 수익(Partner Revenue)'으로 구성된다. 2018년 3월 말 기준 거래당 평균 수익은 브로커리지거래의 경우 약 9.6천 달러, 파트너거래의 경우 약 2.1천 달러 수준이며, 수익구성 비중은 브로커리지 88%, 파트너 6%, 기타 6%이다. 거래빈도는 브로커리지거래가 전체의 약 70%를 점유하고 있으며, 지역별로는 보스턴, 시카고, LA, 시애틀 등 주요 10개 도시에서 발생하는 수익이 약 70%를 차지하고 있다.

▼ [그림 16-10] 레드핀 사업부문별 매출액

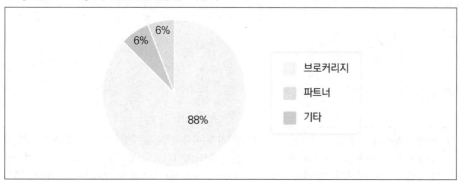

자료: 레드핀 분기보고서(2018.3).

▼ [그림 16-11] 레드핀 사업부문별 거래비중

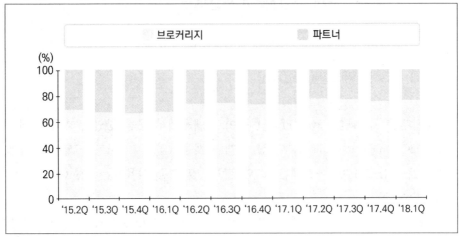

자료: 레드핀 분기보고서(2018.3).

레드핀의 비즈니스 모델은 다음과 같다. 레드핀은 1,010명(2017년 6월 말 기준)의 중개사를 정규직으로 직접고용하여 기본급과 고객만족도에 따른 성과급 지불, 그리고 의료보험 및 은퇴보험 등의 혜택을 제공한다[16]. 중개업은 계절성이 뚜렷하고 경기변동에 민감하여 레드핀의 비즈니스 모델은 과감하고 이례적인 전략으로 평가하고 있다. 그러나 계절성에 따른 인건비 부담에도 불구하고 고용 안정성과 고객 만족도 우선 정책이 기업 매출에 긍정적인 영향을 미친 것으로 분석되고 있다(NY Times, 2016.7.9).

---

16 미국 노동통계국 발표에 따르면 2015년 5월 기준 미국 전체 중개인들의 1년 평균 수입의 중위값이 약 4만5천달러인데 반해, 레드핀 소속 리드 에이전트의 중위값은 약 2배 수준인 9만달러인 것으로 조사됨. Redfin 홈페이지, "How much do Redfin Agents Earn?"('18.1) 게시물 참조.

주: 거래당 수입은 Brokerage의 경우 약 9,600달러, Partner의 경우 약 2,100달러 수준('18.3.31 기준).
자료: 레드핀 홈페이지, 보도자료 참고하여 작성.

2. VR에 의한 중개법인 eXp Realty

eXp Realty는 2009년 글랜 샌포드(Glenn Sanford)에 의해 설립된 중개법인으로 VR에 의해 미국과 캐나다에서 급성장을 거듭하고 있는 중개분야의 대표적인 프롭테크이다.

eXp Realty가 급성장을 거듭하는 데는 다음과 같은 특징이 있다. 첫째, 가상공간을 통해서 물리적인 사무공간 없이 정상적인 중개업을 한다. 모든 직원들이 VR기반의 가상사무실시스템을 통해 중개활동을 실시함으로서 거리와 공간의 제약없이 많은 중개사를 소속시킬 수 있으며, 중개사 입장에서 보면 사무실 운영에 따른 비용을 절감할 수 있는 장점이 있다. 둘째, 중개서비스를 제공하는 중개업의 프랜차이즈는 로열티, 간접비 수수료를 지불하면서 제한된 기술적 진원을 받는 반면, eXp Realty는 일체 수수료를 지불하지 않으면서, 전문화된 지원팀의 실시간 기술지원을 받을 수 있는 장점이 있다. 셋째, 집단지성을 통해 최상의 중개서비스를 구현하고 있다. 매일 온라인상에서 집단토론을 통해 중개사가 다양한 경험과 지식을 공유하여 중개서비스의 질을 향상시키고 있다. 넷째, 최고 전문가에 의해 온라인상 주간 20시간 이상 최신정보와 지식을 습득할 수 있는 교육을 통해 상호작용함으로써 중개역량을 강화하여 전문적인 중개서비스를 제공하여 경쟁력을 강화하고 있다. 다섯째, 중개 수수료를 공정하게 배분하고 기업의 주식을 배분하여 회사와 중개사 간에 공평성과 신뢰감 및 공감대를 형성하여 발전을 기하고 있다.

eXp Realty는 VR을 통해 단기간에 많은 중개사를 확보하고 전문적인 중개서비스와 공정한 수익배분 등의 동기유발을 강화하여 폭발적으로 성장하고 있어 2020년 6월 현재 미국, 영국, 캐나다, 호주 등에서 32,000명의 에이전트가 활동을 하고 있는 프롭테크이다.

▼ [그림 16-13] exp Realty 홈페이지

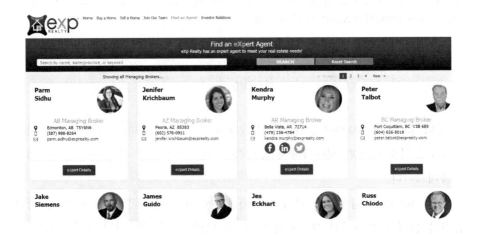

자료: https://experts.expcloud.com/.

3. 블록체인 기반의 임브렉스(Imbrex)

임브렉스는 블록체인 기술을 기반으로 게시판, 스마트컨트렉트 등 애플리케이션 운영이 가능하도록 확장한 이더리움 기반의 MLS(Multiple Listing Service)[17]를

---

17 Multiple Listing Service는 중개사가 다양한 부동산 물건을 공유하는 부동산거래정보만을 일컫는 말로, 유사한 우리나라 사례로는 한국공인중개사협회에서 운영하는 '한방'이 있다.

운영하고 있다.

임브렉스는 블록체인 기술과 기존의 중앙집중적 데이터 구조를 지양한 IPFS (Inter Planetary File System) 프로토콜로 네트워크에 참여하는 모든 사용자에 데이터를 분산하여 저장하는 기술을 적용한다. 또한 임브렉스는 블록체인 기술을 적용하여 중앙에 서버를 두지 않고 분산 저장 및 네트워킹기술에 기반해 운영비를 최소화하는 MLS를 구성하여 블록체인과 부동산산업 융합의 주요 분기점으로 평가받고 있다(Forbes, 2018).[18]

임브렉스와 기존 MLS의 차이점은 첫째, 기존 MLS의 물건정보는 MLS를 운영하는 중앙 서버에 저장되어 있었으므로 사용자들은 데이터를 스스로 관리할 수 없을 뿐만 아니라 홍보 및 서버 운영비 명목으로 수수료를 지불해야만 하였다. 그러나 임브렉스에서 제공하는 서비스는 블록체인에 기반해 개발된 imbrexer라는 네트워크 분산형 DB를 활용하여 원칙적으로 데이터를 등록한 사람이 스스로 데이터를 관리하도록 하여 등록비용을 대폭 줄이고 건당($0.1~$0.2), 서비스의 가용성이 늘어나며, 보안 문제에서 비교적 자유롭다는 장점이 있다.

또한 임브렉스는 기존 MLS서비스에서 문제점으로 제기되었던 게시물의 신뢰도를 향상시키기 위해 데이터의 품질관리는 전자투표시스템 결과에 따른 보상으로 해결하고 있다.

기존 MLS는 허위매물 등 게시한 매물에 대한 낮은 신뢰도를 '현장 확인매물'서비스 등 플랫폼 제공업자가 직접 매물을 확인하는 방식으로 해결하였다. 임브렉스는 전 세계 누구든 매물을 등록할 수 있어서 기존에 제기된 신뢰도 문제가 더욱 심각할 수 있는데, 이를 해결하기 위해 매물이 등록될 때 사용자의 전자투표를 거치도록 하였다. 전자투표시스템은 각자가 보유하고 있는 임브렉스 토큰(일종의 화폐)을 지불하고 등록되는 매물정보의 진위에 대한 투표를 진행해 다수결에서 승리한 쪽이 토큰을 가져가도록 하는 것이다. 이렇게 운영되는 임브렉스 토큰은 매물 등록 등 서비스 이용에 필수 요소로 모든 사용자가 본인의 이익 최대화를 위해 행동한다는 대전제 하에서 허위매물을 방지하는 시스템에 활용되고 있다.

---

18 https://www.forbes.com/sites/forbesrealestatecouncil/2018/11/15/three−ways−blockchain −technology−will−revolutionize−real−estate−in−2019/#55ad18fc6d20/.

2019년 2월 현재 임브렉스는 베타서비스를 출시하고, 향후 Escrow Commons™ 및 그 외 부동산거래 기능을 추가한 버전이 출시되면 부동산거래 및 투자에 있어 투명성이 강화되는 동시에 국경을 초월한 부동산거래가 이루어질 것으로 예상된다.

또한 임브렉스는 블록체인 기반의 MLS에 스마트계약을 체결할 수 있도록 지원한다.

스마트계약은 이더리움상에서 코드로 구현된 거래자 간 계약을 일컬으며, 블록체인의 특성상 한번 저장된 계약을 수정하기 어렵고 계약관계가 반드시 지켜져야 한다는 점에서 보증보험 등이 필요하지 않을 것으로 예상하고 있다. 또한, 계약을 위해 임의로 발행한 토큰을 활용해 자산의 유동성 증대, 간편한 역외 투자 시행, 다자간 계약 수립 등 다양한 거래 방안을 수행할 수 있다는 점 역시 장점으로 부각되고 있다.

▶ ········

03절   부동산 관리부문 프롭테크

1. VTS

스타트업인 VTS는 2010년 뉴욕에서 View The Space로 설립하여 이후 VTS로 사명을 변경하여 소유주와 중개인을 위한 상업용 부동산 임대차 관리 소프트웨어 및 플랫폼을 개발하여 제공하는 기업이다.

VTS는 2015년 블랙스톤(Blackstone)으로부터 3.3백만 달러를 유치하여, 2016년에는 라이벌이었던 Hightower사를 합병한 후 기업가치는 최소 3억 달러에 이르는 프롭테크이다. 2020년 8월 현재 제공하고 있는 임대 및 거래정보 규모는 100억 스퀘어피트(sqfeet)이며 사용자는 3만 5,000명이며, 직원 수는 188명이며, 지금까지 유치한 투자금은 1억 9,700만 달러에 달하고 있다.

2015년 블랙스톤은 VTS와 자본 투자뿐 아니라 블랙스톤과 업무의 전략적 제휴도 발표하였다. VTS는 블랙스톤 부동산부문의 전문성을 제공받아 블랙스톤의 상업용 자산관리 플랫폼을 채택하여 포트폴리오 성과를 추적하여 효율성을 높이고 있다.

2018년에는 JLL도 전 미 지역의 중개 및 임대차정보를 VTS에 모두 제공하고 VTS로 관리 플랫폼을 채택하는 전략적 제휴를 체결하였다.

VTS는 세계에서 가장 주도적인 자산관리 플랫폼 중 하나로 실시간 포트폴리오 분석을 전 세계 톱 토지소유자와 중개회사에 제공하고 있다. 브로커와 토지소유자는 VTS에서 제공하는 플랫폼을 통해 데스크톱이나 모바일로 거래활동 관리, 트렌드 확인, 포트폴리오 실행을 할 수 있다. 약 1,450만평에 대한 데이터를 구축하여 시장표준이 되고 있다.

▼ [그림 16-14] VTS 홈페이지

자료: https://www.vts.com/.

경쟁사로는 브룩필드(Brookfield)와 옥스퍼드 프로퍼티(Oxford Properties)가 투자한 Honest Buildings이 있으며, 현재까지 4,800만 달러 투자 유치를 하여 오피스 등 대규모 상업용 자산이 기관들의 주요 투자 대상임에 따라 이를 효율화하기 위한 차원에서도 적극적 투자가 이루어지고 있다.

VTS는 100억 스퀘어피트의 임대 및 거래정보를 기반으로 포트폴리오 최적화, 공간 및 임차자 관리, 거래관리 및 승인, 실시간 마켓 리포트 작성, 의사결정 지원 등의 서비스를 하고 있다.

VTS 자체에 구축된 상업용 부동산의 실시간 임대 관련 데이터를 기반으로 효율적인 자산관리를 지원하기 위한 소프트웨어 및 플랫폼을 제공한다. 따라서 공간·임차자·거래 관리를 통해 실시간으로 자산관리 활동을 추적하고 시장 동향을 파악하여 포트폴리오별 표준화와 성과의 정량화로 전략적 의사결정을 지원하고 있다. 다수의 기관투자자도 100억 스퀘어피트가 넘는 상업용 부동산의 VTS 데이터를 활용한다. 한편 VTS는 부동산을 오피스, 상가, 공업용으로 분류한 후 각 특성을 고려하여 서비스를 제공한다. 구체적으로는 주요 위험관리(포트폴리오 최적화 및 주요 통지일 누락 및 법적 위반 등), 거래 프로세스 속도 개선(중앙집중식정보와 신속한 승인 프로세스 등), 자산 효율화 방안 제시(실적이 저조한 임대물건에 대한 개선 방안, 시장자료에 기반한 임차자 확보 방안 등), 임차인 관계관리 상황 측정 등이 가능하다.

또한 VTS는 자사의 소프트웨어 및 플랫폼에 의한 관리 효율화를 통해 상업용 부동산의 거래 주기를 최대 41% 단축할 수 있다고 한다.

2. 허니웰(Honeywell)

허니웰은 1985년 설립되어 우주항공, 자동제어 등 다양한 업역을 확보하고 있는 다국적 기업이다. 최근에는 스마트빌딩부문의 가장 대표적 기업으로 중동과 중국 도시의 스마트빌딩 시장점유율 확보를 위해 노력하고 있는 프롭테크이다.

전 세계적인 도시화, 공기의 질과 수질 향상에 대한 요구 증가, 에너지 효율성 추구, IoT기술 발전 등으로 스마트홈과 스마트빌딩 관리시장이 연평균 20% 이상 성장할 것으로 예측되고 있다. 허니웰은 스마트빌딩과 관련한 빌딩 자동화 시스템, 빌딩관리 소프트웨어, 보안 및 방재, 건설 유지 관리, 에너지시스템 등의 하드웨어, 소프트웨어, 등 다양한 서비스를 제공하고 있다.

허니웰은 환경, 안전, 생산성으로 세분화한 허니웰 스마트빌딩 스코어(Honeywell Smart Building Score)란 부동산관리 플랫폼을 개발하여 시장을 선도하기 위해 노력하고 있다. 특히 중동의 스마트빌딩시장 선점을 위하여 아부다비, 두바이 등 7개 도시의 공항, 호텔, 빌딩 등 주요 건축물의 스마트빌딩 스코어를 적용하고 있으며, 2017년 3월에는 화웨이의 IoT기술을 활용해 스마트빌딩 솔루션 개발과 중국 심천의 대규모 스마트시티 프로젝트 협업을 발표하기도 하였다.

▼ [그림 16-15] 허니웰 홈페이지

자료: https://www.honeywell.com/contact-us/homes-products.

스마트빌딩시장은 1,000억 달러 규모(허니웰 추정)이며, 허니웰은 스마트빌딩 사업부문에서 자동화 시스템, 소프트웨어와 제어기기, 건설, 보안과 방재, 연소 제어(Combustion Controls)를 위한 솔루션과 제품을 제공하고 있어, 2017년 현재 전 세계 1,000만 개 빌딩에 하니웰시스템이 설치되어 있다고 한다.

허니웰의 빌딩사업부문별 비중을 보면, 빌딩 솔루션 제공이 46%로 가장 높고, 방재 26%, 커넥티드 빌딩 16%, 보안 등 기타 12% 순으로 최근에는 IoT로 건물과 관리자의 연결성을 강화한 커넥티드(Connected) 빌딩 솔루션 제공에 초점을 맞추고 있다. 즉, 모바일 기기, 하니웰의 센서 등 하드웨어와 허니웰의 소프트웨어의 연결성을 강화하고 시너지를 통해 빌딩 관리의 토탈서비스 제공 및 시장 확대에 주력하고 있는 것으로 보인다.

이러한 허니웰의 커넥티드서비스 강화는 빌딩뿐 아니라 항공, 주택, 플랜트, 산업 설비에 확대되고 있으며, M&A, 허니웰 벤처를 통해 새로운 기술을 기존

Value-Chain에 결합시키고 혁신을 가속화시키기 위한 노력을 경주하고 있다. 또한 허니웰 벤처를 통해 메가트렌드에 맞는 차별화된 기술의 적기 공급을 위해 자회사인 트리디움(Tridium)의 미들웨어 플랫폼인 IoT 나이아가라를 기반으로 빌딩 데이터를 수집·분석하고 이상 감지 및 의사결정을 지원하고 있다.

3. 퀄리스플로(Qualis Flow)와 스카이룸(Skyroom)

프롭테크시장이 커지면서 부동산과 관련된 사회문제를 해결하는 비즈니스 모델도 속속 등장하고 있다. 런던 북부 클러큰웰 지역에는 영국 토지등기소 (HMLR)와 국립지리원(OS)이 운영하는 '지오베이션 허브(Geovation Hub)'라는 스타트업 공유 사무실이 있다. 이곳에 입주한 스타트업 대부분은 부동산에 관련된 문제를 IT기술로 해결하는 프롭테크기업들이다. 토지등기소와 국립지리원은 이들 기업에 사무공간 뿐만 아니라 최대 2만파운드(약 3000만 원)의 보조금과 전문가 멘토링, 경영·마케팅 컨설팅도 지원한다. 두 공공기관이 이처럼 프롭테크 스타트업에 적극 투자하는 이유는 갈수록 심각해지는 영국의 주거 문제를 해결하기 위해서다.

그 중 지오베이션 허브에 입주해 있는 스타트업 '퀄리스플로(Qualis Flow)'는 사물인터넷, 빅데이터, 머신러닝기술 등을 적용해 부동산 개발 공사 현장에서 발생할 수 있는 환경적 영향을 예측·관리하는 플랫폼을 개발했다. 공사 현장을 실시간으로 원격 모니터링하고, 축적한 데이터를 시각화 하여 이웃들에게 미치는 환경오염의 피해를 최소화하려 한다.

도시 주거난을 해결하는 데도 첨단기술이 유용하게 활용된다. 런던 기반 프롭테크 스타트업 '스카이룸(Skyroom)'은 지리 공간 빅데이터를 분석하여 런던 시내 건물의 개발 가능한 옥상을 찾아내고 여기에 조립식 주택을 짓는 비즈니스 모델을 추진 중이다. 스카이룸은 기존 건물의 옥상을 활용하면 런던에 최대 63만 채의 새집을 지을 수 있다고 주장한다.

▼ [그림 16-16] 스카이룸의 주택난 해소를 위한 건물옥상 조립식 주택

자료: 스카이룸(2019).

4. 에너지 최적화 엔틱(Entic)

엔틱은 하드웨어 교체 없이 상업용 건축물의 에너지 사용을 최적화 하여 운영 방식을 제시하는 스타트업으로, 플로리다를 기반으로 2011년 설립되었다. 초기에는 냉각, 난방, 환기시스템 효율화로 시작되어 대규모 호텔, 오피스, 의료, 스포츠 건축물의 에너지 및 유틸리티 효율 지원 플랫폼으로 발전한 프롭테크이다.

블랙스톤은 맨해튼 미드타운의 파크애비뉴타워, LA의 하워드휴즈센터 등 자사의 부동산 펀드로 소유한 다수 빌딩에서 엔틱의 에너지 최적화서비스를 경험한 이후 2017년 300만 달러 지분 투자를 하였다. 2018년 9월에는 힐튼이 엔틱서비스를 채택하여 2030년까지 환경 부담을 절반으로 감축하는 목표를 설정하였으며, 플로리다의 말린스 파크(Marlins Park), 세인트 루이스의 부시 스타디움(Busch Stadium)을 비롯하여 오피스 빌딩, 스포츠 경기장 등 약 65개의 대형 건축물에 서비스를 실시한 결과 8~12% 수준의 에너지 절감 효과가 나타난다고 하고 있다.

자료: https://www.entic.com/.

엔틱은 통상 대규모 건축물 에너지의 40%를 사용하는 중앙설비의 소규모 개선으로도 절감 효과를 크게 얻을 수 있다고 한다. 엔틱은 중앙설비인 대형 건축물의 공조(HVAC: Heating, Ventilating, and Air Conditioning), 전기 가스 수도 설비 및 시스템 등 빌딩 자체의 관리시스템에 엔틱 자체 센서를 활용하여 데이터를 수집하고 전반적인 성능과 우선순위 등을 분석하여 에너지 비효율 원인을 진단하고 실행 방안을 제시한다. 예를 들어, 냉각기 효율 방안으로는 에너지낭비 밸브 확인, 센서 문제 확인, 동시 가열 및 냉각발생 여부 확인, 냉난방 온도 설정점 제시, 냉각수 및 온수 온도 재설정을 제시한다.

따라서 엔틱서비스 적용 이후 힐튼의 유틸리티 소비가 10% 이상 절감되었으며, 말린스파크의 전기 사용량을 46% 감소시켜 1,200만 달러 이상의 에너지비용 절감 효과를 보였다. 디플로맷 비치 리조트도 27%의 전기 사용량 감소와 46만 달러 이상의 에너지비용이 절감되고 있다.

5. 버디그리스(Verdigris)와 이스마트(eSmart)

　건물 에너지 소비를 절약하는 솔루션 개발에도 프롭테크가 활약하고 있다. 미국의 프롭테크기업인 '버디그리스(Verdigris)'는 사물인터넷기술을 접목한 첨단 센서 장치와 인공지능 기반 에너지 관리 소프트웨어로 산업 시설이나 사무용 빌딩 등의 불필요한 전력 소비를 막는다.

　그리고 스위스의 건물 자동화 시스템 전문기업 '이스마트(eSmart)'가 개발한 건물 관리 앱은 최근 취리히의 친환경 주거단지 '그린시티 취리히'에 도입됐다. 그린시티 주민들은 이스마트 앱으로 전력 소비량과 재생 에너지 발전량 등을 실시간으로 확인하며 에너지 사용량을 관리하여 절감하는 효과를 얻고 있다.

▶ 04절　부동산 개발부문 프롭테크

1. 클라우드기반의 프로코어(Procore)

　프로코어(https://www.procore.com)는 클라우드 기반의 건설관리 소프트웨어 개발업체로, 2018년 현재 기업가치는 30억 달러 수준으로 평가되는 프롭테크기업이다. 캘리포니아를 기반으로 2002년 설립된 클라우드 기반의 건설관리 소프트웨어 개발업체이며 2018년 7,500만 달러 투자를 유치하는 등 콘테크(ConTech: Construction Tech.) 분야의 최초 유니콘기업이다. 시드니, 호주, 밴쿠버, 런던 등을 포함하여 전 세계 12개 사무소에서 1,300명 이상의 직원을 고용하고 있으며, 2017년 대비 직원이 900명 이상 증가하는 등 최근 빠른 성장세를 보이고 있다.

　프로코어는 대용량서비스, 드론서비스, ERP서비스 등 기존 업체와의 긴밀한 파트너십을 통하여 건설관리에 있어 모든 형태의 자료와 서비스 지원이 가능한 플랫폼을 구축하여 대규모 건설 프로젝트 참여자인 건설회사, 건축주, 프로젝트 관리자, 발주자를 위한 서비스를 제공하고 있다.

▼ [그림 16-18] 프로코어 홈페이지

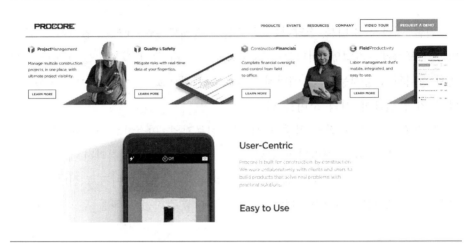

자료: https://www.procore.com/.

    프로코어의 특징으로는 첫째, 사용자당 요금이 부과되는 기존 소프트웨어와 달리 프로젝트당 요금을 부과하여 시장의 호응을 얻으며 문서, 설계도, 시스템, 드론 촬영 동영상, 회의록, 이메일, PDF 파일 등 모든 프로젝트 관련 자료를 지원하고 있다. 둘째, 기술적으로는 클라우드 기능, 모바일 플랫폼, 전용 설계 소프트웨어를 통해 다양한 형태의 자료 소스 및 모바일 디바이스를 지원한다. 셋째, 대용량 파일 지원사(BOX, Inc.), 건설 회계 지원사(Dexter & Chaney), ERP 제공 업체 등 기존 서비스업체와 협업을 통해 다양한 서비스를 지원하고 있다.

    또한 드론 전문사인 Packet Digital과 LLC.와는 조인트벤처를 설립하여 드론 촬영 현장자료와 비디오 스트리밍서비스를 제공하며, 증강현실 헤드셋에 특화된 현장 비디오서비스도 지원한다. 작업 현장에서 관리자가 비디오로 남긴 지시 상황을 물리적 위치와 매칭하여 현장 관리자에게 메모로 남길 수도 있다. 또한 다양한 사용자 요구와 새롭게 등장하는 기술 개발에 능동적으로 대응하기 위하여 사용자 맞춤 서드 파티 앱(Custom Third-Party Applications) 플랫폼도 갖추고 지원하고 있는 프롭테크이다.

PROCORE 2002	• 클라우드기반의 대규모 부동산개발 플랫폼 지원(2018 30억$) • 대용량서비스(BOX), 드론 및 VR(LLC), ERP(Dexter & Chaney) 등 업체와 협업
KATERRA 2015	• 부동산개발의 가치사슬의 수직적 통합(기획/설계-납품-현장 조립), 상시추적 • 고객맞춤형 글로벌 공급망 구축, 공장제조/조립방식
bluHOMES 2008	• 친환경 프리패브(Pre-Fabrication)주택 공급업체(Cal 4만호 보급) • 온라인상 3D 설계/설비 결정-로봇, RFID에 의해 공장제조 자동화 -현장 조립 • 에너지 70% 절약, 건축비 10~20% 저렴
RHUMBIX 2014	• 공사현장 데이터 디지털 및 모바일 모니터링 (시간/생산 추적, 현장작업 지시, 감리, 안전 점검 등) • 미 ENR Top 30 종합건설업체와 하청업체 12개 사용(2018) • 노동생산성 5~10%, 수익성 200~300% 향상
HOLO BUILDER 2016	• 증강현실(AR) 기반 건설현장 360도 전망 및 진도 예측 S/W 개발 • 미 ENR Top 100 종합건설업체 55%, 1,000개 건설사 활용 • 현장 답사확인 감소, 사진 및 문서작성 시간 감소
SIDE WALK LABS 2015	• 알파벳 도시문제를 해결하고 살기 좋은 도시 건설을 위해 설립 • 토론토(PortLand, Quayside)에서 북미 최대 최첨단 스마트도시 조성 추진 • 정부보조금 12억 5,000만 달러 지원 민간 주도적 추진(IT기업 주도)

2. 친환경 프리패브 주택공급 블루홈즈(bluHomes)

블루홈즈는 공장에서 부분별로 생산하여 현장에서 조립하는 프리패브(Pre-Fabrication)[19] 주택 공급업체로, 기업가치는 2015년 기준 5억 2,700만 달러로 평가되고 있다(JII, 2018).

블루홈즈는 2008년 미국 캘리포니아에서 설립하여 2011년 프리패브 공장을 세웠으나 당시 프리패브 주택의 일반적인 특성인 비용 절감을 목표로 두기보다는 정밀 시공에 집중하였다[20]

---

19 주택산업은 시스템산업으로 오랜 공사기간과 다양한 자재가 소요되는데 이를 양산체제로 갖추어서 설계의 규격화 및 부분품의 대량 생산을 통해서 양산하여 현장에서 조립건축하는 주택을 말한다.

20 CBinsights는 블루홈즈와 카테라(KATERA)를 주택재고 및 공급망 관리업체로 분류하였으나,

2012년 포브스지에서는 블루홈즈를 "그린 프리패브 주택의 애플사"라고 표현하면서 시장에 관심이 집중되기도 하였다. 설립 초기에는 미국 전 지역에서 판매하였으나, 기초 공사와 관련한 하청업체 관리의 어려움으로 현재는 캘리포니아에서만 판매한다. 2017년 기준으로 녹색건축과 관련하여 캘리포니아 규정이 가장 까다로워서 캘리포니아를 테스트베드로 삼아 지금까지 4만호를 공급하였다.

▼ [그림 16-20] 블루홈즈 홈페이지

자료: https://www.bluhomes.com/.

지금까지 1억 8,000만 달러의 투자를 유치하였으며 연간 매출은 2700만 달러 수준에 직원은 약 200명인 친환경 프리패브 주택 공급업체로, 설계·제조·구매 자동화를 구현하여 현장 시공보다 신속하게 저렴한 주택을 공급하고 있다.

블루홈즈는 다음과 같은 몇 가지 특징이 있는 프롭테크이다. 첫째, 3차원 시뮬레이션이 지원되는 온라인상에서 소비자의 요구를 수렴하여 설계와 설비를 결정하며, 이후 공장에서 모듈 단위로 주택이 만들어지고 현장으로 이송하여 조립된다. 둘째, 재활용 철재 프레임을 사용하며 고기능 자재 등을 활용하여

시공이 현장에서 이루어지지 않는 특징으로 오프사이트 건설(Offsite Construction), 프리패브 건설로도 불리고 있다.

LEED(Leadership in Energy and environmental Design) 인증[21]을 획득하였고, 기존 주택에 비해 에너지가 70% 이상 절약되는 친환경 주택이다. 공장에서는 설계, 제조, 구매 자동화를 구현하고 있다. 셋째, 시공 효율을 위하여 로봇과 RFID(Radio Frequency Identification)[22] 등 첨단기술이 활용되고 있으며, 항공기 설계 엔지니어링 소프트웨어시스템을 활용한다. 또한 다양한 디자인에 따른 엔지니어링 조정뿐 아니라 비용을 계산하고 변경 사항을 공장 현장의 기계와 작업자에게 자동으로 전달하는 시스템을 구축하고 있다.[23] 넷째, 제조, 설계, 운송, 마무리까지 하청업체를 활용하지 않고 사내에서 직접 수행하는 방식을 구현하고 있다.

블루홈즈 주택은 현장 건축 주택에 비해 건축 비용이 10~20% 저렴하나, 주택의 질은 LEED 인증 등을 고려하면 절대적으로 낮은 가격 수준은 아니며, 오히려 빠른 건축 속도와 가격 예측력이 높은 장점이 있다.

4. 증강현실 기반의 홀로빌더(HOLO BUILDER)

홀로빌더는 2016년 독일에서 설립하여 미국까지 진출한 스타트업으로, 증강현실을 활용하여 건설 현장과 건물에 대한 360도 전망을 생성하고 진도를 예측할 수 있는 소프트웨어 개발회사이다. 2017년에는 벤처캐피탈로부터 225만 달러의 투자를 유치했고 Constructech 제품상(Top Products Award)을 수상하기도 하였다.

홀로빌더 S/W는 헨젤 펠프스(Hensel Phelps), 스칸스카, 모텐슨 등 ENR[24] Top 100 종합건설업체 중 55%가 이미 사용하고 있으며, 1만 2,000개 이상의 프로젝트에서 활용되었고 1,000개 이상의 건설사가 사용하고 있다. 그리고 2016년

---

21 미국 그린빌딩위원회(US Green Building Council)에서 개발, 시행하고 있는 친환경 건축물 인증제도. 지속가능한 대지계획, 수자원의 효율성, 에너지 및 대기, 재료 및 자원, 실내환경의 질, 혁신 및 설계 과정 등이 평가 대상이다(한경 경제용어사전).

22 무선인식이라고도 하며, 반도체 칩이 내장된 태그(Tag), 라벨(Label), 카드(Card) 등의 저장된 데이터를 무선주파수를 이용하여 비접촉으로 읽어내는 인식시스템이다.

23 카테라의 시스템도 유사함. 카테라는 나무에서부터 화장실까지 모든 것을 대량 구매하고 소프트웨어 및 센서를 사용하여 자재, 공장 생산량 및 건설 속도를 면밀히 추적함으로써 비용을 절감함. 자료: https://www.bloomberg.com/news/articles/2018−06−21/the−modular−home−maker−that−could−make−housing−cheaper/.

24 ENR(Engineering News−Record)은 미국의 저명한 건설 주간 전문지로서 건설회사 순위를 발표.

에는 전 세계 190개국의 1만 5,000개 건설 프로젝트에서 80만 번 이상 사용될 정도로 유용한 소프트웨어이다.

▼ [그림 16-21] 홀로빌더 홈페이지

자료: https://www.holobuilder.com/.

홀로빌더 S/W는 건설을 위한 360도 현실 캡처를 지원하여 현장을 확인하기 위한 방문 횟수를 줄이고, 사진 및 문서 작업 시간을 절감하여 작업 효율을 높이고 있다. 또한 클라우드 및 모바일 소프트웨어를 활용하여 개발 및 계획 단계에서부터 유지관리까지 360도 가상 현실 캡처를 지원하고 있다.

기존에도 유사한 서비스가 존재하였으나, 360도 화면 촬영의 어려움과 대용량 파일 처리에 따른 느린 속도 등으로 시장 확장성이 낮았으나, 홀로빌더는 이러한 문제를 개선하여 빠르게 시장에 안착하고 있다.

홀로빌더는 시간 이동(Time Travel)을 사용하여 동일한 위치에 여러 개의 360도 사진을 추가하여 시간 경과에 따른 진행 상황 추적이 가능하다. 또한, 여러 층의 대규모 건설 현장 관리를 용이하게 한다. 그리고 Ricoh Theta S와 같은 가상현실 전용 카메라로 찍은 360도 사진을 AutoCAD, SketchUp과 같은 편집 프로그램의 3D모델과 결합시킬 수 있는 기능을 지원한다.

특히 홀로빌더 홈페이지에 의하면 스웨덴의 세계적인 건설업체인 스칸스카(Skanska)는 시애틀의 큐리오 컬렉션(Curio Collection by Hilton) 프로젝트에서 홀로빌더의 소프트웨어를 활용한다. 월 2회 콘크리트 주입 시기에 360도 사진을 촬영하고 1시간 동안 사이트를 걸어가면서 16개의 층을 캡처하여 업로드한다. 촬영한 360도 동영상에는 철근의 크기, 간격 및 번호 등 자재와 관련된 주요 정보 및 전기 등 설비정보 등이 포함되어 현장을 실시간으로 모니터링함으로서 관리 감독의 효율성과 공사기간을 단축할 수 있다고 한다.

5. 스마트도시 건설 사이드워크랩스(SIDE WORK LADS)

사이드워크랩스는 2015년 뉴욕시 부시장이자 블룸버그 최고경영자(CEO) 겸 사장을 역임했던 다니엘 닥터로프가 구글(Google)과 공동으로 설립한 기업으로 구글의 지주사인 알파벳(Alphabet)이 첨단 기술로 도시 문제를 해결하고 살기 좋은 도시를 만들기 위하여 설립한 프롭테크이다.

사이드워크랩스는 설립 후 LinkNYC(2015) 및 Flow(2016)[25] 프로젝트를 통해 도시 인프라와 네트워크의 결합을 시도하는 등 도시 인프라를 개선하는 관련 사업에 간접적으로 참여해 왔다.

최근 사이드워크랩스는 캐나다 토론토에 조성되고 있는 북미 최대 규모의 스마트시티 프로젝트를 주도하면서 본격적으로 스마트시티(Smart City) 계획에 직접 참여하기 시작하였다. 이 '사이드워크 토론토 프로젝트'는 2018년부터 2028년까지 실시간 교통정보체계 구축, 자율주행 인프라 확충, 에너지 절감시스템 도입 등에 3억 캐나다 달러가 투자될 예정인 대규모사업이다.

이 프로젝트는 토론토 온타리오 호수변의 저개발지인 포트 랜드(Port Land)와 퀘이사이드(Quayside) 지역을 최첨단기술 복합단지 스마트시티로 개발하는 계획으로 자율주행 대중교통 택시봇, 첨단 지하 공동구, 스마트그리드, 모듈러 건물(로프트) 등 최신 기술이 포함돼 친환경적인 스마트시티 모델로 제시될 것으로 기대된다.

---

25 LinkNYC는 뉴욕시에 여전히 남아 있는 공중전화 7,000여대를 무료 Wi-Fi 허브로 교체하는 프로젝트를 통해 사용가치가 떨어진 과거 네트워크 인프라를 저비용으로 교체하였다. 그리고 Flow는 도시의 모빌리티 개선을 위한 데이터 분석 플랫폼으로, 구글이 자체적으로 보유하고 있는 지도, 카메라, 센서 뿐만 아니라 도시의 자체 데이터를 융합·분석하여 실시간 교통 상황 데이터를 제공하였다.

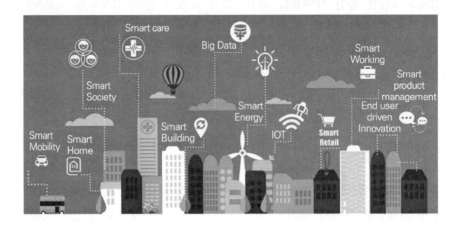

자료: KOTRA(2017).

도시부문에서는 용도지역·지구를 철폐하고 복합용도 지구로 개발을 추진하며, 건축부문에서는 모듈러 방식을 활용해 시공의 신속성을 도모하고 각 모듈을 혼합한 복합 용도 개발을 실시하고 있다.

구글의 자회사인 알파벳(Alphabet Inc.)은 이 프로젝트를 지원하기 위해 토론토시와 협약을 맺고 토론토 남부에 위치하고 있는 구글 캐나다 본사를 새로 설립할 신도시로 이전할 것을 공표하였으며(BBC, 2017), 현지 언론에서는 이를 두고 '구글 시티'라 칭하며 일자리 창출 효과 및 경제 성장에 대한 높은 기대감을 드러내고 있다(KOTRA, 2017).

정확한 사업에 소요되는 비용은 공개되지 않았지만 일부 언론은 도시완성까지 약 10억 달러 가량이 투입될 것으로 추산하고 있다.

사이드워크 토론토의 사업 모델은 공공과 IT기업의 민관(民官)협력형 스마트시티 개발 사례이며, 민간 IT기업이 대규모 개발 프로젝트를 주도적으로 추진한다는 점에서 주목받고 있다.

지난 2000년 연방정부, 주정부 및 지자체는 토론토의 도심 호수지구 재생을 위한 기구인 워터프론트 토론토(Waterfront Toronto)를 설치하고 2002년 관련 법을 통과시키며 본격적인 사업에 나서고 있다. 본 사업은 공공주도사업이 아닌 민간제안사업으로 추진되며, 파트너로 선정된 구글의 사이드워크 랩스는 12억

5,000만 캐나다 달러 규모의 정부 보조금을 지원받으며 주도적인 개발을 추진하고 있다. 스마트도시 개발은 IT기술의 접목이 주목받지만, 막대한 자금이 소요된다는 점에서 장기적 관점의 자금조달 및 운영수익을 확보해야 하는 부동산 개발사업의 성격이 크다.

일본의 카시와노하 스마트시티는 토론토 사례와는 달리 미츠이부동산이 주도하고 히타치 등 스마트빌딩 회사가 민간기업이 협업하는 형태로 개발이 진행되고 있다.

▼ [그림 16-23] 일본의 카시와노하 스마트도시

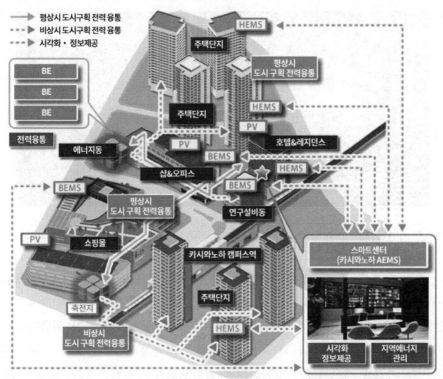

BEMS : Building Energy Management System (빌딩에너지 관리시스템)
HEMS : Home Energy Management System (주택에너지 관리시스템)
PV : Photo Voltaic (Power Generation) (태양광발전)

자료: 한국 히타치그룹 홈페이지.

6. 오픈도어(Opendoor)

오픈도어는 2014년에 설립되어 기존 중고주택을 직접 매입하여 리모델링을 통해 재판매하는 스타트업기업이다. 즉, 매도자와 매수자를 매칭하는 거래방식이 아니라 오픈도어가 중고주택을 직접 구매하여 수선 등을 통해 새로운 매수자에게 판매하는 형태로 주택 소유자의 매도 불확실성 해소에 초점을 맞추어 서비스하는 기업이다.

▼ [그림 16-24] 오픈도어 홈페이지

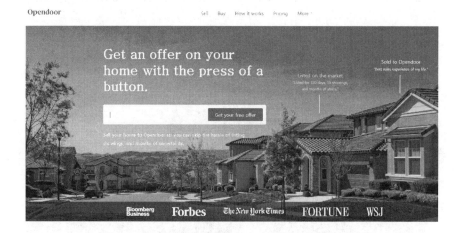

자료: https://www.opendoor.com/.

기존 주택을 매각하는 대부분은 신규주택으로 교체하는 것으로 신규주택을 구매하고자 하는 경우 봉착되는 일시적 2주택자의 불편(2개의 모기지 유지, 주택 판매 어려움 등)을 해소해 줌으로서 신규주택의 판매를 활성화하기 위함이다.

오픈도어는 인공지능과 빅데이터에 의한 가격결정 알고리즘으로 자동 산출된 적정 가격을 매도자에게 제시하고 매입함으로서 매도자는 예비 매수자에게 물건을 소개(Showing)할 필요도 없고, 거래 기간이 짧으며 중개보수를 절감하는 장점이 있다. 오픈도어는 이와 같이 직접 매입한 후 리모델링 등을 거쳐 홈페이지를 통해 매수자에게 판매하고 있다.

현재 미국 18개 도시의 단독 주택 위주로 10만~50만 달러 범위의 특정 주택에 한정하여 주택을 매입하여 판매를 한다.

오픈도어는 기존 주택 판매를 지원하여 레나의 신규주택 판매를 용이하게 하는 레나(Lennar)[26]의 새로운 주택 판매전략의 일환이기도 하다. 레나 또한 오픈도어를 통해 확보된 자료로 수요 분석 및 소비자 니즈를 파악하여 개발하는 상호협업이 이루어지고 있다.

오픈도어의 직접 매입 모델은 기관투자자의 적극적인 투자에 힘입어 다수의 회사가 참여해 확장되어 가고 있다. 이와 같은 비즈니스 모델은 현재 오픈도어뿐만 아니라 Knock, 질로, 레드핀 등 다수의 회사들이 유사한 사업을 진행하고 있다. 오픈도어 등 기업들이 매입 이후 매각이 어려워지면 임대로 전환하여 미국의 임대주택시장의 활성화에 기여하고 있다. 이는 최근 미국시장에서 블랙스톤이 투자한 인비테이션 홈즈(Invitation Homes)[27]와 같은 대규모 임대주택사업자가 다수 등장하고 있고, 금융위기 이후 새로운 투자처로 부상하며 사업이 활성화되고 있는 것의 일환이라 할 수 있다.

▼ [그림 16-25] 부동산 개발부문 프롭테크

Opendoor 2016	• 기존주택 매입, 수선하여 재판매(단독주택 10~50만$) • "레나(Lennar)'의 신규주택 판매 일환, 오픈도어를 통해 수요/소비자 니즈 파악 • 대규모 임대주택사업자 다수 등장, 매각 곤란 시 임대 전환
◎ niido 2017	• 부동산개발사와 에어비앤비 협력으로 빅데이터 분석을 통해 사용자 요구충족 신규 공유아파트 공동 브랜드 개발 • 분양/임대 이후 에어비앤비 시스템에서 최대180일간 전대

*레나(Lennar, 1954) : 미국 최대 주택개발분양 업체

---

26 레나(Lennar)는 1954년 설립된 이후 미국 18개주, 40여개 도시에 80만여 가구를 공급하고 있는 미국 최대 주택개발 분양 업체.

27 2012년 이후 대규모 투자자들이 단독주택을 구매하기 시작하면서 자산시장의 새로운 포트폴리오로 부상하기 시작. 인비테이션 홈즈, 블랙스톤 등이 1만호 이상의 단독주택을 보유하여 임대주택사업을 운영(Buy to Rent Investor).

니도(Niido)는 플로리다 기반의 부동산 개발사인 뉴가드 개발 그룹(Newgard Development Group)이 에어비앤비와 파트너십을 체결해 만든 공동 브랜드이다. 최근 에어비앤비는 임대주택 공급을 저해한다는 비난이 일자, 공간 공유시장의 변화를 반영해 직접 부동산 개발사업을 하는 것이다.

니도는 2017년 디즈니랜드가 있는 플로리다 키씸미(Kissimmee)에 324실 규모의 공유 아파트를 출시하고, 테네시주 내슈빌(Nashville)에 328실 규모의 공유 아파트를 처음 출시하였으며, 이후 테네시주 내슈빌(Nashville)에 328실 규모의 두 번째 숙소를 성공적으로 개장하여 운영 중이다.

수익성 측면에서 장기 임대보다 에어비앤비를 통한 초단기 임대가 더 효율적이라는 인식이 널리 퍼져 거주 목적의 임대 물량이 서서히 줄어들고 있는 추세다. 니도는 이러한 비판을 불식시키고 빅데이터로 분석한 사용자 요구를 충족시키기 위해 설계 단계부터 숙박공유를 염두에 두고 에어비앤비가 공존할 수 있도록 신규 공유 아파트 모델을 고안했다. 각 호실은 개인에게 분양 또는 임대된 후 연간 최대 180일까지 에어비앤비 시스템을 통해 전대가 가능하게 하였다.

▼ [그림 16-26] 니도의 주택 비즈니스 모델

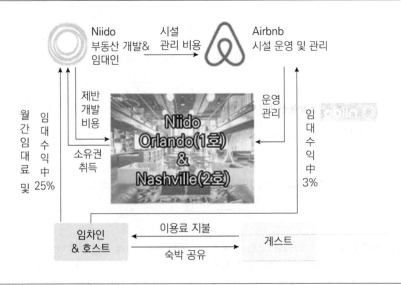

자료: 한국건설산업연구원(2020.2).

니도의 수익모델은 월 임대료와 임차인이 숙박공유를 통해 창출한 수익의 일부로서, 공유 아파트를 통해 벌어들인 숙박 수익 중 25%는 개발사가, 3%는 에어비앤비로 분배하는 것이다(한국건설산업연구원, 2019.3).[28]

7. 티제로(tZERO)

티제로(tZERO)는 블록체인 기반의 증권형 토큰을 거래하는 암호화폐거래소이다. 티제로는 영국 맨체스터에 위치한 180개 단위의 고급 주택 개발을 따낸 얼라이언스 인베스트먼트 리버 플라자(Alliance Investments River Plaza)의 가치 중 최소 2천 5백만 달러를 증권형 토큰화(STO)하여 자금을 조달한다.

티제로는 STO를 통해 부동산 개발을 할 수 있도록 향후 몇 년 동안 영국 전역에 걸쳐 약 6억 4천만 달러의 부동산 프로젝트를 토큰화하는 것을 목표로 하고 있다.

2020년 1분기에 예정된 리버플라자 STO는 티제로 토큰화 기술과 메갈로돈(Megalodon)의 자문서비스를 통해 디지털화하고 테조스(Tezos) 블록체인을 통해 토큰을 발행한다(블록체인 투데이, 2019).

05절 부동산 투자 및 자금조달부문 프롭테크

1. 프로피(Propy)

프로피(Propy)는 2015년 미국에서 설립된 블록체인 기반의 글로벌 부동산거래 플랫폼이다. 이용자들이 온라인에서 부동산을 거래하면 프로피는 해당 거래내역을 (전통적인 방식과 함께) 블록체인에 기록한다. 즉, 프로피의 블록체인 기반 플랫폼을 통하면 부동산 매매자와 중개인들은 수기 문서를 쓰지 않고 온라인에

---

28 프롭테크기업, 부동산산업의 새로운 미래.

서 투명하고 간편하게 거래를 처리할 수 있다. 프로피는 부동산 중개인이 사용할 수 있는 다큐사인(DocuSign)이란 툴을 제공해 거래 과정의 투명성과 보안을 높이고 부정거래 위험을 줄여준다. 프로피는 지난 2017년 ICO를 통해 1,550만 달러를 조달하여 추진하고 있다.

2018년에는 부동산 중개업체인 힐튼 앤 하일랜드(Hilton & Hyland)는 1580~1616년에 지어진 이탈리아에 있는 저택인 팔라초 알베르토니 스피놀라(Palazzo Albertoni Spinola) 내부의 팔라체토(Palazzetto) 건물을 경매로 내놓고 프로피 플랫폼에서 거래를 진행했다. 그리고 테크크런치(TechCrunch)를 창업한 마이클 애링턴이 프로피 플랫폼을 통해 우크라이나 키예프에 있는 6만 달러 상당의 아파트를 구입하면서 이더리움 스마트계약을 이용해 거래가 이루어졌다.

국제 간 부동산거래를 하기 위해서는 수명의 중개사와 전문가를 거쳐야 하며 비용의 20% 정도가 현지 공인중개사, 법무법인, 공증인 등을 찾는 데 들어간다. 거래가 완료되기까지 길게는 2~3개월 소요되어 블록체인을 통해 비용절감과 소요시간을 단축할 수 있다.

국제 부동산시장에선 매년 217조 달러 어치의 거래가 이루어지며 기존의 비효율적인 거래 방식으로 시장 규모도 매년 13% 확대되어 아마존에서 물건을 사는 것만큼 거래가 쉽게 되면 시장 규모는 더욱 커질 것이다.

따라서 Propy 플랫폼은 스마트컨트랙트를 통해 절차가 복잡한 소유권 이전 등(Title Contract, Deed Contract, Identity Contract)의 계약 과정을 간소화하고, 그것을 자체 Registry에 저장한다. 이러한 프로피 플랫폼은 Listing Platform과 Transaction Platform v.1과 v.2로 나뉜다.

Listing Platform은 탈중앙화가 완벽하게는 이루어지지 않은 상태로 기존에 존재하는 Registry와 추가적으로 연동되어 있다. 크게 나누어 보면 ① Propy 앱, ② 블록체인으로 분산된 장부(스마트컨트랙트 기능), ③ 현재의 Registry (Propy 자체 Registry가 아니라 정부 등이 소유한 것) 이 세 가지가 상호작용하는 구조라고 볼 수 있다. 이 세 가지 내에서 각종 소유권 계약, 지불, 문서 서명 등 거래가 이루어진다. 아직까지는 일반 화폐로 지불이 이루어지고 있어 은행도 개입되어 있다. PRO라는 토큰이 발행되고 있으나 플랫폼 사용료로서 지불되는 것으로 거래 대금과는 관련이 없다.

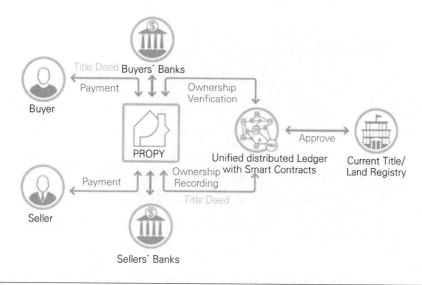

자료: Propy Whitepaper(2017).

궁극적인 형태는 플랫폼 v.2 Propy으로 이는 완벽하게 탈중앙화가 이루어지는 것이다. 기존의 Registry를 Propy Registry로 대체하면서 v.1에서 Propy, Blockchain, Registry의 세 가지로 분류되었던 것을 블록체인상의 Propy Registry 로 통합하는 것이다. 또한 암호화폐를 통한 지불이 가능해져 은행의 개입도 불필 요하게 된다. 따라서 암호화폐를 사용한다면 은행, 변호사, 공증인 등의 개입이 필요하지 않게 되면서 구매자와 판매자 이외의 제3자의 개입은 부동산의 상태를 확인(Inspection)하는 중개인만이 남게 된다. 플랫폼 v.1에서 소유권이전등기 절 차가 매우 간소화되었는데, 이 단계까지 이르게 된다면 부동산거래와 소유권 이 전등기, 소유권 관리 등의 모든 과정이 Propy에서 이루어지게 되는 것이다.

▼ [그림 16-28] Propy Platform Transaction v.2

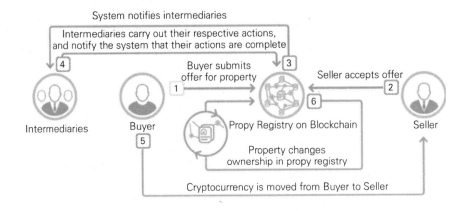

자료: Propy Whitepaper(2017).

프로피는 이더리움 블록체인의 스마트계약 기능을 활용하여 15단계에 이르던 국제 부동산거래 과정을 아홉 단계로 단축했다.

① 예약: 우선 프로피 웹사이트에 접속해 매물을 검색하여 대중교통 접근성, 보행 친화성, 학군, 가구 비치 여부 등을 살펴본다. 적절한 매물이 선정되면 'Ready to Purchase' 버튼을 눌러 구매를 예약한다. 'Buy with Crypto' 아이콘이 표기된 매물은 이더리움 또는 비트코인 등 암호화폐로 구매가능하다.

② 초대: 매도자 측 공인중개사가 거래 참여자들을 프로피 플랫폼으로 초대한다. 여기서 거래 참여자란 ① 판매자 ② 매도자 측 공인중개사 ③ 매수자 ④ 매수자 측 공인중개사 ⑤ 공증인을 뜻한다.

③ 구매 의사 확정: 매도자와 매수자, 그리고 양측 공인중개사가 구매 의사 동의서에 서명한다. 각 참여의 서명이 이더리움 블록체인에 기록된다.

④ 공증: 공증인이 작성한 계약서에 매도자와 매수자가 서명한다. 이 서명 역시 이더리움 블록체인에 저장된다.

⑤ 등기: 매도자 측 공인중개사가 발송한 소유권 이전 등기 서류에 각 거래 참여자가 서명한다.

⑥ 거래 결산: 공증인이 매도자와 매수자에게 각각 거래 결산서를 보내고, 양측이 서명한다.

⑦ 지불: 현지 법정통화, 비트코인, 이더리움, 리플 등 미리 약속한 지불 수단으로 거래 대금을 치른다.

⑧ 추가 서류 서명: 필요시 추가 서류에 서명한다.

⑨ 거래 완료: 모든 서류가 이더리움 블록체인에 올라가고, 소유권이 최종적으로 매수자에게 이전된다. 블록체인에 기록된 거래 내역은 누구든 볼 수 있으나 계약서, 등기부등본 등 암호화 후 저장된 데이터는 개인키를 소유한 사람만 열람할 수 있다.

프로피의 발표에 의하면 2018년 우크라이나에서 이더리움으로 주택을 거래한 첫 사례를 시작으로 총 열다섯 건의 거래가 프로피 플랫폼을 통해 이뤄졌다고 한다. 지금까지 이뤄진 열다섯 건 모두 이더리움과 자체 발행한 프로(PRO)코인 등 암호화폐로 대금 지불이 이뤄졌다. 이 중 열네 건은 프로피가 개념증명(PoC: Proof of Concept)을 위해, 현지 공증인과 공인중개사 등을 직접 섭외한 파일럿(Pilot)[29] 거래였다.

프로피의 인위적인 개입 없이 2019년 2월 매도자와 매수자가 알아서 프로피 플랫폼을 찾아와 미 캘리포니아의 주택을 거래한 한 건이 프로피 플랫폼에 의한 진정한 거래라 할 수 있다.

이더리움 블록체인의 스마트계약을 통해 이뤄진 부동산거래가 중개인의 개입 없이 가능하게 하려면 블록체인상의 거래 기록이 법적 증거 능력을 가져야 한다. 프로피 측은 이를 위해 각국 정부와 업무 협약을 맺고 있다. 2018년 9월 프로피는 우크라이나 법무부와 "법적 분쟁 발생 시 블록체인상의 거래 기록의 증거 효력을 인정한다"는 내용의 업무 협약을 맺었다. 미 캘리포니아주와 버몬트주에선 관련 입법이 이뤄졌다.

미국 부동산협회(NAR: U.S. National Association of Realtors)는 미국 부동산 단체 중 가장 규모가 큰 협회로 주거용, 상업용 부동산 업계 종사자 130만 명이

---

29 파일럿(Pilot)은 프로그램을 실제 운용하기 전에 오류나 부족한 부분을 찾기 위해 실제 상황과 유사한 조건에서 시험 가동하는 행위.

회원으로 등록돼 있다. 이 부동산협회의 부동산기술 전문 벤처캐피탈 펀드인 세컨드센추리벤처스(Second Century Ventures)는 리치(REACH)라는 스타트업 지원 프로그램을 통해 프로피에 투자했다고 2019년 6월 10일 발표했다.

2. 블록체인에 의한 투자 및 자금조달 프롭테크

블록체인에 의한 플랫폼을 운영하고 스마트계약에 의해 부동산거래가 이루어지며 토큰발행을 통해 자금이 조달되는 프롭테크는 날로 증가하고 있다. 대표적인 블록체인 기반 투자 및 자금조달 프롭테크는 다음과 같다.

Ubitquity(https://www.ubitquity.io/)

- 설립연도: 2015
- 위치: United State
- 사업 모델(Blockchain)
  - 부동산관련 서류 기록관리
  - 2016년 부동산 토지대장 소유권등록 수행
  - 보유한 부동산 자산의 안전한 디지털 자산 관리

PropertyClub(www.propertyclub.nyc)

- 설립연도: 2018
- 위치: New York
- 사업 모델(Blockchain)
  - 블록체인에 의해 부동산 매물을 검색, 거래, 투자하는 부동산 플랫폼 운영
  - 스마트계약을 이용해 비트코인이나 자체 소유의 부동산클럽코인(PCC)을 이용해 디지털 방식으로 부동산거래를 진행

ManageGo(https://managego.com)

- 설립연도: 2009
- 위치: New York
- 사업 모델(Blockchain)
  - −9년 동안 부동산 관리서비스 개발 제공
  - −블록체인에 의해 거래하는 부동산거래 플랫폼 구축 운영

RealBlocks(https://www.realblocks.com)

- 설립연도: 2017
- 위치: New York
- 사업 모델(Blockchain)
  - −블록체인에 의해 부동산 자산에 대한 지분을 사고 팔고 거래할 수 있는 부동산거래 플랫폼 운영

SMARTRealty(http://smartrealty.properties)

- 설립연도: 2018
- 위치: Seattle
- 사업 모델(Blockchain)
  - −스마트부동산계약을 통해 부동산 구입 및 임대 계약 체결
  - −스마트계약을 통해 임대료 지불, 주택 담보대출 실행, 주택 매매거래 진행

Slice(https://www.matthallwritescopy.com/slice)

- 설립연도: 2017
- 위치: West Hollywood, Calif.
- 사업 모델(Blockchain)
  - −상업용 부동산에 소액 투자 기회 부여
  - −국제 투자자들에게 접근할 수 있는 기회 제공

미국 부동산시장 달군 아이바잉(iBuying)이란?

아이바잉은 온라인으로 공인중개사를 통하지 않고 직접 집을 사고 파는 방식이다. 전통적인 부동산거래에는 '중개사'가 있다. 반면 아이바잉에는 중개사 없이 매도자와 매수자만 있다.

우선 집을 팔려고 하는 사람이 홈페이지에 매물을 등록하기만 하면 아이바잉 회사는 24시간 이내에 주택을 구입하고자 하는 가격을 제시한다. 집을 팔고자 하는 사람은 회사의 제시 가격이 마음에 들면 계약을 맺고, 가격이 마음에 들지 않으면 다른 회사를 선택하거나 기존의 방식처럼 중개사를 찾아가면 된다. 이렇게 말 그대로 클릭 한 번으로 내 집을 사고 파는 것이 가능해지는 것이다.

아이바잉의 대표적인 회사는 '오픈도어(open door)'나 '오퍼패드(Offerpad)'이다. 이런 회사들은 자신들의 홈페이지나 애플리케이션에 고객이 주소만 남기면 해당 주택의 가격을 자체적으로 책정한다. 집의 상태나 옵션사항은 별도의 조사를 통해 기록한다.

이때 회사는 각자 보유한 빅데이터 인공지능 등 기술을 활용해 해당 주택 가격을 산정한다. 오픈도어의 경우 '콤프스(comps)'라고 불리는 플랫폼으로 비교 대상이 되는 주택을 선정한다. 이후 'comps'의 특성과 신청자의 주택의 특성을 비교, 인근 지역의 가격 변화나 공실 등을 감안해 인공지능에 의해 24시간 이내에 최종 가격을 제시한다. 쉽게 말해 주택의 감정평가를 사람이 아닌 기술이 대신 하는 것이다. 회사는 이렇게 구입한 주택을 개량하거나 수리한 후 되파는 형태로 수익을 발생시킨다. 물론 이러한 절차도 모두 온라인에서 진행된다.

미국 주택시장 거래량을 분석한 결과 지난해 특정 주에서 아이바잉을 통해 거래된 주택의 비중이 전체 거래량의 5%를 넘어섰으며 매년 약 25%씩 성장하는 것으로 조사된다.

주택의 매매거래에 걸리는 시간도 전통적인 거래 방식을 통하면 평균 58일이 걸리지만 아이바잉을 통하면 아무리 길어도 열흘 이내에 종결되는 것으로 나타났다. 쉽고 빠르게 주택을 거래할 수 있다는 장점도 있지만 편리함의 대가로 시세보다 낮은 가격이 책정되는 문제가 있으며, 가격이 너무 비싸거나 너무 싼 주택은 아이바잉을 통한 거래가 어렵다는 단점도 있다.

그렇다면 우리나라에서는 아이바잉의 도입 가능성이 얼마나 될까?

아이러니하게도 우리나라는 아이바잉이 아니더라도 주택을 빠르게 사고파는 경향이 있으며, 주택가격이 상승하는 지역에서는 이런 현상이 더욱 강하게 나타난다. 이는 주된 주거형태가 미국은 표준화되지 않은 단독주택인 반면 우리나라는 표준화가 잘 된 아파트이기 때문이다. 특히 실제 거주 목적이 아닌 투자 목적의 거래인 경우 아파트의 내부 상태와는 상관없이 시세에 따라 가격이 결정되는 성향이 강하게 나타난다. 그래서 표면적으로 볼 때 아이바잉이 우리나라에서 활성화되기는 쉽지 않은 환경이다.

그럼에도 불구하고 국내 부동산시장 특성에 맞는 아이바잉시장이 성장할 가능성이 매우 크다고 판단된다. 왜냐하면

▼ [그림 16-28] 미국 아이바잉 상위도시

(2019년 3분기) (단위: %)

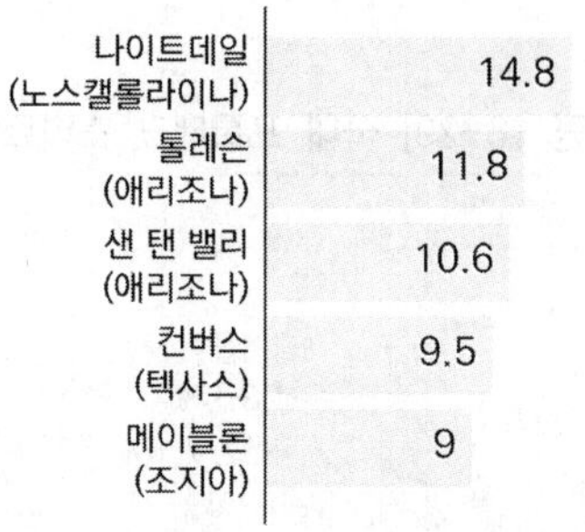

나이트데일 (노스캘롤라이나)	14.8
툴레슨 (애리조나)	11.8
샌 탠 밸리 (애리조나)	10.6
컨버스 (텍사스)	9.5
메이블론 (조지아)	9

자료: 레드린

국내 부동산시장에서도 부동산거래부터 등기이전까지 모든 과정이 전산에서 해결되는 플랫폼을 구축하기 위한 변화가 지속되고 있기 때문이다. 부동산에 관한 정보가 플랫폼을 통해 쉽고 빠르게 처리된다면 지금까지 부동산거래를 힘들게 만들었던 대출이나 계약 그리고 등기까지 모두 한번에 처리할 수 있다.

실제로 최근 부동산 전자계약이 활성화되고 부동산 직거래 비중도 증가하는 등 시장 여건은 점점 좋아지는 상황이다. 이러한 변화들이 쌓인다면 멀지 않은 미래에는 주택을 주식처럼 사고 파는 날도 오지 않을까 생각된다.

자료: 서울경제(2020.4.12), 미국 부동산시장 달군 아이바잉(iBuying)이란?,

06절 국내 대표적인 프롭테크

최근 국내 부동산산업도 정보기술 적용과 공공의 부동산 관련 데이터 공개와 활용이 확대됨에 따라 부동산 관련 서비스 및 사업기회가 점차 확대될 것으로 예상된다. 부동산시장 내 새로운 주거수요의 출현과 부동산시장의 다변화가 대응하기 의한 정보기술이 접목된 프롭테크는 미국, 영국, 중국 등에 비하면 미

진하지만 점진적으로 확대되어 가고 있다.

2018년 10월 30일 설립된 한국프롭테크포럼의 최초 회원사는 26개였으나 2020년 7월 현재 160개 이상으로 회원사가 확대되고 있다.

▼ [그림 16-29] 국내 프롭테크 스타트업 기업

부동산 정보서비스: 원룸, APT 시세정보 위주에서 다세대/다가구, 오피스 확대(모바일)
중개서비스(O2O): 주택거래 위주에서 오피스, 이사, 청소, 인테리어 토털서비스로 확장

1. 부동산 중개 프롭테크

제4차산업혁명시대 진입과 인구감소, 1인가구 증가와 고령화 등 인구구조 및 도시변화에 따른 부동산시장도 향후 많은 변화가 예상된다. 실제 주택분야에서는 아파트 시세중심의 정보 제공서비스에서 1~2인 가구 증가에 따라 연립, 다세대 등 다양한 주택 유형의 중개, 전월세정보 제공, 사무실 공유서비스 등 플랫폼 기반의 부동산 중개업서비스를 제공하는 스타트업이 다수 출현하고 있다.

또한 중개서비스는 최근 주거영역에서 더욱 확대되어 나아가 오피스까지 국내 부동산 중개앱서비스 활성화로 프롭테크가 더욱 확산되고 있다.

2013년에는 네이버 부동산이 골목상권을 침해한다는 사회적인 논란에 의해 부동산 중개사업 철수를 전후해서 모바일에 의해 주택 전월세정보 제공(부동산 O2O)기업인 채널브리즈(직방, 2012)와 스테이션3(다방, 2013)가 출현하였다.

직방은 가입된 회원 중개사 41,000명에게 중개서비스를 하는 국내 대표적인 프롭테크기업이다. 직방은 아파트 매매로 영역을 넓혀 'VR(가상현실) 홈투어'에 이어 빅데이터에 의해 부동산 실거래가와 매물 데이터를 비교 분석하고 주변정보를 알려주는 '빅데이터랩'을 서비스하고 있다.

▼ [그림 16-30] 큐픽스 VR 구현

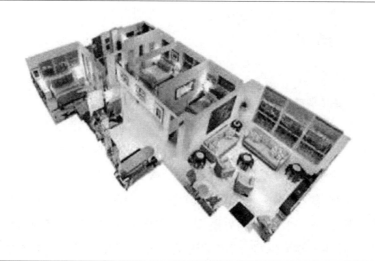

자료: 구글 이미지.

또한 3차원 가상현실 스타트업인 큐픽스(Cupix)에 투자하여 VR홈투어서비스를 제공한다. 큐픽스는 별도의 장치 없이 사진 몇 장으로 실내공간을 입체적으로 재구성하는 기술을 개발하여 공간과 공간을 매끄럽게 이어 실제 이동하는 느낌을 주어 이용자가 직접 집안을 걸어다니는 듯한 가상투어(Virtual Tour) 경험을 제공한다.

다방 또한 AI시스템에 의한 공인중개사 전용 앱(다방프로)과 허위·미끼 매물을 필터링하여 제공하는 서비스를 통해 단순한 매물 광고 플랫폼에서 AI, 빅데이터 등 정보기술기반의 중개서비스로 진화하고 있다. 이들 기업의 성장은 침체되었던 부동산정보서비스 업계에 활력을 불러 일으키는 계기가 되고 있다.

기존의 오피스 임대시장에도 플랫폼에 의한 사무실 공유를 통해 높은 보증금 및 장기임차에 따른 임차인들의 부담을 상대적으로 저렴한 임대료와 짧은 계약기간, 풀서비스 제공, 입주사 간 네트워킹 등을 이룰 수 있게 되었다. 국내 대표적인 사무실 임대(공유) 스타트업인 패스트파이브(FastFive)는 지난 2015년 4월 서초점을 시작으로 2020년 7월 현재 총 25개 지점, 1,910개 업체(17,000여 명 입주)가 이용하고 있다.

이러한 중개서비스분야에서 플랫폼을 기반으로 하는 부동산 스타트업은 최근 주거관련 토털서비스를 제공으로 사업영역을 점차 확대하고 있다. 중개업계 1위인 직방은 최근 20~30대 거주가구의 수요에 발맞춰 금융서비스 및 인테리어 및 청소업체까지 연계한 서비스를 제공하고 있으며, 다방도 이사, 청소, 인테리어 등 서비스를 연계하고 있다.

2. 부동산 클라우드 펀딩(Crowd Funding, P2P 대출)

부동산 클라우드 펀딩(P2P 대출)은 저금리시대에 고수익 기대 및 중금리 대출 제공 등 차별화로 새로운 금융상품으로 빠르게 부상하고 있다. 신용등급이 낮아 금융권 대출이 어려운 중소형 건설사업자를 대상으로 부동산 클라우드 펀딩(P2P)을 통해 중금리 대출 지원을 할 수 있도록 차별화된 비즈니스가 이루어지고 있다. 이러한 부동산 클라우드 펀딩은 저금리시장 속에서 상대적으로 높은 투자수익률을 기대할 수 있어 일반 투자자들의 관심도 높아짐에 따라 급성장하는 추세에 있다. 국내 대표적인 부동산 클라우드 펀딩 업체로는 테라펀딩, 루프펀딩, 위펀딩 등이 있다. 특히 부동산 PF대출시장에 집중하고 있는 테라펀딩(Tera Funding)의 경우 주로 빌라, 주택 등 중소형 건물의 건축자금 대출을 취급하며, 최근 부동산 클라우드 펀딩 업계 최초로 2019년 말 현재 누적대출금 1조 원을 돌파하는 등 급성장하고 있는 프롭테크이다.

3. 부동산 공유주택서비스

쉐어하우스(Share House)[30]는 빠르게 증가하는 1인가구의 트렌드에 적합한 주택형태로서 이러한 주거수요에 발맞춰, 공유플랫폼으로 건물주와 세입자를 연결해 주며 수수료를 받는 형식의 공유주택서비스가 이루어지고 있다.

대표적으로 어반 하이브리드(Urban Hybrid)는 강남권에서 공실이었던 소형 오피스 건물을 쉐어하우스로 개조하여 인근 오피스텔에 비해 낮은 보증금 및 월세 책정으로 수요층 공략에 성공하고 있다. 그리고 로컬스티치(Localstitch)는 기존의 낡은 여관이었던 건물을 리모델링해 코워킹(Co-Working) 및 공동주거 공간으로 재창출하였으며, 인근의 근린생활시설과의 연계된 서비스를 제공하고 있다.

4. 상업용 부동산거래정보 제공서비스

국내에서 오피스 등 상업용 부동산시장은 거래 빈도가 낮으며 거래정보가 공개되지 않고 있어 주로 특정 중개사무소에서 대부분 거래가 이루어진다.

스타트업인 오피스픽(OPiCK)은 직접 오피스 매물정보를 수집한 매물 자동 분석시스템 개발을 통해 고객이 원하는 매물정보를 분석하여 제공하는 서비스를 하고 있다. '오피스픽'은 O2O(Online to Offline)서비스에 의해 국내 1만여개의 오피스 매물을 직접 조사한 데이터를 기반으로 '오피스AR(Analysis Recommendation)'을 런칭하여 임대 시세 리서치, 적정 임대료 산출, 공실률 및 환산임대료 산정 등 정보를 제공하는 한편, 임차인이 위치·임대료·건물상태 등 조건을 입력 뒤 검색하면, 최적화된 빌딩 매물 목록을 제공하는 프롭테크이다.

그 외에 최근 가상현실(VR)과 증강현실(AR)기술이 빠르게 발달하면서 부동산 중개업 및 건설·인테리어사업영역과 결합될 경우 부동산시장 내 큰 변화를 이끌 것으로 기대된다. VR에 의한 모델하우스 운영, 인테리어 및 리모델링 전후의 공간을 보여줌에 따라, 시간 및 비용 절감, 공사 시작 전 발생 가능한 문제점들을 사전 방지가 가능하게 된다.

---

30 쉐어하우스: 다수가 한 집에서 거주하면서 지극히 개인적인 공간인 침실은 따로 사용하지만 거실, 화장실, 욕실 등은 공유하는 주택

실제 미국의 메타포트(Matterport)사와 투어러(Tourler)는 3D카메라 기술을 활용하여 매물로 나온 집이나 건물을 가상현실 공간으로 재창출, 실제로 가본 듯한 경험을 제공함에 따라 크게 주목받고 있다. 메타포트는 증강현실 카메라 개발을 위해 이미 6천만 달러의 투자를 유치하였다. 국내에서도 엣카르타(ATCARTA)는 자체 개발한 스캐닝 기기를 활용하여 건물내부를 가상현실 환경으로 제작·중개 솔루션을 개발하는 등 국내 부동산시장에도 VR, AR에 의한 프롭테크가 확대되어 갈 것으로 기대된다.

5. 주택정비사업 스페이스워크

프롭테크는 노후·불량 주택 정비사업에도 적용되고 있다. 인공지능과 빅데이터에 의한 건축 설계 기반의 프롭테크기업인 '스페이스워크(Spacework)'는 서울 시내 노후·불량 주택 지역을 데이터화해 공개하고 개발사업의 타당성을 분석하는 프로그램을 개발했다. 스페이스워크의 프로그램은 서울주택도시공사, 경기도시공사, 시흥시 도시재생지원센터 등 공공기관에서 주택 정비·개발사업의 효율성을 높이는 데 쓰이고 있다.

스페이스워크는 AI와 빅데이터로 중소형 부동산 개발에 필요한 정보를 제공한다. 주택 신축시 토지 추정 가격, AI 건축설계, 개발 후 추정수익 등을 무료로 확인할 수 있는 랜드북(Landbook)서비스를 운영하고 있다. 랜드북서비스는 정보기술(IT)로 토지이용의 효율성을 최적화할 수 있는 사업성 검토에 관한 정보를 제공한다.

대규모 부동산 개발의 경우 전문가가 사업성 평가와 건축설계를 도와주지만 단독주택 등 소형 부동산 개발에서는 전문가 도움을 받기 어렵다. 특히 400억원 이상 규모의 토지거래는 연간 150건에 불과하지만 50억 원 이하 규모의 토지거래는 65만건에 이른다. 그러나 우리나라는 건축법도 복잡하고 건축법이 수시로 개정되어 개인이 어떻게 개발해야 투자 위험을 줄이고 수익을 높일 수 있는지를 검토하기가 쉽지 않다. 스페이스워크는 이 문제를 AI와 빅데이터로 분석·제공한다.

랜드북은 빅데이터와 AI 건축설계기술을 활용해서 부동산가치를 평가하고 개발 솔루션을 제공하는 서비스다. 빅데이터와 AI가 부동산 시세 빅데이터 기반으로 복잡한 건축법류를 분석해서 수익 극대화가 가능한 부동산 개발안을 도출한다. 지도 위에 특정한 필지를 선택해서 몇 가지 조건만 입력하면 그 토지를 분석해 토지 시세, 최대 용적률, 개발 후 예상 수익까지 계산해 준다. 즉, 해당 토지에 지을 수 있는 건물의 최대 규모와 효율 배치 등 부동산 개발에 필요한 정보를 클릭 한 번에 신속하게 제공한다. 개발이용을 최적화 하려면 몇 층 규모로 설계해야 하는지 3차원(3D) 모델링 투시도를 제공하는 등 전국 3,800만개 모든 필지를 분석할 수 있다. 그동안 토지 평가는 이 땅이 담보 역할을 할 수 있는지, 담보가치를 봤다면, 부동산 솔루션 랜드북은 개발이익을 얼마나 기대할 수 있는지를 예측할 수 있도록 부동산 개발 패러다임을 바꾸고 있다.

프롭테크도 넓은 의미로는 온·오프라인 연계(O2O)의 한 분류로 볼 수 있다. O2O플랫폼의 성공 요소 가운데 하나가 프롭테크처럼 과거 데이터는 많지만 정보 비대칭이 있는 산업 데이터를 수집해서 학습하는 AI 개념을 접목할 수 있는 가능성이라 할 수 있다.

AI는 과거 정보 비대칭성을 온라인상 큐레이션서비스로 해소해 주고, 더 나아가 큐레이션 커머스서비스(Curation Commerce Service)로 발전시키고 있어 프롭테크도 큐레이션 커머스로 발전할 가능성이 있다. 스타트업 창업가도 비대칭성 데이터 수집이 용이한 시장을 찾아 AI를 접목한다면 더욱 많은 기회가 프롭테크에 있다.

구분	기업명	내용	비고
프롭테크 1세대	알투 코리아	• 상업용 부동산정보 제공 • 현재 부동산컨설팅 제공	IS
	부동산114	• 아파트정보 전문 제공	IS
	네이버부동산	• 부동산정보 제공, 허위매물 확인	IS
프롭테크 2세대	다방	• 원룸, 아파트 등 확대, 매출 340억(2017) • VR분야 투자(큐픽스), AI 허위매물 제거, 호갱노노 인수	Big data, VR
	호갱노노	• 아파트 다양한 정보 제공 (가격, 주변시설, 세대수, 주차공간 등)	Big data, AI
	직방	• 원룸, APT 등 부동산 정보 제공 • 원룸에서 가치사슬 내 주변 서비스 (인테리어, 이사, 청소)	Big data, AI
	알 스케어	• 전국 9만여 개의 빌딩정보와 3만여 개의 임대 (공실) 정보 제공, 인테리어 컨설팅	IS
	테라펀딩	• 부동산 개발자금(PF) 대출(P2P) • 클라우드 펀딩	Cloud, FinTech
	패스트파이브	• 공유형오피스	공유경제
프롭테크 3세대	스페이스워크	• 토지개발 솔루션(토지 개발 및 토지가치 평가) • 건축설계(AI), 랜드북(Landbook)	Big data, AI
	큐픽스	• 부동산 내부 360 VR, Digital Twin	VR, Digital Twin

17

프롭테크 진화와 부동산 변화방향

01절 프롭테크 진화방향

국내 부동산산업은 일본의 부동산산업과 비교만 해봐도 얼마나 취약한 구조로 되어 있는지 알 수 있다. 국내 부동산산업은 <표 17−1>에서 보는 바와 같이 관리업과 자문업 및 중개업은 부동산 전체 종사자의 83.8%로 치중되어 있고, 매출액은 37.9%밖에 되질 않는 반면, 일본은 임대업과 매매업에 종사자와 매출비중이 높다. 앞으로 국내 부동산산업의 한 축이 될 부동산 임대업은 종사자와 매출액 모두 10%대에 머무르고 있어 일본의 45%대와 비교된다. 반면에 우리나라는 관리업과 자문중개업의 종사자는 38%에 불과하다. 특히 종사자의 대부분을 차지하는 관리업이나 자문중개업은 인공지능, 빅데이터에 의해 대체될 가능성이 큰 분야로 취약한 구조라 할 수 있다.[31]

---

[31] 표준산업분류에 의한 한·일 부동산산업을 비교한 연구(박철한 외, 2014)에 의해 일본의 전물 및 토지 매매업은 한국의 개발 및 공급업과 비교함.

▼ ⟨표 17-1⟩ 한·일 부동산산업 비교

기준: 2013년	종사자수(명)		매출액(조원)	
국가	한국	일본	한국	일본
전체 규모	413,028	1,256,500	50.3조 원	294.2조 원
임대업	8.0%	45.7%	11.0%	42.0%
개발 및 공급업	6.5%	35.1%	49.7%	32.8%
관리업	52.1%	19.3%	27.3%	13.1
자문중개업	31.7%	18.7%	10.6%	12.1
감정평가업	1.7%	–	1.4%	–
매매업	–	35.1%	–	32.8%

(관리업·자문중개업 행 오른쪽 박스: AI 대체 가능)

자료: 국토연구원(2015) 재구성.

더욱 심각한 면은 실물 교환이나 관리에 치중되어 있는 반면 고부가가치 서비스는 매우 낙후되어 있다는 것이다. 세계투입산출DB(World Input−Output Database)[32] 자료에 따르면 부동산산업의 산출액이 전 산업 산출액에서 차지하는 비중이 2011년 기준으로 우리나라는 3.32%로 분석대상 25개 국가 중 중국 다음으로 최하위이다. 그리고 2008년 세계금융위기 이후 대부분의 국가들과는 달리 4.39%(2005년)에서 0.32%(2011년)로 크게 하락하였다.

부동산업체는 2010년까지 세계 2,000개 기업에 하나도 포함되지 않았으나, 세계금융위기 이후 2015년에는 미국이 25개로 가장 많았으며, 중국이 15개, 홍콩이 13개, 영국 7개, 일본 5개 등 총 78개로 급성장하였으나 한국은 아직 없는 상태이다.

더욱이 우리나라는 전체 순자본스톡에서 부동산이 차지하는 비중이 91%를 차지하고 있는 점을 감안할 때 부동산시장의 구조변화에 대응하는 부동산산업의 성장기반을 모색하고 부동산산업이 거시경제에 기여하는 역할을 제고할 수 있는 방안을 모색할 필요가 있다(정희남 외, 2015).

---

32 WIOD(World Input−Output Database)는 EU 집행위원회의 주관하에 세계 40개 국가의 산업연관표와 무역데이터, 국제수지통계 등을 이용하여 국가 간 거래표를 추정하여 발표.

(단위: %)

순위	국가	부동산산업	건설업	금융업
1	프랑스	8.47	6.92	4.96
2	오스트리아	8.46	12.14	6.68
3	미국	8.25	3.95	9.36
4	핀란드	8.11	7.99	2.35
5	일본	7.65	6.54	4.39
6	덴마크	7.59	5.82	4.65
7	그리스	7.28	6.84	4.70
8	이탈리아	7.25	6.13	4.39
9	스웨덴	7.20	6.22	3.01
10	터키	6.84	5.58	2.73
25	한국	3.32	5.70	4.32
26	중국	2.20	9.62	2.42

자료: Marcel P. Timmer (ed). 2012. The World Input-Output Database (WIOD): Contents, Sources and Method. WIOD Working Paper Number 10.

우리나라 부동산산업은 경직된 틀에 의한 비즈니스 모델만 허용하는 구조를 가지고 있는 근본적인 문제가 있다. 이러한 부동산산업 구조를 최신 스마트정보기술을 통해 산업발전을 기해야 할 시점으로 제4차산업혁명시대 부동산산업을 다양한 정보기술을 활용하는 프롭테크를 통해 부동산산업의 획기적인 발전을 기할 수 있는 적기라 할 수 있다.

정보기술에 의한 지능형 부동산 플랫폼은 부동산정보의 비대칭성 문제를 해소하여 공급자 중심의 부동산산업을 소비자 중심으로 변화시키게 될 것이다. 부동산 플랫폼은 부동산 수요자와 공급자, 중개인 등이 부동산정보를 원활하게 주고받을 수 있도록 하는 정보포털이면서 부동산거래를 위한 마켓플레이스 역할을 할 수 있도록 발전되어야 한다. 따라서 부동산에 대한 상세정보, 데이터분석 등을 제공하는 임대 및 개발공급업과 부동산 관리 및 중개업 등에서 프롭테크 활성화를 통해 부동산 플랫폼을 활성화하여야 할 것이다.

해외의 부동산 플랫폼은 서비스 차별화, 다양한 비즈니스영역 간 연계를 통한 네트워크 효과(Network Effect)를 통해 경쟁력을 확보하는 추세이다. 또한 기존의 부동산기업을 부동산 플랫폼에 의한 스타트업기업은 기존 시장지배력을 선점하고 대량의 데이터를 확보한 선도기업과의 경쟁에 불리하게 되어 있어 이를 타개하기 위해 서비스를 다각화하여야 할 것이다. 예를 들어, 'Goodlord' 등 영국의 11개 신생 플랫폼은 주택계약의 단순화, 중개인 없는 부동산거래 등의 서비스를 제공하고 있으며, Zillow의 경우 모기지 대출 신청자가 거주지역, 희망 대출 금액, 연소득 등에 대한 정보를 입력하면 자체 개발한 알고리즘에 따라 대출받을 금융회사를 추천하여 준다. 이와 같이 부동산 플랫폼을 통해 다양한 서비스를 쉽게 제공하는 비즈니스를 창출하는 프롭테크가 활성화되고 있다.

▼ [그림 17-1] 부동산 프롭테크 모델

부동산 비즈니스 모델(PropTech)

IoT	국민공감형 정책	부동산 정책
Cluld Computing	부동산 가격예측	부동산 개발업
Big Data	부동산 매물 예측	부동산 중개업
AI	부동산 전자상거래	부동산 임대업
AR/VR	부동산 공유경제	부동산 컨설팅
Block Chain	부동산 평가	부동산 평가업
	부동산 최유효 활용	부동산 금융업
	부동산 금융 (증권화, 클라우드 펀딩)	부동산 관리업

둘째, 가상현실과 증강현실, 그리고 디지털트윈은 일종의 가상시연으로 부동산정보 플랫폼의 부정확한 정보전달 문제 및 임장활동을 통한 부동산 물건 확인에 소요되는 시간·비용 문제를 효과적으로 해결할 수 있는 대안이 되고 있다. 가상현실과 증강현실, 대체현실 등은 부동산에 대한 혁신적인 체험서비스를 제공하여 부동산정보의 질 개선과 부동산 플랫폼의 업그레이드를 주도하게 될 것이다. 현재 VR을 통해 부동산정보를 제공하는 방식에는 360도 촬영, 3D렌더링을 기반으로 한 안내 가상방문 방식, 사용자가 결정한 동작을 통해 대화식으

로 공간을 이동하는 대화식 가상방문 방식 등을 구현할 수 있다. 설계 영역에서의 디지털트윈과 VR은 개발이 예정된 부동산에 대한 3D 모델링을 통해 공간 설계, 인테리어 등의 정보를 완공 전에 보여주어 고객의 요구사항 반영, 오류발견 및 개발비용 절감에 기여할 수 있다.

셋째, 블록체인(BlockChain)은 투명성이 강화된 분산거래원장으로 관리되는 디지털 장부와 스마트계약을 통해 거래프로세스를 혁신할 수 있는 차세대 프롭테크기술이다. 블록체인을 기반으로 하는 디지털 장부는 분산원장 방식으로 데이터 구축을 위한 중앙시스템 구축과 운영비용, 서버의 유지비를 절감할 수 있다. 그리고 관련 정보는 항상 검증되어 갱신되므로 최신 정보를 이용할 수 있어 신뢰성과 정확성 등 업무의 효율성을 높일 수 있다. 또한 블록체인에 의한 스마트계약은 자동으로 계약을 체결하고 이해·관리하는 프로세스로 중개자의 도움 없이 부동산 거래 프로세스를 단순화하여 낮은 수수료와 계약미이행 시 발생되는 비용을 절감할 수 있다. 또한 블록체인 네트워크를 통해 계약의 실행여부와 과정을 동시에 확인·공유할 수 있다. 블록체인을 활용한 부동산 플랫폼기업은 제16장 분야별 프롭테크현황에서 살펴본 바와 같이 REX, Imblex, Propy, ATRNAT 등이 있으며, 미국, 유럽연합, 스웨덴, 우크라이나, 조지아공화국 등은 국가적 차원에서 블록체인을 이용한 부동산 공공장부시스템을 구축할 예정에 있어 참고할 만하다.

지금까지 프롭테크는 데이터를 기반으로 하는 부동산서비스의 디지털화를 통해 결국 부동산산업의 생산성을 제고하여 투자액이 급증하는 등 주목을 받고 있다. 하지만 프롭테크가 실제 부동산서비스에 원활히 적용되고 있는지는 의문이 많다.

2019년 Altus Group의 조사에 따르면 재무계획(Budgeting and Forecasting) 업무를 수행하고 있는 기업의 45%가 여전히 기존 스프레드시트를 그대로 활용하고 있다고 한다. 더욱이 가치평가와 현금흐름 분석(Valuation and Cash flow analysis) 관련 업무에서는 그 비중이 더욱 높아져 51%에 달한다. 이러한 현상은 동일한 조사에서 상업 부동산 관련 기업은 53%가 프롭테크기업에 직접 투자하고 있었던 것과는 상이한 결과다.

이렇듯 프롭테크의 발전과 기업들의 기술 도입이 서로 속도 차를 보이는 것은 첫째, 여전히 기업의 임원들이 기술 도입에 있어 퍼스트 무버(First Mover, 선도적인 활용)보다는 패스트 팔로워(Fast Follower, 선도기업이 성공적으로 이용되면 따라하려고 하는 전략)를 구사하고 있기 때문이다(KPMG, 2018a). 이러한 경향성은 KPMG(2018b)의 조사 결과 [그림 17-2]에서 확연히 드러난다. 프롭테크로 인한 기술혁신이 사업에 어떤 영향을 미칠 것인가에 대한 질문에는 97%의 응답자가 영향을 미칠 것이라고 대답해 파급효과에 대한 인식은 뚜렷한 것으로 나타났다. 그러나 기술혁신의 실제 도입 정도에 대해서는 응답자 중 56%가 5점 이하라고 답하고 있다. 특히 응답자의 7%만이 최첨단(Cutting Edge)기술을 활용하고 있다는 점에서 혁신 이론에서 흔히 언급하는 램(Ram 1987)의 혁신저항 모델(Model of Innovation Resistance)[33]이 프롭테크분야에서도 적용되고 있다는 것을 확인할 수 있다.

---

33 램(Ram, 1987)은 혁신저항을 "혁신을 채택할 때 수반되는 변화들에 대한 소비자들의 저항"이라고 정의하고, '변화에 대한 저항'의 한 유형으로 보았다. 즉 혁신저항이란 혁신을 채택함으로써 야기되는 변화에 대한 '부정적 태도'를 의미하는 것이다(유연재, 2011). 여기서 주의할 점은 혁신저항은 혁신 그 자체에 대한 부정적 태도가 아니라 혁신이 야기하는 변화에 대한 저항이라는 점이다. [네이버 지식백과] 혁신저항 모델(뉴미디어 채택 이론, 2013.2.25, 박종구)

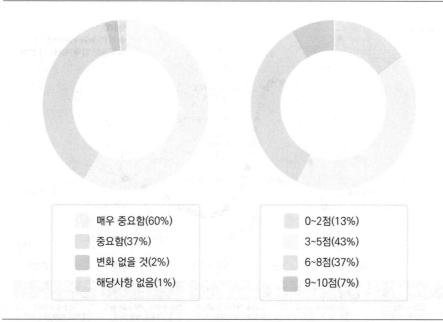

매우 중요함(60%)	0~2점(13%)
중요함(37%)	3~5점(43%)
변화 없을 것(2%)	6~8점(37%)
해당사항 없음(1%)	9~10점(7%)

주1: 부동산산업에 종사하고 있는 전문가들을 중심으로 한 설문조사이며, 그 중 프롭테크를 주요 사업
　　영역으로 하는 기업은 제외했음.
주2: 프롭테크의 수용 정도는 0점이 가장 낮음, 10점이 가장 높음으로 조사한 결과임.
자료: KPMG(2018b).

넷째, 기존의 부동산 투자자들은 새로운 기술 도입보다는 여전히 자산의 수
익성에 관심을 두고 있다. 이러한 경향을 두고 Savills(2019)는 부동산 투자자들
이 "그런 것까지 신경 써야 하나요?(Why should we care?)"라는 입장을 견지하고,
프롭테크가 가진 잠재력이 자산의 효율적 관리에 활용될 뿐, 실제로 산업 전반
에 미칠 파급력에 대해 현업에서 제대로 파악하지 못하고 있다는 점을 언급한
바 있다.

따라서 가까운 미래에는 프롭테크에 대한 저항을 극복하기 위해 기존 서비스
와 자연스럽게 융화되면서도 프롭테크의 효율성을 충분히 발휘할 수 있는 심리스
(Seamless, 끊김 없는)전략을 도입해 기존의 밸류 체인을 일체화하는 방향으로 나아가
야 할 것이다. 이는 기존 부동산산업이나 IT업체들이 자체보유한 장점을 최대한 살
리면서 프롭테크에 진입하기 위해 취하고 있는 전략과 같은 개념이라 할 수 있다.

▼ [그림 17-3] 프롭테크기술의 하이프사이클(Hype Cycle)

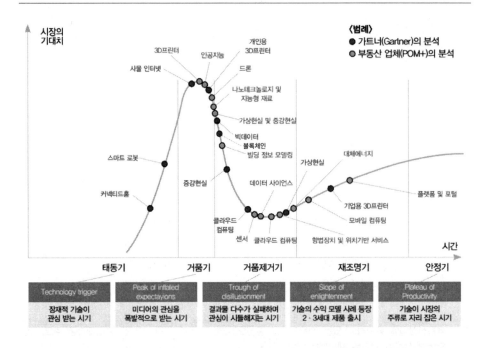

주: 전체 산업을 기준으로 한 기술의 성숙도(Gartner 社)와 부동산서비스업에서의 기술의 성숙도(POM+
   社)가 상이해 색상이 다른 동일한 기술이 반복해서 나타날 수 있음.
자료: POM+(2019).

　　프롭테크 진입전략을 수행하기 위한 기술적인 관점을 살펴보면, 가트너의
하이프사이클(Hype Cycle)[34]에서 거품제거기 이후에 위치해 있는 플랫폼과 포털,
빅데이터, 블록체인, 가상/증강현실, 클라우드컴퓨팅 등의 기술이 부동산산업에
활용될 것으로 전망된다.

---

34 시장의 기대와 기술의 성숙도 간의 관계를 평면에 도식화한 것으로, 수많은 기술의 흥망성쇠
   를 통해 경험칙을 기반으로 제시된 가트너(Gartner)사의 미래기술전략 수립에 활용되는 도
   구 중 하나임.

▼ [그림 17-4] 지능형 부동산 플랫폼 개방도

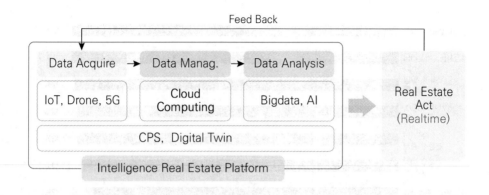

실제 부동산 관련 기업을 대상으로 한 설문조사에서도 가까운 미래에 온라인 마켓플레이스 렌딩,[35] 인공지능 및 머신러닝, 스마트빌딩시스템 등을 활발히 도입할 것이라고 밝혀 유사한 결과를 보여준다(Altus Group, 2019).

다만 기존 서비스의 질적 개선 수준에 그친다면 산업 구조 변화를 주도하는 동력원으로 발전하기는 제한될 것으로 판단된다. 보다 시각을 넓혀 장기적인 관점으로 바라본다면 프롭테크가 데이터 및 플랫폼 기반 기술의 집합체로서 잔존하는 것이 아니라, 현재 태동기에 위치하고 있는 스마트로봇과 사물인터넷, 스마트홈, 스마트그리드가 비교적 새로운 기술로 떠오르며 향후 수년 동안의 시장을 달굴 것으로 전망된다(POM+ 2019). 특히 현재 주목받고 있는 기업 대상의 서비스 분야의 프롭테크보다 수요층이 두터운 주택을 플랫폼으로 한 서비스시장이 더욱 활발히 성장할 것으로 예상된다(허윤경 · 김성환, 2019).

---

35 국내에서 기존 P2P 대출로 통칭되던 대부 방식으로, 대출부문와 투자부문을 연결하는 온라인 플랫폼을 의미함. 최근 들어 기존 P2P 대출이라는 용어는 사라지고 해외에서 표준 용어처럼 사용되는 마켓플레이스 렌딩으로 변경되고 있는 추세.

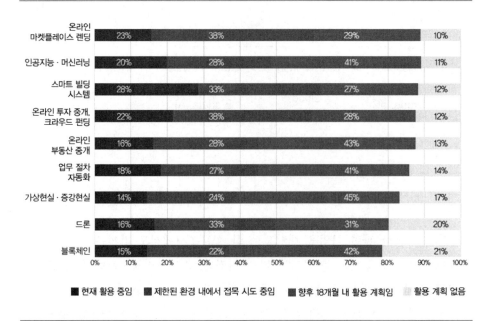

	현재 활용 중임	제한된 환경 내에서 접목 시도 중임	향후 18개월 내 활용 계획임	활용 계획 없음
온라인 마켓플레이스 렌딩	23%	38%	29%	10%
인공지능 · 머신러닝	20%	28%	41%	11%
스마트 빌딩 시스템	28%	33%	27%	12%
온라인 투자 중개, 크라우드 펀딩	22%	38%	28%	12%
온라인 부동산 중개	16%	28%	43%	13%
업무 절차 자동화	18%	27%	41%	14%
가상현실 · 증강현실	14%	24%	45%	17%
드론	16%	33%	31%	20%
블록체인	15%	22%	42%	21%

자료: Altus Group(2019).

국내 프롭테크가 활성화되기 위해서는 지금까지 언급한 모든 요인보다 프롭테크의 발전과 부동산서비스의 진화에 더욱 중요한 속성이 바로 담당기관의 의지가 중요하다. 그리고 우선 이를 원활하게 수용할 수 있는 법·제도 개선과 함께 해외의 프롭테크기업 및 기술변화가 부동산산업에 어떤 영향을 끼치고 있는지 주목할 필요가 있다. 정부는 2017년 말 부동산산업의 고도화를 위해 부동산서비스산업진흥법을 제정하는 노력을 하고 있으나 칸막이식 규제, 부동산 업태의 벤처 지원 배제 등 부동산산업 발전의 장애 요인으로 여러 차례 지적받은 바 있는 사항들은 여전히 암초로 남아 있다. 그 대표적인 예가 스마트(원격)의료로 생체정보의 민감성을 보완하기 위한 법적·제도적 기반 설계에만 수년이 소요되어 시행에 어려움을 겪고 있어 이를 반면교사로 삼아야 할 것이다.

따라서 분야별 자체 업역을 보호하려는 협업을 통해 시너지효과를 내려는 사고의 전환이 필요하다. 또한 향후 개발수요 감소로 주택이 거주 중심으로 바뀌면 Value Chain 內 전방분야(시행·시공·분양)보다 후방분야(임대·관리·유통·

생활서비스 · 리모델링)의 중요성이 증가할 것으로 전망된다. 따라서 이를 위해 부동산 종합서비스체계를 마련하고 임대관리업의 성장과 미래형 사업의 발굴을 지원할 계획이나 아직 구체화하진 못한 상태로 이를 보완하여야 할 것이다. 또한 영미 국가의 주요 프롭테크기업들의 사업 모델과 향후 도입기술을 참고하고 관련 분야의 스타트업이 지속적으로 출현할 수 있는 환경조성을 위해 어떠한 정책들이 추진되는지 지켜볼 필요가 있다.

특별히 주목할 부분은 부동산 창업지원이 법 · 제도적으로 제한이 있어 발전에 걸림돌이 되었다는 것이다. 그러나 2019년 9월에 중소기업창업지원법(제4조)이 개정되어 빅데이터, 블록체인 등 정보기술에 의해 혁신적인 비즈니스 모델은 창업지원이 가능하도록 되었다. 따라서 국내에서도 국제적으로 경쟁력 있는 프롭테크가 활성화되기를 기대해 본다.

향후 프롭테크가 산업 발전의 중심 기술로 역할을 다하기 위해서는 부동산 융복합 협의체를 중심으로 새로운 기술의 유연한 도입을 위한 민관의 공감대 형성과 해결 노력이 무엇보다도 중요하다.

02절 부동산시장의 변화방향

호모 사피엔스는 호모 데우스를 가르칠 수 있을까? 이스라엘의 역사 학자 유발 하라리(Yuval Noah Harari)는 그의 저서 「호모 데우스(Homo Deus), 2015」에서 인간은 불멸, 신성에 도전하는 존재로 진화할 것이라 한다. 또한 정보과학과 생명공학의 발전으로 인해 기대수명이 엄청나게 길어진 신인류는 기존의 인류와 의식과 문화가 근본적으로 다를 것이라고 한다.

미래학자 레이 커즈와일(Ray Kurzweil)의 「특이점이 온다, 2010」에서 기술은 생각보다 매우 빠른 속도로 발전하여 기하급수적인 변화가 필연적으로 엄청난 변곡점을 만들어 2045년에는 인공지능이 인간의 지능을 뛰어 넘게 되는 특이점(Singularity)에 도달할 것이라 한다.

이와 같이 머지않은 미래는 겪어보지 못하고 생각하지 못한 세상이 우리 눈앞에 펼쳐질지 모른다는 것이다.

사람들의 의식과 생각 그리고 사회현상 등에 전혀 다른 변화가 이루어질 때 혁명(Revolution)이라 한다. 지금이 제4차산업혁명의 초입이라 한다면 앞으로 우리는 지금까지 전혀 경험하지 못한 새로운 세계를 맞이할 것이라고 많은 선각자들은 예견한다. 이는 많은 기회와 위험이 내포되어 있다는 것이다. 지혜롭게 대응하고 대비한다면 새로운 기회를 맞이하게 될 것인 반면 이는 아무도 경험하고 가보지 않은 예측할 수 없는 영역으로 많은 위험이 있을 수 있다.

이러한 제4차산업혁명시대 부동산분야에도 미래에는 많은 기회와 위험이 상존하는 현상이 전개되어 부동산산업의 혁신적 발전이 이루어질 것으로 기대된다.

1. 부동산시장의 플랫폼화

디지털 전환(Digital Transfortation)으로 인해 시간적 공간적 영역 확장으로 부동산산업은 글로벌화, 승자독식의 현상이 나타나게 될 것이다. 빅데이터, 인공지능, 가상현실 등 스마트기술에 의해 종전의 부동산거래절차가 모두 디지털화된 환경에서 가능하게 됨으로서 장기적으로 보면 부동산시장은 국경의 경계가 없어지는 초국가적인 부동산시장으로 더욱 확산될 수 있을 것이다. 특히 블록체인에 의한 부동산 자산은 디지털화되어 토큰거래가 이루어지게 됨으로서 부동산시장은 공간적 확장이 더욱 확대될 것이다.

그리고 데이터가 새로운 경쟁원천으로 <표 17-3>에서와 같이 대규모 데이터를 확보하는 글로벌IT기업이 글로벌시장을 주도하듯이 부동산산업도 다양한 분야에서 대량의 데이터를 확보하고 활용하는 플랫폼 및 생태계 중심으로, 부동산산업의 구조적 변화와 치열한 경쟁이 나타날 것으로 보인다.

07년	기업명	비고		19년	기업명	비고
1위	패트로차이나	에너지		1위	애플	ICT
2위	엑슨모빌	에너지		2위	사우디아람코	석유
3위	GE	제조		3위	MS	ICT
4위	차이나모바일	ICT		4위	아마존	ICT
5위	중국공상은행	금융		5위	구글	ICT

따라서 [그림 17-6]과 같이 지능형 부동산 플랫폼(Intelligence Read Estate Platform)을 통해 다양하고 대량의 데이터를 확보하고 이를 분석하여 개인 맞춤식 수요자(On Demand) 중심의 부동산정보와 지식을 제공할 수 있는 기업이 승자독식하는 현상이 심화될 것이다. 이러한 부동산 플랫폼은 누구든지 쉽게 필요한 부동산 정보를 이용할 수 있을 것이다. 또한 플랫폼화된 부동산시장은 실시간에 의해 현실세계에서 데이터를 실시간으로 수집하여 가상세계에서 데이터를 수집과 저장, 분류, 분석하여 다시 현실세계에서 그 결과를 적용할 수 있는 실시간 지능화된 부동산 플랫폼이 운영되어 합리적인 부동산시장이 실현될 수 있을 것이다.

▼ [그림 17-6] 지능형 부동산 비즈니스 모델

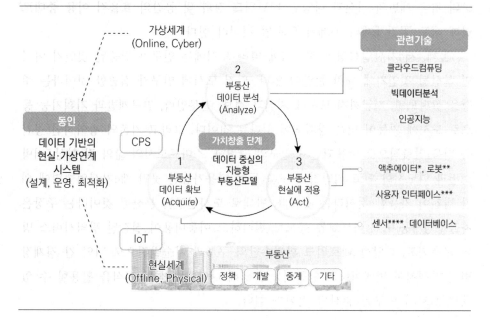

2. 공간 및 도시구조 변화

(1) 국토 공간과 도시구조 변화

제4차산업혁명의 초입인 현시점에서 정보기술의 발전은 국토 공간과 도시구조의 혁신적 변화를 야기시킬 것으로 논의되고 있다. 그리고 정보기술의 발전으로 인구가 도시에 집중될 것인지 또는 분산될 것인지에 대해 많은 논란은 미래 부동산 변화에 많은 영량을 줄 수 있어 이에 대해 살펴보면 다음과 같다.

첫째, 국토 공간구조면에서 국토 공간체계의 위계가 강화될 것인지 아니면 약화될 것인지에 대해 살펴보고자 한다. 먼저 강화될 것이라는 면에서는 일반적으로 대도시 중심으로 주요시설과 인프라가 설치되는 등 우선투자가 이루어지고 기술적 산업 보급이 우선 이루어지고 있다. 그리고 대도시와 중·소도시 간 정보의 비대칭으로 인해 사회와 국가 간 다양한 기회부여의 양극화가 심화되며, 주요 기능이 중·소도시와 농촌에 비해 대도시에 집중됨으로서 경쟁력이 부족하여 대도시에 인구가 집중되고, 국토 공간체계의 위계가 강화된다는 것이다.

반면에 한편으로는 국토 공간체계가 약화된다고 주장한다. 즉, 초고속 교통수단과 고속도로망 등 교통의 편의성이 확장에 따른 접근성 향상되고 있으며 고도의 기술 개발의 확산과 다양한 네트워크 강화 및 공간의 효율적 이용 증대로 인해 국토 공간체계의 위계가 약화될 것이라 한다.

둘째, 제4차산업혁명이 전개됨에 따라 도시에는 인구가 집중될 것인지 아니면 분산될 것인지에 대한 논란이 있다. 먼저 도시에 인구가 집중할 것이라는 주장을 살펴보면, 지금까지 도시에 지식과 정보, 전문인력, 연구개발과 기획기능 등으로 도시에 기능이 더욱 강화되어 있다는 것이다. 그리고 기존의 광역적인 공간을 더욱 압축적으로 이용되면서 인구의 고령화, 스마트도시의 삶의 질 향상, 지방소멸과 역도시화 되고 기반정보 구축 등이 이용가능한 곳만 제4차산업혁명에 의한 발전이 가능할 것이라는 것이다. 반대로 도시인구는 분산될 것이라는 주장은 자율주행자동차, 스마트교통 등으로 편리하고 이동비용이 절감된 광역서비스 망이 구축되고, 다양한 네트워크 환경수단의 구축과 기술발전으로 지역 간 경계장벽이 약해지며 빅데이터와 인공지능에 의해 다양한 분석과 지식을 활용할 수 있게 됨으로서 인구는 분산될 것이라 한다.

셋째, 도시는 대도시권역으로 인구가 분산될 것인지 아니면 도시에 집중될 것인지에 대한 논의가 있다. 분산된다는 주장은 대도시권역이 확산되고 있는 추세와 네트워크 강화와 확대에 따른 교통망의 분산화와 스마트화 그리고 정보의 개방성과 접근성 강화에 따른 재택근무 증가, 도시기능 분업화에 따른 거점의 분산배치, 지방과의 연계성 확산과 주택의 외연 확산 등으로 인해 인구는 분산될 것이라는 것이다.

반면 인구가 도시에 집중될 것이라는 면은 대도시권역 내에 중점시설의 집중화에 따른 공간 내 집약현상과 인프라의 집중으로 교통발달, 생산과 소비 공간의 다양화 및 인구 밀집, 빅데이터로 인한 복합성과 입체화, 경제 교육의 중심이 대도시권에 집중현상, 토지이용가치를 증대시키는 방향으로의 공간 활용 등으로 인해 대도시권역으로 인구는 집중될 것이다. 따라서 도시의 공간은 복합적이며 입체적인 토지 이용이 증가될 것이라는 것이다. 소(小)단위 생산시설이 도시 내 설치가 증가하며 혼합수요 증가로 도시 컴팩트화 및 복합적 토지이용이 증가될 것이다.

실제 제4차산업혁명과 관련하여 지역별 기술의 수용능력을 조사한 결과를 보면 지방보다는 경기와 서울지역이 인적자원면, 산업구조면, 시장유연성면에서 수위를 차지하는 결과를 보더라도 대도심에 인구는 집중될 것이라 할 수 있다(김홍배, 2017).

▼ 〈표 17-4〉 제4차산업혁명 관련 기술의 수용력

순위	지역	지역요인			합계
		인적자본	산업구조	시장유연성	
1	경기	2	1	1	7.39
2	서울	1	2	2	6.00
3	경북	11	3	7	0.29
4	충남	10	4	9	−0.07
5	부산	3	8	3	−0.50
6	경남	6	6	4	−0.58
7	인천	7	7	5	−0.81
8	대구	5	10	8	−0.84
9	대전	4	12	11	−0.94
10	충북	13	5	14	−1.10

자료: 김홍배(2017), 제4차산업혁명과 국토 공간구조.

(2) 산업혁명과 국토 공간 도시구조 변화

제1차에서 제3차까지 이루어진 산업혁명시대에는 기술의 발전에 따라 생산 공간과 도시의 형태에도 많은 변화가 있어 왔다. 따라서 앞으로 제4차산업혁명 에도 혁명이 구체화되면서 공간구조와 도시에 많은 변화가 있을 것으로 예상된 다. 제1차산업혁명에 따라 제조업위주로 도시에서 평면적인 생산 공간에 종속된 소비 공간이 형성됨으로써 철도중심으로 도시 간 연결되어 도시의 모든 기능이 집중된 도시화가 이루어졌다.

▼ 〈표 17-5〉 산업혁명별 도시 공간형성 변화

구분	1차산업혁명	2차산업혁명	3차산업혁명	4차산업혁명
변화 동인	증기동력기반 기계화혁명	전기에너지기반 대량생산혁명	ICT 기반 지식정보혁명	IoT, 빅데이터, A.I.기반 초연결혁명
생산 양식	공장제 기계화 (다품종소량생산)	표준화된 대량생산 (소품종대량생산)	공장자동화 (다품종대량생산)	생산의 초지능화 온디멘드경제, 공유경제 (맞춤형 생산)
주요 산업	제조업	제조업+도소매중 심서비스업	제조업+금융· 정보·통신 서비스업	제조업의 서비스화 서비스 플랫폼
생산 공간(입지)	평면적 생산 (도시 공장)	토지생산력 증대 (도시외곽 산업단지)	공간적 집적 및 네트워크 (산업클러스터)	지능적, 연결적 생산/기업입지 제약성 감소 (도시로의 회귀)
소비 공간	생산 공간에 종속된 소비 공간	소매 상품과 서비스 (주거/상업/공업)	시공간제약성 감소 (주거+소비+문화/생산)	시간제약성 대폭 감소 (주거+소비+문화+생산)
도시화 형태	집중적 도시화 (철도중심 도시연결)	교외화 (자동차 도시권)	역도시화/ 대도시권	거대도시권/ 메가시티리전
도시 기능	공간기능분화	조닝제, 부도심, 공간밀도 증가	공간복합화	공간복합화/ 입체화

자료: 송성수(2017). "역사에서 배우는 산업혁명론: 제4차산업혁명과 관련하여". STEPI Insight. 과학기 술연구원.
김일태·노춘희(2006). 도시학개론, 형설출판사 참조하여 연구진이 재정리.

제2차산업혁명시대에서는 도시외곽에 산업단지가 형성되어 표준화된 소품종 대량생산과 도소매중심의 서비스가 발달되어 토지의 생산력이 증대됨으로서 자동차에 의한 도시교외화가 이루어져 용도지역제(Zoning, 조닝제), 부도심 형성, 도시의 공간밀도가 증가되었다.

제3차산업혁명에서는 ICT 기반의 지식정보혁명으로 공장자동화를 통해 다품종대량생산이 이루어져 공간적 집적 및 네트워크에 의해 산업클러스터가 형성되어 역도시화와 대도시권이 형성되고 공간복합화가 이루어졌다.

앞으로 전개될 제4차산업혁명에 의해서는 제조업의 서비스화와 서비스 플랫폼에 의해 생산의 초지능화, 온디맨드(On-Demand)경제, 공유경제에 의해 맞춤형 생산이 이루어지게 될 것이다. 따라서 지능적이며 연결적인 생산으로 기업입지의 제약이 감소하여 도시로의 회귀현상이 발생하며 시공간제약이 대폭 감소함으로서 거대도시권 또는 메가시티리전(Mega City Region)이 형성되며 공간의 복합화·입체화가 이루어질 것으로 예상된다.

따라서 이와 같은 메가트렌드 변화에 따라 부동산의 정책과 산업시장도 혁신적인 변화가 전개될 것으로 보인다. 이러한 변화와 발전에 많은 기회가 있을 것이다.

영문 색인

참고문헌

[국내문헌]

개인정보보호위원회(2017), 일본의 개인정보보호 법제·정책 분석에 관한 연구.

경정익·임병준(2010), 부동산 정보시스템의 품질이 중개업무성과에 미치는 영향: 부동산 공
    인중개사를 대상으로, 부동산학연구, 제16집제1호.

경정익(2011a), 부동산 정보화정책의 영향요인에 관한 연구, 경원대학교 대학원 박사학위 논문.

경정익(2011b), 부동산 정보화정책의 효율성을 위한 개선연구, 부동산학연구, 제17집제3호.

경정익(2012a), 모바일 부동산정보서비스의 특성이 만족도와 재사용 의도에 미치는 영향, 부
    동산학연구, 제18집제3호.

경정익(2012b), 부동산 정보화정책의 성공요인에 대한 인식분석: 중앙정부와 지방정부 비교,
    한국공공관리학보, 제26권제1호.

경정익(2013a), 빅데이터의 부동산중개업 활용, 굿옥션, 제19호 칼럼.

경정익(2013b), 부동산-공공데이터 융합해 2~3년뒤 폭발적 성장 대비를, 매일경제.

경정익(2013c), 부동산 빅데이터로 효율성을 높여라, 디지털타임스, 2013.8.18.

경정익(2014), 부동산분야의 빅데이터 활용방안과 정책적 제언, 부동산경영, 제10집.

경정익(2015a), 부동산분야에서 빅데이터 전략적 활용의 영향요인에 관한 연구, 부동산산업 창간호.

경정익(2015b), 부동산분야의 빅데이터 도입의도에 미치는 영향요인에 관한 연구, 부동산분석 창간호.

경정익(2015c), 부동산정보화의 이해, 서울: 부연사.

경정익(2015d), 빅데이터에 의한 부동산활동 의사결정모형에 관한 연구, 한국부동산경영학
    회 학술대회.

경정익(2016), Text Mining에 의한 부동산 빅데이터 감성분석 모형 개발 연구, 주택연구, 제24권제4호.

경정익(2017a), 빅데이터에 의한 부동산정책 현안진단 및 수용예측방법론, 부동산경영, 제15집.

경정익(2017b), 부동산분야의 빅데이터 활용, Real Estate Issue & Market Trend, Vol.15
    June, (주)하나자산신탁.

경정익(2018a), 부동산정보기술론, 서울: 부연사.

경정익(2018b), 플랫폼기반의 프롭테크 기업 출현과 부동산시장 변화, Real Estate Issue &
    Market Trend, Vol.18, (주)하나자산신탁.

경정익·권대중(2018), 제4차산업혁명시대 부동산산업의 정보기술 수용의 영향요인에 관한
    연구, 대한부동산학회지, 제36권제3호.

경정익(2019a), 부동산최고위과정 강의자료.

경정익(2019b), 블록체인에 의한 부동산의 변화 연구, 한국부동산경영학회 후반기 연구발표자료.

경정익·이재웅(2020), 제4차산업혁명시대 도시재생의 스마트기술 도입 활성화에 미치는 영향요인, 부동산분석 제6권제1호.

고란(2018.3.13), 왜 암호화폐 결제수단 인정했나 … 日측 그 반대다, 중앙일보.

고형석(2018), 스마트계약에 관한 연구, 민사법의 이론과 실무, 제21권제4호.

공간정보연구원(2018), Geo−IoT 플랫폼 서비스 기술개발 및 활용방안, 공간정보 Vol.21.

국경완(2019.6.12), 블록체인 기술 및 산업분야별 적용 사례.

국토교통부 보도자료(2018.6.19), 부동산서비스산업 진흥법 6월 20일부터 본격 시행.

국토교통부 보도자료(2013.4.11), 부동산정보에도 '빅데이터 융합' 바람 분다.

국토교통부(2017), 2017년 국가공간정보정책에 관한 연차보고서.

국토교통부(2017), 주요 선진국의 부동산 종합서비스 산업 성장사례 및 시사점 연구.

국토교통부(2018.7), 빅데이터 추진전략 및 변화관리 방안 연구.

국토교통부·과학기술정보통신부 보도자료(2018.10.31), 종이증명서 없이 편리하게…블록체인이 부동산 거래도 바꾼다.

국토교통성(2016), 일본 국토교통 분야의 빅데이터 활용 동향 조사.

국토연구원(2016a), 부동산산업의 국제적 비교와 시사점, 국토정책 Brief, 제540호.

국토연구원(2016b), 부동산서비스산업 발전방안.

국토연구원(2019), 부동산 유동화 수단으로 블록체인 기술의 활용가능성 연구.

국토연구원·한국교통연구원(2018), 국토교통 빅데이터 추진전략 및 변화관리 방안 연구.

권영일(2018), 주요국의 빅데이터 추진전략 및 시사점, 빅데이터 추진체계 현황 및 향후과제. 세미나 발표자료.

김광석(2018.5), 블록체인이 선도할 미래 산업, 삼정KPMG.

김규빈(2015), 과학데이터 관리에 관한 해외 법제의 비교법적 고찰. 과학기술과법, 제6권제1호.

김대종·윤서연(2013), 빅데이터를 활용한 국토정책 반응 모니터링 및 정책수요 예측방안, 국토연구원.

김미정 외(2013), 과학적 국토정책을 위한 공간빅데이터 활용방안.

김승래(2018), 부동산거래의 블록체인에 의한 스마트계약 체계, 한국부동산법학회, 제22집제3호.

김승종(2018.11.5), 부동산서비스산업의 발전방향, 부동산 산업의 날 컨퍼런스.

김은란(2018), 유휴 공간 공유를 통한 도시의 재발견, 미래연구 포커스 제30호.

김은란·차미숙·김상조·박미선(2015), 공유경제 기반의 도시공간 활용 제고방안 연구, 국토연구원.

김인현 외(2017), 2017 데이터산업 백서, 한국데이터진흥원.

김일태·노준희(2006), 도시학개론, 형설출판사.

김제완(2018), 블록체인 기술의 계약법 적용상의 쟁점 – '스마트계약(Smart Contract)'을 중심으로, 법조727호.

김주영·손형섭(2012), 개인정보보호법의 이해, 법문사.

김준상(2019), 블록체인기반 암호화폐의 조사, 한국컴퓨터정보학회논문지 제24권제2호.

김진범(2018.12.18), 일본 암호화폐·ICO 새 규제안, 어떤 내용 담겼나, 코인리더스.

김진희 외(2015), 고수요·고가치 공공데이터 발굴 및 활용 방안 연구, 산업통상자원부.

김홍배(2017), 제4차산업혁명과 국토공간구조, 월간 국토 국토연구원.

남현우(2018), 혼합현실 기술(MR)과 표준화 동향, TTA, ICT Standard Weekly, 861호.

노상도(2016), 스마트공장 사이버물리시스템(CPS) 기술 동향 및 이슈, 대한전자공학회 학회지.

리프킨 제레미(2012), 3차 산업혁명: 수평적 권력은 에너지, 경제, 그리고 세계를 어떻게 바꾸는가, 안진환 옮김, 민음사.

박미사·김원·윤권일(2017), 블록체인과 개인정보 보호 이슈, 정보통신기술진흥센터.

박소영·장현숙(2018), 빅데이터 거래의 한·중 비교: 기업 활용을 중심으로, 한국무역협회 Trade Focus.

박인수·장준희(2016), Beyond 비트코인, 블록체인 기술의 무한 확장, IT & Future Strategy, 제9호.

박철한·이상영(2014), 표준산업분류와 산업연관표를 활용한 한국과 일본 부동산산업 비교 분석, 부동산학보, 제59권59호.

박혁진(2018.5.22), 암호화폐, 다른 나라들은 어떻게 규제하나, 코인와이즈.

배운철(2018.5.22), 묻지마식 암호화폐 공개 안된다, 디지털타임즈.

백권호(2018.5.8), 중국 블록체인 발전 현황과 전망 및 시사점, 대외경제정책연구원.

블록체인투데이(2019.10.31), 티제로·테조스, 수백만 달러 영국 부동산 기반 토큰화해.

사공호상(2018), 4차산업혁명을 견인하는 '디지털 트윈 공간(DTS)'구축 전략, 국토정책 Brief, No.661, 국토연구원.

소프트웨어정책연구소(2017), 2019 블록체인 기술의 산업적·사회적 활용 전망 및 시사점.

손경한·김예지(2018), 신규코인공모(ICO)의 법적 쟁점, 이화여자대학교 법학논집, 제23권제1호.

손형섭 외(2017), 일본의 개인정보보호 법제·정책 분석에 관한 연구, 개인정보보호위원회.

송성수(2017), 역사에서 배우는 산업혁명론: 제4차산업혁명과 관련하여, STEPI Insight, 과학기술정책연구원.

송영조(2012), 선진국의 데이터기반 국가미래전략 추진현황과 시사점, IT & Future Strategy, 제2호.

스마트 국가 구현을 위한 빅데이터 마스터플랜(2012).

스타트업 얼라이언스(2018.6), 코워킹스페이스 트렌드 리포트.

신지은(2018), SEC, ICO부터 거래소까지 '증권법'으로 규제할 것..득일까 실일까, 블록미디어.

아주경제(2017.8.10), 삼성 SDS 블록체인 플랫폼 '넥스레저', 국내 최초 제조업으로 확대, 기사.

아카하네 요시히루&아이케이 마나부(2017), 블록체인 구조와 이론 (양현 옮김), 위키북스.

안성배·권혁주·이정은·정재완·조고운·조동희(2018), 가상통화 관련 주요국의 정책 현황과 시사점, 대외경제정책연구원 보고서, 제18권3호.

양영식·송인방(2018), 블록체인 스마트계약의 상용화 대비를 위한 법적 과제, 法學硏究, 제18권제2호.

양현철·김진철·신신애·김배현(2014), 빅데이터 활용단계별 업무절차 및 기술활용 매뉴얼, 미래창조과학부, 한국정보화진흥원.

앨릭스 스테파니(2015), 공유경제는 어떻게 비즈니스가 되는가?, 한스미디어.

LG경제연구원, 2013, 일본의 빅데이터 활용 전략, Japan Insight, Vol.60.

울산발전연구원(2017.12), 울산, 블록체인 기술로 산업·공공분야 스마트화 촉진을, iSSUE REPORT, Vol.142.

원재연(2018.12.3), 홍남기 암호화폐 과세한다…암호화폐 가격 흔들, 서울경제.

유거송·김경훈(2018), 블록체인, 한국과학기술평가원.

윤광석·이건(2017), 공공데이터 활용 행정 촉진을 위한 거버넌스 모색: 영국의 ADRN 사례를 중심으로. 국가정책연구, Vol.31 No.1.

윤미영(2013), 주요국의 빅데이터 추진전략 분석 및 시사점. 과학기술정책, Vol.192.

윤태영(2019), 블록체인 기술을 이용한 스마트계약, 財産法硏究, 제36권제2호.

은용순·박경준·원명규·박태준·손상혁(2013), 사이버물리시스템 연구 동향, 한국과학회지, 제31권제12호, 한국정보과학회.

이광기·유효동·김탁곤(2018), 디지털 트윈 기술 발전방향, KEIT PD Issue Report, Vol.18−9.

이규택·이건재·송병훈(2015), 스마트공장 기술 동향, KEIT PD Issue Report, 제15권4호.

이기혁(2020), 알기쉬운 DID 이해 한국정보보호산업협회 블록체인 전문위원회.

이상윤 외(2017), 빅데이터 관련 개인정보보호 법제 개선 방안 연구, 법제처.

이상훈·김주혜(2017), 베이징의 빅데이터 산업 현황과 시사점, 대외경제정책연구원.

이승은(2017), 중국의 빅데이터 정책과 디지털 중국으로의 도약, 대외경제정책연구원.

이은민(2016), 4차산업혁명과 산업구조의 변화, 정보통신방송정책, 제28권제15호.

이정·정호윤(2015), 2015년 IT산업의 새로운 지각변동, 가상현실(VR), 유진투자증권.

이제영(2017.7), 블록체인(Blockchain) 기술동향과 시사점, 동향과 이슈, 과학기술정책연구원.

이창석(2010), 부동산학 원론.

이호준·고준호·장준석·이수기(2019), 자율주행 공유 자동차 도입에 따른 서울시 주차수요 변화 예측.

임명환(2016), 블록체인 기술의 활용과 전망 −개념정립, 활용전망, 생태계 조성, 활성화, 정책방향, 한국전자통신연구원.

임영환(2016.5.31), 블록체인 기술의 활용과 전망, ETRI.

입법조사처(2017.12), 클라우드 컴퓨팅의 현황과 과제.

정경영(2018), 호통화(cryptocurrency)의 본질과 스마트계약(smart contract)에 관한 연구, 상사법규, 제36권제4호.

정보통신기술진흥센터(2014), 해외 ICT R&D 정책동향, ICT R&D 단신, Vol.06.

정보통신기술진흥센터(2018), 4차 산업혁명 시대에 대응한 주요국의 공공 데이터 개방 현황 분석.

정보통신기술진흥센터(2019.3), 2018 ICT 기술수준 조사보고서.

정보통신기획평가원(2019.10), Gartner, 2020년 10대 전략기술 트렌드발표, ICT Brief, 40호.

정보통신기획평가원(2019.12.31), 해외 주요국 블록체인의 경제 사회적 활용가치에 주목, 해외 ICT R&D 정책동향.

정보통신산업진흥원(2013), 싱가포르 정부의 빅데이터(Big Data) 활성화 정책 분석, 해외 ICT R&D 정책동향.

정부 관계 부처 합동(2019.1.16), 데이터·AI경제 활성화 계획('19~'23년).

정부 관계 부처 합동(2019.6.25), 1인가구 중장기 정책방향 및 대응방안(Ⅰ).

정수진(2018.7), 미국 부동산 플랫폼 기업의 성장사례 분석 및 시사점, 산은조사월보, 제752호.

정승영(2019), ICO(Initial Coin Offering)의 소득 과세 쟁점에 대한 고찰.

정지선(2011), 신가치 창출, 빅데이터의 새로운 가능성과 대응전략.

정진명(2018), 블록체인 기반 스마트계약의 법률문제, 비교사법, 제25권3호.

정희남·김승종·송하승(2015), 부동산산업의 국제비교와 시사점, 국토정책 Brief, No.540.

정희영 외(2019.12), 인터넷 데이터 집중화 문제와 대응연구 동향, ETRI, 전자통신동향분석, 34권제6호.

정희영(2020), 한국전자통신연구원 데이터기반 사회에서 데이터 주권 이슈와 대응기술 동향.

제러미 리프킨(저), 안진환(역)(2014), 한계비용 제로의 사회, 민음사.

조주현(2017.10.26), 블록체인(Block chain)이 기업의 경쟁력을 바꾼다!, 포스코경영연구원, POSRI 이슈 리포트.

조충제 외(2017), 아시아 주요국의 4차 산업혁명 추진전략과 협력 방안: 중국, 인도, 싱가포르를 중심으로, 대외경제정책연구원.

주강진·김애선·신영섭·장아침(2016), 공유경제와 미래사회, 창조경제 연구회.

중앙일보(2020.3.16), 통찰력을 갖고 싶은가, 빅데이터를 들여다 보라.

차두원·진영헌(2013), 초연결 시대, 공유경제와 사물인터넷의 미래.

채상욱(2016), 기업이 주택을 소유하는 시대, 부동산의 후방 벨류체인에 투자하라.

K-ICT 빅데이터센터, 2018, 빅데이터 동향과 뉴스(Bigdata Monthly).

KB금융지주 경영연구소(2018.2), KB지식비타민: 프롭테크로 진화하는 부동산 서비스, 18-13호.

KB금융지주 경영연구소(2016.8.1), KB지식비타민: 긱 이코노미(Gig Economy)의 이해와 향후 전망, 16-58호.

KISTEP, 2018.12, 생활 속에 스며드는 스마트계약 현황 및 준비과제, Issue Weekly 2018-40(Vol. 259).

KOTRA, 2017, 북미 최대 규모의 스마트시티, 캐나다 토론토에 세운다.

파이낸셜뉴스(2020.4.8), 국토부, 200억 들여 블록체인 부동산 원스톱 거래 시스템 만든다.

통계청(2005, 2010), 경제총조사 보고서. 대전: 통계청.

통계청(2006-2017), 서비스업조사 보고서. 대전: 통계청.

통계청(2019.2.27), 2018년 인구동향조사 출생·사망통계 잠정.

통계청(2019.12.16), 장래가구특별추계(시도편): 2017~2047년.

한국건설산업연구원(2019.3), 프롭테크기업,부동산산업의 새로운 미래.

한국경제경영연구원(2017.4.3), 블록체인 개념 및 활용사례 분석.

현대경제연구원(2016), 사물인터넷 관련 유망산업 동향 및 시사점, VIP 리포트 16-24호.

한국블록체인협회(2019), 토큰 경제 차세대 주역으로 떠오른 'STO(Security Token Offering)'-증권형 토큰의 상대적 강점과 리스크 그리고 활용 잠재력 분석. 이슈 리포트 4호.

한국산업은행(2018), 미국 부동산플랫폼 기업의 성장사례 분석 및 시사점.

한국언론진흥재단(2016), 2016 인터넷언론 백서.

한국인터넷진흥원(2019), 년도별 블록체인 시범사업 저자정리.

한국전자통신연구원(2019), 엣지 컴퓨팅 시장 동향 및 산업별 적용 사례.

한국정보화진흥원(2011), 성공적인 빅데이터 활용을 위한 3대 요소.

한국정보화진흥원(2013), 빅데이터 기술분류 및 현황.

한국정보화진흥원(2013), 오픈데이터 플랫폼과 국가 데이터 전략방향, IT & Future Strategy, 제16호.

한국정보화진흥원(2017), 빅데이터 동향과 이슈, Big Data Monthly, Vol.27.

한국표준협회(2016), 4차 산업혁명을 리드하는 일본 정부의 추진 전략과 정책 시사점, KSA Policy Study, Vol.022.

한서희(2018), 암호화폐 과세 쟁점에 대하여, ZDNET.

한은영(2014), 영국 오픈데이터 정책의 특징 및 시사점, 정보통신방송정책, Vol.26 No.23.

허윤경·김성환(2019), 프롭테크 기업, 부동산 산업의 새로운 미래. 서울: 한국건설산업연구원.

현대경제연구원(2012), 빅데이터의 생성과 새로운 사업기회 창출.

황종성(2018), 부동산분야 인공지능 활용과 청년일자리 창출, 부동산포커스, Vol.112, 한국감정원.

[해외문헌]

Alexander Savelyev, 2017, Contract law 2.0: 'Smart' contracts as the beginning of the end of classic contract law, Information & Communications Technology Law, vol.26, no.2.

Altus Group, 2019, The Innovation Opportunity in Commercial Real Estate: A Shift in Proptech Adoption and Investment. CA: Altus Group.

Alyssa Hertig, 2015, The First Bitcoin Voting Machine Is On Its Way, Motherboard.

Ameer Rosic, 2016, Smart contracts: The blockchain technology that Will replace lawyers.

Andrew Baum, 2017, PROPTECH 3.0: THE FUTURE OF REAL ESTATE, University of Oxford Research.

Antonin Artaud, 1958, The Theatre and its Double Trans. Mary Caroline Richards, New York: Grove Weidenfeld.

Asia One, 2017.10.12, Energo Labs Uses Blockchain to Decentralize Energy in the Pipelines.

Aurelio Gurrea-Martinez and Nydia Remolina Leon, 2018, The Law and Finance of

Initial Coin Offerings", Working Paper Series 4/2018, Ibero—American Institute for Law and Finance.

Baum, A., 2017, PROPTECH 3.0: THE FUTURE OF REAL ESTATE. UK: University of Oxford Research.

Big Data Senior Steering Group, 2016, The Federal Big Data Research and Development Strategic Plan. Lincoln: University of Nebraska—Lincoln.

BISNOW, 2019, CRE is putting up major money to develop technological advancements. BISNOW Boston Real Estate News.

Brookings Institution, 2017, Digitalization and the American Workforce. DC: Brookings Institution.

CATT Laboratory, 2015, RITIS Platform Features & Applicataions Overview. Maryland: University of Maryland.

CBInsights, 2018, Real estate tech market map expert intelligence.

Daniel Drescher, 2018, 블록체인 무엇인가, 이병욱 譯, 이지스퍼블리싱(주).

Deloitte, 2018, 2019 Commercial Real Estate Outlook. UK: Deloitte.

Deloitte, 2018, 2018 Global blockchain survey, Breaking blockchain open.

Eeva Haaramo, 2017, Sweden trials blockchain for land registry management, Computer Weekly.com.

Federal Highway Administration Website, 2012, Moving Ahead for Progress in the 21st Century Act(MAP—21). July 17.

Federal Highway Administration Website, 2016, Fixing America's Surface Transportation Act or "Fast Act": A Summary of Highway Provisions. July.

Forbes, 2017.6, The World's Most Innovation Growth Companies.

Forrester Research, 2018.11, Predictions 2019; Distributed Ledger Technology.

Gartner, 2011, Hyper Cycle for Emerging Technologies.

Gatner, 2015, Digitalization or Automation? — Is There a Difference? Smarter With Gatner.

Gartner, 2019, 2019년 블록체인 비즈니스 하이프 사이클.

Gartner, 2019.7, Top 10 Strategic Technology Trends for 2020.

GE Reports, 2016.11.28, How Renewable Energy is Taking a Page From Bitcoin.

Geddes, P., 1910, Cities in Evolution, London: Williams & Norgate.

GENSTAR, Mateplus, 2018.7, Another Opportunity Has Arisen: Coworking Space.

Gertrude Chavez−Dreyfuss, 2015, Honduras to build land title registry using bitcoin technology, Reuters.

Goldman Sachs Group, 2016.7, Profiles in Innovation: Blockchain − Putting Theory Into Practice.

Granglia J. Michael and Christopher Mellon, 2018, Land Governance in an interconnected world − blockchain and property in 2018: at the end of the beginning, World Bank.

Guadamuz, A.&Chris, M., 2015, Blockchains and Bitcoin: regulatory responses tocryptocurrencies, First Monday, Vol.20(12).

Gulf News, 2017, Dubai Land Department becomes world's first government entity to conduct all transactions through Blockchain network, October 7.

Heather Pemberton Levy, 2018.10.16, Understand how blockchain will evolve until 2030 and today's hype versus reality, Gartner.

Hyoung Seok Kang 외., 2016, Smart Manufacturing: Past Research, Present Findings, and Future Directions, International Journal of Precision Engineering and Manufacturing− Green Technology, Vol.3, No.1.

IATA, 2018, Blockchain in Aviation white paper.

IBM, 2018, blockchain what will we solve together.

J. Michael Graglia, Christopher Mellon, 2018, Land Governance in an interconnected world − blockchain and property in 2018: at the end of the beginning, World Bank.

JLL&Tech in Asia, 2017, Clicks and Mortar: The Growing Influence of Proptech; JLL&Tech in Asia, 2018, Clicks and Mortar: The Growing Influence of Proptech.

JLL, 2018, The State of Construction Technology.

Karin Lindström, 2018, Lantmäteriet klarar examensprovet − går att göra husköpi blockkedjan, Computer Sweden.

Karsten Wöckener·Dr. Carsten Lösing·Thilo Diehl·Annekatrin Kutzbach, 2017, "Regulation of Initial Coin Offerings.

KPMG, 2018a, Growing pains: 2018 Global CEO Outlook. NL: KPMG.

KPMG, 2018b, The road to opportunity: An annual review of the real estate industry's journey into the digital age. NL: KPMG.

Lansiti, Lakhani, 2017, The Truth About Blockchain, Harvard Business Rev. 1−2.

Lessig, L., 2008, Remix: Making Art and Commerce Thrive in the Hybrid Economy, Bloomsbury Academic, Great Britain.

Linked In, 2017.5.9, Starbase−Blockchain Based Crowdfunding/Crowsourcing Platform: COME and JOIN the BOUNTY CAMPAIGN.

Marcel P. Timmer (ed). 2012. The World Input−Output Database(WIOD): Contents, Sources and Method. WIOD Working Paper Number 10.

Marshall W. Van, Choudary, Parker, Geoffrey G., Alstyne, Sangeet Paul, 2016, 플랫폼 레볼루션(Platform Revolution).

Matthew N. O. Sadiku, Kelechi G. Eze, Sarhan M. Musa, 2018, Smart Contracts: A Primer, Journal of Scientific and Engineering Research, 5(5).

McKinsey&Company, 2016a, Digital Europe: Pushing the Frontier, Capturing the Benefits. NY: McKinsey&Company.

McKinsey&Company, 2016b, The Age of Analytics: Competing in a Data−driven World. NY: McKinsey&Company.

McKinsey&Company, 2018a, Solving the Productivity Puzzle: The Role of Demand and the Promise of Digitization. NY: McKinsey&Company.

McKinsey&Company, 2018b, Getting ahead of the market: How big data is transforming real estate. McKinsey&Company Capital Projects & Infrastructure.

Milgram and Kishino, 1994, A taxonomy of mixed reality visual displays, IEICE Transactions on Information Systems.

MIPIM, 2017, MIPIM innovation forum categories.

National Archives and Records Administration, 2019, Blockchain White Paper.

National Economic Council and Office of Science and Technology Policy, 2015, A Strategy for American Innovation. DC: The White House.

NITRD, 2016.05, The Federal Big Date Research and Development Strategic Plan.

NIST Report, 2013.

Pete Rizzo, 2016.3.15, Blockai Raises $547k for Blockchain Digital Rights Platform, CoinDesk.

PeW Research Center, 2018.4.11, Millennials are the largest generation in the U.S. labor force.

POM+, 2019, Digital Real Estate Index.

PwC, 2018, Initial coin offerings—Legal Frameworks and regualtions for ICOs.

Ram, S., 1987, A Model of Innovation Resistance. NA — Advances in Consumer Research 14: 208—212. UT: Association for Consumer Research.

Ray Kurzweil, 2011, 특이점이 온다, 경기: 김영사.

Richard Kastelein, 2017, What Initial Coin Offerings are, and Why VC Firms Care.

RICS(Royal Institution of Chartered Surveyors), 2017, The Technological Revolution and the Future of Residential Property. UK: RICS.

Rifkin, J., 1995, The End of Work: The Decline of the Global Labor Force and the Dawn of the Post—Market Era, New York: Tarcher.

Rifkin, J., 2011, The Third Industrial Revolution: How Lateral Power is Transforming Energy, the Economy, and the World, New York: St. Martin's Press.

Rifkin, J., 2016, The 2016 World Economic Forum Misfires With Its Fourth Industrial Revolution Theme, Huffington Post Roberto Candusio(2018).

Rob Massey · Darshini Dalal · Asha Dakshinamoorthy, 2017, Initial Coin Offering—A new paradigm, Deloitte.

RWE, 2016.5, Building the Decentralised Utility on the Ethereum Blockchain.

Savills, 2019, Why Proptech is Relevant to Real Estate Investors.

Schwab, Klaus, 2016, The Fourth Industrial Revolution, Geneva: World Economic Forum.

Smart Nation Platform(SNP) Industry Roundtable(IR) Document.

Stephan Shakespeare, 2013.5, Shakespeare Review: An Independent Review of Public Sector Information.

Sullivan, M., 2018, Equity Freedom – How to unlock the value tied up in your home without taking on more debt.

Technonavio, 2019, Global Edge Computing Market 2019—2023.

The Atlantic, 2014, Google Knows You Better Than You Know Yourself.

The Economist, 2017, The Data Economy: The world's most valuable resource.

The european union blockchain observatory and forum, 2018, Blockchain and the GDPR, an initiative of the European Commission.

The New york Times, 2016.7.9, Redfin Shies away from the typical starts−up's Gig Economy.

University of Oxford Research, 2017, Proptech 3.0: the future of real estate.

US Metro Economies, 2008, Current and potential Green jobs in the US Economy.

Wang, B., 2019, How data and AI can be utilized by real estate companies to assist in predicting real estate value trends. Presented at ULI Asia Pacific Leadership Convivium, held in Shenzhen, China.

Y. Lim, Y. Oh, T. Park, S. Son, 2013, Cyber−Physical Systems(CPS) for the Smart New World, PM Issue Report, Vol.1, Issue1, 한국방송통신전파진흥원.

Yuval Noah Harari, 2016, Homo Deus: A Brief History of Tomorrow, Harvill Secker.

Yuval Noah Harari, 2018, Will the Future Be Human? Yuval Noah Harari, World Economic Forum.

ZDNet Korea, 2017.9.29, 블록체인으로 이웃 간에 전력 사고 판다. 기사.

Zheng·Xie·Dai·Chen·Wang, 2017, An Overview of Blockchain Technology: Architecture, Consensus, and Future Trends, in Proceedings of the IEEE International Congress on BigData.

[Web Site]

https://www.europeandataportal.eu/data/en/dataset

http://www.brainsbusiness.dk/download/peter_bj%C3%B8rn_larsen.pdf,

http://www.brainsbusiness.dk/download/peter_bj%C3%B8rn_larsen.pdf.

https://www.slideshare.net/sdivad/barcelonanow−dashboard−showcase

https://resas.go.jp/#/13/13101

https://www.nscs.gov.sg/rahs−programme−office.html

http://www.csis.u−tokyo.ac.jp/japanese/research_activities/joint−research.html

http://www.ciokorea.com/news/40035#csidxd46b9f87bfefcef85781f50d724cac3

https://www.hyperledger.org

경 정 익

저자는 빅데이터, 블록체인, 인공지능, CPS 등 정보기술의 부동산 활용과 제4차산업혁명, 인구구조 변화, 도시변화, 남북한 관계변화에 따른 부동산 변화 등 메가트렌드 변화에 대한 특별한 관심으로 이에 따른 미래 부동산의 변화와 발전에 대한 연구와 집필, 대학과 공공 및 교육기관의 자문과 강의 그리고 특별강연 활동을 하고 있다.
명지대 부동산대학원을 비롯하여 중앙대학교, 인하대 정책대학원, 한양사이버대 부동산대학원과 서울/한양/세종/세계 사이버대학교에서 부동산정보론, 부동산빅데이터분석, 부동산블록체인활용, 미래부동산분석 등으로 출강하며, 부동산최고위과정(매일경제사, 동국대, 아주대, 부산교대, 성동구청, 서초구청 등)과 명지대, 국민대, 인하대 등 다수 대학, 관련 기업체에 제4차산업혁명과 정보기술 발전의 부동산활용에 대한 강연을 하고 있다.

[학력 및 경력]
- 행정학박사(부동산 정보화정책)
- 부동산학석사, 공학석사(정보통신학)

- 국토교통부 국가공간정보사업 기술평가위원
- 한국부동산정보분석연구원장
- 국민대학교 정보기술연구소 연구위원
- 도시계획/도시재생 심의/평가위원(강북구, 관악구, 동대문구, 의정부시, 평택시, 가평군, 성남시, 부평구)
- 서대문구 공유재산심의위원회 부위원장
- 공인중개사 자격시험 출제위원
- 국토교통과학기술진흥원 자문 및 평가위원
- 성남도시개발공사 기술자문위원
- 인천도시공사 기술자문위원
- 한국광해관리공단 심의자문위원
- NCS(국가직무능력표준) 부동산분야 집필/검토위원
- 한국데이터베이스진흥원 부동산 빅데이터 자문교수
- 포항 테크노파크 빅데이터 자문위원
- ㈜하나자산신탁 빅데이터 자문위원
- 광명시 빅데이터 공모심사위원
- 산업통상자원부 지식경제 기술혁신 전문위원
- 중소기업기술정보진흥원 평가위원
- 공공기관 정보화사업부문 기술자문 및 평가위원(한국해양과학기술진흥원, 정보통신기술진흥센터, 국가산업융합지원센터, 경기과학기술진흥원, 한국산업기술진흥원, 한국산업기술평가관리원, 한국산업기술평가관리원, 서울 산업진흥원, 경북 S/W진흥센터)

- 국가개인정보보호위원회 개인정보보호 전문강사
- 문화체육관광부 개인정보보호 자문위원
- 행정안전부 개인정보보호 자율규제단체 자문
- ㈜씨에이에스 개인정보보호 자문위원
- 한국공인중개사협회 교수
- 대한주택관리사협회 교수
- 경기도 공무원 연수교육 외래교수
- 한국천문연구원 평가위원
- 한국부동산산업학회 이사
- 한국부동산경영학회 이사
- 한국부동산분석학회 정회원
- 한국정책분석평가학회 정회원
- 대한국토도시·계획학회 지자체 정책자문위원
- 한국정책포럼 학술이사
- 서울시 도시공간정보포럼 운영위원

[저서]

- 부동산 중개 경영이론과 실무(공저, 2020)
- 개인정보보호 이해와 해설(2015)
- 스마트 빅데이터 시대 부동산정보화의 이해 개정판(2015)
- 행정안전부 개인정보보호 중개업 자율규약(2017)
- 제4차산업혁명시대 부동산정보기술론(2018)

[주요 연구수행/논문]

- 부동산 정보시스템이 업무성과에 미치는 영향(2010), 한성대학교 석사학위논문.
- 부동산 정보시스템의 품질이 중개업무성과에 미치는 영향(2010), 「부동산학연구」 제16집제1호, 한국부동산분석학회.
- 부동산정보정책의 성공요인에 관한 연구(2010), 「한국공공관리학보」 제24집제3호, 한국공공관리학회.
- 부동산정보화정책의 영향요인에 관한 연구(2011), 가천대학교 박사학위논문.
- 부동산정보화정책의 효율성을 위한 개선방안(2011), 「부동산학연구」 제17집제3호, 한국부동산분석학회.
- 부동산정보화정책의 성공요인에 대한 인식분석: 중앙정부와 지방정부 비교(2012), 「한국공공관리학보」 제26집제1호, 한국공공관리학회.
- 모바일 부동산 정보시스템의 특성이 만족도와 재사용의도에 미치는 영향 (2012), 「부동산학연구」 제18집제3호, 한국부동산분석학회.
- 거버넌스형 안전도시 포털시스템 설계(2012), 국립방재연구원.
- 도시 안전지수DB 구축 및 안전지수 활용방안 연구(2012), 행정안전부.

- 부동산 포털사이트의 매물정보 품질 개선에 관한 연구(2013), 「부동산학연구」 제19집 제3호, 한국부동산분석학회.
- 지명법 제정에 따른 하위규정 제정(안) 마련 연구(2013), 국토지리정보원.
- 안전정보 통합운영관리 정보화전략계획 수립 및 지역안전진단 시스템 개발 설계(2013), 행정안전부.
- 창조경제와 일자리 창출을 위한 공간정보 생태계 활성화 전략 연구(2013), 국토정보공사 공간정보연구원.
- 기술수용모델을 이용한 공인중개사의 정보화활용 행동에 관한 연구(2014), 「부동산학연구」 제20집제4호, 한국부동산분석학회.
- 부동산분야의 빅데이터 활용 방안과 정책적 제언(2014), 「부동산경영」 제10집, 한국부동산경영학회.
- 부동산분야에서 빅데이터 전략적 활용의 영향요인에 관한 연구(2015), 「부동산산업」 창간호, 한국부동산산업학회.
- 부동산분야의 빅데이터 도입의도에 미치는 영향요인에 관한 연구(2015), 「부동산분석」 창간호, 한국감정원.
- 빅데이터에 의한 부동산활동 의사결정모형에 관한 연구(2015), 한국부동산경영학회 학술대회.
- Text Mining에 의한 부동산 빅데이터 감성분석 모형 개발 연구(2016), 「주택연구」 제24권제4호, 한국주택학회.
- 빅데이터에 의한 부동산정책 현안진단 및 수용예측방법론(2017), 「부동산경영」 제15집, 한국부동산경영학회.
- 부동산 분야의 빅데이터 활용(2017), 「Real Estate Issue & Market Trend」 Vol.15. June, (주)하나자산신탁.
- 제4차산업혁명시대, 부동산산업의 정보기술 수용의 영향요인에 관한 연구(2018), 한국부동산학회, 제36권제3호.
- 블록체인에 의한 부동산 변화 연구(2019), 한국부동산경영학회 후반기 세미나 연구발표.
- 제4차산업혁명시대 도시재생의 스마트기술 도입 활성화에 미치는 영향요인(2020), 한국감정원, 「부동산분석」 제6권제1호.

[주요 강연 주제]
- 제4차산업혁명시대 부동산 변화와 발전
- 블록체인에 의한 부동산 변화와 발전
- 부동산분야의 빅데이터 활용
- 뉴 노멀시대 미래 부동산 방향
- 부동산산업별 프롭테크 발전(개발, 주택, 정보, 중개 등)
- 북한변화와 부동산시장의 기회

부동산 빅데이터 블록체인 프롭테크

초판발행	2020년 9월 25일
중판발행	2022년 2월 10일
지은이	경정익
펴낸이	안종만·안상준
편 집	조보나
기획/마케팅	정성혁
표지디자인	이미연
제 작	고철민·조영환
펴낸곳	(주) 박영사
	서울특별시 금천구 가산디지털2로 53, 210호(가산동, 한라시그마밸리)
	등록 1959. 3. 11. 제300-1959-1호(倫)
전 화	02)733-6771
f a x	02)736-4818
e-mail	pys@pybook.co.kr
homepage	www.pybook.co.kr
ISBN	979-11-303-1042-8 93320

정 가   36,000원

본 저서는 2020년 세종사이버대학교 출판지원사업의 지원을 받아 저술하였음.